資治通鑑

图文注释本

六

周国林　主编

岳麓書社·长沙

第六册目录

资治通鉴卷第一百八十七

唐纪三　起屠维单阏正月，尽十月，不满一年。

高祖神尧大圣光孝皇帝上之下

武德二年　春，正月，壬寅，王世充悉取隋朝显官、名士为太尉府官属，杜淹、戴胄皆预焉[①]。胄，安阳人也。隋将军王隆帅屯卫将军张镇周[②]、都水少监苏世长等以山南兵始至东都[③]。王世充专总朝政，事无大小，悉关太尉府[④]；台省监署，莫不阒然[⑤]。世充立三牌于府门外：一求文学才识，堪济时务者；一求武勇智略，能摧锋陷敌者；一求身有冤滞，拥抑不申者。于是上书陈事者日有数百，世充悉引见，躬自省览，殷勤慰谕，人人自喜，以为言听计从，然终无所施行。下至士卒厮养[⑥]，世充皆以甘言悦之，而实无恩施。

隋马军总管独孤武都为世充所亲任，其从弟司隶大夫机与虞部郎杨恭慎[⑦]、前勃海郡主簿孙师孝、步兵总管刘孝元、李俭、崔孝仁谋召唐兵，使孝仁说武都曰："王公徒为儿女之态以悦下愚，而鄙隘贪忍，不顾亲旧，岂能成大业哉！图谶之文，应归李氏，人皆知之。唐起晋阳，奄有关内，兵不留行，英雄景附。且坦怀待物，举善责功，不念旧恶，据胜势以争天下，谁能敌之！吾属托身非所，坐待夷灭。今任管公兵近在新安[⑧]，又吾之故人也，若遣间使召之，使夜造城下，吾曹共为内应，开门纳之，事无不集矣。"武都从之。事泄，世充皆杀之。恭慎，达之子也。

癸卯,命秦王世民出镇长春宫。

宇文化及攻魏州总管元宝藏,四旬不克。魏征往说之,丁未,宝藏举州来降。

戊午,淮安王神通击宇文化及于魏县,化及不能抗,东走聊城。神通拔魏县,斩获二千余人,引兵追化及至聊城,围之。

甲子,以陈叔达为纳言。

丙寅,李密所置伊州刺史张善相来降。

朱粲有众二十万,剽掠汉、淮之间,迁徙无常,每破州县,食其积粟未尽,复他适,将去,悉焚其余资;又不务稼穑,民馁死者如积。粲无可复掠,军中乏食,乃教士卒烹妇人、婴儿啖之,曰:“肉之美者无过于人,但使他国有人,何忧于馁!”隋著作佐郎陆从典、通事舍人颜愍楚,谪官在南阳,粲初引为宾客,其后无食,阖家皆为所啖。愍楚,之推之子也。又税诸城堡细弱以供军食,诸城堡相帅叛之。

淮安土豪杨士林、田瓒起兵攻粲[9],诸州皆应之。粲与战于淮源,大败,帅余众数千奔菊潭。士林家世蛮酋,隋末,士林为鹰扬府校尉,杀郡官而据其郡。既逐朱粲,己巳,帅汉东四郡遣使诣信州总管庐江王瑗请降[10],诏以为显州道行台。士林以瓒为长史。

初,王世充既杀元、卢,虑人情未服,犹媚事皇泰主,礼甚谦敬。又请为刘太后假子,尊号曰圣感皇太后。既而渐骄横,尝赐食于禁中,还家大吐,疑遇毒,自是不复朝谒。皇泰主知其终不为臣,而力不能制,唯取内库彩物大造幡花[11];又出诸服玩,令僧散施贫乏以求福。世充使其党张绩、董濬守章善、显福二门[12],宫内杂物,毫厘不得出。是月,世充使人献印及剑。又言河水清,欲以耀众,为己符瑞云。

【注释】

①预:参与。 ②屯卫将军:隋炀帝改左右领军卫为左右屯卫。③都水少监:隋唐职掌河渠、津梁、堤堰、舟楫的主官。山南:指秦岭、伏牛山以南地区。 ④关:经由、关白,告白。 ⑤阒(qù 去):寂静。⑥厮养:析薪为厮,炊烹为养,泛指地位低下干杂活的伙夫奴隶。 ⑦虞部郎:掌管山泽的官。 ⑧任管公:指任怀,封管国公,故称。 ⑨淮安:

郡名。治在今河南泌阳县。 ⑩信州:治在今重庆奉节县东。汉东:郡名。治在今湖北随州市西北唐县镇。 ⑪幡花:幢幡华盖之类供佛事之庄严装饰品。 ⑫章善、显福:东都皇城南面两座内门。

上遣金紫光禄大夫武功靳孝谟安集边郡,为梁师都所获。孝谟骂之极口,师都杀之。二月,诏追赐爵武昌县公,谥曰忠。

初定租、庸、调法[1],每丁租二石,绢二匹,绵三两;自兹以外,不得横有调敛。

丙戌,诏:"诸宗姓居官者在同列之上,未仕者免其徭役;每州置宗师一人以摄总,别为团伍。"

张俟德至凉,李轨召其群臣廷议曰:"唐天子,吾之从兄,今已正位京邑。一姓不可自争天下,吾欲去帝号,受其封爵,可乎?"曹珍曰:"隋失其鹿,天下共逐之,称王称帝者,奚啻一人!唐帝关中,凉帝河右,固不相妨。且已为天子,奈何复自贬黜!必欲以小事大,请依萧詧事魏故事[2]。"轨从之。戊戌,轨遣其尚书左丞邓晓入见,奉书称"皇从弟大凉皇帝臣轨"而不受官爵。帝怒,拘晓不遣,始议兴师讨之。

初,隋炀帝自征吐谷浑,吐谷浑可汗伏允以数千骑奔党项,炀帝立其质子顺为主,使统余众,不果入而还[3]。会中国丧乱,伏允复还收其故地。上受禅,顺自江都还长安,上遣使与伏允连和,使击李轨,许以顺还之。伏允喜,起兵击轨,数遣使入贡请顺,上遣之。

闰月,朱粲遣使请降,诏以粲为楚王,听自置官属,以便宜从事。

宇文化及以珍货诱海曲诸贼,贼帅王薄帅众从之,与共守聊城。

窦建德谓其群下曰:"吾为隋民,隋为吾君;今宇文化及弑逆,乃吾仇也,吾不可以不讨!"乃引兵趣聊城。

淮安王神通攻聊城,化及粮尽,请降,神通不许。安抚副使崔世干劝神通许之,神通曰:"军士暴露日久,贼食尽计穷,克在旦暮,吾当攻取以示国威,且散其玉帛以劳战士[4],若受其降,将何以为军赏乎！”世干曰：“今建德方至，若化及未平，内外受敌，吾军必败。夫不攻而下之，为功甚易，奈何贪其玉帛而不受乎！”神通怒，囚世干于军中。既而宇文士及自济北馈之，化及军稍振，遂复拒战。神通督兵攻之，贝州刺史赵君德攀堞先登，神通心害其功，收兵不战，君德大诟而下，遂不克。建德军且至，神通引兵退。

建德与化及连战，大破之，化及复保聊城。建德纵兵四面急攻，王薄开门纳之。建德入城，生擒化及，先谒隋萧皇后，语皆称臣，素服哭炀帝尽哀；收传国玺及卤簿仪仗⑤，抚存隋之百官，然后执逆党宇文智及、杨士览、元武达、许弘仁、孟景，集隋官而斩之，枭首军门之外。以槛车载化及并二子承基、承趾至襄国，斩之。化及且死，更无余言，但云：“不负夏王！”

建德每战胜克城，所得资财，悉以分将士，身无所取。又不啖肉，常食蔬，茹粟饭；妻曹氏，不衣纨绮，所役婢妾，才十许人。及破化及，得隋宫人千数，即时散遣之。以隋黄门侍郎裴矩为左仆射，掌选事，兵部侍郎崔君肃为侍中，少府令何稠为工部尚书，右司郎中柳调为左丞，虞世南为黄门侍郎，欧阳询为太常卿。询，纥之子也。自余随才授职，委以政事。其不愿留，欲诣关中及东都者，亦听之，仍给资粮，以兵援之出境。隋骁果尚近万人，亦各纵遣，任其所之。又与王世充结好，遣使奉表于隋皇泰主，皇泰主封为夏王。建德起于群盗，虽建国，未有文物法度⑥，裴矩为之定朝仪，制律令，建德甚悦，每从之谘访典礼。

【注释】

①租、庸、调法：唐征收制度。凡授田者，丁，岁输粟二斛，稻三斛，为之租；丁，随乡所出，岁输绢二匹，绫二丈，布加五之一，绵三两，麻三斤；非蚕乡，则输银十四两，谓之调；用人之力，岁二十日，闰加二日，不役者日为绢三尺，谓之庸。有事而加役二十五日者，免调；三十日者，租庸皆免，通正役不过五十日。 ②萧詧（chá 察）事魏故事：指梁元帝承圣三年（554），萧詧献地称臣于魏，大定元年（555），魏攻陷江陵，杀梁元帝，立他为帝，史称后梁。 ③不果：没有结果或结果没有。 ④玉帛：本为瑞玉和缣帛，这里泛指财物。 ⑤卤簿：帝王驾出时扈从的仪仗队。 ⑥文物法度：旧指礼乐典章法律制度。

甲辰，上考第群臣，以李纲、孙伏伽为第一，因置酒高会[①]，谓裴寂等曰："隋氏以主骄臣谄亡天下，朕即位以来，每虚心求谏，然惟李纲差尽忠款，孙伏伽可谓诚直，余人犹踵敝风，俯眉而已[②]，岂朕所望哉！朕视卿如爱子，卿当视朕如慈父，有怀必尽，勿自隐也！"因命舍君臣之敬，极欢而罢。

遣前御史大夫段确使于朱粲。

初，上为隋殿内少监[③]，宇文士及为尚辇奉御[④]，上与之善。士及从化及至黎阳，上手诏召之，士及潜遣家僮间道诣长安，又因使者献金环[⑤]。化及至魏县，兵势日蹙，士及劝之归唐，化及不从，内史令封德彝说士及于济北征督军粮以观其变。化及称帝，立士及为蜀王。化及死，士及与德彝自济北来降。时士及妹为昭仪[⑥]，由是授上仪同。上以封德彝隋室旧臣，而谄巧不忠，深诮责之，罢遣就舍。德彝以秘策干上，上悦，寻拜内史舍人，俄迁侍郎。

甲寅，隋夷陵郡丞安陆许绍帅黔安[⑦]、武陵、澧阳等诸郡来降。绍幼与帝同学；诏以绍为峡州刺史，赐爵安陆公。

丙辰，以徐世勣为黎州总管。

丁巳，骠骑将军张孝珉以劲卒百人袭王世充汜水城，入其郛，沉米船百五十艘。

己未，世充寇谷州。世充以秦叔宝为龙骧大将军，程知节为将军，待之皆厚。然二人疾世充多诈，知节谓叔宝曰："王公器度浅狭而多妄语，好为咒誓，此乃老巫妪耳，岂拨乱之主乎！"世充与唐兵战于九曲[⑧]，叔宝、知节皆将兵在陈，与其徒数十骑，西驰百许步，下马拜世充曰："仆荷公殊礼，深思报效；公性猜忌，喜信谗言，非仆托身之所，今不能仰事，请从此辞。"遂跃马来降，世充不敢逼。上使事秦王世民，世民素闻其名，厚礼之，以叔宝为马军总管，知节为左三统军[⑨]。时世充骁将又有骠骑武安李君羡、征南将军临邑田留安，亦恶世充之为人，帅众来降。世民引君羡置左右，以留安为右四统军。

王世充囚李育德之兄厚德于获嘉，厚德与其守将赵君颖逐殷州刺史段大师[⑩]，以城来降。以厚德为殷州刺史。

秦叔宝像

窦建德陷邢州，执总管陈君宾。

上遣殿内监窦诞、右卫将军宇文歆助并州总管齐王元吉守晋阳。诞，抗之子也，尚帝女襄阳公主。元吉性骄侈，奴客婢妾数百人，好使之被甲，戏为攻战，前后死伤甚众，元吉亦尝被伤。其乳母陈善意苦谏，元吉醉，怒，命壮士殴杀之。性好田猎，载罔罟三十车，尝言：“我宁三日不食，不能一日不猎。”常与诞游猎，蹂践人禾稼。又纵左右夺民物，当衢射人，观其避箭。夜，开府门，宣淫他室。百姓愤怨，歆屡谏不纳，乃表言其状。壬戌，元吉坐免官。

癸亥，陟州刺史李育德攻下王世充河内堡聚三十一所。乙丑，世充遣其兄子君廓侵陟州，李育德击走之，斩首千余级。李厚德归省亲疾，使李育德守获嘉，世充并兵攻之；丁卯，城陷，育德及弟三人皆战死。

己巳，李公逸以雍丘来降，拜杞州总管，以其族弟善行为杞州刺史。

隋吏部侍郎杨恭仁，从宇文化及至河北；化及败，魏州总管元宝藏获之，己巳，送长安。上与之有旧，拜黄门侍郎，寻以为凉州总管。恭仁素习边事，晓羌、胡情伪，民夷悦服，自葱岭已东，并入朝贡。

突厥始毕可汗将其众渡河至夏州[11]，梁师都发兵会之，以五百骑授刘武周，欲自句注入寇太原。会始毕卒，子什钵苾幼，未可立，立其弟俟利弗设为处罗可汗[12]。处罗以什钵苾为尼步设，使居东偏，直幽州之北。先是，上遣右武候将军高静奉币使于突厥，至丰州，闻始毕卒，敕纳于所在之库。突厥闻之，怒，欲入寇；丰州总管张长逊遣高静以币出塞为朝廷致赙，突厥乃还。

【注释】

①高会：大宴会。《史记·项羽本纪》："身送至无盐，饮酒高会。"《集解》引韦昭说："皆名尊爵，故云高。"《索隐》引服虔说："高会，大会也。" ②俯眉：俯首低眉，表示顺从的意思。 ③殿内少监：殿内省之官员。监一人，从三品，少监二人，从四品。掌皇帝衣食住行。 ④尚辇奉御：属殿内省官，掌皇帝车驾。 ⑤金环：即"今还"的谐音，暗示语。⑥昭仪：妃嫔称号。原为妃嫔第一，隋唐地位有所下降。 ⑦夷陵郡：治在今湖北宜昌市西北。 ⑧九曲：即九曲城，治在今河南宜阳县西北。 ⑨统军：唐初相当于隋的骠骑将军。 ⑩殷州：隋开皇十六年(596)置于获嘉县，即今河南的获嘉县。 ⑪夏州：治在今陕西靖边县东北白城子。 ⑫俟利弗设：俟利弗，人名，始毕之弟；设，为突厥别部典兵者之称。

三月，庚午，梁师都寇灵州，长史杨则击走之[1]。

壬申，王世充寇谷州，刺史史万宝战不利。

庚辰，隋北海通守郑虔符、文登令方惠整及东海、齐郡、东平、任城、平陆、寿张、须昌贼帅王薄等并以其地来降。

王世充之寇新安也，外示攻取，实召文武之附己者议受禅。李世英深以为不可，曰："四方所以奔驰归附东都者，以公能中兴隋室故也。今九州之地，未清其一，遽正位号，恐远人皆思叛去矣！"世充曰："公言是也！"长史韦节、杨续等曰："隋氏数穷，在理昭然。夫非常之事，固不可与常人议之。"太史令乐德融曰："昔岁长星出[2]，乃除旧布新之征；今岁星在角、亢[3]，亢，郑之分野。若不亟顺天道，恐王气衰息。"世充从之。外兵曹参军戴胄言于世充曰[4]："君臣犹父子也，休戚同之，明公莫若竭忠徇国，则家国俱安矣。"世充诡辞称善而遣之。世充议受九锡，胄复固谏，世充怒，出为郑州长史，使与兄子行本镇虎牢。乃使段达等言于皇泰主，请加世充九锡。皇泰主曰："郑公近平李密，已拜太尉，自是以来，未有殊绩，俟天下稍平，议之未晚。"段达曰："太尉欲之。"皇泰主熟视达曰："任公！"辛巳，达等以皇泰主之诏命世充为相国，假黄钺[5]，总百揆，进爵郑王，加九锡，郑国置丞相以下官。

初，宇文化及以隋大理卿郑善果为民部尚书，从至聊城，为化及督战，中流矢。窦建德克聊城，王琮获善果，责之曰："公名臣之家[6]，隋室大臣，奈何为弑君之贼效命，苦战伤痍至此乎！"善果大惭，欲自杀，宋正本驰往救止之；建德复不为礼，乃奔相州，淮安王神通送之长安。庚午[7]，善果至，上优礼之，拜左庶子、检校内史侍郎。

齐王元吉讽并州父老诣阙留己；甲申，复以元吉为并州总管。

戊子，淮南五州皆遣使来降。

辛卯，刘武周寇并州。

壬辰，营州总管邓暠击高开道，败之。

甲午，王世充遣其将高毗寇义州。

东都道士桓法嗣献《孔子闭房记》于王世充，言相国当代隋为天子。世充大悦，以法嗣为谏议大夫。世充又罗取杂鸟，书帛系颈，自言符命而纵之。有得鸟来献者，亦拜官爵。于是段达以皇泰主命，加世充殊礼，世充奉表三让。百官劝进，设位于都堂[8]。纳言苏威年老，不任朝谒，世充以威隋氏重臣，欲以眩耀士民，每劝进，必冠威名。及受殊礼之日，扶威置百官之上，然后南面正坐受之。

夏，四月，刘武周引突厥之众，军于黄蛇岭，兵锋甚盛。齐王元吉使车骑将军张达以步卒百人尝寇；达辞以兵少不可往，元吉强遣之，至则俱没。达忿恨，庚子，引武周袭榆次，陷之。

散骑常侍段确，性嗜酒，奉诏慰劳朱粲于菊潭。辛丑，乘醉侮粲曰："闻卿好啖人，人作何味？"粲曰："啖醉人正如糟藏彘肉。"确怒，骂曰："狂贼入朝，为一头奴耳，复得啖人乎！"粲于座收确及从者数十人，悉烹之以啖左右。遂屠菊潭，奔王世充，世充以为龙骧大将军。

【注释】

①长史:唐制边要之州置总管、刺史、长史、司马,总掌一州军政。②长星:彗星之属。古以此星出现为天下变乱改朝换代征兆。 ③岁星在角、亢:是指岁星运行在二十八宿的角、亢之间。古人用天上星宿,与地上方位对照称为分野,故有下面"郑之分野"之说。此喻天下归郑,是王气的征兆。 ④外兵曹:隋无,盖王世充取魏晋南北朝以来官制,相府置外兵曹、骑兵曹,分掌步兵骑兵。 ⑤黄钺:以黄金为饰的古兵器的钺,为天子仪仗所用,表示威重。 ⑥公名臣之家:指郑善果父诚,为隋讨尉迟迥,是为名臣,位隋大理卿。 ⑦庚午:严改庚为壬。此较合理。 ⑧都堂:隋唐尚书令有大厅,在尚书省之中,称之都堂。

王世充令长史韦节、杨续等及太常博士衡水孔颖达,造禅代仪,遣段达、云定兴等十余人入奏皇泰主曰:"天命不常,郑王功德甚盛,愿陛下遵唐、虞之迹!"皇泰主敛膝据案[①],怒曰:"天下,高祖之天下,若隋祚未亡,此言不应辄发;必天命已改,何烦禅让!公等或祖祢旧臣,或台鼎高位[②],既有斯言,朕复何望!"颜色凛冽,在廷者皆流汗。退朝,泣对太后。世充更使人谓之曰:"今海内未宁,须立长君[③],俟四方安集,当复子明辟,必如前誓[④]。"癸卯,世充称皇泰主命,禅位于郑。遣其兄世恽幽皇泰主于含凉殿,虽有三表陈让及敕书敦劝,皇泰主皆不知也。遣诸将引兵入清宫城,又遣术人以桃汤苇火祓除禁省。

隋将帅、郡县及贼帅前后继有降者,诏以王薄为齐州总管,伏德为济州总管,郑虔符为青州总管,綦公顺为淮州总管,王孝师为沧州总管。

甲辰,遣大理卿新乐郎楚之安抚山东,秘书监夏侯端安抚淮左。

乙巳,王世充备法驾入宫,即皇帝位;丙午,大赦,改元开明。

丁未,隋御卫将军陈稜以江都来降;以稜为扬州总管。

戊申,王世充立子玄应为太子,玄恕为汉王,余兄弟宗族十九人皆为王。奉皇泰主为潞国公。以苏威为太师,段达为司徒,云定兴为太尉,张仅为司空,杨续为纳言,韦节为内史,王隆为左仆射，韦霁为右仆射，齐王世恽为尚书令，杨汪为吏部尚书，杜淹为少吏部[5]，郑颋为御史大夫。世恽，世充之兄也。又以国子助教吴人陆德明为汉王师[6]，令玄恕就其家行束修礼[7]。德明耻之，服巴豆散[8]，卧称病，玄恕入跪床下，对之遗利[9]，竟不与语。德明名朗，以字行。

世充于阙下及玄武门等数处皆设榻，坐无常所，亲受章表；或轻骑历衢市，亦不清道，民但避路而已。世充按辔徐行，语之曰："昔时天子深居九重，在下事情无由闻彻[10]。今世充非贪天位，但欲救恤时危，正如一州刺史，亲览庶务，当与士庶共评朝政，尚恐门有禁限，今于门外设坐听朝，宜各尽情。"又令西朝堂纳冤抑，东朝堂纳直谏[11]。于是献策上书者日有数百，条疏既烦，省览难遍，数日后，不复更出。

窦建德闻王世充自立，乃绝之，始建天子旌旗，出警入跸[12]，下书称诏，追谥隋炀帝为闵帝。齐王暕之死也，有遗腹子政道，建德立以为郧公，然犹依倚突厥以壮其兵势。隋义成公主遣使迎萧皇后及南阳公主，建德遣千余骑送之，又传宇文化及首以献义成公主。

丙辰，刘武周围并州，齐王元吉拒却之。戊午，诏太常卿李仲文将兵救并州。

王世充将军丘怀义居门下内省，召越王君度、汉王玄恕、将军郭士衡杂妓妾饮博，侍御史张蕴古弹之。世充大怒，令散手执君度[13]、玄恕，批其耳数十；又命引入东上阁，杖之各数十。怀义、士衡不问。赏蕴古帛百段，迁太子舍人。君度，世充之兄子也。

世充每听朝，殷勤诲谕，言词重复，千端万绪，侍卫之人不胜倦弊，百司奏事，疲于听受。御史大夫苏良谏曰："陛下语太多而无领要，计云尔即可，何烦许辞也！"世充默然良久，亦不罪良，然性如是，终不能改也。

王世充数攻伊州，总管张善相拒之；粮尽，援兵不至，癸亥，城陷，善相骂世充极口而死。帝闻，叹曰："吾负善相，善相不负吾也！"赐其子襄城郡公。

【注释】

①敛膝据案：古代席地而坐，收回膝，手据案，做出愤怒的姿态。②台鼎：旧称三公为台鼎，如星有三台，鼎有三足，比喻皇朝重臣。③长君：年长的君主。 ④前誓：指去年七月禁中披发为誓，即对天发誓，表明不敢有二心。 ⑤少吏部：官称。即吏部侍郎。 ⑥助教：官名。晋武帝咸宁四年（278）始设。帮助国子祭酒、博士教授生徒。后世因之。 ⑦行束修礼：事师之礼。古代相见必执贽以为礼，以肉脯即修，十脡为束，是种最薄的礼，后专用为拜师从学之礼。 ⑧巴豆散：一种泻痢之药。 ⑨利：通“痢”。 ⑩在下：本为谦词，古时坐席，尊者在上座，故自谦称在下。此指民众。 ⑪东、西朝堂：指古代帝王听朝殿堂东西两边的殿堂。 ⑫出警入跸：指古代帝王出入左右侍卫警戒，止行人，清道路，以示威严，确保安全。 ⑬散手：即散手仗，为皇帝朝会的侍卫五仗之一。 ⑭东上阁：东都皇宫正殿乾阳殿左曰东上阁，西曰西上阁。

五月，王世充陷义州[①]，复寇西济州[②]。遣右骁卫大将军刘弘基将兵救之。

李轨将安修仁兄兴贵，仕长安，表请说轨，谕以祸福。上曰：“轨阻兵恃险，连结吐谷浑、突厥，吾兴兵击之，尚恐不克，岂口舌所能下乎！”兴贵曰：“臣家在凉州[③]，奕世豪望，为民夷所附；弟修仁为轨所信任，子弟在机近者以十数。臣往说之，轨听臣固善，若其不听，图之肘腋[④]，易矣！”上乃遣之。

兴贵至武威，轨以为左右卫大将军。兴贵乘间说轨曰：“凉地不过千里，土薄民贫。今唐起太原，取函秦[⑤]，宰制中原，战必胜，攻必取，此殆天启，非人力也。不若举河西归之，则窦融之功复见于今日矣[⑥]！”轨曰：“吾据山河之固，彼虽强大，若我何？汝自唐来，为唐游说耳。”兴贵谢曰：“臣闻富贵不归故乡，如衣绣夜行[⑦]。臣阖门受陛下荣禄，安肯附唐！但欲效其愚虑，可否在陛下耳。”于是退与修仁阴结诸胡起兵击轨，轨出战而败，婴城自守。兴贵徇曰：“大唐遣我来诛李轨，敢助之者夷三族！”城中人争出就兴贵。轨计穷，与妻子登玉女台，置酒为别。庚辰，兴贵执之以闻，河西悉平。

邓晓在长安，舞蹈称庆，上曰：“汝为人使臣，闻国亡，不戚而喜，以求媚于朕，不忠于李轨，肯为朕用乎！”遂废之终身。

轨至长安，并其子弟皆伏诛。以安兴贵为右武候大将军、上柱国、凉国公，赐帛万段，安修仁为左武候大将军、申国公。

隋末，离石胡刘龙儿拥兵数万⑧，自号刘王，以其子季真为太子；虎贲郎将梁德击斩龙儿。至是，季真与弟六儿复举兵为乱，引刘武周之众攻陷石州，杀刺史王俭。季真自称突利可汗，以六儿为拓定王。六儿遣使请降，诏以为岚州总管⑨。

壬午，以秦王世民为左武候大将军、使持节、凉、甘等九州诸军事、凉州总管，其太尉、尚书令、雍州牧、陕东道行台并如故。遣黄门侍郎杨恭仁安抚河西。

丙戌，刘武周陷平遥⑩。

癸巳，梁州总管、山东道安抚副使陈政为麾下所杀，携其首奔王世充。政，茂之子也。

王世充以礼部尚书裴仁基、左辅大将军裴行俨有威名，忌之。仁基父子知之，亦不自安，乃与尚书左丞宇文儒童、儒童弟尚食直长温⑪、散骑常侍崔德本谋杀世充及其党，复尊立皇泰主；事泄，皆夷三族。齐王世恽言于世充曰：“儒童等谋反，正为皇泰主尚在故也，不如早除之。”世充从之，遣兄子唐王仁则及家奴梁百年鸩皇泰主。皇泰主曰：“更为请太尉，以往者之言，未应至此。”百年欲为启陈，世恽不许；又请与皇太后辞诀，亦不许。乃布席焚香礼佛：“愿自今已往，不复生帝王家！”饮药，不能绝，以帛缢杀之。谥曰恭皇帝。世充以其兄楚王世伟为太保，齐王世恽为太傅，领尚书令。

【注释】

①义州：治在今辽宁义县。　②西济州：唐置，治在今河南济源市。　③凉州：治在今甘肃武威市。　④肘腋：喻身边，内部。　⑤函秦：古函国、秦国，指陕西一带。　⑥窦融之功：指窦融归汉光武帝之功。他初事莽，莽败，归刘玄，玄败，割据河西，为河西酒泉、张掖、敦煌等五郡大将军，光武立，乃以五郡归汉。　⑦衣绣夜行：夜间穿锦绣衣服出行。比喻荣显而未为众人所知。　⑧离石：即隋置离石郡，治在今山西吕梁

市离石区。胡：匈奴种，即稽胡。 ⑨岚州：治在今山西岚县。 ⑩平遥：治在今山西平遥县。 ⑪尚食直长：属殿中省尚食局掌帝王膳食的官。

六月，庚子，窦建德陷沧州[①]。

初，易州贼帅宋金刚[②]，有众万余，与魏刀儿连结。刀儿为窦建德所灭，金刚救之，战败，帅众四千西奔刘武周。武周闻其善用兵，得之，甚喜，号曰宋王，委以军事，中分家赀以遗之。金刚亦深自结，出其故妻，纳武周之妹。因说武周图晋阳，南向争天下。武周以金刚为西南道大行台，使将兵三万寇并州。丁未，武周进逼介州，沙门道澄以佛幡缒之入城[③]，遂陷介州；诏左武卫大将军姜宝谊、行军总管李仲文击之。武周将黄子英往来雀鼠谷，数以轻兵挑战，兵才接，子英阳不胜而走，如是再三，宝谊、仲文悉众逐之，伏兵发，唐兵大败，宝谊、仲文皆为所虏。既而俱逃归，上复使二人将兵击武周。

己酉，突厥遣使来告始毕可汗之丧，上举哀于长乐门[④]，废朝三日，诏百官就馆吊其使者。又遣内史舍人郑德挺吊处罗可汗，赙帛三万段。

上以刘武周入寇为忧，右仆射裴寂请自行。癸亥，以寂为晋州道行军总管[⑤]，讨武周，听以便宜从事。

秋，七月，初置十二军，分关内诸府以隶焉，皆取天星为名，以车骑府统之[⑥]。每军将、副各一人，取威名素重者为之，督以耕战之务。由是士马精强，所向无敌。

海岱贼帅徐圆朗以数州之地请降，拜兖州总管，封鲁国公。

王世充遣其将罗士信寇谷州，士信帅其众千余人来降。先是，士信从李密击世充，兵败，为世充所得，世充厚礼之，与同寝食。既而得邴元真等，待之如士信，士信耻之。士信有骏马，世充兄子赵王道询欲之，不与，世充夺之以赐道询；士信怒，故来降。上闻其来，甚喜，遣使迎劳，廪食其所部，以士信为陕州道行军总管[⑦]。世充左龙骧将军临泾席辩与同列杨虔安、李君义皆帅所部来降。

丙子,王世充遣其将郭士衡寇谷州,刺史任瓌大破之,俘斩且尽。

甲申,行军总管刘弘基遣其将种如愿袭王世充河阳城,毁其河桥而还。

乙酉,西突厥统叶护可汗、高昌王麹伯雅各遣使入贡。

初,西突厥曷娑那可汗入朝于隋,隋人留之,国人立其叔父,号射匮可汗。射匮者,达头可汗之孙也,既立,拓地东至金山[8],西至海,遂与北突厥为敌,建庭于龟兹北三弥山[9]。射匮卒,子统叶护立。统叶护勇而有谋,北并铁勒,控弦数十万,据乌孙故地,又移庭于石国北千泉[10];西域诸国皆臣之,叶护各遣吐屯监之,督其征赋。

辛卯,宋金刚寇浩州[11],浃旬而退。

【注释】

①沧州:治在今河北沧州市东南。 ②易州:治在今河北易县。 ③佛幡:佛寺上悬挂的旗幡。 ④长乐门:长安宫城南面三门之一,即南面靠东边的门。 ⑤晋州:治在今山西临汾市西南金殿。 ⑥车骑府:隋唐府兵制,此府为统率组织。 ⑦陕州:治在河南三门峡市西陕州区。 ⑧金山:治在今青海西宁市西北。 ⑨龟兹(qiūzī 丘滋):治在今新疆库车市东郊皮朗旧城。 ⑩石国:治在今乌兹别克斯坦塔什干。古大宛北鄙。 ⑪浩州:治在今山西汾阳市。

八月,丁酉,酅公薨[1],谥曰隋恭帝;无后,以族子行基嗣。

窦建德将兵十余万趣洺州,淮安王神通帅诸军退保相州。己亥,建德兵至洺州城下。

丙午,将军秦武通军至洛阳,败王世充将葛彦璋。

丁未,窦建德陷洺州,总管袁子干降之。乙卯,引兵趣相州,淮安王神通闻之,帅诸军就李世勣于黎阳。

梁师都与突厥合数千骑寇延州,行军总管段德操兵少不敌,闭壁不战,伺师都稍怠,九月,丙寅,遣副总管梁礼将兵击之。师都与礼战方酣,德操以轻骑多张旗帜,掩击其后,师都军溃,逐北二百余里,破其魏州[2],虏男女二千余口。德操,孝先之子也。

萧铣遣其将杨道生寇峡州[3]，刺史许绍击破之。铣又遣其将陈普环帅舟师上峡，规取巴、蜀。绍遣其子智仁及录事参军李弘节等追至西陵[4]，大破之，擒普环。铣遣兵戍安蜀城及荆门城[5]。

先是，上遣开府李靖诣夔州经略萧铣[6]。靖至峡州，阻铣兵，久不得进。上怒其迟留，阴敕许绍斩之；绍惜其才，为之奏请，获免。

己巳，窦建德陷相州，杀刺史吕珉。

民部尚书鲁公刘文静，自以才略功勋在裴寂之右而位居其下，意甚不平。每廷议，寂有所是，文静必非之，数侵侮寂，由是有隙。文静与弟通直散骑常侍文起饮，酒酣怨望，拔刀击柱曰："会当斩裴寂首！"家数有妖，文起召巫于星下被发衔刀为厌胜[7]。文静有妾无宠，使其兄上变告之。上以文静属吏，遣裴寂、萧瑀问状，文静曰："建义之初，忝为司马，计与长史位望略同。今寂为仆射，据甲第；臣官赏不异众人，东西征讨，老母留京师，风雨无所庇，实有觖望之心[8]，因醉怨言，不能自保。"上谓群臣曰："观文静此言，反明白矣。"李纲、萧瑀皆明其不反，秦王世民为之固请曰："昔在晋阳，文静先定非常之策，始告寂知；及克京城，任遇悬隔，令文静觖望则有之，非敢谋反。"裴寂言于上曰："文静才略实冠时人，性复粗险，今天下未定，留之必贻后患。"上素亲寂，低回久之[9]，卒用寂言。辛未，文静及文起坐死，籍没其家[10]。

沈法兴既克毗陵，谓江、淮之南指㧑可定，自称梁王，都毗陵，改元延康，置百官。性残忍，专尚威刑，将士小有过，即斩之，由是其下离怨。

时杜伏威据历阳，陈稜据江都，李子通据海陵，俱有窥江表之心。法兴军数败；会子通围稜于江都，稜送质求救于法兴，及伏威，法兴使其子纶将兵数万与伏威共救之。伏威军清流[11]，纶军扬子[12]，相去数十里。子通纳言毛文深献策，募江南人诈为纶兵，夜袭伏威营，伏威怒，复遣兵袭纶。由是二人相疑，莫敢先进。子通得尽锐攻江都，克之，稜奔伏威。子通入江都，因纵击纶，大破之，伏威亦引去。子通即皇帝位，国号吴，改元明政。丹阳贼帅乐伯通帅众万余降之，子通以为左仆射。

杜伏威请降；丁丑，以伏威为淮南安抚大使、和州总管⑬。

【注释】

①酅公：杨侑，隋炀帝长子杨昭之子。初封陈王，后改代王。炀帝外巡留京师。李渊入长安，立为帝，禅位李渊，封酅公。谥号恭帝。 ②魏州：治在今河北衡水市冀州区。 ③峡州：在今湖北宜昌市东南。 ④西陵：西陵峡，在今湖北宜昌市西北。 ⑤安蜀城：在今湖北宜昌市西北长江西陵峡口。荆门城，也在此附近。 ⑥经略：官名。唐初，边州别置经略使，其后多以节度使兼任。此为治理、节度、阻止之意。 ⑦厌胜：古代迷信谓能以诅咒制胜。 ⑧觖(jué 决)望：因不满而怨恨。 ⑨低回：徘徊。低头思量。 ⑩籍没：简言为没收财产入官；析言为按先祖户籍登录的物色财产入官。 ⑪清流：古县名。治在今安徽滁州市。 ⑫扬子：古县名。治在今江苏扬州市南。 ⑬和州：治在今安徽和县。

裴寂至介休[①]，宋金刚据城拒之。寂军于度索原[②]，营中饮涧水，金刚绝之，士卒渴乏。寂欲移营就水，金刚纵兵击之，寂军遂溃，失亡略尽；寂一日一夜驰至晋州。先是，刘武周屡遣兵攻西河[③]，浩州刺史刘赡拒之，李仲文引兵就之，与共守西河。及裴寂败，自晋州以北城镇俱没，唯西河独存。姜宝谊复为金刚所虏，谋逃归，金刚杀之。裴寂上表谢罪，上慰谕之，复使镇抚河东[④]。

刘武周进逼并州，齐王元吉绐其司马刘德威曰[⑤]："卿以老弱守城，吾以强兵出战。"卒巳，元吉夜出兵，携其妻妾弃州奔还长安。元吉始去，武周兵已至城下，晋阳土豪薛深以城纳武周。上闻之，大怒，谓礼部尚书李纲曰："元吉幼弱，未习时事，故遣窦诞、宇文歆辅之。晋阳强兵数万，食支十年，兴王之基，一旦弃之。闻宇文歆首画此策，我当斩之！"纲曰："王年少骄逸，窦诞曾无规谏，又掩覆之，使士民愤怨，今日之败，诞之罪也。歆谏，王不悛[⑥]，寻皆闻奏，乃忠臣也，岂可杀哉！"明日，上召纲入，升御座曰："我得公，遂无滥刑。元吉自为不善，非二人所能禁也。"并诞赦之。卫尉少卿刘政会在太原，为武周所虏，政会密表论武周形势。

武周据太原，遣宋金刚攻晋州，拔之，虏右骁卫大将军刘弘基，弘基逃归。金刚进逼绛州[7]，陷龙门[8]。

西突厥曷娑那可汗与北突厥有怨；曷娑那在长安，北突厥遣使请杀之，上不许。群臣皆曰："保一人而失一国，后必为患！"秦王世民曰："人穷来归我，杀之不义。"上迟回久之，不得已，丙戌，引曷娑那于内殿宴饮，既而送中书省，纵北突厥使者使杀之。

礼部尚书李纲领太子詹事，太子建成始甚礼之。久之，太子渐昵近小人，疾秦王世民功高，颇相猜忌；纲屡谏不听，乃乞骸骨。上骂之曰："卿为何潘仁长史，乃耻为朕尚书邪！且方使卿辅导建成，而固求去，何也？"纲顿首曰："潘仁，贼也，每欲妄杀人，臣谏之即止，为其长史，可以无愧。陛下创业明主，臣不才，所言如水投石，言于太子亦然，臣何敢久污天台、辱东朝乎[9]！"上曰："知公直士，勉留辅吾儿。"戊子，以纲为太子少保，尚书、詹事如故。纲复上书谏太子饮酒无节，及信谗慝[10]，疏骨肉；太子不怿[11]，而所为如故。纲郁郁不得志，是岁，固称老病辞职，诏解尚书，仍为少保。

淮安王神通使慰抚使张道源镇赵州[12]。庚寅，窦建德陷赵州，执总管张志昂及道源。建德以二人及邢州刺史陈君宾不早下，欲杀之，国子祭酒凌敬谏曰："人臣各为其主用，彼坚守不下，乃忠臣也。今大王杀之，何以励群下乎！"建德怒曰："吾至城下，彼犹不降，力屈就擒，何可舍也！"敬曰："今大王使大将高士兴拒罗艺于易水，艺才至，兴即降，大王之意以为何如？"建德乃悟，即命释之。

乙未，梁师都复寇延州，段德操击破之，斩首二千余级，师都以百余骑遁去。德操以功拜柱国，赐爵平原郡公。鄜州刺史鄜城壮公梁礼战没[13]。

【注释】

①介休：古县名。治在今山西介休市。　②度索原：在今山西介休市东南介山下。　③西河：古县名。治在今山西临汾市北。　④河东：在今山西永济市西南蒲州镇。　⑤绐（dài 代）：欺骗。　⑥悛（quān 圈）：悔改、停止。　⑦绛州：治在今山西新绛县。　⑧龙门：古县名。治在今山西河津市东南。　⑨天台：谓尚书省。东朝：谓东宫，太子所居。　⑩谗慝：恶言恶意。亦指邪恶之人。　⑪怿（yì 译）：喜欢。　⑫赵州：治在今河北赵县。　⑬鄜州：治在今陕西富县。

冬，十月，己亥，就加凉州总管杨恭仁纳言；赐幽州总管燕公罗艺姓李氏，封燕郡王。

辛丑，李艺破窦建德于衡水[1]。

癸卯，以左武候大将军庞玉为梁州总管[2]。时集州獠反[3]，玉讨之，獠据险自守[4]，军不得进，粮且尽。熟獠与反者皆邻里亲党，争言贼不可击，请玉还。玉扬言："秋谷将熟，百姓毋得收刈，一切供军，非平贼吾不返。"闻者大惧，曰："大军不去，吾曹皆将馁死。"其中壮士乃入贼营，与所亲潜谋，斩其渠帅而降，余党皆散，玉追讨，悉平之。

刘武周将宋金刚进攻浍州[5]，陷之，军势甚锐。裴寂性怯，无将帅之略，唯发使骆驿[6]，趣虞、泰二州居民入城堡[7]，焚其积聚。民惊扰愁怨，皆思为盗，夏县民吕崇茂聚众自称魏王[8]，以应武周，寂讨之，为所败。诏永安王孝基、独孤怀恩、陕州总管于筠、内史侍郎唐俭等将兵讨之。

时王行本犹据蒲反，未下，亦与武周相应，关中震骇。上出手敕曰："贼势如此，难与争锋，宜弃大河以东，谨守关西而已[9]。"秦王世民上表曰："太原，王业所基，国之根本；河东富实，京邑所资，若举而弃之，臣窃愤恨。愿假臣精兵三万，必冀平殄武周，克复汾、晋。"上于是悉发关中兵以益世民所统，使击武周。乙卯，幸华阴，至长春宫以送之。

窦建德引兵趣卫州[10]。建德每行军，常为三道，辎重、细弱居中央，步骑夹左右，相去二里许。建德以千骑前行，过黎阳三十里，李世勣遣骑将丘孝刚将二百骑侦之。孝刚骁勇，善马槊，与建德遇，遂击之，建德败走；右方兵救之，击斩孝刚。建德怒，还攻黎阳，克之，虏淮安王神通、李世勣父盖、魏征及帝妹同安公主。唯李世勣以数百骑走渡河，数日，以其父故，还诣建德降；卫州闻黎阳陷，亦降。建德以李世勣为左骁卫将军，使守黎阳，常以其父盖自随为质。以魏征为起居舍人。滑州刺史王轨奴杀轨[11]，携其首诣建德降。建德曰："奴杀主大逆，吾何为受之！"立命斩奴，返其首于滑州。吏民感悦，即日请降。于是其旁州县及徐圆朗等皆望风归附。己未，建德还洺州，筑万春宫，徙都之。置淮安王神通于下博[12]，待以客礼。

行军总管罗士信帅勇士夜入洛阳外郭，纵火焚清化里而还。壬戌，士信拔青城堡。

王世充自将兵徇地至滑台[13]，临黎阳；尉氏城主时德叡、汴州刺史王要汉、亳州刺史丁叔则遣使降之[14]。以德叡为尉州刺史。要汉，伯当之兄也。

夏侯端至黎阳，李世勣发兵送之，自澶渊济河[15]，传檄州县，东至于海，南至于淮，二十余州，皆遣使来降。行至谯州，会汴、亳降于王世充，还路遂绝。端素得众心，所从二千人，虽粮尽不忍委去，端坐泽中，杀马以饷士，因歔欷谓曰："卿等乡里皆已从贼，特以共事之情，未能见委。我奉王命，不可从卿；卿有妻子，无宜效我。可斩吾首归贼，必获富贵。"众皆流涕曰："公于唐室非有亲属，直以忠义，志不图存。某等虽贱，心亦人也，宁肯害公以求利乎！"端曰："卿不忍见杀，吾当自刎。"众抱持之，乃复同进，潜行五日，馁死及为贼所击奔溃相失者太半，唯余五十二人同走，采豐豆生食之[16]。端持节未尝离身，屡遣从者散，自求生，众又不可。时河南之地皆入世充，唯杞州刺史李公逸为唐坚守，遣兵迎端，馆给之。世充遣使召端，解衣遗之，仍送除书，以端为淮南郡公、尚书少吏部。端对使者焚书毁衣，曰："夏侯端天子大使，岂受王世充官乎！汝欲吾往，唯可取吾首耳。"因解节旄怀之，置刃于竿，自山中西走，无复蹊径，冒践荆棘，昼夜兼行，得达宜阳，从者坠崖溺水，为虎狼所食，又丧其半；其存者鬓发秃落，无复人状。端诣阙见上，但谢无功，初不自言艰苦，上复以为秘书监。

郎楚之至山东，亦为窦建德所获，楚之不屈，竟得还。

王世充遣其从弟世辩以徐、亳之兵攻雍丘。李公逸遣使求救，上以隔贼境，不能救。公逸乃留其属李善行守雍丘，身帅轻骑入朝，至襄城，为世充伊州刺史张殷所获。世充谓曰："卿越郑臣唐，其说安在？"公逸曰："我于天下，唯知有唐，不知有郑。"世充怒，斩之。善行亦没。上以公逸子为襄邑公。

甲子，上祠华山[17]。

【注释】

①衡水:古县名。治在今河北衡水市南。 ②梁州:治在今陕西汉中市东。 ③集州:治在今四川南江县。 ④獠:古代对少数民族的蔑称。近边者称熟獠,远者称生獠。 ⑤浍州:治在今山西翼城县。 ⑥骆驿:即络绎,连续不断。 ⑦虞、泰二州:治在山西运城市东北安邑、山西河津市东南。 ⑧夏县:治即今山西夏县西北禹王城。 ⑨关西:秦、汉、唐指故函谷关、潼关以西之地。 ⑩卫州:治即今河南卫辉市。 ⑪滑州:治即今河南滑县东。 ⑫下博:古县名。治即今河北深州市东南。 ⑬滑台:即滑台城,治即今河南滑县东旧城。 ⑭亳州:治即今安徽亳州市。 ⑮澶渊:古县名。治在今河南濮阳县西。 ⑯藰(láo 劳)豆:野绿豆。 ⑰华山:在今陕西华阴市境,上有西岳庙。

资治通鉴卷第一百八十八

唐纪四　起屠维单阏十一月，尽重光大荒落二月，凡一年有奇。

高祖神尧大圣光孝皇帝中之上

武德二年　十一月，己卯，刘武周寇浩州。

秦王世民引兵自龙门乘冰坚渡河，屯柏壁[①]，与宋金刚相持。时河东州县，俘掠之余，未有仓廪，人情恇扰[②]，聚入城堡，征敛无所得，军中乏食。世民发教谕民，民闻世民为帅而来，莫不归附，自近及远，至者日多，然后渐收其粮，军食以充。乃休兵秣马，唯令偏裨乘间抄掠，大军坚壁不战，由是贼势日衰。

世民尝自帅轻骑觇敌[③]，骑皆四散，世民独与一甲士登丘而寝。俄而贼兵四合，初不之觉，会有蛇逐鼠，触甲士之面，甲士惊寤，遂白世民俱上马，驰百余步，为贼所及，世民以大羽箭射殪其骁将[④]，贼骑乃退。

李世勣欲归唐，恐祸及其父，谋于郭孝恪。孝恪曰："吾新事窦氏，动则见疑，宜先立效以取信，然后可图也。"世勣从之。袭王世充获嘉，破之，多所俘获，以献建德，建德由是亲之。

初，漳南人刘黑闼，少骁勇狡狯，与窦建德善，后为群盗，转事郝孝德、李密、王世充。世充以为骑将，每见世充所为，窃笑之。世充使黑闼守新乡，李世勣击虏之，献于建德。建德署为将军，赐爵汉东公，常使将奇兵东西掩袭，或潜入敌境觇视虚实，黑闼往往乘间奋击，克获而还。

柏壁寨遗址

十二月，庚申，上猎于华山。

于筠说永安王孝基急攻吕崇茂，独孤怀恩请先成攻具，然后进，孝基从之。崇茂求救于宋金刚，金刚遣其将善阳尉迟敬德[⑤]、寻相将兵奄至夏县。孝基表里受敌，军遂大败，孝基、怀恩、筠、唐俭及行军总管刘世让皆为所虏。敬德名恭，以字行。

上征裴寂入朝，责其败军，下吏，既而释之，宠待弥厚。

尉迟敬德、寻相将还浍州，秦王世民遣兵部尚书殷开山、总管秦叔宝等邀之于美良川[⑥]，大破之，斩首二千余级。顷之，敬德、寻相潜引精骑援王行本于蒲反，世民自将步骑三千从间道夜趋安邑，邀击，大破之，敬德、相仅以身免，悉俘其众，复归柏壁。

诸将咸请与宋金刚战，世民曰："金刚悬军深入，精兵猛将，咸聚于是，武周据太原，倚金刚为扞蔽[⑦]。金刚军无蓄积，以虏掠为资，利在速战。我闭营养锐以挫其锋，分兵汾、隰[⑧]，冲其心腹，彼粮尽计穷，自当遁走。当待此机，未宜速战。"

永安壮王孝基谋逃归，刘武周杀之。

李世勣复遣人说窦建德曰："曹、戴二州[⑨]，户口完实，孟海公窃有其地，与郑人外合内离，若以大军临之，指期可取。既得海公，以临徐、兖，河南可不战而定也。”建德以为然，欲自将徇河南[10]，先遣其行台曹旦等将兵五万济河[11]，世勣引兵三千会之。

【注释】

①柏壁：柏壁城，在今山西新绛县西南柏壁村。　②恇（kuāng 匡）：害怕，惊慌。　③觇（chān 搀）：观察、窥视。　④殪：一矢发而死为殪。⑤善阳：古县名。治在今山西朔州市。　⑥邀：拦截阻击。　⑦扞蔽：捍卫障蔽。　⑧汾、隰（xí 习）：故州县名。汾州，治在今山西吉县；隰州，治在今山西隰县。　⑨曹、戴二州：治在今山东曹县西北和成武县。⑩徇：夺取、攻占。　⑪行台：代表朝廷行尚书事的官员。

三年　春，正月，将军秦武通攻王行本于蒲反。行本出战而败，粮尽援绝，欲突围走，无随之者，戊寅，开门出降。辛巳，上幸蒲州[1]，斩行本。秦王世民轻骑谒上于蒲州。宋金刚围绛州。癸巳，上还长安。

李世勣谋俟窦建德至河南，掩袭其营，杀之，冀得其父并建德土地以归唐。会建德妻产，久之不至。

曹旦，建德之妻兄也，在河南，多所侵扰，诸贼羁属者皆怨之。贼帅魏郡李文相，号李商胡，聚众五千余人，据孟津中潬[2]；母霍氏，亦善骑射，自称霍总管。世勣结商胡为昆弟，入拜商胡之母。母泣谓世勣曰：“窦氏无道，如何事之！”世勣曰：“母无忧，不过一月，当杀之，相与归唐耳！”世勣辞去，母谓商胡曰：“东海公许我共图此贼，事久变生，何必待其来，不如速决。”是夜，商胡召曹旦偏裨二十三人，饮之酒，尽杀之。旦别将高雅贤、阮君明尚在河北未济，商胡以巨舟四艘济河北之兵三百人，至中流，悉杀之。有兽医游水得免，至南岸，告曹旦，旦严警为备。商胡既举事，始遣人告李世勣。世勣与曹旦连营，郭孝恪劝世勣袭旦，世勣未决，闻旦已有备，遂与孝恪帅数十骑来奔。商胡复引精兵二千，北袭阮君明，破之。高雅贤收众去，商胡追之，不及而还。

建德群臣请诛李盖，建德曰：“世勣，唐臣，为我所虏，不忘本朝，乃忠臣也，其父何罪！”遂赦之。

甲午，世勣、孝恪至长安。曹旦遂取济州[3]，复还洺州。

二月，庚子，上幸华阴。

刘武周遣兵寇潞州[4]，陷长子、壶关[5]。潞州刺史郭子武不能御，上以将军河东王行敏助之。行敏与子武不叶，或言子武将叛，行敏斩子武以徇。乙巳，武周复遣兵寇潞州，行敏击破之。

壬子，开州蛮酋冉肇则陷通州[6]。

甲寅，遣将军桑显和等攻吕崇茂于夏县。

初，工部尚书独孤怀恩攻蒲反，久不下，失亡多，上数以敕书诮让之，怀恩由是怨望。上尝戏谓怀恩曰："姑之子皆已为天子，次应至舅之子乎[7]？"怀恩亦颇以此自负，或时扼腕曰："我家岂女独贵乎[8]？"遂与麾下元君宝谋反。会怀恩、君宝与唐俭皆没于尉迟敬德，君宝谓俭曰："独孤尚书近谋大事，若能早决，岂有此辱哉！"及秦王世民败敬德于美良川，怀恩逃归，上复使之将兵攻蒲反。君宝又谓俭曰："独孤尚书遂拔难得还，复在蒲反，可谓王者不死[9]！"俭恐怀恩遂成其谋，乃说尉迟敬德，请使刘世让还与唐连和，敬德从之，遂以怀恩反状闻。时王行本已降，怀恩入据其城，上方济河幸怀恩营，已登舟矣，世让适至。上大惊曰："吾得免，岂非天也！"乃使召怀恩，怀恩未知事露，轻舟来至，即执以属吏，分捕党与。甲寅，诛怀恩及其党。

窦建德攻李商胡，杀之。建德洺州劝课农桑，境内无盗，商旅野宿。

突厥处罗可汗迎杨政道[10]，立为隋王。中国士民在北者，处罗悉以配之，有众万人。置百官，皆依隋制，居于定襄[11]。

【注释】

①蒲州：治在今山西临猗县西南临晋。　②中潬：在今河南孟州市西南黄河沙洲上。　③济州：治在今山东茌平县西南。　④潞州：治在今山西长治市。　⑤长子：古县名。治在今山西长子县。壶关：古县名。治在今山西长治市北。　⑥开州：治今重庆开州区。通州：治在今四川达州市达川区。　⑦姑之子皆已为天子，次应至舅之子乎：前指隋炀帝及李渊自己，后指独孤怀恩。因隋文帝独孤皇后是李渊的姨母，故独孤怀恩为舅氏之子。　⑧我家岂女独贵乎：指周明帝皇后、隋文帝皇后，以及李渊之母，皆独孤氏之女。　⑨王者不死：这是种封建迷信的天命说，

所王者是天命注定不会死的。 ⑩杨政道：隋齐王暕的遗腹子。 ⑪定襄：治在今内蒙古和林格尔县西北土城子。

三月，乙丑，刘武周遣其将张万岁寇浩州，李仲文击走之，俘斩数千人。

改纳言为侍中，内史令为中书令，给事郎为给事中[①]。

甲戌，以内史侍郎封德彝为中书令。

王世充将帅、州县来降者，时月相继。世充乃峻其法，一人亡叛，举家无少长就戮，父子、兄弟、夫妇许相告而免之。又使五家为保，有举家亡者，四邻不觉，皆坐诛。杀人益多而亡者益甚，至于樵采之人，出入皆有限数；公私愁窘，人不聊生。又以宫城为大狱，意所忌者，并其家属收系宫中；诸将出讨，亦质其家属于宫中，禁止者常不减万口，馁死者日有数十。世充又以台省官为司、郑、管、原、伊、殷、梁、凑、嵩、谷、怀、德等十二州营田使，丞、郎得为此行者，喜若登仙[②]。

甲申，行军副总管张伦败刘武周于浩州，俘斩千余人。

西河公张纶、真乡公李仲文引兵临石州[③]，刘季真惧而诈降。乙酉，以季真为石州总管，赐姓李氏，封彭山郡王。

蛮酋冉肇则寇信州[④]，赵郡公孝恭与战，不利。李靖将兵八百，袭击，斩之，俘五千余人。己丑，复开、通二州。孝恭又击萧铣东平王阇提，斩之。

夏，四月，丙申，上祠华山；壬寅，还长安。

置益州道行台[⑤]，以益、利、会、鄜、泾、遂六总管隶焉。

刘武周数攻浩州，为李仲文所败。宋金刚军中食尽；丁未，金刚北走，秦王世民追之。

罗士信围慈涧[⑥]，王世充使太子玄应拒之，士信刺玄应坠马，人救之，得免。

壬子，以显州道行台杨士林为行台尚书令。

甲寅，加秦王世民益州道行台尚书令。

秦王世民追及寻相于吕州[⑦]，大破之，乘胜逐北，一昼夜行二百余里，战数十合。至高壁岭，总管刘弘基执辔谏曰："大王破贼，

尉迟敬德像

逐北至此，功亦足矣，深入不已，不爱身乎！且士卒饥疲，宜留壁于此，俟兵粮毕集，然后复进，未晚也。”世民曰：“金刚计穷而走，众心离沮；功难成而易败，机难得而易失，必乘此势取之。若更淹留，使之计立备成，不可复攻矣。吾竭忠徇国，岂顾身乎！”遂策马而进，将士不敢复言饥。追及金刚于雀鼠谷，一日八战，皆破之，俘斩数万人。夜，宿于雀鼠谷西原，世民不食二日，不解甲三日矣，军中止有一羊，世民与将士分而食之。丙辰，陕州总管于筠自金刚所逃来。世民引兵趣介休，金刚尚有众二万，出西门，背城布陈，南北七里。世民遣总管李世勣与战，小却，为贼所乘，世民帅精骑击之，出其陈后，金刚大败，斩首三千级。金刚轻骑走，世民追之数十里，至张难堡。浩州行军总管樊伯通、张德政据堡自守，世民免胄示之，堡中喜噪且泣，左右告以王不食，献浊酒、脱粟饭。

尉迟敬德收余众守介休，世民遣任城王道宗、宇文士及往谕之，敬德与寻相举介休及永安降。世民得敬德，甚喜，以为右一府统军，使将其旧众八千，与诸营相参。屈突通虑其变，骤以为言，世民不听。

刘武周闻金刚败，大惧，弃并州走突厥。金刚收其余众，欲复战，众莫肯从，亦与百余骑走突厥。

世民至晋阳，武周所署仆射杨伏念以城降。唐俭封府库以待世民，武周所得州县皆入于唐。

未几，金刚谋走上谷，突厥追获，腰斩之。岚州总管刘六儿从宋金刚在介休，秦王世民擒斩之。其兄季真，弃石州，奔刘武周将马邑高满政，满政杀之。

武周之南寇也，其内史令苑君璋谏曰："唐主举一州之众，直取长安，所向无敌，此乃天授，非人力也。晋阳以南，道路险隘，悬军深入，无继于后，君进战不利，何以自还！不如北连突厥，南结唐朝，南面称孤，足为长策。"武周不听，留君璋守朔州。及败，泣谓君璋曰："不用君言，以至于此。"久之，武周谋亡归马邑，事泄，突厥杀之。突厥又以君璋为大行台，统其余众，仍令郁射设督兵助镇。

庚申，怀州总管黄君汉击王世充太子玄应于西济州，大破之；熊州行军总管史万宝邀之于九曲，又破之。

辛酉，王世充陷邓州。

上闻并州平，大悦。壬戌，宴群臣，赐缯帛，使自入御府[8]，尽力取之。复唐俭官爵，仍以为并州道安抚大使；所籍独孤怀恩田宅资财，悉以赐之。

世民留李仲文镇并州，刘武周数遣兵入寇，仲文辄击破之，下城堡百余所。诏仲文检校并州总管。

【注释】

①"纳言"句：复旧官名。侍中，秦始置，两汉沿袭，北周、隋名纳言，唐复其旧，为门下省长官。中书令，魏晋已置，隋因避讳改内史令，唐复其旧。隋又改给事中为给事郎，唐乃复其旧。　②"世充又以台省官"句：胡三省注：世充以洛州为司州，汜水为郑州，管城为管州，沁水为原州，襄城为伊州，获嘉为殷州，睢阳为梁州。溱州，阙；《九域志》：郑州古迹有溱水，当置溱州于此。嵩阳为嵩州，大谷为谷州，河内为怀州，武德为德州。丞、郎，尚书左右丞及诸曹郎。　③石州：治在今山西吕梁市。　④信州：治在今重庆奉节县东白帝。　⑤益州道：唐行政区划名称。置行台统辖，起蜀跨陇而向东北一带。　⑥慈涧：古地名。在今河南洛阳西南宜阳县。　⑦吕州：治在今山西霍州市。　⑧御府：宫中府藏宝货之处。据典制，凡朝会，五品以上赐绢、杂彩、金银器物于殿庭，由

内府令掌供名数。

五月，窦建德遣高士兴击李艺于幽州，不克，退军笼火城[1]。艺袭击，大破之，斩首五千级。建德大将军王伏宝，勇略冠军中，诸将疾之，言其谋反，建德杀之，伏宝曰："大王奈何听谗言，自斩左右手乎！"

初，尉迟敬德将兵助吕崇茂守夏县，上潜遣使赦崇茂罪，拜夏州刺史[2]，使图敬德，事泄，敬德杀之。敬德去，崇茂余党复据夏县拒守。秦王世民引军自晋州还攻夏县，壬午，屠之。

辛卯，秦王世民至长安。

是月，突厥遣阿史那揭多献马千匹于王世充，且求婚，世充以宗女妻之，并与之互市。

六月，壬辰，诏以和州总管、东南道行台尚书令楚王杜伏威为使持节、总管江淮以南诸军事、扬州刺史、东南道行台尚书令、淮南道安抚使，进封吴王，赐姓李氏。以辅公祏为行台左仆射，封舒国公。

丙午，立皇子元景为赵王，元昌为鲁王，元亨为酆王。

显州行台尚书令楚公杨士林，虽受唐官爵，而北结王世充，南通萧铣，诏庐江王瑗与安抚使李弘敏讨之。兵未行，长史田瓒为士林所忌，甲寅，瓒杀士林，降于世充，世充以瓒为显州总管。

秦王世民之讨刘武周也，突厥处罗可汗遣其弟步利设帅二千骑助唐。武周既败，是月，处罗至晋阳，总管李仲文不能制；又留伦特勒，使将数百人，云助仲文镇守，自石岭以北[3]，皆留兵戍之而去。

上议击世充，世充闻之，选诸州镇骁勇皆集洛阳，置四镇将军，募人分守四城。秋，七月，壬戌，诏秦王世民督诸军击世充。陕东道行台屈突通二子在洛阳，上谓通曰："今欲使卿东征，如卿二儿何？"通曰："臣昔为俘囚，分当就死，陛下释缚，加以恩礼。当是之时，臣心口相誓，期以更生余年为陛下尽节，但恐不获死所耳。今得备先驱，二儿何足顾乎！"上叹曰："徇义之士，一至此乎！"

癸亥，突厥遣使潜诣王世充，潞州总管李袭誉邀击，败之，虏牛羊万计。

骠骑大将军可朱浑定远告"并州总管李仲文与突厥通谋[4]，欲俟洛阳兵交，引胡骑直入长安"。甲戌，命皇太子镇蒲反以备之，又遣礼部尚书唐俭安抚并州，暂废并州总管府[5]，征仲文入朝。

壬午，秦王世民至新安[6]；王世充遣魏王弘烈镇襄阳，荆王行本镇虎牢，宋王泰镇怀州，齐王世恽检校南城，楚王世伟守宝城，太子玄应守东城，汉王玄恕守含嘉城，鲁王道徇守曜仪城[7]，世充自将战兵，左辅大将军杨公卿帅左龙骧二十八府骑兵，右游击大将军郭善才帅内军二十八府步兵，左游击大将军跋野纲帅外军二十八府步兵[8]，总三万人，以备唐。弘烈、行本，世伟之子；泰，世充之兄子也。

梁师都引突厥、稽胡兵入寇，行军总管段德操击破之，斩首千余级。

罗士信将前锋围慈涧，世充自将兵三万救之。己丑，秦王世民将轻骑前觇世充，猝与之遇，众寡不敌，道路险阨，为世充所围。世民左右驰射，获其左建威将军燕琪，世充乃退。世民还营，尘埃覆面，军不复识，欲拒之，世民免胄自言，乃得入。旦日，帅步骑五万进军慈涧，世充拔慈涧之戍，归于洛阳。世民遣行军总管史万宝自宜阳南据龙门[9]，将军刘德威自太行东围河内，上谷公王君廓自洛口断其饷道[10]，怀州总管黄君汉自河阴攻回洛城；大军屯于北邙，连营以逼之。世充洧州长史繁水张公谨与刺史崔枢以州城来降[11]。

八月，丁酉，南宁西爨蛮遣使入贡。初，隋末蛮酋爨翫反，诛，诸子没为官奴，弃其地。帝即位，以翫子弘达为昆州刺史[12]，令持其父尸归葬；益州刺史段纶因遣使招谕其部落，皆来降。

【注释】

①笼火城：在今北京市西南。 ②夏州：此盖以夏县为夏州。 ③石岭：关名。即今山西阳曲县东北关城。 ④可朱浑定远：突厥人姓可朱浑，名定远。 ⑤蹔：同"暂"。 ⑥新安：在今河南新安县。 ⑦南城、宝城、东城、含嘉城、曜仪城：据唐《六典》记载，皆东都城池设

施。皇城在东城西北隅，东城在皇城东，以地望，南城在皇城之南。皇城盖称宝城。含嘉城则含嘉仓城。曜仪城，盖在东城之东。　⑧跋野纲：少数民族，复姓跋野，名纲。　⑨龙门：地名，在洛阳城南，与香山隔伊水相对，非山西禹门口之龙门。　⑩上谷：在今河北易县。洛口：在陕西洋县西浇河口。　⑪洧州：治在今河南鄢陵县西北。　⑫昆州：治在今云南昆明市西郊马街附近。

己亥，窦建德共州县令唐纲杀刺史[1]，以州来降。

邓州土豪执王世充所署刺史来降[2]。

癸卯，梁师都石堡留守张举帅千余人来降[3]。

甲辰，黄君汉遣校尉张夜叉以舟师袭回洛城[4]，克之，获其将达奚善定，断河阳南桥而还[5]，降其堡聚二十余。世充使太子玄应帅杨公卿等攻回洛，不克，乃筑月城于其西[6]，留兵戍之。

世充陈于青城宫[7]，秦王世民亦置陈当之。世充隔水谓世民曰："隋室倾覆，唐帝关中，郑帝河南，世充未尝西侵，王忽举兵东来，何也？"世民使宇文士及应之曰："四海咸仰皇风[8]，唯公独阻声教，为此而来！"世充曰："相与息兵讲好，不亦善乎！"又应之曰："奉诏取东都，不令讲好也。"至暮，各引兵还。

上遣使与窦建德连和，建德遣同安长公主随使者俱还[9]。

乙卯，刘德威袭怀州，入其外郭，下其堡聚[10]。

九月，庚午，梁师都将刘旻以华池来降[11]，以为林州总管。

癸酉，王世充显州总管田瓒以所部二十五州来降[12]；自是襄阳声问与世充绝。

史万宝进军甘泉宫[13]。丁丑，秦王世民遣右武卫将军王君廓攻轘辕[14]，拔之。王世充遣其将魏隐等击君廓，君廓伪遁，设伏，大破之，遂东徇地，至管城而还[15]。先是，王世充将郭士衡、许罗汉掠唐境，君廓以策击却之，诏劳之曰："卿以十三人破贼一万，自古以少制众，未之有也。"

世充尉州刺史时德叡帅所部杞、夏、陈、随、许、颍、尉七州来降[16]。秦王世民以便宜命州县官并依世充所署，无所变易，改尉州为南汴州，于是河南州县相继来降。

刘武周降将寻相等多叛去。诸将疑尉迟敬德，囚之军中，行台左仆射屈突通、尚书殷开山言于世民曰："敬德骁勇绝伦，今既囚之，心必怨望，留之恐为后患，不如遂杀之。"世民曰："不然。敬德若叛，岂在寻相之后邪！"遽命释之，引入卧内，赐之金，曰："丈夫意气相期，勿以小嫌介意，吾终不信谗言以害忠良，公宜体之。必欲去者，以此金相资，表一时共事之情也。"辛巳，世民以五百骑行战地，登魏宣武陵⑰。王世充帅步骑万余猝至，围之。单雄信引槊直趋世民，敬德跃马大呼，横刺雄信坠马，世充兵稍却，敬德翼世民出围。世民、敬德更帅骑兵还战，出入世充陈，往返无所碍。屈突通引大兵继至，世充兵大败，仅以身免；擒其冠军大将军陈智略，斩首千余级，获排矟兵六千⑱。世民谓敬德曰："公何相报之速也！"赐敬德金银一箧，自是宠遇日隆。

敬德善避矟，每单骑入敌陈中，敌丛矟刺之，终莫能伤，又能夺敌矟返刺之。齐王元吉以善马矟自负，闻敬德之能，请各去刃相与校胜负，敬德曰："敬德谨当去之，王勿去也。"既而元吉刺之，终不能中。秦王世民问敬德曰："夺矟与避矟，孰难？"敬德曰："夺矟难。"乃命敬德夺元吉矟。元吉操矟跃马，志在刺之，敬德须臾三夺其矟；元吉虽面相叹异，内甚耻之。

叛胡陷岚州。

初，王世充以邴元真为滑州行台仆射。濮州刺史杜才干，李密故将也，恨元真叛密，诈以其众降之。元真恃其官势，自往招慰，才干出迎，延入就坐，执而数之曰："汝本庸才，魏公置汝元僚⑲，不建毫发之功，乃构滔天之祸，今来送死，是汝之分！"遂斩之，遣人赍其首至黎阳祭密墓。壬午，以濮州来降。

突厥莫贺咄设寇凉州，总管杨恭仁击之，为所败，掠男女数千人而去。

丙戌，以田瓒为显州总管，赐爵蔡国公。

【注释】

①共州县：应为共城县。治在今河南辉县。唐武德元年(618)置共州，原为卫州共城县，此时为窦建德所有。　②邓州句：本年五月，王世充陷邓州，故有此说。　③石堡：在今陕西靖边县境。　④回洛城：盖在

今河南洛阳市东北。 ⑤河阳南桥：即所谓的河阳桥，在今河南孟州市西南。 ⑥月城：大城外用以障蔽城门的半圆形小城，即瓮城。 ⑦青城宫：在今河南洛阳市西北。 ⑧皇风：皇帝的教化。即接受天子的统治。 ⑨同安长公主：为李渊同母妹。 ⑩堡聚：聚众保卫县邑的小土城。 ⑪华池：古县名。治在今甘肃华池县东南东华池。 ⑫显州：治在今河南泌阳县。 ⑬甘泉宫：据胡三省注，此名有误。因甘泉宫在今陕西淳化县西北甘泉山上，史万宝自新安进军逼近洛阳，不应至甘泉宫，恐为河南宜阳的古显仁宫之误。 ⑭轘辕：古关名。在今河南偃师市东南。 ⑮管城：治在今河南中牟县西。 ⑯杞、夏、陈、随、许、颍、尉七州：在今河南许昌市以东地区。 ⑰魏宣武陵：北魏世宗宣武帝拓跋恪之陵墓。在洛阳北邙山上。 ⑱排矟：排，盾牌；矟，同槊，矛属长八尺。此用作动词，执排执矟。 ⑲元僚：对僚属的美称。此指李密选杜才干做长史。

冬，十月，甲午，王世充大将军张镇周来降。

甲辰，行军总管罗士信袭王世充硖石堡[1]，拔之。士信又围千金堡[2]，堡中人骂之。士信夜遣百余人抱婴儿数十至堡下，使儿啼呼，诈云“从东都来归罗总管”。既而相谓曰：“此千金堡也，吾属误矣。”即去。堡中以为士信已去，来者洛阳亡人，出兵追之。士信伏兵于道，伺其门开，突入，屠之。

窦建德之围幽州也[3]，李艺告急于高开道，开道帅二千骑救之，建德兵引去，开道因艺遣使来降。戊申，以开道为蔚州总管，赐姓李氏，封北平郡王。开道有矢镞在颊，召医出之，医曰：“镞深，不可出。”开道怒，斩之。别召一医，曰：“出之恐痛。”又斩之。更召一医，医曰：“可出。”乃凿骨，置楔其间，骨裂寸余，竟出其镞；开道奏妓进膳不辍。

窦建德帅众二十万复攻幽州。建德兵已攀堞，薛万均、万彻帅敢死士百人从地道出其背，掩击之，建德兵溃走，斩首千余级。李艺兵乘胜薄其营，建德陈于营中，填堑而出，奋击，大破之，建德逐北，至其城下，攻之不克而还。

李密之败也[4]，杨庆归洛阳，复姓杨氏。及王世充称帝，庆复姓郭氏，世充以为管州总管，妻以兄女。秦王世民逼洛阳，庆潜遣人请降，世民遣总管李世勣将兵往据其城。庆欲与其妻偕来，妻曰："主上使妾侍巾栉者[5]，欲结君之心也。今君既辜付托，徇利求全，妾将如君何！若至长安，则君家一婢耳，君何用为！愿送至洛阳，君之惠也。"庆不许。庆出，妻谓侍者曰："若唐遂胜郑，则吾家必灭；郑若胜唐，则吾夫必死。人生至此，何用生为！"遂自杀。庚戌，庆来降，复姓杨氏，拜上柱国、郇国公。

时世充太子玄应镇虎牢，军于荥、汴之间[6]，闻之，引兵趣管城，李世勣击却之。使郭孝恪为书说荥州刺史魏陆[7]，陆密请降。玄应遣大将军张志就陆征兵，丙辰，陆擒志等四将，举州来降。阳城令王雄帅诸堡来降，秦王世民使李世勣引兵应之，以雄为嵩州刺史，嵩南之路始通。魏陆使张志诈为玄应书，停其东道之兵，令其将张慈宝且还汴州，又密告汴州刺史王要汉使图慈宝，要汉斩慈宝以降。玄应闻诸州皆叛，大惧，奔还洛阳。诏以要汉为汴州总管，赐爵郧国公。

王弘烈据襄阳，上令金州总管府司马泾阳李大亮安抚樊、邓以图之[8]。十一月，庚申，大亮攻樊城镇，拔之，斩其将国大安，下其城栅十四。

萧铣性褊狭，多猜忌。诸将恃功恣横，好专诛杀，铣患之，乃宣言罢兵营农，实欲夺诸将之权。大司马董景珍弟为将军，怨望，谋作乱；事泄，伏诛。景珍时镇长沙，铣下诏赦之，召还江陵。景珍惧，甲子，以长沙来降，诏峡州刺史许绍出兵应之。

云州总管郭子和，先与突厥、梁师都相连结，既而袭师都宁朔城，克之。又诇得突厥衅隙[9]，遣使以闻，为突厥候骑所获。处罗可汗大怒，囚其弟子升。子和自以孤危，请帅其民南徙，诏以延州故城处之。

【注释】

①硖石堡：古堡名。在今河南洛阳市孟津区西。　②千金堡：古堡名。堡筑在千金堨，故称。在今河南洛阳市东北。　③窦建德之围幽州也：指此年五月之事。　④李密之败也：指武德元年(618)九月之事。⑤巾栉：巾以拭巾，栉以梳发，指洗沐用具。此指侍奉，侍候。　⑥荥、汴

之间:应为荥、汴之间,即荥泽、汴水之间。章氏十二行本正作“荥”,张氏校同。 ⑦荣州:即荥州。章氏十二行本正作“荥”,孔氏校同。 ⑧金州:治在今陕西安康市西北汉江北岸。 ⑨诇(xiòng 敻):侦察。

张举、刘旻之降也,梁师都大惧,遣其尚书陆季览说突厥处罗可汗曰:“比者中原丧乱[1],分为数国,势均力弱,故皆北面归附突厥。今定杨可汗既亡[2],天下将悉为唐有。师都不辞灰灭,亦恐次及可汗,不若及其未定,南取中原,如魏道武所为[3],师都请为乡导[4]。”处罗从之,谋使莫贺咄设入自原州[5],泥步设与师都入自延州,突利可汗与奚、霫、契丹、靺鞨入自幽州[6],会窦建德之师自滏口西入[7],会于晋、绛。莫贺咄者,处罗之弟咄苾也;突利者,始毕之子什钵苾也。

处罗又欲取并州以居杨政道,其群臣多谏,处罗曰:“我父失国,赖隋得立[8],此恩不可忘。”将出师而卒。义成公主以其子奥射设丑弱[9],废之,更立莫贺咄设,号颉利可汗。乙酉,颉利遣使告处罗之丧,上礼之如始毕之丧。

戊子,安抚大使李大亮取王世充沮、华二州[10]。

是月,窦建德济河击孟海公。

初,王世充侵建德黎阳,建德袭破殷州以报之。自是二国交恶,信使不通。及唐兵逼洛阳,世充遣使求救于建德。建德中书侍郎刘彬说建德曰:“天下大乱,唐得关西,郑得河南,夏得河北,共成鼎足之势。今唐举兵临郑,自秋涉冬,唐兵日增,郑地日蹙,唐强郑弱,势必不支,郑亡,则夏不能独立矣。不如解仇除忿,发兵救之,夏击其外,郑攻其内,破唐必矣。唐师既退,徐观其变,若郑可取则取之,并二国之兵,乘唐师之老,天下可取也!”建德从之,遣使诣世充,许以赴援。又遣其礼部侍郎李大师等诣唐,请罢洛阳之兵,秦王世民留之,不答。

十二月,辛卯,王世充许、亳等十一州皆请降[11]。

壬辰,燕郡王李艺又击窦建德军于笼火城,破之。

辛丑,王世充随州总管徐毅举州降[12]。

癸卯,峡州刺史许绍攻萧铣荆门镇[13],拔之。绍所部与梁、郑邻接,二境得绍士卒,皆杀之,绍得二境士卒,皆资给遣之。敌人愧感,不复侵掠,境内以安。

萧铣遣其齐王张绣攻长沙,董景珍谓绣曰:"'前年醢彭越,往年杀韩信[14]',卿不见之乎?何为相攻!"绣不应,进兵围之,景珍欲溃围走,为麾下所杀;铣以绣为尚书令。绣恃功骄横,铣又杀之。由是功臣诸将皆有离心,兵势益弱。

王世充遣其兄子代王琬、长孙安世诣窦建德报聘[15],且乞师。

突厥伦特勒在并州,大为民患,并州总管刘世让设策擒之。上闻之,甚喜。张道源从窦建德在河南,密遣人诣长安,请出兵攻洺州以震山东。丙午,诏世让为行军总管,使将兵出土门[16],趣洺州。

己酉,瓜州刺史贺拔行威执骠骑将军达奚暠[17],举兵反。

是岁,李子通渡江攻沈法兴,取京口[18]。法兴遣其仆射蒋元超拒之,战于庱亭[19],元超败死,法兴弃毗陵[20],奔吴郡[21]。于是丹阳、毗陵等郡皆降于子通。子通以法兴府掾李百药为内史侍郎、国子祭酒。

杜伏威遣行台左仆射辅公祏将卒数千攻子通,以将军阚稜、王雄诞为之副。公祏渡江攻丹阳,克之,进屯溧水[22],子通帅众数万拒之。公祏简精甲千人,执长刀为前锋,又使千人踵其后,曰:"有退者即斩之。"自帅余众,复居其后。子通为方陈而前,公祏前锋千人殊死战,公祏复张左右翼以击之,子通败走,公祏逐之,反为所败,还,闭壁不出。王雄诞曰:"子通无壁垒,又狃于初胜,乘其无备击之,可破也。"公祏不从。雄诞以其私属数百人夜出击之,因风纵火,子通大败,降其卒数千人。子通食尽,弃江都,保京口,江西之地尽入于伏威,伏威徙居丹阳。

子通复东走太湖,收合亡散,得二万人,袭沈法兴于吴郡,大破之。法兴帅左右数百人弃城走,吴郡贼帅闻人遂安遣其将叶孝辩迎之[23],法兴中涂而悔,欲杀孝辩,更向会稽。孝辩觉之,法兴窘迫,赴江溺死。子通军势复振,徙都余杭,尽收法兴之地,北自太湖,南至岭,东包会稽,西距宣城,皆有之。

【注释】

①比:及,近来。 ②定杨可汗:刘武周大业十三年(617)附突厥,其始毕可汗立他为定杨可汗。 ③如魏道武所为:指魏道武帝,集合旧部,收复失地,攻灭邻族而即帝位的拓跋硅之事。 ④乡(xiàng 象):同"向"。乡导,即向导。 ⑤原州:治在今宁夏固原市。 ⑥奚、霫、契丹、靺鞨:皆古族名。奚、契丹,原东胡种之两支,霫与突厥同俗;靺鞨,居肃慎地,亦曰挹娄、勿吉。 ⑦滏口:在今河北磁县西北鼓山上。 ⑧我父失国,赖隋得立:指隋开皇十九年(599)突厥突利可汗为都蓝可汗所攻,南逃入隋,文帝封他为启民可汗,统一北方。 ⑨义成公主:隋室女始嫁启民可汗。 ⑩沮、华二州:治在今湖北南漳县、宜城市。 ⑪许、亳:在今河南许昌市、安徽亳州市。 ⑫随州:在今湖北随州市。 ⑬荆门镇:在今湖北荆门市。 ⑭前年醢彭越,往年杀韩信:意引汉高祖杀功臣事而劝导张绣勿攻长沙。 ⑮报聘:报答邻国的聘问的回访。 ⑯土门:土门关,在今河北石家庄市鹿泉区东南。 ⑰瓜州:治在今甘肃敦煌市西。 ⑱京口:即今江苏镇江市。 ⑲庱亭:在今江苏丹阳市东南。 ⑳毗陵:在今江苏常州市。 ㉑吴郡:在今江苏苏州市。 ㉒溧水:在今江苏南京市溧水区。 ㉓闻人:复姓。

广、新二州贼帅高法澄[①]、沈宝彻杀隋官,据州,附于林士弘,汉阳太守冯盎击破之[②]。既而宝彻兄子智臣复聚兵于新州,盎引兵击之。贼始合,盎免胄大呼曰:"尔识我乎?"贼多弃仗肉袒而拜[③],遂溃,擒宝彻、智臣等,岭外遂定。

窦建德行台尚书令恒山胡大恩请降。

四年 春,正月,癸酉,以大恩为代州总管,封定襄郡王,赐姓李氏。代州石岭之北,自刘武周之乱,寇盗充斥,大恩徙镇雁门,讨击,悉平之。

稽胡酋帅刘仚成部落数万,为边寇;辛巳,诏太子建成统诸军讨之。

王世充梁州总管程嘉会以所部来降[④]。

杜伏威遣其将陈正通、徐绍宗帅精兵二千,来会秦王世民击王世充,甲申,攻梁[⑤],克之。

丙戌,黔州刺史田世康攻萧铣五州、四镇[⑥],皆克之。

秦王世民选精锐千余骑，皆皂衣玄甲，分为左右队，使秦叔宝、程知节、尉迟敬德、翟长孙分将之。每战，世民亲被玄甲帅之为前锋，乘机进击，所向无不摧破，敌人畏之。行台仆射屈突通、赞皇公窦轨引兵按行营屯[7]，猝与王世充遇，战不利。秦王世民帅玄甲救之，世充大败，获其骑将葛彦璋，俘斩六千余人。世充遁归。

李靖说赵郡王孝恭以取萧铣十策，孝恭上之。二月，辛卯，改信州为夔州，以孝恭为总管，使大造舟舰，习水战。以孝恭未更军旅，以靖为行军总管，兼孝恭长史，委以军事。靖说孝恭悉召巴、蜀酋长子弟，量才授任，置之左右，外示引擢[8]，实以为质。

王世充太子玄应将兵数千人，自虎牢运粮入洛阳，秦王世民遣将军李君羡邀击，大破之，玄应仅以身免。

世民使宇文士及奏请进围东都，上谓士及曰："归语尔王：今取洛阳，止于息兵，克城之日，乘舆法物，图籍器械[9]，非私家所须者，委汝收之，其余子女玉帛，并以分赐将士。"

辛丑，世民移军青城宫[10]，壁垒未立，王世充帅众二万自方诸门出[11]，凭故马坊垣堑，临谷水以拒唐兵[12]，诸将皆惧。世民以精骑陈于北邙，登魏宣武陵以望之，谓左右曰："贼势窘矣，悉众而出，徼幸一战，今日破之，后不敢复出矣！"命屈突通帅步卒五千渡水击之，戒通曰："兵交则纵烟。"烟作，世民引骑南下，身先士卒，与通合势力战。世民欲知世充陈厚薄，与精骑数十冲之，直出其背，众皆披靡，杀伤甚众。既而限以长堤，与诸骑相失，将军丘行恭独从世民，世充数骑追及之，世民马中流矢而毙。行恭回骑射追者，发无不中，追者不敢前。乃下马以授世民，行恭于马前步执长刀，距跃大呼[13]，斩数人，突陈而出，得入大军。世充亦帅众殊死战，散而复合者数四，自辰至午，世充兵始退。世民纵兵乘之，直抵城下，俘斩七千人，遂围之。骠骑将军段志玄与世充兵力战，深入，马倒，为世充兵所擒，两骑夹持其髻，将渡洛水，志玄踊身而奋，二人俱坠马，志玄驰归，追者数百骑，不敢逼。

初，骠骑将军王怀文为唐军斥候[14]，为世充所获，世充欲慰悦之，引置左右。壬寅，世充出右掖门[15]，临洛水为陈，怀文忽引槊刺世充，世充衷甲，槊折不能入，左右猝出不意，皆愕眙不知所为。怀文走趣唐军，至写口，追获，杀之。世充归，解去衷甲，袒示群臣曰："怀文以槊刺我，卒不能伤，岂非天所命乎！"

先是御史大夫郑颋不乐仕世充[16]，多称疾不预事，至是谓世充曰："臣闻佛有金刚不坏身，陛下真是也。臣实多幸，得生佛世，愿弃官削发为沙门，服勤精进，以资陛下之神武。"世充曰："国之大臣，声望素重，一旦入道，将骇物听。俟兵革休息，当从公志。"颋固请，不许。退谓其妻曰："吾束发从官[17]，志慕名节，不幸遭遇乱世，流离至此，侧身猜忌之朝，累足危亡之地，智力浅薄，无以自全，人生会当有死，早晚何殊，姑从吾所好，死亦无憾。"遂削发被僧服。世充闻之，大怒曰："尔以我为必败，欲苟免邪？不诛之，何以制众！"遂斩颋于市。颋言笑自若，观者壮之。

诏赠王怀文上柱国、朔州刺史。

【注释】

①广、新二州：在今广州市、广东新兴县。 ②冯盎：冯宝、冼夫人之孙，自隋大业之乱归岭南，未受朝命，故书隋官。 ③肉袒而拜：脱去上衣，裸露上肢而跪拜，表示愿意认罪受罚的恭敬礼节。 ④梁州：在今河南开封市西北。 ⑤梁：即梁县。治在今河南汝州市西南。 ⑥黔州：在今重庆彭水苗族土家族自治县。 ⑦赞皇公：指封赵州的赞皇县公。 ⑧引擢：引荐，选拔。 ⑨乘舆法物，图籍器械：指帝王用的车乘驾舆、仪仗用物、地图户籍、礼乐之器、兵用之械。 ⑩青城宫：在今洛阳市西北。 ⑪方诸门：盖青城宫出禁苑之门。 ⑫谷水：谷、洛二水汇于禁苑之中。 ⑬距跃：超常距离的跳跃。 ⑭斥候：放哨。斥，远；候，侦察。也指侦察人员。 ⑮右掖门：东都城南面三门，中曰端门，左曰左掖门，右曰右掖门。 ⑯郑颋：李密之臣，为王世充俘获，疾王世充多诈，不乐为仕。 ⑰束发：古代男孩成年，将头发束成一髻。因用以指代成年。

并州安抚使唐俭密奏："真乡公李仲文与妖僧志觉有谋反语[1]，又娶陶氏之女以应桃李之谣。谄事可汗，甚得其意，可汗许立为南面可汗；及在并州，赃贿狼藉[2]。"上命裴寂、陈叔达、萧瑀杂鞫之。乙巳，仲文伏诛。

唐刁光胤绘《枯树五羊盘陀》

庚戌，王泰弃河阳走，其将赵夐等以城来降。别将单雄信、裴孝达与总管王君廓相持于洛口，秦王世民帅步骑五千援之，至轘辕，雄信等遁去，君廓追败之。

壬子，延州总管段德操击刘仚成，破之，斩首千余级。

乙卯，王世充怀州刺史陆善宗以城降。

秦王世民围洛阳宫城，城中守御甚严，大炮飞石重五十斤，掷二百步，八弓弩箭如车辐[③]，镞如巨斧，射五百步。世民四面攻之，昼夜不息，旬余不克。城中欲翻城者凡十三辈，皆不果发而死[④]。唐将士皆疲弊思归，总管刘弘基等请班师，世民曰："今大举而来，当一劳永逸。东方诸州已望风款服[⑤]，唯洛阳孤城，势不能久，功在垂成，奈何弃之而去！"乃下令军中曰："洛阳未破，师必不还，敢言班师者斩！"众乃不敢复言。上闻之，亦密敕世民使还，世民表称洛阳必可克，又遣参谋军事封德彝入朝面论形势。德彝言于上曰："世充得地虽多，率皆羁属[6]，号令所行，唯洛阳一城而已，智尽力穷，克在朝夕。今若旋师，贼势复振，更相连结，后必难图！"上乃从之。世民遗世充书，谕以祸福；世充不报。

戊午，王世充郑州司兵沈悦遣使诣左武候大将军李世勣请降[7]。左卫将军王君廓夜引兵袭虎牢，悦为内应，遂拔之，获其荆王行本及长史戴胄。悦，君理之孙也[8]。

窦建德克周桥，虏孟海公。

【注释】

①真乡公：即真乡县公。县在今陕西榆林市东。 ②赃贿狼藉：贪污受贿，名声很坏。 ③八弓弩：能连续发射的大弓。 ④不果：没结果，没成事实。 ⑤款服：心悦诚服。 ⑥羁属：羁縻属之而已。 ⑦司兵：官名。唐制，主管军防、门禁、田猎、驿传、仪仗等事。在府称兵曹参军，在州称司兵参军，在县称司兵。 ⑧君理：即沈君理，曾仕陈，为仆射。

资治通鉴卷第一百八十九

唐纪五　起重光大荒落三月，尽十二月，不满一年。

高祖神尧大圣光孝皇帝中之中

武德四年　三月，庚申，以靺鞨渠帅突地稽为燕州总管①。

太子建成获稽胡千余人，释其酋帅数十人，授以官爵，使还，招其余党，刘仚成亦降。建成诈称增置州县，筑城邑，命降胡年二十以上皆集，以兵围而杀之，死者六千余人。仚成觉变，亡奔梁师都。

行军总管刘世让攻窦建德黄州，拔之。洺州严备，世让不得进。会突厥将入寇，上召世让还。

窦建德所署普乐令平恩程名振来降，上遥除名振永宁令，使将兵徇河北。名振夜袭邺，俘其男女千余人。去邺八十里，阅妇人乳有湩者，九十余人，悉纵遣之，邺人感其仁，为之饭僧。

突厥颉利可汗承父兄之资，士马雄盛，有凭陵中国之志。妻隋义成公主，公主从弟善经，避乱在突厥，与王世充使者王文素共说颉利曰："昔启民为兄弟所逼，脱身奔隋，赖文皇帝之力，有此土宇，子孙享之。今唐天子非文皇帝子孙，可汗宜奉杨政道以伐之，以报文皇帝之德。"颉利然之。上以中国未宁，待突厥甚厚，而颉利求请无厌，言辞骄慢。甲戌，突厥寇汾阴。

唐兵围洛阳，掘堑筑垒而守之。城中乏食，绢一匹直粟三升，布十匹直盐一升，服饰珍玩，贱如土芥。民食草根木叶皆尽，相与澄取浮泥，投米屑作饼食之，皆病，身肿脚弱，死者相枕倚于道。皇泰主之迁民入宫城也，凡三万家，至是无三千家。虽贵为公卿，糠核不充[②]，尚书郎以下，亲自负戴，往往馁死。

窦建德使其将范愿守曹州，悉发孟海公、徐圆朗之众，西救洛阳。至滑州，王世充行台仆射韩洪开门纳之。己卯，军于酸枣[③]。

壬午，突厥寇石州，刺史王集击却之。

窦建德陷管州，杀刺史郭士安。又陷荥阳、阳翟等县，水陆并进，泛舟运粮，溯河西上。王世充之弟徐州行台世辩，遣其将郭士衡将兵数千会之，合十余万，号三十万，军于成皋之东原，筑宫板渚，遣使与王世充相闻。

先是，建德遗秦王世民书，请退军潼关，返郑侵地，复修前好。世民集将佐议之，皆请避其锋，郭孝恪曰："世充穷蹙，垂将面缚，建德远来助之，此天意欲两亡之也。宜据武牢之险以拒之[④]，伺间而动，破之必矣！"记室薛收曰："世充保据东都，府库充实，所将之兵，皆江、淮精锐，即日之患，但乏粮食耳。以是之故，为我所持，求战不得，守则难久。建德亲帅大众，远来赴援，亦当极其精锐。若纵之至此，两寇合从，转河北之粟以馈洛阳，则战争方始，偃兵无日，混一之期，殊未有涯也。今宜分兵守洛阳，深沟高垒，世充出兵，慎勿与战，大王亲帅骁锐，先据成皋，厉兵训士，以待其至，以逸待劳，决可克也。建德既破，世充自下，不过二旬，两主就缚矣！"世民善之。收，道衡之子也[⑤]。萧瑀、屈突通、封德彝皆曰："吾兵疲老，世充凭守坚城，未易猝拔，建德席胜而来[⑥]，锋锐气盛，吾腹背受敌，非完策也，不若退保新安，以承其弊。"世民曰："世充兵摧食尽，上下离心，不烦力攻，可以坐克。建德新破海公，将骄卒惰，吾据武牢，扼其咽喉，彼若冒险争锋，吾取之甚易。若狐疑不战，旬月之间，世充自溃。城破兵强，气势自倍，一举两克，在此行矣。若不速进，贼入武牢，诸城新附，必不能守；两贼并力，其势必强，何弊之承！吾计决矣！"通等又请解围据险以观其变，世民不许。中分麾下，使通等副齐王元吉围守东都，世民将骁勇三千五百人东趣武牢。时正昼出兵，历北邙，抵河阳，趋巩而去。王世充登城望见，莫之测也，竟不敢出。

癸未，世民入武牢；甲申，将骁骑五百，出武牢东二十余里，觇建德之营。缘道分留从骑，使李世勣、程知节、秦叔宝分将之，伏于道旁，才余四骑，与之偕进。世民谓尉迟敬德曰："吾执弓矢，公执槊相随，虽百万众若我何！"又曰："贼见我而还，上策也。"去建德营三里所，建德游兵遇之，以为斥候也。世民大呼曰："我秦王也。"引弓射之，毙其一将。建德军中大惊，出五六千骑逐之，从者咸失色。世民曰："汝第前行，吾自与敬德为殿。"于是按辔徐行，追骑将至，则引弓射之，辄毙一人。追者惧而止，止而复来，如是再三，每来必有毙者，世民前后射杀数人，敬德杀十许人，追者不敢复逼。世民逡巡稍却以诱之[7]，入于伏内，世勣等奋击，大破之，斩首三百余级，获其骁将殷秋、石瓒以归。乃为书报建德，谕以"赵魏之地，久为我有，为足下所侵夺。但以淮安见礼，公主得归，故相与坦怀释怨。世充顷与足下修好，已尝反覆，今亡在朝夕，更饰辞相诱，足下乃以三军之众，仰哺他人，千金之资，坐供外费，良非上策。今前茅相遇，彼遽崩摧，郊劳未通，能无怀愧。故抑止锋锐，冀闻择善；若不获命，恐虽悔难追。"

【注释】

①靺鞨：古代民族名。　②糠核：米麦带糠粗屑。俗称糁子。③酸枣：古县名。治在今河南延津县。　④武牢：即虎牢。因唐讳虎，改虎牢为武牢。　⑤道衡：薛道衡，隋之大臣，诗人。历仕北齐、北周。入隋，官内史侍郎、襄州总管等职。有文章才华，为炀帝所杀。　⑥席胜：像席卷般胜利。　⑦逡巡：有所顾虑而徘徊或不敢前进。此处指故意徘徊以诱敌。

立秦王世民之子泰为卫王。

夏，四月，己丑，丰州总管张长逊入朝[1]。时言事者多云，长逊久居丰州，为突厥所厚，非国家之利。长逊闻之，请入朝，上许之。会太子建成北伐稽胡，长逊帅所部会之，因入朝，拜右武候将军。益州行台左仆射窦轨帅巴、蜀兵来会秦王击王世充，以长逊检校益州行台右仆射。

己亥，突厥颉利可汗寇雁门，李大恩击走之。

壬寅,王世充骑将杨公卿、单雄信引兵出战,齐王元吉击之,不利,行军总管卢君谔战死。

太子还长安。

王世充平州刺史周仲隐以城来降②。

戊申,突厥寇并州。初,处罗可汗与刘武周相表里,寇并州;上遣太常卿郑元琇往谕以祸福,处罗不从。未几,处罗遇疾卒,国人疑元琇毒之,留不遣。上又遣汉阳公瓌赂颉利可汗以金帛,颉利欲令瓌拜,瓌不从,亦留之。又留左骁卫大将军长孙顺德。上怒,亦留其使者。瓌,孝恭之弟也。

甲寅,封皇子元方为周王,元礼为郑王,元嘉为宋王,元则为荆王,元茂为越王。

窦建德迫于武牢不得进,留屯累月,战数不利,将士思归。丁巳,秦王世民遣王君廓将轻骑千余抄其粮运,又破之,获其大将军张青特。

凌敬言于建德曰:"大王悉兵济河,攻取怀州、河阳,使重将守之,更鸣鼓建旗,逾太行,入上党,徇汾、晋,趣蒲津,如此有三利:一则蹈无人之境,取胜可以万全;二则拓地收众,形势益强;三则关中震骇,郑围自解。为今之策,无以易此。"建德将从之,而王世充遣使告急相继于道,王琬、长孙安世朝夕涕泣,请救洛阳,又阴以金玉啗建德诸将,以挠其谋。诸将皆曰:"凌敬书生,安知战事,其言岂可用也!"建德乃谢敬曰:"今众心甚锐,天赞我也,因之决战,必将大捷,不得从公言。"敬固争之,建德怒,令扶出。其妻曹氏谓建德曰:"祭酒之言不可违也③。今大王自滏口乘唐国之虚,连营渐进以取山北,又因突厥西抄关中,唐必还师自救,郑围何忧不解!若顿兵于此,老师费财,欲求成功,在于何日?"建德曰:"此非女子所知!吾来救郑,郑今倒悬,亡在朝夕,吾乃舍之而去,是畏敌而弃信也,不可。"

谍者告曰:"建德伺唐军刍尽,牧马于河北,将袭武牢。"五月,戊午,秦王世民北济河,南临广武④,察敌形势,因留马千余匹,牧于河渚以诱之,夕还武牢。己未,建德果悉众而至,自板渚出牛口置陈⑤,北距大河,西薄汜水,南属鹊山⑥,亘二十里,鼓行而进。诸将皆惧，世民将数骑升高丘以望之，谓诸将曰："贼起山东，未尝见大敌，今度险而嚣，是无纪律，逼城而陈，有轻我心；我按甲不出，彼勇气自衰，陈久卒饥，势将自退，追而击之，无不克者。与公等约，甫过日中，必破之矣！"建德意轻唐军，遣三百骑涉汜水，距唐营一里所止。遣使与世民相闻曰："请选锐士数百与之剧。"世民遣王君廓将长槊二百以应之，相与交战，乍进乍退，两无胜负，各引还。王琬乘隋炀帝骢马，铠仗甚鲜，迥出陈前以夸众。世民曰："彼所乘真良马也！"尉迟敬德请往取之，世民止之曰："岂可以一马丧猛士。"敬德不从，与高甑生、梁建方三骑直入其陈，擒琬，引其马以归，众无敢当者。世民使召河北马，待其至乃出战。

建德列陈，自辰至午，士卒饥倦，皆坐列，又争饮水，逡巡欲退。世民命宇文士及将三百骑经建德陈西，驰而南上，戒之曰："贼若不动，尔宜引归，动则引兵东出。"士及至陈前，陈果动，世民曰："可击矣！"时河渚马亦至，乃命出战。世民帅轻骑先进，大军继之，东涉汜水，直薄其陈。建德群臣方朝谒，唐骑猝来，朝臣趋就建德，建德召骑兵使拒唐兵，骑兵阻朝臣不得过，建德挥朝臣令却，进退之间，唐兵已至，建德窘迫，退依东陂。窦抗引兵击之，战小不利。世民帅骑赴之，所向皆靡。淮阳王道玄挺身陷陈，直出其后，复突陈而归，再入再出，飞矢集其身如猬毛，勇气不衰，射人，皆应弦而仆。世民给以副马，使从己。于是诸军大战，尘埃涨天。世民帅史大柰、程知节、秦叔宝、宇文歆等卷旆而入，出其陈后，张唐旗帜，建德将士顾见之，大溃，追奔三十里，斩首三千余级。建德中槊，窜匿于牛口渚。车骑将军白士让、杨武威逐之，建德坠马，士让援槊欲刺之，建德曰："勿杀我，我夏王也，能富贵汝。"武威下擒之，载以从马，来见世民。世民让之曰："我自讨王世充，何预汝事，而来越境，犯我兵锋！"建德曰："今不自来，恐烦远取。"建德将士皆溃去，所俘获五万人，世民即日散遣之，使还乡里。

封德彝入贺，世民笑曰："不用公言，得有今日。智者千虑，不免一失乎！"德彝甚惭。

建德妻曹氏与左仆射齐善行将数百骑遁归洺州。

甲子，世充偃师、巩县皆降。

乙丑，以太子左庶子郑善果为山东道抚慰大使。

世充将王德仁弃故洛阳城而遁，亚将赵季卿以城降。秦王世民囚窦建德、王琬、长孙安世、郭士衡等至洛阳城下，以示世充。世充与建德语而泣，仍遣安世等入城言败状。世充召诸将议突围，南走襄阳，诸将皆曰："吾所恃者夏王，夏王今已为擒，虽得出，终必无成。"丙寅，世充素服帅其太子、群臣、二千余人诣军门降。世民礼接之，世充俯伏流汗。世民曰："卿常以童子见处，今见童子，何恭之甚邪?"世充顿首谢罪。于是部分诸军，先入洛阳，分守市肆，禁止侵掠，无敢犯者。

丁卯，世民入宫城，命记室房玄龄先入中书、门下省，收隋图籍制诏，已为世充所毁，无所获。命萧瑀、窦轨等封府库，收其金帛，颁赐将士。收世充之党罪尤大者段达、王隆、崔洪丹、薛德音、杨汪、孟孝义、单雄信、杨公卿、郭什柱、郭士衡、董叡、张童儿、王德仁、朱粲、郭善才等十余人斩于洛水之上。初，李世勣与单雄信友善，誓同生死。及洛阳平，世勣言雄信骁健绝伦，请尽输己之官爵以赎之，世民不许。世勣固请不能得，涕泣而退。雄信曰："我固知汝不办事。"世勣曰："吾不惜余生，与兄俱死;但既以此身许国，事无两遂。且吾死之后，谁复视兄之妻子乎?"乃割股肉以啗雄信，曰："使此肉随兄为土，庶几不负昔誓也!"士民疾朱粲残忍，竞投瓦砾击其尸，须臾如冢。囚韦节、杨续、长孙安世等十余人送长安。士民无罪为世充所囚者，皆释之，所杀者祭而诔之[7]。

初，秦王府属杜如晦叔父淹事王世充。淹素与如晦兄弟不协，谮如晦兄杀之，又囚其弟楚客，饿几死，楚客终无怨色。及洛阳平，淹当死，楚客涕泣请如晦救之，如晦不从。楚客曰："曩者叔已杀兄，今兄又杀叔，一门之内，自相残而尽，岂不痛哉!"欲自刭，如晦乃为之请于世民，淹得免死。

秦王世民坐阊阖门，苏威请见，称老病不能拜。世民遣人数之曰："公隋室宰相，危不能扶，使君弑国亡。见李密、王世充皆拜伏舞蹈。今既老病，无劳相见。"及至长安，又请见，不许。既老且贫，无复官爵，卒于家，年八十二。

秦王世民观隋宫殿,叹曰:“逞侈心,穷人欲,无亡得乎!”命撤端门楼,焚乾阳殿,毁则天门及阙;废诸道场,城中僧尼,留有名德者各三十人,余皆返初[8]。

【注释】

①丰州:治在今内蒙古杭锦后旗东北。 ②平州:王世充置,当在今河南洛阳市孟津区东北。 ③祭酒:盖凌敬为窦建德国子祭酒,故称。④广武:广武城。在今河南荥阳市东北广武山上,城有二,分东、西两城。此盖指西城。 ⑤板渚:在今河南荥阳市高村西北牛口峪附近黄河南岸。 ⑥鹊山:在今河南荥阳市西南。 ⑦诔:哀悼死者的一种文体,犹今之悼辞。一般累述死者功德,此处哀其无罪被杀。 ⑧返初:即返初服,也指辞官归田。因古代服饰标志身份,返初服即返回服饰当初服装。此指僧尼还俗,穿戴民俗服饰。

前真定令周法明[1],法尚之弟也[2],隋末结客,袭据黄梅,遣族子孝节攻蕲春,兄子绍则攻安陆,子绍德攻沔阳,皆拔之。庚午,以四郡来降。

壬申,齐善行以洺、相、魏等州来降。时建德余众走至洺州,欲立建德养子为主,征兵以拒唐;又欲剽掠居民,还向海隅为盗。善行独以为不可,曰:“隋末丧乱,故吾属相聚草野,苟求生耳。以夏王之英武,平定河朔,士马精强,一朝为擒,易如反掌,岂非天命有所属,非人力所能争邪!今丧败如此,守亦无成,逃亦不免,等为亡国,岂可复遗毒于民!不若委心请命于唐。必欲得缯帛者,当尽散府库之物,勿复残民也!”于是运府库之帛数十万段,置万春宫东街,以散将卒,凡三昼夜乃毕。仍布兵守坊巷,得物者即出,无得更入人家。士卒散尽,然后与仆射裴矩、行台曹旦,帅其百官奉建德妻曹氏及传国八玺并破宇文化及所得珍宝请降于唐。上以善行为秦王左二护军[3],仍厚赐之。

初,窦建德之诛宇文化及也,隋南阳公主有子曰禅师,建德虎贲郎将於士澄问之曰:“化及大逆,兄弟之子皆当从坐,若不能舍禅师,当相为留之。”公主泣曰:“虎贲既隋室贵臣[4],兹事何须见问。”建德竟杀之。公主寻请为尼。及建德败,公主将归长安,与宇文士及遇于洛阳，士及请与相见，公主不可。士及立于户外，请复为夫妇。公主曰："我与君仇家，今所以不手刃君者，但谋逆之日，察君不预知耳。"诃令速去。士及固请，公主怒曰："必欲就死，可相见也。"士及知不可屈，乃拜辞而去。

乙亥，以周法明为黄州总管[⑤]。

戊寅，王世充徐州行台杞王世辩以徐、宋等三十八州诣河南道安抚大使任瓌请降，世充故地悉平。

窦建德博州刺史冯士羡复推淮安王神通为慰抚山东使[⑥]，徇下三十余州，建德之地悉平。

己卯，代州总管李大恩击苑君璋，破之。

突厥寇边，长平靖王叔良督五将击之，叔良中流矢；师旋，六月，戊子，卒于道。

戊戌，孟海公余党蒋善合以郓州，孟啖鬼以曹州来降。啖鬼，海公之从兄也。

庚子，营州人石世则执总管晋文衍[⑦]，举州叛，奉靺鞨突地稽为主。

黄州总管周法明攻萧铣安州，拔之，获其总管马贵迁。

乙巳，以右骁卫将军盛彦师为宋州总管，安抚河南。

乙卯，海州贼帅臧君相以五州来降[⑧]，拜海州总管。

秋，七月，庚申，王世充行台王弘烈、王泰、左仆射豆卢行褒、右仆射苏世长以襄州来降。上与行褒、世长皆有旧，先是，屡以书招之，行褒辄杀使者；既至长安，上诛行褒而责世长。世长曰："隋失其鹿，天下共逐之[⑨]。陛下既得之矣，岂可复忿同猎之徒，问争肉之罪乎！"上笑而释之，以为谏议大夫。尝从校猎高陵[⑩]，大获禽兽，上顾群臣曰："今日畋，乐乎？"世长对曰："陛下游猎，薄废万机[⑪]，不满十旬，未足为乐！"上变色，既而笑曰："狂态复发邪？"对曰："于臣则狂，于陛下甚忠。"尝侍宴披香殿，酒酣，谓上曰："此殿炀帝之所为邪？"上曰："卿谏似直而实多诈，岂不知此殿朕所为，而谓之炀帝乎？"对曰："臣实不知，但见其华侈如倾宫、鹿台[⑫]，非兴王之所为故也。若陛下为之，诚非所宜。臣昔侍陛下于武功，见所居宅仅庇风雨，当时亦以为足。今因隋之宫室，已极侈矣，而又增之，将何以矫其失乎？”上深然之。

甲子，秦王世民至长安。世民被黄金甲，齐王元吉、李世勣等二十五将从其后，铁骑万匹，甲士三万人，前后部鼓吹，俘王世充、窦建德及隋乘舆、御物献于太庙，行饮至之礼以飨之[13]。

【注释】

①真定：古县名。治在今河北正定县。 ②法尚：周法尚，自陈入隋为将。 ③左二护军：武官名。秦王李世民所统置左三府、右三府，各有统军护军，此为左二府护军之职。 ④虎贲既隋室贵臣：於士澄原为隋上仪同，大业初为造龙舟，往江南采过木。 ⑤黄州：治在今湖北武汉市新洲区。 ⑥博州：治在今山东聊城市东北。 ⑦营州：治在今辽宁朝阳市。 ⑧海州：治在今江苏连云港市西南海州镇。 ⑨隋失其鹿，天下共逐之：鹿，喻帝位。《汉书·四五·蒯通传》：“且秦失其鹿，天下共逐之。”注：“张晏曰：以鹿喻帝位。” ⑩校猎：设栅栏圈围野兽而猎取之。校，木栅栏。 ⑪万机：指帝王日常的纷繁政务。万，众多，机，即几，微，言当戒慎万事之微，可简称政务，政事。 ⑫倾宫、鹿台：极尽奢侈的殷纣王所筑。 ⑬饮至：古时，盟伐既归，合饮于宗庙之谓。饮时，以数车徒、器械及所获物，庆功，或册封、赏赐。

乙丑，高句丽王建武遣使入贡。建武，元之弟也。

上见王世充而数之，世充曰：“臣罪固当诛，然秦王许臣不死。”丙寅，诏赦世充为庶人，与兄弟子侄徙处蜀；斩窦建德于市。

丁卯，以天下略定，大赦，百姓，给复一年。陕、鼎、函、虢、虞、芮六州，转输劳费，幽州管内，久隔寇戎，并给复二年[1]。律、令、格、式[2]，且用开皇旧制。赦令既下，而王、窦余党尚有远徙者，治书侍御史孙伏伽上言：“兵、食可去，信不可去，陛下已赦而复徙之，是自违本心，使臣民何所凭依。且世充尚蒙宽宥，况于余党，所宜纵释。”上从之。

王世充以防夫未备，置雍州廨舍[3]。独孤机之子定州刺史修德帅兄弟至其所，矫称敕呼郑王；世充与兄世恽趋出，修德等杀之。诏免修德官。其余兄弟子侄等，于道亦以谋反诛。

隋末钱币滥薄[4]，至裁皮糊纸为之，民间不胜其弊。至是，初行开元通宝钱，径八分，重二铢四参[5]，积十钱重一两，轻重大小最为折衷，远近便之。命给事中欧阳询撰其文并书[6]，回环可读。

以屈突通为陕东道大行台右仆射，镇洛阳；以淮阳王道玄为洛州总管，李世勣父盖竟无恙而还，诏复其官爵。窦轨还益州。轨将兵征讨，或经旬月不解甲。性严酷，将佐有犯，无贵贱立斩之，鞭挞吏民，常流血满庭，所部重足屏息。

癸酉，置钱监于洛、并、幽、益等诸州[7]，秦王世民、齐王元吉赐三炉，裴寂赐一炉，听铸钱。自余敢盗铸者，身死，家口配没。

河北既平，上以陈君宾为洺州刺史。将军秦武通等将兵屯洺州，欲使分镇东方诸州；又以郑善果等为慰抚大使，就洺州选补山东州县官。

窦建德之败也，其诸将多盗匿库物，及居闾里，暴横为民患，唐官吏以法绳之，或加捶挞，建德故将皆惊惧不安。高雅贤、王小胡家在洺州，欲窃其家以逃，官吏捕之，雅贤等亡命至贝州。会上征建德故将范愿、董康买、曹湛及雅贤等，于是愿等相谓曰："王世充以洛阳降唐，其将相大臣段达、单雄信等皆夷灭；吾属至长安，必不免矣。吾属自十年以来，身经百战，当死久矣，今何惜余生，不以之立事。且夏王得淮安王，遇以客礼，唐得夏王即杀之。吾属皆为夏王所厚，今不为之报仇，将无以见天下之士！"乃谋作乱，卜之，以刘氏为主吉，因相与之漳南，见建德故将刘雅，以其谋告之。雅曰："天下适安定，吾将老于耕桑，不愿复起兵！"众怒，且恐泄其谋，遂杀之。故汉东公刘黑闼，时屏居漳南，诸将往诣之，告以其谋，黑闼欣然从之。黑闼方种蔬，即杀耕牛与之共饮食定计，聚众得百人。甲戌，袭漳南县据之。是时，诸道有事则置行台尚书省，无事则罢之。朝廷闻黑闼作乱，乃置山东道行台于洺州，魏、冀、定、沧并置总管府。丁丑，以淮安王神通为山东道行台右仆射。

辛巳，褒州道安抚使郭行方攻萧铣都州[8]，拔之。

孟海公与窦建德同伏诛，戴州刺史孟啖鬼不自安，挟海公之子义以曹、戴二州反，以禹城令蒋善合为腹心；善合与其左右同谋斩之。

【注释】

①给复：免除徭役。 ②律、令、格、式：法的几种形式，指律条、政令、官吏处事规则、条例。 ③廨舍：官府、官署、官舍，官吏办事及居住处所。 ④弊：破败、败坏。 ⑤参：应作絫，重量单位，应劭云：十黍为絫，十絫为铢。颜师古认为盖笔误。 ⑥给事中：唐属门下省，掌侍奉左右，分判省事。凡百司奏抄，侍中审定，则先读而署之，以驳正违失。 ⑦钱监：官署名。唐置，设有铸钱使，掌管钱的铸造事宜。 ⑧鄀州：治所在今湖北荆门市西北。

八月，丙戌朔，日有食之。

丁亥，命太子安抚北边。

丁酉，刘黑闼陷鄃县[①]，魏州刺史权威、贝州刺史戴元祥与战，皆败死，黑闼悉收其余众及器械。窦建德旧党稍稍出归之，众至二千人，为坛于漳南，祭建德，告以举兵之意，自称大将军。诏发关中步骑三千，使将军秦武通、定州总管蓝田李玄通击之；又诏幽州总管李艺引兵会击黑闼。

癸卯，突厥寇代州，总管李大恩遣行军总管王孝基拒之，举军皆没。甲辰，进围崞县[②]。乙巳，王孝基自突厥逃归，李大恩众少，据城自守，突厥不敢逼，月余引去。

上以南方寇盗尚多，丙午，以左武候将军张镇周为淮南道行军总管，大将军陈智略为岭南道行军总管，镇抚之。

丁未，刘黑闼陷历亭[③]，执屯卫将军王行敏，使之拜，不可，遂杀之。

初，洛阳既平，徐圆朗请降，拜兖州总管，封鲁郡公。刘黑闼作乱，阴与圆朗通谋。上使葛公盛彦师安集河南，行至任城；辛亥，圆朗执彦师，举兵反。黑闼以圆朗为大行台元帅，兖、郓、陈、杞、伊、洛、曹、戴等八州豪右皆应之。圆朗厚礼彦师，使作书与其弟，令举虞城降。彦师为书曰："吾奉使无状[④]，为贼所擒，为臣不忠，誓之以死；汝善侍老母，勿以吾为念。"圆朗初色动，而彦师自若。圆朗乃笑曰："盛将军有壮节，不可杀也。"待之如旧。

河南道安抚大使任瓌行至宋州[⑤]，属圆朗反，副使柳濬劝瓌退保汴州，瓌笑曰："柳公何怯也！"圆朗又攻陷楚丘，引兵将围虞城[⑥]，瓌遣部将崔枢、张公谨自鄢陵帅诸豪右质子百余人守虞城[⑦]。濬曰："枢与公谨皆王世充将，诸州质子父兄皆反，恐必为变。"瓌不应。枢至虞城，分质子使与土人合队共守城。贼稍近，质子有叛者，枢斩其队帅。于是诸队帅皆惧，各杀其质子，枢不禁，枭其首于门外，遣使白瓌。瓌阳怒曰："吾所以使与质子俱者，欲招其父兄耳，何罪而杀之！"退谓濬曰："吾固知崔枢能办此也。县人既杀质子，与贼深仇，吾何患乎！"贼攻虞城，果不克而去。

初，窦建德以鄱阳崔元逊为深州刺史[⑧]，及刘黑闼反，元逊与其党数十人谋于野，伏甲士于车中，以禾覆其上，诈为农人，直入听事，自禾中呼噪而出，执刺史裴晞杀之，传首黑闼。

【注释】

①鄃县(shū 输)县：治在今山东夏津县。 ②崞县：治在今山西原平市北崞阳镇。 ③历亭：古县名。治在今山东武城县东北旧城东。 ④无状：没有成绩。 ⑤宋州：治在今河南商丘市。 ⑥虞城：古县名。在今河南虞城县北旧城西南。 ⑦豪右：豪强。古时尚右，故右即强。 ⑧深州：治在今河北饶阳县。

九月，乙卯，文登贼帅淳于难请降[①]，置登州[②]，以难为刺史。

突厥寇并州，遣左屯卫大将军窦琮等击之。戊午，突厥寇原州，遣行军总管尉迟敬德等击之。

辛酉，徐圆朗自称鲁王。

隋末，歙州贼帅汪华据黟、歙等五州[③]，有众一万，自称吴王。甲子，遣使来降，拜歙州总管。

隋末，弋阳卢祖尚纠合壮士以卫乡里[④]，部分严整，群盗畏之。及炀帝遇弑，乡人奉之为光州刺史[⑤]；时年十九，奉表于皇泰主。及王世充自立，祖尚来降，丙子，以祖尚为光州总管。

己卯，诏括天下户口。

徐圆朗寇济州，治中吴伋论击走之[⑥]。

癸未，诏以太常乐工皆前代因罪配没[⑦]，子孙相承，多历年所，良可哀愍；宜并蠲除为民[⑧]，且令执事，若仕宦入流，勿更追集。

甲申，灵州总管杨师道击突厥，破之。师道，恭仁之弟也。

诏发巴、蜀兵，以赵郡王孝恭为荆湘道行军总管[9]，李靖摄行军长史，统十二总管，自夔州顺流东下；以庐江王瑗为荆郢道行军元帅，出襄州道，黔州刺史田世康出辰州道，黄州总管周法明出夏口道，以击萧铣。是月，孝恭发夔州。时峡江方涨[10]，诸将请俟水落进军，李靖曰："兵贵神速。今吾兵始集，铣尚未知，若乘江涨，倏忽抵其城下，掩其不备，此必成擒；不可失也！"孝恭从之。

淮安王神通将关内兵至冀州，与李艺兵合。又发邢、洺、相、魏、恒、赵等州兵合五万余人，与刘黑闼战于饶阳城南[11]，布陈十余里；黑闼众少，依堤单行而陈以当之。会风雪，神通乘风击之，既而风返，神通大败，士马军资失亡三分之二。李艺居西偏，击高雅贤，破之，逐奔数里，闻大军不利，退保藁城；黑闼就击之，艺亦败，薛万均、万彻皆为所虏，截发驱之。万均兄弟亡归，艺引兵归幽州。黑闼兵势大振。

上以秦王世民功大，前代官皆不足以称之，特置天策上将[12]，位在王公上。冬，十月，以世民为天策上将，领司徒、陕东道大行台尚书令，增邑二万户，仍开天策府，置官属。以齐王元吉为司空。世民以海内浸平，乃开馆于宫西，延四方文学之士[13]，出教以王府属杜如晦、记室房玄龄、虞世南、文学褚亮、姚思廉、主簿李玄道、参军蔡允恭、薛元敬、颜相时、谘议典签苏勗、天策府从事中郎于志宁、军谘

唐周昉绘《簪花仕女图》(局部)

祭酒苏世长、记室薛收、仓曹李守素、国子助教陆德明、孔颖达、信都盖文达、宋州总管府户曹许敬宗，并以本官兼文学馆学士，分为三番，更日直宿，供给珍膳，恩礼优厚。世民朝谒公事之暇，辄至馆中，引诸学士讨论文籍，或夜分乃寝。又使库直阎立本图像，褚亮为赞，号十八学士。士大夫得预其选者，时人谓之“登瀛洲⑭”。允恭，大宝之弟子；元敬，收之从子；相时，师古之弟；立本，毗之子也。

初，杜如晦为秦王府兵曹参军，俄迁陕州长史。时府僚多补外官，世民患之。房玄龄曰：“余人不足惜，至于杜如晦，王佐之才，大王欲经营四方，非如晦不可。”世民惊曰：“微公言⑮，几失之。”即奏为府属。与玄龄常从世民征伐，参谋帷幄，军中多事，如晦剖决如流。世民每破军克城，诸将佐争取宝货，玄龄独收采人物，致之幕府。又将佐有勇略者，玄龄必与之深相结，使为世民尽死力。世民每令玄龄入奏事，上叹曰：“玄龄为吾儿陈事，虽隔千里，皆如面谈。”

李玄道尝事李密为记室，密败，官属为王世充所虏，惧死，皆达曙不寐。独玄道起居自若，曰：“死生有命，非忧可免！”众服其识量。

【注释】

①文登：治在今山东威海市文登区。　②登州：治在今山东烟台市牟平区。　③歙（shè 社）州：治在今安徽歙县。黟：黟县，治在今安徽黟县，唐属歙州。　④弋阳：古郡名。治在今河南光山县。　⑤光州：治在今河南光山县。　⑥治中：官称。为州刺史的助理。唐无此称，已改为司马，盖沿用旧称。　⑦配没：发配没籍。　⑧蠲（juān 捐）除：免除。　⑨荆湘道：初唐行政区划分十道，但实无此道，是以南朝荆、湘所部言之，下荆郢道等类此。　⑩峡江：长江三峡段之谓。　⑪饶阳：古县名。治在今河北饶阳县东北。　⑫天策上将：因秦王功大特设，位在王公之上，并开府，置官属。官置长史、司马各一人，从事中郎二人，并掌通判府事。军谘祭酒二人，谋军事，赞相礼仪，应接宾客。典签四人，掌宣传导引之事。主簿二人，掌省覆教命。录事二人，记室参军二人掌书疏表启，宣行教命。功、仓、兵、骑、铠、士六曹参军各二人，参军事六人。

⑬文学：文章博学。下面的“文学”为官称，唐因汉置，略如后世教官。 ⑭登瀛州：比喻特别困难。瀛州，也即“瀛洲”。瀛洲，为传说中东海三神山之一，人不能至，至则成仙，此意为像登瀛洲成仙一样困难。 ⑮微：同“非”。不是，要不是。

庚寅，刘黑闼陷瀛州，杀刺史卢士叡。观州人执刺史雷德备[①]，以城降之。

辛卯，萧铣鄂州刺史雷长颖以鲁山来降[②]。

赵郡王孝恭帅战舰二千余艘东下，萧铣以江水方涨，殊不为备；孝恭等拔其荆门、宜都二镇，进至夷陵。铣将文士弘将精兵数万屯清江[③]，癸巳，孝恭击走之，获战舰三百余艘，杀溺死者万计，追奔至百里洲[④]，士弘收兵复战，又败之，进入北江。铣江州总管盖彦举以五州来降。

毛州刺史赵元恺[⑤]，性严急，下不堪命。丁卯[⑥]，州民董灯明等作乱，杀元恺以应刘黑闼。

盛彦师自徐圆朗所逃归。王薄因说青、莱、密诸州，皆下之。

萧铣之罢兵营农也，才留宿卫数千人，闻唐兵至，文士弘败，大惧，仓猝征兵，皆在江、岭之外，道涂阻远，不能遽集，乃悉见兵出拒战。孝恭将击之，李靖止之曰：“彼救败之师，策非素立，势不能久，不若且泊南岸，缓之一日，彼必分其兵，或留拒我，或归自守，兵分势弱，我乘其懈而击之，蔑不胜矣。今若急之，彼则并力死战，楚兵剽锐，未易当也。”孝恭不从，留靖守营，自帅锐师出战，果败走，趣南岸。铣众委舟收掠军资，人皆负重，靖见其众乱，纵兵奋击，大破之，乘胜直抵江陵，入其外郭。又攻水城，拔之，大获舟舰，李靖使孝恭尽散之江中。诸将皆曰：“破敌所获，当藉其用，奈何弃以资敌？”靖曰：“萧铣之地，南出岭表，东距洞庭。吾悬军深入，若攻城未拔，援兵四集，吾表里受敌，进退不获，虽有舟楫，将安用之？今弃舟舰，使塞江而下，援兵见之，必谓江陵已破，未敢轻进，往来觇伺，动淹旬月，吾取之必矣。”铣援兵见舟舰，果疑不进。其交州总管丘和、长史高士廉、司马杜之松等将朝江陵，闻铣败，悉诣孝恭降。

孝恭勒兵围江陵，铣内外阻绝，问策于中书侍郎岑文本，文本劝铣降。铣乃谓群下曰："天不祚梁，不可复支矣。若必待力屈，则百姓蒙患，奈何以我一人之故陷百姓于涂炭乎！"乙巳，铣以太牢告于太庙，下令开门出降，守城者皆哭。铣帅群臣缌缞布帻诣军门[⑦]，曰："当死者唯铣耳，百姓无罪，愿不杀掠。"孝恭入据其城，诸将欲大掠，岑文本说孝恭曰："江南之民，自隋末以来，困于虐政，重以群雄虎争，今之存者，皆锋镝之余，跂踵延颈以望真主[⑧]，是以萧氏君臣、江陵父老决计归命，庶几有所息肩。今若纵兵俘掠，使士民失望，恐自此以南，无复向化之心矣！"孝恭称善，遽禁止之。诸将又言："梁之将帅与官军拒斗死者，其罪既深，请籍没其家，以赏将士。"李靖曰："王者之师，宜使义声先路。彼为其主斗死，乃忠臣也，岂可同叛逆之科籍其家乎！"于是城中安堵，秋毫无犯。南方州县闻之，皆望风款附。铣降数日，援兵至者十余万，闻江陵不守，皆释甲而降。

孝恭送铣于长安，上数之，铣曰："隋失其鹿，天下共逐之。铣无天命，故至此；若以为罪，无所逃死！"竟斩于都市。诏以孝恭为荆州总管；李靖为上柱国，赐爵永康县公，仍使之安抚岭南，得承制拜授。

先是，铣遣黄门侍郎江陵刘洎略地岭表，得五十余城，未还而铣败，洎以所得城来降，除南康州都督府长史[⑨]。

【注释】

①观州：治在今河北东光县。 ②鄂州：治在今湖北武汉市武昌区。 ③清江：古县名。治在今湖北恩施市。 ④百里洲：古地名。在今湖北枝江市南。 ⑤毛州：治在今河北馆陶县。 ⑥疑误，待考。 ⑦缌缞（sīcuī 思崔）：细麻布和披于胸前的麻布条，皆丧葬服饰。 ⑧跂踵：脚跟不着地，踮起脚尖。跂，通"企"；踵，脚后跟。 ⑨南康州：治在今广东德庆县。

戊申，徐圆朗昌州治中刘善行以须昌来降[①]。

庚戌，诏陕东道大行台尚书省自令、仆至郎中、主事[②]，品秩皆与京师同，而员数差少，山东行台及总管府、诸州并隶焉。其益州、襄州、山东、淮南、河北等道令、仆以下，各降京师一等，员数又减焉。行台尚书令得承制补署。其秦王、齐王府官之外，各置左右六护军府[3]，及左右亲事帐内府[4]。

闰月，乙卯，上幸稷州[5]；己未，幸武功旧墅[6]；壬戌，猎于好畤[7]，乙丑，猎于九嵕[8]；丁卯，猎于仲山；戊辰，猎于清水谷[9]，遂幸三原；辛未，幸周氏陂[10]；壬申，还长安。

十一月，甲申，上祀圜丘[11]。

杜伏威遣其将王雄诞击李子通，子通以精兵守独松岭[12]。雄诞遣其将陈当将千余人，乘高据险以逼之，多张旗帜，夜则缚炬火于树，布满山泽。子通惧，烧营走保杭州；雄诞追击之，又败之于城下。庚寅，子通穷蹙请降。伏威执子通并其左仆射乐伯通送长安，上释之。

先是，汪华据黟、歙，称王十余年。雄诞还军击之，华拒之于新安洞口，甲兵甚锐。雄诞伏精兵于山谷，帅羸弱数千犯其陈，战才合，阳不胜，走还营，华进攻之，不能克，会日暮，引还，伏兵已据其洞口，华不得入，窘迫请降。

闻人遂安据昆山，无所属，伏威使雄诞击之，雄诞以昆山险隘，难以力胜，乃单骑造其城下，陈国威灵，示以祸福，遂安感悦，帅诸将出降。

于是伏威尽有淮南、江东之地，南至岭，东距海。雄诞以功除歙州总管，赐爵宜春郡公。

壬辰，林州总管刘旻击刘仚成，大破之。仚成仅以身免，部落皆降。

李靖度岭，遣使分道招抚诸州，所至皆下。萧铣桂州总管李袭志帅所部来降，赵郡王孝恭即以袭志为桂州总管，明年入朝。以李靖为岭南抚慰大使，检校桂州总管，引兵下九十六州，得户六十余万。

壬寅，刘黑闼陷定州，执总管李玄通，黑闼爱其才，欲以为大将，玄通不可。故吏有以酒肉馈之者，玄通曰："诸君哀吾幽辱，幸以酒肉来相开慰，当为诸君一醉。"酒酣，谓守者曰："吾能剑舞，愿假吾刀。"守者与之，玄通舞竟太息曰："大丈夫受国厚恩，镇抚方面，不能保全所守，亦何面目视息世间哉！”即引刀自刺，溃腹而死。上闻，为之流涕，拜其子伏护为大将。

庚戌，杞人周文举杀刺史王文矩，以城应徐圆朗。

幽州大饥，高开道许以粟赈之。李艺遣老弱诣开道就食，开道皆厚遇之。艺喜，于是发民三千人，车数百乘，驴马千余匹往受粟，开道悉留之，告绝于艺，复称燕王，北连突厥，南与刘黑闼相结，引兵攻易州，不克，大掠而去。又遣其将谢稜诈降于艺，请兵援接，艺出兵应之。将至怀戎[13]，稜袭击破之。开道与突厥连兵数入为寇，恒、定、幽、易咸被其患。

十二月，乙卯，刘黑闼陷冀州，杀刺史麴稜。黑闼既破淮安王神通，移书赵、魏[14]，故窦建德将卒争杀唐官吏以应黑闼。庚申，遣右屯卫大将军义安王孝常将兵讨黑闼。黑闼将兵数万进逼宗城[15]，黎州总管李世勣先屯宗城，弃城走保洺州。甲子，黑闼追击世勣等，破之，杀步卒五千人，世勣仅以身免。丙寅，洺州土豪翻城应黑闼。黑闼于城东南告天及祭窦建德而后入；后旬日，引兵攻拔相州，执刺史房晃，右武卫将军张士贵溃围走，黑闼南取黎、卫二州，半岁之间，尽复建德旧境。又遣使北连突厥，颉利可汗遣俟斤宋邪那帅胡骑从之。右武卫将军秦武通、洺州刺史陈君宾、永宁令程名振皆自河北遁归长安。

丁卯，命秦王世民、齐王元吉讨黑闼。

昆弥遣使内附。昆弥，即汉之昆明也。巂州治中吉弘纬通南宁，至其国说之，遂来降。

己巳，刘黑闼陷邢州、赵州；庚午，陷魏州，杀总管潘道毅；辛未，陷莘州。

壬申，徙宋王元嘉为徐王。

【注释】

①昌州：盖徐圆朗以郓州之须昌所置。治所在须朐城，在今山东东平县东。　②大行台尚书省：是掌握政权的人于出征时随其驻地设置的政务机构。主事：主事官员，非正式官员。　③护军府：掌军职选用机构。　④亲事帐内府：即亲王亲事府和帐内府，是办事和护卫的机构。　⑤稷州：治在今山西稷山县南。　⑥武功：古县名。治在今陕西

武功县西北武功镇。 ⑦好畤:古县名。治在今陕西永寿县西南莫西水西南好畤河镇。 ⑧九嵕(zōng 宗):山名。在今陕西礼泉县东北。 ⑨清水谷:在今陕西宜君县西南玉华。 ⑩周氏陂:在今陕西咸阳市东北。 ⑪圜丘:古代祀天的圆形高坛。 ⑫独松岭:在浙江安吉县东南。 ⑬怀戎:古县名。治在今河北涿鹿县西南桑干河南岸。 ⑭赵、魏:指赵地、魏地。以战国时赵、魏土界而言。 ⑮宗城:治在今河北威县东。

资治通鉴卷第一百九十

唐纪六　起玄黓敦牂，尽阏逢涒滩五月，凡二年有奇。

高祖神尧大圣光孝皇帝中之下

武德五年　春，正月，刘黑闼自称汉东王，改元天造，定都洺州。以范愿为左仆射，董康买为兵部尚书，高雅贤为右领军；征王琮为中书令，刘斌为中书侍郎；窦建德时文武悉复本位。其设法行政，悉师建德，而攻战勇决过之。

丙戌，同安贼帅殷恭邃以舒州来降[1]。

丁亥，济州别驾刘伯通执刺史窦务本[2]，以州附徐圆朗。

庚寅，东盐州治中王才艺杀刺史田华[3]，以城应刘黑闼。

秦王世民军至获嘉，刘黑闼弃相州，退保洺州。丙申，世民复取相州，进军肥乡[4]，列营洺水之上以逼之[5]。

萧铣既败，散兵多归林士弘，军势复振。

己酉，岭南俚帅杨世略以循、潮二州来降[6]。

唐使者王义童下泉、睦、建三州[7]。

幽州总管李艺将所部兵数万会秦王世民讨刘黑闼，黑闼闻之，留兵万人，使范愿守洺州，自将兵拒艺。夜，宿沙河[8]，程名振载鼓六十具，于城西二里堤上急击之，城中地皆震动。范愿惊惧，驰告黑闼；黑闼遽还，遣其弟十善与行台张君立将兵一万击艺于鼓城[9]。壬子，战于徐河，十善、君立大败，所失亡八千人。

洺水人李去惑据城来降[10]，秦王世民遣彭公王君廓将千五百骑赴之，入城共守。二月，刘黑闼引兵还攻洺水，癸亥，行至列人[11]；秦王世民使秦叔宝邀击，破之。

豫章贼帅张善安以虔、吉等五州来降[12]，拜洪州总管。

戊辰，金乡人阳孝诚叛徐圆朗，以城来降。

己巳，秦王世民复取邢州。辛未，井州人冯伯让以城来降。

丙子，李艺取刘黑闼定、栾、廉、赵四州[13]，获黑闼尚书刘希道，引兵与秦王世民会洺州。

刘黑闼攻洺水甚急。城四旁皆有水，广五十余步，黑闼于城东北筑二甬道以攻之[14]；世民三引兵救之，黑闼拒之，不得进。世民恐王君廓不能守，召诸将谋之，李世勣曰："若甬道达城下，城必不守。"行军总管郯勇公罗士信请代君廓守之。世民乃登城西南高冢，以旗招君廓，君廓帅其徒力战，溃围而出；士信帅左右二百人乘之入城，代君廓固守。黑闼昼夜急攻，会大雪，救兵不得往，凡八日，丁丑，城陷。黑闼素闻其勇，欲生之，士信词色不屈，乃杀之，时年二十。

戊寅，汴州总管王要汉攻徐圆朗杞州，拔之，获其将周文举。

庚辰，延州道行军总管段德操击梁师都石堡城[15]，师都自将救之；德操与战，大破之，师都以十六骑遁去。上益其兵，使乘胜进攻夏州，克其东城，师都以数百人保西城。会突厥救至，诏德操引还。

【注释】

①同安：郡名。治今安徽潜山市。舒州：即隋的同安郡。 ②别驾：为刺史佐官，总理众务。刺史：本为巡察州郡性质的官员，其官阶低于郡守，隋唐为一州的行政长官。 ③治中：隋唐为郡守佐官。 ④肥乡：古县名。治今河北邯郸市肥乡区西南，隋开皇十年(590)移今肥乡县。 ⑤洺水：水名。在今河北西南部，名洺河。 ⑥循、潮二州：循州，治今广东惠州市；潮州，治今广东潮州市潮安区。 ⑦泉、睦、建三州：泉州，治今福州；睦州，治今浙江淳安县西淳城镇西南；建州，治今福建建瓯市。 ⑧沙河：古县名。治今河北沙河市褡裢镇北沙河东。 ⑨鼓城：古县名，治今河北晋州市。 ⑩洺水：古县名。治今河北曲周县东南。 ⑪列人：古县名。治今河北邯郸市肥乡区东北。 ⑫豫章：郡名。

治今江西南昌市。唐武德五年(622)改为洪州。虔州:治今江西赣州市。吉州:治今江西吉水县东北。 ⑬定、栾、廉、赵四州:定州,治今河北定州市;栾州,治今河北隆尧县东;廉州,治今河北正定县;赵州,治今河北赵县。 ⑭甬道:两侧筑墙的通道。 ⑮石堡城:治今青海湟源县西南。

辛巳,秦王世民拔洺水。三月,世民与李艺营于洺水之南,分兵屯水北。黑闼数挑战,世民坚壁不应,别遣奇兵绝其粮道。壬辰,黑闼以高雅贤为左仆射,军中高会。李世勣引兵逼其营,雅贤乘醉,单骑逐之,世勣部将潘毛刺之坠马,左右继至,扶归,未至营而卒。甲午,诸将复往逼其营,潘毛为王小胡所擒。黑闼运粮于冀、贝、沧、瀛诸州[①],水陆俱进,程名振以千余人邀之,沉其舟,焚其车。

宋州总管盛彦师帅齐州总管王薄攻须昌[②],征军粮于潭州[③];刺史李义满与薄有隙,闭仓不与。及须昌降,彦师收义满,系齐州狱,诏释之。使者未至,义满忧愤,死狱中。薄还,过潭州,戊戌夜,义满兄子武意执薄,杀之;彦师亦坐死[④]。

上遣使赂突厥颉利可汗,且许结婚。颉利乃遣汉阳公瓌、郑元琇、长孙顺德等还,庚子,复遣使来修好,上亦遣其使者特勒热寒、阿史那德等还。并州总管刘世让屯雁门,颉利与高开道、苑君璋合众攻之,不克,月余,乃退。

甲辰,以隋交趾太守丘和为交州总管。和遣司马高士廉奉表请入朝,诏许之,遣其子师利迎之。

秦王世民与刘黑闼相持六十余日。黑闼潜师袭李世勣营,世民引兵掩其后以救之,为黑闼所围,尉迟敬德帅壮士犯围而入,世民与略阳公道宗乘之得出。道宗,帝之从子也。世民度黑闼粮尽,必来决战,乃使人堰洺水上流,谓守吏曰:“待我与贼战,乃决之。”丁未,黑闼帅步骑二万南渡洺水,压唐营而陈,世民自将精骑击其骑兵,破之,乘胜蹂其步兵。黑闼帅众殊死战,自午至昏,战数合,黑闼势不能支。王小胡谓黑闼曰:“智力尽矣,宜早亡去。”遂与黑闼先遁,余众不知,犹格战。守吏决堰,洺水大至,深丈余,黑闼众大溃,斩首万余级,溺死数千人,黑闼与范愿等二百骑奔突厥，山东悉平[5]。

高开道寇易州，杀刺史慕容孝干。

夏，四月，己未，隋鸿胪卿宁长真以宁越、郁林之地请降于李靖[6]，交、爱之道始通；以长真为钦州总管。

以夔州总管赵郡王孝恭为荆州总管。

徐圆朗闻刘黑闼败，大惧，不知所出。河间人刘复礼说圆朗曰："有刘世彻者，其才不世出，名高东夏[7]，且有非常之相，真帝王之器。将军若自立，恐终无成；若迎世彻而奉之，天下指挥可定。"圆朗然之，使复礼迎世彻于浚仪[8]。或说圆朗曰："将军为人所惑，欲迎刘世彻而奉之，世彻若得志，将军岂有全地乎！仆不敢远引前古，将军独不见翟让之于李密乎？"圆朗复以为然。世彻至，已有众数千人，顿于城外，以待圆朗出迎；圆朗不出，使人召之。世彻知事变，欲亡走，恐不免，乃入谒；圆朗悉夺其兵，以为司马，使徇谯、杞二州。东人素闻其名，所向皆下，圆朗遂杀之。

秦王世民自河北引兵将击圆朗，会上召之，使驰传入朝，乃以兵属齐王元吉。庚申，世民至长安，上迎之于长乐[9]。世民具陈取圆朗形势，上复遣之诣黎阳，会大军趋济阴。

丁卯，废山东行台。

壬申，代州总管定襄王李大恩为突厥所杀。先是，大恩奏称突厥饥馑，马邑可取[10]，诏殿内少监独孤晟将兵与大恩共击苑君璋，期以二月会马邑；失期不至，大恩不能独进，顿兵新城。颉利可汗遣数万骑与刘黑闼共围大恩，上遣右骁卫大将军李高迁救之。未至，大恩粮尽，夜遁，突厥邀之，众溃而死，上惜之。独孤晟坐减死徙边。

丙子，行台民部尚书史万宝攻徐圆朗陈州[11]，拔之。

戊寅，广州贼帅邓文进、隋合浦太守宁宣、日南太守李晙并来降[12]。

【注释】

①冀、贝、沧、瀛诸州：冀，治今河北高邑县西南；贝，治今河北清河县西北；沧，治今河北沧州市西南；瀛，治今河北河间市。　②齐州：治今山东济南市。须昌：古县名。治今山东东平县西北。　③潭州：治今山东

济南市章丘区西。 ④坐死：获罪处死。坐，坐罪，犯法获罪。 ⑤山东：指太行山以东地区。 ⑥宁越：汉郡名。隋唐置州，名钦州，治今广西钦州市东北，钦江西北岸。郁林：治今广西玉林市石南镇东北。 ⑦东夏：州名。治今陕西延安城东延河东岸。 ⑧浚仪：古县名。治今河南开封市。 ⑨长乐：地名。即长乐坂，在今陕西西安市东北浐河西岸。 ⑩马邑：郡名。治今山西朔州市。 ⑪陈州：治今河南沈丘县南。 ⑫日南：郡名。唐改置南德州。治今越南义安省荣市。

五月，庚寅，瓜州土豪王干斩贺拔行威以降[①]，瓜州平。

突厥寇忻州[②]，李高迁击破之。

六月，辛亥，刘黑闼引突厥寇山东，诏燕郡王李艺击之。

癸丑，吐谷浑寇洮、旭、叠三州[③]，岷州总管李长卿击破之。

乙卯，遣淮安王神通击徐圆朗。

丁卯，刘黑闼引突厥寇定州。

秋，七月，甲申，为秦王世民营弘义宫[④]，使居之。世民击徐圆朗，下十余城，声震淮、泗，杜伏威惧，请入朝。世民以淮、济之间略定，使淮安王神通、行军总管任瓌、李世勣攻圆朗；乙酉，班师。

丁亥，杜伏威入朝，延升御榻，拜太子太保，仍兼行台尚书令，留长安，位在齐王元吉上，以宠异之。以阚稜为左领军将军[⑤]。

李子通谓乐伯通曰："伏威既来，江东未定，我往收旧兵，可以立大功。"遂相与亡至蓝田关[⑥]，为吏所获，俱伏诛。

刘黑闼至定州，其故将曹湛，董康买亡命在鲜虞[⑦]，复聚兵应之。甲午，以淮阳王道玄为河北道行军总管以讨之。

丙申，迁州人邓士政执刺史李敬昂以反[⑧]。

丁酉，隋汉阳太守冯盎承李靖檄，帅所部来降，以其地为高、罗、春、白、崖、儋、林、振八州[⑨]，以盎为高州总管，封耿国公。先是，或说盎曰："唐始定中原，未能及远，公所领二十余州地已广于赵佗，宜自称南越王。"盎曰："吾家居此五世矣，为牧伯者不出吾门，富贵极矣，常惧不克负荷，为先人羞，敢效赵佗自王一方乎！"遂来降。于是岭南悉平。

八月，辛亥，以洺、荆、交、并、幽五州为大总管府。

改葬隋炀帝于扬州雷塘[10]。

甲戌[11]，吐谷浑寇岷州，败总管李长卿。诏益州行台右仆射窦轨、渭州刺史且洛生救之。

乙卯，突厥颉利可汗寇边，遣左武卫将军段德操、云州总管李子和将兵拒之。子和本姓郭，以讨刘黑闼有功，赐姓。丙辰，颉利十五万骑入雁门，己未，寇并州，别遣兵寇原州；庚子[12]，命太子出幽州道[13]，秦王世民出秦州道以御之[14]。李子和趋云中，掩击可汗，段德操趋夏州，邀其归路。

辛酉，上谓群臣曰："突厥入寇而复求和，和与战孰利？"太常卿郑元璹曰："战则怨深，不如和利。"中书令封德彝曰："突厥恃犬羊之众，有轻中国之意，若不战而和，示之以弱，明年将复来。臣愚以为不如击之，既胜而后与和，则恩威兼著矣！"上从之。

己巳，并州大总管襄邑王神符破突厥于汾东；汾州刺史萧顗破突厥，斩首五千余级。

吐谷浑寇洮州，遣武州刺史贺拔亮御之。

丙子，突厥寇廉州；戊寅，陷大震关[15]。上遣郑元璹诣颉利。是时，突厥精骑数十万，自介休至晋州，数百里间，填溢山谷。元璹见颉利，责以负约，与相辨诘，颉利颇惭。元璹因说颉利曰："唐与突厥，风俗不同，突厥虽得唐地，不能居也。今虏掠所得，皆入国人，于可汗何有？不如旋师，复修和亲，可无跋涉之劳，坐受金币，又皆入可汗府库，孰与弃昆弟积年之欢，而结子孙无穷之怨乎！"颉利悦，引兵还。元璹自义宁以来，五使突厥，几死者数焉。

【注释】

①瓜州：治今甘肃瓜州县东南锁阳城。　②忻州：治今山东忻州市。　③吐谷（yù 浴）浑：古鲜卑族所建王朝名。隋唐时居今青海北部、新疆东南部地区。洮、旭、叠三州：洮州，治今甘肃临潭县；旭州，今阙，当治今甘肃庆阳市；叠州，唐置，治所在今甘肃迭部县。　④弘义宫：宫名。在唐宫外西面。　⑤左领军将军：为唐初府兵制十六卫之一，领军卫分左右，卫设上将军一人，大将军一人，将军二人。　⑥蓝田关：古关名，又名蓝关，在今陕西商洛市商州区西北。　⑦鲜虞：古县名。治今河北正定县。　⑧迁州：治今湖北竹山县。　⑨高、罗、春、白、崖、儋、林、振八

州：高州，治今广东阳江市西；罗州，治今广东化州市；春州，治今广东阳春市；白州，治今广西博白县；林州，治今广西桂平市南；崖州，治今海南海口市琼山区东南；儋州，治今海南儋州市西北；振州，治今海南三亚市西北崖城镇。 ⑩雷塘：地名。在今江苏扬州市北。 ⑪甲戌：疑为甲寅（初五）之误。 ⑫庚子：据胡注应为庚申，即十一日。 ⑬幽州道：胡注："幽州"当作"豳州"，甚是。因御原州之敌，原州治今宁夏固原县，不可能兵出今北京市西南的幽州道，应为同大方位的治今甘肃宁县的豳州道。 ⑭秦州道：胡注："秦州"当作"泰州"，甚是。因御治今山西太原市西南的并州之敌，不可能兵出今治甘肃天水市的秦州道，应兵出与并州同大方位的治今山西河津市东南的泰州道。 ⑮大震关：关名。在今陕西陇县西境陇山顶上。

九月，癸巳，交州刺史权士通、弘州总管宇文歆、灵州总管杨师道击突厥于三观山①，破之。乙未，太子班师。丙申，宇文歆邀突厥于崇岗镇，大破之，斩首千余级。壬寅，定州总管双士洛等击突厥于恒山之南②，丙午，领军将军安兴贵击突厥于甘州，皆破之。

刘黑闼陷瀛州，杀刺史马匡武。盐州人马君德以城叛附黑闼③。高开道寇蠡州④。

冬，十月，己酉，诏齐王元吉讨刘黑闼于山东。壬子，以元吉为领军大将军、并州大总管。癸丑，贝州刺史许善护与黑闼弟十善战于鄃县⑤，善护全军皆没。甲寅，右武候将军桑显和击黑闼于晏城⑥，破之。观州刺史刘会以城叛附黑闼。

契丹寇北平⑦。

甲子，以秦王世民领左、右十二卫大将军⑧。

乙丑，行军总管淮阳壮王道玄与刘黑闼战于下博⑨，军败，为黑闼所杀。时道玄将兵三万，与副将史万宝不协；道玄帅轻骑先出犯陈，使万宝将大军继之。万宝拥兵不进，谓所亲曰："我奉手敕云，淮阳小儿，军事皆委老夫。今王轻脱妄进，若与之俱，必同败没，不如以王饵贼，王败，贼必争进，我坚陈以待之，破之必矣。"由是道玄独进败没。万宝勒兵将战，士卒皆无斗志，军遂大溃，万宝逃归。道玄数从秦王世民征伐，死时年十九，世民深惜之，谓人曰："道玄常从吾征伐，见吾深入贼陈，心慕效之，以至于此。"为之流涕。世民自起兵以来，前后数十战，常身先士卒，轻骑深入，虽屡危殆而未尝为矢刃所伤。

林士弘遣其弟鄱阳王药师攻循州[10]，刺史杨略与战，斩之，其将王戎以南昌州降。士弘惧，己巳，请降。寻复走保安成山洞，袁州人相聚应之[11]；洪州总管若干则遣兵击破之。会士弘死，其众遂散。

淮阳王道玄之败也，山东震骇，洺州总管庐江王瑗弃城西走，州县皆叛附于刘黑闼，旬日间，黑闼尽复故地，乙亥，进据洺州。十一月，庚辰，沧州刺史程大买为黑闼所迫，弃城走。齐王元吉畏黑闼兵强，不敢进。

上之起兵晋阳也，皆秦王世民之谋，上谓世民曰："若事成，则天下皆汝所致，当以汝为太子。"世民拜且辞。及为唐王，将佐亦请以世民为世子，上将立之，世民固辞而止。太子建成，性宽简[12]，喜酒色游畋；齐王元吉，多过失；皆无宠于上。世民功名日盛，上常有意以代建成，建成内不自安，乃与元吉协谋，共倾世民，各引树党友。

上晚年多内宠，小王且二十人，其母竞交结诸长子以自固。建成与元吉曲意事诸妃嫔，谄谀赂遗，无所不至，以求媚于上。或言蒸于张婕妤、尹德妃[13]，宫禁深秘，莫能明也。是时，东宫、诸王公、妃主之家及后宫亲戚横长安中，恣为非法，有司不敢诘。世民居承乾殿，元吉居武德殿后院，与上台、东宫昼夜通行[14]，无复禁限。太子、二王出入上台，皆乘马、携弓刀杂物，相遇如家人礼。太子令、秦、齐王教与诏敕并行[15]，有司莫知所从，唯据得之先后为定。世民独不奉事诸妃嫔，诸妃嫔争誉建成、元吉而短世民[16]。

世民平洛阳，上使贵妃等数人诣洛阳选阅隋宫人及收府库珍物。贵妃等私从世民求宝货及为其亲属求官，世民曰："宝货皆已籍奏，官当授贤才有功者。"皆不许，由是益怨。世民以淮安王神通有功，给田数十顷。张婕妤之父因婕妤求之于上，上手敕赐之，神通以教给在先，不与。婕妤诉于上曰："敕赐妾父田，秦王夺之以与神通。"上遂发怒，责世民曰："我手敕不如汝教邪！"他日，谓

杜如晦像

左仆射裴寂曰："此儿久典兵在外，为书生所教，非复昔日子也。"尹德妃父阿鼠骄横，秦王府属杜如晦过其门，阿鼠家童数人曳如晦坠马，殴之，折一指，曰："汝何人，敢过我门而不下马！"阿鼠恐世民诉于上，先使德妃奏云："秦王左右陵暴妾家。"上复怒责世民曰："我妃嫔家犹为汝左右所陵，况小民乎！"世民深自辩析，上终不信。

世民每侍宴宫中，对诸妃嫔，思太穆皇后早终[17]，不得见上有天下，或歔欷流涕，上顾之不乐。诸妃嫔因密共谮世民曰："海内幸无事，陛下春秋高[18]，唯宜相娱乐，而秦王每独涕泣，正是憎疾妾等，陛下万岁后，妾母子必不为秦王所容，无孑遗矣！"因相与泣，且曰："皇太子仁孝，陛下以妾母子属之，必能保全。"上为之怆然。由是无易太子意，待世民浸疏，而建成、元吉日亲矣。

太子中允王珪、洗马魏征说太子曰[19]："秦王功盖天下，中外归心；殿下但以年长位居东宫，无大功以镇服海内。今刘黑闼散亡之余，众不满万，资粮匮乏，以大军临之，势如拉朽[20]，殿下宜自击之以取功名，因结纳山东豪杰，庶可自安。"太子乃请行于上，上许之。珪，颇之兄子也。甲申，诏太子建成将兵讨黑闼，其陕东道大行台及山东道行军元帅、河南、河北诸州并受建成处分，得以便宜从事。

乙酉，封宗室略阳公道宗等十八人为郡王。道宗，道玄从父弟也，为灵州总管，梁师都遣弟洛儿引突厥数万围之，道宗乘间出击，大破之。突厥与师都连结，遣其郁射设入居故五原，道宗逐出之，斥地千余里。上以道宗武干如魏任城王彰[21]，乃立为任城郡王。

丙申，上幸宜州[22]。

己亥，齐王元吉遣兵击刘十善于魏州，破之。

癸卯，上校猎于富平。

刘黑闼拥兵而南，自相州以北州县皆附之，唯魏州总管田留安勒兵拒守。黑闼攻之，不下，引兵南拔元城[23]，复还攻之。

【注释】

①交州：治今甘肃秦安县东北。弘州：治今甘肃庆阳市北。灵州：宁夏灵武市西南。 ②恒山：山名。在今河北曲阳县西北，与山西接壤处。 ③盐州：治今陕西定边县。 ④蠡州：治今河北蠡县。 ⑤鄃（音shū输）县：治今山东夏津县。 ⑥晏城：地名。即今山东齐河县晏城镇。 ⑦北平：古县名。治今河北保定市满城区北。 ⑧左、右十二卫：唐府兵制置左、右十二卫，即卫、骁卫、武卫、屯卫、领军卫、候卫各分左右，共十二卫。 ⑨淮阳壮王：本为淮阳王，“壮”为谥号。下博：古县名。治今河北深州市东南。 ⑩林士弘：隋末农民起义首领、江西鄱阳人。曾拥兵十万，辖北至九江，南到广州，于虔州（今江西赣州市）称帝，国号楚，建元太平。后张善安袭击退保余干，武德五年（622）被迫降唐，不久退保安成（今江西安福县东南）山洞，病死。 ⑪袁州：治今江西宜春市东。 ⑫宽简：宽宏简忽，不拘小节。 ⑬蒸：与母辈淫乱。 ⑭上台：谓皇帝居住之处。东宫：太子居住处，也是皇后居住处。 ⑮令、教、诏敕：都是上对下的训诫告谕，因身份不同，名称不一，太子称“令”，王称“教”，皇上称“诏敕”。 ⑯短世民：揭世民的短处，即诋毁世民。 ⑰太穆皇后：即窦皇后，谥太穆，帝未即位先崩，生建成、世民、玄霸、元吉。 ⑱春秋：年岁、年寿。以偏概全，以春秋指代年。 ⑲太子中允、洗马：皆太子属官，中允为掌侍从赞相，敷正启奏的太子左春坊左庶子的副官；洗马为唐司经局长官，掌四库图籍缮写刊辑之事。 ⑳拉朽：摧毁腐朽之物，比喻轻而易举。 ㉑魏任城王彰：曹操之子曹彰，英武干练，击乌丸有功，封任城王。 ㉒宜州：治今陕西铜川市耀州区。 ㉓元城：古县名。治今山东莘县。

十二月，庚戌，立宗室孝友等八人为郡王。孝友，神通之子也。

丙辰，上校猎于华池[1]。

戊午，刘黑闼陷恒州，杀刺史王公政。

庚申，车驾至长安[2]。

癸亥，幽州大总管李艺复廉、定二州。

甲子，田留安击刘黑闼，破之，获其莘州刺史孟柱[3]，降将卒六千人。是时，山东豪杰多杀长吏以应黑闼，上下相猜，人益离怨；留安待吏民独坦然无疑，白事者无问亲疏，皆听直入卧内，每谓吏民曰："吾与尔曹俱为国御贼，固宜同心协力，必欲弃顺从逆者，但自斩吾首去。"吏民皆相戒曰："田公推至诚以待人，当共竭死力报之，必不可负。"有苑竹林者，本黑闼之党，潜有异志。留安知之，不发其事，引置左右，委以管钥；竹林感激，遂更归心，卒收其用。以功进封道国公。

乙丑，并州刺史成仁重击范愿，破之。

刘黑闼攻魏州未下，太子建成、齐王元吉大军至昌乐[4]，黑闼引兵拒之，再陈，皆不战而罢。魏征言于太子曰："前破黑闼，其将帅皆悬名处死，妻子系虏；故齐王之来，虽有诏书赦其党与之罪，皆莫之信。今宜悉解其囚俘，慰谕遣之，则可坐视其离散矣！"太子从之。黑闼食尽，众多亡，或缚其渠帅以降。黑闼恐城中兵出，与大军表里击之，遂夜遁。至馆陶，永济桥未成[5]，不得度。壬申，太子、齐王以大军至，黑闼使王小胡背水而陈，自视作桥成，即过桥西，众遂大溃，舍仗来降。大军度桥追黑闼，度者才千余骑，桥坏，由是黑闼得与数百骑亡去。

上以隋末战士多没于高丽，是岁，赐高丽王建武书，使悉遣还；亦使州县索高丽人在中土者，遣归其国。建武奉诏，遣还中国民前后以万数。

【注释】

①华池：地名。治所今陕西韩城市西南。　②车驾：本指马驾的车子，但史书特指天子所乘之车，天子乘车而行，不敢指斥，故指代天子。　③莘州：治今山东莘县。　④昌乐：古县名。治今河南南乐县西北。　⑤永济桥：在今河南宜阳县西。

六年　春，正月，己卯，刘黑闼所署饶州刺史诸葛德威执黑阏[1]，举城降。时太子遣骑将刘弘基追黑闼，黑闼为官军所迫，奔走不得休息，至饶阳，从者才百余人，馁甚。德威出迎，延黑闼入城，黑闼不可；德威涕泣固请，黑闼乃从之。至城旁市中憩止，德威馈之食；食未毕，德威勒兵执之，送诣太子，并其弟十善斩于洺州。黑闼临刑叹曰："我幸在家锄菜[2]，为高雅贤辈所误至此！"

壬午，巂州人王摩沙举兵[3]，自称元帅，改元进通，遣骠骑将军卫彦讨之。

庚子，以吴王杜伏威为太保。

二月，庚戌，上幸骊山温汤[4]；甲寅，还宫。

平阳昭公主薨。戊午，葬公主，诏加前后部鼓吹、班剑四十人[5]，武贲甲卒。太常奏："礼，妇人无鼓吹。"上曰："鼓吹，军乐也。公主亲执金鼓，兴义兵以辅成大业，岂与常妇人比乎！"

丙寅，徐圆朗穷蹙，与数骑弃城走，为野人所杀，其地悉平。

林邑王梵志遣使入贡[6]。初，隋人破林邑，分其地为三郡。及中原丧乱，林邑复国，至是始入贡。

幽州总管李艺请入朝；庚午，以艺为左翊卫大将军。

废参旗等十二军[7]。

三月，癸未，高开道掠文安、鲁城[8]，骠骑将军平善政邀击，破之。

庚子，梁师都将贺遂、索同以所部十二州来降。

乙巳，前洪州总管张善安反，遣舒州总管张镇周等击之。

夏，四月，吐谷浑寇芳州[9]，刺史房当树奔松州[10]。

张善安陷孙州[11]，执总管王戎而去。

乙丑，鄜州道行军总管段德操击梁师都，至夏州，俘其民畜而还。

丙寅，吐谷浑寇洮、岷二州。

丁卯，南州刺史庞孝恭、南越州民宁道明、高州首领冯暄俱反[12]，陷南越州，进攻姜州；合州刺史宁纯引兵救之。

壬申，立皇子元轨为蜀王、凤为豳王、元庆为汉王。

癸酉，以裴寂为左仆射，萧瑀为右仆射，杨恭仁为吏部尚书兼中书令，封德彝为中书令。

五月,庚辰,遣岐州刺史柴绍救岷州。

庚寅,吐谷浑及党项寇河州[13],刺史卢士良击破之。

丙申,梁师都将辛獠儿引突厥寇林州。

戊戌,苑君彰将高满政寇代州,骠骑将军李宝言击走之。

癸卯,高开道引奚骑寇幽州[14],长史王诜击破之。刘黑闼之叛也,突地稽引兵助唐,徙其部落于幽州之昌平城;高开道引突厥寇幽州,突地稽将兵邀击,破之。

【注释】

①饶州:即下文的饶阳,治今河北衡水市。 ②钼(chú 除):同"锄"。 ③巂(xī 西)州:治今四川西昌地区。 ④温汤:地名。即今陕西西安市临潼区南骊山北麓华清池。此有温汤之泉,故名。 ⑤班剑:列剑。持剑成列。 ⑥林邑:秦为林邑,晋隋称林邑国,在今越南广南省维川县南茶桥。 ⑦参旗等十二军:唐武德二年(619)设置。 ⑧文安:古县名。治今河北文安县东北。鲁城:古县名。治今河北黄骅市西北。 ⑨芳州:治今甘肃迭部县东南。 ⑩松州:治今四川松潘县。 ⑪孙州:治今江西南昌市西南。 ⑫南州:治今广西博白县。 ⑬党项:古民族名。本为西羌的一支,初居今青海、甘肃、四川边区一带,后向东北迁至今甘肃宁夏陕西北一带,宋称西夏。 ⑭奚:民族名。即东胡族,隋唐称奚。

六月,戊午,高满政以马邑来降。先是,前并州总管刘世让除广州总管,将之官,上问以备边之策,世让对曰:"突厥比数为寇,良以马邑为之中顿故也[1]。请以勇将戍崞城[2],多贮金帛,募有降者厚赏之,数出骑兵掠其城下,蹂其禾稼,败其生业,不出岁余,彼无所食,必降矣。"上然其计,曰:"非公,谁为勇将!"即命世让戍崞城,马邑病之。是时,马邑人多不愿属突厥,上复遣人招谕苑君璋。高满政说君璋尽杀突厥戍兵降唐,君璋不从。满政因众心所欲,夜袭君璋,君璋觉之,亡奔突厥,满政杀君璋之子及突厥戍兵二百人而降。

壬戌,梁师都以突厥寇匡州[3]。

丁卯,苑君璋与突厥吐屯设寇马邑,高满政与战,破之。以满政为朔州总管，封荣国公。

瓜州总管贺若怀广按部至沙州[④]，值州人张护、李通反，怀广以数百人保子城；凉州总管杨恭仁遣兵救之，为护等所败。

癸酉，柴绍与吐谷浑战，为其所围，虏乘高射之，矢下如雨。绍遣人弹胡琵琶，二女子对舞。虏怪之，驻弓矢相与聚观，绍察其无备，潜遣精骑出虏陈后，击之，虏众大溃。

秋，七月，丙子，苑君璋以突厥寇马邑，右武候大将军李高迁及高满政御之，战于腊河谷[⑤]，破之。

张护、李通杀贺拔怀广[⑥]，立汝州别驾窦伏明为主，进逼瓜州；长史赵孝伦击却之。

高开道掠赤岸镇及灵寿、九门、行唐三县而去[⑦]。

丁丑，冈州刺史冯士翙据新会反[⑧]，广州总管刘感讨降之，使复其位。

辛巳，高开道所部弘阳、统汉二镇来降。

癸未，突厥寇原州；乙酉，寇朔州。李高迁为虏所败，行军总管尉迟敬德将兵救之。己亥，遣太子将兵屯北边，秦王世民屯并州，以备突厥。八月，甲辰[⑨]，突厥寇真州[⑩]，又寇马邑。

壬子，淮南道行台仆射辅公祏反。初，杜伏威与公祏相友善，公祏年长，伏威兄事之，军中谓之伯父，畏敬与伏威等。伏威浸忌之，乃署其养子阚稜为左将军，王雄诞为右将军，潜夺其兵权。公祏知之，怏怏不平，与其故人左游仙阳为学道，辟谷以自晦[⑪]。及伏威入朝，留公祏守丹杨，令雄诞典兵为之副，阴谓雄诞曰："吾至长安，苟不失职，勿令公祏为变。"伏威既行，左游仙说公祏谋反；而雄诞握兵，公祏不得发。乃诈称得伏威书，疑雄诞有贰心，雄诞闻之不悦，称疾不视事；公祏因夺其兵，使其党西门君仪谕以反计。雄诞始寤而悔之，曰："今天下方平定，吴王又在京师，大唐兵威，所向无敌，奈何无故自求族灭乎！雄诞有死而已，不敢闻命。今从公为逆，不过延百日之命耳，大丈夫安能爱斯须之死而自陷于不义乎！"公祏知不可屈，缢杀之。雄诞善抚士卒，得其死力，又约束严整，每破城邑，秋毫无犯，死之日，江南军中及民间皆为之流涕。公祏又诈称伏威不得还江南，贻书令其起兵，大修铠仗，运粮储。寻称帝于丹杨，国号宋，修陈故宫室而居之，署置百官，以左游仙为兵部尚书、东南道大使、越州总管，与张善安连兵，以善安为西南道大行台。

己未，突厥寇原州。

乙丑，诏襄州道行台仆射赵郡王孝恭以舟师趣江州，岭南道大使李靖以交、广、泉、桂之众趣宣州，怀州总管黄君汉出谯、亳，齐州总管李世勣出淮、泗，以讨辅公祏。孝恭将发，与诸将宴集，命取水，忽变为血，在坐皆失色，孝恭举止自若，曰："此乃公祏授首之征也！"饮而尽之，众皆悦服。

李孝恭像

丙寅，吐谷浑内附。

辛未，突厥陷原州之善和镇；癸酉，又寇渭州[12]。

高开道以奚侵幽州，州兵击却之。

【注释】

①马邑：唐初置县，治所即今山西朔州市东北马邑。中顿：唐谓置食之所为顿，多言置顿；中途置食之所，以供军需曰中顿。　②崞(guō郭)城：在今山西原平市北崞阳镇。　③匡州：治今陕西吴堡县西北。　④沙州：治今甘肃敦煌市西。　⑤腊河谷：地名。在今山西朔州市北。　⑥贺拔：当作"贺若"。从下28段。　⑦赤岸镇：地名。在今河北曲阳县西北。灵寿：古县名。治今河北灵寿县西北。九门：古县名。治今河北石家庄市藁

城区西北。行唐:古县名。治今河北行唐县东北。 ⑧冈州:治今广东江门市新会区北。新会:古县名,隋置,治所在今广东江门市新会区北。 ⑨丙辰:胡注"章:十二行本'丙'作'甲';乙十一行本同。"按从胡注。 ⑩真州:治在今陕西榆林市东。 ⑪辟谷:古称行导引之术,不食五谷,可以长生。道家方士,乃附会为神仙人道之术。 ⑫渭州:治今甘肃陇西县东南。

九月,丙子,太子班师。

戊子,辅公祏遣其将徐绍宗寇海州[1],陈政通寇寿阳[2]。

邛州獠反[3],遣沛公郑元琦讨之。

庚寅,突厥寇幽州。

壬辰,诏以秦王世民为江州道行军元帅。

乙未,窦伏明以沙州降。

高昌王麴伯雅卒[4],子文泰立。

丙申,渝州人张大智反[5],刺史薛敬仁弃城走。

壬寅,高开道引突厥二万骑寇幽州。

突厥恶弘农公刘世让为己患,遣其臣曹般陁来,言世让与可汗通谋,欲为乱,上信之。冬,十月,丙午,杀世让,籍没其家。

秦王世民犹在并州,己未,诏世民引军还。

上幸华阴。

张大智侵涪州[6],刺史田世康等讨之,大智以众降。

初,上遣右武候大将军李高迁助朔州总管高满政守马邑,苑君璋引突厥万余骑至城下,满政击破之。颉利可汗怒,大发兵攻马邑。高迁惧,帅所部二千人斩关宵遁,虏邀之,失亡者半。颉利自帅众攻城,满政出兵御之,或一日战十余合。上命行军总管刘世让救之,至松子岭,不敢进,还保崞城。会颉利遣使求婚,上曰:"释马邑之围,乃可议婚。"颉利欲解兵,义成公主固请攻之。颉利以高开道善为攻具,召开道,与之攻马邑甚急。颉利诱满政使降,满政骂之。粮且尽,救兵未至,满政欲溃围走朔州,右虞候杜士远以虏兵盛,恐不免,壬戌,杀满政降于突厥,苑君璋复杀城中豪杰与满政同谋者三十余人。上以满政子玄积为上柱国,袭爵。丁卯,突厥复请和亲,以马邑归唐;上以将军秦武通为朔州总管。

突厥数为边患,并州大总管府长史窦静表请于太原置屯田以省馈运,议者以为烦扰,不许。静切论不已,敕征静入朝,使与裴寂、萧瑀、封德彝相论难于上前,寂等不能屈,乃从静议,岁收谷数千斛,上善之,命检校并州大总管。静,抗之子也。十一月,辛巳,秦王世民复请增置屯田于并州之境,从之。

黄州总管周法明将兵击辅公祏,张善安据夏口,拒之。法明屯荆口镇,壬午,法明登战舰饮酒,善安遣刺客数人诈乘鱼艓而至,见者不以为虞,遂杀法明而去。

甲申,舒州总管张镇周等击辅公祏将陈当世于猷州之黄沙⑦,大破之。

丁亥,上校猎于华阴。己丑,迎劳秦王世民于忠武顿⑧。

十二月,癸卯,安抚使李大亮诱张善安,执之。大亮击善安于洪州,与善安隔水而陈,遥相与语。大亮谕以祸福,善安曰:“善安初无反心,正为将士所误;欲降又恐不免。”大亮曰:“张总管有降心,则与我一家耳。”因单骑渡水入其陈,与善安执手共语,示无猜间。善安大悦,遂许之降。既而善安将数十骑诣大亮营,大亮止其骑于门外,引善安入,与语。久之,善安辞去,大亮命武士执之,从骑皆走。善安营中闻之,大怒,悉众而来,将攻大亮。大亮使人谕之曰:“吾不留总管。总管赤心归国,谓我曰:‘若还营,恐将士或有异同,为其所制。’故自留不去耳,卿辈何怒于我!”其党复大骂曰:“张总管卖我以自媚于人。”遂皆溃去。大亮追击,多所虏获。送善安于长安,善安自称不与辅公祏交通,上赦其罪,善遇之;及公祏败,得所与往还书,乃杀之。

甲寅,车驾至长安。

己巳,突厥寇定州,州兵击走之。

庚申,白简、白狗羌并遣使入贡⑨。

【注释】

①海州:治今江苏灌云县西南。　②寿阳:古县名。治今安徽寿县。　③邛(qióng穷)州:治今四川邛崃市东南。獠:对少数民族仡佬族的一种侮辱性的称谓。　④高昌:古国名。北魏时始建,据高昌郡故

名，后唐所灭，治今新疆吐鲁番东南高昌废址。⑤渝州：治今重庆市。⑥涪（fú 扶）州：治今重庆涪陵区。⑦猷州：治今安徽泾县西。⑧忠武顿：地名。在今陕西华阴市东。⑨白简：据胡注当为“白兰”，西部羌族部落，以居白兰山而名。其居地相当于今青海南部及四川西部一带。白狗：亦即羌族部落。

七年 春，正月，依周、齐旧制[1]，每州置大中正一人[2]，掌知州内人物，品量望第，以本州门望高者领之，无品秩。

壬午，赵郡王孝恭击辅公祏别将于枞阳[3]，破之。

庚寅，邹州人邓同颖杀刺史李士衡反[4]。

丙申，以白狗等羌地置维、恭二州[5]。

二月，辅公祏遣兵围猷州，刺史左难当婴城自守。安抚使李大亮引兵击公祏，破之。赵郡王孝恭攻公祏鹊头镇[6]，拔之。

丁未，高丽王建武遣使来请班历。遣使册建武为辽东郡王、高丽王；以百济王扶馀璋为带方郡王，新罗王金真平为乐浪郡王。

始州獠反[7]，遣行台仆射窦轨讨之。

己酉，诏：“诸州有明一经以上未仕者，咸以名闻；州县及乡皆置学。”

壬子，行军副总管权文诞破辅公祏之党于猷州，拔其枚洄等四镇。

丁巳，上幸国子学，释奠[8]；诏诸王公子弟各就学。

戊午，改大总管为大都督府。

己未，高开道将张金树杀开道来降。开道见天下皆定，欲降，自以数反覆不敢；且恃突厥之众，遂无降意。其将卒皆山东人，思乡里，咸有离心。开道选勇敢士数百，谓之假子，常直阁内，使金树领之。故刘黑闼将张君立亡在开道所，与金树密谋取开道。金树遣其党数人入阁内，与假子游戏，向夕，潜断其弓弦，藏刀槊于床下，合瞑，抱之趋出，金树帅其党大噪，攻开道阁，假子将御之，而弓弦皆绝，刀槊已失，争出降；君立亦举火于外与相应，内外惶扰。开道知不免，乃擐甲持兵坐堂上，与妻妾奏乐酣饮，众惮其勇，不敢逼。天且明，开道缢妻妾及诸子，乃自杀。金树陈兵，悉收假子斩之，并杀君立，死者五百余人。遣使来降，诏以其地置妫州。壬戌，以金树为北燕州都督。

戊辰，洋、集二州獠反⑨，陷隆州晋城⑩。

是月，太保吴王杜伏威薨。辅公祏之反也，诈称伏威之命以绐其众。及公祏平，赵郡王孝恭不知其诈，以状闻；诏追除伏威名，籍没其妻子。及太宗即位，知其冤，赦之，复其官爵。

【注释】

①周、齐旧制：指北齐、北周旧的制度。 ②大中正：官名。实际为因袭魏晋以来的九品中正制。 ③枞阳：治今安徽枞阳县。 ④邹州：治今山东邹平县北孙家镇。 ⑤维、恭二州：维州，治今四川理县东北；恭州，治今四川马尔康市东。 ⑥鹊头镇：地名。在今安徽南陵县境。 ⑦始州：治今四川剑阁县。 ⑧释奠：在神前设爵荐馔的祭奠礼仪形式，多用于官学立学春秋释奠先师。 ⑨洋州：治今陕西西乡县。集州：治今四川南江县。 ⑩隆州：治今四川阆中市。晋城：古县名。治今四川南部县西北。

三月，初定令，以太尉、司徒、司空为三公，次尚书、门下、中书、秘书、殿中、内侍为六省，次御史台，次太常至太府为九寺①，次将作监，次国子学，次天策上将府，次左、右卫至左、右领卫为十四卫②；东宫置三师、三少、詹事及两坊、三寺、十率府③；王、公置府佐、国官，公主置邑司④，并为京职事官。州、县、镇、戍为外职事官。自开府仪同三司至将仕郎二十八阶，为文散官；骠骑大将军至陪戎副尉三十一阶，为武散官；上柱国至武骑尉十二等，为勋官。

丙戌，赵郡王孝恭破辅公祏于芜湖，拔梁山等三镇。辛卯，安抚使任瓌拔扬子城⑤，广陵城主龙龛降。

丁酉，突厥寇原州。

戊戌，赵郡王孝恭克丹杨。

先是，辅公祏遣其将冯慧亮、陈当世将舟师三万屯博望山⑥，陈正通、徐绍宗将步骑二万屯青林山⑦，仍于梁山连铁锁以断江路，筑却月城⑧，延袤十余里，又结垒江西以拒官军。孝恭与李靖帅舟师次舒州，李世勣帅步卒一万渡淮，拔寿阳，次硖石[9]。慧亮等坚壁不战，孝恭遣奇兵绝其粮道，慧亮等军乏食，夜，遣兵薄孝恭营，孝恭安卧不动。孝恭集诸将议军事，皆曰："慧亮等拥强兵，据水陆之险，攻之不可猝拔，不如直指丹杨，掩其巢穴，丹杨既溃，慧亮等自降矣！"孝恭将从其议，李靖曰："公祏精兵虽在此水陆二军，然所自将亦为不少，今博望诸栅尚不能拔，公祏保据石头[10]，岂易取哉！进攻丹杨，旬月不下，慧亮等蹑吾后，腹背受敌，此危道也。慧亮、正通皆百战余贼，其心非不欲战，正以公祏立计使之持重，欲以老我师耳。我今攻其城以挑之，一举可破也！"孝恭然之，使羸兵先攻贼垒而勒精兵结陈以待之。攻垒者不胜而走，贼出兵追之，行数里，遇大军，与战，大破之。阚稜免胄谓贼众曰："汝曹不识我邪？何敢来与我战！"贼众多稜故部曲，皆无斗志，或有拜者，由是遂败。孝恭、靖乘胜逐北，转战百余里，博山、青林两戍皆溃，慧亮、正通等遁归，杀伤及溺死者万余人。李靖兵先至丹杨，公祏大惧，拥兵数万，弃城东走，欲就左游仙于会稽，李世勣追之。公祏至句容，从兵能属者才五百人，夜，宿常州，其将吴骚等谋执之。公祏觉之，弃妻子，独将腹心数十人，斩关走。至武康，为野人所攻，西门君仪战死。执公祏，送丹杨枭首，分捕余党，悉诛之，江南皆平。

己亥，以孝恭为东南道行台右仆射，李靖为兵部尚书。顷之，废行台，以孝恭为扬州大都督，靖为府长史。上深美靖功，曰："靖，萧、辅之膏肓也[11]。"

阚稜功多，颇自矜伐。公祏诬稜与己通谋。会赵郡

李靖像

王孝恭籍没贼党田宅，稜及杜伏威、王雄诞田宅在贼境者，孝恭并籍没之；稜自诉理，忤孝恭，孝恭怒，以谋反诛之。

夏，四月，庚子朔，赦天下。是日，颁新律令，比开皇旧制增新格五十三条。

初定均田租、庸、调法：丁、中之民，给田一顷，笃疾减什之六，寡妻妾减七，皆以什之二为世业，八为口分。每丁岁入租粟二石。调随土地所宜，绫、绢、绝、布。岁役二旬；不役则收其佣，日三尺；有事而加役者，旬有五日，免其调；三旬，租、调俱免。水旱虫霜为灾，什损四以上免租，损六以上免调，损七已上课役俱免。凡民赀业分九等。百户为里，五里为乡，四家为邻，四邻为保。在城邑者为坊，田野者为村。食禄之家，无得与民争利；工商杂类，无预士伍。男女始生为黄，四岁为小，十六为中，二十为丁，六十为老。岁造计帐，三年造户籍。

丁未，党项寇松州。

庚申，通事舍人李凤起击万州反獠[12]，平之。

五月，辛未，突厥寇朔州。

甲戌，羌与吐谷浑同寇松州。遣益州行台左仆射窦轨自翼州道，扶州刺史蒋善合自芳州道击之。

丙戌，作仁智宫于宜君[13]。

丁亥，窦轨破反獠于方山，俘二万余口。

【注释】

①九寺：九卿的官署。唐因旧制，以太常、光禄、卫尉、宗正、太仆、大理、鸿胪、司农、太府为九寺。如太常卿的官署称太常寺，其长官称太常卿，亦称太常寺卿，其他如类。　②十四卫：即左右卫、左右骁骑卫、左右武卫、左右威卫、左右领军卫、左右金吾卫、左右监门卫。　③两坊：门下坊、典书坊。三寺：家令寺、率更寺、仆寺。十率府：左、右卫率，左、右宗卫率，左、右虞候率，左、右监门率，左、右内率府，共十率府。　④府佐：府内设置佐助王、公的官员，唐有傅、谘议参军、友、文学、东西阁祭酒、长史、司马、掾、属、主簿、史、记室、录事参军、录事、功仓户兵骑法士等七曹参军、参军事、行参军、典签。国官：王公郡国设置官员，有国令、大农尉丞、录事、典卫、舍人、学官长、食官长、厩牧长、典府长。邑司：设有掌管

公主家财出入、田调、征封之事的令、丞、主簿、谒者、舍人、家吏等。⑤扬子城:地名。在今江苏扬州市附近。 ⑥博望山:山名。在今安徽当涂县西南。 ⑦青林山:即今安徽当涂县东南青山。 ⑧却月城:指临水筑城,两头抱水,形如却月。 ⑨硖石:山名。在今安徽凤台县、寿县之间淮河两岸。 ⑩石头:城名。在今江苏南京市西清凉山。 ⑪膏肓:古医学称心脏下部为膏,隔膜为肓。是人体要害部分。说病入膏肓,指绝症。此指李靖是萧铣、辅公祏被克的克星,皆为靖打败杀死。⑫万州:治今四川达州市达川区西北。 ⑬宜君:古县名。治今陕西宜君县西南玉华。

资治通鉴卷第一百九十一

唐纪七　起阏逢涒滩六月，尽柔兆阉茂八月，凡二年有奇。

高祖神尧大圣光孝皇帝下之上

武德七年　六月，辛丑，上幸仁智宫避暑。

辛亥，泷州、扶州獠作乱[①]，遣南尹州都督李光度等击平之[②]。

丙辰，吐谷浑寇扶州[③]，刺史蒋善合击走之。

壬戌，庆州都督杨文干反[④]。

初，齐王元吉劝太子建成除秦王世民，曰："当为兄手刃之！"世民从上幸元吉第，元吉伏护军宇文宝于寝内，欲刺世民；建成性颇仁厚，遽止之。元吉愠曰："为兄计耳，于我何有！"

建成擅募长安及四方骁勇二千余人为东宫卫士，分屯左、右长林[⑤]，号长林兵。又密使右虞候率可达志从燕王李艺发幽州突骑三百[⑥]，置宫东诸坊，欲以补东宫长上[⑦]。为人所告。上召建成责之，流可达志于嶲州。

杨文干尝宿卫东宫，建成与之亲厚，私使募壮士送长安。上将幸仁智宫，命建成居守，世民、元吉皆从。建成使元吉就图世民，曰："安危之计，决在今岁。"又使郎将尔朱焕、校尉桥公山以甲遗文干。二人至豳州[⑧]，上变，告太子使文干举兵，使表里相应；又有宁州人杜凤举亦诣宫言状。上怒，托他事，手诏召建成，令诣行在。建成惧，不敢赴。太子舍人徐师謩劝之据城举兵；詹事主簿赵弘智劝之贬损车服，屏从者，诣上谢罪，建成乃诣仁智宫。未至六十里，悉留其官属于毛鸿宾堡[9]，以十余骑往见上，叩头谢罪，奋身自掷，几至于绝。上怒不解，是夜，置之幕下，饲以麦饭，使殿中监陈福防守，遣司农卿宇文颖驰召文干[10]。颖至庆州，以情告之，文干遂举兵反。上遣左武卫将军钱九陇与灵州都督杨师道击之。

甲子，上召秦王世民谋之，世民曰："文干竖子，敢为狂逆，计府僚已应擒戮；若不尔，正应遣一将讨之耳。"上曰："不然。文干事连建成，恐应之者众。汝宜自行，还，立汝为太子。吾不能效隋文帝自诛其子[11]，当封建成为蜀王。蜀兵脆弱，他日苟能事汝，汝宜全之；不能事汝，汝取之易耳！"

上以仁智宫在山中，恐盗兵猝发，夜，帅宿卫南出山外，行数十里，东宫官属将卒继至者，皆令三十人为队，分兵围守之。明日，复还仁智宫。

世民既行，元吉与妃嫔更迭为建成请，封德彝复为之营解于外，上意遂变，复遣建成还京师居守。惟责以兄弟不睦，归罪于太子中允王珪、左卫率韦挺、天策兵曹参军杜淹[12]，并流于巂州。挺，冲之子也。初，洛阳既平，杜淹久不得调，欲求事建成。房玄龄以淹多狡数，恐其教导建成，益为世民不利，乃言于世民，引入天策府。

突厥寇代州之武周城[13]，州兵击破之。

【注释】

①泷州：治今广东罗定市南。扶州：南扶州，治今广东信宜市西南镇隆。獠（lǎo 老）：古籍中对我国少数民族仡佬族的侮辱性称谓。仡（gē 哥）佬，也作仡僚，我国西南少数民族名。见《元和郡县志·三十·锦州洛浦县》。仡佬族主要分布在贵州黔西、织金、遵义、仁怀和广西隆林等地。 ②南尹州：治今广西贵港市。 ③扶州：治今四川九寨沟县东北。 ④庆州：治今甘肃庆阳市。 ⑤长林：唐东宫宫门名，门分左右。 ⑥右虞候率：官名。唐东宫设置十率府之一的右虞候率府长官。 ⑦长上：武官名。唐制。兵部尚书选取骁勇才艺可任统领者，拔其优者，目为诸色长上。如供宿卫的司防、中候、司戈、执戟等执事兵官。又卫兵皆更番选上；长上者，不番代。 ⑧豳州：治今陕西彬州市。 ⑨毛鸿宾堡：后魏将毛鸿宾所筑，在今陕西三原县故城北十五里。

⑩司农卿:官名。掌国家仓储委积之事。　⑪“吾不”句:指隋文帝没做好传位工作,使杨广弑逆篡位,杀其兄长。　⑫左卫率:官名。左右卫率掌东宫羽卫兵仗之政令。天策兵曹参军:官名。即天策上将军府兵曹参军,为该府参知军事的属官。　⑬武周城:在今山西左云县。

秋,七月,己巳,苑君璋以突厥寇朔州,总管秦武通击却之。

杨文干袭陷宁州[①],驱掠吏民出据百家堡[②]。秦王世民军至宁州,其党皆溃。癸酉,文干为其麾下所杀,传首京师。获宇文颖,诛之。

丁丑,梁师都行台白伏愿来降。

戊寅,突厥寇原州;遣宁州刺史鹿大师救之,又遣杨师道趋大木根山[③],邀其归路。庚辰,突厥寇陇州;遣护军尉迟敬德击之。

吐谷浑寇岷州。辛巳,吐谷浑、党项寇松州。

癸未,突厥寇阴盘[④]。

甲申,扶州刺史蒋善合击吐谷浑于松州赤磨镇,破之。

己丑,突厥吐利设与苑君璋寇并州。

甲子,车驾还京师。

或说上曰:“突厥所以屡寇关中者,以子女玉帛皆在长安故也。若焚长安而不都,则胡寇自息矣。”上以为然,遣中书侍郎宇文士及逾南山至樊、邓[⑤],行可居之地,将徙都之。太子建成、齐王元吉、裴寂皆赞成其策,萧瑀等虽知其不可而不敢谏。秦王世民谏曰:“戎狄为患,自古有之。陛下以圣武龙兴[⑥],光宅中夏[⑦],精兵百万,所征无敌,奈何以胡寇扰边,遽迁都以避之,贻四海之羞,为百世之笑乎!彼霍去病汉廷一将,犹志灭匈奴[⑧];况臣忝备藩维,愿假数年之期,请系颉利之颈,致之阙下。若其不效,迁都未晚。”上曰:“善。”建成曰:“昔樊哙欲以十万众横行匈奴中[⑨],秦王之言得无似之!”世民曰:“形势各异,用兵不同,樊哙小竖,何足道乎!不出十年,必定漠北,非敢虚言也!”上乃止。建成与妃嫔因共谮世民曰:“突厥虽屡为边患,得赂则退。秦王外托御寇之名,内欲总兵权,成其篡夺之谋耳!”

上校猎城南,太子、秦、齐王皆从,上命三子驰射角胜。建成有胡马，肥壮而喜蹶，以授世民曰："此马甚骏，能超数丈涧，弟善骑，试乘之。"世民乘以逐鹿，马蹶[10]，世民跃立于数步之外，马起，复乘之，如是者三，顾谓宇文士及曰："彼欲以此见杀，死生有命，庸何伤乎！"建成闻之，因令妃嫔谮之于上曰："秦王自言，我有天命，方为天下主，岂有浪死！"上大怒，先召建成、元吉，然后召世民入，责之曰："天子自有天命，非智力可求；汝求之一何急邪[11]！"世民免冠顿首，请下法司案验。上怒不解，会有司奏突厥入寇，上乃改容劳勉世民，命之冠带，与谋突厥。闰月，己未，诏世民、元吉将兵出豳州以御突厥，上饯之于兰池[12]。上每有寇盗，辄命世民讨之，事平之后，猜嫌益甚。

初，隋末，京兆韦仁寿为蜀郡司法书佐[13]，所论囚至市，犹西向为仁寿礼佛然后死。唐兴，爨弘达帅西南夷内附，朝廷遣使抚之，类皆贪纵，远民患之，有叛者。仁寿时为巂州都督长史，上闻其名，命检校南宁州都督[14]，寄治越巂，使之岁一至其地慰抚之。仁寿性宽厚，有识度，既受命，将兵五百人至西洱河[15]，周历数千里，蛮、夷豪帅皆望风归附，来见仁寿。仁寿承制置七州、十五县，各以其豪帅为刺史、县令，法令清肃，蛮、夷悦服。将还，豪帅皆曰："天子遣公都督南宁，何为遽去？"仁寿以城池未立为辞。蛮、夷即相帅为仁寿筑城，立廨舍，旬日而就。仁寿乃曰："吾受诏但令巡抚，不敢擅留。"蛮、夷号泣送之，因各遣子弟入贡。壬戌，仁寿还朝，上大悦，命仁寿徙镇南宁，以兵戍之。

苑君璋引突厥寇朔州。

【注释】

①宁州：治今甘肃宁县。 ②百家堡：地名。在今甘肃庆阳市境。 ③原州：北魏改高平镇置，治所在高平县，即今宁夏固原市。大木根山：在今甘肃云中河以西。 ④阴盘：古县名。治今陕西长武县西北。 ⑤樊：即樊城。在今湖北襄阳市。邓：邓州。在今河南邓州市。 ⑥龙兴：神龙喻天子，故龙兴即指天子帝王的兴起。 ⑦光宅：充满、覆盖。引申为居、有、据。中夏：诸夏之中，即指中华、中国。 ⑧"彼霍去病"句：指霍去病数次出击匈奴有功，汉武帝为他建造府第，他说："匈奴未灭，无以为家。"表明他誓志翦灭匈奴。 ⑨"昔樊哙"句：事见

《通鉴》卷十二,汉纪四,惠帝三年(前192)。樊哙云:"臣愿得十万众横行匈奴中!"受中郎将季布斥责:"哙可斩也!"用事实揭发樊哙吹牛,面谩高后。 ⑩马蹶:马尥后蹶,即马急奔中突然后脚蹬地,上下跳跃,使人从马上摔下以致伤残。 ⑪一何:表示程度很深的程度副词,用在形容词前,表示"多""多么"的意思。 ⑫兰池:地名。也称兰池陂,在今陕西咸阳市东。 ⑬司法书佐:即《新唐书·百官志》:诸州法曹司法参军,掌管司法事务。武德初,改称参军为书佐。 ⑭南宁州:治在今云南曲靖市西。 ⑮西洱河:即今云南西部洱海。

八月,戊辰,突厥寇原州。

己巳,吐谷浑寇鄯州[①]。

壬申,突厥寇忻州,丙子,寇并州;京师戒严。戊寅,寇绥州[②],刺史刘大俱击却之。

是时,颉利、突利二可汗举国入寇,连营南上,秦王世民引兵拒之。会关中久雨,粮运阻绝,士卒疲于征役,器械顿弊,朝廷及军中咸以为忧。世民与虏遇于豳州,勒兵将战。己卯,可汗帅万余骑奄至城西,陈于五陇阪[③],将士震恐。世民谓元吉曰:"今虏骑凭陵,不可示之以怯,当与之一战,汝能与我俱乎?"元吉惧曰:"虏形势如此,奈何轻出,万一失利,悔可及乎!"世民曰:"汝不敢出,吾当独往,汝留此观之。"世民乃帅骑驰诣虏陈,告之曰:"国家与可汗和亲,何为负约,深入我地!我秦王也,可汗能斗,独出与我斗;若以众来,我直以此百骑相当耳。"颉利不之测,笑而不应。世民又前,遣骑告突利曰:"尔往与我盟,有急相救;今乃引兵相攻,何无香火之情也[④]!"突利亦不应。世民又前,将度沟水,颉利见世民轻出,又闻香火之言,疑突利与世民有谋,乃遣止世民曰:"王不须度,我无他意,更欲与王申固盟约耳。"乃引兵稍却。是后霖雨益甚,世民谓诸将曰:"虏所恃者弓矢耳,今积雨弥时,筋胶俱解,弓不可用,彼如飞鸟之折翼;吾屋居火食,刀槊犀利,以逸制劳,此而不乘,将复何待!"乃潜师夜出,冒雨而进,突厥大惊。世民又遣说突利以利害,突利悦,听命。颉利欲战,突利不可,乃遣突利与其夹毕特勒阿史那思摩来见世民,请和亲,世民许之。思摩,颉利之从叔也。突利因自托于世民，请结为兄弟；世民亦以恩意抚之，与盟而去。

庚寅，岐州刺史柴绍破突厥于杜阳谷⑤。

壬申，突厥阿史那思摩入见，上引升御榻，慰劳之。思摩貌类胡，不类突厥，故处罗疑其非阿史那种⑥，历处罗、颉利世，常为夹毕特勒⑦，终不得典兵为设⑧。既入朝，赐爵和顺王。

丁酉，遣左仆射裴寂使于突厥。

九月，癸卯，日南人姜子路反，交州都督王志远击破之⑨。

癸卯，突厥寇绥州，都督刘大俱击破之，获特勒三人。

冬，十月，己巳，突厥寇甘州。

辛未，上校猎于鄠之南山⑩；癸酉，幸终南。

吐谷浑及羌人寇叠州⑪，陷合川。

丙子，上幸楼观⑫，谒老子祠；癸未，以太牢祭隋文帝陵；十一月，丁卯，上幸龙跃宫⑬；庚午，还宫。

太子詹事裴矩权检校侍中。

【注释】

①鄯州：治今青海海东市乐都区。　②绥州：治今陕西绥德县。③五陇阪（bǎn 板）：地名。在今陕西彬州市南。　④香火之情：指结盟之情。古人迷信，神前盟誓，必以香火祈求神灵作证，违者神罚，因以香火指代结盟。　⑤杜阳谷：即杜阳山北之杜阳山谷。在今陕西麟游县境。　⑥阿史那：复姓。传为夏后氏之后，居涠兜牟山，北人呼突厥窟，历魏晋，十代为君长。　⑦特勒：也作“特勤”，为突厥可汗子弟之称。　⑧设：突厥别部典兵者之称。　⑨交州：治今越南河内西北。⑩鄠（hù 户）：古县名。治今陕西西安市鄠邑区北。南山：亦名终南山、中南山、周南山，即今陕西秦岭山脉，古文以武功县太一山为终南山，实际鄠县、长安西南之山皆曰终南山。　⑪叠州：治合川县。合川县，治今甘肃迭部县。　⑫楼观：山名。一名石楼山，在今陕西周至县东南，上有老子祠。　⑬龙跃宫：武德六年（623）改胡墅置，在今陕西西安市高陵区西。

八年　春，正月，丙辰，以寿州都督张镇周为舒州都督①。镇周以舒州本其乡里，到州，就故宅多市酒肴，召亲戚故人，与之酣宴，散发箕踞[2]，如为布衣时，凡十日。既而分赠金帛，泣，与之别，曰："今日张镇周犹得与故人欢饮，明日之后，则舒州都督治百姓耳，君民礼隔，不得复为交游。"自是亲戚故人犯法，一无所纵，境内肃然。

丁巳，遣右武卫将军段德操徇夏州地。

吐谷浑寇叠州。

是月，突厥、吐谷浑各请互市，诏皆许之。先是，中国丧乱，民乏耕牛，至是资于戎狄，杂畜被野。

夏，四月，乙亥，党项寇渭州。

甲申，上幸鄠县，校猎于甘谷，营太和宫于终南山；丙戌，还宫。

西突厥统叶护可汗遣使请婚[3]，上谓裴矩曰："西突厥道远，缓急不能相助，今求婚，何如？"对曰："今北狄方强，为国家今日计，且当远交而近攻，臣谓宜许其婚以威颉利；俟数年之后，中国完实，足抗北夷，然后徐思其宜。"上从之。遣高平王道立至其国，统叶护大喜。道立，上之从子也。

初，上以天下大定，罢十二军。既而突厥为寇不已，辛亥[4]，复置十二军，以太常卿窦诞等为将军，简练士马，议大举击突厥。

甲寅[5]，凉州胡睦伽陀引突厥袭都督府，入子城；长史刘君杰击破之。

六月，甲子，上幸太和宫。

丙子，遣燕郡王李艺屯华亭县及弹筝峡[6]，水部郎中姜行本断石岭道以备突厥[7]。

丙戌，颉利可汗寇灵州。丁亥，以右卫大将军张瑾为行军总管以御之，以中书侍郎温彦博为长史。先是，上与突厥书用敌国礼，秋，七月，甲辰，上谓侍臣曰："突厥贪婪无厌，朕将征之，自今勿复为书，皆用诏敕。"

丙午，车驾还宫。

己酉，突厥颉利可汗寇相州。

睦伽陀攻武兴[8]。

丙辰，代州都督蔺謩与突厥战于新城[9]，不利；复命行军总管张瑾屯石岭，李高迁趋大谷以御之[10]。丁巳，命秦王出屯蒲州以备突厥。

八月，壬戌，突厥逾石岭，寇并州；癸亥，寇灵州；丁卯，寇潞、沁、韩三州[11]。

左武候大将军安修仁击睦伽陀于且渠川[12]，破之。

诏安州大都督李靖出潞州道，行军总管任瓌屯太行，以御突厥。颉利可汗将兵十余万大掠朔州。壬申，并州道行军总管张瑾与突厥战于太谷，全军皆没，瑾脱身奔李靖。行军长史温彦博为虏所执，虏以彦博职在机近，问以国家兵粮虚实，彦博不对，虏迁之阴山。庚辰，突厥寇灵武[13]。甲申，灵州都督任城王道宗击破之。丙戌，突厥寇绥州。丁亥，颉利可汗遣使请和而退。

九月，癸巳，突厥没贺咄设陷并州一县。丙申，代州都督蔺謩击破之。

癸卯，初令太府检校诸州权量[14]。

丙午，右领军将军王君廓破突厥于幽州，俘斩二千余人。

突厥寇蔺州[15]。

冬，十月，壬申，吐谷浑寇叠州，遣扶州刺史蒋善合救之。

戊寅，突厥寇鄯州，遣霍公柴绍救之。

十一月，辛卯朔，上幸宜州。

权检校侍中裴矩罢判黄门侍郎。

戊戌，突厥寇彭州[16]。

庚子，以天策司马宇文士及权检校侍中。

辛丑，徙蜀王元轨为吴王，汉王元庆为陈王。

癸卯，加秦王世民中书令，齐王元吉侍中。

丙午，吐谷浑寇岷州。

戊申，眉州山獠反[17]。

十二月，辛酉，上还至京师。

庚辰，上校猎于鸣犊泉；辛巳，还宫。

以襄邑王神符检校扬州大都督。始自丹杨徙州府及居民于江北。

【注释】

①寿州：治今安徽寿县。　②箕踞：展两足如箕，前宽后窄之形的蹲坐。这是古代不拘礼节的一种坐法。此指张镇周同乡里亲故不拘礼节。　③统叶护可汗：西突厥可汗。在位十年(618—628)。北并铁勒全部，西南逾今阿姆河，拥兵十万，建汗庭千泉(今楚河西岸)。时西域及中亚均受其统治，后为其叔莫啮贺所杀。　④辛亥：疑误，待考。　⑤甲寅：疑误，待考。　⑥华亭县：治今甘肃华亭市。弹筝峡：地名。在今甘肃平凉市西北。　⑦水部郎中：官名。掌川渎陂池政令，以导达沟洫，堰决沟渠，凡舟楫灌溉之利，皆总掌管。　⑧武兴：郡名。治今甘肃武威市西北。　⑨新城：治今山西朔州市南。　⑩大谷：应为"太谷"，古县名。治今山西晋中市太谷区。　⑪沁州：治今山西沁源县。韩州：治今山西襄垣县。　⑫且渠川：在今新疆武威附近。　⑬灵武：古县名。治今宁夏平罗县陶乐镇境。　⑭太府：即太府寺，唐为国家金谷保管出纳机构。其署，两京诸市署，令一人，掌财货交易，度量器物辨其真伪轻重。⑮蔺州：治今山西吕梁市离石区西。　⑯彭州：治今甘肃镇原县东。⑰眉州：治今四川眉山市。

九年　春，正月，己亥，诏太常少卿祖孝孙等更定雅乐[①]。

甲寅，以左仆射裴寂为司空，日遣员外郎一人更直其第。

二月，庚申，以齐王元吉为司徒。

丙子，初令州县祀社稷，又令士民里闬相从立社[②]。各申祈报，用洽乡党之欢。戊寅，上祀社稷。

丁亥，突厥寇原州，遣折威将军杨毛击之[③]。

三月，庚寅，上幸昆明池[④]；壬辰，还宫。

癸巳，吐谷浑、党项寇岷州。

戊戌，益州道行台尚书郭行方击眉州叛獠，破之。

壬寅，梁师都寇边，陷静难镇[⑤]。

丙午，上幸周氏陂。

辛亥，突厥寇灵州。

乙卯，车驾还宫。

癸丑，南海公欧阳胤奉使在突厥，帅其徒五十人谋掩袭可汗牙帐；事泄，突厥囚之。

丁巳，突厥寇凉州，都督长乐王幼良击走之。

戊午，郭行方击叛獠于洪、雅二州[6]，大破之，俘男女五千口。

夏，四月，丁卯，突厥寇朔州；庚午，寇原州；癸酉，寇泾州。戊寅，安州大都督李靖与突厥颉利可汗战于灵州之硖石，自旦至申，突厥乃退。

太史令傅奕上疏请除佛法曰[7]："佛在西域，言妖路远，汉译胡书[8]，恣其假托。使不忠不孝削发而揖君亲，游手游食易服以逃租赋。伪启三涂[9]，谬张六道[10]，恐愒愚夫[11]，诈欺庸品。乃追忏既往之罪，虚规将来之福；布施万钱，希万倍之报，持斋一日，冀百日之粮。遂使愚迷，妄求功德，不惮科禁，轻犯宪章；有造为恶逆[12]，身坠刑网，方乃狱中礼佛，规免其罪。且生死寿夭，由于自然，刑德威福，关之人主，贫富贵贱，功业所招；而愚僧矫诈，皆云由佛。窃人主之权，擅造化之力，其为害政，良可悲矣！降自羲、农，至于有汉，皆无佛法，君明臣忠，祚长年久。汉明帝始立胡神，西域桑门自传其法[13]。西晋以上，国有严科，不许中国之人辄行髡发之事[14]。洎于苻、石[15]，羌、胡乱华，主庸臣佞，政虐祚短，梁武、齐襄[16]，足为明镜。今天下僧尼，数盈十万，剪刻缯彩，装束泥人，竞为厌魅[17]，迷惑万姓。请令匹配，即成十万余户，产育男女，十年长养，一纪教训，可以足兵。四海免蚕食之殃，百姓知威福所在，则妖惑之风自革，淳朴之化还兴。窃见齐朝章仇子佗表言：'僧尼徒众，糜损国家，寺塔奢侈，虚费金帛。'为诸僧附会宰相，对朝谗毁，诸尼依托妃、主，潜行谤讟[18]，子佗竟被囚絷，刑于都市。周武平齐，制封其墓。臣虽不敏，窃慕其踪。"

上诏百官议其事，唯太仆卿张道源称奕言合理[19]。萧瑀曰："佛，圣人也，而奕非之；非圣人者无法，当治其罪。"奕曰："人之大伦，莫如君父。佛以世嫡而叛其父，以匹夫而抗天子[20]。萧瑀不生于空桑[21]，乃遵无父之教。非孝者无亲，瑀之谓矣！"瑀不能对，但合手曰："地狱之设，正为是人！"

上亦恶沙门、道士苟避征徭，不守戒律，皆如奕言。又寺观邻接廛邸，混杂屠沽，辛巳，下诏命有司沙汰天下僧、尼、道士、女冠，其精勤练行者,迁居大寺观,给其衣食,毋令阙乏。庸猥粗秽者,悉令罢道,勒还乡里。京师留寺三所,观二所,诸州各留一所,余皆罢之。

傅奕性谨密,既职在占候[22],杜绝交游,所奏灾异,悉焚其稿,人无知者。

癸未,突厥寇西会州[23]。

五月,戊子,虔州胡成郎等杀长史[24],叛归梁师都;都督刘旻追斩之。

壬辰,党项寇廓州[25]。

戊戌,突厥寇秦州。

壬寅,越州人卢南反[26],杀刺史宁道明。

丙午,吐谷浑、党项寇河州。

突厥寇兰州。

丙辰,遣平道将军柴绍将兵击胡[27]。

【注释】

①太常少卿:太常,即太常寺,掌管宗庙祭祀的官署,设卿及少卿各一人。因此,太常少卿,即太常寺次长官。雅乐:用于郊庙朝会的雅正乐曲。 ②里闬(hàn 旱):乡里。古代居民居处单位。里,宅院,民户居处;闬,里门。 ③折威将军:唐府兵制的十二军之一的将军。 ④昆明池:池名。在今陕西西安市西南丰水和潏水之间,周围十里,宋后涸废。 ⑤静难镇:唐方镇名。在今陕西彬州市。 ⑥洪、雅二州:川南有雅州(治今四川雅安市西),无洪州,盖洪雅县,治今县西。 ⑦太史令:唐掌观察天文,稽定历数的官。傅奕:唐初学者。今河北临漳县西南人。武德中曾任太史令,精通天文历数。曾多次上书请求废佛,指责其为“妖幻之教”,注《老子》,集魏晋以来反佛言论,编为《高识传》十卷。 ⑧胡书:指佛经。因其从西域传入,古称北方边地及西域为胡,故称。 ⑨三涂:佛教指地狱、饿鬼、畜生。亦称“三恶趣”“三恶道”。言人从恶业,必归此三途。 ⑩六道:佛教地狱道、饿鬼道、畜生道、修罗道、人道、天道。其轮回说,言人若不成佛都要在这六道中生死轮回,受苦受难。 ⑪恐愒(hè 喝):恐吓。 ⑫恶逆:古刑律十恶大罪之一。 ⑬桑门:即沙门,佛僧。 ⑭髡(kūn 坤)发:剃发。指剃发为僧。 ⑮洎(jì 寄):及,到达。苻:苻秦。东晋十六国之一,因此姓称,史称前秦。石:后赵石氏。

创造者石勒,故以氏称。 ⑯梁武:指梁武帝萧衍。南朝梁建立者,在位四十七年。曾伪装仁慈勤俭,大力提倡尊儒崇佛,多次舍身同泰寺,骗取士民同情,侯景之乱,智穷力竭,于台城困饿而死。齐襄:指北齐文襄帝高澄被膳奴梁将兰钦之子京所杀。 ⑰厌魅:用迷信方法,祈祷鬼神或诅咒。 ⑱谤讟(dú 读):毁谤,非议,怨言。 ⑲太仆卿:掌邦国厩牧、车舆政令的官。 ⑳“佛以”句:指《释典》所谓佛以王太子出家,故言世嫡叛父;释氏之法不拜君亲,故言匹夫抗天子。 ㉑空桑:古代传说商汤辅佐生于空桑。言其母化为空桑,有莘氏女采桑伊川而取之,长有贤德,教以为尹,是谓伊尹。傅奕引此以反击萧瑀之说。 ㉒占候:视天象变化以测吉凶。 ㉓西会州:治今甘肃靖远县。 ㉔虔州:胡注:当作“庆州”为是。因梁师都在甘肃一带,叛胡临近,当是治今甘肃庆阳的庆州,不可能是治今江西赣州市西南的虔州。 ㉕廓州:治今青海尖扎县北。 ㉖越州:此指岭南的越州。 ㉗平道将军:岐州道为平道,柴绍为其将军,故称平道将军。

六月,丁巳,太白经天[①]。

秦王世民既与太子建成、齐王元吉有隙,以洛阳形胜之地,恐一朝有变,欲出保之,乃以行台工部尚书温大雅镇洛阳,遣秦府车骑将军荥阳张亮将左右王保等千余人之洛阳,阴结纳山东豪杰以俟变,多出金帛,恣其所用。元吉告亮谋不轨,下吏考验;亮终无言,乃释之,使还洛阳。

建成夜召世民,饮酒而鸩之[②],世民暴心痛,吐血数升,淮安王神通扶之还西宫[③]。上幸西宫,问世民疾,敕建成曰:“秦王素不能饮,自今无得复

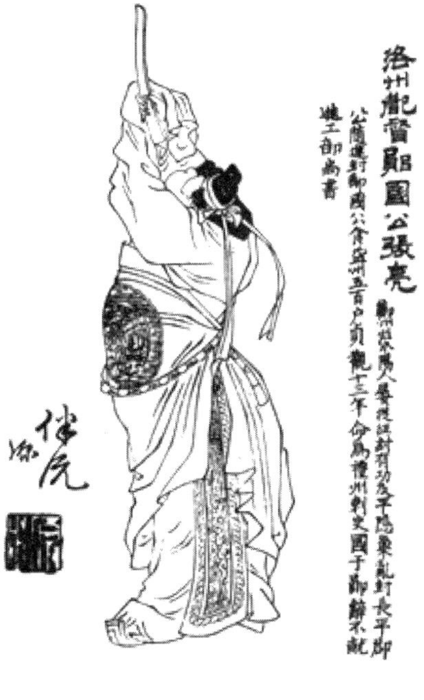

张亮像

夜饮。”因谓世民曰:“首建大谋,削平海内,皆汝之功。吾欲立汝为嗣,汝固辞;且建成年长,为嗣日久,吾不忍夺也。观汝兄弟似不相容,同处京邑,必有纷竞,当遣汝还行台,居洛阳,自陕以东皆主之。仍命汝建天子旌旗,如汉梁孝王故事④。”世民涕泣,辞以不欲远离膝下,上曰:“天下一家,东、西两都,道路甚迩,吾思汝即往,毋烦悲也。”将行,建成、元吉相与谋曰:“秦王若至洛阳,有土地甲兵,不可复制;不如留之长安,则一匹夫耳,取之易矣。”乃密令数人上封事,言“秦王左右闻往洛阳,无不喜跃,观其志趣,恐不复来”。又遣近幸之臣以利害说上,上意遂移,事复中止。

建成、元吉与后宫日夜谮诉世民于上⑤,上信之,将罪世民。陈叔达谏曰:“秦王有大功于天下,不可黜也。且性刚烈,若加挫抑,恐不胜忧愤,或有不测之疾,陛下悔之何及!”上乃止。元吉密请杀秦王,上曰:“彼有定天下之功,罪状未著,何以为辞?”元吉曰:“秦王初平东都,顾望不还,散钱帛以树私恩,又违敕命,非反而何!但应速杀,何患无辞!”上不应。

秦府僚属皆忧惧不知所出。行台考功郎中房玄龄谓比部郎中长孙无忌曰⑥:“今嫌隙已成,一旦祸机窃发,岂惟府朝涂地,乃实社稷之忧;莫若劝王行周公之事以安家国⑦。存亡之机,间不容发,正在今日!”无忌曰:“吾怀此久矣,不敢发口;今吾子所言,正合吾心,谨当白之。”乃入言世民。世民召玄龄谋之,玄龄曰:“大王功盖天地,当承大业;今日忧危,乃天赞也,愿大王勿疑。”乃与府属杜如晦共劝世民诛建成、元吉。

建成、元吉以秦府多骁将,欲诱之使为己用,密以金银器一车赠左二副护军尉迟敬德⑧,并以书招之曰:“愿迂长者之眷,以敦布衣之交。”敬德辞曰:“敬德,蓬户瓮牖之人,遭隋末乱离,久沦逆地,罪不容诛。秦王赐以更生之恩,今又策名藩邸⑨,唯当杀身以为报;于殿下无功,不敢谬当重赐。若私交殿下,乃是贰心,徇利忘忠,殿下亦何所用!”建成怒,遂与之绝。敬德以告世民,世民曰:“公心如山岳,虽积金至斗,知公不移。相遗但受,何所嫌也!且得以知其阴计,岂非良策!不然,祸将及公。”既而元吉使壮士夜刺敬德,敬德知之,洞开重门,安卧不动,刺客屡至其庭,终不敢人。元吉乃谮敬德于上，下诏狱讯治，将杀之，世民固请，得免。又谮左一马军总管程知节，出为康州刺史[10]。知节谓世民曰："大王股肱羽翼尽矣，身何能久！知节以死不去，愿早决计。"又以金帛诱右二护军段志玄，志玄不从。建成谓元吉曰："秦府智略之士，可惮者独房玄龄、杜如晦耳。"皆谮之于上而逐之。

世民腹心唯长孙无忌尚在府中，与其舅雍州治中高士廉、右候车骑将军三水侯君集及尉迟敬德等，日夜劝世民诛建成、元吉。世民犹豫未决，问于灵州大都督李靖，靖辞；问于行军总管李世勣，世勣辞；世民由是重二人。

会突厥郁射设将数万骑屯河南，入塞，围乌城[11]，建成荐元吉代世民督诸军北征，上从之，命元吉督右武卫大将军李艺、天纪将军张瑾等救乌城[12]。元吉请尉迟敬德、程知节、段志玄及秦府右三统军秦叔宝等与之偕行，简阅秦王帐下精锐之士以益元吉军。率更丞王晊密告世民曰[13]："太子语齐王：'今汝得秦王骁将精兵，拥数万之众，吾与秦王饯汝于昆明池，使壮士拉杀之于幕下，奏云暴卒，主上宜无不信。吾当使人进说，令授吾国事。敬德等既入汝手，宜悉坑之，孰敢不服！'"世民以晊言告长孙无忌等，无忌等劝世民先事图之。世民叹曰："骨肉相残，古今大恶。吾诚知祸在朝夕，欲俟其发，然后以义讨之，不亦可乎！"敬德曰："人情谁不爱其死！今众人以死奉王，乃天授也。祸机垂发，而王犹晏然不以为忧，大王纵自轻，如宗庙社稷何！大王不用敬德之言，敬德将窜身草泽，不能留居大王左右，交手受戮也！"无忌曰："不从敬德之言，事今败矣。敬德等必不为王有，无忌亦当相随而去，不能复事大王矣！"世民曰："吾所言亦未可全弃，公更图之。"敬德曰："王今处事有疑，非智也；临难不决，非勇也。且大王素所畜养勇士八百余人，在外者今已入宫，擐甲执兵，事势已成，大王安得已乎！"

世民访之府僚，皆曰："齐王凶戾，终不肯事其兄。比闻护军薛实尝谓齐王曰：'大王之名，合之成"唐"字，大王终主唐祀。'齐王喜曰：'但除秦王，取东宫如反掌耳。'彼与太子谋乱未成，已有取太子之心。乱心无厌，何所不为！若使二人得志，恐天下非复唐有。以大王之贤，取二人如拾地芥耳，奈何徇匹夫之节，忘社稷之计乎！”世民犹未决，众曰：“大王以舜为何如人？”曰：“圣人也。”众曰：“使舜浚井不出，则为井中之泥，涂廪不下，则为廪上之灰，安能泽被天下，法施后世乎[14]！是以小杖则受，大杖则走[15]，盖所存者大故也。”世民命卜之[16]，幕僚张公谨自外来见之，取龟投地，曰：“卜以决疑；今事在不疑，尚何卜乎！卜而不吉，庸得已乎！”于是定计。

世民令无忌密召房玄龄等，曰：“敕旨不听复事王；今若私谒，必坐死，不敢奉教！”世民怒，谓敬德曰：“玄龄、如晦岂叛我邪！”取所佩刀授敬德曰：“公往观之，若无来心，可断其首以来。”敬德往，与无忌共谕之曰：“王已决计，公宜速入共谋之。吾属四人，不可群行道中。”乃令玄龄、如晦着道士服，与无忌俱入，敬德自他道亦至。

己未，太白复经天。傅奕密奏：“太白见秦分，秦王当有天下。”上以其状授世民。于是世民密奏建成、元吉淫乱后宫，且曰：“臣于兄弟无丝毫负，今欲杀臣，似为世充、建德报仇。臣今枉死，永违君亲，魂归地下，实耻见诸贼！”上省之，愕然，报曰：“明当鞫问，汝宜早参。”

庚申，世民帅长孙无忌等入，伏兵于玄武门。张婕妤窃知世民表意，驰语建成。建成召元吉谋之，元吉曰：“宜勒宫府兵，托疾不朝，以观形势。”建成曰：“兵备已严，当与弟入参，自问消息。”乃俱入，趣玄武门。上时已召裴寂、萧瑀、陈叔达等，欲按其事。

建成、元吉至临湖殿，觉变，即跋马东归宫府[17]。世民从而呼之，元吉张弓射世民，再三不彀[18]，世民射建成，杀之。尉迟敬德将七十骑继至，左右射元吉坠马。世民马逸入林下，为木枝所絓，坠不能起。元吉遽至，夺弓将扼之，敬德跃马叱之。元吉步欲趣武德殿，敬德追射，杀之。翊卫车骑将军冯翊冯立闻建成死[19]，叹曰：“岂有生受其恩而死逃其难乎！”乃与副护军薛万彻、屈咥直府左车骑万年谢叔方帅东宫、齐府精兵二千驰趣玄武门[20]。张公谨多力，独闭关以拒之，不得入。云麾将军敬君弘掌宿卫兵[21]，屯玄武门，挺身出战，所亲止之曰：“事未可知，且徐观变，俟兵集，成列而战，未晚也。”君弘不从，与中郎将吕世衡大呼而进[22]，皆死之。君弘，显儁之曾孙也[23]。守门兵与万彻等力战良久，万彻鼓噪欲攻秦府，将士大惧；尉迟敬德持建成、元吉首示之，宫府兵遂溃。万彻与数十骑亡入终南山。冯立既杀敬君弘，谓其徒曰："亦足以少报太子矣！"遂解兵，逃于野。

上方泛舟海池[24]，世民使尉迟敬德入宿卫，敬德擐甲持矛，直至上所。上大惊，问曰："今日乱者谁邪？卿来此何为？"对曰："秦王以太子、齐王作乱，举兵诛之，恐惊动陛下，遣臣宿卫。"上谓裴寂等曰："不图今日乃见此事，当如之何？"萧瑀、陈叔达曰："建成、元吉本不预义谋，又无功于天下，疾秦王功高望重，共为奸谋。今秦王已讨而诛之，秦王功盖宇宙，率土归心[25]，陛下若处以元良[26]，委之国事，无复事矣！"上曰："善！此吾之夙心也。"时宿卫及秦府兵与二宫左右战犹未已，敬德请降手敕，令诸军并受秦王处分，上从之。天策府司马宇文士及自东上阁门出宣敕[27]，众然后定。上又使黄门侍郎裴矩至东宫晓谕诸将卒，皆罢散。上乃召世民，抚之曰："近日以来，几有投杼之惑[28]。"世民跪而吮上乳，号恸久之。

建成子安陆王承道、河东王承德、武安王承训、汝南王承明、巨鹿王承义，元吉子梁郡王承业、渔阳王承鸾、普安王承奖、江夏王承裕、义阳王承度，皆坐诛，仍绝属籍。

初，建成许元吉以正位之后，立为太弟，故元吉为之尽死。诸将欲尽诛建成、元吉左右百余人，籍没其家，尉迟敬德固争曰："罪在二凶，既伏其诛；若及支党，非所以求安也！"乃止。是日，下诏赦天下。凶逆之罪，止于建成、元吉，自余党与，一无所问。其僧、尼、道士、女冠并宜依旧。国家庶事，皆取秦王处分。

辛酉，冯立、谢叔方皆自出；薛万彻亡匿，世民屡使谕之，乃出。世民曰："此皆忠于所事，义士也。"释之。

癸亥，立世民为皇太子。又诏："自今军国庶事，无大小悉委太子处决，然后闻奏。"

臣光曰：立嫡以长，礼之正也。然高祖所以有天下，皆太宗之功；隐太子以庸劣居其右，地嫌势逼，必不相容。向使高祖有文王之明，隐太子有泰伯之贤，太宗有子臧之节，则乱何自而生矣[29]！既不能然，太宗始欲俟其先发，然后应之，如此，则事非获已，犹为愈也。既而为群下所迫，遂至蹀血禁门[30]，推刃同气，贻讥千古，惜哉！夫创业垂统之君，子孙之所仪刑也，彼中、明、肃、代之传继，得非有所指拟以为口实乎！

【注释】

①太白经天：言太白星白天出现在午位上。古人占星认为日为阳，太白为少阴；经天，认为是阴强阳弱，是一种兵丧、不臣、更王、强国弱、小国强的征兆。此喻指玄武门之变。 ②鸩（zhèn 镇）：用鸩的羽毛浸泡的毒酒。 ③西宫：秦王居西宫之承乾殿。 ④汉梁孝王故事：汉梁孝王的旧事例。梁孝王以窦太后少子故，有宠，王四十余城，居天下膏腴之地，赏赐不可胜道，以至亲有功，得赐天子旌旗，从千乘万骑，出跸入警等等。 ⑤后宫：指尹德妃、张婕妤等。 ⑥考功郎中：唐制，考功郎中一人，掌内外文武官吏之考课，分上、中、下各三等，进赏退罚。比部郎中：官名。属刑部。掌内外诸司公廨。 ⑦行周公之事：指周公诛管叔、蔡叔之事。 ⑧左二副护军：秦设置的武官。掌军职选用，亦与领军将军或中领军同掌中央军队。 ⑨策名藩邸：名书写在侯王府第的策簿上。言委质于王府。此王府指秦王府。 ⑩康州：治今广东德庆县。 ⑪乌城：地名。在今陕西定边县。 ⑫督右武卫大将军：为禁军最高武官，也统兵打仗。天纪将军：关内十二军泾州道谓天纪军，置将军一人，故名。 ⑬率更丞：为太子率更寺官，寺设令一人，丞二人，掌宗族次第、礼乐、刑罚及漏刻之政令。 ⑭“使舜浚井”句：《孟子·万章》中有记载。言舜事父瞽瞍，及父与异母弟象谋害舜的事。舜的父母使舜修谷仓，等舜上了屋顶，便抽去梯子，并纵火焚屋，舜以两笠自扞而下；又使浚舜井，等舜入井后即封住井口，舜从井口旁凿空出来。 ⑮小杖则受，大杖则走：《孔子家语》：“孔子曰：‘舜事瞽瞍，小杖则受，大杖则走。’” ⑯卜之：龟卜起事吉凶。 ⑰跋马：摇辣马衔，偏促一辔，又以两足摇鼓马腹，使之回走。 ⑱彀（gòu 垢）：张满弓弩曰彀。 ⑲翊卫：太子左右率府所领，亦有亲、勋、翊三卫府。此指太子翊卫府。 ⑳屈咥直府：军府名。屈咥直即驱咥直，属帐内府。 ㉑云麾将军：将军名称。梁一百二十五号将军之一，唐为武散阶，从三品上。 ㉒中郎将：唐诸卫中郎将皆正四品下。 ㉓显儁：即敬显儁，仕北齐，官至尚书仆射。 ㉔海池：唐皇宫太极宫中有三海池，东海池在玄武门内之东，近凝云阁；北海池在玄武门内之西；南海池，近咸池殿。 ㉕率土：《诗·小雅·北山》：“溥天之下，

莫非王土。率土之滨,莫非王臣。”率土,循着土地的边滨,即指海内、天下。 ㉖元良:大善。后泛指太子。 ㉗东上阁门:唐皇宫太极殿有东、西上阁门。 ㉘投杼之惑:事见《战国策·秦策二》,曾参居费邑,有与同姓名者杀人,初人告其母“曾参杀人”,母不信,织如故。至第三人告,母惧,投杼逾墙而走。后比喻传闻动摇原来的信心。 ㉙“向使”句:文王之明,指文王舍伯邑考立武王;泰伯之贤,指泰伯让国于弟王季历;子臧之节,指子臧辞曹国而不受。 ㉚蹀血:流血满地。

戊辰,以宇文士及为太子詹事[①],长孙无忌、杜如晦为左庶子[②],高士廉、房玄龄为右庶子,尉迟敬德为左卫率,程知节为右卫率,虞世南为中舍人[③],褚亮为舍人,姚思廉为洗马。悉以齐王国司金帛什器赐敬德[④]。

初,洗马魏征常劝太子建成早除秦王,及建成败,世民召征谓曰:“汝何为离间我兄弟!”众为之危惧,征举止自若,对曰:“先太子早从征言,必无今日之祸。”世民素重其才,改容礼之,引为詹事主簿[⑤]。亦召王珪、韦挺于嶲州,皆以为谏议大夫[⑥]。

世民命纵禁苑鹰犬,罢四方贡献,听百官各陈治道,政令简肃,中外大悦。

以屈突通为陕东道行台左仆射,镇洛阳。

益州行台仆射窦轨与行台尚书韦云起、郭行方不协。云起弟庆俭及宗族多事太子建成,建成死,轨诬云起与建成同反,收斩之。行方惧,逃奔京师,轨追之,不及。

吐谷浑寇岷州。

突厥寇陇州;辛未,寇渭州;遣右卫大将军柴绍击之。

废益州大行台,置大都督府。

壬申,上以手诏赐裴寂等曰:“朕当加尊号为太上皇。”

辛巳,幽州大都督庐江王瑗反,右领军将军王君廓杀之,传首。

初,上以瑗懦怯非将帅才,使君廓佐之。君廓故群盗,勇悍险诈,瑗推心倚仗之,许为婚姻。太子建成谋害秦王,密与瑗相结。建成死,诏遣通事舍人崔敦礼驰驿召瑗[⑦]。瑗心不自安,谋于君廓。君廓欲取瑗以为功,乃说曰:“大王若入,必无全理。今拥兵数万,奈何受单使之召,自投罔罟乎!”因相与泣。瑗曰:“我今以命托公,举事决矣。”乃劫敦礼,问以京师机事;敦礼不屈,瑗囚之,发驿征兵,且召燕州刺史王诜赴蓟[8],与之计事。兵曹参军王利涉说瑗曰:“王君廓反覆,不可委以机柄,宜早除去,以王诜代之。”瑗不能决。君廓知之,往见诜,诜方沐,握发而出,君廓手斩之,持其首告众曰:“李瑗与王诜同反,囚执敕使,擅自征兵。今诜已诛,独有李瑗,无能为也。汝宁随瑗族灭乎,欲从我以取富贵乎?”众皆曰:“愿从公讨贼。”君廓乃帅其麾下千余人,逾西城而入,瑗不之觉;君廓入狱出敦礼,瑗始知之,遽帅左右数百人被甲而出,遇君廓于门外。君廓谓瑗众曰:“李瑗为逆,汝何为随之入汤火乎!”众皆弃兵而溃。唯瑗独存,骂君廓曰:“小人卖我,行自及矣!”遂执瑗,缢之。壬午,以王君廓为左领军大将军兼幽州都督,以瑗家口赐之。敦礼,仲方之孙也[9]。

乙酉,罢天策府。

【注释】

①太子詹事:太子属官。统东宫三寺、十率府政令。　②左庶子:太子宫官之一。唐置左春坊左庶子,右春坊右庶子。左、右春坊,相当于朝廷的门下省、中书省。左庶子二人,掌侍从赞相,驳正启奏,出则版奉外办中严,入则解严,等等;右庶子二人,皆属东宫门下坊,掌赞导应对,顾问众事。　③中舍人:东宫置官之一,中舍人、舍人,掌行令书、令旨及表启之事。　④国司:唐制,亲王有国司,置国尉、国丞,掌判国司、勾稽、监印事。　⑤詹事主簿:东宫置官,掌印捡、勾稽府事。　⑥谏议大夫:属东宫门下坊官,掌侍从规谏。　⑦通事舍人:官名。掌朝见引纳及辞谢者于殿庭。凡近臣入侍,文武就列,引以进退。凡四方通表,蛮夷纳贡,皆受而进之。　⑧燕州:治今河北涿鹿县。蓟:州名。治今天津蓟州区。　⑨仲方:即崔仲方,著名谋士。仕周,献平齐之策;及隋,献平陈之策。

秋,七月,己丑,柴绍破突厥于秦州,斩特勒一人[1],士卒首千余级。

以秦府护军秦叔宝为左卫大将军，又以程知节为右武卫大将军，尉迟敬德为右武候大将军。

壬辰，以高士廉为侍中，房玄龄为中书令，萧瑀为左仆射，长孙无忌为吏部尚书，杜如晦为兵部尚书。癸巳，以宇文士及为中书令，封德彝为右仆射；又以前天策府兵曹参军杜淹为御史大夫，中书舍人颜师古、刘林甫为中书侍郎，左卫副率侯君集为左卫将军，左虞候段志玄为骁卫将军[2]，副护军薛万彻为右领军将军，右内副率张公谨为右武候将军[3]，右监门率长孙安业为右监门将军[4]，右内副率李客师为领左右军将军[5]。安业，无忌之兄；客师，靖之弟也。

太子建成、齐王元吉之党散亡在民间，虽更赦令，犹不自安，侥幸者争告捕以邀赏。谏议大夫王珪以启太子。丙子，太子下令："六月四日已前事连东宫及齐王，十七日前连李瑗者，并不得相告言，违者反坐[6]。"

丁酉，遣谏议大夫魏征宣慰山东，听以便宜从事。征至磁州，遇州县锢送前太子千牛李志安、齐王护军李思行诣京师[7]，征曰："吾受命之日，前宫、齐府左右皆赦不问；今复送思行等，则谁不自疑！虽遣使者，人谁信之！吾不可以顾身嫌，不为国虑。且既蒙国士之遇，敢不以国士报之乎！"遂皆解纵之。太子闻之，甚喜。

右卫率府铠曹参军唐临出为万泉丞[8]，县有系囚十许人，会春雨，临纵之，使归耕种，皆如期而返。临，令则之弟子也。

八月，丙辰，突厥遣使请和。

壬戌，吐谷浑遣使请和。

癸亥，制传位于太子。太子固辞，不许。甲子，太宗即皇帝位于东宫显德殿，赦天下；关内及蒲、芮、虞、泰、陕、鼎六州免二年租调，自余给复一年。

癸未，诏以"宫女众多，幽闷可愍，宜简出之，各归亲戚，任其适人"。

初，稽胡酋长刘屳成帅众降梁师都，师都信谗，杀之，由是所部猜惧，多来降者。师都浸衰弱，乃朝于突厥，为之画策，劝令入寇。于是颉利、突利二可汗合兵十余万寇泾州，进至武功，京师戒严。

丙子，立妃长孙氏为皇后。后少好读书，造次必循礼法，上为秦王，与太子建成、齐王元吉有隙，后奉事高祖，承顺妃嫔，弥缝其阙，甚有内助。及正位中宫，务存节俭，服御取给而已。上深重之，尝与之议赏罚，后辞曰："'牝鸡之晨，唯家之索[⑨]'，妾妇人，安敢豫闻政事！"固问之，终不对。

【注释】

①特勒：突厥可汗子弟。　②左虞候：掌斥候伺非，即管放哨侦察，防备是非发生的官员，为东宫左虞候率。　③右内副率：东宫属官。隋置左、右内率，领东宫千牛、备身等近卫，侍奉帝王之事，副率为副职官。　④右监门率：官名。主领兵率、门卫。右监门将军：监门官。唐置左、右监门大将军、将军，掌宫禁门籍之法，凡京司应入宫殿，门皆有籍，左将军判入，右将军判出。　⑤领左右军将军：据胡注，当为左领军将军或右领军将军，宿卫军官。　⑥反坐：唐律有反坐罪，即诬告别人罪过，治罪诬告者。　⑦锢送：上刑械锢枷锁而送。　⑧铠曹参军：官名。东宫十率府皆设有仓、兵、铠三曹参军，主管铠甲用器。万泉：古县名。治今山西万荣县西南古城南。　⑨"牝鸡之晨，唯家之索"：语见《尚书·牧誓》。谓母鸡不能司晨，否则家庭就要萧索破败，以此喻妇人不能从政，过问政事，这是封建的信条。

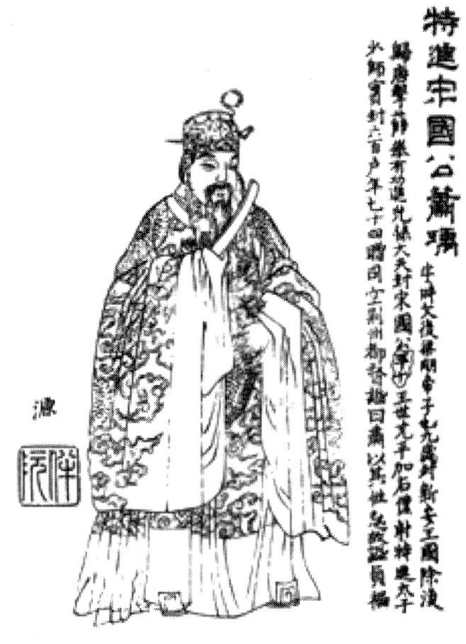

萧瑀像

己卯，突厥进寇高陵[①]。辛巳，泾州道行军总管尉迟敬德与突厥战于泾阳[②]，大破之。获其俟斤阿史德乌没啜[③]，斩首千余级。

癸未，颉利可汗进至渭水便桥之北[④]，遣其腹心执失思力入见，以观虚实。思力盛称"颉利与突利二可汗将兵百万,今至矣"。上让之曰:"吾与汝可汗面结和亲,赠遗金帛,前后无算。汝可汗自负盟约,引兵深入,于我无愧!汝虽戎狄,亦有人心,何得全忘大恩,自夸强盛!我今先斩汝矣!"思力惧而请命。萧瑀、封德彝请礼遣之。上曰:"我今遣还,虏谓我畏之,愈肆凭陵。"乃囚思力于门下省。

上自出玄武门,与高士廉、房玄龄等六骑径诣渭水上,与颉利隔水而语,责以负约。突厥大惊,皆下马罗拜。俄而诸军继至,旌甲蔽野,颉利见执失思力不返,而上挺身轻出,军容甚盛,有惧色。上麾诸军使却而布陈,独留与颉利语。萧瑀以上轻敌,叩马固谏,上曰:"吾筹之已熟,非卿所知。突厥所以敢倾国而来,直抵郊甸者,以我国内有难[5],朕新即位,谓我不能抗御故也。我若示之以弱,闭门拒守,虏必放兵大掠,不可复制。故朕轻骑独出,示若轻之;又震曜军容,使之必战;出虏不意,使之失图。虏入我地既深,必有惧心,故与战则克,与和则固矣。制服突厥,在此一举,卿第观之!"是日,颉利来请和,诏许之。上即日还宫。乙酉,又幸城西,斩白马,与颉利盟于便桥之上。突厥引兵退。

萧瑀请于上曰:"突厥未和之时,诸将争请战,陛下不许,臣等亦以为疑,既而虏自退,其策安在?"上曰:"吾观突厥之众虽多而不整,君臣之志唯贿是求,当其请和之时,可汗独在水西,达官皆来谒我,我若醉而缚之,因袭击其众,势如拉朽。又命长孙无忌、李靖伏兵于幽州以待之[6],虏若奔归,伏兵邀其前,大军蹑其后,覆之如反掌耳。所以不战者,吾即位日浅,国家未安,百姓未富,且当静以抚之。一与虏战,所损甚多;虏结怨既深,惧而修备,则吾未可以得志矣。故卷甲韬戈,啖以金帛,彼既得所欲,理当自退,志意骄惰,不复设备,然后养威伺衅,一举可灭也。将欲取之,必固与之[7],此之谓矣。卿知之乎?"瑀再拜曰:"非所及也。"

【注释】

①高陵:古县名。治今陕西西安市高陵区西南。 ②泾阳:古县名。治今陕西泾阳县。 ③俟斤:突厥三十八等官之一。 ④便桥:又名便门桥、西渭桥、咸阳桥。在今陕西咸阳市东南渭河上,东与汉长安城便门相直,故称。 ⑤国内有难:指玄武门之变。 ⑥幽州:此当作豳州。突

厥自渭北北归，归路正经豳州，此史书传写因两字形近而误。 ⑦将欲取之，必固与之：语见《老子》三十六章："将欲夺之，必固与之。"唐太宗引《老子》的"柔弱胜刚强"的辩证思想作为他的战略原则。

资治通鉴卷第一百九十二

唐纪八　起柔兆阉茂九月，尽著雍困敦七月，凡二年。

高祖神尧大圣光孝皇帝下之下

武德九年　九月，突厥颉利献马三千匹，羊万口；上不受[1]，但诏归所掠中国户口，征温彦博还朝。

丁未，上引诸卫将卒习射于显德殿庭，谕之曰："戎狄侵盗，自古有之，患在边境少安，则人主逸游忘战，是以寇来莫之能御。今朕不使汝曹穿池筑苑，专习弓矢，居闲无事，则为汝师，突厥入寇，则为汝将，庶几中国之民可以少安乎！"于是日引数百人教射于殿庭，上亲临试，中多者赏以弓、刀、帛，其将帅亦加上考[2]。群臣多谏曰："于律，以兵刃至御在所者绞。今使卑碎之人张弓挟矢于轩陛之侧，陛下亲在其间，万一有狂夫窃发，出于不意，非所以重社稷也。"韩州刺史封同人诈乘驿马入朝切谏[3]。上皆不听，曰："王者视四海如一家，封域之内，皆朕赤子，朕一一推心置其腹中，奈何宿卫之士亦加猜忌乎！"由是人思自励，数年之间，悉为精锐。

上尝言："吾自少经略四方，颇知用兵之要，每观敌陈，则知其强弱，常以吾弱当其强，强当其弱。彼乘吾弱，逐奔不过数十百步，吾乘其弱，必出其陈后反击之，无不溃败，所以取胜，多在此也！"

己酉，上面定勋臣长孙无忌等爵邑，命陈叔达于殿下唱名示之，且曰："朕叙卿等勋赏或未当，宜各自言。"于是诸将争功，纷纭不已。淮安王神通曰："臣举兵关西，首应义旗[4]，今房玄龄、杜如晦等专弄刀笔，功居臣上，臣窃不服。"上曰："义旗初起，叔父虽首唱举兵，盖亦自营脱祸。及窦建德吞噬山东，叔父全军覆没；刘黑闼再合余烬，叔父望风奔北。玄龄等运筹帷幄，坐安社稷，论功行赏，固宜居叔父之先。叔父，国之至亲，朕诚无所爱，但不可以私恩滥与勋臣同赏耳！"诸将乃相谓曰："陛下至公，虽淮安王尚无所私，吾侪何敢不安其分。"遂皆悦服。房玄龄尝言："秦府旧人未迁官者，皆嗟怨曰：'吾属奉事左右，几何年矣，今除官，返出前宫、齐府人之后。'"上曰："王者至公无私，故能服天下之心。朕与卿辈日所衣食，皆取诸民者也。故设官分职，以为民也，当择贤才而用之，岂以新旧为先后哉！必也新而贤，旧而不肖，安可舍新而取旧乎！今不论其贤不肖而直言嗟怨，岂为政之体乎！"

诏："民间不得妄立妖祠。自非卜筮正术，其余杂占，悉从禁绝。"

上于弘文殿聚四部书二十余万卷[5]，置弘文馆于殿侧[6]，精选天下文学之士虞世南、褚亮、姚思廉、欧阳询、蔡允恭、萧德言等，以本官兼学士，令更日宿直，听朝之隙，引入内殿，讲论前言往行，商榷政事，或至夜分乃罢[7]。又取三品已上子孙充弘文馆学士。

褚亮像

【注释】

①上：皇上。自武德九年(626)八月甲子日后，凡称上者，皆指太宗。 ②上考：上等考功。唐考功之法，上、中、下皆分三等。 ③韩州：唐初置有西韩州、南韩州，此当指西韩

州，即包括韩城的韩州。 ④义旗：指隋大业十三年（617）以李渊为首举起反隋的义旗。 ⑤四部书：亦称四库书，即至唐始分图书为经、史、子、集四类，以甲、乙、丙、丁为次第，称之为四部书。 ⑥弘文馆：即唐皇家图书馆，又是唐皇家学馆。 ⑦“精选”句：表明唐太宗认定以武定国以文治国的思想，故选虞世南等十八学士，成为太宗治国安邦的才学之士。

冬，十月，丙辰朔，日有食之。

诏追封故太子建成为息王，谥曰隐；齐王元吉为剌王，以礼改葬[①]。葬日，上哭之于宜秋门，甚哀。魏征、王珪表请陪送至墓所，上许之，命宫府旧僚皆送葬。

癸亥，立皇子中山王承乾为太子，生八年矣。

庚辰，初定功臣实封有差[②]。

初，萧瑀荐封德彝于上皇，上皇以为中书令。及上即位，瑀为左仆射，德彝为右仆射。议事已定，德彝数反之于上前[③]，由是有隙。时房玄龄、杜如晦新用事，皆疏瑀而亲德彝，瑀不能平，遂上封事论之，辞指寥落[④]，由是忤旨。会瑀与陈叔达忿争于上前，庚辰，瑀、叔达皆坐不敬，免官。

甲申，民部尚书裴矩奏“民遭突厥暴践者，请户给绢一匹”。上曰：“朕以诚信御下，不欲虚有存恤之名而无其实，户有大小，岂得雷同给赐乎！”于是计口为率。

初，上皇欲强宗室以镇天下，故皇再从、三从弟及兄弟之子[⑤]，虽童孺皆为王，王者数十人。上从容问群臣：“遍封宗子，于天下利乎？”封德彝对曰：“前世唯皇子及兄弟乃为王，自余非有大功，无为王者。上皇敦睦九族，大封宗室，自两汉以来未有如今之多者。爵命既崇，多给力役，恐非示天下以至公也。”上曰：“然。朕为天子，所以养百姓也，岂可劳百姓以养己之宗族乎！”十一月，庚寅，降宗室郡王皆为县公，惟有功者数人不降。

丙午，上与群臣论止盗。或请重法以禁之，上哂之曰：“民之所以为盗者，由赋繁役重，官吏贪求，饥寒切身，故不暇顾廉耻耳。朕当去奢省费，轻徭薄赋，选用廉吏，使民衣食有余，则自不为盗，安用重法邪！”自是数年之后，海内升平，路不拾遗，外户不闭，商旅野宿焉。

上又尝谓侍臣曰:"君依于国,国依于民。刻民以奉君,犹割肉以充腹,腹饱而身毙,君富而国亡。故人君之患,不自外来,常由身出。夫欲盛则费广,费广则赋重,赋重则民愁,民愁则国危,国危则君丧矣。朕常以此思之,故不敢纵欲也。"

【注释】

①"诏追封"句:对建成、元吉追封给谥。谥曰隐,依建成生前事迹给予谥号"隐"。《谥法》:隐拂不成曰隐。剌(là 辣)王:《谥法》,不思忘爱曰剌,暴戾无亲曰剌。 ②功臣实封有差:唐功臣实封爵位等差有九:王,食邑万户,正一品;嗣王、郡王,五千户,从一品;国公,三千户,从一品;开国郡公,二千户,正二品;县公,一千一百户,从二品;县候,千户,从三品;县伯,七百户,正四品上;县子,五百户,正五品上;县男,三百户,从五品上。 ③反:反复、变卦。 ④辞指寥落:言词简括疏直。 ⑤再从、三从弟:同曾祖为再从兄弟,同高祖为三从兄弟。

十二月,己巳,益州大都督窦轨奏称獠反[①],请发兵讨之。上曰:"獠依阻山林,时出鼠窃,乃其常俗;牧守苟能抚以恩信,自然帅服,安可轻动干戈,渔猎其民,比之禽兽,岂为民父母之意邪!"竟不许。

唐瑞兽葡萄纹铜镜

上谓裴寂曰:"比多上书言事者,朕皆粘之屋壁,得出入省览,每思治道,或深夜方寝。公辈亦当恪勤职业,副朕此意。"

上厉精求治,数引魏征入卧内,访以得失;征知无不言,上皆欣然嘉纳。上遣使点兵,封德彝奏:"中男虽未十八[②],其躯干壮大者,亦可并点。"上从之。敕出,魏征固执以为不可，不肯署敕[3]，至于数四。上怒，召而让之曰："中男壮大者，乃奸民诈妄以避征役，取之何害，而卿固执至此！"对曰："夫兵在御之得其道，不在众多。陛下取其壮健，以道御之，足以无敌于天下，何必多取细弱以增虚数乎！且陛下每云：'吾以诚信御天下，欲使臣民皆无欺诈。'今即位未几，失信者数矣！"上愕然曰："朕何为失信？"对曰："陛下初即位，下诏云：'逋负官物[4]，悉令蠲免[5]。'有司以为负秦府国司者，非官物，征督如故。陛下以秦王升为天子，国司之物，非官物而何！又曰：'关中免二年租调，关外给复一年[6]。'既而继有敕云：'已役已输者，以来年为始。'散还之后，方复更征，百姓固已不能无怪。今既征得物，复点为兵，何谓以来年为始乎！又陛下所与共治天下者在于守宰，居常简阅，咸以委之；至于点兵，独疑其诈，岂所谓以诚信为治乎！"上悦曰："向者朕以卿固执，疑卿不达政事，今卿论国家大体，诚尽其精要。夫号令不信，则民不知所从，天下何由而治乎？朕过深矣！"乃不点中男，赐征金瓮一。

上闻景州录事参军张玄素名[7]，召见，问以政道，对曰："隋主好自专庶务，不任群臣；群臣恐惧，唯知禀受奉行而已，莫之敢违。以一人之智决天下之务，借使得失相半，乖谬已多，下谀上蔽，不亡何待！陛下诚能谨择群臣而分任以事，高拱穆清而考其成败以施刑赏，何忧不治！又，臣观隋末乱离，其欲争天下者不过十余人而已，其余皆保乡党、全妻子，以待有道而归之耳。乃知百姓好乱者亦鲜，但人主不能安之耳。"上善其言，擢为侍御史。

前幽州记室直中书省张蕴古上《大宝箴》[8]，其略曰："圣人受命，拯溺亨屯[9]，故以一人治天下，不以天下奉一人。"又曰："壮九重于内[10]，所居不过容膝；彼昏不知，瑶其台而琼其室。罗八珍于前[11]，所食不过适口；惟狂罔念，丘其糟而池其酒。"又曰："勿没没而闇，勿察察而明，虽冕旒蔽目而视于未形[12]，虽黈纩塞耳而听于无声[13]。"上嘉之，赐以束帛[14]，除大理丞。

上召傅奕，赐之食，谓曰："汝前所奏[15]，几为吾祸。然凡有天变，卿宜尽言皆如此，勿以前事为惩也。"上尝谓奕曰："佛之为教，玄妙可师，卿何独不悟其理？"对曰："佛乃胡中桀黠，诳耀彼土。

中国邪僻之人，取庄、老玄谈，饰以妖幻之语，用欺愚俗。无益于民，有害于国，臣非不悟，鄙不学也。”上颇然之。

上患吏多受赇[16]，密使左右试赂之。有司门令史受绢一匹[17]，上欲杀之，民部尚书裴矩谏曰：“为吏受赂，罪诚当死；但陛下使人遗之而受，乃陷人于法也，恐非所谓‘道之以德，齐之以礼’[18]。”上悦，召文武五品已上告之曰：“裴矩能当官力争，不为面从，傥每事皆然，何忧不治！”

臣光曰：古人有言：君明臣直。裴矩佞于隋而忠于唐，非其性之有变也；君恶闻其过，则忠化为佞，君乐闻直言，则佞化为忠。是知君者表也，臣者景也，表动则景随矣。

是岁，进皇子长沙郡王恪为汉王，宜阳郡王祐为楚王。

新罗、百济、高丽三国有宿仇，迭相攻击；上遣国子助教朱子奢往谕指[19]，三国皆上表谢罪。

【注释】

①益州：治今四川成都市。大都督：武德九年(626)六月废大行台，置大都督府。 ②中男：唐制，民十六岁以上，不满十八岁者为中男，满十八岁为成丁，二十一岁为丁，充力役。 ③署敕：唐制，中书舍人署敕，即连署签发。当时魏征为谏议大夫，或者太宗也使他连署签发。 ④逋负：常指拖欠赋税。 ⑤蠲免：免除，多指免除租税徭役。 ⑥给复：免除徭役赋税。 ⑦景州：治今河北东光县西北。录事参军：官名。掌勾稽省署抄目。 ⑧记室：官名。多为王公大将军所设，掌章表书记文檄。张蕴古盖庐江王李瑗督幽州时为记室。直：通“值”，值班、值勤。依唐制，资序未至，以他官入省者为直。《大宝箴》：箴为文体的一种，主题为规劝告诫性质的文字。 ⑨拯溺亨屯：拯救陷溺的民众，承受时世的艰难。亨，通“享”，享用，承受；屯(zhūn 谆)，艰难。 ⑩九重：多重，重重。指宫禁。极言其深远。 ⑪八珍：古代八种烹饪法。《周礼·天官·膳夫》：“珍用八物。”注：“珍谓淳熬、淳毋、炮豚、炮牂、捣珍、渍、熬、肝膋也。”后泛指珍贵食品。 ⑫冕旒：冕冠前后悬垂的玉串。 ⑬黈纩(tǒu kuàng 敨况)：黄色丝棉絮。古之冕制，以黄色丝棉絮大如丸，悬于冕之两旁，以示不听无益之言。 ⑭束帛：古聘问礼物。帛五匹为束。 ⑮汝前所奏：指傅奕六月所奏，太白见秦分，秦王当有天下。 ⑯赇：枉法受贿。 ⑰司门令史：官名。刑部所属司门郎，掌天下门关出入往来

之籍赋而审其政，有令史六人。匹：唐制，布帛阔一尺八寸，长四丈为匹。　⑱“道之以德，齐之以礼”：语见《论语·为政》。言用道德引导他们，用礼制约束他们。　⑲助教：古设国子学，置祭酒、博士、助教以教生徒。唐助教五人，从六品上，掌佐博士分经教授。

太宗文武大圣大广孝皇帝上之上①

贞观元年②　春，正月，乙酉，改元。

丁亥，上宴群臣，奏《秦王破陈乐》③，上曰：“朕昔受委专征，民间遂有此曲，虽非文德之雍容，然功业由兹而成，不敢忘本。”封德彝曰：“陛下以神武平海内，岂文德之足比。”上曰：“戡乱以武，守成以文，文武之用，各随其时。卿谓文不及武，斯言过矣！”德彝顿首谢。

己亥，制：“自今中书、门下及三品以上入阁议事④，皆命谏官随之，有失辄谏。”

上命吏部尚书长孙无忌等与学士、法官更议定律令，宽绞刑五十条为断右趾，上犹嫌其惨，曰：“肉刑废已久，宜有以易之。”蜀王法曹参军裴弘献请改为加役流，徙三千里，居作三年；诏从之。

上以兵部郎中戴胄忠清公直⑤，擢为大理少卿。上以选人多诈冒资荫，敕令自首，不首者死。未几，有诈冒事觉者，上欲杀之。胄奏：“据法应流。”上怒曰：“卿欲守法而使朕失信乎？”对曰：“敕者出于一时之喜怒，法者国家所以布大信于天下也。陛下忿选人之多诈，故欲杀之，而既知其不可，复断之以法，此乃忍小忿而存大信也。”上曰：“卿能执法，朕复何忧！”胄前后犯颜执法，言如涌泉，上皆从之，天下无冤狱。

上令封德彝举贤，久无所举。上诘之，对曰：“非不尽心，但于今未有奇才耳！”上曰：“君子用人如器，各取所长，古之致治者，岂借才于异代乎？正患己不能知，安可诬一世之人！”德彝惭而退。

御史大夫杜淹奏“诸司文案恐有稽失，请令御史就司检校”。上以问封德彝，对曰：“设官分职，各有所司。果有愆违，御史自应纠举；若遍历诸司，搜擿疵颣[⑥]，太为烦碎。”淹默然。上问淹：“何故不复论执？”对曰：“天下之务，当尽至公，善则从之。德彝所言，真得大体，臣诚心服，不敢遂非。”上悦曰：“公等各能如是，朕复何忧！”

右骁卫大将军长孙顺德受人馈绢，事觉，上曰：“顺德果能有益国家，朕与之共有府库耳，何至贪冒如是乎！”犹惜其有功，不之罪，但于殿庭赐绢数十匹。大理少卿胡演曰：“顺德枉法受财，罪不可赦，奈何复赐之绢？”上曰：“彼有人性，得绢之辱，甚于受刑；如不知愧，一禽兽耳，杀之何益！”

辛丑，天节将军燕郡王李艺据泾州反[⑦]。

艺之初入朝也，恃功骄倨，秦王左右至其营，艺无故殴之。上皇怒，收艺系狱，既而释之。上即位，艺内不自安。曹州妖巫李五戒谓艺曰：“王贵色已发！”劝之反。艺乃诈称奉密敕，勒兵入朝。遂引兵至豳州，豳州治中赵慈皓驰出谒之，艺入据豳州。诏吏部尚书长孙无忌等为行军总管以讨之。赵慈皓闻官军将至，密与统军杨岌图之，事泄，艺囚慈皓。岌在城外觉变，勒兵攻之，艺众溃，弃妻子，将奔突厥。至乌氏[⑧]，左右斩之，传首长安。弟寿，为利州都督，亦坐诛。

初，隋末丧乱，豪桀并起，拥众据地，自相雄长；唐兴，相帅来归，上皇为之割置州县以宠禄之，由是州县之数，倍于开皇、大业之间。上以民少吏多，思革其弊；二月，命大加并省，因山川形便，分为十道：一曰关内，二曰河南，三曰河东，四曰河北，五曰山南，六曰陇右，七曰淮南，八曰江南，九曰剑南，十曰岭南。

【注释】

①太宗：姓李，讳世民（599—649），唐朝皇帝，李渊次子，627 年至 649 年在位。反隋，消灭割据势力，成为统一战争的主帅，战功卓著。武德九年（626），“玄武门之变”，杀太子建成、齐王元吉，迫使李渊传位。即位后，善于治国，史称“贞观之治”。死后，初谥文皇帝，庙号太宗。咸亨五年，追谥太宗文武圣皇帝。天宝八载（749），追尊太宗文武大圣皇帝。十三载（754），又加尊太宗文武大圣大广孝皇帝。　②贞观：唐太宗李世民的年号。　③《秦王破陈乐》：乐曲名。《新唐书·礼乐志十一》

记载,为太宗做秦王时,破刘武周,军中相与作此乐曲。 ④入阁:唐西内太极殿为朔望受朝之所,盖正殿,东西有二上阁,西阁门可入北转至两仪殿,则日常朝见所,由阁门入至两仪殿朝见叫入阁。 ⑤兵部郎中:掌判帐及天下武官之阶品、卫府之名数。 ⑥搜擿(tì 剔)疵颣(lèi 擂):搜挑毛病。疵,小毛病;颣,丝上的小结。都引申为毛病、过失。 ⑦天节将军:宜州道置军为天节将,置将军一人,故称。 ⑧乌氏:古县名。治今宁夏固原市东南。

三月,癸巳,皇后帅内外命妇亲蚕[1]。

闰月,癸丑朔,日有食之。

壬申,上谓太子少师萧瑀曰:"朕少好弓矢,得良弓十数,自谓无以加,近以示弓工,乃曰'皆非良材'。朕问其故,工曰:'木心不直,则脉理皆邪,弓虽劲而发矢不直。'朕始寤向者辨之未精也。朕以弓矢定四方,识之犹未能尽,况天下之务,其能遍知乎!"乃令京官五品以上更宿中书内省,数延见,问以民间疾苦,政事得失。

凉州都督长乐王幼良,性粗暴,左右百余人,皆无赖子弟,侵暴百姓;又与羌、胡互市。或告幼良有异志,上遣中书令宇文士及驰驿代之,并按其事。左右惧,谋劫幼良入北虏,又欲杀士及据有河西[2]。复有告其谋者,夏,四月,癸巳,赐幼良死。

五月,苑君璋帅众来降。初,君璋引突厥陷马邑,杀高满

唐太宗像

政，退保恒安[3]。其众皆中国人，多弃君璋来降。君璋惧，亦降，请捍北边以赎罪，上皇许之。君璋请约契，上皇使雁门人元普赐之金券[4]。颉利可汗复遣人招之，君璋犹豫未决，恒安人郭子威说君璋以“恒安地险城坚，突厥方强，且当倚之以观变，未可束手于人”。君璋乃执元普送突厥，复与之合，数与突厥入寇。至是，见颉利政乱，知其不足恃，遂帅众来降。上以君璋为隰州都督、芮国公。

有上书请去佞臣者，上问：“佞臣为谁？”对曰：“臣居草泽，不能的知其人，愿陛下与群臣言，或阳怒以试之，彼执理不屈者，直臣也，畏威顺旨者，佞臣也。”上曰：“君，源也；臣，流也；浊其源而求其流之清，不可得矣。君自为诈，何以责臣下之直乎！朕方以至诚治天下，见前世帝王好以权谲小数接其臣下者，常窃耻之。卿策虽善，朕不取也。”

六月，辛巳，右仆射密明公封德彝薨[5]。

壬辰，复以太子少师萧瑀为左仆射。

戊申，上与侍臣论周、秦修短，萧瑀对曰：“纣为不道，武王征之。周及六国无罪，始皇灭之。得天下虽同，人心则异。”上曰：“公知其一，未知其二。周得天下，增修仁义；秦得天下，益尚诈力：此修短之所以殊也。盖取之或可以逆得，守之不可以不顺故也。”瑀谢不及。

山东大旱，诏所在赈恤，无出今年租赋。

秋，七月，壬子，以吏部尚书长孙无忌为右仆射。无忌与上为布衣交，加以外戚，有佐命功，上委以腹心，其礼遇群臣莫及，欲用为宰相者数矣[6]。文德皇后固请曰：“妾备位椒房[7]，家之贵宠极矣，诚不愿兄弟复执国政。吕、霍、上官[8]，可为切骨之戒，幸陛下矜察！”上不听，卒用之。

初，突厥性淳厚，政令质略。颉利可汗得华人赵德言，委用之。德言专其威福，多变更旧俗，政令烦苛，国人始不悦。颉利又好信任诸胡而疏突厥，胡人贪冒，多反覆，兵革岁动；会大雪，深数尺，杂畜多死，连年饥馑，民皆冻馁。颉利用度不给，重敛诸部，由是内外离怨，诸部多叛，兵浸弱。言事者多请击之，上以问萧瑀、长孙无忌曰："颉利君臣昏虐，危亡可必。今击之，则新与之盟；不击，恐失机会；如何而可？"瑀请击之。无忌对曰："虏不犯塞而弃信劳民，非王者之师也。"上乃止。

上问公卿以享国久长之策，萧瑀言："三代封建而久长，秦孤立而速亡。"上以为然，于是始有封建之议。

黄门侍郎王珪有密奏，附侍中高士廉，寝而不言。上闻之，八月，戊戌，出士廉为安州大都督[9]。

【注释】

①内外命妇：受命封号的妇女。唐分内外命妇，内指宫内女官，自贵妃至侍中；外指宫外王、嗣王、郡王之母、妻为妃，封号有国夫人、郡夫人、郡君、县君、乡君。亲蚕：唐制，皇后以季春吉巳享祀先蚕之神，遂亲采桑饲蚕。 ②河西：唐方镇名，治凉州，今在甘肃武威市。 ③恒安：镇名。在今山西大同市附近。 ④金券：金制券契，一种契约凭证。 ⑤密明公：为封德彝谥号。《谥法》，思虑果远曰明。 ⑥"无忌与上"句：布衣交，穿布衣作平民时就有交友之情；外戚，为长孙皇后兄长；佐命功，主要指参与"玄武门之变"；宰相，唐因隋制，以三省之长，尚书令、侍中、中书令共议国政，此宰相之职。又因太宗做过尚书令，避讳，由仆射为尚书省长官，与侍中、中书令号为宰相。无忌以仆射执国政。 ⑦椒房：原为汉皇后所居宫殿，以椒泥涂壁，取温、香、多子之义，后用为指代后妃。⑧吕、霍、上官：即汉高祖皇后吕雉、宣帝皇后霍氏、昭帝皇后上官氏，皆父党干政，最后招致灭族之灾。 ⑨安州：治今越南清化省清化县东南。

九月，庚戌朔，日有食之。

辛酉，中书令宇文士及罢为殿中监[1]，御史大夫杜淹参豫朝政[2]。他官参豫政事自此始。

淹荐刑部员外郎邸怀道[3]，上问其行能，对曰："炀帝将幸江都，召百官问行留之计，怀道为吏部主事[4]，独言不可。臣亲见之。"上曰："卿称怀道为是，何为自不正谏？"对曰："臣尔时不居重任，又知谏不从，徒死无益。"上曰："卿知炀帝不可谏，何为立其朝？既立其朝，何得不谏？卿仕隋，容可云位卑；后仕王世充，尊显矣，何得亦不谏？"对曰："臣于世充非不谏，但不从耳。"上曰：

李玄道像

"世充若贤而纳谏，不应亡国；若暴而拒谏，卿何得免祸？"淹不能对。上曰："今日可谓尊任矣，可以谏未？"对曰："愿尽死。"上笑。

辛未，幽州都督王君廓谋叛，道死。

君廓在州，骄纵多不法，征入朝。长史李玄道，房玄龄从甥也，凭君廓附书。君廓私发之，不识草书，疑其告己罪；行至渭南[5]，杀驿吏而逃，将奔突厥，为野人所杀。

岭南酋长冯盎、谈殿等迭相攻击，久未入朝，诸州奏称盎反，前后以十数；上命将军蔺謩等发江、岭数十州兵讨之。魏征谏曰："中国初定，岭南瘴疠险远[6]，不可以宿大兵。且盎反状未成，未宜动众。"上曰："告者道路不绝，何云反状未成？"对曰："盎若反，必分兵据险，攻掠州县。今告者已数年，而兵不出境，此不反明矣。诸州既疑其反，陛下又不遣使镇抚，彼畏死，故不敢入朝。若遣信臣示以至诚，彼喜于免祸，可不烦兵而服。"上乃罢兵。冬，十月，乙酉，遣员外散骑侍郎李公掩持节慰谕之，盎遣其子智戴随使者入朝。上曰："魏征令我发一介之使，而岭表遂安，胜十万之师，不可不赏。"赐征绢五百匹。

十二月，壬午，左仆射萧瑀坐事免。

戊申，利州都督义安王李孝常等谋反[7]，伏诛。孝常因入朝，留京师，与右武卫将军刘德裕及其甥统军元弘善、监门将军长孙安业互说符命[8]，谋以宿卫兵作乱。安业，皇后之异母兄也，嗜酒无赖；父晟卒，弟无忌及后并幼，安业斥还舅氏[9]。及上即位，后不以旧怨为意，恩礼甚厚。及反事觉，后涕泣为之固请曰："安业罪诚当万死。然不慈于妾，天下知之；今置以极刑，人必谓妾所为，恐亦为圣朝之累。”由是得减死，流巂州。

或告右丞魏征私其亲戚，上使御史大夫温彦博按之，无状。彦博言于上曰：“征不存形迹，远避嫌疑，心虽无私，亦有可责。”上令彦博让征，且曰：“自今宜存形迹。”他日，征入见，言于上曰：“臣闻君臣同体，宜相与尽诚；若上下俱存形迹，则国之兴丧尚未可知，臣不敢奉诏。”上瞿然曰：“吾已悔之。”征再拜曰：“臣幸得奉事陛下，愿使臣为良臣，勿为忠臣。”上曰：“忠、良有以异乎？”对曰：“稷、契、皋陶⑩，君臣协心，俱享尊荣，所谓良臣。龙逄、比干⑪，面折廷争，身诛国亡，所谓忠臣。”上悦，赐绢五百匹。

上神采英毅，群臣进见者，皆失举措；上知之，每见人奏事，必假以辞色，冀闻规谏。尝谓公卿曰：“人欲自见其形，必资明镜；君欲自知其过，必待忠臣。苟其君愎谏自贤⑫，其臣阿谀顺旨，君既失国，臣岂能独全！如虞世基等谄事炀帝以保富贵，炀帝既弑，世基等亦诛。公辈宜用此为戒，事有得失，毋惜尽言！”

或上言秦府旧兵，宜尽除武职，追入宿卫。上谓之曰：“朕以天下为家，惟贤是与，岂旧兵之外皆无可信者乎！汝之此意，非所以广朕德于天下也。”

【注释】

①殿中监：官名。掌管帝王食、药、衣、舍、乘、辇的御用官。 ②参豫朝政：参与朝廷大政。此多为宰相职事，故有下文“他官参豫政事自此始”。 ③刑部员外郎：官名。掌法律、按察、判决。 ④吏部主事：不在吏部正规职官的雇员，主管具体事务。 ⑤渭南：古县名。治今陕西渭南市东南。 ⑥瘴疠：温热地带流行的一种恶性疟疾之类的传染病。⑦利州：治今四川广元市。 ⑧符命：符应天命。古代谓天赐祥瑞与人君，以为受命的凭证。即借自然天象或其他，以兆人事，认为天帝赐命，或符合天命。 ⑨舅氏：即高士廉为长孙无忌、长孙皇后的舅氏。⑩稷、契、皋陶：稷，后稷，周的始祖，舜时为农官，善耕稼，历来祀为稷神；契，商的始祖，曾任舜的司徒，掌管教化；皋陶，传说东夷族首领之一，曾任舜的掌刑法的官，禹时继续重用。 ⑪龙逄、比干：龙逄，为夏桀王的大夫，直言敢谏。桀作酒池，淫湎放荡，荒于政事，他极力抗辩劝阻，被囚

禁杀害;比干,殷纣王之叔,官至少师。纣淫虐无度,国势危殆,他以死力谏,被纣杀死剖腹验心。 ⑫愎谏自贤:任性执拗,一意孤行,不听劝谏,自以为贤能。

上谓公卿曰:“昔禹凿山治水而民无谤讟者,与人同利故也。秦始皇营宫室而人怨叛者,病人以利己故也。夫靡丽珍奇,固人之所欲,若纵之不已,则危亡立至。朕欲营一殿,材用已具,鉴秦而止。王公已下,宜体朕此意。”由是二十年间,风俗素朴,衣无锦绣,公私富给。

上谓黄门侍郎王珪曰:“国家本置中书、门下以相检察,中书诏敕或有差失,则门下当行驳正[①]。人心所见,互有不同,苟论难往来,务求至当,舍己从人,亦复何伤!比来或护己之短,遂成怨隙,或苟避私怨,知非不正,顺一人之颜情,为兆民之深患,此乃亡国之政也。炀帝之世,内外庶官,务相顺从,当是之时,皆自谓有智,祸不及身。及天下大乱,家国两亡,虽其间万一有得免者,亦为时论所贬,终古不磨。卿曹各当徇公忘私,勿雷同也[②]!”

上谓侍臣曰:“吾闻西域贾胡得美珠,剖身以藏之,有诸?”侍臣曰:“有之。”上曰:“人皆知笑彼之爱珠而不爱其身也;吏受赇抵法,与帝王徇奢欲而亡国者,何以异于彼胡之可笑邪!”魏征曰:“昔鲁哀公谓孔子曰:‘人有好忘者,徙宅而忘其妻。’孔子曰:‘又有甚者,桀、纣乃忘其身。’亦犹是也。”上曰:“然。朕与公辈宜戮力相辅,庶免为人所笑也!”

青州有谋反者,州县逮捕支党,收系满狱,诏殿中侍御史安喜崔仁师覆按之[③]。仁师至,悉脱去杻械[④],与饮食汤沐,宽慰之,止坐其魁首十余人,余皆释之。还报,敕使将往决之[⑤]。大理少卿孙伏伽谓仁师曰[⑥]:“足下平反者多,人情谁不贪生,恐见徒侣得免[⑦],未肯甘心,深为足下忧之。”仁师曰:“凡治狱当以平恕为本,岂可自规免罪[⑧],知其冤而不为伸邪!万一暗短[⑨],误有所纵,以一身易十囚之死,亦所愿也。”伏伽惭而退。及敕使至,更讯诸囚,皆曰:“崔公平恕,事无枉滥[⑩],请速就死。”无一人异辞者。

上好骑射,孙伏伽谏,以为:“天子居则九门[⑪],行则警跸[⑫],非欲苟自尊严，乃为社稷生民之计也。陛下好自走马射的以娱悦近臣，此乃少年为诸王时所为，非今日天子事业也。既非所以安养圣躬，又非所以仪刑后世[13]，臣窃为陛下不取。”上悦。未几，以伏伽为谏议大夫。

隋世选人，十一月集，至春而罢，人患其期促。至是，吏部侍郎观城刘林甫奏四时听选[14]，随阙注拟，人以为便。

唐初，士大夫以乱离之后，不乐仕进，官员不充。省符下诸州差人赴选，州府及诏使多以赤牒补官[15]。至是尽省之，勒赴省选，集者七千余人，林甫随才铨叙[16]，各得其所，时人称之。诏以关中米贵，始分人于洛州选。

上谓房玄龄曰：“官在得人，不在员多。”命玄龄并省，留文武总六百四十三员。

隋秘书监晋陵刘子翼[17]，有学行，性刚直，朋友有过，常面责之。李百药常称：“刘四虽复骂人[18]，人终不恨。”是岁，有诏征之，辞以母老，不至。

【注释】

①“国家本置中书、门下”句：唐制，凡诏旨敕命，玺书册命，皆中书舍人起草进书，既下，则署行而过门下省，有不便者，涂窜而奏还，谓之涂归。 ②雷同：不当相同而相同。《礼·曲礼上》：“毋剿说，毋雷同。”注：“雷之声发，物无不同时应者。人之言当各由己，不当然也。” ③殿中侍御史：官名。曹魏时，兰台遣御史二人居殿中，伺察奸非，遂称；唐从七品下，掌朝廷供奉之仪式。安喜：古县名。治今河北定州市。覆按：也作“复案”。反复按验。 ④杻（chǒu 丑）械：手铐脚镣。在手曰杻，在脚曰械。 ⑤敕使：亲奉皇帝诏令的使者。 ⑥大理少卿：即大理寺少卿，为隋唐最高司法官。 ⑦徒侣：罪徒伙伴。 ⑧规：规划，图谋。 ⑨暗短：昏昧出现短处、差错。 ⑩枉滥：枉法越轨。 ⑪九门：指宫廷。因宫廷禁卫，门户重重；九门，九重门，九为概数，泛指宫廷深邃，门户众多。 ⑫警跸：指皇帝尊严，出警入跸，出入必警戒，清除道路闲杂人员，保证安全。 ⑬仪刑：犹言法式，作为楷模。 ⑭观城：古县名。治今河南清丰县南。 ⑮赤牒：空白的牒书，即空白信。 ⑯铨叙：根据官吏的资绩，确定其升降等级。 ⑰晋陵：古县名。治今江苏常州市。 ⑱刘四：刘子翼排行第四，唐人多以第行相呼。

鄃令裴仁轨私役门夫[①]，上怒，欲斩之。殿中侍御史长安李乾祐谏曰[②]："法者，陛下所与天下共也，非陛下所独有也。今仁轨坐轻罪而抵极刑，臣恐人无所措手足。"上悦，免仁轨死，以乾祐为侍御史。

上尝语及关中、山东人，意有同异。殿中侍御史义丰张行成跪奏曰[③]："天子以四海为家，不当有东西之异；恐示人以隘。"上善其言，厚赐之。自是每有大政，常使预议。

初，突厥既强，敕勒诸部分散[④]，有薛延陀、回纥、都播、骨利干、多滥葛、同罗、仆固、拔野古、思结、浑、斛薛、奚结、阿跌、契苾、白霫等十五部，皆居碛北[⑤]，风俗大抵与突厥同；薛延陀于诸部为最强。

西突厥曷萨那可汗方强，敕勒诸部皆臣之。曷萨那征税无度，诸部皆怨。曷萨那诛其渠帅百余人，敕勒相帅叛之，共推契苾哥楞为易勿真莫贺可汗，居贪于山北[⑥]。又以薛延陀乙失钵为也咥小可汗，居燕末山北。及射匮可汗兵复振，薛延陀、契苾二部并去可汗之号以臣之。

回纥等六部在郁督军山者[⑦]，东属始毕可汗。统叶护可汗势衰，乙失钵之孙夷男帅部落七万余家，附于颉利可汗。颉利政乱，薛延陀与回纥、拔野古等相帅叛之。颉利遣其兄子欲谷设将十万骑讨之，回纥酋长菩萨将五千骑，与战于马鬣山，大破之。欲谷设走，菩萨追至天山[⑧]，部众多为所虏，回纥由是大振。薛延陀又破其四设[⑨]，颉利不能制。

颉利益衰，国人离散。会大雪，平地数尺，羊马多死，民大饥，颉利恐唐乘其弊，引兵入朔州境上，扬言会猎，实设备焉。鸿胪卿郑元琦使突厥还[⑩]，言于上曰："戎狄兴衰，专以羊马为候。今突厥民饥畜瘦，此将亡之兆也，不过三年。"上然之。群臣多劝上乘间击突厥，上曰："新与人盟而背之，不信；利人之灾，不仁；乘人之危以取胜，不武。纵使其种落尽叛，六畜无余，朕终不击，必待有罪，然后讨之。"

西突厥统叶护可汗遣真珠统俟斤与高平王道立来[⑪]，献万钉宝钿金带，马五千匹，以迎公主。颉利不欲中国与之和亲，数遣兵入寇，又遣人谓统叶护曰："汝迎唐公主，要须经我国中过。"统叶护患之，未成婚。

【注释】

①鄃（shū 输）：古县名。治今山东夏津县。 ②侍御史：官名。唐制，侍御史，从六品下，殿中侍御史，从七品下，侍御史高于殿中侍御史。 ③义丰：古县名。治今河北安国市。 ④敕勒：我国古代北方民族名。也称"铁勒"。其先为匈奴，南北朝时为突厥所并。其习多乘高轮车，北魏时也称高车部。 ⑤碛北：即漠北，在今蒙古高原大沙漠以北地区。 ⑥贪于山：《新唐书》作"贪汗山"。或作贪漫山，在今蒙古国境内。 ⑦郁督军山：即今蒙古国境内杭爱山的东支。其南距长安六千里。 ⑧天山：即今蒙古国境内杭爱山脉。 ⑨四设：突厥号典兵者为设；四设，四部帅之典兵者。 ⑩鸿胪卿：官名。唐掌宾客及凶仪之事的官。 ⑪高平王道立来：事见高祖武德八年（625），奉命出使西突厥，故有此来。

二年 春，正月，辛亥，右仆射长孙无忌罢。时有密表称无忌权宠过盛者，上以表示之，曰："朕于卿洞然无疑，若各怀所闻而不言，则君臣之意有不通。"又召百官谓之曰："朕诸子皆幼，视无忌如子，非他人所能间也。"无忌自惧满盈，固求逊位，皇后又力为之请，上才许之，以为开府仪同三司[①]。

置六司侍郎[②]，副六尚书；并置左右司郎中各一人[③]。

癸丑，吐谷浑寇岷州，都督李道彦击走之。

丁巳，徙汉王恪为蜀王，卫王泰为越王，楚王祐为燕王。

上问魏征曰："人主何为而明，何为而暗？"对曰："兼听则明，偏信则暗。昔尧清问下民，故有苗之恶得以上闻[④]；舜明四目，达四聪，故共、鲧、驩兜不能蔽也。秦二世偏信赵高，以成望夷之祸[⑤]；梁武帝偏信朱异，以取台城之辱[⑥]；隋炀帝偏信虞世基，以致彭城阁之变[⑦]。是故人君兼听广纳，则贵臣不得拥蔽，而下情得以上通也。"上曰："善！"

上谓黄门侍郎王珪曰："开皇十四年大旱，隋文帝不许赈给，而令百姓就食山东，比至末年，天下储积可供五十年。炀帝恃其富饶，侈心无厌，卒亡天下。但使仓廪之积足以备凶年，其余何用哉！”

二月，上谓侍臣曰：“人言天子至尊，无所畏惮，朕则不然，上畏皇天之监临，下惮群臣之瞻仰，兢兢业业，犹恐不合天意，未副人望。”魏征曰：“此诚致治之要，愿陛下慎终如始，则善矣。”

上谓房玄龄等曰：“为政莫若至公。昔诸葛亮窜廖立、李严于南夷，亮卒而立、严皆悲泣，有死者，非至公能如是乎[⑧]！又高颎为隋相，公平识治体，隋之兴亡，系颎之存没。朕既慕前世之明君，卿等不可不法前世之贤相也！”

三月，戊寅朔，日有食之。

壬子，大理少卿胡演进每月囚帐；上命自今大辟皆令中书、门下四品已上及尚书议之[⑨]，庶无冤滥。既而引囚，至岐州刺史郑善果，上谓胡演曰：“善果虽复有罪，官品不卑，岂可使与诸囚为伍。自今三品以上犯罪，不须引过，听于朝堂俟进止[⑩]。”

关内旱饥，民多卖子以接衣食；己巳，诏出御府金帛为赎之，归其父母。庚午，诏以去岁霖雨，今兹旱、蝗，赦天下。诏书略曰：“若使年谷丰稔，天下乂安，移灾朕身，以存万国，是所愿也，甘心无吝。”会所在有雨，民大悦。

夏，四月，己卯，诏以“隋末乱离，因之饥馑，暴骸满野，伤人心目，宜令所在官司收瘗[⑪]”。

初，突厥突利可汗建牙直幽州之北，主东偏，奚、霫等数十部多叛突厥来降，颉利可汗以其失众责之。及薛延陀、回纥等败欲谷设，颉利遣突利讨之，突利兵又败，轻骑奔还。颉利怒，拘之十余日而挞之，突利由是怨，阴欲叛颉利。颉利数征兵于突利，突利不与，表请入朝。上谓侍臣曰：“向者突厥之强，控弦百万，凭陵中夏，用是骄恣以失其民。今自请入朝，非困穷，肯如是乎！朕闻之，且喜且惧。何则？突厥衰则边境安矣，故喜。然朕或失道，他日亦将如突厥，能无惧乎！卿曹宜不惜苦谏，以辅朕之不逮也。”

颉利发兵攻突利，丁亥，突利遣使来求救。上谋于大臣曰：“朕与突利为兄弟[⑫]，有急不可不救。然颉利亦与之有盟[⑬]，奈何?”兵部尚书杜如晦曰:“戎狄无信,终当负约,今不因其乱而取之,后悔无及。夫取乱侮亡,古之道也。⑭”

丙申,契丹酋长帅其部落来降。颉利遣使请以梁师都易契丹⑮,上谓使者曰:“契丹与突厥异类,今来归附,何故索之!师都中国之人,盗我土地,暴我百姓,突厥受而庇之,我兴兵致讨,辄来救之,彼如鱼游釜中,何患不为我有!借使不得,亦终不以降附之民易之也。”

先是,上知突厥政乱,不能庇梁师都,以书谕之,师都不从。上遣夏州都督长史刘旻、司马刘兰成图之,旻等数遣轻骑践其禾稼,多纵反间,离其君臣,其国渐虚,降者相属。其名将李正宝等谋执师都,事泄,来奔,由是上下益相疑。旻等知可取,上表请兵。上遣右卫大将军柴绍、殿中少监薛万均击之,又遣旻等据朔方东城以逼之。师都引突厥兵至城下,刘兰成偃旗卧鼓不出。师都宵遁,兰成追击,破之。突厥大发兵救师都,柴绍等未至朔方数十里,与突厥遇,奋击,大破之,遂围朔方。突厥不敢救,城中食尽。壬寅,师都从父弟洛仁杀师都,以城降,以其地为夏州。

【注释】

①开府仪同三司:唐宋以之为文散官第一阶。开建府署,辟置僚属,礼仪如同三司,不带职官,亦与朝参禄俸。 ②六司侍郎:即隶属尚书省的吏、户、礼、兵、刑、工的六部侍郎。唐虽州县设有六司,但没此官称;侍郎为各部长官之副。 ③左右司郎中:唐尚书省仆射下左右丞下属官。左丞领吏、户、礼十二司,右丞领兵、刑、工十二司,左、右司郎中各掌副司事,任监督稽核之职。 ④“昔尧”句:《尚书·吕刑》:“皇帝清问下民,鳏寡有辞于苗。”“清问”,讯问;“辞于苗”,对苗有怨辞。此为兼听实例。 ⑤望夷之祸:在望夷宫的灾祸。言秦二世胡亥在位,偏信赵高,导致赵高派其婿在望夷宫威逼他自杀的灾祸。 ⑥台城之辱:南朝梁武帝萧衍,偏信朱异,接受反复无常的北魏大将侯景归降,导致侯景围攻他,在台城饥病而死。 ⑦彭城阁之变:隋炀帝刚愎自用,偏信瞒上欺下的虞世基,导致宇文化及兵变,威逼自杀于彭城阁。 ⑧“昔诸葛亮”句:事见《通鉴》七十二卷魏明帝青龙二年(234)。廖立、李严,因职位游散,怨谤无已,被废徙南夷,但诸葛亮死,而立垂泪,严痛死。言亮至公。

⑨大辟：死罪，处死刑法。　⑩朝堂：唐皇宫太极宫承天门左右有东西朝堂。　⑪瘗（yì 义）：埋葬。　⑫为兄弟：结为兄弟。事见上卷高祖武德七年（624）。　⑬有盟：有盟约。事见上卷武德九年（626），渭桥之盟。　⑭取乱侮亡：语出《尚书·仲虺之诰》。乱，指动乱、不太平；侮，指轻慢、怠慢；亡，指亡国。意为夺取动乱不安的政权及轻慢亡国的君主。引此说明这是古之治道。　⑮契丹：我国古民族名。为东胡族的一支，居今辽河上游西拉木伦河一带，以游牧为生。北魏时自号契丹。

太常少卿祖孝孙[①]，以梁、陈之音多吴、楚，周、齐之音多胡、夷，于是斟酌南北，考以古声，作《唐雅乐》，凡八十四调、三十一曲、十二和[②]。诏协律郎张文收与孝孙同修定[③]。六月，乙酉，孝孙等奏新乐。上曰："礼乐者，盖圣人缘情以设教耳，治之隆替，岂由于此？"御史大夫杜淹曰："齐之将亡，作《伴侣曲》[④]，陈之将亡，作《玉树后庭花》[⑤]，其声哀思，行路闻之皆悲泣，何得言治之隆替不在乐也！"上曰："不然。夫乐能感人，故乐者闻之则喜，忧者闻之则悲，悲喜在人心，非由乐也。将亡之政，民必愁苦，故闻乐而悲耳。今二曲具存，朕为公奏之，公岂悲乎？"右丞魏征曰："古人称'礼云礼云，玉帛云乎哉！乐云乐云，钟鼓云乎哉[⑥]！'乐诚在人和，不在声音也。"

臣光曰：臣闻垂能目制方圆[⑦]，心度曲直，然不能以教人，其所以教人者，必规矩而已矣。圣人不勉而中，不思而得，然不能以授人，其所以授人者，必礼乐而已矣。礼者，圣人之所履也；乐者，圣人之所乐也。圣人履中正而乐和平，又思与四海共之，百世传之，于是乎作礼乐焉。故工人执垂之规矩而施之器，是亦垂之功已；王者执五帝、三王之礼乐而施之世，是亦五帝、三王之治已。五帝、三王，其违世已久，后之人见其礼知其所履，闻其乐知其所乐，炳然若犹存于世焉，此非礼乐之功邪？

夫礼乐有本、有文：中和者，本也；容声者，末也；二者不可偏废。先王守礼乐之本，未尝须臾去于心，行礼乐之文，未尝须臾远于身。兴于闺门，著于朝廷，被于乡遂比邻，达于诸侯，流于四海，自祭祀军旅至于饮食起居，未尝不在礼乐之中；如此数十百年，然后治化周浃，凤凰来仪也[8]。苟无其本而徒有其末，一日行之而百日舍之，求以移风易俗，诚亦难矣。是以汉武帝置协律[9]，歌天瑞，非不美也，不能免哀痛之诏[10]。王莽建羲和[11]，考律吕，非不精也，不能救渐台之祸[12]。晋武制笛尺[13]，调金石，非不详也，不能弭平阳之灾[14]。梁武帝立四器、调八音，非不察也，不能免台城之辱。然则《韶》《夏》《濩》《武》之音[15]，具存于世，苟其余不足以称之[16]，曾不能化一夫，况四海乎！是犹执垂之规矩而无工与材，坐而待器之成，终不可得也。况齐、陈淫昏之主，亡国之音，暂奏于庭，乌能变一世之哀乐乎！而太宗遽云治之隆替不由于乐，何发言之易而果于非圣人也如此！

夫礼非威仪之谓也，然无威仪则礼不可得而行矣。乐非声音之谓也，然无声音则乐不可得而见矣。譬诸山，取其一土一石而谓之山则不可，然土石皆去，山于何在哉！故曰："无本不立，无文不行[17]。"奈何以齐、陈之音不验于今世而谓乐无益于治乱，何异睹拳石而轻泰山乎！必若所言，则是五帝、三王之作乐皆妄也。"君子于其所不知，盖阙如也[18]，"惜哉！

戊子，上谓侍臣曰："朕观《隋炀帝集》，文辞奥博，亦知是尧、舜而非桀、纣，然行事何其反也！"魏征对曰："人君虽圣哲，犹当虚己以受人，故智者献其谋，勇者竭其力。炀帝恃其俊才，骄矜自用，故口诵尧、舜之言而身为桀、纣之行，曾不自知以至覆亡也。"上曰："前事不远，吾属之师也！"

畿内有蝗。辛卯，上入苑中[19]，见蝗，掇数枚，祝之曰："民以谷为命，而汝食之，宁食吾之肺肠。"举手欲吞之，左右谏曰："恶物或成疾。"上曰："朕为民受灾，何疾之避！"遂吞之。是岁，蝗不为灾。

上曰："朕每临朝，欲发一言，未尝不三思，恐为民害，是以不多言。"给事中知起居事杜正伦曰[20]："臣职在记言，陛下之失，臣必书之，岂徒有害于今，亦恐贻讥于后。"上悦，赐帛二百段。

上曰："梁武帝君臣惟谈苦空[21]，侯景之乱，百官不能乘马。元帝为周师所围，犹讲《老子》，百官戎服以听[22]。此深足为戒。朕所好者，唯尧、舜、周、孔之道，以为如鸟有翼，如鱼有水，失之则死，不可暂无耳。”

以辰州刺史裴虔通，隋炀帝故人，特蒙宠任，而身为弑逆，虽时移事变，屡更赦令，幸免族夷，不可犹使牧民，乃下诏除名，流驩州[23]。虔通常言“身除隋室以启大唐”，自以为功，颇有觖望之色[24]。及得罪，怨愤而死。

秋，七月，诏宇文化及之党莱州刺史牛方裕、绛州刺史薛世良、广州都督长史唐奉义、隋武牙郎将元礼并除名徙边[25]。

上谓侍臣曰：“古语有之：‘赦者小人之幸，君子之不幸。’‘一岁再赦，善人喑哑。’夫养稂莠者害嘉谷，赦有罪者贼良民，故朕即位以来，不欲数赦，恐小人恃之轻犯宪章故也！”

【注释】

①太常少卿：为太常寺的官员，掌礼乐郊庙社稷事宜。唐，寺设卿、少卿各一人，为本寺长官。　②凡八十四调、三十一曲、十二和：古声律七音，十二律，即十二个标准音。七音与十二律轮番配成八十四调。曲，曲调，曲的调式，每支曲有一定的调式，共三十一个曲子调式。和，唐代乐名，十二和即十二乐名，豫和、顺和、永和、肃和、雍和、寿和、太和、舒和、昭和、休和、正和、承和。　③协律郎：属太常寺官员，主管校正音乐律吕，使之和谐乐官。　④《伴侣曲》：曲调名。《旧唐书·音乐志一》：“齐将亡也，而为《伴侣曲》。”《文献通考·一四二·乐·十五》：“（北齐）后主亦自能度曲……别採新声，为无愁伴侣曲，音韵窈窕，极于哀思。”胡注：“北齐时，阳俊之多作六言歌辞，淫荡而拙，世俗流传，名为《阴五伴侣》。”此调淫荡悲哀。　⑤《玉树后庭花》：乐府吴声歌曲。为陈后主叔宝所造，歌词绮丽哀婉，太乐令何胥为曲，其音甚哀。　⑥“礼云”句：见《论语·阳货》。言礼有它深刻的内容，不是单指玉帛等礼物说的；乐有它的具体内容，不是只指钟鼓一类乐器说的，它体现一种政治制度，怎么与治之隆替无关！　⑦垂：古代传说中的能工巧匠。　⑧凤凰来仪：语见《尚书·益稷》。古代传说每逢太平盛世，凤凰来朝。仪，向往，归向。　⑨协律：即协律都尉。官名。掌和协声律的官。　⑩哀痛之诏：指哀悼戾太子刘据之诏。　⑪羲和：官名。《后汉书·律历志》上：“至元始中，博征通知钟律者，考其意义，羲和刘歆典领条奏，前史班

固取以为志。”为掌管声律的官。 ⑫渐台之祸：渐台，指汉武帝作建章宫，太液池中之渐台。汉末刘玄兵从平宣门入，王莽逃至渐台上，为众兵所杀。是为渐台之祸。 ⑬笛尺：笛长一尺，故称。 ⑭平阳之灾：指怀、愍二帝平阳（今山西襄汾县西南）蒙尘之灾。即永嘉五年（311），刘曜攻进洛阳怀帝被俘平阳，大宴群臣让他青衣行酒，晋旧臣多号泣，把他杀了。曜又攻进长安，愍帝又被俘平阳，不久被杀。 ⑮《韶》《夏》《濩》《武》：舜、禹、汤、周武王时的乐曲名称。舜乐曰《韶》，禹乐曰《夏》、汤乐曰《濩》，周武王乐曰《武》。 ⑯余：张本作“德”，应从。 ⑰“无本”句：见《礼记·礼器》。引以言礼乐的内容与形式的关系。 ⑱“君子”句：言对不知者，无妄论。 ⑲苑：禁苑。在玄武门之北。 ⑳给事中知起居事：给事中，为唐门下省的要职，在侍中及门下侍郎之下，掌驳正政令之违失。知起居事，兼起居事，掌侍从皇帝，记录皇帝言行事。 ㉑谈苦空：齐、梁风气，清谈、不务实。 ㉒“元帝”句：即梁元帝承圣三年（554）事。 ㉓驩州：治今越南义安演州西安城。 ㉔觖（jué 诀）：不满。 ㉕武牙郎将：即虎牙郎将，唐避讳，改“虎”为“武”。

资治通鉴卷第一百九十三

唐纪九　起著雍困敦九月，尽重光单阏，凡三年有奇。

太宗文武大圣大广孝皇帝上之中

贞观二年　九月，丙午，初令致仕官位在本品之上[①]。

上曰："比见群臣屡上表贺祥瑞，夫家给人足而无瑞，不害为尧、舜；百姓愁怨而多瑞，不害为桀、纣。后魏之世，吏焚连理木，煮白雉而食之，岂足为至治乎！"丁未，诏："自今大瑞听表闻[②]，自外诸瑞，申所司而已。"尝有白鹊构巢于寝殿槐上，合欢如腰鼓，左右称贺。上曰："我常笑隋炀帝好祥瑞。瑞在得贤，此何足贺！"命毁其巢，纵鹊于野外。

天少雨，中书舍人李百药上言："往年虽出宫人，窃闻太上皇宫及掖庭宫人[③]，无用者尚多，岂惟虚费衣食，且阴气郁积，亦足致旱。"上曰："妇人幽闭深宫，诚为可愍。洒扫之余，亦何所用，宜皆出之，任求伉俪[④]。"于是遣尚书左丞戴胄、给事中洹水杜正伦于掖庭西门简出之，前后所出三千余人。

己未，突厥寇边。朝臣或请修古长城[⑤]，发民乘堡障，上曰："突厥灾异相仍，颉利不惧而修德，暴虐滋甚，骨肉相攻，亡在朝夕。朕方为公扫清沙漠，安用劳民远修障塞乎！"

壬申，以前司农卿窦静为夏州都督[⑥]。静在司农，少卿赵元楷善聚敛，静鄙之，对官属大言曰[⑦]："隋炀帝奢侈重敛，司农非公不可；今天子节俭爱民，公何所用哉！"元楷大惭。

上问王珪曰："近世为国者益不及前古，何也？"对曰："汉世尚儒术，宰相多用经术士，故风俗淳厚；近世重文轻儒，参以法律，此治化之所以益衰也。"上然之。

【注释】

①致仕：还禄位于君，辞官归里。在本品之上：指诏令参朝之班，宜在本品现任之上。 ②大瑞：胡注按引《仪制令》，瑞分大、上、中、下，"凡景星、庆云为大瑞，其名物六十有四；白狼、赤兔为上瑞，其名物三十有八；苍乌、朱雁为中瑞，其名物三十有二；嘉禾、芝草、木连理为下瑞，其名物十四。瑞，祥瑞，古人附会自然物为吉祥之兆。 ③掖庭：宫中旁舍，妃嫔居住的地方。 ④伉俪（kànglì 抗丽）：配偶。 ⑤古长城：指秦长城。 ⑥司农卿：掌东耕、仓储等事的官。唐置卿一人少卿二人，共管之。 ⑦官属：司农官署，有丞、主簿，监、副监等。

冬，十月，御史大夫参预朝政安吉襄公杜淹薨。

交州都督遂安公寿以贪得罪[①]，上以瀛州刺史卢祖尚才兼文武，廉平公直，征入朝，谕以"交趾久不得人，须卿镇抚"。祖尚拜谢而出，既而悔之，辞以旧疾。上遣杜如晦等谕旨曰："匹夫犹敦然诺[②]，奈何既许朕而复悔之！"祖尚固辞。戊子，上复引见，谕之，祖尚固执不可。上大怒曰："我使人不行，何以为政！"命斩于朝堂，寻悔之。他日，与侍臣论"齐文宣帝何如人[③]？"魏征对曰："文宣狂暴，然人与之争，事理屈则从之。有前青州长史魏恺使于梁还[④]，除光州长史[⑤]，不肯行，杨遵彦奏之。文宣怒，召而责之。恺曰：'臣先任大州长史，使还，有劳无过，更得小州，此臣所以不行也。'文宣顾谓遵彦曰：'其言有理，卿赦之。'此其所长也。"上曰："然。向者卢祖尚虽失人臣之义，朕杀之亦为太暴，由此言之，不如文宣矣！"命复其官荫[⑥]。

征状貌不逾中人，而有胆略，善回人主意，每犯颜苦谏；或逢上怒甚，征神色不移，上亦为霁威[⑦]。尝谒告上冢[⑧]，还，言于上曰："人言陛下欲幸南山，外皆严装已毕，而竟不行，何也？"上笑曰："初实有此心，畏卿嗔，故中辍耳。"上尝得佳鹞[⑨]，自臂之，望见征来，匿怀中；征奏事固久不已，鹞竟死怀中。

十一月，辛酉，上祀圜丘[10]。

十二月，壬午，以黄门侍郎王珪为守侍中。上尝闲居，与珪语，有美人侍侧，上指示珪曰："此庐江王瑗之姬也，瑗杀其夫而纳之。"珪避席曰："陛下以庐江纳之为是邪，非邪？"上曰："杀人而取其妻，卿何问是非！"对曰："昔齐桓公知郭公之所以亡[11]，由善善而不能用，然弃其所言之人，管仲以为无异于郭公。今此美人尚在左右，臣以为圣心是之也。"上悦，即出之，还其亲族。

上使太常少卿祖孝孙教宫人音乐，不称旨，上责之。温彦博、王珪谏曰："孝孙雅士，今乃使之教宫人，又从而谴之，臣窃以为不可。"上怒曰："朕置卿等于腹心，当竭忠直以事我，乃附下罔上，为孝孙游说邪？"彦博拜谢。珪不拜，曰："陛下责臣以忠直，今臣所言岂私曲邪！此乃陛下负臣，非臣负陛下！"上默然而罢。明日，上谓房玄龄曰："自古帝王纳谏诚难，朕昨责温彦博、王珪，至今悔之。公等勿为此不尽言也。"

上曰："为朕养民者，唯在都督、刺史，朕常疏其名于屏风，坐卧观之，得其在官善恶之迹，皆注于名下，以备黜陟。县令尤为亲民，不可不择。"乃命内外五品已上，各举堪为县令者，以名闻。

上曰："比有奴告其主反者，此弊事。夫谋反不能独为，必与人共之，何患不发，何必使奴告邪！自今有奴告主者，皆勿受，仍斩之。"

西突厥统叶护可汗为其伯父所杀；伯父自立，是为莫贺咄侯屈利俟毗可汗，国人不服，弩矢毕部推泥孰莫贺设为可汗，泥孰不可。统叶护之子咥力特勒避莫贺咄之祸，亡在康居，泥孰迎而立之，是为乙毗钵罗肆叶护可汗，与莫贺咄相攻，连兵不息，俱遣使来请婚。上不许，曰："汝国方乱，君臣未定，何得言婚！"且谕以各守部分，勿复相攻。于是西域诸国及敕勒先役属西突厥者皆叛之。

突厥北边诸姓多叛颉利可汗归薛延陀，共推其俟斤夷男为可汗[12]，夷男不敢当。上方图颉利，遣游击将军乔师望间道赍册书拜夷男为真珠毗伽可汗，赐以鼓纛。夷男大喜，遣使入贡，建牙于大漠之郁督军山下，东至靺鞨，西至西突厥，南接沙碛，北至俱伦水[13];回纥、拔野古、阿跌、同罗、仆骨、霫诸部皆属焉。

【注释】

①遂安公寿:唐皇家宗室。 ②敦然诺:注重这样的诺言。 ③齐文宣帝:北齐建立者高洋,字子进,渤海蓨(今河北景县)人。550年至559年在位,任用汉族士人杨愔等,以功业自矜,酗酒淫暴,死后谥文宣帝。 ④青州:治今山东淄博市东北临淄区北。 ⑤光州:治今河南光山县。 ⑥复其官荫:恢复他的职官,得荫其子孙。荫,即封建时代子孙因先世有功勋而推恩得赐官之谓。唐有专门官荫制度,几品官,子孙赐几品。 ⑦霁威:言犹雨霁而雷霆也收威。 ⑧冢(zhǒng 肿):高坟。 ⑨鹞:鸟名。青质五彩之雉。 ⑩圜丘:古时祭天的圆形高坛。唐因古礼,武德元年(618),制每岁冬至祀昊天上帝于圜丘。 ⑪"昔齐桓公"句:事见《新序》。言扬善去恶是兴亡之本。 ⑫俟斤:突厥官名。 ⑬俱伦水:即俱伦泊,在今内蒙古呼伦贝尔盟呼伦湖。

三年 春,正月,戊午,上祀太庙;癸亥,耕藉于东郊[1]。

沙门法雅坐妖言诛。司空裴寂尝闻其言,辛未,寂坐免官,遣还乡里。寂请留京师,上数之曰:"计公勋庸,安得至此!直以恩泽为群臣第一。武德之际,货赂公行,纪纲紊乱,皆公之由也,但以故旧不忍尽法。得归守坟墓,幸已多矣!"寂遂归蒲州。未几,又坐狂人信行言寂有天命,寂不以闻,当死;流静州[2]。会山羌作乱,或言劫寂为主。上曰:"寂当死,我生之,必不然也。"俄闻寂帅家僮破贼。上思其佐命之功,征入朝,会卒。

二月,戊寅,以房玄龄为左仆射,杜如晦为右仆射,以尚书右丞魏征守秘书监,参预朝政。

三月,己酉,上录系囚。有刘恭者,颈有"胜"文,自云"当胜天下",坐是系狱。上曰:"若天将兴之,非朕所能除;若无天命,'胜'文何为!"乃释之。

丁巳,上谓房玄龄、杜如晦曰:"公为仆射,当广求贤人,随才授任,此宰相之职也。比闻听受辞讼,日不暇给,安能助朕求贤乎!"因敕"尚书细务属左右丞,唯大事应奏者,乃关仆射"。

玄龄明达政事,辅以文学[3],夙夜尽心,惟恐一物失所;用法宽

房玄龄像

平，闻人有善，若己有之，不以求备取人，不以己长格物。与杜如晦引拔士类，常如不及。至于台阁规模，皆二人所定。上每与玄龄谋事，必曰："非如晦不能决。"及如晦至，卒用玄龄之策。盖玄龄善谋，如晦能断故也。二人深相得，同心徇国，故唐世称贤相者，推房、杜焉。玄龄虽蒙宠待，或以事被谴，辄累日诣朝堂，稽颡请罪，恐惧若无所容。

玄龄监修国史，上语之曰："比见《汉书》载《子虚》《上林赋》[4]，浮华无用。其上书论事，词理切直者，朕从与不从，皆当载之。"

夏，四月，乙亥，上皇徙居弘义宫，更名大安宫[5]。上始御太极殿[6]，谓群臣曰："中书、门下，机要之司，诏敕有不便者，皆应论执。比来唯睹顺从，不闻违异。若但行文书，则谁不可为，何必择才也！"房玄龄等皆顿首谢。

故事：凡军国大事，则中书舍人各执所见，杂署其名，谓之五花判事。中书侍郎、中书令省审之，给事中、黄门侍郎驳正之。上始申明旧制，由是鲜有败事。

茌平人马周[7]，客游长安，舍于中郎将常何之家。六月，壬午，以旱，诏文武官极言得失。何武人不学，不知所言，周代之陈便宜二十余条。上怪其能，以问何，对曰："此非臣所能，家客马周为臣具草耳。"上即召之；未至，遣使督促者数辈。及谒见，与语，甚悦，令直门下省，寻除监察御史[8]，奉使称旨。上以常何为知人，赐绢三百匹。

秋，八月，己巳朔，日有食之。

丙子，薛延陀毗伽可汗遣其弟统特勒入贡，上赐以宝刀及宝鞭，谓曰："卿所部有大罪者斩之，小罪者鞭之。"夷男甚喜。突厥颉利可汗大惧，始遣使称臣，请尚公主，修婿礼。

代州都督张公谨上言突厥可取之状，以为"颉利纵欲逞暴，诛忠良，昵奸佞，一也。薛延陀等诸部皆叛，二也。突利、拓设、欲谷设皆得罪，无所自容，三也。塞北霜旱，糇粮乏绝[9]，四也。颉利疏其族类，亲委诸胡，胡人反覆，大军一临，必生内变，五也。华人入北，其众甚多，比闻所在啸聚，保据山险，大军出塞，自然响应，六也"。上以颉利可汗既请和亲，复援梁师都，丁亥，命兵部尚书李靖为行军总管讨之，以张公谨为副。

九月，丙午，突厥俟斤九人帅三千骑来降。戊午，拔野古、仆骨、同罗、奚酋长并帅众来降。

【注释】

①耕藉于东郊：皇上亲率耕农田于东郊。古代帝王于春耕前亲率耕田，以此劝农，供民力以治，奉祀宗庙。故礼，天子藉田于南郊，而太宗藉田于东郊，盖因即位于东宫，居少阳之地故。　②静州：治今广西昭平县。按，从下文的"山羌作乱"看当是今四川阿坝藏族羌族自治州西北的古治静州。　③文学：文献经典，法律制度。　④《子虚》《上林赋》：汉司马相如所撰。以设子虚使者、乌有先生相难的对话形式，叙天子上林游猎的盛况。文辞浮藻华丽。　⑤大安宫：弘义宫更名，在古长安城西。　⑥始御太极殿：高祖传位，太宗即位显德殿，高祖居大安宫，始御太极殿。　⑦茌平：古县名。治今山东聊城市茌平区西南。　⑧监察御史：官名。掌分察百僚，巡按郡县，纠视刑狱，肃整朝议。　⑨糇粮：干粮。

冬，十一月，辛丑，突厥寇河西[1]，肃州刺史公孙武达、甘州刺史成仁重与战[2]，破之，捕虏千余口。

上遣使至凉州，都督李大亮有佳鹰，使者讽大亮使献之，大亮密表曰："陛下久绝畋游而使者求鹰。若陛下之意，深乖昔旨；如其自擅，乃是使非其人。"癸卯，上谓侍臣曰："李大亮可谓忠直。"手诏褒美，赐以胡瓶及荀悦《汉纪》[3]。

庚申，以行并州都督李世勣为通汉道行军总管[4]，兵部尚书李靖为定襄道行军总管，华州刺史柴绍为金河道行军总管，灵州大都督薛万彻为畅武道行军总管，众合十余万，皆受李靖节度，分道出击突厥。

乙丑，任城王道宗击突厥于灵州，破之。

十二月，戊辰，突利可汗入朝，上谓侍臣曰："往者太上皇以百姓之故，称臣于突厥，朕常痛心。今单于稽颡，庶几可雪前耻。"

壬午，靺鞨遣使入贡，上曰："靺鞨远来，盖突厥已服之故也。昔人谓御戎无上策⑤，朕今治安中国，而四夷自服，岂非上策乎！"

癸未，右仆射杜如晦以疾逊位，上许之。

乙酉，上问给事中孔颖达曰："《论语》：'以能问于不能，以多问于寡，有若无，实若虚。⑥'何谓也？"颖达具释其义以对，且曰："非独匹夫如是，帝王亦然。帝王内蕴神明，外当玄默，故《易》称'以蒙养正，以明夷莅众'。⑦若位居尊极，炫耀聪明，以才陵人，饰非拒谏，则下情不通，取亡之道也。"上深善其言。

孔颖达像

庚寅，突厥郁射设帅所部来降。

闰月，丁未，东谢酋长谢元深、南谢酋长谢强来朝。诸谢皆南蛮别种，在黔州之西。诏以东谢为应州、南谢为庄州⑧，隶黔州都督。

是时远方诸国来朝贡者甚众，服装诡异，中书侍郎颜师古请图写以示后，作《王会图》，从之。

乙丑，牂柯酋长谢能羽及充州蛮入贡⑨，诏以牂柯为牂州；党项酋长细封步赖来降⑩，以其地为轨州⑪；各以其酋长为刺史。党项地亘三千里，姓别为部，不相统壹，细封氏、费听氏、往利氏、颇超氏、野辞氏、旁当氏、米擒氏、拓跋氏，皆大姓也。步赖既为唐所礼，余部相继来降，以其地为崌、奉、岩、远四州⑫。

是岁，户部奏：中国人自塞外归及四夷前后降附者，男女一百二十余万口。

房玄龄、王珪掌内外官考⑬，治书侍御史万年权万纪奏其不平⑭，上命侯君集推之。魏征谏曰："玄龄、珪皆朝廷旧臣，素以忠直为陛下所委，所考既多，其间能无一二人不当！察其情，终非阿私。若推得其事，则皆不可信，岂得复当重任！且万纪比来恒在考堂，曾无驳正；及身不得考，乃始陈论。此正欲激陛下之怒，非竭诚徇国也。使推之得实，未足裨益朝廷；若其本虚，徒失陛下委任大臣之意。臣所爱者治体，非敢苟私二臣。"上乃释不问。

濮州刺史庞相寿坐贪污解任，自陈尝在秦王幕府；上怜之，欲听还旧任。魏征谏曰："秦王左右，中外甚多，恐人人皆恃恩私，足使为善者惧。"上欣然纳之，谓相寿曰："我昔为秦王，乃一府之主；今居大位，乃四海之主，不得独私故人。大臣所执如是，朕何敢违！"赐帛遣之。相寿流涕而去。

【注释】

①河西：地带名称。唐指甘肃、青海二省黄河以西，即河西走廊与湟水流域一带。　②肃州：治今甘肃酒泉市。甘州：治今甘肃张掖市西北。　③《汉纪》：书名。东汉荀悦撰，以《汉书》删汰其繁辞，仿《左传》编年体的一部史书。《旧唐书·李大亮传》诏云此书"叙致既明，论议深博，极为治之体，尽君臣之义，今以赐卿，宜加寻阅"。　④通汉道：《旧唐书·李勣传》作"通漠道"，后高宗时裴行俭遣兵由"通漠道"掩取阿史那伏念辎重，当从之。　⑤昔人谓御戎无上策：新莽，严尤谏曰："匈奴为害，所从来久，周、秦、汉征之，皆未有得上策者也；周得中策，汉得下策，秦无策焉。"　⑥"以能"句：见《论语·泰伯》。这是曾子语。言应虚怀若谷，不耻下问。　⑦"《易》称"句：义引《易》的"蒙卦""明夷卦"。言以蒙雅培养纯正无邪的品质；以明智藏晦来谨慎治理民众。此借以说明帝王要内蕴神明，外当玄默，为至治之道，否则就是灭亡之道。　⑧应州：治今贵州三都水族自治县东。庄州：治今贵州贵阳市南青岩附

近。 ⑨牂柯：郡名。治今贵州凯里市西北。充州：治今贵州石阡县西南。 ⑩党项：我国古民族名，西羌的一支，初居青海、甘肃、四川边界一带。 ⑪轨州：治今四川阿坝县附近。 ⑫崌、奉、岩、远四州：皆在今四川松潘县西北。 ⑬内外官考：即百官考。唐考法：凡百司之长，岁校其署功过，差以九等。分九等的依据是四善、二十七最。四善为：德义有闻；清慎明著；公平可称；恪勤匪懈。二十七最为各司职不同，各有标准。 ⑭治书侍御史：官名，唐御史台官，职在审讯、纠劾。

四年 春，正月，李靖帅骁骑三千自马邑进屯恶阳岭，夜袭定襄[1]，破之。突厥颉利可汗不意靖猝至，大惊曰："唐不倾国而来，靖何敢孤军至此！"其众一日数惊，乃徙牙于碛口。靖复遣谍离其心腹，颉利所亲康苏密以隋萧后及炀帝之孙政道来降。乙亥，至京师。先是，有降胡言"中国人或潜通书启于萧后者"。至是，中书舍人杨文瓘请鞫之，上曰："天下未定，突厥方强，愚民无知，或有斯事。今天下已安，既往之罪，何须问也！"

唐突厥石人

李世勣出云中，与突厥战于白道[2]，大破之。

二月，己亥，上幸骊山温汤。

甲辰，李靖破突厥颉利可汗于阴山。

先是，颉利既败，窜于铁山，余众尚数万；遣执失思力入见，谢罪，请举国内附，身自入朝。上遣鸿胪卿唐俭等慰抚之，又诏李靖将兵迎颉利。颉利外为卑辞，内实犹豫，欲俟草青马肥，亡入漠北。靖引兵与李世勣会白道,相与谋曰:“颉利虽败,其众犹盛,若走度碛北,保依九姓[3],道阻且远,追之难及。今诏使至彼,虏必自宽,若选精骑一万,赍二十日粮往袭之,不战可擒矣。”以其谋告张公谨,公谨曰:“诏书已许其降,使者在彼,奈何击之!”靖曰:“此韩信所以破齐也[4]。唐俭辈何足惜!”遂勒兵夜发,世勣继之,军至阴山,遇突厥千余帐,俘以随军。颉利见使者,大喜,意自安。靖使武邑苏定方帅二百骑为前锋[5],乘雾而行,去牙帐七里,虏乃觉之。颉利乘千里马先走,靖军至,虏众遂溃。唐俭脱身得归。靖斩首万余级,俘男女十余万,获杂畜数十万,杀隋义成公主,擒其子叠罗施。颉利帅万余人欲度碛,李世勣军于碛口,颉利至,不得度,其大酋长皆帅众降,世勣虏五万余口而还。斥地自阴山北至大漠,露布以闻。

丙午,上还宫。

甲寅,以克突厥赦天下。

以御史大夫温彦博为中书令,守侍中王珪为侍中;守户部尚书戴胄为户部尚书,参预朝政;太常少卿萧瑀为御史大夫,与宰臣参议朝政。

三月,戊辰,以突厥夹毕特勒阿史那思摩为右武候大将军。

四夷君长诣阙请上为天可汗,上曰:“我为大唐天子,又下行可汗事乎!”群臣及四夷皆称万岁。是后以玺书赐西北君长,皆称天可汗。

庚午,突厥思结俟斤帅众四万来降。

丙子,以突利可汗为右卫大将军、北平郡王。

初,始毕可汗以启民母弟苏尼失为沙钵罗设,督部落五万家,牙直灵州西北。及颉利政乱,苏尼失所部独不携贰。突利之来奔也,颉利立之为小可汗。及颉利败走,往依之,将奔吐谷浑。大同道行军总管任城王道宗引兵逼之,使苏尼失执送颉利。颉利以数骑夜走,匿于荒谷。苏尼失惧,驰追获之。庚辰,行军副总管张宝相帅众奄至沙钵罗营,俘颉利送京师,苏尼失举众来降,漠南之地遂空。

蔡成公杜如晦疾笃[6],上遣太子问疾,又自临视之。甲申,薨。

上每得佳物,辄思如晦,遣使赐其家。久之,语及如晦,必流涕,谓房玄龄曰:"公与如晦同佐朕,今独见公,不见如晦矣!"

【注释】

①定襄:郡名。治今内蒙和林格尔县西北土城子。 ②白道:地名。在今内蒙呼和浩特市西北。为河套东北地区通往阴山以北的交通要道。 ③九姓:《新唐书·回鹘传》有九姓:曰药罗葛,曰胡咄葛,曰啒罗勿,曰貊歌息讫,曰阿勿嘀,曰葛萨,曰斛嗢素,曰药勿葛,曰奚邪勿。盖以姓的族,此时,即谓拔野古、延陀、回纥之属。 ④韩信所以破齐:指韩信破齐的原因,是其乘汉遣郦食其说齐,齐无备而袭破之。结果郦食其被杀。 ⑤武邑:古县名。治今河北武邑县。 ⑥蔡成公:杜如晦,封蔡国公,谥蔡成公,《谥法》:佐相克终曰成,民和臣福曰成。盖依此谥杜如晦为"成"。

突厥颉利可汗至长安。夏,四月,戊戌,上御顺天楼[①],盛陈文物,引见颉利,数之曰:"汝藉父兄之业,纵淫虐以取亡,罪一也。数与我盟而背之,二也。恃强好战,暴骨如莽,三也。蹂我稼穑,掠我子女,四也。我宥汝罪,存汝社稷,而迁延不来,五也。然自便桥以来[②],不复大入为寇,以是得不死耳。"颉利哭谢而退。诏馆于太仆,厚廪食之。

上皇闻擒颉利,叹曰:"汉高祖困白登[③],不能报;今我子能灭突厥,吾托付得人,复何忧哉!"上皇召上与贵臣十余人及诸王、妃、主置酒凌烟阁[④],酒酣,上皇自弹琵琶,上起舞,公卿迭起为寿,逮夜而罢。

突厥既亡,其部落或北附薛延陀,或西奔西域,其降唐者尚十万口,诏群臣议区处之宜。朝士多言:"北狄自古为中国患,今幸而破亡,宜悉徙之河南兖、豫之间[⑤],分其种落,散居州县,教之耕织,可以化胡虏为农民,永空塞北之地。"中书侍郎颜师古以为:"突厥、铁勒皆上古所不能臣,陛下既得而臣之,请皆置之河北。分立酋长,领其部落,则永永无患矣。"礼部侍郎李百药以为:"突厥虽云一国,然其种类区分,各有酋帅。今宜因其离散,各即本部署为君长,不相臣属;纵欲存立阿史那氏,唯可使存其本族而已。

国分则弱而易制，势敌则难相吞灭，各自保全，必不能抗衡中国。仍请于定襄置都护府，为其节度，此安边之长策也。”夏州都督窦静以为：“戎狄之性，有如禽兽，不可以刑法威，不可以仁义教，况彼首丘之情⑥，未易忘也。置之中国，有损无益，恐一旦变生，犯我王略。莫若因其破亡之余，施以望外之恩，假之王侯之号，妻以宗室之女，分其土地，析其部落，使其权弱势分，易为羁制，可使常为藩臣，永保边塞。”温彦博以为：“徙于兖、豫之间，则乖违物性，非所以存养之也。请准汉建武故事，置降匈奴于塞下，全其部落，顺其土俗，以实空虚之地，使为中国扞蔽，策之善者也。”魏征以为：“突厥世为寇盗，百姓之仇也；今幸而破亡，陛下以其降附，不忍尽杀，宜纵之使还故土，不可留之中国。夫戎狄人面兽心，弱则请服，强则叛乱，固其常性。今降者众近十万，数年之后，蕃息倍多，必为腹心之疾，不可悔也。晋初诸胡与民杂居中国，郭钦、江统，皆劝武帝驱出塞外以绝乱阶，武帝不从。后二十余年，伊、洛之间，遂为毡裘之域，此前事之明鉴也！”彦博曰：“王者之于万物，天覆地载，靡有所遗。今突厥穷来归我，奈何弃之而不受乎！孔子曰：‘有教无类⑦。’若救其死亡，授以生业，教之礼义，数年之后，悉为吾民。选其酋长，使入宿卫，畏威怀德，何后患之有！”上卒用彦博策，处突厥降众，东自幽州，西至灵州；分突利故所统之地，置顺、祐、化、长四州都督府；又分颉利之地为六州，左置定襄都督府，右置云中都督府⑧，以统其众。

五月，辛未，以突利为顺州都督⑨，使帅其部落之官。上戒之曰：“尔祖启民挺身奔隋，隋立以为大可汗，奄有北荒，尔父始毕反为隋患。天道不容，故使尔今日乱亡如此。我所以不立尔为可汗者，惩启民前事故也。今命尔为都督，尔宜善守中国法，勿相侵掠，非徒欲中国久安，亦使尔宗族永全也！”

壬申，以阿史那苏尼失为怀德郡王，阿史那思摩为怀化郡王。颉利之亡也，诸部落酋长皆弃颉利来降，独思摩随之，竟与颉利俱擒，上嘉其忠，拜右武候大将军，寻以为北开州都督，使统颉利旧众。

丁丑，以右武卫大将军史大奈为丰州都督⑩，其余酋长至者，皆拜将军中郎将，布列朝廷，五品已上百余人，殆与朝士相半，因而入居长安者近万家。

【注释】

①顺天楼：顺天门楼。《旧唐书》有"顺天门"记载。《唐六典》：皇城南门，中曰承天门，隋开皇二年(582)作，初曰广阳门，仁寿元年(601)，改曰昭阳门，武德元年(618)，改曰顺天门，神龙元年(705)，改曰承天门。若元正、冬至，大陈设燕会，赦过宥罪，除旧布新，受万国之朝贡，四夷之宾客，则御承天门以听政，盖古之外朝也。顺天楼，即顺天门楼。②自便桥以来：便桥，指便桥之盟。事见一百九十一卷，高祖武德九年(626)。 ③困白登：指汉初，高祖亲率大军北抗匈奴，被围困于白登。白登，山名。在今山西大同市东北。 ④凌烟阁：唐禁宫中的一阁。阁本《太极宫图》：两仪殿之北有延嘉殿，殿之东为功臣阁，此阁之东为凌烟阁。盖阁内有功臣像，为盛大宴庆的地方。 ⑤河南兖、豫之间：指黄河以南兖、豫之间。兖、豫，言禹迹九州之大界。兖，《书·禹贡》："济、河惟兖州。"济指自河南荥阳市北分黄河东北流至今山东利津县入海之济水，河指自今河南武陟县东北流至今河北沧县东北入海的古黄河。豫，《书·禹贡》："荆、河惟豫州。"荆指荆山，在今湖北南漳县西，河指黄河。兖、豫之间，大抵古黄河以南，河南、山东、南至湖北地带。 ⑥首丘：典出《礼记·檀弓上》："古人有言曰：'狐死，正丘首'，仁也。"郑玄注："正丘首，正首丘也。"即正首于丘，言狐死，正首对着山丘，因山丘是狐穴所在，比喻不亡根本。此比喻突厥虽亡，但国土之情不会忘记。⑦"有教无类"：见《论语·卫灵公》孔子语。意指无论哪类人都可施以教育。 ⑧定襄都督府、云中都督府：据《旧唐书·温彦博传》记载二府治朔方，即今陕西靖边县东北。 ⑨顺州：治今营州之南的五柳戍。⑩丰州：治今内蒙古五原县西南黄河北岸。

辛巳，诏："自今讼者，有经尚书省判不服，听于东宫上启，委太子裁决。若仍不服，然后闻奏。"

丁亥，御史大夫萧瑀劾奏李靖破颉利牙帐，御军无法，突厥珍物，虏掠俱尽，请付法司推科。上特敕勿劾。及靖入见，上大加责让，靖顿首谢。久之，上乃曰："隋史万岁破达头可汗，有功不赏，以罪致戮。朕则不然，录公之功，赦公之罪。"加靖左光禄大夫，赐绢千匹，加真食邑通前五百户。未几，上谓靖曰："前有人谗公，今朕意已寤，公勿以为怀。"复赐绢二千匹。

林邑献火珠①，有司以其表辞不顺，请讨之，上曰："好战者亡，隋炀帝、颉利可汗，皆耳目所亲见也。小国胜之不武，况未可必乎！语言之间，何足介意！"

六月，丁酉，以阿史那苏尼失为北宁州都督，以中郎将史善应为北抚州都督。壬寅，以右骁卫将军康苏密为北安州都督。

乙卯，发卒修洛阳宫以备巡幸，给事中张玄素上书谏，以为："洛阳未有巡幸之期而预修宫室，非今日之急务。昔汉高祖纳娄敬之说，自洛阳迁长安，岂非洛阳之地不及关中之形胜邪！景帝用晁错之言而七国构祸②，陛下今处突厥于中国，突厥之亲，何如七国？岂得不先为忧，而宫室可遽兴，乘舆可轻动哉！臣见隋氏初营宫室，近山无大木，皆致之远方，二千人曳一柱，以木为轮，则戛摩火出，乃铸铁为毂，行一二里，铁毂辄破，别使数百人赍铁毂随而易之，尽日不过行二三十里，计一柱之费，已用数十万功，则其余可知矣。陛下初平洛阳，凡隋氏宫室之宏侈者皆令毁之③，曾未十年，复加营缮，何前日恶之而今日效之也！且以今日财力，何如隋世？陛下役疮痍之人，袭亡隋之弊，恐又甚于炀帝矣！"上谓玄素曰："卿谓我不如炀帝，何如桀、纣？"对曰："若此役不息，亦同归于乱耳！"上叹曰："吾思之不熟，乃至于是！"顾谓房玄龄曰："朕以洛阳土中，朝贡道均，意欲便民，故使营之。今玄素所言诚有理，宜即为之罢役。后日或以事至洛阳，虽露居亦无伤也。"仍赐玄素彩二百匹。

【注释】

①火珠：珠在日下，其下承艾，则可出火之珠。《旧唐书》记载，火珠产婆利东罗刹国，状如水晶，日午时，以珠承日影，以艾承之，则火出。 ②景汉用晁错之言而七国构祸：指汉景帝采用晁错削藩的建议，造成吴楚七国的祸乱。此用以说明当心新被灭掉安置的突厥人，是当务之急。 ③"陛下"句：事见一百八十九卷，高祖武德四年(621)。

秋，七月，甲子朔，日有食之。

乙丑，上问房玄龄、萧瑀曰："隋文帝何如主也？"对曰："文帝勤于为治，每临朝，或至日昃，五品已上，引坐论事，卫士传餐而食[1]；虽性非仁厚，亦励精之主也。"上曰："公得其一，未知其二。文帝不明而喜察；不明则照有不通[2]，喜察则多疑于物，事皆自决，不任群臣。天下至广，一日万机，虽复劳神苦形[3]，岂能一一中理！群臣既知主意，唯取决受成，虽有愆违，莫敢谏争，此所以二世而亡也。朕则不然。择天下贤才，置之百官，使思天下之事，关由宰相，审熟便安[4]，然后奏闻。有功则赏，有罪则刑，谁敢不竭心力以修职业，何忧天下之不治乎！"因敕百司："自今诏敕行下有未便者，皆应执奏，毋得阿从，不尽己意。"

癸酉，以前太子少保李纲为太子少师[5]，以兼御史大夫萧瑀为太子少傅。

李纲有足疾，上赐以步舆[6]，使之乘至阁下，数引入禁中，问以政事。每至东宫，太子亲拜之。太子每视事，上令纲与房玄龄、王珪侍坐。

先是，上命萧瑀与宰相参议朝政，瑀气刚而辞辩，房玄龄等皆不能抗，上多不用其言。玄龄、魏征、温彦博尝有微过，瑀劾奏之，上竟不问。瑀由此怏怏自失，遂罢御史大夫，为太子少傅，不复预闻朝政。

西突厥种落散在伊吾[7]，诏以凉州都督李大亮为西北道安抚大使，于碛口贮粮[8]，来者赈给，使者招慰，相望于道。大亮上言："欲怀远者必先安近，中国如本根，四夷如枝叶，疲中国以奉四夷，犹拔本根以益枝叶也。臣远考秦、汉，近观隋室，外事戎狄，皆致疲弊。今招致西突厥，但见劳费，未见其益。况河西州县萧条[9]，突厥微弱以来，始得耕获；今又供亿此役，民将不堪，不若且罢招慰为便。伊吾之地，率皆沙碛，其人或自立君长，求称臣内属者，羁縻受之，使居塞外，为中国藩蔽，此乃施虚惠而收实利也。"上从之。

八月，丙午，诏以"常服未有差等，自今三品以上服紫，四品、五品服绯，六品、七品服绿，八品服青；妇人从其夫色"。

甲寅，诏以兵部尚书李靖为右仆射。靖性沉厚，每与时宰参议，恂恂如不能言。

突厥既亡，营州都督薛万淑遣契丹酋长贪没折说谕东北诸夷，奚、霫、室韦等十余部皆内附。万淑，万均之兄也。

戊午，突厥欲谷设来降。欲谷设，突利之弟也。颉利败，欲谷设奔高昌，闻突利为唐所礼，遂来降。

九月，戊辰，伊吾城主入朝。隋末，伊吾内属，置伊吾郡；隋乱，臣于突厥。颉利既灭，举其属七城来降，因以其地置西伊州。

思结部落饥贫，朔州刺史新丰张俭招集之，其不来者，仍居碛北，亲属私相往还，俭亦不禁。及俭徙胜州都督，州司奏思结将叛，诏俭往察之。俭单骑入其部落说谕，徙之代州，即以俭检校代州都督，思结卒无叛者。俭因劝之营田，岁大稔。俭恐虏蓄积多，有异志，奏请和籴以充边储。部落喜，营田转力，而边备实焉。

丙子，开南蛮地置费州、夷州⑩。

己卯，上幸陇州。

【注释】

①卫士传餐而食：指日昃，论事未完，卫士不得下衙，不能坐食，故立驻传餐而食。 ②照：察看，了解。 ③劳神苦形：疲劳精神，苦害形体，即指疲劳战术，耗费精神，伤害身体。 ④审熟便安：仔细考究成熟，便当安妥。 ⑤“以前”句：唐东宫三少，即少师、少傅、少保，并正二品，掌教谕太子。 ⑥步舆：即步挽舆，今天的轿子。舆，车，去轮人抬。⑦伊吾：地名。或称伊吾卢，即今新疆哈密市。 ⑧碛口：即伊吾东的碛口。 ⑨河西州县：即指河西的甘、凉、瓜、沙、肃等州。 ⑩费州：治今贵州思南县。夷州：治今贵州德江县西南。

冬，十一月，壬辰①，以右卫大将军侯君集为兵部尚书，参议朝政。

甲子，车驾还京师。

上读《明堂针灸书》②，云“人五藏之系，咸附于背”。戊寅，诏自今毋得笞囚背。

十二月，甲辰，上猎于鹿苑③；乙巳，还宫。

甲寅，高昌王麹文泰入朝。西域诸国咸欲因文泰遣使入贡，上遣文泰之臣厌怛纥干往迎之。魏征谏曰："昔光武不听西域送侍子，置都护，以为不以蛮夷劳中国。今天下初定，前者文泰之来，劳费已甚，今借使十国入贡，其徒旅不减千人。边民荒耗，将不胜其弊。若听其商贾往来，与边民交市，则可矣，倘以宾客遇之，非中国之利也。"时厌怛纥干已行，上遽令止之。

诸宰相侍宴，上谓王珪曰："卿识鉴精通，复善谈论，玄龄以下，卿宜悉加品藻[④]，且自谓与数子何如？"对曰："孜孜奉国，知无不为，臣不如玄龄。才兼文武，出将入相，臣不如李靖。敷奏详明，出纳惟允，臣不如温彦博。处繁治剧，众务毕举，臣不如戴胄。耻君不及尧、舜，以谏争为己任，臣不如魏征。至于激浊扬清，嫉恶好善，臣于数子，亦有微长。"上深以为然，众亦服其确论。

上之初即位也，尝与群臣语及教化，上曰："今承大乱之后，恐斯民未易化也。"魏征对曰："不然。久安之民骄佚，骄佚则难教；经乱之民愁苦，愁苦则易化。譬犹饥者易为食，渴者易为饮也。[⑤]"上深然之。封德彝非之曰："三代以还，人渐浇讹[⑥]，故秦任法律，汉杂霸道[⑦]，盖欲化而不能，岂能之而不欲邪！魏征书生，未识时

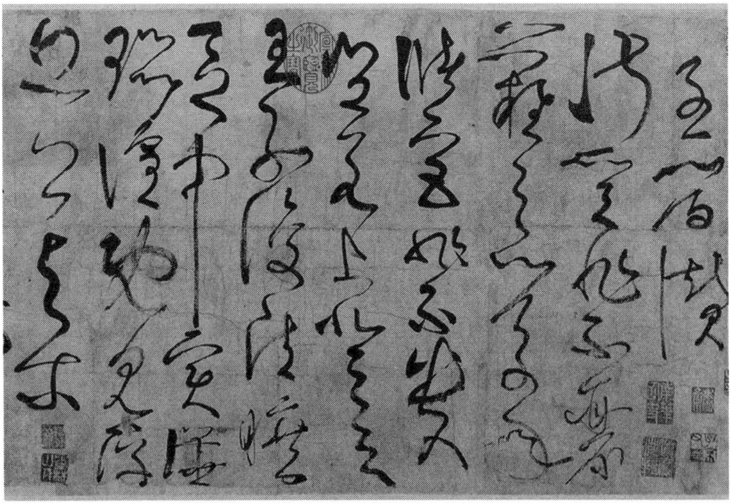

唐张旭草书古诗四帖

务，若信其虚论，必败国家。”征曰：“五帝、三王不易民而化，昔黄帝征蚩尤，颛顼诛九黎，汤放桀，武王伐纣，皆能身致太平，岂非承大乱之后邪！若谓古人淳朴，渐至浇讹，则至于今日，当悉化为鬼魅矣，人主安得而治之！”上卒从征言。

元年，关中饥，米斗直绢一匹；二年，天下蝗；三年，大水。上勤而抚之，民虽东西就食，未尝嗟怨。是岁，天下大稔，流散者咸归乡里，米斗不过三、四钱，终岁断死刑才二十九人。东至于海，南极五岭，皆外户不闭⑧，行旅不赍粮，取给于道路焉。上谓长孙无忌曰：“贞观之初，上书者皆云：‘人主当独运威权，不可委之臣下。’又云：‘宜震耀威武，征讨四夷。’唯魏征劝朕‘偃武修文，中国既安，四夷自服’。朕用其言。今颉利成擒，其酋长并带刀宿卫，部落皆袭衣冠，征之力也，但恨不使封德彝见之耳！”征再拜谢曰：“突厥破灭，海内康宁，皆陛下威德，臣何力焉！”上曰：“朕能任公，公能称所任，则其功岂独在朕乎！”

房玄龄奏：“阅府库甲兵，远胜隋世。”上曰：“甲兵武备，诚不可阙；然炀帝甲兵岂不足邪！卒亡天下。若公等尽力，使百姓乂安，此乃朕之甲兵也。”

上谓秘书监萧璟曰⑨：“卿在隋世数见皇后乎？”对曰：“彼儿女且不得见，臣何人，得见之？”魏征曰：“臣闻炀帝不信齐王⑩，恒有中使察之，闻其宴饮，则曰‘彼营何事得遂而喜！’闻其忧悴，则曰‘彼有他念故尔’。父子之间且犹如是，况他人乎！”上笑曰：“朕今视杨政道，胜炀帝之于齐王远矣。”璟，瑀之兄也。

西突厥肆叶护可汗既先可汗之子，为众所附，莫贺咄可汗所部酋长多归之。肆叶护引兵击莫贺咄，莫贺咄兵败，逃于金山⑪，为泥熟设所杀，诸部共推肆叶护为大可汗。

【注释】

①壬辰：疑误，待考。　②《明堂针灸书》：盖《唐书·艺文志》所载《黄帝明堂经》《明堂偃卧人图》《明堂人形图》《明堂孔穴图》之类针灸书。《素问》称雷公问黄帝以人身经络，黄帝坐明堂以授之。书名本此。或曰《明堂灸经》，专论灸法，有铜人图式，于人身正背左右侧伏，各详其穴处，并论各穴何者可灸，何者不可灸，故有如下诏文。　③鹿苑：古县

名。治今陕西西安市高陵区西南。 ④品藻:品评藻鉴,即评论鉴别。 ⑤“饥者”句:见《孟子·尽心上》:“饥者甘食,渴者甘饮。”言饥饿的人,什么都甜美;干渴的人,什么都好喝。 ⑥浇讹:浮薄诈伪。⑦霸道:古代指国君凭武力、刑法、权势进行统治的政策。 ⑧外户不闭:外户与内户相对。重门击柝本御暴客,既无盗窃乱贼,则户无俟闭。 ⑨萧璟:与隋炀帝萧后同胞,故问及之。 ⑩齐王:即隋齐王杨暕。 ⑪金山:山名。在今青海西宁市西北。

五年 春,正月,诏僧、尼、道士致拜父母。

癸酉,上大猎于昆明池,四夷君长咸从。甲戌,宴高昌王文泰及群臣。丙子,还宫,亲献禽于大安宫。

癸未,朝集使赵郡王孝恭等上表[①],以四夷咸服,请封禅[②];上手诏不许。

有司上言皇太子当冠[③],用二月吉,请追兵备仪仗。上曰:“东作方兴[④],宜改用十月。”少傅萧瑀奏:“据阴阳书不若二月。”上曰:“吉凶在人。若动依阴阳,不顾礼义,吉可得乎!循正而行,自与吉会。农时最急,不可失也。”

二月,甲辰,诏:“诸州有京观处[⑤],无问新旧,宜悉划削,加土为坟,掩蔽枯朽,勿令暴露。”

己酉,封皇弟元裕为郐王,元名为谯王,灵夔为魏王,元祥为许王,元晓为密王。庚戌,封皇子愔为梁王,恽为郯王,贞为汉王,治为晋王,慎为申王,嚣为江王,简为代王。

夏,四月,壬辰,代王简薨。

壬寅,灵州斛薛叛[⑥],任城王道宗追击,破之。

隋末,中国人多没于突厥,及突厥降,上遣使以金帛赎之。五月,乙丑,有司奏,凡得男女八万口。

六月,甲寅,太子少师新昌贞公李纲薨。初,周齐王宪女,孀居无子,纲赡恤甚厚[⑦]。纲薨,其女以父礼丧之。

秋,八月,甲辰,遣使诣高丽,收隋氏战亡骸骨,葬而祭之。

河内人李好德得心疾,妄为妖言,诏按其事。大理丞张蕴古奏:“好德被疾有征,法不当坐。”治书侍御史权万纪劾奏:“蕴古贯在相州，好德之兄厚德为其刺史，情在阿纵，按事不实。”上怒，命斩之于市，既而悔之，因诏：“自今有死罪，虽令即决，仍三覆奏乃行刑。”

权万纪与侍御史李仁发，俱以告讦有宠于上，由是诸大臣数被谴怒。魏征谏曰：“万纪等小人，不识大体，以讦为直，以谗为忠。陛下非不知其无堪，盖取其无所避忌，欲以警策群臣耳。而万纪等挟恩依势，逞其奸谋，凡所弹射，皆非有罪。陛下纵未能举善以厉俗，奈何昵奸以自损乎！”上默然，赐绢五百匹。久之，万纪等奸状自露，皆得罪。

九月，上修仁寿宫，更命曰九成宫。又将修洛阳宫，民部尚书戴胄表谏，以“乱离甫尔，百姓凋弊，帑藏空虚，若营造不已，公私劳费，殆不能堪！”上嘉之曰：“戴胄于我非亲，但以忠直体国，知无不言，故以官爵酬之耳。”久之，竟命将作大匠窦琎修洛阳宫，琎凿池筑山，雕饰华靡。上怒，遽命毁之，免琎官。

冬，十月，丙午，上逐兔于后苑，左领军将军执失思力谏曰：“天命陛下为华、夷父母，奈何自轻！”上又将逐鹿，思力脱巾解带，跪而固谏，上为之止。

初，上令群臣议封建，魏征议以为：“若封建诸侯，则卿大夫咸资俸禄，必致厚敛。又，京畿赋税不多，所资畿外，若尽以封国邑，经费顿阙。又，燕、秦、赵、代俱带外夷，若有警急，追兵内地，难以奔赴。”礼部侍郎李百药以为：“运祚修短[8]，定命自天，尧、舜大圣，守之而不能固；汉、魏微贱，拒之而不能却。今使勋戚子孙皆有民有社，易世之后，将骄淫自恣，攻战相残，害民尤深，不若守令之迭居也。”中书侍郎颜师古以为：“不若分王宗子，勿令过大，间以州县，杂错而居，互相维持，使各守其境，协力同心，足扶京室；为置官寮，皆省司选用，法令之外，不得擅作威刑，朝贡礼仪，具为条式。一定此制，万代无虞。”十一月，诏：“皇家宗室及勋贤之臣，宜令作镇藩部，贻厥子孙，非有大故，毋或黜免，所司明为条例，定等级以闻。”

丁巳，林邑献五色鹦鹉，丁卯，新罗献美女二人；魏征以为不宜受。上喜曰：“林邑鹦鹉犹能自言苦寒，思归其国，况二女远别亲戚乎!”并鹦鹉,各付使者而归之。

倭国遣使入贡,上遣新州刺史高表仁持节往抚之;表仁与其王争礼,不宣命而还。

丙子,上祀圜丘。

【注释】

①朝集使:唐各道每年派使者朝集于京师谒见皇帝宰相,称朝集使。一般都在十月二十五日至京,十一月一日,户部引见讫,于尚书省与群官礼见,然后集于考堂,应考绩之事。元日,陈其贡篚于殿庭。 ②封禅:古帝王祭天地之典礼。即于泰山封坛祭天,于梁父辟场祭地,作为国家大典。 ③冠:加冠,加冠之礼。 ④东作:春作,即春天的耕作。古五行说,四季、四时与五行相配,故《广韵》:东,春方也。以春训东。 ⑤京观:古战胜者,将战败者尸骨堆积如山丘,以旌战功曰京观。 ⑥斛薛:部落名。北魏时属高车部。高车,或曰敕勒、铁勒,散居漠北。唐太宗时铁勒十一部已来归,而以斛薛部为高阙州。 ⑦“周齐王宪女”句:李纲曾作过齐王宇文宪的参军,故有此举。 ⑧运祚:国运福祚。

十二月,太仆寺丞李世南开党项之地十六州、四十七县[①]。

上谓侍臣曰:“朕以死刑至重,故令三覆奏,盖欲思之详熟故也。而有司须臾之间,三覆已讫。又,古刑人,君为之彻乐减膳。朕庭无常设之乐,然常为之不啖酒肉,但未有著令。又,百司断狱,唯据律文,虽情在可矜,而不敢违法,其间岂能尽无冤乎!”丁亥,制:“决死囚者,二日中五覆奏,下诸州者三覆奏;行刑之日,尚食勿进酒肉[②],内教坊及太常不举乐[③]。皆令门下覆视。有据法当死而情可矜者,录状以闻。”由是全活甚众。其五覆奏者,以决前一二日,至决日又三覆奏;唯犯恶逆者一覆奏而已[④]。

己亥,朝集使利州都督武士彟等复上表请封禅,不许。

壬寅,上幸骊山温汤;戊申,还宫。

上谓执政曰:“朕常恐因喜怒妄行赏罚,故欲公等极谏。公等亦宜受人谏,不可以己之所欲,恶人违之。苟自不能受谏,安能谏人?”

康国求内附[⑤]。上曰:“前代帝王,好招来绝域,以求服远之名，无益于用而糜弊百姓。今康国内附，傥有急难，于义不得不救。师行万里，岂不疲劳！劳百姓以取虚名，朕不为也。”遂不受。

谓侍臣曰：“治国如治病，病虽愈，犹宜将护，傥遽自放纵，病复作，则不可救矣。今中国幸安，四夷俱服，诚自古所希，然朕日慎一日，唯惧不终，故欲数闻卿辈谏争也。”魏征曰：“内外治安，臣不以为喜，唯喜陛下居安思危耳。”

上尝与侍臣论狱，魏征曰：“炀帝时尝有盗发，帝令於士澄捕之，少涉疑似，皆拷讯取服，凡二千余人，帝悉令斩之。大理丞张元济怪其多，试寻其状，内五人尝为盗，余皆平民；竟不敢执奏，尽杀之。”上曰：“此岂唯炀帝无道，其臣亦不尽忠。君臣如此，何得不亡？公等宜戒之！”

是岁，高州总管冯盎入朝。未几，罗窦诸洞獠反[⑥]，敕盎帅部落二万，为诸军前锋。獠数万人，屯据险要，诸军不得进。盎持弩谓左右曰：“尽吾此矢，足知胜负矣。”连发七矢，中七人。獠皆走，因纵兵乘之，斩首千余级。上美其功，前后赏赐，不可胜数。盎所居地方二千里，奴婢万余人，珍货充积；然为治勤明，所部爱之。

新罗王真平卒，无嗣，国人立其女善德为王。

【注释】

①党项：我国古民族名。汉为西羌的一支。初居今四川青海甘肃一带。南北朝时渐强，唐贞观三年（629），以其地置轨州。　②尚食：官署名。即尚食局，属殿中监，有奉御直长，掌御膳，专供皇帝膳食。　③内教坊：官置名。武德年间，于禁中所置，有内教博士。太常：即太常寺，有太常乐署、鼓吹署，供皇室宫廷乐用。　④恶逆：罪恶科名。隋立十恶之科，四曰恶逆，谓殴及谋杀祖父母、父母、杀伯叔父母、姑、兄、子、外祖父母，夫、夫之祖父母、父母者，唐因用之。　⑤康国：康居国，古西域国名，又名萨末鞬、飒末鞬，元魏谓悉万斤。其王姓温，本月氏人，始居祁连山北昭武城，为突厥所破，稍南依葱岭，即有其地，以昭武为姓，示不忘本。　⑥罗窦：地名。唐属窦州，因罗窦洞而得名。在今广东信宜市西南镇隆。

资治通鉴卷第一百九十四

唐纪十 起玄黓执徐，尽强圉作噩四月，凡五年有奇。

太宗文武大圣大广孝皇帝上之下

贞观六年 春，正月，乙卯朔，日有食之。

癸酉，静州獠反，将军李子和讨平之。

文武官复请封禅[①]，上曰："卿辈皆以封禅为帝王盛事，朕意不然。若天下乂安，家给人足，虽不封禅，庸何伤乎！昔秦始皇封禅，而汉文帝不封禅，后世岂以文帝之贤不及始皇邪！且事天扫地而祭[②]，何必登泰山之巅，封数尺之土[③]，然后可以展其诚敬乎！"群臣犹请之不已，上亦欲从之，魏征独以为不可。上曰："公不欲朕封禅者，以功未高邪？"曰："高矣！""德未厚邪？"曰："厚矣！""中国未安邪？"曰："安矣！""四夷未服邪？"曰："服矣！""年谷未丰邪？"曰："丰矣！""符瑞未至邪[④]？"曰："至矣！""然则何为不可封禅？"对曰："陛下虽有此六者，然承隋末大乱之后，户口未复，仓廪尚虚，而车驾东巡，千乘万骑，其供顿劳费，未易任也。且陛下封禅，则万国咸集，远夷君长，皆当扈从；今自伊、洛以东至于海、岱，烟火尚希，灌莽极目，此乃引戎狄入腹中，示之以虚弱也。况赏赉不赀，未厌远人之望；给复连年，不偿百姓之劳；崇虚名而受实害，陛下将焉用之！"会河南、北数州大水，事遂寝。

上将幸九成宫，通直散骑常侍姚思廉谏。上曰："朕有气疾，暑辄顿剧，往避之耳。"赐思廉绢五十匹。

监察御史马周上疏,以为:“东宫在宫城之中,而大安宫乃在宫城之西,制度比于宸居⑤,尚为卑小,于四方观听,有所不足。宜增修高大,以称中外之望。又,太上皇春秋已高⑥,陛下宜朝夕视膳。今九成宫去京师三百余里,太上皇或时思念陛下,陛下何以赴之?又,车驾此行,欲以避暑;太上皇尚留暑中,而陛下独居凉处,温凊之礼⑦,窃所未安。今行计已成,不可复止,愿速示返期,以解众惑。又,王长通、白明达皆乐工,韦槃提、斛斯正止能调马,纵使技能出众,正可赉之金帛,岂得超授官爵,鸣玉曳履⑧,与士君子比肩而立,同坐而食,臣窃耻之!”上深纳之。

上以新令无三师官⑨,二月,丙戌,诏特置之。

【注释】

①文武官复请封禅:所谓“复”,是对上午诸州朝集使请封禅而言。 ②事天扫地:事天为封,扫地为禅,即祭天祭地。 ③封数尺之土:封土为坛,为祭祀之所,是古时祭天地的必备礼仪形式。故有天坛地坛之称,为祭祀天地场所。 ④符瑞:符命祥瑞。符应天命的吉祥征兆。古代迷信,认为天降祥瑞与人事相应。 ⑤宸居:天子所居。本北极星所在为宸,借指帝王所居,又引申为王位、帝王代称。 ⑥春秋:年岁。以春秋两季指代年岁,以偏概全。 ⑦温凊之礼:子使父寝处冬暖夏凉之礼。《礼记·曲礼》:“凡为人子之礼,冬温而夏凊。” ⑧鸣玉曳履:鸣玉佩,曳文履。鸣玉佩,使装饰有玉的佩带上的玉发出鸣声。是一种相礼;曳文履,拖着文饰的薄底鞋子。这是达官贵人的装饰。 ⑨三师:唐以太师、太傅、太保为三师,正一品,天子所师法,无所总职。

三月,戊辰,上幸九成宫。

庚午,吐谷浑寇兰州,州兵击走之。

长乐公主将出降,上以公主,皇后所生,特爱之,敕有司资送倍于永嘉长公主。①魏征谏曰:“昔汉明帝欲封皇子,曰:‘我子岂得与先帝子比!’皆令半楚、淮阳。今资送公主,倍于长主,得无异于明帝之意乎!”上然其言,入告皇后。后叹曰:“妾亟闻陛下称重魏征,不知其故,今观其引礼义以抑人主之情,乃知真社稷之臣也!妾与陛下结发为夫妇,曲承恩礼,每言必先候颜色,不敢轻犯威严；况以人臣之疏远，乃能抗言如是，陛下不可不从。”因请遣中使赍钱四百缗、绢四百匹以赐征[2]，且语之曰：“闻公正直，乃今见之，故以相赏。公宜常秉此心，勿转移也。”上尝罢朝，怒曰：“会须杀此田舍翁[3]。”后问为谁，上曰：“魏征每廷辱我。”后退，具朝服立于庭[4]，上惊问其故。后曰：“妾闻主明臣直；今魏征直，由陛下之明故也，妾敢不贺？”上乃悦。

夏，四月，辛卯，襄州都督邹襄公张公谨卒。明日，上出次发哀。有司奏，辰日忌哭[5]。上曰：“君之于臣，犹父子也，情发于衷，安避辰日！”遂哭之。

六月，己亥，金州刺史酆悼王元亨薨[6]。辛亥，江王嚣薨。

秋，七月，丙辰，焉耆王突骑支遣使入贡[7]。初，焉耆入中国由碛路，隋末闭塞，道由高昌。突骑支请复开碛路以便往来，上许之。由是高昌恨之，遣兵袭焉耆，大掠而去。

辛未，宴三品已上于丹霄殿。上从容言曰：“中外乂安，皆公卿之力。然隋炀帝威加夷、夏，颉利跨有北荒，统叶护雄据西域，今皆覆亡，此乃朕与公等所亲见，勿矜强盛以自满也！”

西突厥肆叶护可汗发兵击薛延陀，为薛延陀所败。

肆叶护性猜狠信谗，有乙利可汗[8]，功最多，肆叶护以非其族类，诛灭之，由是诸部皆不自保。肆叶护又忌莫贺设之子泥孰，阴欲图之，泥孰奔焉耆。设卑达官与弩失毕二部攻之，肆叶护轻骑奔康居[9]，寻卒。国人迎泥孰于焉耆而立之，是为咄陆可汗，遣使内附。丁酉，遣鸿胪少卿刘善因立咄陆为奚利邲咄陆可汗。

闰月，乙卯，上宴近臣于丹霄殿，长孙无忌曰：“王珪、魏征，昔为仇雠[10]，不谓今日得此同宴。”上曰：“征、珪尽心所事，故我用之。然征每谏，我不从，我与之言辄不应，何也？”魏征对曰：“臣以事为不可，故谏；若陛下不从而臣应之，则事遂施行，故不敢应。”上曰：“且应而复谏，庸何伤！”对曰：“昔舜戒群臣：‘尔无面从，退有后言。[11]’臣心知其非而口应陛下，乃面从也，岂稷、契事舜之意邪！”上大笑曰：“人言魏征举止疏慢，我视之更觉妩媚，正为此耳！”征起，拜谢曰：“陛下开臣使言，故臣得尽其愚；若陛下拒而不受，臣何敢数犯颜色乎！”

戊辰，秘书少监虞世南上《圣德论》⑫，上赐手诏，称："卿论太高。朕何敢拟上古，但比近世差胜耳。然卿适睹其始，未知其终。若朕能慎终如始，则此论可传；如或不然，恐徒使后世笑卿也！"

虞世南像

【注释】

①"长乐公主"句：唐制，皇姑为大长公主，姊为长公主，女为公主。如长乐公主，长乐为号，因为在位皇帝唐太宗之女称公主；永嘉长公主，永嘉为号，系高祖之女，称长公主。出降，出闺下嫁。 ②中使：帝王宫中派出的使者，多由宦官充任。 ③田舍翁：老农夫，乡巴佬。 ④朝服：此指皇后受册、助祭、朝会大事之服。其服为袆衣，深青织成，画有翚（野鸡）图纹，赤质、五色、十二等，素纱中单，黼领，朱罗縠褾襈，蔽膝随裳色，以緅领为缘，用翟为章三等，青衣革带，大带随衣色，裨纽约佩，绶如天子，青袜，舄加金饰，首饰大小华十二树，以象衮冕之旒，又有两博鬓。 ⑤辰日忌哭：逢辰之日，禁忌哭泣。当日为壬辰日，故有司奏之。 ⑥金州：治今陕西安康市。 ⑦焉耆：古西域城国名，在今新疆焉耆回族自治县地。其东邻古高昌国。 ⑧乙利可汗：西突厥小可汗。 ⑨康居：古西域城国名。约当今巴尔喀什湖与咸海之间。 ⑩王珪、魏征，昔为仇雠：指王、魏事隐太子，劝其图帝。 ⑪"尔无面从，退有后言"：语见《尚书·皋陶谟》。言你们不要当面屈从，退后又有话说。 ⑫《圣德论》：赞颂功德的论述。圣德，通德，圣明之德。

九月，己酉，幸庆善宫①，上生时故宅也，因与贵人宴，赋诗。起居郎清平吕才被之管弦②，命曰《功成庆善乐》，使童子八佾为《九功之舞》③，大宴会，与《破陈舞》偕奏于庭。同州刺史尉迟敬德预宴[4]，有班在其上者，敬德怒曰："汝何功，坐我上！"任城王道宗次其下，谕解之。敬德拳殴道宗，目几眇。上不怿而罢，谓敬德曰："朕见汉高祖诛灭功臣，意常尤之，故欲与卿等共保富贵，令子孙不绝。然卿居官数犯法，乃知韩、彭菹醢[5]，非高祖之罪也。国家纲纪，唯赏与罚，非分之恩，不可数得，勉自修饬，无贻后悔！"敬德由是始惧而自戢。

冬，十月，乙卯，车驾还京师。帝侍上皇宴于大安宫，帝与皇后更献饮膳及服御之物，夜久乃罢。帝亲为上皇捧舆至殿门，上皇不许，命太子代之。

突厥颉利可汗郁郁不得意，数与家人相对悲泣，容貌羸惫。上见而怜之，以虢州地多麋鹿[6]，可以游猎，乃以颉利为虢州刺史；颉利辞，不愿往。癸未，复以为右卫大将军。

十一月，辛巳，契苾酋长何力帅部落六千余家诣沙州降[7]，诏处之于甘、凉之间，以何力为左领军将军。

庚寅，以左光禄大夫陈叔达为礼部尚书。帝谓叔达曰："卿武德中有谠言[8]，故以此官相报。"对曰："臣见隋室父子相残，以取乱亡，当日之言，非为陛下，乃社稷之计耳！"

十二月，癸丑，帝与侍臣论安危之本。中书令温彦博曰："伏愿陛下常如贞观初，则善矣。"帝曰："朕比来怠于为政乎？"魏征曰："贞观之初，陛下志在节俭，求谏不倦。比来营缮微多，谏者颇有忤旨，此其所以异耳！"帝拊掌大笑曰："诚有是事。"

辛未，帝亲录系囚，见应死者，闵之，纵使归家，期以来秋来就死。仍敕天下死囚，皆纵遣，使至期来诣京师。

是岁，党项羌前后内属者三十万口。

公卿以下请封禅者前后相属，上谕以"旧有气疾，恐登高增剧，公等勿复言"。

上谓侍臣曰："朕比来决事或不能皆如律令，公辈以为事小，不复执奏。夫事无不由小而致大，此乃危亡之端也。昔关龙逄忠谏而死[9]，朕每痛之。炀帝骄暴而亡，公辈所亲见也。公辈常宜为朕思炀帝之亡，朕常为公辈念关龙逄之死，何患君臣不相保乎！"

上谓魏征曰："为官择人，不可造次[10]。用一君子，则君子皆至;用一小人,则小人竞进矣。”对曰:“然。天下未定,则专取其才,不考其行;丧乱既平,则非才行兼备不可用也。”

【注释】

①庆善宫:唐高祖旧宅,武德六年(623)以武功宫改名,在今陕西武功县西渭河北岸的普集镇。 ②起居郎:唐门下省起居郎二人,掌录天子起居法度。清平县:治今山东临清市东南。 ③《功成庆善乐》:起居郎吕才将皇上所赋之诗被以管弦成为的乐章。八佾:古天子专用舞乐。佾,舞列。八佾,八人成列,共八八六十四人组成。《九功之舞》系吕才将《功成庆善乐》,以童子六十四人冠进德冠,紫裤褶,长袖,漆髻,屣履而舞,号《九功舞》,进蹈安徐,以象文德,与《破陈舞》以象武德相对。④同州:治今陕西大荔县。 ⑤韩、彭菹醢:韩信、彭越,皆因恃功自骄,被剁成肉酱。 ⑥虢州:治今河南卢氏县。 ⑦契苾:古民族名。即敕勒诸部之一。居住我国西北。沙州:治今甘肃敦煌市。 ⑧谠(dǎng党)言:直言、善言。 ⑨关龙逢:传说夏之贤臣。夏桀无道,为酒池糟丘,关龙逢极谏,为桀囚而杀之。 ⑩造次:急遽,轻率。

七年 春,正月,更名《破陈乐》曰《七德舞》[①]。癸巳,宴三品已上及州牧、蛮夷酋长于玄武门,奏《七德》《九功》之舞。太常卿萧瑀上言:“《七德舞》形容圣功,有所未尽,请写刘武周、薛仁果、窦建德、王世充等擒获之状。”上曰:“彼皆一时英雄,今朝廷之臣往往尝北面事之,若睹其故主屈辱之状,能不伤其心乎!”瑀谢曰:“此非臣愚虑所及。”魏征欲上偃武修文,每侍宴,见《七德舞》辄俯首不视,见《九功舞》则谛观之。

三月,戊子,侍中王珪坐漏泄禁中语,左迁同州刺史。庚寅,以秘书监魏征为侍中。

直太史雍人李淳风奏灵台候仪制度疏略[②],但有赤道,请更造浑天黄道仪,许之。癸巳,成而奏之。

夏,五月,癸未,上幸九成宫。

雅州道行军总管张士贵击反獠[③],破之。

秋,八月,乙丑,左屯卫大将军谯敬公周范卒。上行幸,常令范与房玄龄居守。范为人忠笃严正,疾甚,不肯出外,竟终于内省,与玄龄相抱而诀曰:“所恨不获再奉圣颜!”

辛未,以张士贵为龚州道行军总管[4],使击反獠。

九月,山东、河南四十余州水,遣使赈之。

去岁所纵天下死囚凡三百九十人,无人督帅,皆如期自诣朝堂,无一人亡匿者;上皆赦之。

冬,十月,庚申,上还京师。

十一月,壬辰,以开府仪同三司长孙无忌为司空[5],无忌固辞,曰:“臣忝预外戚,恐天下谓陛下为私。”上不许,曰:“吾为官择人,惟才是与。苟或不才,虽亲不用,襄邑王神符是也[6];如其有才,虽仇不弃,魏征等是也。今日之举,非私亲也。”

十二月,甲寅,上幸芙蓉园[7];丙辰,校猎少陵原[8]。戊午,还宫,从上皇置酒故汉未央宫[9]。上皇命突厥颉利可汗起舞,又命南蛮酋长冯智戴咏诗,既而笑曰:“胡、越一家,自古未有也!”帝奉觞上寿曰:“今四夷入臣,皆陛下教诲,非臣智力所及。昔汉高祖亦从太上皇置酒此宫,妄自矜大,臣所不取也[10]。”上皇大悦。殿上皆呼万岁。

帝谓左庶子于志宁、右庶子杜正伦曰[11]:“朕年十八,犹在民间,民之疾苦情伪,无不知之。及居大位,区处世务,犹有差失。况太子生长深宫,百姓艰难,耳目所未涉,能无骄逸乎!卿等不可不极谏!”太子好嬉戏,颇亏礼法,志宁与右庶子孔颖达数直谏,上闻而嘉之,各赐金一斤,帛五百匹。

工部尚书段纶奏征巧工杨思齐,上令试之。纶使先造傀儡[12]。上曰:“得巧工庶供国事,卿令先造戏具,岂百工相戒无作淫巧之意邪[13]!”乃削纶阶。

嘉、陵州獠反[14],命邗江府统军牛进达击破之。

上问魏征曰:“群臣上书可采,及召对多失次,何也?”对曰:“臣观百司奏事,常数日思之,及至上前,三分不能道一。况谏者拂意触忌,非陛下借之辞色,岂敢尽其情哉!”上由是接群臣辞色愈温,尝曰:“炀帝多猜忌,临朝对群臣多不语。朕则不然,与群臣相亲如一体耳。”

【注释】

①《破陈乐》:即《秦王破陈乐》。《新唐书·乐志》记载:“《七德舞图》,左圆右方,先偏后伍,交错屈伸,以象鱼丽鹅鹳。命吕才以图教乐工,百二十八人,被银甲执戟而舞。凡三变,每变为四阵,象击刺往来,歌者和,曰《秦王破陈乐》。”《七德舞》:《左传》记载:“楚庄王曰:武有七德,禁暴、戢兵、保大、定功、安民、和众、丰财,故以为乐舞之名。” ②直太史:值灵台掌候日月星气的太史。 ③雅州:治今四川雅安市西。④龚州:治今广西平南县。 ⑤开府仪同三司:唐为一品文散官称号。司空:即司工,掌握工程建筑的高级官员。 ⑥“苟或不才”句:神符少威严,不能御下,义足不良于行,由是归第。 ⑦芙蓉园:在今陕西西安市东南,即曲江池。是隋文帝离宫。因文帝恶其名曲,改名芙蓉。⑧少陵原:在今陕西西安市长安区东南,因西汉宣帝许后墓称少陵而得名。 ⑨未央宫:故汉宫,在长安宫城北禁苑之偏西。 ⑩“昔汉高祖”句:汉高祖十年(前197),置酒未央宫,奉玉卮为太上皇寿,曰:“始大人常以臣亡赖,不能治产业,不如仲力。今某之业所就,孰与仲多?”⑪左、右庶子:唐太子属官,掌教养训诫等事。 ⑫傀儡:木偶戏。⑬百工相戒无作淫巧:引《月令》语意,云:孟春三月,百工咸理,监工日号,毋或作为淫巧以荡上心。 ⑭嘉、陵州:嘉州、陵州,治今四川乐山市、仁寿县。

八年　春,正月,癸未,突厥颉利可汗卒,命国人从其俗,焚尸葬之。

辛丑,行军总管张士贵讨东、西王洞反獠[①],平之。

上欲分遣大臣为诸道黜陟大使,未得其人;李靖荐魏征。上曰:“征箴规朕失,不可一日离左右。”乃命靖与太常卿萧瑀等凡十三人分行天下,“察长吏贤不肖,问民间疾苦,礼高年,赈穷乏,起久淹,俾使者所至,如朕亲睹。”

三月,庚辰,上幸九成宫。

夏,五月,辛未朔,日有食之。

初,吐谷浑可汗伏允遣使入贡[②],未返,大掠鄯州而去[③]。上遣使让之,征伏允入朝,称疾不至,仍为其子尊王求婚;上许之,令其亲迎,尊王又不至,乃绝婚,伏允又遣兵寇兰、廓二州。伏允年老,信其臣天柱王之谋，数犯边；又执唐使者赵德楷，上遣使谕之，十返；又引其使者，临轩亲谕以祸福，伏允终无悛心。六月，遣左骁卫大将军段志玄为西海道行军总管，左骁卫将军樊兴为赤水道行军总管，将边兵及契苾、党项之众以击之。

秋，七月，山东、河南、淮、海之间大水。

上屡请上皇避暑九成宫，上皇以隋文帝终于彼，恶之。冬，十月，营大明宫，以为上皇清暑之所。未成而上皇寝疾，不果居。

辛丑，段志玄击吐谷浑，破之，追奔八百余里，去青海三十余里，吐谷浑驱牧马而遁。

甲子，上还京师。

右仆射李靖以疾逊位，许之。十一月，辛未，以靖为特进[④]，封爵如故，禄赐、吏卒并依旧给，俟疾小瘳，每三两日至门下、中书平章政事。

甲申，吐蕃赞普弃宗弄赞遣使入贡[⑤]，仍请婚。吐蕃在吐谷浑西南，近世浸强，蚕食他国，土宇广大，胜兵数十万，然未尝通中国。其王称赞普，俗不言姓，王族皆曰论，宦族皆曰尚。弃宗弄赞有勇略，四邻畏之。上遣使者冯德遐往慰抚之。

丁亥，吐谷浑寇凉州。己丑，下诏大举讨吐谷浑。上欲得李靖为将，为其老，重劳之。靖闻之，请行；上大悦。十二月，辛丑，以靖为西海道行军大总管[⑥]，节度诸军。兵部尚书侯君集为积石道、刑部尚书任城王道宗为鄯善道、凉州都督李大亮为且末道、岷州都督李道彦为赤水道、利州刺史高甑生为盐泽道行军总管[⑦]，并突厥、契苾之众击吐谷浑。

帝聘隋通事舍人郑仁基女为充华[⑧]，诏已行，册使将发，魏征闻其尝许嫁士人陆爽，遽上表谏。帝闻之，大惊，手诏深自克责，命停册使。房玄龄等奏称："许嫁陆氏，无显状，大礼既行，不可中止。"爽亦表言初无婚姻之议。帝谓征曰："群臣或容希合；爽亦自陈，何也？"对曰："彼以为陛下外虽舍之，或阴加罪谴，故不得不然。"帝笑曰："外人意或当如是。朕之言未能使人必信如此邪！"

中牟丞皇甫德参上言[⑨]："修洛阳宫，劳人；收地租，厚敛；俗好高髻，盖宫中所化。"上怒，谓房玄龄等曰："德参欲国家不役一人，不收斗租，宫人皆无发，乃可其意邪！”欲治其谤讪之罪。魏征谏曰：“贾谊当汉文帝时上书，云‘可为痛哭者一，可为流涕者二’。自古上书不激切，不能动人主之心，所谓狂夫之言，圣人择焉[10]，唯陛下裁察！”上曰：“朕罪斯人，则谁敢复言！”乃赐绢二十匹。他日，征奏言：“陛下近日不好直言，虽勉强含容，非曩时之豁如。”上乃更加优赐，拜监察御史[11]。

中书舍人高季辅上言[12]：“外官卑品，犹未得禄，饥寒切身，难保清白。今仓廪浸实，宜量加优给，然后可责以不贪，严设科禁。又，密王元晓等皆陛下之弟，比见帝子拜诸叔，叔皆答拜，紊乱昭穆[13]，宜训之以礼。”书奏，上善之。

西突厥咄陆可汗卒，其弟同娥设立，是为沙钵罗咥利失可汗。

【注释】

①东、西王洞反獠：盖在古龚州，即今广西平南县地界。　②吐谷（tū yù 突浴）浑：古鲜卑族所建立的王朝名称。叶延时居伏俟城，即今青海共和县西北黑马镇东北。　③鄯州：治今青海海东市乐都区。　④特进：官名。古凡诸侯功德优盛，朝廷所敬异者，赐位特进，位在三公下。唐称散官，只表示官员身份的称号。　⑤吐蕃：我国古代藏族所建立的地方政权称号。在今西藏地，系出西羌，唐初并诸羌，建牙拉萨。　⑥西海：与下面的鄯善、且末，皆隋破吐谷浑所置郡名。盖在今青海一带。⑦赤水道：以赤水城得名，城在今青海兴海县东南黄河西岸。盐泽道：即盐池得名，也在今青海一带。　⑧充华：古六宫女职官。　⑨中牟：古县名。治今河南中牟县。　⑩“狂夫之言，圣人择焉”：《汉书·韩彭英卢吴传》第四，广武军李左车有是言。又《晁错传》也有是言，只“圣人”异为“明主”。　⑪监察御史：唐制，监察御史十五人，隶御史台察院，掌分察百官，巡抚州县狱讼、祭祀及监诸军出使等。　⑫中书舍人：中书省要职，掌诏令、侍从、宣旨、慰劳等事。　⑬昭穆：此为家族辈分。是由古宗法制，祖庙、墓地，祖居中，二、四、六世居左称昭，三、五、七世居右称穆，后来用以区别族内长幼、疏亲及辈分高低。

九年　春，正月，党项先内属者皆叛归吐谷浑。三月，庚辰，洮州羌叛入吐谷浑[1]，杀刺史孔长秀。

壬辰[2]，赦天下。

乙酉，盐泽道行军总管高甑生击叛羌，破之。

庚寅，诏民赀分三等[3]，未尽其详，宜分九等。

上谓魏征曰："齐后主、周天元皆重敛百姓，厚自奉养，力竭而亡。譬如馋人自啖其肉，肉尽而毙，何其愚也！然二主孰为优劣？"对曰："齐后主懦弱，政出多门；周天元骄暴，威福在己；虽同为亡国，齐主尤劣也。"

夏，闰四月，癸酉，任城王道宗败吐谷浑于库山[4]。吐谷浑可汗伏允悉烧野草，轻兵走入碛。诸将以为"马无草，疲瘦，未可深入"。侯君集曰："不然。向者段志玄军还，才及鄯州，虏已至其城下。盖虏犹完实，众为之用故也。今一败之后，鼠逃鸟散，斥候亦绝，君臣携离，父子相失，取之易于拾芥，此而不乘，后必悔之。"李靖从之。中分其军为两道：靖与薛万均、李大亮由北道，君集与任城王道宗由南道。戊子，靖部将薛孤儿败吐谷浑于曼头山[5]，斩其名王，大获杂畜，以充军食。癸巳，靖等败吐谷浑于牛心堆[6]，又败诸赤水源。侯君集、任城王道宗引兵行无人之境二千余里，盛夏降霜，经破逻真谷[7]，其地无水，人吃冰，马啖雪。五月，追及伏允于乌海，与战，大破之，获其名王。薛万均、薛万彻又败天柱王于赤海。

太上皇自去秋得风疾，庚子，崩于垂拱殿[8]。甲辰，群臣请上准遗诰视军国大事，上不许。乙巳，诏太子承乾于东宫平决庶政。

赤水之战，薛万均、薛万彻轻骑先进，为吐谷浑所围，兄弟皆中枪，失马步斗，从骑死者什六七，左领军将军契苾何力将数百骑

吐谷浑首府伏俟城故址

救之，竭力奋击，所向披靡，万均、万彻由是得免。李大亮败吐谷浑于蜀浑山，获其名王二十人。将军执失思力败吐谷浑于居茹川。李靖督诸军经积石山河源，至且末，穷其西境。闻伏允在突伦川，将奔于阗[9]，契苾何力欲追袭之，薛万均惩其前败，固言不可。何力曰："虏非有城郭，随水草迁徙，若不因其聚居袭取之，一朝云散，岂得复倾其巢穴邪！"自选骁骑千余，直趣突伦川，万均乃引兵从之。碛中乏水，将士刺马血饮之。袭破伏允牙帐，斩首数千级，获杂畜二十余万，伏允脱身走，俘其妻子。侯君集等进逾星宿川[10]，至柏海[11]，还与李靖军合。

大宁王顺，隋氏之甥、伏允之嫡子也，为侍中于隋，久不得归，伏允立侍子为太子[12]，及归[13]，意常怏怏。会李靖破其国，国人穷蹙，怨天柱王；顺因众心，斩天柱王，举国请降。伏允帅千余骑逃碛中，十余日，众散稍尽，为左右所杀。国人立顺为可汗。壬子，李靖奏平吐谷浑。乙卯，诏复其国，以慕容顺为西平郡王、趉故吕乌甘豆可汗。上虑顺未能服其众，仍命李大亮将精兵数千为其声援。

六月，己丑，群臣复请听政，上许之，其细务仍委太子，太子颇能听断。是后上每出行幸，常令居守监国。

【注释】

①洮州羌：洮州羌人。洮州，在今甘肃临潭县东新城。　②壬辰：从前后看可能有误，或为"壬午"，为三月十六日。　③民赀分三等：事在武德六年(623)，三月，令天下户量其资产，定为三等。"赀"，通"资"。④库山：又名嶂山。即今青海天峻县南库库若尔岭。　⑤曼头山：在今青海共和县西南一带。　⑥牛心堆：地名。在今青海西宁市西南。⑦破逻真谷：在今青海都兰县东南一带。　⑧垂拱殿：大安宫之垂拱前殿。　⑨于阗：国名。在今新疆和田县一带。　⑩星宿川：在今青海黄河上游星宿海。　⑪柏海：即今青海黄河上源鄂陵湖、扎陵湖。　⑫侍：盖"他"之误。　⑬及归：指太子顺于武德二年(619)回归。

秋，七月，庚子，盐泽道行军副总管刘德敏击叛羌，破之。

丁巳，诏："山陵依汉长陵故事[1]，务存隆厚。"期限既促，功不能及。秘书监虞世南上疏，以为：“圣人薄葬其亲，非不孝也，深思远虑，以厚葬适足为亲之累，故不为耳。昔张释之有言[②]：‘使其中有可欲，虽锢南山犹有隙。’刘向言[③]：‘死者无终极而国家有废兴，释之之言，为无穷计也。’其言深切，诚合至理。伏唯陛下圣德度越唐、虞，而厚葬其亲乃以秦、汉为法，臣窃为陛下不取。虽复不藏金玉，后世但见丘垄如此其大，安知其中无金玉邪！且今释服已依霸陵[④]，而丘垄之制独依长陵，恐非所宜。伏愿依《白虎通》为三仞之坟[⑤]，器物制度，率皆节损，仍刻石立之陵旁，别书一通，藏之宗庙，用为子孙永久之法。”疏奏，不报。世南复上疏，以为：“汉天子即位即营山陵，远者五十余年；今以数月之间为数十年之功，恐于人力有所不逮。”上乃以世南疏授有司，令详处其宜。房玄龄等议，以为：“汉长陵高九丈，原陵高六丈[⑥]，今九丈则太崇，三仞则太卑，请依原陵之制。”从之。

辛亥，诏：“国初草创，宗庙之制未备，今将迁祔，宜令礼官详议。”谏议大夫朱子奢请立三昭三穆而虚太祖之位。于是增修太庙，祔弘农府君及高祖并旧神主四为六室。房玄龄等议以凉武昭王为始祖。左庶子于志宁议以为武昭王非王业所因，不可为始祖；上从之。

党项寇叠州。

李靖之击吐谷浑也，厚赂党项，使为乡导。党项酋长拓跋赤辞来，谓诸将曰：“隋人无信，喜暴掠我。今诸军苟无异心，我请供其资粮；如或不然，我将据险以塞诸军之道。”诸将与之盟而遣之。赤水道行军总管李道彦行至阔水[⑦]，见赤辞无备，袭之，获牛羊数千头。于是群羌怨怒，屯野狐峡，道彦不得进；赤辞击之，道彦大败，死者数万，退保松州[⑧]。左骁卫将军樊兴逗遛失军期，士卒失亡多。乙卯，道彦、兴皆坐减死徙边。

上遣使劳诸将于大斗拔谷[⑨]，薛万均排毁契苾何力，自称己功。何力不胜忿，拔刀起，欲杀万均，诸将救止之。上闻之，以让何力，何力具言其状[⑩]，上怒，欲解万均官以授何力，何力固辞，曰：“陛下以臣之故解万均官，群胡无知，以陛下为重胡轻汉，转相诬告，驰竞必多。且使胡人谓诸将皆如万均，将有轻汉之心。”上善之而止。寻令宿卫北门,检校屯营事[11],尚宗女临洮县主。

岷州都督、盐泽道行军总管高甑生后军期,李靖按之。甑生恨靖,诬告靖谋反,按验无状。八月,庚辰,甑生坐减死徙边。或言:“甑生,秦府功臣,宽其罪。”上曰:“甑生违李靖节度,又诬其反,此而可宽,法将安施!且国家自起晋阳,功臣多矣,若甑生获免,则人人犯法,安可复禁乎!我于旧勋,未尝忘也,为此不敢赦耳。”李靖自是阖门杜绝宾客,虽亲戚不得妄见也。

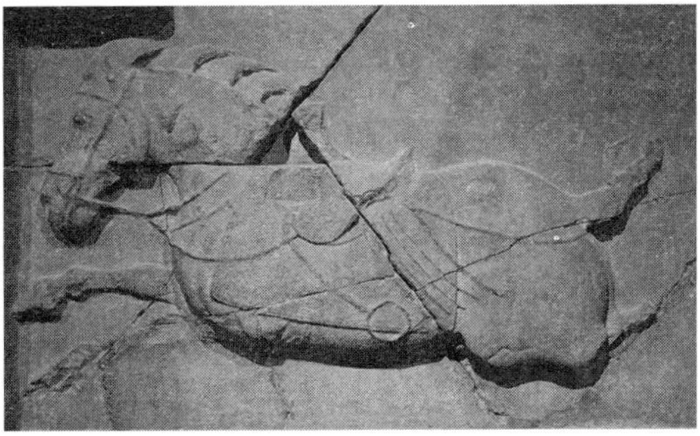

唐昭陵六骏之一

上欲自诣园陵,群臣以上哀毁羸瘠,固谏而止。

冬,十月,乙亥,处月初遣使入贡。处月、处密,皆西突厥之别部也。

庚寅,葬太武皇帝于献陵[12],庙号高祖;以穆皇后祔葬,加号太穆皇后。

十一月,庚戌,诏议于太原立高祖庙。秘书监颜师古议,以为:“寝庙应在京师,汉世郡国立庙,非礼。”乃止。

戊午,以光禄大夫萧瑀为特进,复令参预政事。上曰:“武德六年以后,高祖有废立之心而未定,我不为兄弟所容,实有功高不赏之惧。斯人也,不可以利诱,不可以死胁,真社稷臣也!”因赐瑀诗曰:“疾风知劲草,板荡识诚臣[13]。”又谓瑀曰:“卿之忠直,古人不过;然善恶太明,亦有时而失。”瑀再拜谢。魏征曰:“瑀违众孤立,唯陛下知其忠劲,向不遇圣明,求免难矣!”

特进李靖上书,请依遗诰,御常服;临正殿;弗许。

吐谷浑甘豆可汗久质中国,国人不附,竟为其下所杀。子燕王诺曷钵立。诺曷钵幼,大臣争权,国中大乱。十二月,诏兵部尚书侯君集等将兵援之;先遣使者谕解,有不奉诏者,随宜讨之。

【注释】

①长陵:西汉高祖刘邦之墓。皇甫谧言,东西广百二十步,高十三丈。下文房玄龄云,高九丈,盖古今尺度长短有异。　②张释之:西汉法律学家。字季,今河南方城人,曾官至廷尉。此言见十四卷汉文帝三年(前177),表明一种薄葬观点。　③刘向:西汉经学家、目录学家、文学家。今江苏沛县人。官至中垒校尉。其言见三十一卷汉成帝永始元年(前16),重申张释之薄葬观。　④霸陵:即汉文帝刘恒墓,在陕西西安市东北。此指文帝遗诏。汉文帝遗诏三十七日释服,即脱去孝衣,不服孝了。　⑤《白虎通义》:书名。也称《白虎通》。为班固等述,六卷。⑥原陵:本指在今河南洛阳市东白马寺东洛水北岸汉魏洛阳故城西北刘家井大冢,东汉光武帝刘秀墓也在此,这里指光武帝墓。　⑦阔水:水名。在今四川松潘县一带。　⑧松州:治今四川松潘县。　⑨大斗拔谷:地名。即今甘肃民乐县东南甘、青二省交界处扁都口隘路。　⑩其状:何力赤水之战时救出万均兄弟于围困之中及被排毁之状。　⑪屯营:玄武门曾设左右屯营,以诸卫将军领之,其兵名曰飞骑。　⑫献陵:唐高祖李渊之墓。在今陕西三原县。　⑬疾风知劲草,板荡识诚臣:疾风知劲草,言风疾才知草劲健有力,吹不倒,比喻人的节操坚定,经得起考验;板荡,《诗经·大雅》有“板”“荡”二篇,讥周厉王无道,败坏国家。后因以指政局变乱,社会不安。言在变乱不安中才认识到忠臣。

十年　春,正月,甲午,上始亲听政。

辛丑,以突厥拓设阿史那社尔为左骁卫大将军。社尔,处罗可汗之子也,年十一,以智略闻。可汗以为拓设,建牙于碛北,与欲谷设分统敕勒诸部,居官十年,未尝有所赋敛。诸设或鄙其不能为富贵[①],社尔曰:“部落苟丰,于我足矣。”诸设惭服。及薛延陀叛,攻破欲谷设[②],社尔兵亦败,将其余众走保西陲。颉利可汗既亡,西突厥亦乱,咄陆可汗兄弟争国[③]。社尔诈往降之,引兵袭破西突厥,取其地几半,有众十余万,自称答布可汗。社尔乃谓诸部曰:“首为乱破我国者,薛延陀也,我当为先可汗报仇击灭之。”诸部皆谏曰:“新得西方,宜且留镇抚。今遽舍之远去,西突厥必来取其故地。”社尔不从,击薛延陀于碛北,连兵百余日。会咥利失可汗立[④],社尔之众苦于久役,多弃社尔逃归。薛延陀纵兵击之,社尔大败，走保高昌，其旧兵在者才万余家，又畏西突厥之逼，遂帅众来降。敕处其部落于灵州之北，留社尔于长安，尚皇妹南阳长公主，典屯兵于苑内。

癸丑，徙赵王元景为荆王，鲁王元昌为汉王，郑王元礼为徐王，徐王元嘉为韩王，荆王元则为彭王，滕王元懿为郑王，吴王元轨为霍王，豳王元凤为虢王，陈王元庆为道王，魏王灵夔为燕王，蜀王恪为吴王[⑤]，越王泰为魏王，燕王祐为齐王，梁王愔为蜀王，郯王恽为蒋王，汉王贞为越王，申王慎为纪王。

二月，乙丑，以元景为荆州都督，元昌为梁州都督，元礼为徐州都督，元嘉为潞州都督，元则为遂州都督，灵夔为幽州都督，恪为潭州都督，泰为相州都督，祐为齐州都督，愔为益州都督，恽为安州都督，贞为扬州都督。泰不之官，以金紫光禄大夫张亮为长史，行都督事[⑥]。上以泰好文学，礼接士大夫，特命于其府别置文学馆，听自引召学士。

三月，丁酉，吐谷浑王诺曷钵遣使请颁历，行年号，遣子弟入侍，并从之。丁未，以诺曷钵为河源郡王、乌地也拔勤豆可汗。

癸丑，诸王之藩，上与之别曰："兄弟之情，岂不欲常共处邪！但以天下之重，不得不尔。诸子尚可复有，兄弟不可复得。"因流涕呜咽不能止。

夏，六月，壬申，以温彦博为右仆射，太常卿杨师道为侍中。

侍中魏征屡以目疾求为散官，上不得已，以征为特进，仍知门下事[⑦]，朝章国典，参议得失，徒流以上罪，详事闻奏；其禄赐、吏卒并同职事。

【注释】

①诸设：突厥谓子弟典兵者为设。与社尔同时典兵者众，故称诸设。　②及薛延陀叛，攻破欲谷设：事见一百九十二卷贞观元年(627)。　③"颉利"句：事见上卷贞观四年(630)。　④咥利失可汗立：见贞观八年(634)。　⑤"徙赵王元景"句：蜀王恪以上皆皇上诸弟，以下皆皇子。　⑥行都督事：唐制，凡注官，阶卑而拟高者则曰守，阶高而拟卑者则曰行。今张亮行都督事，及用宋、齐诸王典方面置行事之例，与注官之行不同。　⑦仍知门下事：言虽居侍中之职，还令知门下事。

长孙皇后性仁孝俭素，好读书，常与上从容商略古事[①]，因而献替[②]，裨益弘多。上或以非罪谴怒宫人，后亦阳怒，请自推鞫[③]，因命囚系，俟上怒息，徐为申理，由是宫壶之中，刑无枉滥。豫章公主早丧其母[④]，后收养之，慈爱逾于所生。妃嫔以下有疾，后亲抚视，辍己之药膳以资之，宫中无不爱戴。训诸子，常以谦俭为先，太子乳母遂安夫人尝白后[⑤]，以东宫器用少，请奏益之。后不许，曰："为太子，患在德不立，名不扬，何患无器用邪！"

上得疾，累年不愈，后侍奉，昼夜不离侧。常系毒药于衣带，曰："若有不讳[⑥]，义不独生。"后素有气疾，前年从上幸九成宫，柴绍等中夕告变，上擐甲出阁问状，后扶疾以从，左右止之，后曰："上既震惊，吾何心自安！"由是疾遂甚。太子言于后曰："医药备尽而疾不瘳，请奏赦罪人及度人入道，庶获冥福[⑦]。"后曰："死生有命，非智力所移。若为善有福，则吾不为恶；如其不然，妄求何益！赦者国之大事，不可数下。道、释异端之教[⑧]，蠹国病民[⑨]，皆上素所不为，奈何以吾一妇人使上为所不为乎！必行汝言，吾不如速死！"太子不敢奏，私以语房玄龄，玄龄白上，上哀之，欲为之赦，后固止之。

及疾笃，与上诀。时房玄龄以谴归第，后言于帝曰："玄龄事陛下久，小心慎密，奇谋秘计，未尝宣泄，苟无大故，愿勿弃之。妾之本宗，因缘葭莩以致禄位[⑩]，既非德举，易致颠危，欲使其子孙保全，慎勿处之权要，但以外戚奉朝请足矣。妾生无益于人，不可以死害人，愿勿以丘垄劳费天下，但因山为坟，器用瓦木而已。仍愿陛下亲君子，远小人，纳忠谏，屏谗慝，省作役，止游畋，妾虽没于九泉，诚无所恨。儿女辈不必令来，见其悲哀，徒乱人意。"因取衣中毒药以示上曰："妾于陛下不豫之日，誓以死从乘舆，不能当吕后之地耳。"己卯，崩于立政殿。

后尝采自古妇人得失事为《女则》三十卷，又尝著论驳汉明德马后以不能抑退外亲[⑪]，使当朝贵盛，徒戒其车如流水马如龙，是开其祸败之源而防其末流也。及崩，宫司并《女则》奏之，上览之悲恸，以示近臣曰："皇后此书，足以垂范百世。朕非不知天命而为无益之悲，但入宫不复闻规谏之言，失一良佐，故不能忘怀耳！”乃召房玄龄，使复其位。

【注释】

①商略：商讨，评说。 ②献替：即献可替否。进献可行者，替去不可行者，亦即诤言进谏之意。 ③推鞫：推究鞫问，即审问。 ④豫章公主：皇上之女，后下嫁唐义识。 ⑤遂安夫人：唐制，太子乳母封郡夫人。本睦州人，即遂安郡，故称遂安夫人。 ⑥不讳：死的婉辞。意为人死不可隐讳，不可避免。 ⑦冥福：指封建迷信所谓的阴间的福祉。 ⑧异端：旧时指不符合正统思想的主张或教义，称异端或邪说，并称异端邪说。 ⑨蠹（dù 度）国病民：蠹，蛀虫；即蠹于国，病于民；对国家是蛀虫，对民众是病害。 ⑩葭莩：芦苇中的白色薄膜。喻关系淡薄。 ⑪汉明德马皇后：汉明帝马皇后。《谥法》云：忠和纯淑曰德。马皇后谥“德”，故称。

秋，八月，丙子，上谓群臣曰：“朕开直言之路，以利国也，而比来上封事者多讦人细事，自今复有为是者，朕当以谗人罪之。”

冬，十一月，庚午[1]，葬文德皇后于昭陵[2]。将军段志玄、宇文士及分统士众出肃章门[3]。帝夜使宫官至二人所，士及开营内之；志玄闭门不纳，曰：“军门不可夜开。”使者曰：“此有手敕。”志玄曰：“夜中不辩真伪。”竟留使者至明。帝闻而叹曰：“真将军也！”

帝复为文刻之石，称“皇后节俭，遗言薄葬，以为‘盗贼之心，止求珍货，既无珍货，复何所求。’朕之本志，亦复如此。王者以天下为家，何必物在陵中，乃为己有。今因九嵕山为陵，凿石之工才百余人，数十日而毕。不藏金玉，人马、器皿，皆用土木，形具而已，庶几奸盗息心，存没无累，当使百世子孙奉以为法。”

上念后不已，于苑中作层观以望昭陵[4]，尝引魏征同登，使视之。征熟视之曰：“臣昏眊[5]，不能见。”上指示之，征曰：“臣以为陛下望献陵[6]，若昭陵，则臣固见之矣。”上泣，为之毁观。

十二月，戊寅，朱俱波、甘棠遣使入贡[7]。朱俱波在葱岭之北，去瓜州三千八百里。甘棠在大海南。上曰：“中国既安，四夷自服。然朕不能无惧，昔秦始皇威振胡、越，二世而亡，唯诸公匡其不逮耳。”

魏王泰有宠于上，或言三品以上多轻魏王。上怒，引三品以上，作色让之曰：“隋文帝时，一品以下皆为诸王所颠踬[8]，彼岂非天子儿邪！朕但不听诸子纵横耳，闻三品以上皆轻之，我若纵之，岂不能折辱公辈乎！”房玄龄等皆惶惧流汗拜谢。魏征独正色曰：“臣窃计当今群臣，必无敢轻魏王者。在礼，臣、子一也。《春秋》，王人虽微，序于诸侯之上[9]。三品以上皆公卿，陛下所尊礼。若纪纲大坏，固所不论；圣明在上，魏王必无顿辱群臣之理。隋文帝骄其诸子，使多行无礼，卒皆夷灭，又足法乎！”上悦，曰：“理到之语，不得不服。朕以私爱忘公义，向者之忿，自谓不疑，及闻征言，方知理屈。人主发言何得容易乎！”

上曰：“法令不可数变，数变则烦，官长不能尽记；又前后差违，吏得以为奸。自今变法，皆宜详慎而行之。”

治书侍御史权万纪上言：“宣、饶二州银大发采之[10]，岁可得数百万缗。”上曰：“朕贵为天子，所乏者非财也，但恨无嘉言可以利民耳。与其多得数百万缗，何如得一贤才！卿未尝进一贤、退一不肖，而专言税银之利。昔尧、舜抵璧于山，投珠于谷[11]，汉之桓、灵乃聚钱为私藏[12]，卿欲以桓、灵俟我邪！”是日，黜万纪，使还家。

是岁，更命统军为折冲都尉[13]，别将为果毅都尉[14]。凡十道，置府六百三十四，而关内二百六十一，皆隶诸卫及东宫六率[15]。凡上府兵千二百人，中府千人，下府八百人。三百人为团，团有校尉；五十人为队，队有正；十人为火，火有长。每人兵甲粮装各有数，皆自备，输之库，有征行则给之。年二十为兵，六十而免。其能骑射者为越骑，其余为步兵。每岁季冬，折冲都尉帅其属教战，当给马者官予其直市之。凡当宿卫者番上[16]，兵部以远近给番，远疏、近数，皆一月而更。

【注释】

①庚午：疑误，待考。 ②文德皇后：即长孙皇后，逝世后追谥“文德”。昭陵：长孙皇后墓，后唐太宗李世民与之合墓。在今陕西礼泉县东北九嵕（zōng 宗）山。 ③肃章门：为西入宫内的门。 ④层观：层层叠叠的高观。观，也称阙，宫门前两边的望楼。《尔雅》孙炎注：“宫门两

阙,旧章悬焉,使民观之。"故称观。 ⑤昏眊(mào 帽):老眼昏花。 ⑥献陵:唐高祖李渊的陵墓。 ⑦朱俱波:又写作朱驹槃、朱驹波,又称悉没半,古国名,都于呼犍,即今新疆叶城西南,后迁今叶城。甘棠:古国名。胡注:"甘棠在西海之南,昆仑人也。二国皆在西域。"或在甘棠州,今越南安沛省境。 ⑧颠踬:颠覆摧折。 ⑨《春秋》,王者虽微,序于诸侯之上:见《春秋》僖公七年"公会王人、齐侯、宋公、卫侯……"。《公羊传》曰:"王人者何? 微者也。曷为序乎诸侯之上? 先王命也。" ⑩宣、饶二州:治今安徽宣城、江西波阳县。 ⑪"昔尧"句:抵璧投珠,事见陆贾《新语》:"圣人不用珠玉而宝其身,故舜弃黄金于巉岩之山,捐珠玉于五湖之川,以杜淫邪之欲也。" ⑫桓、灵乃聚钱为私藏:事见卷五十七汉灵帝光和元年(178)。 ⑬折冲都尉:官名。全国各州府设置,仅次于大将军。 ⑭果毅都尉:唐统府兵的官。 ⑮东宫六率:即东宫六率府。左、右卫率,拟上台左、右卫将军;左、右宗卫率,拟左、右领军将军;左、右监门率,拟左、右监门将军。 ⑯番上:轮番上班。

十一年 春,正月,徙郐王元裕为邓王[①],谯王元名为舒王。

辛卯,以吴王恪为安州都督,晋王治为并州都督,纪王慎为秦州都督。将之官,上赐书戒敕曰:"吾欲遗汝珍玩,恐益骄奢,不如得此一言耳。"

上作飞山宫。庚子,特进魏征上疏,以为:"炀帝恃其富强,不虞后患,穷奢极欲,使百姓困穷,以至身死人手,社稷为墟。陛下拨乱返正[②],宜思隋之所以失,我之所以得,撤其峻宇,安于卑宫;若因基而增广,袭旧而加饰,此则以乱易乱,殃咎必至,难得易失,可不念哉!"

房玄龄等先受诏定律令,以为:"旧法,兄弟异居,荫不相及,而谋反连坐皆死;祖孙有荫,而止应配流。据礼论情,深为未惬。今定律,祖孙与兄弟缘坐者俱配役。"从之。自是比古死刑,除其太半,天下称赖焉。玄龄等定律五百条,立刑名二十等[③],比隋律减大辟九十二条,减流入徒者七十一条,凡削烦去蠹,变重为轻者,不可胜纪。又定令一千五百九十余条。武德旧制,释奠于太学,以周公为先圣,孔子配飨;玄龄等建议停祭周公,以孔子为先圣，颜回配飨。又删武德以来敕格，定留七百条，至是颁行之。又定枷、杻、钳、鏁、杖、笞[4]，皆有长短广狭之制。

自张蕴古之死，法官以出罪为戒[5]；时有失入者，又不加罪。上尝问大理卿刘德威曰："近日刑网稍密，何也?"对曰："此在主上，不在群臣，人主好宽则宽，好急则急。律文：失入减三等，失出减五等。今失入无辜，失出更获大罪，是以吏各自免，竞就深文，非有教使之然，畏罪故耳。陛下倘一断以律，则此风立变矣。"上悦，从之。由是断狱平允。

上以汉世豫作山陵，免子孙苍猝劳费，又志在俭葬，恐子孙从俗奢靡。二月，丁巳，自为终制，因山为陵，容棺而已。

甲子，上行幸洛阳宫。

上至显仁宫[6]，官吏以缺储偫[7]，有被谴者。魏征谏曰："陛下以储偫谴官吏，臣恐承风相扇，异日民不聊生，殆非行幸之本意也。昔炀帝讽郡县献食，视其丰俭以为赏罚，故海内叛之。此陛下所亲见，奈何欲效之乎!"上惊曰："非公不闻此言。"因谓长孙无忌等曰："朕昔过此，买饭而食，僦舍而宿，今供顿如此，岂得嫌不足乎!"

三月，丙戌朔，日有食之。

庚子，上宴洛阳宫西苑[8]，泛积翠池，顾谓侍臣曰："炀帝作此宫苑，结怨于民，今悉为我有，正由宇文述、虞世基、裴蕴之徒内为谄谀、外蔽聪明故也，可不戒哉!"

房玄龄、魏征上所定《新礼》一百三十八篇；丙午，诏行之。

以礼部尚书王珪为魏王泰师，上谓泰曰："汝事珪当如事我。"泰见珪，辄先拜，珪亦以师道自居。珪子敬直尚南平公主。先是，公主下嫁，皆不以妇礼事舅姑，珪曰："今主上钦明，动循礼法，吾受公主谒见，岂为身荣，所以成国家之美耳。"乃与其妻就席坐，令公主执笲行盥馈之礼[9]。是后公主始行妇礼，自珪始。

群臣复请封禅[10]，上使秘书监颜师古等议其礼，房玄龄裁定之。

夏，四月，己卯，魏征上疏，以为："人主善始者多，克终者寡，岂取之易而守之难乎？盖以殷忧则竭诚以尽下，安逸则骄恣而轻物；尽下则胡、越同心，轻物则六亲离德，虽震之以威怒，亦皆貌从而心不服故也。人主诚能见可欲则思知足，将兴缮则思知止，处高危则思谦降，临满盈则思挹损⑪，遇逸乐则思撙节⑫，在宴安则思后患，防壅蔽则思延纳，疾谗邪则思正己，行爵赏则思因喜而僭⑬，施刑罚则思因怒而滥，兼是十思，而选贤任能，固可以无为而治，又何必劳神苦体以代百司之任哉！”

【注释】

①郐王：郐（kuài 快），周朝国名，在今河南新密市东北。唐封王，皆以古国名。 ②拨乱返正：也作拨乱反正。谓治理乱世，使其恢复正常安定。《公羊传》哀公十四年（前555）：“拨乱世，反诸正，莫近诸《春秋》。” ③刑名二十等：笞刑五，自十至于五十；杖刑五，自六十至于百；徒刑五，自一年至于三年；流刑三，白千里至于三千里；死刑二，绞、斩。 ④枷、杻、钳、鏁、杖、笞：皆刑具名。械其颈曰枷；械其手曰杻（chǒu 丑）；钳，以铁束颈；鏁，同“锁”，为锁俗字，以铁环相钩连的锁链锁其颈，即称琅当其颈；杖，即棍棒，长三尺五寸，削去节目，讯杖大头径三分二厘，小头二分二厘，常行杖大头二分七厘，小头一分七厘；笞杖，大头二分，小头一分有半。 ⑤出罪：与入罪相对，出离罪行轻判；反之加入罪行重判。 ⑥显仁宫：在今河南宜阳县。隋炀帝大业元年（605）所建。 ⑦储偫（zhì 志）：储备。偫，具、备。 ⑧西苑：隋大业元年（605）筑，北距邙山，西至孝水，南带洛水支渠，谷、洛二水会于其间，虑其泛溢，为三陂以御之：一曰积翠，二曰月陂，三曰上阳。苑墙周回一百二十六里。积翠即积翠池。 ⑨“令公主”句：笲（fán 烦），竹器，以盛枣栗腶修；盥，洗手脸；馈，妇以特豚馈。言行妇之礼。 ⑩群臣复请封禅：指五年诸州朝集使请封禅，六年文武官请，今众臣请。 ⑪挹损：减少。 ⑫撙节：约束，克制。 ⑬僭（jiàn 渐）：过分，越分。

资治通鉴卷第一百九十五

唐纪十一　起强圉作噩五月，尽上章困敦，凡三年有奇。

太宗文武大圣大广孝皇帝中之上

贞观十一年　五月，壬申[①]，魏征上疏，以为："陛下欲善之志不及于昔时，闻过必改少亏于曩日，谴罚积多，威怒微厉。乃知贵不期骄，富不期侈[②]，非虚言也。且以隋之府库、仓廪、户口、甲兵之盛，考之今日，安得拟伦！然隋以富强动之而危，我以寡弱静之而安；安危之理，皎然在目。昔隋之未乱也，自谓必无乱；其未亡也，自谓必无亡。故赋役无穷，征伐不息，以至祸将及身而尚未之寤也。夫鉴形莫如止水，鉴败莫如亡国。伏愿取鉴于隋，去奢从约，亲忠远佞，以当今之无事，行畴昔之恭俭，则尽善尽美，固无得而称焉。夫取之实难，守之甚易，陛下能得其所难，岂不能保其所易乎！"

六月，右仆射虞恭公温彦博薨[③]。彦博久掌机务，知无不为。上谓侍臣曰："彦博以忧国之故，精神耗竭，我见其不逮，已二年矣，恨不纵其安逸，竟夭天年！"

丁巳，上幸明德宫。

己未，诏荆州都督荆王元景等二十一王所任刺史，咸令子孙世袭。戊辰，又以功臣长孙无忌等十四人为刺史，亦令世袭；非有大故，无得黜免。

己巳，徙许王元祥为江王。

秋，七月，癸未，大雨，谷、洛溢入洛阳宫[4]，坏官寺、民居，溺死者六千余人。

魏征上疏，以为："《文子》曰[5]：'同言而信，信在言前；同令而行，诚在令外。'自王道休明，十有余年，然而德化未洽者，由待下之情未尽诚信故也。今立政致治，必委之君子；事有得失，或访之小人。其待君子也敬而疏，遇小人也轻而狎；狎则言无不尽，疏则情不上通。夫中智之人，岂无小慧！然才非经国，虑不及远，虽竭力尽诚，犹未免有败，况内怀奸宄，其祸岂不深乎！夫虽君子不能无小过，苟不害于正道，斯可略矣。既谓之君子而复疑其不信，何异立直木而疑其影之曲乎！陛下诚能慎选君子，以礼信用之，何忧不治！不然，危亡之期，未可保也。"上赐手诏褒美曰："昔晋武帝平吴之后，志意骄怠，何曾位极台司，不能直谏，乃私语子孙，自矜明智，此不忠之大者也[6]。得公之谏，朕知过矣。当置之几案以比弦、韦[7]。"

乙未，车驾还洛阳，诏："洛阳宫为水所毁者，少加修缮，才令可居。自外众材，给城中坏庐舍者。令百官各上封事，极言朕过。"壬寅，废明德宫及飞山宫之玄圃院，给遭水者。

【注释】

①壬申：疑误，待考。 ②贵不期骄，富不期侈：《尚书·周官》："位不期骄，禄不期侈。"孔安国注："贵不与骄期而骄自至，富不与侈期而侈自来，骄侈以行已，所以速亡。"魏征引此以言骄侈之弊。 ③虞恭公：为温彦博的谥号。《谥法》：尊贤敬让曰恭，执事坚固曰恭，执礼御宾曰恭。盖温彦博生前具备这些，故谥虞恭公。 ④谷、洛溢入洛阳宫：因洛水贯都，谷洛二水会于禁苑之间，故此。 ⑤《文子》：书名。九篇。其书杂取儒、墨、名、法诸家语，以解释《道德经》。 ⑥"昔晋武帝"句：事见卷八十七晋怀帝永嘉三年(309)。 ⑦弦韦：佩戴弦韦。弦，弓弦；韦，曾皮。弦紧皮软，以比喻急缓。故古人性情急躁与迟缓的人身上佩戴弦韦以自诫。如《韩非子·观行》："西门豹之性急，故佩韦以自缓；董安于之性缓，故佩弦以自急。"后比做规劝自警。

八月，甲子，上谓侍臣曰："上封事者皆言朕游猎太频。今天下无事，武备不可忘，朕时与左右猎于后苑，无一事烦民，夫亦何伤！”魏征曰：“先王惟恐不闻其过。陛下既使之上封事，止得恣其陈述。苟其言可取，固有益于国；若其无取，亦无所损。”上曰：“公言是也。”皆劳而遣之。

侍御史马周上疏，以为：“三代及汉，历年多者八百，少者不减四百，良以恩结人心，人不能忘故也。自是以降，多者六十年，少者才二十余年，皆无恩于人，本根不固故也。陛下当隆禹、汤、文、武之业，为子孙立万代之基，岂得但持当年而已！今之户口不及隋之什一，而给役者兄去弟还，道路相继。陛下虽加恩诏，使之裁损，然营缮不休，民安得息！故有司徒行文书，曾无事实。昔汉之文、景，恭俭养民，武帝承其丰富之资，故能穷奢极欲而不至于乱。向使高祖之后即传武帝，汉室安得久存乎！又，京师及四方所造乘舆器用及诸王、妃、主服饰，议者皆不以为俭。夫昧爽丕显，后世犹怠[①]，陛下少居民间，知民疾苦，尚复如此，况皇太子生长深宫，不更外事，万岁之后[②]，固圣虑所当忧也。臣观自古以来，百姓愁怨，聚为盗贼，其国未有不亡者，人主虽欲追改，不能复全。故当修于可修之时，不可悔之于已失之后也。盖幽、厉尝笑桀、纣矣，炀帝亦笑周、齐矣，不可使后之笑今如今之笑炀帝也！贞观之初，天下饥歉[③]，斗米直匹绢，而百姓不怨者，知陛下忧念不忘故也。今比年丰穰，匹绢得粟十余斛，而百姓怨咨者，知陛下不复念之，多营不急之务故也。自古以来，国之兴亡，不以畜积多少，在于百姓苦乐。且以近事验之，隋贮洛口仓而李密因之，东都积布帛而世充资之，西京府库亦为国家之用，至今未尽。夫畜积固不可无，要当人有余力，然后收之，不可强敛以资寇敌也。夫俭以息人，陛下已于贞观之初亲所履行，在于今日为之，固不难也。陛下必欲为久长之谋，不必远求上古，但如贞观之初，则天下幸甚。陛下宠遇诸王，颇有过厚者[④]，万代之后[⑤]，不可不深思也。且魏武帝爱陈思王，及文帝即位，囚禁诸王，但无缧绁耳[⑥]。然则武帝爱之，适所以苦之也。又，百姓所以治安，唯在刺史、县令，苟选用得人，则陛下可以端拱无为。今朝廷唯重内官而轻州县之选，刺史多用武人，或京官不称职始补外任，边远之处，用人更轻。所以百姓未安，殆由于此。"疏奏，上称善久之，谓侍臣曰："刺史朕当自选；县令，宜诏京官（五品）已上各举一人。"

冬，十月，癸丑，诏勋戚亡者皆陪葬山陵[7]。

上猎于洛阳苑，有群豕突出林中，上引弓四发，殪四豕。有豕突前，及马镫；民部尚书唐俭投马搏之，上拔剑斩豕，顾笑曰："天策长史不见上将击贼邪[8]，何惧之甚！"对曰："汉高祖以马上得之，不以马上治之[9]；陛下以神武定四方，岂复逞雄心于一兽！"上悦，为之罢猎，寻加光禄大夫。

安州都督吴王恪数出畋猎，颇损居人；侍御史柳范奏弹之。丁丑，恪坐免官，削户三百。上曰："长史权万纪事吾儿，不能匡正，罪当死。"柳范曰："房玄龄事陛下，犹不能止畋猎，岂得独罪万纪！"上大怒，拂衣而入。久之，独引范谓曰："何面折我？"对曰："陛下仁明，臣不敢不尽愚直[10]。"上悦。

十一月，辛卯，上幸怀州；丙午，还洛阳宫。

故荆州都督武士彟女，年十四，上闻其美，召入后宫，为才人。

【注释】

①昧爽丕显，后世犹怠：语引《左传·昭公三年》叔向引《谗鼎之铭》以为言。谓古代天不亮就起床勤务，名声大为显赫，可是后世还是懈怠。 ②万岁之后：避讳语，相当于一般所谓百年后，即避讳"死"字，亦即言"死后"。 ③饥歉：饥荒。歉，《广雅·释天》："一谷不升曰歉。" ④陛下宠遇诸王，颇有过厚者：当时魏王泰有宠于帝，故马周言及。 ⑤万代之后：万岁之后。 ⑥"且魏武帝"句：事见《汉献帝纪》《魏文帝纪》。缧绁：拘系犯人的绳子，引申为监狱。 ⑦诏勋戚亡者皆陪葬山陵：唐制，凡功臣密戚请陪陵者听之，以文武分为左右两列。若宫人陪葬，则陵户为之成坟。《唐会要》载：昭陵陪葬者，宫嫔、公主、主婿、勋贵及祖父陪陵而子孙从葬者，及四夷君长入宿卫而陪葬者，名氏最多，用此诏也。 ⑧天策长史：武德中，曾开天策上将府，以唐俭为长史，故称。 ⑨"汉高祖"句：引汉陆贾谏高祖之言。 ⑩陛下仁明，臣不敢不尽愚直：柳范据古语：君仁则臣直。又：君明则臣直，故云。

十二年 春，正月，乙未，礼部尚书王珪奏："三品已上遇亲王于路皆降乘，非礼。”上曰：“卿辈苟自崇贵，轻我诸子。”特进魏征曰：“诸王位次三公，今三品皆九卿、八座[①]，为王降乘，诚非所宜当。”上曰：“人生寿夭难期，万一太子不幸，安知诸王他日不为公辈之主[②]！何得轻之！”对曰：“自周以来，皆子孙相继，不立兄弟，所以绝庶孽之窥窬[③]，塞祸乱之源本，此为国者所深戒也。”上乃从珪奏。

吏部尚书高士廉、黄门侍郎韦挺、礼部侍郎令狐德棻、中书侍郎岑文本撰《氏族志》成，上之。先是，山东人士崔、卢、李、郑诸族，好自矜地望，虽累叶陵夷，苟他族欲与为昏姻，必多责财币，或舍其乡里而妄称名族，或兄弟齐列而更以妻族相陵。上恶之，命士廉等遍责天下谱谍，质诸史籍，考其真伪，辩其昭穆，第其甲乙，褒进忠贤，贬退奸逆，分为九等。士廉等以黄门侍郎崔民干为第一。上曰：“汉高祖与萧、曹、樊、灌皆起闾阎布衣[④]，卿辈至今推仰，以为英贤，岂在世禄乎！高氏偏据山东，梁、陈僻在江南，虽有人物，盖何足言！况其子孙才行衰薄，官爵陵替，而犹卬然以门地自负，贩鬻松槚[⑤]，依托富贵，弃廉忘耻，不知世人何为贵之！今三品以上，或以德行，或以勋劳，或以文学，致位贵显。彼衰世旧门，诚何足慕！而求与为昏，虽多输金帛，犹为彼所偃蹇[⑥]，我不知其解何也！今欲厘正讹谬，舍名取实，而卿曹犹以崔民干为第一，是轻我官爵而徇流俗之情也。”乃更命刊定，专以今朝品秩为高下，于是以皇族为首，外戚次之，降崔民干为第三。凡二百九十三姓，千六百五十一家，颁于天下。

二月，乙卯，车驾西还[⑦]；癸亥，幸河北[⑧]，观砥柱[⑨]。

甲子，巫州獠反，夔州都督齐善行败之，俘男女三千余口。

乙丑，上祀禹庙；丁卯，至柳谷，观盐池[⑩]。庚午，至蒲州，刺史赵元楷课父老服黄纱单衣迎车驾，盛饰廨舍楼观，又饲羊百余头，鱼数百头以馈贵戚。上数之曰：“朕巡省河、洛，凡有所须，皆资库物。卿所为乃亡隋之弊俗也。”甲戌，幸长春宫[⑪]。

戊寅，诏曰：“隋故鹰击郎将尧君素，虽桀犬吠尧[⑫]，有乖倒戈之志[⑬]，而疾风劲草[⑭]，实表岁寒之心[⑮]；可赠蒲州刺史，仍访其子孙以闻。”

闰月，庚辰朔，日有食之。

丁未，车驾至京师。

【注释】

①九卿：古时中央九个高级官职。周以三少、四司加冢宰、宗伯为九卿。历代沿袭，稍有变动。八座：封建王朝高级官员。隋唐以六尚书、左右仆射及令为八座。 ②“人生”句：当时太子有足病，魏王泰有宠，故太宗有此言。 ③窥窬：窥，暗中偷看；窬，门边小洞。窥窬，伺隙而动。即窥测时机，夺取皇位。 ④“汉高祖”句：高祖刘邦，沛人，初为泗水亭长；萧何，沛人，曾为沛主吏掾；曹参，沛人，曾为沛县狱吏；樊哙，沛人，少时屠狗为业；灌婴，睢阳人，本为贩卖丝绢小商。 ⑤贩鬻松槚：贩卖出售松槚类棺椁木材。此处表示门第地位低下。 ⑥偃蹇：由高耸引申为骄傲，傲慢。 ⑦车驾西还：谓自洛阳向西返回长安。 ⑧河北：古县名。治今山西平陆县西南平陆城，贞观元年(627)，度属陕州，陕州治今河南陕县。 ⑨砥柱：山名。在今河南陕县东北黄河中，今称三门峡。 ⑩“上祀”句：禹庙，即禹王庙，禹都安邑，后人立庙于此，在今山西夏县西北禹王城。盐池、柳谷也在安邑。 ⑪长春宫：北周武帝置，在今陕西大荔县朝邑镇西北。 ⑫桀犬吠尧：成语。桀，夏桀王，末代暴君；尧，传说中古圣君。桀犬吠尧，指坏人走狗咬好人，喻走狗一心为主子效劳。 ⑬倒戈：引武王伐纣，纣前徒倒戈，攻其后，以败北。后泛指投降。 ⑭疾风劲草：即疾风知劲草。比喻人在危难中才显示出意志坚定。 ⑮岁寒之心：《论语·子罕》：“岁寒然后知松柏之后凋也。”比喻在恶劣环境中才显示出坚定的心志。

三月，辛亥，著作佐郎邓世隆表请集上文章[①]。上曰：“朕之辞令，有益于民者，史皆书之，足为不朽。若其无益，集之何用！梁武帝父子、陈后主、隋炀帝皆有文集行于世[②]，何救于亡！为人主患无德政，文章何为！”遂不许。

丙子，以皇孙生，宴五品以上于东宫。上曰：“贞观之前，从朕经营天下，玄龄之功也。贞观以来，绳愆纠缪[③]，魏征之功也。”皆赐之佩刀。上谓征曰：“朕政事何如往年？”对曰：“威德所加，比贞观之初则远矣；人悦服则不逮也。”上曰：“远方畏威慕德，故来服；若其不逮，何以致之？”对曰：“陛下往以未治为忧，故德义日新；今以既治为安，故不逮。”上曰：“今所为，犹往年也，何以异？”对曰：“陛下贞观之初，恐人不谏，常导之使言，中间悦而从之。今则不然，虽勉从之，犹有难色。所以异也。”上曰：“其事可闻欤？”对曰：“陛下昔欲杀元律师，孙伏伽以为法不当死，陛下赐以兰陵公主园④，直百万。或云：‘赏太厚。’陛下云：‘朕即位以来，未有谏者，故赏之。’此导之使言也。司户柳雄妄诉隋资⑤，陛下欲诛之，纳戴胄之谏而止。是悦而从之也。近皇甫德参上书谏修洛阳宫，陛下恚之，虽以臣言而罢，勉从之也。⑥”上曰：“非公不能及此。人苦不自知耳！”

夏，五月，壬申，弘文馆学士永兴文懿公虞世南卒⑦，上哭之恸。世南外和柔而内忠直，上尝称世南有五绝：一德行，二忠直，三博学，四文辞，五书翰。

唐虞世南《孔子庙堂碑》拓片(局部)

秋，七月，癸酉，以吏部尚书高士廉为右仆射。

乙亥，吐蕃寇弘州。

八月，霸州山獠反，烧杀刺史向邵陵及吏民百余家。

初，上遣使者冯德遐抚慰吐蕃，吐蕃闻突厥、吐谷浑皆尚公主，遣使随德遐入朝，多赍金宝，奉表求婚；上未之许。使者还，言于赞普弃宗弄赞曰：“臣初至唐，唐待我甚厚，许尚公主。会吐谷浑王入朝，相离间，唐礼遂衰，亦不许婚。”弄赞遂发兵击吐谷浑。吐谷浑不能支，遁于青海之北⑧，民畜多为吐蕃所掠。

吐蕃进破党项、白兰诸羌，帅众二十余万屯松州西境，遣使贡金帛，云来迎公主。寻进攻松州，败都督韩威，羌酋阎州刺史别丛卧施、诺州刺史把利步利并以州叛归之。连兵不息，其大臣谏不听而自缢者凡八辈。壬寅，以吏部尚书侯君集为当弥道行军大总管，甲辰，以右领军大将军执失思力为白兰道、左武卫将军牛进达为阔水道、左领军将军刘简为洮河道行军总管，督步骑五万击之。

吐蕃攻城十余日，进达为先锋，九月，辛亥，掩其不备，败吐蕃于松州城下，斩首千余级。弄赞惧，引兵退，遣使谢罪，因复请婚，上许之。

【注释】

①著作佐郎：官名。属秘书省主管编纂国史等著作局的官员。②梁武帝父子：指梁武帝萧衍及其子昭明太子萧统，萧衍曾与人合著《通史》，有明人辑本《梁武帝御制集》；萧统，辑昭明《文选》三十卷，著有文集已秩，后人辑有《昭明太子集》。陈后主：南陈末代皇帝陈叔宝，善词赋，后人辑有《陈后主集》。　③绳愆纠缪：缪，通“谬”，乖错。举发及纠正错误。　④兰陵公主：唐太宗之女，下嫁窦怀悊。　⑤隋资：隋朝所授官资。　⑥“近皇甫德参”句：事见上卷贞观八年(634)。　⑦弘文馆：唐设学馆。属门下省。馆置学士，无定员。掌管校正图书、教授生徒，并参与朝廷礼仪制度沿革。文懿公：谥号。《谥法》：温柔贤善曰懿。⑧青海：即今青海省青海湖。

甲寅，上问侍臣：“创业与守成孰难？”房玄龄曰：“草昧之初[①]，与群雄并起角力而后臣之，创业难矣！”魏征曰：“自古帝王，莫不得之于艰难，失之于安逸，守成难矣！”上曰：“玄龄与吾共取天下，出百死，得一生，故知创业之难。征与吾共安天下，常恐骄奢生于富贵，祸乱生于所忽，故知守成之难。然创业之难，既已往矣；守成之难，方当与诸公慎之。”玄龄等拜曰：“陛下及此言，四海之福也。”

初，突厥颉利既亡，北方空虚，薛延陀真珠可汗帅其部落建庭于都尉犍山北、独逻水南[②]，胜兵二十万，立其二子拔酌、颉利苾主南、北部。上以其强盛，恐后难制，癸亥，拜其二子皆为小可汗，各赐鼓纛，外示优崇，实分其势。

冬，十月，乙亥，巴州獠反。

己卯，畋于始平[3]；乙未，还京师。

钧州獠反[4]；遣桂州都督张宝德讨平之。

十一月，丁未，初置左、右屯营飞骑于玄武门[5]，以诸将军领之。又简飞骑才力骁健、善骑射者，号百骑，衣五色袍，乘骏马，以虎皮为鞯[6]，凡游幸则从焉。

己巳，明州獠反[7]；遣交州都督李道彦讨平之。

十二月，辛巳，左武候将军上官怀仁击反獠于壁州[8]，大破之，虏男女万余口。

是岁，以给事中马周为中书舍人。周有机辩，中书侍郎岑文本常称："马君论事，援引事类，扬榷古今[9]，举要删烦，会文切理，一字不可增，亦不可减，听之靡靡，令人忘倦。"

霍王元轨好读书，恭谨自守，举措不妄。为徐州刺史，与处士刘玄平为布衣交。人问玄平王所长，玄平曰："无长。"问者怪之。玄平曰："夫人有所短乃见所长，至于霍王，无所短，吾何以称其长哉！"

初，西突厥咥利失可汗分其国为十部，每部有酋长一人，仍各赐一箭，谓之十箭。又分左、右厢，左厢号五咄陆，置五大啜，居碎叶以东[10]；右厢号五弩失毕，置五大俟斤，居碎叶以西；通谓之十姓。咥利失失众心，为其臣统吐屯所袭。咥利失兵败，与其弟步利设走保焉耆[11]。统吐屯等将立欲谷设为大可汗，会统吐屯为人所杀，欲谷设兵亦败，咥利失复得故地。至是，西部竟立欲谷设为乙毗咄陆可汗。乙毗咄陆既立，与咥利失大战，杀伤甚众。因中分其地，自伊列水以西属乙咄陆[12]，以东属咥利失。

处月、处密与高昌共攻拔焉耆五城，掠男女一千五百人，焚其庐舍而去。

【注释】

①草昧之初：草昧，见《易·屯》："天造草昧。"《疏》："草谓草创，昧谓冥昧……言物之初造，其形未著，其体未彰，故在幽冥暗昧也。"也指混乱的时世。此指在战争混乱中开创王业之初。 ②都尉犍山：即《新唐

书》中的乌德鞬山，亦今蒙古国境内的杭爱山脉。③始平：古县名。治今陕西咸阳市西北兴平市。④钧州：治今广西钦州市。⑤左、右屯营：指在玄武门左、右置的屯卫兵营。飞骑：指材力骁健又善射者。⑥韂：鞍韂。衬托马鞍的坐垫。⑦明州：治今越南河静省甘禄附近。⑧壁州：治今四川通江县。⑨扬榷：扬，举也；榷，引也。举而引之，陈其要趣。⑩碎叶：城名。在今吉尔吉斯斯坦北部托克马克西南阿克·贝希姆废墟。⑪焉耆：古西域城国，都城在今新疆焉耆回族自治县西南四十里附近。⑫伊列水：即今源出新疆，流向西北入巴尔克什湖的伊犁河。

十三年 春，正月，乙巳，车驾谒献陵；丁未，还宫。

戊午，加左仆射房玄龄太子少师。玄龄自以居端揆十五年[①]，男遗爱尚上女高阳公主，女为韩王妃[②]，深畏满盈，上表请解机务；上不许。玄龄固请不已，诏断表[③]，乃就职。太子欲拜玄龄，设仪卫待之，玄龄不敢谒见而归，时人美其有让。玄龄以度支系天下利害[④]，尝有阙，求其人未得，乃自领之。

礼部尚书永宁懿公王珪薨[⑤]。珪性宽裕，自奉养甚薄。于令，三品已上皆立家庙[⑥]，珪通贵已久，独祭于寝。为法司所劾，上不问，命有司为之立庙以愧之。

二月，庚辰，以光禄大夫尉迟敬德为鄜州都督。

上尝谓敬德曰："人或言卿反，何也？"对曰："臣反是实！臣从陛下征伐四方，身经百战，今之存者，皆锋镝之余也。天下已定，乃更疑臣反乎！"因解衣投地，出其瘢痍。上为之流涕，曰："卿复服，朕不疑卿，故语卿，何更恨邪！"

上又尝谓敬德曰："朕欲以女妻卿，何如？"敬德叩头谢曰："臣妻虽鄙陋，相与共贫贱久矣。臣虽不学，闻古人富不易妻，此非臣所愿也。"上乃止。

戊戌，尚书奏："近世掖庭之选，或微贱之族，礼训蔑闻；或刑戮之家，忧怨所积。请自今，后宫及东宫内职有阙，皆选良家有才行者充，以礼聘纳；其没官口及素微贱之人，皆不得补用。"上从之。

上既诏宗室群臣袭封刺史，左庶子于志宁以为古今事殊，恐非久安之道，上疏争之。侍御史马周亦上疏，以为："尧、舜之父，犹有朱、均之子[7]。倘有孩童嗣职，万一骄愚，兆庶被其殃而国家受其败[8]。正欲绝之也，则子文之治犹在[9]；正欲留之也，而栾黡之恶已彰[10]。与其毒害于见存之百姓，则宁使割恩于已亡之一臣，明矣。然则向所谓爱之者，乃适所以伤之也。臣谓宜赋以茅土[11]，畴其户邑，必有材行，随器授官，使其人得奉大恩而子孙终其福禄。"

会司空、赵州刺史长孙无忌等皆不愿之国，上表固让，称："承恩以来，形影相吊[12]，若履春冰[13]；宗族忧虞，如置汤火。缅惟三代封建，盖由力不能制，因而利之，礼乐节文，多非己出。两汉罢侯置守，蠲除曩弊，深协事宜，今因臣等，复有变更，恐紊圣朝纲纪；且后世愚幼不肖之嗣，或抵冒邦宪，自取诛夷，更因延世之赏，致成剿绝之祸，良可哀愍。愿停涣汗之旨[14]，赐其性命之恩。"无忌又因子妇长乐公主固请于上[15]，且言："臣披荆棘事陛下，今海内宁一，奈何弃之外州，与迁徙何异！"上曰："割地以封功臣，古今通义，意欲公之后嗣，辅朕子孙，共传永久；而公等乃复发言怨望，朕岂强公等以茅土邪！"庚子，诏停世封刺史。

高昌王麹文泰多遏绝西域朝贡，伊吾先臣西突厥，既而内属，文泰与西突厥共击之。上下书切责，征其大臣阿史那矩，欲与议事，文泰不遣，遣其长史麹雍来谢罪。颉利之亡也，中国人在突厥

唐代高昌故城遗址

者或奔高昌，诏文泰归之，文泰蔽匿不遣。又与西突厥共击破焉耆，焉耆诉之。上遣虞部郎中李道裕往问状[16]，且谓其使者曰："高昌数年以来，朝贡脱略，无藩臣礼，所置官号，皆准天朝，筑城掘沟，预备攻讨。我使者至彼，文泰语之云：'鹰飞于天，雉伏于蒿，猫游于堂，鼠噍于穴，各得其所，岂不能自生邪！'又遣使谓薛延陀云：'既为可汗，则与天子匹敌，何为拜其使者！'事人无礼，又间邻国，为恶不诛，善何以劝！明年当发兵击汝。"三月，薛延陀可汗遣使上言："奴受恩思报，请发所部为军导以击高昌。"上遣民部尚书唐俭、右领军大将军执失思力赍缯帛赐薛延陀，与谋进取。

【注释】

①端揆：尚书省长官。唐左右仆射为尚书省长官，房玄龄武德九年（626）为中书令，贞观三年（629）为左仆射，故称。只是贞观三年（629）至是才十一年，何谓"十五年"？ ②韩王：高祖之子李元嘉。 ③断表：诏令断绝接受他的奏表。 ④度支：即度支郎中，掌天下租赋，物产丰约之宜，水陆道途之利，岁计所出而支调之，以近及远，与中书省、门下省议定乃奏，国之大计所关。 ⑤永宁：古县名。治今河南洛宁县东。 ⑥三品已上皆立家庙：唐制，三品以上得立庙，祭三代。 ⑦朱、均：指丹朱、商均。 ⑧兆庶：万众。 ⑨子文之治：指令尹子文治理楚国之时代。后其族斗椒作乱，庄王灭若敖氏。既而思子文之治，曰："子文无后，何以劝善！"使子文之孙克黄仍为箴尹，以继若敖氏之嗣。 ⑩栾黡之恶已彰：此句意指子孙不肖，先辈功德难以庇荫。《春秋左传·襄公十四年》："栾黡汏虐已甚，犹可以免，其在盈乎！"意谓栾黡虽罪恶昭彰，其本身犹可凭祖德而免族灭，至其子栾盈，善不及人，而祖德已泯，则难免灭亡之祸。 ⑪茅土：谓受封为王侯。古代帝王社祭之坛以五色土建成，分封诸侯时，按封地所在方向取坛上一色土，以茅包之，称为茅土，给受封者在封国内立社。故指代受封王侯。 ⑫形影相吊：指孤独无依，只剩下身形和影子相互慰问。 ⑬若履春冰：像踏春天的薄冰一样战战兢兢。 ⑭涣汗：比喻帝王发号施令，如汗出于身不能收回。此指帝王、皇上。 ⑮子妇长乐公主：长乐公主嫁于长孙无忌之子冲为妇。 ⑯虞部郎中：官名。属工部。掌京城街巷种植、山泽苑囿、草木薪炭、供顿田猎之事。

夏，四月，戊寅，上幸九成宫。

初，突厥突利可汗之弟结社率从突利入朝，历位中郎将。居家无赖，怨突利斥之，乃诬告其谋反，上由是薄之，久不进秩。结社率阴结故部落，得四十余人，谋因晋王治四鼓出宫，开门辟仗，驰入宫门，直指御帐，可有大功。甲申，拥突利之子贺逻鹘夜伏于宫外，会大风，晋王未出，结社率恐晓，遂犯行宫，逾四重幕，弓矢乱发，卫士死者数十人。折冲孙武开等帅众奋击，久之，乃退，驰入御厩，盗马二十余匹，北走，渡渭，欲奔其部落，追获，斩之。原贺逻鹘，投于岭表。

庚寅，遣武候将军上官怀仁击巴、壁、洋、集四州反獠，平之，虏男女六千余口。

五月，旱。甲寅，诏五品以上上封事。魏征上疏，以为："陛下志业，比贞观之初，渐不克终者凡十条。"其间一条以为："顷年以来，轻用民力。乃云：'百姓无事则骄逸，劳役则易使。'自古未有因百姓逸而败、劳而安者也。此恐非兴邦之至言。"上深加奖叹，云："已列诸屏障，朝夕瞻仰，并录付史官。"仍赐征黄金十斤，厩马二匹。

六月，渝州人侯弘仁自牂柯开道，经西赵，出邕州，以通交、桂[①]，蛮、俚降者二万八千余户。

丙申，立皇弟元婴为滕王。

自结社率之反，言事者多云突厥留河南不便[②]，秋，七月，庚戌，诏右武候大将军、化州都督、怀化郡王李思摩为乙弥泥孰俟利苾可汗，赐之鼓纛。突厥及胡在诸州安置者，并令渡河，还其旧部，俾世作藩屏，长保边塞。突厥咸惮薛延陀，不肯出塞。上遣司农卿郭嗣本赐薛延陀玺书，言"颉利既败，其部落咸来归化，我略其旧过，嘉其后善，待其达官皆如吾百寮、部落皆如吾百姓。中国贵尚礼义，不灭人国，前破突厥，止为颉利一人为百姓害，实不贪其土地，利其人畜，恒欲更立可汗，故置所降部落于河南，任其畜牧。今户口蕃滋，吾心甚喜。既许立之，不可失信。秋中将遣突厥渡河，复其故国。尔薛延陀受册在前[③]，突厥受册在后，后者为小，前者为大。尔在碛北，突厥在碛南，各守土疆，镇抚部落。其逾分故相抄掠，我则发兵，各问其罪。”薛延陀奉诏。于是遣思摩帅所部建牙于河北，上御齐政殿饯之，思摩涕泣，奉觞上寿曰：“奴等破亡之余，分为灰壤，陛下存其骸骨，复立为可汗，愿万世子孙恒事陛下。”又遣礼部尚书赵郡王孝恭等赍册书，就其种落，筑坛于河上而立之。上谓侍臣曰：“中国，根干也；四夷，枝叶也；割根干以奉枝叶，木安得滋荣！朕不用魏征言，几致狼狈[4]。”又以左屯卫将军阿史那忠为左贤王，左武卫将军阿史那泥熟为右贤王。忠，苏尼失之子也，上遇之甚厚，妻以宗女；及出塞，怀慕中国，见使者必泣涕请入侍，诏许之。

【注释】

①“渝州人”句：侯弘仁所开通道自牂柯，经西赵，出邕州，以通交、桂，即从今贵州黄平县到广西南宁市，沟通了交州、桂州。 ②河南：指今内蒙等黄河以南地界。 ③受册：接受唐王朝策册，事见一百九十三卷二年。 ④朕不用魏征言，几致狼狈：指贞观四年(630)突厥灭亡，降唐十万户，诏群臣商议处置，魏征据其本性，言放归故土，不宜留在唐境，太宗没听，导致结社率之变乱，几乎造成社会大动乱。

八月，辛未朔，日有食之。

诏以“身体发肤，不敢毁伤[1]。比来诉讼者或自毁耳目，自今有犯，先笞四十，然后依法[2]”。

冬，十月，甲申，车驾还京师。

十一月，辛亥，以侍中杨师道为中书令。

戊辰，尚书左丞刘洎为黄门侍郎、参知政事。

上犹冀高昌王文泰悔过，复下玺书，示以祸福，征之入朝。文泰竟称疾不至。十二月，壬申，遣交河行军大总管、吏部尚书侯君集[3]，副总管兼左屯卫大将军薛万均等将兵击之。

乙亥，立皇子福为赵王。

己丑，吐谷浑王诺曷钵来朝，以宗女为弘化公主，妻之。

壬辰，上畋于咸阳，癸巳，还宫。

太子承乾颇以游畋废学，右庶子张玄素谏，不听。

是岁，天下州府凡三百五十八，县一千五百一十一。

太史令傅奕精究术数之书，而终不之信，遇病，不呼医饵药。有僧自西域来，善咒术，能令人立死，复咒之使苏。上择飞骑中壮者试之，皆如其言，以告奕，奕曰："此邪术也。臣闻邪不干正，请使咒臣，必不能行。"上命僧咒奕，奕初无所觉，须臾，僧忽僵仆，若为物所击，遂不复苏。又有婆罗门僧，言得佛齿，所击前无坚物。长安士女辐凑如市。奕时卧疾，谓其子曰："吾闻有金刚石，性至坚，物莫能伤，唯羚羊角能破之，汝往试焉。"其子往见佛齿，出角叩之，应手而碎，观者乃止。奕临终，戒其子无得学佛书，时年八十五。又集魏、晋以来驳佛教者为《高识传》十卷，行于世。

西突厥咥利失可汗之臣俟利发与乙毗咄陆可汗通谋作乱，咥利失穷蹙，逃奔钹汗而死[④]。弩失毕部落迎其弟子薄布特勒立之，是为乙毗沙钵罗叶护可汗。沙钵罗叶护既立，建庭于虽合水北，谓之南庭，自龟兹、鄯善、且末、吐火罗、焉耆、石、史、何、穆、康等国皆附之。咄陆建牙于镞曷山西，谓之北庭，自厥越失、拔悉弥、驳马、结骨、火焊、触水昆等国皆附之，以伊列水为境[⑤]。

【注释】

①"身体"句：引《孝经》孔子语，身体发肤，皆父母所给，不得随便毁伤。　②依法：省略了后边的成分，即依法判处其所诉之事。　③交河：即交河戍，设在今甘肃宕昌县。　④钹汗：汉时为大宛国。在今乌兹别克斯坦境内。　⑤伊列水：即伊丽河，亦即今伊犁河。其源出我国新疆，西北流入巴尔克什湖，即今哈萨克斯坦境内的巴尔喀什湖。

十四年　春，正月，甲寅，上幸魏王泰第，赦雍州长安系囚大辟以下[①]，免延康里今年租赋[②]，赐泰府僚属及同里老人有差。

二月，丁丑，上幸国子监，观释奠[③]，命祭酒孔颖达讲《孝经》[④]，赐祭酒以下至诸生高第帛有差。是时上大征天下名儒为学官，数幸国子监，使之讲论，学生能明一大经已上皆得补官。增筑学舍千二百间，增学生满二千二百六十员，自屯营飞骑，亦给博士，使授以经，有能通经者，听得贡举[⑤]。于是四方学者云集京师，乃至高丽、百济、新罗、高昌、吐蕃诸酋长亦遣子弟请入国学，升讲筵者至八千余人[⑥]。上以师说多门，章句繁杂，命孔颖达与诸儒撰定《五经》疏,谓之《正义》,令学者习之。

壬午,上行幸骊山温汤。辛卯,还宫。

乙未,诏求近世名儒梁皇甫侃、褚仲都、周熊安生、沈重、陈沈文阿、周弘正、张讥,隋何妥、刘炫等子孙以闻,当加引擢。

三月,窦州道行军总管党仁弘击罗窦反獠[7],破之,俘七千余口。

辛丑,流鬼国遣使入贡。去京师万五千里,滨于北海,南临靺鞨,未尝通中国,重三译而来。上以其使者佘志为骑都尉。

丙辰,置宁朔大使以护突厥。

夏,五月,壬寅,徙燕王灵夔为鲁王。

上将幸洛阳,命将作大匠阎立德行清暑之地[8]。秋,八月,庚午,作襄城宫于汝州西山。立德,立本之兄也。

高昌王文泰闻唐兵起,谓其国人曰:"唐去我七千里,沙碛居其二千里,地无水草,寒风如刀,热风如烧,安能致大军乎!往吾入朝,见秦、陇之北,城邑萧条,非复有隋之比。今来伐我,发兵多则粮运不给;三万已下,吾力能制之。当以逸待劳,坐收其弊。若顿兵城下,不过二十日,食尽必走,然后从而虏之。何足忧也!"及闻唐兵临碛口,忧惧不知所为,发疾卒,子智盛立。

军至柳谷[9],诇者言文泰刻日将葬,国人咸集于彼,诸将请袭之,侯君集曰:"不可,天子以高昌无礼,故使吾讨之,今袭人于墟墓之间,非问罪之师也。"于是,鼓行而进,至田城,谕之,不下,诘朝攻之,及午而克,虏男女七千余口。以中郎将辛獠儿为前锋,夜,趋其都城,高昌逆战而败,大军继至,抵其城下。

智盛致书于君集曰:"得罪于天子者,先王也,天罚所加,身已物故。智盛袭位未几,惟尚书怜察!"君集报曰:"苟能悔过,当束手军门。"智盛犹不出。君集命填堑攻之,飞石雨下,城中人皆室处。又为巢车[10],高十丈,俯瞰城中。有行人及飞石所中,皆唱言之。先是,文泰与西突厥可汗相结,约有急相助;可汗遣其叶护屯可汗浮图城[11],为文泰声援。及君集至,可汗惧而西走千余里,叶护以城降。智盛穷蹙,癸酉,开门出降。君集分兵略地,下其二十二城,户八千四十六,口一万七千七百,地东西八百里,南北五百里。

上欲以高昌为州县，魏征谏曰："陛下初即位，文泰夫妇首来朝，其后稍骄倨，故王诛加之。罪止文泰可矣，宜抚其百姓，存其社稷，复立其子，则威德被于遐荒，四夷皆悦服矣。今若利其土地以为州县，则常须千余人镇守，数年一易，往来死者什有三四，供办衣资，违离亲戚，十年之后，陇右虚耗矣。陛下终不得高昌撮粟尺帛以佐中国，所谓散有用以事无用。臣未见其可。"上不从，九月，以其地为西州，以可汗浮图城为庭州，各置属县。乙卯，置安西都护府于交河城，留兵镇之。

君集虏高昌王智盛及其群臣豪桀而还。于是唐地东极于海，西至焉耆，南尽林邑，北抵大漠，皆为州县，凡东西九千五百一十里，南北一万九百一十八里。

侯君集之讨高昌也，遣使约焉耆与之合势，焉耆喜，听命。及高昌破，焉耆王诣军门谒见君集，且言焉耆三城先为高昌所夺，君集奏并高昌所掠焉耆民悉归之。

【注释】

①大辟：古指犯了死罪判处死刑曰大辟。　②延康里：里弄名称，在长安城中，为魏王李泰府第所在。　③释奠：置爵于神前而祭的一种礼仪形式。此指释奠孔子。唐制，仲春仲秋释奠文宣王，皆以上丁、上戊，以祭酒、司业、博士三献。　③祭酒：即唐置国子祭酒，从三品，掌邦国儒学训导之政令。　④大经：唐取士，以《礼记》《春秋左氏传》为大经，《诗经》《仪礼》《周礼》为中经，《易》《尚书》《春秋公羊传》《穀梁传》为小经。　⑤贡举：古有乡举里选之制，考选官员士人，后浑称贡举。　⑥讲筵：即讲席，讲学者的席位，讲坛。　⑦罗窦：洞名。唐属窦州，在今广东信宜市西南镇隆。　⑧将作大匠：唐从三品，掌邦国修造、土木工匠政令。　⑨柳谷：地名。在今新疆吐鲁番市。　⑩巢车：兵车高如巢，用以观察敌情。　⑪叶护：突厥达官，为大臣之首。

冬，十月，甲戌，荆王元景等复表请封禅，上不许。

初，陈仓折冲都尉鲁宁坐事系狱[1]，自恃高班，慢骂陈仓尉尉氏刘仁轨，仁轨杖杀之。州司以闻。上怒，命斩之，犹不解，曰：

安西都护府治所交河故城遗址

“何物县尉，敢杀吾折冲！”命追至长安面诘之。仁轨曰：“鲁宁对臣百姓辱臣如此，臣实忿而杀之。”辞色自若。魏征侍侧，曰：“陛下知隋之所以亡乎？”上曰：“何也？”征曰：“隋末，百姓强而陵官吏，如鲁宁之比是也。[2]”上悦，擢仁轨为栎阳丞。

上将幸同州校猎，仁轨上言：“今秋大稔，民收获者什才一二，使之供承猎事，治道葺桥，动费一二万功，实妨农事。愿少留銮舆旬日[3]，俟其毕务，则公私俱济。”上赐玺书嘉纳之[4]，寻迁新安令。闰月，乙未，行幸同州；庚戌，还宫。

丙辰，吐蕃赞普遣其相禄东赞献金五千两及珍玩数百，以请婚。上许以文成公主妻之[5]。

十一月，甲子朔，冬至，上祀南郊。时《戊寅历》以癸亥为朔，宣义郎李淳风表称：“古历分日起于子半，今岁甲子朔旦冬至，而故太史令傅仁均减余稍多，子初为朔，遂差三刻，用乖天正，请更加考定。”众议以仁均定朔微差，淳风推校精密，请如淳风议，从之。

丁卯，礼官奏请加高祖父母服齐衰五月[6]，嫡子妇服期，嫂、叔、弟妻、夫兄、舅皆服小功[7]，从之。

丙子，百官复表请封禅，诏许之。更命诸儒详定仪注[8]；以太常卿韦挺等为封禅使。

司门员外郎韦元方给给使过所稽缓[9]，给使奏之。上怒，出元方为华阴令。魏征谏曰："帝王震怒，不可妄发。前为给使，遂夜出敕书，事如军机，谁不惊骇！况宦者之徒，古来难养，轻为言语，易生患害，独行远使，深非事宜，渐不可长，所宜深慎。"上纳其言。

尚书左丞韦悰句司农木橦价贵于民间[10]，奏其隐没。上召大理卿孙伏伽书司农罪。伏伽曰："司农无罪。"上怪，问其故，对曰："只为官橦贵，所以私橦贱。向使官橦贱，私橦无由贱矣。但见司农识大体，不知其过也。"上悟，屡称其善。顾谓韦悰曰："卿识用不逮伏伽远矣。"

【注释】

①陈仓：古县名。治今陕西宝鸡市。　②百姓强而陵官吏，如鲁宁之比：言鲁宁虽官为折冲都尉，在陈仓则为陈仓百姓。其漫骂陈仓县尉，就好比百姓欺凌官吏一样不可允许。　③銮舆：装有銮饰的车舆。此指皇上车驾，因其装有銮饰。銮，装于轭首或车衡上的饰物，上部为扁圆形的铃，下部为座，铃内有弹丸，车行则摇动作响，声似鸾鸟。　④玺书：古时用印章封记的文书。表示机密重要，庄重严肃。　⑤文成公主：唐太宗李世民宗室女，为了和亲远嫁吐蕃赞普松赞干布，促进了藏汉文化交流和民族团结。　⑥齐衰：丧服名。粗麻布制成，因其缉边缝齐故称。　⑦小功：古代丧服名。用粗布制成。其在"五服"中仅次于"大功"，服期五月。　⑧仪注：礼节制度。　⑨给使：禁中给使令，即宦官。　⑩句：句查，检查。木橦：木柴三尺五寸见方为一橦。

十二月，丁酉，侯君集献俘于观德殿。行饮至礼，大酺三日[1]。寻以智盛为左武卫将军、金城郡公。上得高昌乐工，以付太常，增九部乐为十部[2]。

君集之破高昌也，私取其珍宝；将士知之，竞为盗窃，君集不能禁，为有司所劾，诏下君集等狱。中书侍郎岑文本上疏，以为："高昌昏迷，陛下命君集等讨而克之，不逾旬日，并付大理。虽君集等自挂网罗，恐海内之人疑陛下唯录其过而遗其功也。臣闻命将出师，主于克敌，苟能克敌，虽贪可赏；若其败绩，虽廉可诛。是以汉之李广利、陈汤，晋之王濬，隋之韩擒虎，皆负罪谴，人主以其有功，咸受封赏。由是观之，将帅之臣，廉慎者寡，贪求者众。是以黄石公《军势》曰[③]：'使智，使勇，使贪，使愚，故智者乐立其功，勇者好行其志，贪者急趋其利，愚者不计其死。'伏愿录其微劳，忘其大过，使君集重升朝列，复备驱驰，虽非清贞之臣，犹得贪愚之将，斯则陛下虽屈法而德弥显，君集等虽蒙宥而过更彰矣。"上乃释之。

又有告薛万均私通高昌妇女者，万均不服，内出高昌妇女付大理，与万均对辩。魏征谏曰："臣闻'君使臣以礼，臣事君以忠'[④]。今遣大将军与亡国妇女对辩帷箔之私，实则所得者轻，虚则所失者重。昔秦穆饮盗马之士[⑤]，楚庄赦绝缨之罪[⑥]，况陛下道高尧、舜，而曾二君之不逮乎！"上遽释之。

侯君集马病蚛颡[⑦]，行军总管赵元楷亲以指沾其脓而齅之，御史劾奏其谄，左迁栝州刺史[⑧]。

高昌之平也，诸将皆即受赏，行军总管阿史那社尔以无敕旨，独不受，及别敕既下，乃受之，所取唯老弱故弊而已。上嘉其廉慎，以高昌所得宝刀及杂彩千段赐之。

癸卯，上猎于樊川[⑨]；乙巳，还宫。

魏征上疏，以为："在朝群臣，当枢机之寄者，任之虽重，信之未笃，是以人或自疑，心怀苟且。陛下宽于大事，急于小罪，临时责怒，未免爱憎。夫委大臣以大体，责小臣以小事，为治之道也。今委之以职，则重大臣而轻小臣；至于有事，则信小臣而疑大臣。信其所轻，疑其所重，将求致治，其可得乎！若任以大官，求其细过，刀笔之吏，顺旨成风，舞文弄法，曲成其罪。自陈也，则以为心不伏辜；不言也，则以为所犯皆实；进退惟谷[⑩]，莫能自明，则苟求免祸，矫伪成俗矣！"上纳之。

上谓侍臣曰："朕虽平定天下，其守之甚难。"魏征对曰："臣闻战胜易，守胜难，陛下之及此言，宗庙社稷之福也！"

上闻右庶子张玄素在东宫数谏争，擢为银青光禄大夫，行左庶子。太子尝于宫中击鼓，玄素叩阁切谏；太子出其鼓，对玄素毁之。太子久不出见官属，玄素谏曰："朝廷选俊贤以辅至德，今动经时月，不见宫臣，将何以裨益万一！且宫中唯有妇人，不知有能如樊姬者乎[11]？”太子不听。

玄素少为刑部令史，上尝对朝臣问之曰：“卿在隋何官？”对曰：“县尉。”又问：“未为尉时何官？”对曰：“流外[12]。”又问：“何曹？”玄素耻之，出阁殆不能步，色如死灰。谏议大夫褚遂良上疏，以为：“君能礼其臣，乃能尽其力。玄素虽出寒微，陛下重其才，擢至三品，翼赞皇储[13]，岂可复对群臣穷其门户！弃宿昔之恩，成一朝之耻，使之郁结于怀，何以责其伏节死义乎！”上曰：“朕亦悔此问，卿疏深会我心。”遂良，亮之子也[14]。孙伏伽与玄素在隋皆为令史，伏伽或于广坐自陈往事，一无所隐。

戴州刺史贾崇以所部有犯十恶者[15]，御史劾之。上曰：“昔唐、虞大圣，贵为天子，不能化其子；况崇为刺史，独能使其民比屋为善乎！若坐是贬黜，则州县互相掩蔽，纵舍罪人。自今诸州有犯十恶者，勿劾刺史，但令明加纠察，如法施罪，庶以肃清奸恶耳。”

上自临治兵，以部陈不整，命大将军张士贵杖中郎将等；怒其杖轻，下士贵吏。魏征谏曰：“将军之职，为国爪牙；使之执杖，已非后法，况以杖轻下吏乎！”上亟释之。

言事者多请上亲览表奏，以防壅蔽。上以问魏征，对曰：“斯人不知大体，必使陛下一一亲之，岂惟朝堂，州县之事亦当亲之矣。”

【注释】

①大酺：大摆酒宴合聚众臣饮食。　②增九部乐为十部：《唐六典》：凡大宴会，则设十部之伎于庭，以备华、夷。十部伎：宴乐伎、清乐伎、西凉伎、天竺伎、高丽伎、龟兹伎、安国伎、疏勒伎、高昌伎、康国伎。　③黄石公：秦时隐士。相传张良刺秦始皇不中，逃匿下邳，于圯上遇老人，授予《太公兵法》，言十三年孺子见我济北，谷城山下黄石即我，良果见以祀之，世称黄石公。见《史记·留侯世家》。《军势》即《太公兵法》中一节。　④君使臣以礼，臣事君以忠：语引《论语·八佾》。言君主要以礼节驱使臣下，臣下要用忠心来事奉君主。　⑤秦穆饮盗马之士：秦穆公马跑失，岐下野人得而共食之共三百人。吏逐得，欲法之。公曰：“君子不以畜害人。吾闻食马肉不饮酒者，伤人。”乃饮之酒。其后，穆公代晋，三百人者闻穆公为晋所围，椎锋争死，以报食马之德，于是穆

公获晋侯以归。 ⑥楚庄赦绝缨之罪:《说苑》:楚庄王赐群臣酒宴,日暮,酒酣,烛灭,有引美人之衣者,美人援绝其冠缨,告王趣火来上,视绝缨者。王曰:“赐人酒,使醉失礼,奈何欲显妇人之节而辱士乎!”乃命左右曰:“今日与寡人饮,不绝冠缨者不饮。”群臣皆绝去其缨而上火,尽欢而罢。后晋与楚战,有一臣常在前,五合五获首却敌,卒胜之。庄王怪问,乃夜绝缨者报王也。 ⑦蚛(zhòng 种)颡:额被虫咬破。 ⑧栝州:治今浙江丽水市东南。 ⑨樊川:也称樊乡,在今陕西西安市长安区东南。 ⑩进退惟谷:《诗·大雅·桑柔》:“人亦有言,进退维谷。”进退只有山谷,言处于困境,进退两难。 ⑪樊姬:楚庄王之姬。楚庄王好畋猎,樊姬为此不食禽兽之肉。鄙笑虞丘子,虞丘子愧之,进用孙叔敖为丞相,庄王以他称霸。 ⑫流外:唐朝官吏班秩品阶分为九品,九品之外的小宦谓之流外,刑部令史即流外官。 ⑬翼赞皇储:辅助太子。翼赞,辅助,赞助;皇储,指皇太子。 ⑭亮:褚亮。初事薛举,武德中,为文学馆学士。 ⑮十恶:俗言十恶不赦,谓十条特大罪恶,即:谋反、谋大逆、谋叛、谋恶逆、不道、大不敬、不孝、不睦、不义、内乱。

资治通鉴卷第一百九十六

唐纪十二　起重光赤奋若，尽昭阳单阏三月，凡二年有奇。

太宗文武大圣大广孝皇帝中之中

贞观十五年　春，正月，甲戌，以吐蕃禄东赞为右卫大将军。上嘉禄东赞善应对，以琅邪公主外孙段氏妻之；辞曰："臣国中自有妇，父母所聘，不可弃也。且赞普未得谒公主，陪臣何敢先娶！"上益贤之，然欲抚以厚恩，竟不从其志。

丁丑，命礼部尚书江夏王道宗持节送文成公主于吐蕃。赞普大喜，见道宗，尽子婿礼，慕中国衣服、仪卫之美，为公主别筑城郭宫室而处之，自服纨绮以见公主。其国人皆以赭涂面，公主恶之，赞普下令禁之；亦渐革其猜暴之性，遣子弟入国学，受《诗》《书》。

松赞干布与文成公主像

乙亥，突厥俟利苾可汗始帅部落济河，建牙于故定襄城[①]，有户三万，胜兵四万，马九万匹，仍奏言："臣非分蒙恩，为部落之长，愿子子孙孙为国家一犬，守吠北门。若薛延陀侵逼，请徙家属入长城。"诏许之。

上将幸洛阳，命皇太子监国，留右仆射高士廉辅之。辛巳，行及温汤。卫士崔卿、刁文懿惮于行役，冀上惊而止，乃夜射行宫，矢及寝庭者五；皆以大逆论[2]。

三月，戊辰，幸襄城宫，地既烦热，复多毒蛇。庚午，罢襄城宫，分赐百姓，免阎立德官。

夏，四月，辛卯朔，诏以来年二月有事于泰山。

上以近世阴阳杂书，讹伪尤多，命太常博士吕才与诸术士刊定可行者[3]，凡四十七卷。己酉，书成，上之；才皆为之叙，质以经史。其叙《宅经》[4]，以为："近世巫觋妄分五姓[5]，如张、王为商，武、庾为羽，似取谐韵；至于以柳为宫，以赵为角，又复不类。或同出一姓，分属宫商；或复姓数字，莫辨徵羽。此则事不稽古，义理乖僻者也。"叙《禄命》[6]，以为："禄命之书，多言或中，人乃信之。然长平坑卒[7]，未闻共犯三刑[8]；南阳贵士[9]，何必俱当六合[10]！今亦有同年同禄而贵贱悬殊，共命共胎而寿夭更异。按鲁庄公法应贫贱，又尪弱短陋，惟得长寿；秦始皇法无官爵，纵得禄，少奴婢，为人无始有终；汉武帝、后魏孝文帝皆法无官爵；宋武帝禄与命并当空亡，唯宜长子，虽有次子，法当早夭；此皆禄命不验之著明者也[11]。"其叙《葬》[12]，以为："《孝经》云：'卜其宅兆而安厝之。'盖以窀穸既终[13]，永安体魄，而朝市迁变，泉石交侵，不可前知，故谋之龟筮[14]。近岁或选年月，或相墓田，以为一事失所，祸及死生。按《礼》：天子、诸侯、大夫葬皆有月数[15]，是古人不择年月也。《春秋》：'九月丁巳，葬定公，雨，不克葬，戊午，日下昃，乃克葬'，是不择日也。郑葬简公，司墓之室当路，毁之则朝而窆，不毁则日中而窆，子产不毁，是不择时也。古之葬者皆于国都之北，兆域有常处[16]，是不择地也。今葬书以为子孙富贵、贫贱、寿夭，皆因卜葬所致。夫子文为令尹而三已，柳下惠为士师而三黜[17]，计其丘陇[18]，未尝改移。而野俗无识，妖巫妄言，遂于擗踊之际，择葬地以希官爵；荼毒之秋[19]，选葬时以规财利。或云辰日不可哭泣，遂莞尔而对吊客;或云同属忌于临圹,遂吉服不送其亲。伤教败礼,莫斯为甚!”术士皆恶其言,而识者皆以为确论。

【注释】

①定襄城:在今山西定襄县。 ②大逆:十恶之一。《刑统议》:“此条之人,干纪犯顺,悖道违德,逆莫大焉,故曰大逆。”大逆论,作大逆不道,十恶不赦的罪行论处。 ③太常博士:太常寺博士,掌五礼之仪式,本先王法制,适变随时而损益焉。 ④《宅经》:旧题《黄帝宅经》。二卷。为后人假托。该书假借阴阳学说,相宅问卜,考寻吉凶,都是方士迷信的说法。《旧唐书·经籍志·五行类》有《五姓宅经》二卷。 ⑤近世巫觋妄分五姓:言近世巫觋,运用阴阳五行学说的五音说,将姓氏按宫、商、角、徵、羽五音归类,这是荒诞的。 ⑥《禄命》:即俗称相命书。相人的福禄命运,盛衰兴废,富贵贫贱,表现出一种宿命论的观点。 ⑦长平坑卒:指秦赵长平之战,赵四十五万人战败被秦坑埋。 ⑧三刑:寅刑巳,巳刑申,申刑寅;丑刑戌,戌刑未,未刑丑;子刑卯,卯刑子。又辰辰、午午、酉酉、亥亥,谓之自刑。言长平死言犯了三刑。 ⑨南阳贵士:言光武中兴于南阳,南阳人士多富贵,即多成达官贵人。 ⑩六合:禄命之说,谓人贵俱当之合,即子与丑合,寅与亥合,卯与戌合,辰与酉合,巳与申合,午与未合。 ⑪“按鲁庄公”句:按举鲁庄公、秦始皇、汉武帝、后魏文帝、宋武帝为例,都与禄命以人生庚八字推算其禄命的说法不合。 ⑫《葬》:即《葬书》,旧题晋郭璞撰。其内容主要是阐述葬穴吉凶、墓地风水选择之类。 ⑬窀穸(zhūnxī 谆夕):长埋谓窀,长夜谓穸,故窀穸指墓穴、埋葬。 ⑭龟筮:占卦。古时占卜用龟、筮用蓍,视龟壳灼象与蓍草以法揲累的奇偶数以定吉凶。 ⑮天子、诸侯、大夫葬皆有月数:古代天子七月而葬,诸侯五月,大夫三月。据《礼》文。 ⑯兆域:本指墓地四方界限,后泛指坟墓。 ⑰柳下惠:原叫展获,因食邑柳下,谥号“惠”故称。为春秋时鲁大夫,为官任劳任怨,不以职低而卑,以贤能著称。 ⑱丘陇:坟墓。因小曰丘,大曰陇。 ⑲荼毒之秋:痛苦的时候。荼,是一种苦菜,味苦;荼毒,痛苦;之秋,之时。

丁巳,果毅都尉席君买帅精骑百二十袭击吐谷浑丞相宣王,破之,斩其兄弟三人。初,丞相宣王专国政,阴谋袭弘化公主[1],劫其王诺曷钵奔吐蕃。诺曷钵闻之,轻骑奔鄯善城[2],其臣威信王以兵迎之,故君买为之讨诛宣王。国人犹惊扰,遣户部尚书唐俭等慰抚之。

五月,壬申,并州父老诣阙请上封泰山毕,还幸晋阳,上许之。

丙子,百济来告其王扶馀璋之丧[3],遣使册命其嗣子义慈。

己酉,有星孛于太微[4],太史令薛颐上言,未可东封。辛亥,起居郎褚遂良亦言之;丙辰,诏罢封禅。

太子詹事于志宁遭母丧,寻起复就职[5]。太子治宫室,妨农功;又好郑、卫之乐;志宁谏,不听。又宠昵宦官,常在左右,志宁上书,以为:"自易牙以来[6],宦官覆亡国家者非一。今殿下亲宠此属,使陵易衣冠,不可长也。"太子役使司驭等,半岁不许分番[7],又私引突厥达哥友入宫,志宁上书切谏,太子大怒,遣刺客张思政、纥干承基杀之。二人入其第,见志宁寝处苫块[8],竟不忍杀而止。

西突厥沙钵罗叶护可汗数遣使入贡。秋,七月,甲戌,命左领军将军张大师持节即其所号立为可汗,赐以鼓纛。上又命使者多赍金帛,历诸国市良马,魏征谏曰:"可汗位未定而先市马,彼必以为陛下志在市马,以立可汗为名耳。使可汗得立,荷德必浅;若不得立,为怨实深。诸国闻之,亦轻中国。市或不得,得亦非美。苟能使彼安宁,则诸国之马,不求自至矣。"上欣然止之。

乙毗咄陆可汗与沙钵罗叶护互相攻,乙毗咄陆浸强大,西域诸国多附之。未几,乙毗咄陆使石国吐屯击沙钵罗叶护[9],擒之以归,杀之。

丙子,上指殿屋谓侍臣曰:"治天下如建此屋,营构既成,勿数改移;苟易一榱[10],正一瓦,践履动摇,必有所损。若慕奇功,变法度,不恒其德,劳扰实多。"

上遣职方郎中陈大德使高丽[11]。八月,己亥,自高丽还。大德初入其境,欲知山川风俗,所至城邑,以绫绮遗其守者,曰:"吾雅好山水,此有胜处,吾欲观之。"守者喜,导之游历,无所不至,往往见中国人,自云:"家在某郡,隋末从军,没于高丽,高丽妻以游女,与高丽错居,殆将半矣。"因问亲戚存没,大德绐之曰:"皆无恙。"咸涕泣相告。数日后,隋人望之而哭者,遍于郊野。大德言于上曰:"其国闻高昌亡,大惧,馆候之勤,加于常数。"上曰:"高丽本四郡地耳[12],吾发卒数万攻辽东,彼必倾国救之,别遣舟师出东莱,自海道趋平壤,水陆合势,取之不难。但山东州县凋瘵未复,吾不欲劳之耳!"

乙巳,上谓侍臣曰:"朕有二喜一惧。比年丰稔,长安斗粟直三、四钱,一喜也;北虏久服,边鄙无虞,二喜也。治安则骄侈易生,骄侈则危亡立至,此一惧也。"

【注释】

①弘化公主:为皇上宗室女,封为弘化公主,下嫁吐谷浑。 ②鄯善城:在今新疆若羌县东米兰。 ③百济:古国名。在今朝鲜半岛西南部。 ④星孛于太微:星有彗星在太微垣中。太微垣,星座名,三垣之一。古人以天象兆人事吉凶,把太微垣比做帝王宫殿,星孛即彗星一种,言其孛孛然,非常恶气生于内部,喻为不祥之兆。 ⑤起复:起复官职。古制:文官遭父母丧,听去职。其后必起复就职。所谓起复,即起之于寝苫(shān 山)枕块,以草垫为席,以土块为枕之中,再恢复他的官职。这表明他有孝道,才能复职。 ⑥易牙:齐桓公嬖臣,性谄媚。管仲遗言其"杀子事君",违背人情,不可重用。桓公不听,结果桓公寝疾,与竖刁作乱。 ⑦番:番上二宫。即轮次到二宫值班。 ⑧苫块:寝苫枕块。 ⑨吐屯:突厥官名,使分主诸国。 ⑩榱:椽子。 ⑪职方郎中:官名。掌天下地图及城隍镇戍烽候之数,辨其邦国之远近及四夷之归化,凡五方之区域,都邑之废置,疆场之争讼,举而正之。 ⑫四郡:汉武帝所置临屯、真番、乐浪、玄菟四郡。

冬,十月,辛卯,上校猎伊阙[1];壬辰,幸嵩阳[2];辛丑,还宫。

并州大都督长史李世勣在州十六年,令行禁止,民夷怀服。上曰:"隋炀帝劳百姓,筑长城以备突厥,卒无所益。朕唯置李世勣于晋阳而边尘不惊,其为长城,岂不壮哉!"十一月,庚申,以世勣为兵部尚书。

壬申,车驾西归长安。

薛延陀真珠可汗闻上将东封,谓其下曰:"天子封泰山,士马皆从,边境必虚,我以此时取思摩,如拉朽耳。"乃命其子大度设发同罗、仆骨、回纥、靺鞨、霫等兵,合二十万,度漠南,屯白道川,据善阳岭以击突厥[3]。俟利苾可汗不能御，帅部落入长城，保朔州，遣使告急。

癸酉，上命营州都督张俭帅所部骑兵及奚、霫、契丹压其东境；以兵部尚书李世勣为朔州道行军总管，将兵六万，骑千二百，屯羽方；右卫大将军李大亮为灵州道行军总管，将兵四万，骑五千，屯灵武；右屯卫大将军张士贵将兵一万七千，为庆州道行军总管，出云中；凉州都督李袭誉为凉州道行军总管，出其西。

诸将辞行，上戒之曰："薛延陀负其强盛，逾漠而南，行数千里，马已疲瘦。凡用兵之道，见利速进，不利速退。薛延陀不能掩思摩不备，急击之，思摩入长城，又不速退。吾已敕思摩烧薙秋草，彼粮糗日尽，野无所获。顷侦者来，云其马啮林木枝皮略尽。卿等当与思摩共为掎角，不须速战，俟其将退，一时奋击，破之必矣。"

十二月，戊子，车驾至京师。

己亥，薛延陀遣使入见，请与突厥和亲。甲辰，李世勣败薛延陀于诺真水[4]。初，薛延陀击西突厥沙钵罗及阿史那社尔，皆以步战取胜；及将入寇，乃大教步战，使五人为伍，一人执马，四人前战，战胜则授以马追奔。于是大度设将三万骑逼长城，欲击突厥，而思摩已走，知不可得，遣人登城骂之。会李世勣引唐兵至，尘埃涨天，大度设惧，将其众自赤柯泺北走，世勣选麾下及突厥精骑六千自直道邀之，逾白道川，追及于青山。大度设走累日，至诺真水，勒兵还战，陈亘十里。突厥先与之战，不胜，还走，大度设乘胜追之，遇唐兵，薛延陀万矢俱发，唐马多死。世勣命士卒皆下马，执长矟，直前冲之。薛延陀众溃，副总管薛万彻以数千骑收其执马者。薛延陀失马，不知所为，唐兵纵击，斩首三千余级，捕虏五万余人。大度设脱身走，万彻追之不及。其众至漠北，值大雪，人畜冻死者什八九。

李世勣还军定襄，突厥思结部居五台者叛走[5]，州兵追之，会世勣军还，夹击，悉诛之。

丙子[6]，薛延陀使者辞还，上谓之曰："吾约汝与突厥以大漠为界，有相侵者，我则讨之。汝自恃其强，逾漠攻突厥。李世勣所将才数千骑耳,汝已狼狈如此!归语可汗:凡举措利害,可善择其宜。"

上问魏征:"比来朝臣何殊不论事!"对曰:"陛下虚心采纳,必有言者。凡臣徇国者寡,爱身者多,彼畏罪,故不言耳。"上曰:"然。人臣关说忤旨,动及刑诛,与夫蹈汤火冒白刃者亦何异哉!是以禹拜昌言[⑦],良为此也。"

房玄龄、高士廉遇少府少监窦德素于路[⑧],问:"北门近何营缮?"德素奏之。上怒,让玄龄等曰:"君但知南牙政事[⑨],北门小营缮,何预君事!"玄龄等拜谢。魏征进曰:"臣不知陛下何以责玄龄等,而玄龄等亦何所谢!玄龄等为陛下股肱耳目,于中外事岂有不应知者!使所营为是,当助陛下成之;为非,当请陛下罢之。问于有司,理则宜然。不知何罪而责,亦何罪而谢也!"上甚愧之。

上尝临朝谓侍臣曰:"朕为人主,常兼将相之事。"给事中张行成退而上书,以为:"禹不矜伐而天下莫与之争[⑩]。陛下拨乱反正,群臣诚不足望清光;然不必临朝言之。以万乘之尊[⑪],乃与群臣校功争能,臣窃为陛下不取。"上甚善之。

【注释】

①伊阙:古县名。治今河南伊川县西南。因伊水、阙塞山(即龙门山)而得名。 ②嵩阳:古县名。治今河南登封市西南。 ③善阳岭:地名。在今山西朔州市北。 ④诺真水:水名。在今内蒙古托克托县北。 ⑤五台:古县名。治今山西五台县。 ⑥丙子:疑为"丙午"之误。 ⑦禹拜昌言:见《书·大禹谟》。昌言、正言、善言。 ⑧少府少监:官名。唐从四品,掌供百工技巧之事,凡天子服御、百官仪制、展采备物,皆率其属以供之。 ⑨南牙:即后讹称南衙。古行军将帅帐前建牙旗,作为驻扎办理军务的中心标志称牙帐,总典牙将牙兵,以押衙为名,后官府亦称衙。 ⑩"禹不"句:《尚书·大禹谟》:舜谓禹曰:"汝惟不矜,天下莫与之争能;汝惟不伐,天下莫与之争功。此引以劝谏莫与群臣校功争能。 ⑪万乘之尊:指天子、帝王之尊贵、尊荣。古制,千乘之国(诸侯国),万乘之君(君主),拥有车乘之异,尊卑不同。

十六年 春,正月,乙丑,魏王泰上《括地志》[①]。泰好学,司马苏勖说泰，以古之贤王皆招士著书，故泰奏请修之。于是大开馆舍，广延时俊，人物辐凑，门庭如市。泰月给逾于太子，谏议大夫褚遂良上疏，以为："圣人制礼，尊嫡卑庶，世子用物不会[②]，与王者共之。庶子虽爱，不得逾嫡，所以塞嫌疑之渐，除祸乱之源也。若当亲者疏，当尊者卑，则佞巧之奸，乘机而动矣。昔汉窦太后宠梁孝王，卒以忧死[③]；宣帝宠淮阳宪王，亦几至于败[④]。今魏王新出阁，宜示以礼则，训以谦俭，乃为良器，此所谓'圣人之教不肃而成[⑤]'者也"。上从之。

上又令泰徙居武德殿；魏征上书，以为："陛下爱魏王，常欲使之安全，宜每抑其骄奢，不处嫌疑之地。今移居此殿，乃在东宫之西，海陵昔尝居之[⑥]，时人不以为可；虽时异事异，然亦恐魏王之心不敢安息也。"上曰："几致此误。"遽遣泰归第。

辛未，徙死罪者实西州，其犯流徒则充戍，各以罪轻重为年限。

敕天下括浮游无籍者，限来年末附毕。

以兼中书侍郎岑文本为中书侍郎，专知机密[⑦]。

夏，四月，壬子，上谓谏议大夫褚遂良曰："卿犹知起居注[⑧]，所书可得观乎？"对曰："史官书人君言动，备记善恶，庶几人君不敢为非，未闻自取而观之也！"上曰："朕有不善，卿亦记之邪？"对曰："臣职当载笔，不敢不记。"黄门侍郎刘洎曰："借使遂良不记，天下亦皆记之。"上曰："诚然。"

六月，庚寅，诏息隐王可追复皇太子[⑨]，海陵剌王元吉追封巢王，谥并依旧。

甲辰，诏自今皇太子出用库物，所司勿为限制。于是太子发取无度，左庶子张玄素上书，以为："周武帝平定山东，隋文帝混一江南，勤俭爱民，皆为令主；有子不肖，卒亡宗祀[⑩]。圣上以殿下亲则父子，事兼家国，所应用物不为节限，恩旨未逾六旬，用物已过七万，骄奢之极，孰云过此！况宫臣正士，未尝在侧；群邪淫巧，昵近深宫。在外瞻仰，已有此失；居中隐密，宁可胜计！苦药利病，苦言利行[⑪]，伏惟居安思危，日慎一日。"太子恶其书，令户奴伺玄素早朝[⑫]，密以大马棰击之，几毙。

秋,七月,戊子[13],以长孙无忌为司徒,房玄龄为司空。

庚申,制:“自今有自伤残者,据法加罪,仍从赋役。”隋末赋役重数,人往往自折支体,谓之“福手”“福足”;至是遗风犹存,故禁之。

特进魏征有疾,上手诏问之,且言:“不见数日,朕过多矣。今欲自往,恐益为劳。若有闻见,可封状进来。”征上言:“比者弟子陵师,奴婢忽主,下多轻上,皆有为而然,渐不可长。”又言:“陛下临朝,常以至公为言,退而行之,未免私僻。或畏人知,横加威怒,欲盖弥彰,竟有何益!”征宅无堂,上命辍小殿之材以构之,五日而成,仍赐以素屏风、素褥、几、杖等以遂其所尚。征上表谢,上手诏称:“处卿至此,盖为黎元与国家,岂为一人,何事过谢!”

【注释】

①《括地志》:书名。其内容是唐代分道计州的地理志。其为魏王李泰奏引著作郎萧德言、秘书郎颜胤等就府修撰。 ②会(kuài 快):总计,计算。 ③“昔汉”句:事见《汉书·景帝纪》。 ④“宣帝”句:事见《汉书·宣帝、元帝纪》。 ⑤“圣人”句:《孝经》载孔子语。 ⑥海陵:即海陵剌王的简称,其为李元吉的追封之号。 ⑦“以兼”句:中书侍郎二员,时独用岑文本,故专典机密。 ⑧知起居注:他官兼曰知;起居注,专记皇上起居言行以交史官,将酌情载入史册。 ⑨息隐王:为皇上践祚后对先太子李建成的追加封号。 ⑩“周武帝”句:引周武帝宇文邕、隋文帝杨坚,都是勤俭爱民成就王业的好君主,但他们有不肖子天元、杨广使国家败亡,以提醒皇上。 ⑪苦药利病,苦言利行:对成语“良药苦口利于病,忠言逆耳利于行”的改造使用,比喻真心劝诫、尖锐批评虽听着不顺,但很有益处。 ⑫户奴:官奴。专掌守门户。 ⑬戊子:疑为“戊午”之误。

八月,丁酉,上曰:“当今国家何事最急?”谏议大夫褚遂良曰:“今四方无虞,唯太子、诸王宜有定分最急。”上曰:“此言是也。”时太子承乾失德,魏王泰有宠,群臣日有疑议,上闻而恶之,谓侍臣曰:“方今群臣,忠直无逾魏征,我遣傅太子,用绝天下之疑。”九月,丁巳,以魏征为太子太师。征疾少愈,诣朝堂表辞,上手诏谕以："周幽、晋献，废嫡立庶，危国亡家[①]。汉高祖几废太子，赖四皓然后安。我今赖公，即其义也。知公疾病，可卧护之。"征乃受诏。

癸亥，薛延陀真珠可汗遣其叔父沙钵罗泥孰俟斤来请婚，献马三千，貂皮三万八千，马脑镜一。

癸酉，以凉州都督郭孝恪行安西都护、西州刺史。高昌旧民与镇兵及谪徙者杂居西州，孝恪推诚抚御，咸得其欢心。

西突厥乙毗咄陆可汗既杀沙钵罗叶护，并其众，又击吐火罗[②]，灭之。自恃强大，遂骄倨，拘留唐使者，侵暴西域，遣兵寇伊州，郭孝恪将轻骑二千自乌骨邀击，败之。乙毗咄陆又遣处月、处密二部围天山[③]，孝恪击走之，乘胜进拔处月俟斤所居城，追奔至遏索山，降处密之众而归。

初，高昌既平，岁发兵千余人戍守其地，褚遂良上疏，以为："圣王为治，先华夏而后夷狄。陛下兴兵取高昌，数郡萧然，累年不复；岁调千余人屯戍，远去乡里，破产办装。又谪徙罪人，皆无赖子弟，适足骚扰边鄙，岂能有益行陈！所遣多复逃亡，徒烦追捕。加以道途所经，沙碛千里，冬风如割，夏风如焚，行人往来，遇之多死。设使张掖、酒泉有烽燧之警，陛下岂得高昌一夫斗粟之用，终当发陇右诸州兵食以赴之耳[④]。然则河西者，中国之心腹；高昌者，他人之手足；奈何糜弊本根以事无用之上乎！且陛下得突厥、吐谷浑，皆不有其地，为之立君长以抚之，高昌独不得与为比乎！叛而执之，服而封之，刑莫威焉，德莫厚焉。愿更择高昌子弟可立者，使君其国，子子

褚遂良像

孙孙，负荷大恩，永为唐室藩辅，内安外宁，不亦善乎！”上弗听。及西突厥入寇，上悔之，曰：“魏征、褚遂良劝我复立高昌，吾不用其言，今方自咎耳。”

乙毗咄陆西击康居，道过米国[5]，破之。虏获甚多，不分与其下，其将泥熟啜辄夺取之，乙毗咄陆怒，斩泥熟啜以徇，众皆愤怨。泥熟啜部将胡禄屋袭击之，乙毗咄陆众散，走保白水胡城。于是弩失毕诸部及乙毗咄陆所部屋利啜等遣使诣阙，请废乙毗咄陆，更立可汗。上遣使赍玺书，立莫贺咄之子为乙毗射匮可汗。乙毗射匮既立，悉礼遣乙毗咄陆所留唐使者，帅所部击乙毗咄陆于白水胡城。乙毗咄陆出兵击之，乙毗射匮大败。乙毗咄陆遣使招其故部落，故部落皆曰：“使我千人战死，一人独存，亦不汝从！”乙毗咄陆自知不为众所附，乃西奔吐火罗。

冬，十月，丙申，殿中监郢纵公宇文士及卒[6]。上尝止树下，爱之，士及从而誉之不已，上正色曰：“魏征常劝我远佞人，我不知佞人为谁，意疑是汝，今果不谬！”士及叩头谢。

上谓侍臣曰：“薛延陀屈强漠北，今御之止有二策，苟非发兵殄灭之，则与之婚姻以抚之耳，二者何从？”房玄龄对曰：“中国新定，兵凶战危，臣以为和亲便。”上曰：“然。朕为民父母，苟可利之，何爱一女！”

先是左领军将军契苾何力母姑臧夫人及弟贺兰州都督沙门皆在凉州，上遣何力归觐，且抚其部落。时薛延陀方强，契苾部落皆欲归之，何力大惊曰：“主上厚恩如是，奈何遽为叛逆！”其徒曰：“夫人、都督先已诣彼，若之何不往！”何力曰：“沙门孝于亲，我忠于君，必不汝从。”其徒执之诣薛延陀，置真珠牙帐前。何力箕倨，拔佩刀东向大呼曰：“岂有唐烈士而受屈虏庭，天地日月，愿知我心！”因割左耳以誓。真珠欲杀之，其妻谏而止。

上闻契苾叛，曰：“必非何力之意。”左右曰：“戎狄气类相亲，何力入薛延陀，如鱼趋水耳。”上曰：“不然。何力心如铁石，必不叛我。”会有使者自薛延陀来，具言其状，上为之下泣，谓左右曰：“何力果如何？”即命兵部侍郎崔敦礼持节谕薛延陀，以新兴公主妻之[7]，以求何力，何力由是得还，拜右骁卫大将军。

【注释】

①"周幽"句:周幽王姬宫涅废太子而立褒姒之子,为犬戎所杀,周室衰微。晋献公废世子,立骊姬之子,晋国大乱。 ②吐火罗:古国名。地在兴都库什山与阿姆河上游之间(今阿富汗北部)。 ③天山:县名。治今新疆托克逊县东北。 ④陇右:约今甘肃陇山、六盘山以西,黄河以东一带。 ⑤米国:古国名。唐时为西域一小国。原居祁连山东北昭武城,为昭武九姓之一。 ⑥郢纵公:为宇文士及的谥号。贺琛《谥法》:败乱百度曰纵,怠德败礼曰纵,甚切士及生平。 ⑦新兴公主:皇上的女儿。

十一月,丙辰,上校猎于武功。

丁巳,营州都督张俭奏高丽东部大人泉盖苏文弑其王武[1]。盖苏文凶暴,多不法,其王及大臣议诛之。盖苏文密知之,悉集部兵若校阅者,并盛陈酒馔于城南,召诸大臣共临视,勒兵尽杀之,死者百余人。因驰入宫,手弑其王,断为数段,弃沟中,立王弟子藏为王;自为莫离支[2],其官如中国吏部兼兵部尚书也。于是号令远近,专制国事。盖苏文状貌雄伟,意气豪逸,身佩五刀,左右莫敢仰视。每上下马,常令贵人、武将伏地而履之。出行必整队伍,前导者长呼,则人皆奔迸,不避坑谷,路绝行者,国人甚苦之。

壬戌,上校猎于岐阳[3],因幸庆善宫,召武功故老宴赐,极欢而罢。庚午,还京师。

壬申,上曰:"朕为兆民之主,皆欲使之富贵。若教以礼义,使之少敬长、妇敬夫,则皆贵矣。轻徭薄敛,使之各治生业,则皆富矣。若家给人足,朕虽不听管弦,乐在其中矣。"

亳州刺史裴行庄奏请伐高丽[4],上曰:"高丽王武职贡不绝,为贼臣所弑,朕哀之甚深,固不忘也。但因丧乘乱而取之,虽得之不贵。且山东凋弊,吾未忍言用兵也。"

高祖之入关也,隋武勇郎将冯翊党仁弘将兵二千余人归高祖于蒲阪,从平京城,寻除陕州总管,大军东讨,仁弘转饷不绝,历南宁、戎、广州都督[5]。仁弘有材略,所至著声迹,上甚器之。然性贪,罢广州,为人所讼,赃百余万,罪当死。上谓侍臣曰:"吾昨见大理五奏诛仁弘[⑥]，哀其白首就戮，方晡食，遂命撤案；然为之求生理，终不可得。今欲曲法就公等乞之。”十二月，壬午朔，上复召五品已上集太极殿前，谓曰：“法者，人君所受于天，不可以私而失信。今朕私党仁弘而欲赦之，是乱其法，上负于天。欲席藁于南郊，日一进蔬食，以谢罪于天三日。”房玄龄等皆曰：“生杀之柄，人主所得专也，何至自贬责如此！”上不许，群臣顿首固请于庭，自旦至日昃，上乃降手诏，自称：“朕有三罪：知人不明，一也；以私乱法，二也；善善未赏，恶恶未诛，三也。以公等固谏，且依来请。”于是黜仁弘为庶人，徙钦州[⑦]。

癸卯，上幸骊山温汤；甲辰，猎于骊山。上登山，见围有断处，顾谓左右曰：“吾见其不整而不刑，则堕军法；刑之，则是吾登高临下以求人之过也。”乃托以道险，引辔入谷以避之。乙巳，还宫。

刑部以“反逆缘坐律兄弟没官为轻，请改从死”。敕八座议之[⑧]，议者皆以为“秦、汉、魏、晋之法，反者皆夷三族，今宜如刑部请为是”。给事中崔仁师驳曰：“古者父子兄弟罪不相及，奈何以亡秦酷法变隆周中典[⑨]！且诛其父子，足累其心，此而不顾，何爱兄弟！”上从之。

上问侍臣曰：“自古或君乱而臣治，或君治而臣乱，二者孰愈？”魏征对曰：“君治则善恶赏罚当，臣安得而乱之！苟为不治，纵暴愎谏，虽有良臣，将安所施！”上曰：“齐文宣得杨遵彦，非君乱而臣治乎？”对曰：“彼才能救亡耳，乌足为治哉！”

【注释】

①泉盖苏文：或号盖金，姓泉氏，自云生水中以惑众。 ②莫离支：古高丽官名，相当于中国古代的吏部兼兵部尚书。 ③岐阳：古县名。治今陕西岐山县东北岐阳村。 ④亳（bó 博）州：治今安徽亳州市。 ⑤戎：古州名。治今四川宜宾市。 ⑥五奏：贞观五年（631）制令，死罪囚，三日五覆奏。 ⑦钦州：治今广西钦州市东北钦江北岸。 ⑧八座：隋唐以六部尚书、左右仆射及令为八座。 ⑨中典：常行的法律。《周礼·秋官·大司寇》：“一曰刑新国，用轻典；二曰刑平国，用中典；三曰刑乱国，用重典。”又：“刑平国，用中典。父子兄弟罪不相及，周法也。”言在太平的国度里，用中等常行的法典。

十七年 春，正月，丙寅，上谓群臣曰："闻外间士人以太子有足疾，魏王颖悟，多从游幸，遽生异议，徼幸之徒，已有附会者。太子虽病足，不废步履。且《礼》[1]，嫡子死，立嫡孙。太子男已五岁，朕终不以孽代宗，启窥窬之源也[2]！"

郑文贞公魏征寝疾，上遣使者问讯，赐以药饵，相望于道。又遣中郎将李安俨宿其第，动静以闻。上复与太子同至其第，指衡山公主欲以妻其子叔玉。戊辰，征薨，命百官九品以上皆赴丧，给羽葆鼓吹[3]，陪葬昭陵。其妻裴氏曰："征平生俭素，今葬以一品羽仪[4]，非亡者之志。"悉辞不受，以布车载柩而葬。上登苑西楼[5]，望哭尽哀。上自制碑文，并为书石。上思征不已，谓侍臣曰："人以铜为镜，可以正衣冠，以古为镜，可以见兴替，以人为镜，可以知得失。魏征没，朕亡一镜矣！"

鄠尉游文芝告代州都督刘兰成谋反，戊申[6]，兰成坐腰斩。右武候将军丘行恭探兰成心肝食之；上闻而让之曰："兰成谋反，国有常刑，何至如此！若以为忠孝，则太子诸王先食之矣，岂至卿邪！"行恭惭而拜谢。

二月，壬午，上问谏议大夫褚遂良曰："舜造漆器，谏者十余人[7]。此何足谏？"对曰："奢侈者，危亡之本；漆器不已，将以金玉为之。忠臣爱君，必防其渐，若祸乱已成，无所复谏矣。"上曰："然。朕有过，卿亦当谏其渐。朕见前世帝王拒谏者，多云'业已为之'，或云'业已许之'，终不为改。如此，欲无危亡，得乎！"

时皇子为都督、刺史者多幼稚，遂良上疏，以为："汉宣帝云：'与我共治天下者，其惟良二千石乎！[8]'今皇子幼稚，未知从政，不若且留京师，教以经术，俟其长而遣之。"上以为然。

壬辰，以太子詹事张亮为洛州都督。侯君集自以有功而下吏，怨望有异志。亮出为洛州，君集激之曰："何人相排？"亮曰："非公而谁！"君集曰："我平一国来，逢嗔如屋大，安能仰排！"因攘袂曰："郁郁殊不聊生！公能反乎？与公反！"亮密以闻。上曰："卿与君集皆功臣，语时旁无他人，若下吏，君集必不服。如此，事未可知，卿且勿言。"待君集如故。

唐长沙窑执壶

鄜州都督尉迟敬德表乞骸骨；乙巳，以敬德为开府仪同三司，五日一参。

丁未，上曰："人主惟有一心，而攻之者甚众。或以勇力，或以辩口，或以谄谀，或以奸诈，或以嗜欲，辐凑攻之，各求自售，以取宠禄。人主少懈，而受其一，则危亡随之，此其所以难也。"

戊申，上命图画功臣赵公长孙无忌、赵郡元王孝恭、莱成公杜如晦、郑文贞公魏征、梁公房玄龄、申公高士廉、鄂公尉迟敬德、卫公李靖、宋公萧瑀、褒忠壮公段志玄、夔公刘弘基、蒋忠公屈突通、郧节公殷开山、谯襄公柴绍、邳襄公长孙顺德、郧公张亮、陈公侯君集、郯襄公张公谨、卢公程知节、永兴文懿公虞世南、渝襄公刘政会、莒公唐俭、英公李世勣、胡壮公秦叔宝等于凌烟阁⑨。

【注释】

①《礼》:《礼记》。　②窥窬:伺隙而动。　③羽葆:仪仗名,以鸟羽为饰者。《礼·杂记》下:"匠人执羽葆御柩。"《疏》:"羽葆者,以鸟羽注于柄头,如盖,谓之羽葆。葆谓盖也。"　④羽仪:仪仗中以羽毛装饰的旌旗之类。羽仪殡葬为一品官员的葬礼。　⑤苑西楼:长安禁苑之西楼。　⑥戊申:疑误,待考。　⑦"舜造"句:《说苑》:尧释天下,舜受之,作为饮器,斩木而裁之,犹漆黑之,诸侯侈,国之不服者十有三。　⑧"汉宣帝云"句:史实见于卷第二十四汉宣帝地节二年(前68)。二千石,指郡守。　⑨"上命"句:功臣,书爵不书谥者,其人存;书爵书谥者,其人已死。凌烟阁:楼阁名。在长安皇宫西内三清殿侧。

齐州都督齐王祐，性轻躁，其舅尚乘直长阴弘智说之曰[①]："王兄弟既多，陛下千秋万岁后，宜得壮士以自卫。"祐以为然。弘智因荐妻兄燕弘信，祐悦之，厚赐金玉，使阴募死士。

上选刚直之士以辅诸王，为长史、司马，诸王有过以闻。祐昵近群小，好畋猎，长史权万纪骤谏，不听。壮士昝君謩、梁猛彪得幸于祐，万纪皆劾逐之，祐潜召还，宠之逾厚。上数以书切责祐，万纪恐并获罪，谓祐曰："王审能自新，万纪请入朝言之。"乃条祐过失，迫令表首，祐惧而从之。万纪至京师，言祐必能悛改。上甚喜，勉万纪，而数祐前过，以敕书戒之。祐闻之，大怒曰："长史卖我！劝我而自以为功，必杀之。"上以校尉京兆韦文振谨直，用为祐府典军[②]，文振数谏，祐亦恶之。

万纪性褊，专以刻急拘持祐，城门外不听出，悉解纵鹰犬，斥君謩、猛彪不得见祐。会万纪宅中有块夜落，万纪以为君謩、猛彪谋杀己，悉收系，发驿以闻，并劾与祐同为非者数十人。上遣刑部尚书刘德威往按之，事颇有验，诏祐与万纪俱入朝。祐既积忿，遂与燕弘信兄弘亮等谋杀万纪。万纪奉诏先行，祐遣弘亮等二十余骑追射杀之。祐党共逼韦文振欲与同谋，文振不从，驰走数里，追及，杀之。寮属股栗，稽首伏地，莫敢仰视。祐因私署上柱国、开府等官，开库物行赏，驱民入城，缮甲兵、楼堞，置拓东王、拓西王等官。吏民弃妻子夜缒出亡者相继，祐不能禁。三月，丙辰，诏兵部尚书李世勣等发怀、洛、汴、宋、潞、滑、济、郓、海九州兵讨之。上赐祐手敕曰："吾常戒汝勿近小人，正为此耳。"

祐召燕弘亮等五人宿于卧内，余党分统士众，巡城自守。祐每夜与弘亮等对妃宴饮，以为得志；戏笑之际，语及官军，弘亮等曰："王不须忧！弘亮等右手持酒卮，左手为王挥刀拂之！"祐喜，以为信然。传檄诸县，皆莫肯从。时李世勣兵未至，而青、淄等数州兵已集其境。齐府兵曹杜行敏等阴谋执祐[③]，祐左右及吏民非同谋者无不响应。庚申，夜，四面鼓噪，声闻数十里。祐党有居外者，众皆攒刃杀之。祐问何声，左右绐云："英公统飞骑已登城矣[④]。"行敏分兵凿垣而入，祐与弘亮等被甲执兵入室，闭扉拒战，行敏等千余人围之，自旦至日中，不克。行敏谓祐曰："王昔为帝子，今乃国贼，不速降，立为煨烬矣。"因命积薪欲焚之。祐自牖间谓行敏曰："即启扉，独虑燕弘亮兄弟死耳。"行敏曰："必相全。"祐等乃出。或抉弘亮目，投睛于地，余皆挝折其股而杀之。执祐出牙前示吏民，还，锁之于东厢，齐州悉平。乙丑，敕李世勣等罢兵。祐至京师，赐死于内侍省[5]，同党诛者四十四人，余皆不问。

祐之初反也，齐州人罗石头面数其罪，援枪前，欲刺之，为燕弘亮所杀。祐引骑击高村，村人高君状遥责祐曰："主上提三尺剑取天下，亿兆蒙德，仰之如天。王忽驱城中数百人欲为逆乱以犯君父，无异一手摇泰山，何不自量之甚也！"祐纵击，虏之，惭不能杀。敕赠石头亳州刺史。以君状为榆社令[6]，以杜行敏为巴州刺史，封南阳郡公；其同谋执祐者官赏有差。

上检祐家文疏，得记室郯城孙处约谏书[7]，嗟赏之，累迁中书舍人。庚午，赠权万纪齐州都督，赐爵武都郡公，谥曰敬；韦文振左武卫将军，赐爵襄阳县公。

【注释】

①尚乘直长：属殿中监尚乘局官员，掌内外闲厩之马，辨其粗良而率其习驭的。　②典军：此指王府典军，掌率校尉以下守卫随从之事。③兵曹：指齐府兵曹，专掌武官簿书、考课、仪卫、假使等事。　④英公：李世勣封英国公。飞骑：玄武门屯兵，其果敢飞骑善战。　⑤内侍省：后宫官署。　⑥榆社：古县名。治今山西榆社县。　⑦郯城：治今河南郯县。

初，太子承乾喜声色及畋猎，所为奢靡，畏上知之，对宫臣常论忠孝，或至于涕泣，退归宫中，则与群小相亵狎。宫臣有欲谏者，太子先揣知其意，辄迎拜，敛容危坐，引咎自责，言辞辩给，宫臣拜答不暇。宫省秘密，外人莫知，故时论初皆称贤。

太子作八尺铜炉、六隔大鼎，募亡奴盗民间马牛[1]，亲临烹煮，与所幸厮役共食之[2]。又好效突厥语及其服饰，选左右貌类突厥者五人为一落，辫发羊裘而牧羊，作五狼头纛及幡旗，设穹庐[3]，太子自处其中，敛羊而烹之，抽佩刀割肉相啖。又尝谓左右曰："我试作可汗死，汝曹效其丧仪。”因僵卧于地，众悉号哭，跨马环走，临其身，剺面[4]。良久，太子欻起[5]，曰：“一朝有天下，当帅数万骑猎于金城西，然后解发为突厥，委身思摩，若当一设，不居人后矣[6]。”

左庶子于志宁、右庶子孔颖达数谏太子，上嘉之，赐二人金帛以风励太子，仍迁志宁为詹事。志宁与左庶子张玄素数上书切谏，太子阴使人杀之，不果。

汉王元昌所为多不法，上数谴责之，由是怨望。太子与之亲善，朝夕同游戏，分左右为二队，太子与元昌各统其一，被毡甲，操竹稍，布陈大呼交战，击刺流血，以为娱乐。有不用命者，披树挝之[7]，至有死者。且曰：“使我今日作天子，明日于苑中置万人营，与汉王分将，观其战斗，岂不乐哉！”又曰：“我为天子，极情纵欲，有谏者辄杀之，不过杀数百人，众自定矣。”

魏王泰多艺能，有宠于上，见太子有足疾，潜有夺嫡之志，折节下士以求声誉。上命黄门侍郎韦挺摄泰府事，后命工部尚书杜楚客代之，二人俱为泰要结朝士。楚客或怀金以赂权贵，因说以魏王聪明，宜为上嗣；文武之臣，各有附托，潜为朋党。太子畏其逼，遣人诈为泰府典签上封事[8]，其中皆言泰罪恶，敕捕之，不获。

太子私幸太常乐童称心[9]，与同卧起。道士秦英、韦灵符挟左道，得幸太子。上闻之，大怒，悉收称心等杀之，连坐死者数人，诮让太子甚至。太子意泰告之，怨怒愈甚，思念称心不已，于宫中构室，立其像，朝夕奠祭，徘徊流涕。又于苑中作冢，私赠官树碑。

上意浸不怿，太子亦知之，称疾不朝谒者动涉数月。阴养刺客纥干承基等及壮士百余人，谋杀魏王泰。

吏部尚书侯君集之婿贺兰楚石为东宫千牛[10]，太子知君集怨望，数令楚石引君集入东宫，问以自安之术，君集以太子暗劣，欲乘衅图之，因劝之反，举手谓太子曰：“此好手，当为殿下用之。”又曰：“魏王为上所爱，恐殿下有庶人勇之祸[11]，若有敕召，宜密为之备。”太子大然之。太子厚赂君集及左屯卫中郎将顿丘李安俨，使诇上意，动静相语。安俨先事隐太子，隐太子败，安俨为之力战，上以为忠，故亲任之，使典宿卫。安俨深自托于太子。

汉王元昌亦劝太子反，且曰："比见上侧有美人，善弹琵琶，事成，愿以垂赐。"太子许之。洋州刺史开化公赵节，慈景之子也⑫，母曰长广公主⑬，驸马都尉杜荷，如晦之子也，尚城阳公主⑭，皆为太子所亲昵，预其反谋。凡同谋者皆割臂，以帛拭血，烧灰和酒饮之，誓同生死，潜谋引兵入西宫。杜荷谓太子曰："天文有变，当速发以应之，殿下但称暴疾危笃，主上必亲临视，因兹可以得志。"太子闻齐王祐反于齐州，谓纥干承基等曰："我宫西墙，去大内正可二十步耳，与卿为大事，岂比齐王乎！"会治祐反事，连承基，承基坐系大理狱，当死。

【注释】

①亡奴：指官奴中案押在逃的亡命之徒。 ②断役：指男性干粗活的仆人。 ③穹庐：古代突厥等民族所居住的一种其状中高周低圆形的毡帐。 ④剺（lí 离）：用刀划。 ⑤欻（xū 须）起：忽然起来。 ⑥"一朝有天下"句：承乾自我表白，显露其狂愚。金城：州名。治今陕西甘泉县西北。概当时突厥思摩所居之地。 ⑦檛（zhuā 抓）：杖、鞭。此用为打击意。 ⑧典签：王府中管文书的官员。 ⑨太常乐童称心：据《旧唐书·承乾传》云：太常寺有乐人，年十余岁，美姿容，善歌舞，承乾时加宠幸，号曰称心。 ⑩千牛：官名。东宫左右内率府有千牛十六人，掌执千牛刀，侍奉左右。 ⑪勇：杨勇，隋文帝杨坚嫡长子，因被诬陷被贬为庶人。 ⑫慈景：赵慈景，高祖曾使他攻河东，为尧君素所杀。 ⑬长广公主：为高祖李渊之女。 ⑭城阳公主：为太宗之女。

资治通鉴卷第一百九十七

唐纪十三　起昭阳单阏四月，尽旃蒙大荒落五月，凡二年有奇。

太宗文武大圣大广孝皇帝中之下

贞观十七年　夏，四月，庚辰朔，承基上变[①]，告太子谋反。敕长孙无忌、房玄龄、萧瑀、李世勣与大理、中书、门下参鞫之[②]，反形已具。上谓侍臣："将何以处承乾？"群臣莫敢对，通事舍人来济进曰："陛下不失为慈父，太子得尽天年，则善矣！"上从之。济，护儿之子也[③]。

乙酉，诏废太子承乾为庶人，幽于右领军府。上欲免汉王元昌死，群臣固争，乃赐自尽于家，而宥其母、妻、子[④]。侯君集、李安俨、赵节、杜荷等皆伏诛。左庶子张玄素、右庶子赵弘智、令狐德棻等以不能谏争，皆坐免为庶人。余当连坐者，悉赦之。詹事于志宁以数谏，独蒙劳勉。以纥干承基为祐川府折冲都尉[⑤]，爵平棘县公。

侯君集被收，贺兰楚石复诣阙告其事，上引君集谓曰："朕不欲令刀笔吏辱公[⑥]，故自鞫公耳。"君集初不承。引楚石具陈始末，又以所与承乾往来启示之，君集辞穷，乃服。上谓侍臣曰："君集有功，欲乞其生，可乎？"群臣以为不可。上乃谓君集曰："与公长诀矣！"因泣下，君集亦自投于地，遂斩之于市。君集临刑，谓监刑将军曰："君集蹉跌至此！然事陛下于藩邸[⑦]，击取二国[⑧]，乞全一子以奉祭祀。"上乃原其妻及子，徙岭南。籍没其家[⑨]，得二美人，

唐三彩袒腹胡人俑

自幼饮人乳而不食。

初，上使李靖教君集兵法，君集言于上曰："李靖将反矣。"上问其故，对曰："靖独教臣以其粗而匿其精，以是知之。"上以问靖，靖对曰："此乃君集欲反耳。今诸夏已定，臣之所教，足以制四夷，而君集固求尽臣之术，非反而何！"江夏王道宗尝从容言于上曰："君集志大而智小，自负微功，耻在房玄龄、李靖之下，虽为吏部尚书，未满其志。以臣观之，必将为乱。"上曰："君集材器，亦何施不可！朕岂惜重位，但次第未至耳，岂可亿度⑩，妄生猜贰邪！"及君集反诛，上乃谢道宗曰："果如卿言。"

李安俨父，年九十余，上愍之，赐奴婢以养之。

【注释】

①上变：向朝廷密告谋反变乱之事。　②"敕长孙无忌"句：唐制，凡国之大狱，三司详决。三司谓给事中、中书舍人及御史参鞫。今令三省与大理参鞫，重其事。鞫（jū 居），审讯，查问。　③护儿：即来护儿，隋将，死于宇文化及之难。　④母：指李元昌生母，李渊之妃嫔。　⑤祐川府：治今甘肃临洮县。　⑥刀笔吏：指主办文案的官吏、讼师。　⑦事陛下于藩邸：言皇上在藩时，引君集入幕府，数从征伐。　⑧二国：指吐谷浑、高昌。　⑨籍没其家：按户籍没收其家的财产入官。　⑩亿度：预料、猜测。

太子承乾既获罪，魏王泰日入侍奉，上面许立为太子，岑文本、刘洎亦劝之；长孙无忌固请立晋王治。上谓侍臣曰："昨青雀投我怀云[①]:'臣今日始得为陛下子,乃更生之日也。臣有一子,臣死之日,当为陛下杀之,传位晋王。'人谁不爱其子,朕见其如此,甚怜之。"谏议大夫褚遂良曰:"陛下言大失。愿审思,勿误也!安有陛下万岁后,魏王据天下,肯杀其爱子,传位晋王者乎!陛下日者既立承乾为太子,复宠魏王,礼秩过于承乾,以成今日之祸。前事不远,足以为鉴。陛下今立魏王,愿先措置晋王,始得安全耳。"上流涕曰:"我不能耳。"因起,入宫。魏王泰恐上立晋王治,谓之曰:"汝与元昌善,元昌今败,得无忧乎?"治由是忧形于色。上怪,屡问其故,治乃以状告;上怃然,始悔立泰之言矣。上面责承乾,承乾曰:"臣为太子,复何所求!但为泰所图,时与朝臣谋自安之术,不逞之人遂教臣为不轨耳。今若泰为太子,所谓落其度内。"

承乾既废,上御两仪殿[②],群臣俱出,独留长孙无忌、房玄龄、李世勣、褚遂良,谓曰:"我三子一弟[③],所为如是,我心诚无聊赖!"因自投于床,无忌等争前扶抱;上又抽佩刀欲自刺,遂良夺刀以授晋王治。无忌等请上所欲,上曰:"我欲立晋王。"无忌曰:"谨奉诏;有异议者,臣请斩之!"上谓治曰:"汝舅许汝矣,宜拜谢。"治因拜之。上谓无忌等曰:"公等已同我意,未知外议何如?"对曰:"晋王仁孝,天下属心久矣,乞陛下试召问百官,有不同者,臣负陛下万死。"上乃御太极殿[④],召文武六品以上,谓曰:"承乾悖逆,泰亦凶险,皆不可立。朕欲选诸子为嗣,谁可者?卿辈明言之。"众皆欢呼曰:"晋王仁孝,当为嗣。"上悦。是日,泰从百余骑至永安门[⑤];敕门司尽辟其骑,引泰入肃章门,幽于北苑。

丙戌,诏立晋王治为皇太子,御承天门楼,赦天下,酺三日。上谓侍臣曰:"我若立泰,则是太子之位可经营而得。自今太子失道,藩王窥伺者,皆两弃之,传诸子孙,永为后法。且泰立,则承乾与治皆不全;治立,则承乾与泰皆无恙矣。"

臣光曰:唐太宗不以天下大器私其所爱,以杜祸乱之原,可谓能远谋矣!

【注释】

①青雀:为魏王李泰小字。 ②两仪殿:按《唐六典》,两仪殿在太极殿之后。古之内朝,视朝听事之所。 ③三子一弟:指齐王祐、太子承

乾、魏王泰和弟汉王元昌。④太极殿：殿名。西门正门曰承天门，正殿曰太极殿，太极殿后曰两仪殿。《唐六典》，太极殿为古之中朝，为朔望视朝的地方。 ⑤永安门：按《唐六典》太极宫城南面三门，中曰承天门，东曰长乐门，西曰永安门。

长孙无忌像

丁亥，以中书令杨师道为吏部尚书。初，长广公主适赵慈景，生节；慈景死[1]，更适师道。师道与长孙无忌等共鞫承乾狱，阴为赵节道地，由是获谴。上至公主所，公主以首击地，泣谢子罪，上亦拜泣曰："赏不避仇雠，罚不阿亲戚，此天下至公之道，不敢违也，以是负姊。"

己丑，诏以长孙无忌为太子太师，房玄龄为太傅，萧瑀为太保，李世勣为詹事，瑀、世勣并同中书门下三品[2]。同中书门下三品自此始。又以左卫大将军李大亮领右卫率，前詹事于志宁、中书侍郎马周为左庶子，吏部侍郎苏勖、中书舍人高季辅为右庶子，刑部侍郎张行成为少詹事[3]，谏议大夫褚遂良为宾客[4]。

李世勣尝得暴疾，方云"须灰可疗"，上自翦须，为之和药。世勣顿首出血泣谢。上曰："为社稷，非为卿也，何谢之有！"世勣尝侍宴，上从容谓曰："朕求群臣可托幼孤者，无以逾公，公往不负李密[5]，岂负朕哉！"世勣流涕辞谢，啮指出血，因饮沉醉，上解御服以覆之。

癸巳，诏解魏王泰雍州牧、相州都督、左武候大将军，降爵为东莱郡王。泰府僚属为泰所亲狎者，皆迁岭表；以杜楚客兄如晦有功，免死，废为庶人。给事中崔仁师尝密请立魏王泰为太子，左迁鸿胪少卿[⑥]。

庚子，定太子见三师仪：迎于殿门外，先拜，三师答拜；每门让于三师。三师坐，太子乃坐。其与三师书，前后称名、“惶恐[⑦]”。

五月，癸酉，太子上表，以“承乾、泰衣服不过随身，饮食不能适口，幽忧可愍，乞敕有司，优加供给”。上从之。

黄门侍郎刘洎上言，以“太子宜勤学问，亲师友。今入侍宫闱，动逾旬朔，师保以下，接对甚希，伏愿少抑下流之爱[⑧]，弘远大之规，则海内幸甚”！上乃命洎与岑文本、褚遂良、马周更日诣东宫，与太子游处谈论。

六月，己卯朔，日有食之。

丁亥，太常丞邓素使高丽还，请于怀远镇增戍兵以逼高丽[⑨]。上曰：“‘远人不服，则修文德以来之[⑩]’，未闻一二百戍兵能威绝域者也！”

丁酉，右仆射高士廉逊位，许之，其开府仪同三司、勋封如故，仍同门下中书三品，知政事。

闰月，辛亥，上谓侍臣曰：“朕自立太子，遇物则诲之，见其饭，则曰：‘汝知稼穑之艰难，则常有斯饭矣[⑪]。’见其乘马，则曰：‘汝知其劳逸，不竭其力，则常得乘之矣。’见其乘舟，则曰：‘水所以载舟，亦所以覆舟，民犹水也，君犹舟也[⑫]。’见其息于木下，则曰：‘木从绳则正，后从谏则圣[⑬]。’”

丁巳，诏太子知左、右屯营兵马事[⑭]，其大将军以下并受处分。

薛延陀真珠可汗使其侄突利设来纳币，献马五万匹，牛、橐驼万头[⑮]，羊十万口。庚申，突利设献馔，上御相思殿[⑯]，大飨群臣，设十部乐，突利设再拜上寿，赐赉甚厚。

契苾何力上言：“薛延陀不可与婚。”上曰：“吾已许之矣，岂可为天子而食言乎！”何力对曰：“臣非欲陛下遽绝之也，愿且迁延其事。臣闻古有亲迎之礼，若敕夷男使亲迎，虽不至京师，亦应至灵州；彼必不敢来，则绝之有名矣。夷男性刚戾，既不成婚，其下复携贰，不过一二年必病死，二子争立，则可以坐制之矣！”上从之，乃征真珠可汗使亲迎，仍发诏将幸灵州与之会。真珠大喜，欲诣灵州，其臣谏曰："脱为所留，悔之无及！"真珠曰："吾闻唐天子有圣德，我得身往见之，死无所恨，且漠北必当有主。我行决矣，无复多言！"上发使三道，受其所献杂畜。薛延陀先无库厩，真珠调敛诸部，往返万里，道涉沙碛，无水草，耗死将半，失期不至。议者或以为聘财未备而与为婚，将使戎狄轻中国，上乃下诏绝其婚，停幸灵州，追还三使。

褚遂良上疏，以为："薛延陀本一俟斤，陛下荡平沙塞，万里萧条，余寇奔波，须有酋长，玺书鼓纛，立为可汗。比者复降鸿私，许其姻媾，西告吐蕃，北谕思摩，中国童幼，靡不知之。御幸北门，受其献食，群臣四夷，宴乐终日。咸言陛下欲安百姓，不爱一女，凡在含生，孰不怀德。今一朝生进退之意，有改悔之心，臣为国家惜兹声听；所顾甚少，所失殊多，嫌隙既生，必构边患。彼国蓄见欺之怒，此民怀负约之惭，恐非所以服远人，训戎士也。陛下君临天下十有七载，以仁恩结庶类，以信义抚戎夷，莫不欣然，负之无力，何惜不使有始有卒乎！夫龙沙以北[17]，部落无算，中国诛之，终不能尽，当怀之以德，使为恶者在夷不在华，失信者在彼不在此，则尧、舜、禹、汤不及陛下远矣！"上不听。

是时，群臣多言："国家既许其婚，受其聘币，不可失信戎狄，更生边患。"上曰："卿曹皆知古而不知今。昔汉初匈奴强，中国弱，故饰子女，捐金絮以饵之，得事之宜。今中国强，戎狄弱，以我徒兵一千，可击胡骑数万，薛延陀所以匍匐稽颡，惟我所欲，不敢骄慢者，以新为君长，杂姓非其种族，欲假中国之势以威服之耳。彼同罗、仆骨、回纥等十余部，兵各数万，并力攻之，立可破灭，所以不敢发者，畏中国所立故也。今以女妻之，彼自恃大国之婿，杂姓谁敢不服！戎狄人面兽心，一旦微不得意，必反噬为害。今吾绝其婚，杀其礼，杂姓知我弃之，不日将瓜剖之矣，卿曹第志之！"

臣光曰：孔子称去食、去兵，不可去信。唐太宗审知薛延陀不可妻，则初勿许其婚可也；既许之矣，乃复恃强弃信而绝之，虽灭薛延陀，犹可羞也。王者发言出令，可不慎哉！

【注释】

①慈景：赵慈景，武德元年(618)为尧君素所杀。　②"诏以"句：太

子太师、太傅、太保，统称东宫三师，唐并从一品，掌管太子教谕。同中书门下，谓同其侍中、中书令。 ③少詹事：官名。唐建詹事府，设太子詹事一人，少詹事一人，总理东宫内外庶务。少詹事为詹事之副。 ④宾客：即太子宾客。正三品。唐始置，掌侍从规谏，赞相礼仪。 ⑤公往不负李密：事见一百八十六卷武德元年(618)。谓李世勣忠于李密，关键时刻不背叛。 ⑥鸿胪少卿：官名。鸿胪寺官。为鸿胪卿之副，掌朝贺庆吊之赞导相礼。 ⑦前后称名、"惶恐"：在书事之后，书写上自己的名字、"惶恐"字样，这是古代表示对严师尊敬的一种书信格式。 ⑧下流：本指江河下游。魏晋以后人称子孙为下流。 ⑨怀远镇：地名。在今辽宁辽中县附近。 ⑩"远人不服，而修文德以来之"：语见《论语·季氏》。 ⑪"汝知"句：引《尚书·无逸》"惟不知稼穑之艰难乃逸"句之义。 ⑫"水所"句：语见《孔子家语》。 ⑬"木从"句：语见《尚书·说命》。 ⑭左、右屯营：即左右十二卫。 ⑮橐(tuó 驮)驼：骆驼。 ⑯相思殿：殿名。在玄武门内。 ⑰龙沙：匈奴庭谓之龙城，一作龙庭、茏城，在今蒙古国鄂尔浑河西侧。西汉时为匈奴祭天、大会诸部处。实无定处，在沙幕之中，故云龙沙。

上曰："盖苏文弑其君而专国政，诚不可忍。以今日兵力，取之不难，但不欲劳百姓，吾欲且使契丹、靺鞨扰之，何如？"长孙无忌曰："盖苏文自知罪大，畏大国之讨，必严设守备，陛下少为之隐忍，彼得以自安，必更骄惰，愈肆其恶，然后讨之，未晚也。"上曰："善！"戊辰，诏以高丽王藏为上柱国、辽东郡王、高丽王，遣使持节册命。

丙子，徙东莱王泰为顺阳王。

初，太子承乾失德，上密谓中书侍郎兼左庶子杜正伦曰："吾儿足疾乃可耳，但疏远贤良，狎昵群小，卿可察之。果不可教示，当来告我。"正伦屡谏，不听，乃以上语告之。太子抗表以闻，上责正伦漏泄，对曰："臣以此恐之，冀其迁善耳。"上怒，出正伦为谷州刺史。及承乾败，秋，七月，辛卯，复左迁正伦为交州都督。初，魏征尝荐正伦及侯君集有宰相材，请以君集为仆射，且曰："国家安不忘危，不可无大将，诸卫兵马宜委君集专知。"上以君集好夸诞，不用。及正伦以罪黜，君集谋反诛，上始疑征阿党。又有言征自录前后谏辞以示起居郎褚遂良者,上愈不悦,乃罢叔玉尚主,而踣所撰碑。

初,上谓监修国史房玄龄曰[①]:“前世史官所记,皆不令人主见之,何也?”对曰:“史官不虚美,不隐恶,若人主见之必怒,故不敢献也。”上曰:“朕之为心,异于前世。帝王欲自观国史,知前日之恶,为后来之戒,公可撰次以闻。”谏议大夫朱子奢上言:“陛下圣德在躬,举无过事,史官所述,义归尽善。陛下独览《起居》,于事无失,若以此法传示子孙,窃恐曾、玄之后或非上智,饰非护短,史官必不免刑诛。如此,则莫不希风顺旨,全身远害,悠悠千载,何所信乎!所以前代不观,盖为此也。”上不从。玄龄乃与给事中许敬宗等删为《高祖》《今上实录》;癸巳,书成,上之。上见书六月四日事,语多微隐[②],谓玄龄曰:“周公诛管、蔡以安周,季友鸩叔牙以存鲁[③]。朕之所为,亦类是耳,史官何讳焉!”即命削去浮词,直书其事。

八月,庚戌,以洛州都督张亮为刑部尚书,参预朝政;以左卫大将军、太子右卫率李大亮为工部尚书。大亮身居三职[④],宿卫两宫,恭俭忠谨,每宿直,必坐寐达旦。房玄龄甚重之,每称大亮有王陵、周勃之节,可当大位。

初,大亮为庞玉兵曹,为李密所获,同辈皆死,贼帅张弼见而释之,遂与定交。及大亮贵,求弼,欲报其德,弼时为将作丞,自匿不言。大亮遇诸途而识之,持弼而泣,多推家赀以遗弼,弼拒不受。大亮言于上,乞悉以其官爵授弼,上为之擢弼为中郎将。时人皆贤大亮不负恩,而多弼之不伐也。

【注释】

①“上谓”句:历代史官隶属秘书省著作局,皆著作郎掌修国史。贞观三年(629),始移史馆于禁中,在门下省北,宰相监修国史;自是著作郎始罢史职。 ②语多微隐:指用词多隐讳曲折,没有真书明言,实谓诛李建成、李元吉事件。 ③“周公”句:周公诛杀管叔、蔡叔以安周室。成王幼,周公摄政,管、蔡流言,挟武庚反,固诛之以安周室。“季友”句:庆父、叔牙、季友皆鲁庄公子,公疾,问后于叔牙,牙曰:“庆父才。”问季友,友曰:“臣以死奉般。”遂鸩叔牙而立般。 ④身居三职:指大亮身居左

卫大将军、太子右卫率、工部尚书三职。

九月，庚辰，新罗遣使言百济攻取其国四十余城[①]，复与高丽连兵，谋绝新罗入朝之路，乞兵救援。上命司农丞相里玄奖赍玺书赐高丽曰："新罗委质国家，朝贡不乏，尔与百济各宜戢兵，若更攻之，明年发兵击尔国矣！"

癸未，徙承乾于黔州。甲午，徙顺阳王泰于均州[②]。上曰："父子之情，出于自然。朕今与泰生离，亦何心自处！然朕为天下主，但使百姓安宁，私情亦可割耳。"又以泰所上表示近臣曰："泰诚为俊才，朕心念之，卿曹所知；但以社稷之故，不得不断之以义，使之居外者，亦所以两全之耳。"

先是，诸州长官或上佐岁首亲奉贡物入京师，谓之朝集使，亦谓之考使；京师无邸，率僦屋与商贾杂居。上始命有司为之作邸。

冬，十一月，己卯，上祀圜丘。

初，上与隐太子、巢剌王有隙，密明公赠司空封德彝阴持两端。杨文干之乱，上皇欲废隐太子而立上[③]，德彝固谏而止。其事甚秘，上不之知，薨后乃知之。壬辰，治书侍御史唐临始追劾其事，请黜官夺爵。上命百官议之，尚书唐俭等议："德彝罪暴身后，恩结生前，所历众官，不可追夺，请降赠改谥。"诏黜其赠官[④]，改谥曰缪[⑤]，削所食实封[⑥]。

敕选良家女以实东宫。癸巳，太子遣左庶子于志宁辞之。上曰："吾不欲使子孙生于微贱耳。今既致辞，当从其意。"上疑太子仁弱，密谓长孙无忌曰："公劝我立雉奴[⑦]，雉奴懦，恐不能守社稷，奈何！吴王恪英果类我，我欲立之，何如？"无忌固争，以为不可。上曰："公以恪非己之甥邪？"无忌曰："太子仁厚，真守文良主；储副至重，岂可数易？愿陛下熟思之。"上乃止。十二月，壬子，上谓吴王恪曰："父子虽至亲，及其有罪，则天下之法不可私也。汉已立昭帝，燕王旦不服，阴图不轨，霍光折简诛之[⑧]。为人臣子，不可不戒！"

庚申，车驾幸骊山温汤。庚午，还宫。

【注释】

①新罗:古国名。居朝鲜南部三韩东南之辰韩地,首都庆州,与高句丽、百济并立。后统一朝鲜半岛大部。　②均州:治今湖北丹江口市西北旧均县。　③"杨文干"句:事见卷一百九十一武德七年(624)。④赠官:除正职以外的官职名号。　⑤谥曰缪:《谥法》:晚与实爽曰缪,蔽仁伤贤曰缪。　⑥所食实封:盖所封食邑不实,与实有出入,故云。⑦雉奴:李治小字曰雉奴。　⑧"汉已"句:事见二十二卷汉昭帝元凤元年(前80)。

十八年　春,正月,乙未,车驾幸钟官城[1];庚子,幸鄠县;壬寅,幸骊山温汤。

相里玄奖至平壤,莫离支已将兵击新罗,破其两城,高丽王使召之,乃还。玄奖谕使勿攻新罗,莫离支曰:"昔隋人入寇[2],新罗乘衅侵我地五百里,自非归我侵地,恐兵未能已。"玄奖曰:"既往之事,焉可追论!至于辽东诸城,本皆中国郡县[3],中国尚且不言,高丽岂得必求故地。"莫离支竟不从。

二月,乙巳朔,玄奖还,具言其状。上曰:"盖苏文弑其君,贼其大臣,残虐其民,今又违我诏命,侵暴邻国,不可以不讨。"谏议大夫褚遂良曰:"陛下指麾则中原清晏,顾眄则四夷慑服,威望大矣。今乃渡海远征小夷,若指期克捷,犹可也。万一蹉跌,伤威损望,更兴忿兵,则安危难测矣。"李世勣曰:"间者薛延陀入寇[4],陛下欲发兵穷讨,魏征谏而止,使至今为患。向用陛下之策,北鄙安矣。"上曰:"然。此诚征之失;朕寻悔之而不欲言,恐塞良谋故也。"

上欲自征高丽,褚遂良上疏,以为:"天下譬犹一身:两京,心腹也;州县,四支也;四夷,身外之物也。高丽罪大,诚当致讨,但命二、三猛将将四五万众,仗陛下威灵,取之如反掌耳。今太子新立,年尚幼稚,自余藩屏,陛下所知,一旦弃金汤之全,逾辽海之险,以天下之君,轻行远举,皆愚臣之所甚忧也。"上不听。时群臣多谏征高丽者,上曰:"八尧、九舜,不能冬种,野夫、童子,春种而生,得时故也。夫天有其时,人有其功。盖苏文陵上虐下,民延颈待救，此正高丽可亡之时也，议者纷纭，但不见此耳。”

己酉，上幸灵口；乙卯，还宫。

三月，辛卯，以左卫将军薛万彻守右卫大将军。上尝谓侍臣曰：“于今名将，惟世勣、道宗、万彻三人而已，世勣、道宗不能大胜，亦不大败，万彻非大胜则大败。”

夏，四月，上御两仪殿，皇太子侍。上谓群臣曰：“太子性行，外人亦闻之乎？”司徒无忌曰：“太子虽不出宫门，天下无不钦仰圣德。”上曰：“吾如治年时，颇不能循常度。治自幼宽厚，谚曰：‘生狼[⑤]，犹恐如羊。’冀其稍壮，自不同耳。”无忌对曰：“陛下神武，乃拨乱之才，太子仁恕，实守文之德；趣尚虽异，各当其分，此乃皇天所以祚大唐而福苍生者也。”

【注释】

①钟官城：汉钟官城在上林苑中，至唐时故城犹存，又名灌钟城，在今陕西西安市鄠邑区东北。 ②隋人入寇：指隋末炀帝穷兵黩武，讨伐高丽。 ③本皆中国郡：指汉、魏时期高丽之地皆为中国的郡县。晋氏之乱，始与中国绝。 ④薛延陀入寇：指贞观十五年(641)前薛延陀攻击突厥思摩。 ⑤生狼：章本、乙十一行本“生”下有“子如”二字。又曹大家《女诫》云：生男如狼，犹恐其羊；生女如鼠，犹恐其虎。盖此古谚语形式。

辛亥，上幸九成宫。壬子，至太平宫[①]，谓侍臣曰：“人臣顺旨者多，犯颜则少，今朕欲自闻其失，诸公其直言无隐。”长孙无忌等皆曰：“陛下无失。”刘洎曰：“顷有上书不称旨者，陛下皆面加穷诘，无不惭惧而退，恐非所以广言路。”马周曰：“陛下比来赏罚，微以喜怒有所高下，此外不见其失。”上皆纳之。

上好文学而辩敏，群臣言事者，上引古今以折之，多不能对。刘洎上书谏曰：“帝王之与凡庶，圣哲之与庸愚，上下相悬，拟伦斯绝。是知以至愚而对至圣，以极卑而对至尊，徒思自强，不可得也。陛下降恩旨，假慈颜，凝旒以听其言[②]，虚襟以纳其说，犹恐群下未敢对扬[③]，况动神机，纵天辩，饰辞以折其理，引古以排其议，欲令凡庶何阶应答！且多记则损心，多语则损气，心气内损，形神外劳，初虽不觉，后必为累，须为社稷自爱，岂为性好自伤乎！至如秦政强辩[④]，失人心于自矜；魏文宏才[⑤]，亏众望于虚说。此材辩之累，较然可知矣。”上飞白答之曰：“非虑无以临下，非言无以述虑，比有谈论，遂致烦多，轻物骄人，恐由兹道，形神心气，非此为劳。今闻谠言，虚怀以改。”己未，至显仁宫[⑥]。

上将征高丽，秋，七月，辛卯，敕将作大匠阎立德等诣洪、饶、江三州，造船四百艘以载军粮。甲午，下诏遣营州都督张俭等帅幽、营二都督兵及契丹、奚、靺鞨先击辽东以观其势。以太常卿韦挺为馈运使，以民部侍郎崔仁师副之，自河北诸州皆受挺节度，听以便宜从事。又命太仆少卿萧锐运河南诸州粮入海。锐，瑀之子也。

八月，壬子，上谓司徒无忌等曰：“人苦不自知其过，卿可为朕明言之。”对曰：“陛下武功文德，臣等将顺之不暇，又何过之可言！”上曰：“朕问公以己过，公等乃曲相谀悦，朕欲面举公等得失以相戒而改之，何如？”皆拜谢。上曰：“长孙无忌善避嫌疑，应物敏速，决断事理，古人不过；而总兵攻战，非其所长。高士廉涉猎古今，心术明达，临难不改节，当官无朋党；所乏者骨鲠规谏耳。唐俭言辞辩捷，善和解人；事朕三十年，遂无言及于献替。杨师道性行纯和，自无愆违；而情实怯懦，缓急不可得力。岑文本性质敦厚，文章华赡；而持论恒据经远，自当不负于物。刘洎性最坚贞，有利益；然其意尚然诺，私于朋友。马周见事敏速，性甚贞正，论量人物，直道而言，朕比任使，多能称意。褚遂良学问稍长，性亦坚正，每写忠诚，亲附于朕，譬如飞鸟依人，人自怜之。”

甲子，上还京师。

丁卯，以散骑常侍刘洎为侍中，行中书侍郎岑文本为中书令，太子左庶子中书侍郎马周守中书令。

文本既拜，还家，有忧色。母问其故，文本曰：“非勋非旧，滥荷宠荣，位高责重，所以忧惧。”亲宾有来贺者，文本曰：“今受吊，不受贺也。”

文本弟文昭为校书郎，喜宾客，上闻之不悦；尝从容谓文本曰：“卿弟过尔交结，恐为卿累；朕欲出为外官，何如？”文本泣曰：

“臣弟少孤，老母特所钟爱，未尝信宿离左右。今若出外，母必愁悴，傥无此弟，亦无老母矣。”因歔欷呜咽，上愍其意而止。惟召文昭严戒之，亦卒无过。

【注释】

①太平宫：宫名。隋所营建，在今陕西西安市鄠邑区东南三十里。 ②凝旒：旒为古时冠冕前后悬垂的玉串，随头颈动而摇动。凝旒，指注意力集中，头颈皆不动，旒似凝固一般，即凝神，全神贯注。 ③对扬：对答称扬之义。 ④秦政：指嬴政，即秦始皇。 ⑤魏文：即魏文帝曹丕。 ⑥显仁宫：宫名。在今河南宜阳县。

九月，以谏议大夫褚遂良为黄门侍郎[1]，参预朝政。

焉耆贰于西突厥[2]，西突厥大臣屈利啜为其弟娶焉耆王女，由是朝贡多阙；安西都护郭孝恪请讨之。诏以孝恪为西州道行军总管，帅步骑三千出银山道以击之[3]。会焉耆王弟颉鼻兄弟三人至西州，孝恪以颉鼻弟栗婆准为乡导。焉耆城四面皆水，恃险而不设备，孝恪倍道兼行，夜，至城下，命将士浮水而渡，比晓，登城，执其王突骑支，获首虏七千级，留栗婆准摄国事而还。孝恪去三日，屈利啜引兵救焉耆，不及，执栗婆准，以劲骑五千，追孝恪至银山，孝恪还击，破之，追奔数十里。

辛卯，上谓侍臣曰：“孝恪近奏称八月十一日往击焉耆，二十日应至，必以二十二日破之，朕计其道里，使者今日至矣！”言未毕，驿骑至。

西突厥处那啜使其吐屯摄焉耆，遣使入贡。上数之曰：“我发兵击得焉耆，汝何人而据之！”吐屯惧，返其国。焉耆立栗婆准从父兄薛婆阿那支为王，仍附于处那啜。

乙未，鸿胪奏“高丽莫离支贡白金”。褚遂良曰：“莫离支弑其君，九夷所不容[4]，今将讨之而纳其金，此郜鼎之类也[5]，臣谓不可受。”上从之。上谓高丽使者曰：“汝曹皆事高武，有官爵。莫离支弑逆，汝曹不能复仇，今更为之游说以欺大国，罪孰大焉！”悉以属大理。

冬，十月，辛丑朔，日有食之。

甲寅，车驾行幸洛阳，以房玄龄留守京师，右卫大将军、工部尚书李大亮副之。

郭孝恪锁焉耆王突骑支及其妻子诣行在，敕宥之。丁巳，上谓太子曰："焉耆王不求贤辅，不用忠谋，自取灭亡，系颈束手，漂摇万里；人以此思惧，则惧可知矣。"

己巳，畋于渑池之天池；十一月，壬申，至洛阳。

前宜州刺史郑元璹，已致仕，上以其尝从隋炀帝伐高丽，召诣行在；问之，对曰："辽东道远，粮运艰阻；东夷善守城，攻之不可猝下。"上曰："今日非隋之比，公但听之。"

张俭等值辽水涨，久不得济，上以为畏懦，召俭诣洛阳。至，具陈山川险易，水草美恶；上悦。

上闻洺州刺史程名振善用兵，召问方略，嘉其才敏，劳勉之，曰："卿有将相之器，朕方将任使。"名振失不拜谢，上试责怒，以观其所为，曰："山东鄙夫，得一刺史，以为富贵极邪！敢于天子之侧，言语粗疏；又复不拜！"名振谢曰："疏野之臣，未尝亲奉圣问，适方心思所对，故忘拜耳。"举止自若，应对愈明辩。上乃叹曰："房玄龄处朕左右二十余年，每见朕谴责余人，颜色无主。名振平生未尝见朕，朕一旦责之，曾无震慑，辞理不失，真奇士也！"即日拜右骁卫将军。

【注释】

①黄门侍郎：门下省侍郎，正四品上，为门下省副长官，皇上近侍，参预朝政。 ②焉耆贰于西突厥：贞观十六年(642)，行安西都护、西州刺史。盖灭高昌后，便置安西都护，治西州，西至焉耆七百一十里，故有贰于西突厥之说。 ③银山道：唐安西都护府属地，又称银山碛，在今新疆托克逊西南库木什。 ④九夷：《后汉书》记载：东方有九夷，曰：畎夷、干夷、方夷、黄夷、白夷、赤夷、玄夷、风夷、阳夷。实泛指东方各夷族。 ⑤郜鼎之类：《春秋》载：桓公取郜大鼎于宋，纳于太庙，非礼。此言纳高丽莫离支贡白金也类此不合情理。

甲午，以刑部尚书张亮为平壤道行军大总管，帅江、淮、岭、峡兵四万，长安、洛阳募士三千，战舰五百艘，自莱州泛海趋平壤[①]；

又以太子詹事、左卫率李世勣为辽东道行军大总管，帅步骑六万及兰、河二州降胡趣辽东[②]，两军合势并进。庚子，诸军大集于幽州，遣行军总管姜行本、少府少监丘行淹先督众工造梯冲于安萝山[③]。时远近勇士应募及献攻城器械者不可胜数，上皆亲加损益，取其便易。又手诏谕天下，以"高丽盖苏文弑主虐民，情何可忍！今欲巡幸幽、蓟[④]，问罪辽、碣[⑤]，所过营顿，无为劳费"。且言："昔隋炀帝残暴其下，高丽王仁爱其民，以思乱之军击安和之众，故不能成功。今略言必胜之道有五：一曰以大击小，二曰以顺讨逆，三曰以治乘乱，四曰以逸待劳，五曰以悦当怨，何忧不克！布告元元，勿为疑惧！"于是凡顿舍供费之具，减者太半。

十二月，辛丑，武阳懿公李大亮卒于长安，遗表请罢高丽之师。家余米五斛，布三十匹。亲戚早孤为大亮所养，丧之如父者十有五人。

壬寅，故太子承乾卒于黔州，上为之废朝，葬以国公礼。

甲寅，诏诸军及新罗、百济、奚、契丹分道击高丽。

初，上遣突厥俟利苾可汗北渡河，薛延陀真珠可汗恐其部落翻动，意甚恶之[⑥]，豫蓄轻骑于漠北，欲击之。上遣使戒敕，无得相攻。真珠可汗对曰："至尊有命，安敢不从！然突厥翻覆难期，当其未破之时，岁犯中国，杀人以千万计。臣以为至尊克之，当翦为奴婢，以赐中国之人；乃反养之如子，其恩德至矣，而结社率竟反。此属兽心，安可以人理待也！臣荷恩深厚，请为至尊诛之。"自是数相攻。

俟利苾之北渡也，有众十万，胜兵四万人，俟利苾不能抚御，众不惬服。戊午，悉弃俟利苾南渡河，请处于胜、夏之间[⑦]；上许之。群臣皆以为："陛下方远征辽左，而置突厥于河南，距京师不远，岂得不为后虑！愿留镇洛阳，遣诸将东征。"上曰："夷狄亦人耳，其情与中夏不殊。人主患德泽不加，不必猜忌异类。盖德泽洽，则四夷可使如一家；猜忌多，则骨肉不免为仇敌。炀帝无道，失人已久，辽东之役，人皆断手足以避征役，玄感以运卒反于黎阳，非戎狄为患也。朕今征高丽，皆取愿行者，募十得百，募百得千，其不得从军者，皆愤叹郁邑，岂比隋之行怨民哉！突厥贫弱，吾收而养之,计其感恩,入于骨髓,岂肯为患!且彼与薛延陀嗜欲略同,彼不北走薛延陀而南归我,其情可见矣。”顾谓褚遂良曰:“尔知起居,为我志之,自今十五年,保无突厥之患。”俟利苾既失众,轻骑入朝,上以为右武卫将军。

【注释】

①莱州:治今山东莱州市。 ②兰、河二州:兰州,治今甘肃兰州市;河州,治今甘肃临夏市。 ③梯冲:梯,攻战登城云梯;冲车,攻战冲锋陷阵的一种战车。 ④幽、蓟:州名。幽州,治今河北涿州市;蓟州,治今天津蓟州区。 ⑤辽、碣:指辽东、碣石一带,是大方位名称。辽东,今辽宁省大部分地区;碣石,即碣石山,今河北昌黎县西北仙台山,由碣石可入海。 ⑥“上遣”句:夷狄天性畏服大种,俟利苾承祖父余威,依中国之大援,还主部落;薛延陀虽据漠北,与铁勒诸部旧属突厥,闻俟利苾之来,恐其部落翻而从之,故甚憎恶。 ⑦胜、夏之间:即胜州、夏州之间。胜州,治今内蒙古准格尔旗东北黄河南岸十二连城;夏州,治今陕西靖边县东北白城子。

十九年 春,正月,韦挺坐不先行视漕渠,运米六百余艘至卢思台侧[①],浅塞不能进,械送洛阳;丁酉,除名,以将作少监李道裕代之。崔仁师亦坐免官。

沧州刺史席辩坐赃污,二月,庚子,诏朝集使临观而戮之。

庚戌,上自将诸军发洛阳,以特进萧瑀为洛阳宫留守。乙卯,诏:“朕发定州后,宜令皇太子监国。”开府仪同三司致仕尉迟敬德上言:“陛下亲征辽东,太子在定州,长安、洛阳心腹空虚,恐有玄感之变。且边隅小夷,不足以勤万乘,愿遣偏师征之,指期可殄。”上不从。以敬德为左一马军总管,使从行。

丁巳,诏谥殷太师比干曰忠烈[②],所司封其墓,春秋祠以少牢,给随近五户供洒扫。

上之发京师也,命房玄龄得以便宜从事,不复奏请。或诣留台称有密,玄龄问密谋所在,对曰:“公则是也。”玄龄驿送行在。上闻留守有表送告密人,上怒,使人持长刀于前而后见之,问告者为谁,曰:“房玄龄。”上曰:“果然。”叱令腰斩。玺书让玄龄以不能自信,“更有如是者,可专决之”。

癸亥,上至邺[3],自为文祭魏太祖[4],曰:“临危制变,料敌设奇,一将之智有余,万乘之才不足。”

是月,李世勣军至幽州。

三月,丁丑,车驾至定州[5]。丁亥,上谓侍臣曰:“辽东本中国之地,隋氏四出师而不能得[6];朕今东征,欲为中国报子弟之仇[7],高丽雪君父之耻耳[8]。且方隅大定[9],惟此未平,故及朕之未老,用士大夫余力以取之。朕自发洛阳,唯啖肉饭,虽春蔬亦不之进,惧其烦扰故也。”上见病卒,召至御榻前存慰,付州县疗之,士卒莫不感悦。有不预征名[10],自愿以私装从军,动以千计,皆曰:“不求县官勋赏,惟愿效死辽东。”上不许。

上将发,太子悲泣数日,上曰:“今留汝镇守,辅以俊贤,欲使天下识汝风采。夫为国之要,在于进贤退不肖,赏善罚恶,至公无私,汝当努力行此,悲泣何为!”命开府仪同三司高士廉摄太子太傅,与刘洎、马周、少詹事张行成、右庶子高季辅同掌机务,辅太子。长孙无忌、岑文本与吏部尚书杨师道从行。壬辰,车驾发定州,亲佩弓矢,手结雨衣于鞍后。命长孙无忌摄侍中,杨师道摄中书令。

李世勣军发柳城[11],多张形势,若出怀远镇者,而潜师北趣甬道[12],出高丽不意。夏,四月,戊戌朔,世勣自通定济辽水,至玄菟[13]。高丽大骇,城邑皆闭门自守。壬寅,辽东道副大总管江夏王道宗将兵数千至新城,折冲都尉曹三良引十余骑直压城门,城中惊扰,无敢出者。营州都督张俭将胡兵为前锋,进渡辽水,趋建安城[14],破高丽兵,斩首数千级。

【注释】

①卢思台:地名。在今北京市卢沟桥西北。 ②比干:商纣王之叔父。官至少师。纣淫虐无度,国势危殆,以死力谏,被剖腹验心,素称忠臣。 ③邺:邺县。治今河北临漳县西南邺镇。 ④魏太祖:魏武帝曹操死后庙号太祖,葬于邺县城西高陵。 ⑤定州:治今河北定州市。 ⑥隋氏四出师:指隋文帝开皇十八年(598)伐高丽,炀帝大业八年(612)、九年(613)、十年(614),三伐高丽。 ⑦欲为中国报子弟之仇:

指为国人随隋帝四出师伐高丽而死难的子弟报仇。 ⑧高丽雪君父之耻:言盖苏文弑其君父不能讨伐,今讨其罪,为高丽雪耻。 ⑨方隅:四方边境。 ⑩不预征名:没有列入东征名籍。 ⑪柳城:古县名。治今辽宁朝阳市。 ⑫甬道:隋大业八年(612)伐辽时,起浮桥渡辽水所筑。 ⑬玄菟:旧郡名。治今辽宁新宾满族自治县西南京兴老城附近。 ⑭建安城:在今辽宁盖州市青石关。

太子引高士廉同榻视事[①],又令更为士廉设案,士廉固辞。

丁未,车驾发幽州。上悉以军中资粮、器械、簿书委岑文本,文本夙夜勤力,躬自料配,筹、笔不去手[②],精神耗竭,言辞举措,颇异平日。上见而忧之,谓左右曰:"文本与我同行,恐不与我同返。"是日,遇暴疾而薨。其夕,上闻严鼓声[③],曰:"文本殒没,所不忍闻,命撤之。"时右庶子许敬宗在定州,与高士廉等同知机要,文本薨,上召敬宗,以本官检校中书侍郎。

壬子,李世勣、江夏王道宗攻高丽盖牟城[④]。丁巳,车驾至北平[⑤]。癸亥,李世勣等拔盖牟城,获二万余口,粮十余万石。

张亮帅舟师自东莱渡海,袭卑沙城[⑥],其城四面悬绝,惟西门可上。程名振引兵夜至,副总管王文度先登,五月,己巳,拔之,获男女八千口。分遣总管丘孝忠等曜兵于鸭绿水[⑦]。

李世勣进至辽东城下。庚午,车驾至辽泽,泥淖二百余里,人马不可通,将作大匠阎立德布土作桥,军不留行。壬申,渡泽东。乙亥,高丽步骑四万救辽东,江夏王道宗将四千骑逆击之,军中皆以为众寡悬绝,不若深沟高垒以俟车驾之至。道宗曰:"贼恃众,有轻我心,远来疲顿,击之必败。且吾属为前军,当清道以待乘舆,乃更以贼遗君父乎!"李世勣以为然。果毅都尉马文举曰:"不遇勍敌,何以显壮士!"策马趋敌,所向皆靡,众心稍安。既合战,行军总管张君乂退走,唐兵不利,道宗收散卒,登高而望,见高丽陈乱,与骁骑数十冲之,左右出入;李世勣引兵助之,高丽大败,斩首千余级。丁丑,车驾渡辽水,撤桥,以坚士卒之心,军于马首山[⑧],劳赐江夏王道宗,超拜马文举中郎将,斩张君乂。上自将数百骑至辽东城下,见士卒负土填堑,上分其尤重者,于马上持之,从官争负土致城下。李世勣攻辽东城,昼夜不息,旬有二日,上引精兵会之,围其城数百重,鼓噪声震天地。甲申,南风急,上遣锐卒登冲竿之末⑨,爇其西南楼⑩,火延烧城中,因麾将士登城,高丽力战不能敌,遂克之,所杀万余人,得胜兵万余人,男女四万口,以其城为辽州。

唐三彩青蛙

乙未,进军白岩城⑪。丙申,右卫大将军李思摩中弩矢,上亲为之吮血;将士闻之,莫不感动。乌骨城遣兵万余为白岩声援,将军契苾何力以劲骑八百击之,何力挺身陷陈,槊中其腰,尚辇奉御薛万备单骑往救之,拔何力于万众之中而还。何力气益愤,束疮而战,从骑奋击,遂破高丽兵,追奔数十里,斩首千余级,会暝而罢。万备,万彻之弟也。

【注释】

①同榻:同坐一榻。榻,狭长而低的坐卧用具。唐始有椅子之类坐具,一般坐榻办公。 ②筹:筹码、筹策。记数之具。 ③严鼓:急促的鼓声。古军中,一般用紧锣密鼓传递紧急情报。 ④盖牟城:地名。在今辽宁抚顺市北。 ⑤北平:即唐之平州。治今河北卢龙县。 ⑥卑沙城:在今辽宁大连市大黑山。 ⑦鸭绿水:即今中朝边境之鸭绿江。 ⑧马首山:即今辽宁辽阳市西南首山。 ⑨冲竿:以撑竿登城之具。 ⑩爇(ruò 若):烧,点燃。 ⑪白岩城:即今辽宁辽阳市东燕州城。

资治通鉴卷第一百九十八

唐纪十四　起旃蒙大荒落六月，尽著雍涒滩三月，凡二年有奇。

太宗文武大圣大广孝皇帝下之上

贞观十九年　六月，丁酉，李世勣攻白岩城西南，上临其西北。城主孙代音潜遣腹心请降，临城，投刀钺为信，且曰："奴愿降，城中有不从者。"上以唐帜与其使，曰："必降者，宜建之城上。"代音建帜，城中人以为唐兵已登城，皆从之。

上之克辽东也，白岩城请降，既而中悔。上怒其反覆，令军中曰："得城当悉以人物赏战士。"李世勣见上将受其降，帅甲士数十人请曰："士卒所以争冒矢石，不顾其死者，贪虏获耳；今城垂拔，奈何更受其降，孤战士之心！"上下马谢曰："将军言是也。然纵兵杀人而虏其妻孥，朕所不忍。将军麾下有功者，朕以库物赏之，庶因将军赎此一城。"世勣乃退。得城中男女万余口，上临水设幄受其降，仍赐之食，八十以上赐帛有差。他城之兵在白岩者悉慰谕，给粮仗，任其所之。

先是，辽东城长史为部下所杀，其省事奉其妻子奔白岩[①]。上怜其有义，赐帛五匹，为长史造灵舆[②]，归之平壤。以白岩城为岩州[③]，以孙代音为刺史。

契苾何力疮重，上自为傅药，推求得刺何力者高突勃，付何力使自杀之。何力奏称："彼为其主冒白刃刺臣，乃忠勇之士也，与之初不相识，非有怨仇。"遂舍之。

初，莫离支遣加尸城七百人戍盖牟城，李世勣尽虏之，其人请从军自效，上曰："汝家皆在加尸，汝为我战，莫离支必杀汝妻子。得一人之力而灭一家，吾不忍也。"戊戌，皆廪赐遣之。

己亥，以盖牟城为盖州。

丁未，车驾发辽东，丙辰，至安市城[4]，进兵攻之。丁巳，高丽北部耨萨延寿、惠真帅高丽、靺鞨兵十五万救安市[5]。上谓侍臣曰："今为延寿策有三；引兵直前，连安市城为垒，据高山之险，食城中之粟，纵靺鞨掠吾牛马，攻之不可猝下，欲归则泥潦为阻，坐困吾军，上策也。拔城中之众，与之宵遁，中策也。不度智能，来与吾战，下策也。卿曹观之，彼必出下策，成擒在吾目中矣！"

高丽有对卢[6]，年老习事，谓延寿曰："秦王内芟群雄，外服戎狄，独立为帝，此命世之材，今举海内之众而来，不可敌也。为吾计者，莫若顿兵不战，旷日持久，分遣奇兵断其运道，粮食既尽，求战不得，欲归无路，乃可胜也。"延寿不从，引军直进，去安市城四十里。上犹恐其低徊不至，命左卫大将军阿史那社尔将突厥千骑以诱之，兵始交而伪走。高丽相谓曰："易与耳！"竞进乘之，至安市城东南八里，依山而陈。

上悉召诸将问计，长孙无忌对曰："臣闻临敌将战，必先观士卒之情。臣适行经诸营，见士卒闻高丽至，皆拔刀结旆[7]，喜形于色，此必胜之兵也。陛下未冠，身亲行陈，凡出奇制胜，皆上禀圣谋，诸将奉成算而已。今日之事，乞陛下指踪。"上笑曰："诸公以此见让，朕当为诸公商度。"乃与无忌等从数百骑乘高望之，观山川形势，可以伏兵及出入之所。高丽、靺鞨合兵为陈，长四十里。江夏王道宗曰："高丽倾国以拒王师，平壤之守必弱，愿假臣精卒五千，覆其本根，则数十万之众可不战而降。"上不应，遣使绐延寿曰："我以尔国强臣弑其主，故来问罪；至于交战，非吾本心。入尔境，刍粟不给，故取尔数城，俟尔国修臣礼，则所失必复矣。"延寿信之，不复设备。

上夜召文武计事，命李世勣将步骑万五千陈于西岭；长孙无忌将精兵万一千为奇兵，自山北出于狭谷以冲其后。上自将步骑四千，挟鼓角，偃旗帜，登北山上；敕诸军闻鼓角齐出奋击。因命

薛仁贵像

有司张受降幕于朝堂之侧[⑧]。戊午,延寿等独见李世勣布陈,勒兵欲战。上望见无忌军尘起,命作鼓角,举旗帜,诸军鼓噪并进,延寿等大惧,欲分兵御之,而其陈已乱。会有雷电,龙门人薛仁贵着奇服,大呼陷陈,所向无敌[⑨];高丽兵披靡,大军乘之,高丽兵大溃,斩首二万余级。上望见仁贵,召拜游击将军[⑩]。仁贵,安都之六世孙[⑪],名礼,以字行。

延寿等将余众依山自固,上命诸军围之,长孙无忌悉撤桥梁,断其归路。己未,延寿、惠真帅其众三万六千八百人请降,入军门,膝行而前,拜伏请命。上语之曰:“东夷少年,跳梁海曲[⑫],至于摧坚决胜,故当不及老人,自今复敢与天子战乎?”皆伏地不能对。上简耨萨以下酋长三千五百人,授以戎秩,迁之内地,余皆纵之,使还平壤;皆双举手以颡顿地,欢呼闻数十里外。收靺鞨三千三百人,悉坑之[⑬],获马五万匹,牛五万头,铁甲万领,他器械称是[⑭]。高丽举国大骇,后黄城、银城皆自拔遁去,数百里无复人烟。

上驿书报太子,仍与高士廉等书曰:“朕为将如此,何如?”更名所幸山曰驻跸山。

【注释】

①省事:吏职名称。南北朝起始有此称,属尚书省吏,多办具体事。 ②灵舆:载运灵柩的车舆。 ③岩州:治今辽宁辽阳市东燕州城。 ④安市城:在今辽宁海城市东南营城子。 ⑤北部耨萨:据《后汉

书》载，高丽分五部，一曰内部，一名黄部，即桂娄部；二曰北部，一名后部，即绝奴部；三曰东部，一名左部，即顺奴部；四曰南部，一名前部，即灌奴部；五曰西部，一名右部，即消奴部。各部各设有耨萨，盖其酋长之称，相当于都督。 ⑥对卢：高丽设置的官称。据《后汉书》载，高丽置官，有相加、对卢、沛者。大者号大对卢，比一品，总知国事。对卢以下官，总十一级。 ⑦旆（pèi 配）：古代旐（zhào 兆，上画有龟蛇的旗）末端形如燕尾的垂旒（liú 刘，古旗下面悬垂的饰物）。 ⑧朝堂：行营各宫省之制，故亦有朝堂。 ⑨“龙门人”句：龙门，古县名，治今山西河津市东南。薛仁贵自编户应募，故着奇服。 ⑩游击将军：唐制，武散官，从五品下。 ⑪安都：即薛安都，为将，以勇闻于宋、魏之间。 ⑫跳梁：同跳踉，跳跃。此为逞强横行义。 ⑬收靺鞨三千人，悉坑之：因靺鞨人犯阵，故坑之。 ⑭称是：名称数量同上述一样，都有定数定量。

秋，七月，辛未，上徙营安市城东岭[①]。己卯，诏标识战死者尸，俟军还与之俱归。戊子，以高延寿为鸿胪卿，高惠真为司农卿[②]。

张亮军过建安城下，壁垒未固，士卒多出樵牧，高丽兵奄至，军中骇扰。亮素怯，踞胡床[③]，直视不言，将士见之，更以为勇。总管张金树等鸣鼓勒兵击高丽，破之。

八月，甲辰，候骑获莫离支谍者高竹离，反接诣军门[④]。上召见，解缚问曰：“何瘦之甚？”对曰：“窃道间行[⑤]，不食数日矣。”命赐之食，谓曰：“尔为谍，宜速反命[⑥]。为我寄语莫离支：欲知军中消息，可遣人径诣吾所，何必间行辛苦也！”竹离徒跣，上赐屩而遣之[⑦]。

丙午，徙营于安市城南。上在辽外，凡置营，但明斥候[⑧]，不为堑垒，虽逼其城，高丽终不敢出为寇抄，军士单行野宿如中国焉。

上之将伐高丽也，薛延陀遣使入贡，上谓之曰：“语尔可汗：今我父子东征高丽，汝能为寇，宜亟来！”真珠可汗惶恐，遣使致谢，且请发兵助军；上不许。及高丽败于驻跸山，莫离支使靺鞨说真珠，啖以厚利，真珠慑服不敢动。九月，壬申，真珠卒，上为之发哀。

初，真珠请以其庶长子曳莽为突利失可汗，居东方，统杂种；嫡子拔灼为肆叶护可汗，居西方，统薛延陀；诏许之，皆以礼册命。曳莽性躁扰，轻用兵，与拔灼不协。真珠卒，来会丧。既葬，曳莽恐拔灼图己，先还所部，拔灼追袭杀之，自立为颉利俱利薛沙多弥可汗。

上之克白岩也，谓李世勣曰："吾闻安市城险而兵精，其城主材勇，莫离支之乱，城守不服，莫离支击之不能下，因而与之。建安兵弱而粮少，若出其不意，攻之必克。公可先攻建安，建安下，则安市在吾腹中，此兵法所谓'城有所不攻'者也[9]。"对曰："建安在南，安市在北，吾军粮皆在辽东；今逾安市而攻建安，若贼断吾运道，将若之何？不如先攻安市，安市下，则鼓行而取建安耳。"上曰："以公为将，安得不用公策。勿误吾事！"世勣遂攻安市。

安市人望见上旗盖，辄乘城鼓噪，上怒，世勣请克城之日，男子皆坑之，安市人闻之，益坚守，攻久不下。高延寿、高惠真请于上曰："奴既委身大国，不敢不献其诚，欲天子早成大功，奴得与妻子相见。安市人顾惜其家，人自为战，未易猝拔。今奴以高丽十余万众，望旗沮溃，国人胆破，乌骨城耨萨老耄[10]，不能坚守，移兵临之，朝至夕克。其余当道小城，必望风奔溃。然后收其资粮，鼓行而前，平壤必不守矣。"群臣亦言："张亮兵在沙城，召之信宿可至[11]，乘高丽凶惧，并力拔乌骨城，渡鸭绿水，直取平壤，在此举矣。"上将从之，独长孙无忌以为："天子亲征，异于诸将，不可乘危徼幸。今建安、新城之虏，众犹十万，若向乌骨，皆蹑吾后，不如先破安市，取建安，然后长驱而进，此万全之策也。"上乃止。

诸军急攻安市，上闻城中鸡彘声，谓李世勣曰："围城积久，城中烟火日微，今鸡彘甚喧，此必飨士，欲夜出袭我，宜严兵备之。"是夜，高丽数百人缒城而下。上闻之，自至城下，召兵急击，斩首数十级，高丽退走。

江夏王道宗督众筑土山于城东南隅，浸逼其城，城中亦增高其城以拒之。士卒分番交战，日六、七合，冲车炮石，坏其楼堞，城中随立木栅以塞其缺。道宗伤足，上亲为之针。筑山昼夜不息，凡六旬，用功五十万，山顶去城数丈，下临城中，道宗使果毅傅伏爱将兵屯山顶以备敌。山颓，压城，城崩；会伏爱私离所部，高丽数百人从城缺出战，遂夺据土山，堑而守之。上怒，斩伏爱以徇，命诸将攻之，三日不能克。道宗徒跣诣旗下请罪，上曰："汝罪当死，但朕以汉武杀王恢，不如秦穆用孟明⑫，且有破盖牟、辽东之功，故特赦汝耳。"

【注释】

①安市：古县名。汉置，后汉、晋因之。后入高句丽，故城即今辽宁盖县。　②司农卿：官名。主管粮食积储，京官禄米及囿池果实等。③胡床：一种轻便可以折叠的坐具。　④反接：反背接两手绑缚，即反绑两手。　⑤窃道间行：暗道微行，行动隐密之意。　⑥反命：返回交复命令。　⑦屩（jué 决）：草鞋。　⑧斥候：放哨。斥，远；候，侦察。指岗哨，侦察人员。　⑨《兵法》所谓"城有所不攻"：见《孙子兵法·九变篇第八》。言用兵之法要多机变。如敌城大设防坚固，一时无力夺取暂不夺取，城虽小但设防坚固，攻取拖延时间会引起其他方面的不利，也暂不去夺取。　⑩乌骨城：隋属高丽国，在今辽宁凤城东南凤凰山上。老耄：年老糊涂。耄，亦年老意，《礼·曲礼上》："八十九十曰耄。"年寿太高人多糊涂，故有糊涂意。　⑪信宿：连宿两夜。因此，有两三天意。⑫"汝罪当死"句：汉武杀王恢，即汉武帝因大将王恢于马邑与匈奴单于作战逗留屈弱就把他杀了。事见卷十八，汉纪十，武帝元年二月。秦穆用孟明：秦穆公用孟明帅师东伐，再次为晋所败，穆公再次任用孟明，孟明增修其政，帅师伐晋，晋人不敢出，遂霸西戎。此反映唐太宗圣明，允许将领知错而改。

上以辽左早寒，草枯水冻，士马难久留，且粮食将尽，癸未，敕班师。先拔辽、盖二州户口渡辽，乃耀兵于安市城下而旋，城中皆屏迹不出。城主登城拜辞，上嘉其固守，赐缣百匹，以励事君。命李世勣、江夏王道宗将步骑四万为殿。

乙酉，至辽东。丙戌，渡辽水。辽泽泥潦，车马不通，命长孙无忌将万人，翦草填道，水深处以车为梁，上自系薪于马鞘以助役。冬，十月，丙申朔，上至蒲沟驻马，督填道诸军渡渤错水，暴风雪，士卒沾湿多死者，敕然火于道以待之。

凡征高丽，拔玄菟、横山、盖牟、磨米、辽东、白岩、卑沙、麦谷、银山、后黄十城，徙辽、盖、岩三州户口入中国者七万人。新城、建安、驻跸三大战，斩首四万余级，战士死者几二千人，战马死者什七、八。上以不能成功，深悔之，叹曰："魏征若在，不使我有是行也！"命驰驿祀征以少牢，复立所制碑，召其妻子诣行在，劳赐之。

丙午，至营州。诏辽东战亡士卒骸骨并集柳城东南，命有司设太牢，上自作文以祭之，临哭尽哀。其父母闻之，曰："吾儿死而天子哭之，死何所恨！"上谓薛仁贵曰："朕诸将皆老，思得新进骁勇者将之，无如卿者，朕不喜得辽东，喜得卿也。"

丙辰，上闻太子奉迎将至，从飞骑三千人驰入临渝关[1]，道逢太子。上之发定州也，指所御褐袍谓太子曰："俟见汝，乃易此袍耳。"在辽左，虽盛暑流汗，弗之易。及秋，穿败，左右请易之，上曰："军士衣多弊，吾独御新衣，可乎？"至是，太子进新衣，乃易之。

诸军所虏高丽民万四千口，先集幽州，将以赏军士，上愍其父子夫妇离散，命有司平其直，悉以钱布赎为民，欢呼之声，三日不息。十一月，辛未，车驾至幽州，高丽民迎于城东，拜舞呼号，宛转于地，尘埃弥望。

庚辰，过易州境[2]，司马陈元璹使民于地室蓄火种蔬而进之；上恶其谄，免元璹官。

丙戌，车驾至定州。

丁亥，吏部尚书杨师道坐所署用多非其才，左迁工部尚书。

壬辰，车驾发定州。十二月，辛丑，上病痈，御步辇而行。戊申，至并州，太子为上吮痈，扶辇步从者数日。辛亥，上疾瘳[3]，百官皆贺。

上之征高丽也，使右领军大将军执失思力将突厥屯夏州之北以备薛延陀。薛延陀多弥可汗既立，以上出征未还，引兵寇河南[4]，上遣左武候中郎将长安田仁会与思力合兵击之。思力羸形伪退[5]，诱之深入，及夏州之境，整陈以待之。薛延陀大败，追奔六百余里，耀威碛北而还。多弥复发兵寇夏州，己未，敕礼部尚书江夏王道宗，发朔、并、汾、箕、岚、代、忻、蔚、云九州兵镇朔州，右卫大将军代州都督薛万彻、左骁卫大将军阿史那社尔，发胜、夏、银、绥、丹、延、鄜、坊、石、隰十州兵镇胜州[6]；胜州都督宋君明，左武候将军薛孤吴，发灵、原、宁、盐、庆五州兵镇灵州[⑦]；又令执失思力发灵、胜二州突厥兵，与道宗等相应。薛延陀至塞下，知有备，不敢进。

初，上留侍中刘洎辅皇太子于定州，仍兼左庶子、检校民部尚书，总吏、礼、户部三尚书事[⑧]。上将行，谓洎曰："我今远征，尔辅太子，安危所寄，宜深识我意。"对曰："愿陛下无忧，大臣有罪者，臣谨即行诛。"上以其言妄发，颇怪之，戒曰："卿性疏而太健，必以此败，深宜慎之！"及上不豫，洎从内出，色甚悲惧，谓同列曰："疾势如此，圣躬可忧！"或谮于上曰："洎言国家事不足忧，但当辅幼主行伊、霍故事[⑨]，大臣有异志者诛之，自定矣。"上以为然，庚申，下诏称："洎与人窃议，窥窬万一，谋执朝衡，自处伊、霍，猜忌大臣，皆欲夷戮。宜赐自尽，免其妻孥。"

中书令马周摄吏部尚书，以四时选为劳，请复以十一月选，至三月毕，从之。

是岁，右亲卫中郎将裴行方讨茂州叛羌黄郎弄[⑩]，大破之，穷其余党，西至乞习山，临弱水而归。

【注释】

①飞骑：唐皇帝侍卫军士。贞观十二年（638），始置左右屯营于玄武门，领以诸卫将军，选材力骁勇敏捷善于驰射者充之，号"飞骑"。临渝关：地名。在今河北抚宁县东榆关站，一说即今山海关。　②易州：治今河北易县。　③瘳（chōu 抽）：病愈。　④河南：方域名称。此指朔方，即今内蒙古抗锦旗西北黄河南岸及新秦，即今内蒙古河套以南、宁夏清水河流域、甘肃环县、陕西吴起县一带。　⑤羸形：在外形上作出疲弱之状。　⑥胜州：治今内蒙古准格尔旗东北黄河南岸十二连城。　⑦灵州：治今宁夏灵武市西南。　⑧"上留"句：校检民部尚书，下面"总吏、礼、户三部尚书事"，为何有民部还有户部，贞观二十三年（649）才改民部为户部，"户部"应有误。　⑨行伊、霍故事：推行伊尹，霍光旧事例。伊尹商汤辅佐，连保汤、外丙、中壬三朝，中壬死传位太子太甲，其专权恣肆，逐太甲于桐（今河南虞城县东北）。霍光，西汉重臣，受武帝遗诏，立昭帝为嗣，以大司马大将军辅政，昭帝死，迎立昌邑王刘贺为帝，不久又废立宣帝，专废立大权。伊霍皆重臣，专用废立之故，故并称。　⑩右亲

卫中郎将：官名。属右亲卫府，正四品，掌领其属以宿卫，总理其府事。茂州：治今四川茂县。

二十年 春，正月，辛未，夏州都督乔师望、右领军大将军执失思力等击薛延陀，大破之，虏获二千余人。多弥可汗轻骑遁去，部内骚然矣。

丁丑，遣大理卿孙伏伽等二十二人以六条巡察四方[①]，刺史、县令以下多所贬黜，其人诣阙称冤者，前后相属。上令褚遂良类状以闻，上亲临决，以能进擢者二十人，以罪死者七人，流以下除免者数百千人。

二月，乙未，上发并州。三月，己巳，车驾还京师。上谓李靖曰："吾以天下之众困于小夷，何也？"靖曰："此道宗所解。"上顾问江夏王道宗，具陈在驻跸时乘虚取平壤之言。上怅然曰："当时匆匆，吾不忆也。"

上疾未全平，欲专保养，庚午，诏军国机务并委皇太子处决。于是太子间日听政于东宫，既罢，则入侍药膳，不离左右。上命太子暂出游观，太子辞不愿出；上乃置别院于寝殿侧，使太子居之。褚遂良请遣太子旬日一还东宫，与师傅讲道义；从之。

上尝幸未央宫，辟仗已过[②]，忽于草中见一人带横刀[③]，诘之，曰："闻辟仗至，惧不敢出，辟仗者不见，遂伏不敢动。"上遽引还，顾谓太子："兹事行之，则数人当死，汝于后速纵遣之。"又尝乘腰舆[④]，有三卫误拂御衣[⑤]，其人惧，色变。上曰："此间无御史，吾不汝罪也。"

陕人常德玄告刑部尚书张亮养假子五百人，与术士公孙常语，云"名应图谶[⑥]"，又问术士程公颖云："吾臂有龙鳞起，欲举大事，可乎？"上命马周等按其事，亮辞不服。上曰："亮有假子五百人，养此辈何为？正欲反耳！"命百官议其狱，皆言亮反，当诛。独将作少匠李道裕言："亮反形未具，罪不当死。"上遣长孙无忌、房玄龄就狱与亮诀曰："法者天下之平，与公共之。公自不谨，与凶人往还，陷入于法，今将奈何！公好去[⑦]。"己丑，亮与公颖俱斩西市，籍没其家。

岁余，刑部侍郎缺，上命执政妙择其人，拟数人，皆不称旨，既而曰："朕得其人矣。往者李道裕议张亮狱云'反形未具'，此言当矣，朕虽不从，至今悔之。"遂以道裕为刑部侍郎。

闰月，癸巳朔，日有食之。

戊戌，罢辽州都督府及岩州。

夏，四月，甲子，太子太保萧瑀解太保，仍同中书门下三品。

五月，甲寅，高丽王藏及莫离支盖金遣使谢罪，并献二美女，上还之。金，即苏文也。

六月，丁卯，西突厥乙毗射匮可汗遣使入贡，且请婚；上许之，且使割龟兹、于阗、疏勒、朱俱波、葱岭五国以为聘礼[8]。

薛延陀多弥可汗，性褊急，猜忌无恩，废弃父时贵臣，专用己所亲昵，国人不附；多弥多所诛杀，人不自安。回纥酋长吐迷度与仆骨、同罗共击之，多弥大败。乙亥，诏以江夏王道宗、左卫大将军阿史那社尔为瀚海安抚大使[9]；又遣右领卫大将军执失思力将突厥兵，右骁卫大将军契苾何力将凉州及胡兵，代州都督薛万彻、营州都督张俭各将所部兵，分道并进，以击薛延陀。

上遣校尉宇文法诣乌罗护、靺鞨，遇薛延陀阿波设之兵于东境，法帅靺鞨击破之。薛延陀国中惊扰，曰："唐兵至矣！"诸部大乱。多弥引数千骑奔阿史德时健部落，回纥攻而杀之，并其宗族殆尽，遂据其地。诸俟斤互相攻击，争遣使来归命。

薛延陀余众西走，犹七万余口，共立真珠可汗兄子咄摩支为伊特勿失可汗，归其故地。寻去可汗之号，遣使奉表，请居郁督军山之北；使兵部尚书崔敦礼就安集之。

敕勒九姓酋长，以其部落素服薛延陀种，闻咄摩支来，皆恐惧，朝议恐其为碛北之患，乃更遣李世勣与九姓敕勒共图之。上戒世勣曰："降则抚之，叛则讨之。"己丑，上手诏，以"薛延陀破灭，其敕勒诸部，或来降附，或未归服，今不乘机，恐贻后悔，朕当自诣灵州招抚。其去岁征辽东兵，皆不调发。"

时太子当从行，少詹事张行成上疏，以为："皇太子从幸灵州，不若使之监国，接对百寮，明习庶政，既为京师重镇，且示四方盛德。宜割私爱，俯从公道。"上以为忠，进位银青光禄大夫[10]。

【注释】

①六条:即汉时考察官吏的六条诏令。汉武帝察二千石官吏六条:一、强豪田宅逾制,陵弱暴寡;二、侵渔百姓,聚敛为奸;三、不恤疑狱,刑罚任性;四、苟阿所爱,蔽贤宠顽;五、子弟恃势,请托所监;六、通行货币,割损政令。 ②辟仗:在皇上御驾前攘辟左右,阻止行人的仪仗卫队,即所谓陈兵清道而后行。 ③横刀:兵器,即佩刀。用皮襻带之刀,横于腋下。 ④腰舆:令人抬举乘坐的轿舆,抬举至肩名肩舆,抬举其高只至腰曰腰舆。 ⑤三卫:即亲卫、勋卫、翊卫统称三卫,同掌宿卫之事。这三卫府所异是卫士成员不同而名称有别。盖外戚等子孙充任的曰亲卫,勋官等子弟充任的曰勋卫,卿、监、刺史子弟充任的曰翊卫。 ⑥图谶:汉代宣扬符命占验的书。言王者受命之应验。 ⑦好去:与之诀别之辞,即你好好的离开人世去吧!当然原文中婉转一点。 ⑧龟兹、于阗、疏勒、朱俱波、葱岭:皆汉西域国,在今新疆天山、葱岭一带。 ⑨瀚海:盖为蒙古高原东北的北海,一说指内蒙的呼伦湖、贝尔湖,或谓沙漠。⑩银青光禄大夫:银印青绶的光禄大夫,唐从二品,与谏议大夫等同为掌论议的官。

李世勣至郁督军山[①],其酋长梯真达官帅众来降。薛延陀咄摩支南奔荒谷,世勣遣通事舍人萧嗣业往招慰,咄摩支诣嗣业降。其部落犹持两端,世勣纵兵追击,前后斩五千余级,虏男女三万余人。秋,七月,咄摩支至京师,拜右武卫大将军。

八月,甲子,立皇孙忠为陈王。

己巳,上行幸灵州。

江夏王道宗兵既渡碛,遇薛延陀阿波达官众数万拒战,道宗击破之,斩首千余级,追奔二百里。道宗与薛万彻各遣使招谕敕勒诸部,其酋长皆喜,顿首请入朝。庚午,车驾至浮阳。回纥、拔野古、同罗、仆骨、多滥葛、思结、阿跌、契苾、跌结、浑、斛薛等十一姓各遣使入贡,称:"薛延陀不事大国,暴虐无道,不能与奴等为主,自取败死,部落鸟散,不知所之。奴等各有分地,不从薛延陀去,归命天子。愿赐哀怜,乞置官司,养育奴等。"上大喜。辛未,诏回纥等使者宴乐,颁赉拜官,赐其酋长玺书,遣右领军中郎将安永寿报使。

壬申，上幸汉故甘泉宫[2]，诏以"戎、狄与天地俱生，上皇并列，流殃构祸，乃自运初[3]。朕聊命偏师，遂擒颉利；始弘庙略[4]，已灭延陀。铁勒百余万户，散处北溟[5]，远遣使人，委身内属，请同编列，并为州郡；混元以降[6]，殊未前闻，宜备礼告庙，仍颁示普天"。

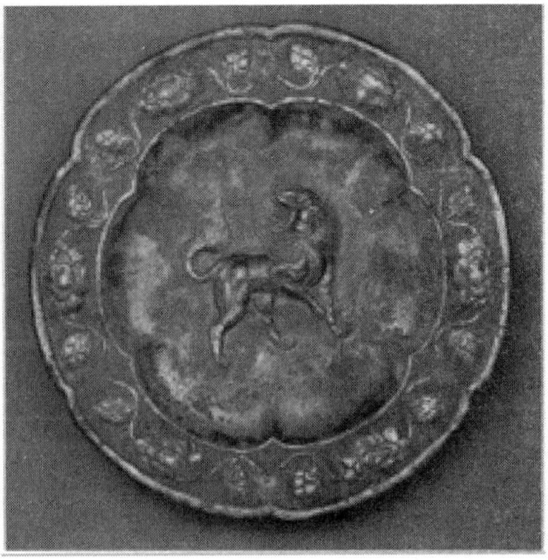
唐狮纹金花银盘

庚辰，至泾州；丙戌，逾陇山[7]，至西瓦亭[8]，观马牧。九月，上至灵州，敕勒诸部俟斤遣使相继诣灵州者数千人，咸云："愿得天至尊为奴等天可汗，子子孙孙常为天至尊奴，死无所恨。"甲辰，上为诗序其事曰："雪耻酬百王，除凶报千古[9]。"公卿请勒石于灵州，从之。

特进同中书门下三品宋公萧瑀，性狷介[10]，与同寮多不合，尝言于上曰："房玄龄与中书门下众臣，朋党不忠，执权胶固[11]，陛下不详知，但未反耳。"上曰："卿言得无太甚！人君选贤才以为股肱心膂，当推诚任之。人不可以求备，必舍其所短，取其所长。朕虽不能聪明，何至顿迷臧否，乃至于是！"瑀内不自得，既数忤旨，上亦衔之，但以其忠直居多，未忍废也。

上尝谓张亮曰："卿既事佛，何不出家？"瑀因自请出家。上曰："亦知公雅好桑门[12]，今不违公意。"瑀须臾复进曰："臣适思之，不能出家。"上以瑀对群臣发言反覆，尤不能平；会称足疾不朝，或至朝堂而不入见。上知瑀意终怏怏，冬，十月，手诏数其罪曰："朕于佛教，非意所遵。求其道者未验福于将来，修其教者翻受辜于既往。至若梁武穷心于释氏[13]，简文锐意于法门[14]，倾帑藏以给僧祇，殚人力以供塔庙。及乎三淮沸浪，五岭腾烟，假余息于熊蹯[15]，引残魂于雀鷇[16]，子孙覆亡而不暇，社稷俄顷而为墟，报施之征，何其谬也！瑀践覆车之余轨，袭亡国之遗风；弃公就私，未明隐显之际；身俗口道，莫辨邪正之心。修累叶之殃源，祈一躬之福本，上以违忤君主，下则扇习浮华。自请出家，寻复违异。一回一惑，在乎瞬息之间；自可自否，变于帷扆之所[17]。乖栋梁之体，岂具瞻之量乎！朕隐忍至今，瑀全无悛改。可商州刺史，仍除其封。”

上自高丽还，盖苏文益骄恣，虽遣使奉表，其言率皆诡诞；又待唐使者倨慢，常窥伺边隙。屡敕令勿攻新罗，而侵陵不止。壬申，诏勿受其朝贡，更议讨之。

丙戌，车驾还京师。

【注释】

①郁督军山：指今蒙古国杭爱山的东支。 ②甘泉宫：在今陕西淳化县西北甘泉山上。 ③流殃构祸，乃自运初：言戎狄之流殃构祸，乃自唐兴运之初。 ④庙略：庙指宗庙，古与社稷均代表国家，其存没，代表国家的存没，故庙略，即国家的重大方略。 ⑤北溟：北海，也指沙漠。 ⑥混元：指太极元气，函三为一，混沌未分谓之混元。由混元之气始分天地，形成万物，故也指天地形成之初的原始状态。此指开天辟地之时。 ⑦陇山：又名陀坻、陇首，在今陕西陇县、宝鸡市与甘肃清水县、张家川回族自治县之间。北入沙漠，南止渭河，为关中平原西部屏障。 ⑧西瓦亭：地名。唐原州七关之一。在今宁夏隆德县西北。 ⑨雪耻酬百王，除凶报千古：言为汉人雪洗耻辱，以酬历代众帝王消灭边患的壮志；除去戎、狄凶顽，报千古以来的仇恨。 ⑩狷介：狷狂耿介，拘谨自守。 ⑪胶固：拘泥固执，不知变通。 ⑫桑门：僧。梵语，即“沙门”的异译。 ⑬梁武穷心于释氏：南朝梁武帝萧衍，大力提倡尊儒崇佛，建造寺院，多次舍身同泰寺；释氏，指佛教鼻祖释迦牟尼，借以代表佛教。 ⑭简文锐意于法门：南朝梁简文帝萧纲，父梁武帝死后，仅做了两年皇帝，也倾心于法门。其结果，梁武被困饿死在台城，简文又被侯景用酒灌醉，用土囊压死。法门：指佛教修行者入道的门径，泛指佛门，即佛教。 ⑮熊蹯：熊掌。《左传》文公元年：“冬十月，（楚太子商臣）以宫甲围成王。王请食熊蹯而死，弗听。”因熊蹯难熟，余息的成王，冀久将有外援。 ⑯雀彀（kòu 叩）：幼小待母喂食之雀，雏雀。此引赵武灵王赵雍的事。其后让位给少子何，自称主父，引起内讧。他退据沙丘（今河北平

乡县东北)宫，为乱军所围，像雏雀待食一样活活饿死。按熊蹯及雀彀，引楚成王、赵武灵王故事，以喻崇佛的梁武、简文被困饿死去。 ⑰帷扆(yǐ 以)：扆，户牖间画有斧形的屏风。皇帝背扆面南而坐，因以指帝座。

冬，十月，己丑，上以幸灵州往还，冒寒疲顿，欲于岁前专事保摄。十一月，己丑，诏祭祀、表疏、胡客、兵马、宿卫，行鱼契给驿[①]、授五品以上官及除解、决死罪皆以闻，余并取皇太子处分。

十二月，己丑，群臣累请封禅；从之。诏造羽卫送洛阳宫[②]。

戊寅，回纥俟利发吐迷度、仆骨俟利发歌滥拔延、多滥葛俟斤末、拔野古俟利发屈利失、同罗俟利发时健啜、思结酋长乌碎及浑、斛薛、奚结、阿跌、契苾、白霫酋长[③]，皆来朝。庚辰，上赐宴于芳兰殿[④]，命有司厚加给待，每五日一会。

癸未，上谓长孙无忌等曰："今日吾生日，世俗皆为乐，在朕翻成伤感。今君临天下，富有四海，而承欢膝下，永不可得，此子路所以有负米之恨也[⑤]。《诗》云：'哀哀父母，生我劬劳[⑥]。'奈何以劬劳之日更为宴乐乎！"因泣数行下，左右皆悲。

房玄龄尝以微谴归第，褚遂良上疏，以为："玄龄自义旗之始翼赞圣功，武德之季冒死决策，贞观之初选贤立政，人臣之勤，玄龄为最。自非有罪在不赦，搢绅同尤，不可遐弃。陛下若以其衰老，亦当讽谕使之致仕，退之以礼；不可以浅鲜之过，弃数十年之勋旧。"上遽召出之。顷之，玄龄复避位还家。久之，上幸芙蓉园[⑦]，玄龄敕子弟汛扫门庭，曰："乘舆且至！"有顷，上果幸其第，因载玄龄还宫。

【注释】

①"诏祭祀"句：祭祀：指郊、庙、社稷、明堂的祭祀。表疏，指在朝群臣及四方、外夷等所上的表章疏奏。胡客，泛指戎、狄各族的宾客来往接待迎送事宜处理。兵马，调遣征伐及番上宿卫的兵马。行鱼契给驿：鱼契是国家一切办公交往的凭证。因有契形如鱼故称。国置符宝郎掌天子八宝及国之符节，辨其所用，有事则请之于内，无事则奉而藏之，藏其左而班其右，以合中外之契。一曰铜鱼符，所以起军旅，易守长。二曰传符，所以给邮驿，通制命。三曰随身鱼符，所以明贵贱，应征召。四曰木

契,所以重镇守,慎出纳。五曰旌节,所以委良能,假赏罚。鱼符之制,用于王畿内外。传符之制,太子监国曰双龙符。京师留守,曰麟符。东方青龙符,西方驺虞符,南方朱雀符,北方玄武符。随身符制,太子以玉,亲王以金,庶官以铜,佩以为饰。木契之制,用于各个方面,旌节之制,用于大将出征,遣使四方;旌以专赏,节以专杀。 ②羽卫:羽毛装饰的仪仗卫队。 ③俟利发:回纥各种族君王的称呼。俟斤,为突厥官称。 ④芳兰殿:宫殿名。唐长安宫阙,玄武门右有玄武殿,后有紫兰殿,盖此芳兰殿。 ⑤子路所以有负米之恨:见《孔子家语》,子路见孔子曰:"昔由事二亲之时,常食藜藿之实,为亲负米百里之外。亲没之后,南游于楚,后车百乘,积粟万钟,累茵而坐,列鼎而食,愿欲食藜藿,为亲负米,不可得也。"子曰:"由也事亲,可为生事尽力,死事尽思者也。"引此,谓富贵欢乐之时,恨不得报亲以孝。 ⑥"哀哀父母,生我劬劳":见《诗·小雅·蓼莪》。言太哀怜的父母,生养我太辛劳。 ⑦芙蓉园:在都城的东南隅。本为曲江,因水盛芙蓉富丽,故云。

二十一年 春,正月,开府仪同三司申文献公高士廉疾笃[1];辛卯,上幸其第,流涕与诀;壬辰,薨。上将往哭之,房玄龄以上疾新愈,固谏,上曰:"高公非徒君臣,兼以故旧姻戚[2],岂得闻其丧不往哭乎?公勿复言!"帅左右自兴安门出[3],长孙无忌在士廉丧所,闻上将至,辍哭,迎谏于马首曰:"陛下饵金石[4],于方不得临丧,奈何不为宗庙苍生自重!且臣舅临终遗言,深不欲以北首、夷衾[5],辄屈銮驾。"上不听。无忌中道伏卧,流涕固谏,上乃还入东苑,南望而哭,涕下如雨。及柩出横桥[6],上登长安故城西北楼,望之恸哭。

丙申,诏以回纥部为瀚海府,仆骨为金微府,多滥葛为燕然府,拔野古为幽陵府,同罗为龟林府,思结为卢山府,浑为皋兰州,斛薛为高阙州,奚结为鸡鹿州,阿跌为鸡田州,契苾为榆溪州,思结别部为蹛林州,白霫为寘颜州;各以其酋长为都督、刺史,各赐金银缯帛及锦袍。敕勒大喜,捧戴欢呼拜舞,宛转尘中。及还,上御天成殿宴,设十部乐而遣之。诸酋长奏称:"臣等既为唐民,往来天至尊所,如诣父母,请于回纥以南、突厥以北开一道,谓之参天可汗道，置六十八驿，各有马及酒肉以供过使，岁贡貂皮以充租赋，仍请能属文人，使为表疏。”上皆许之。于是北荒悉平，然回纥吐迷度已私自称可汗，官号皆如突厥故事。

丁酉，诏以明年仲春有事泰山，禅社首[7]；余并依十五年议。

二月，丁丑，太子释奠于国学。

上将复伐高丽，朝议以为：“高丽依山为城，攻之不可猝拔。前大驾亲征，国人不得耕种，所克之城，悉收其谷，继以旱灾，民太半乏食。今若数遣偏师，更迭扰其疆埸[8]，使彼疲于奔命，释耒入堡，数年之间，千里萧条，则人心自离，鸭绿之北，可不战而取矣。”上从之。三月，以左武卫大将军牛进达为青丘道行军大总管[9]，右武候将军李海岸副之，发兵万余人，乘楼船自莱州泛海而入。又以太子詹事李世勣为辽东道行军大总管，右武卫将军孙贰朗等副之，将兵三千人，因营州都督府兵自新城道入。两军皆选习水善战者配之。

辛卯，上曰：“朕于戎、狄所以能取古人所不能取，臣古人所不能臣者，皆顺众人之所欲故也。昔禹帅九州之民，凿山槎木，疏百川注之海，其劳甚矣，而民不怨者，因人之心，顺地之势，与民同利故也。”

是月，上得风疾，苦京师盛暑，夏，四月，乙丑，命修终南山太和废宫为翠微宫[10]。

丙寅，置燕然都护府，统瀚海等六都督、皋兰等七州，以扬州都督府司马李素立为之。素立抚以恩信，夷落怀之，共率马牛为献；素立唯受其酒一杯，余悉还之。

五月，戊子，上幸翠微宫。冀州进士张昌龄献《翠微宫颂》，上爱其文，命于通事舍人里供奉[11]。

初，昌龄与进士王公治皆善属文，名振京师，考功员外郎王师旦知贡举[12]，黜之，举朝莫晓其故。及奏第，上怪无二人名，诘之。师旦对曰：“二人虽有辞华，然其体轻薄，终不成令器。若置之高第，恐后进效之，伤陛下雅道。”上善其言。

壬辰，诏百司依旧启事皇太子。

庚辰，上御翠微殿，问侍臣曰：“自古帝王虽平定中夏，不能服戎、狄。朕才不逮古人而成功过之，自不谕其故，诸公各率意以实言之。”群臣皆称：“陛下功德如天地，万物不得而名言。”上曰：“不然。朕所以能及此者，止由五事耳。自古帝王多疾胜己者，朕见人之善，若己有之。人之行能，不能兼备，朕常弃其所短，取其所长。人主往往进贤则欲置诸怀，退不肖则欲推诸壑，朕见贤者则敬之，不肖者则怜之，贤不肖各得其所。人主多恶正直，阴诛显戮，无代无之，朕践阼以来，正直之士，比肩于朝，未尝黜责一人。自古皆贵中华，贱夷、狄，朕独爱之如一，故其种落皆依朕如父母。此五者，朕所以成今日之功也。”顾谓褚遂良曰：“公尝为史官⑬，如朕言，得其实乎？”对曰：“陛下盛德不可胜载，独以此五者自与，盖谦谦之志耳。”

李世勣军既度辽，历南苏等数城，高丽多背城拒战，世勣击破其兵，焚其罗郭而还。

【注释】

①开府仪同三司：唐宋为一品文散官称号。其开设府署，礼仪同三司的三公一样。　②“高公”句：高士廉，长孙无忌之母舅，士廉识帝于潜龙，因以甥女妻帝。　③兴安门：按《唐六典》，大明宫南五门，次曰兴安门。　④金石：古代方士炼金石为药，谓之金丹，服之可以长生。此处指药饵。　⑤北首：死者，尸体停放头朝北方，是为古俗。夷衾：尸体盖着被子。　⑥柩：灵柩，棺材。横桥：长安古城横门外有桥曰横桥。⑦社首：在今山东泰安市西南。《汉书·郊祀志》记载，周成王曾封泰山禅于社首。　⑧疆埸（yì 亦）：国界，边境。　⑨青丘：传说中的海外国名。　⑩翠微宫：在骊山绝顶。　⑪命于通事舍人里供奉：没有正式命官，暂时命令供奉在通事舍人班子里。即在通事舍人班子里做事。⑫考功员外郎王师旦知贡举：唐初，考功员外郎考功贡举人才，开元后为礼部侍郎主选士人。　⑬公尝为史官：指褚遂良在贞观十八年（644）前曾知起居注。

六月，癸亥，以司徒长孙无忌领扬州都督，实不之任。

丁丑，诏以“隋末丧乱，边民多为戎、狄所掠，今铁勒归化，宜遣使诣燕然等州，与都督相知，访求没落之人，赎以货财，给粮递还本贯；其室韦、乌罗护、靺鞨三部人为薛延陀所掠者，亦令赎还”。

癸未，以司农卿李纬为户部尚书。时房玄龄留守京师，有自京师来者，上问：“玄龄何言？”对曰：“玄龄闻李纬拜尚书，但云李纬美髭鬓。”帝遽改除纬洛州刺史。

秋，七月，牛进达、李海岸入高丽境，凡百余战，无不捷，攻石城[①]，拔之。进至积利城下[②]，高丽兵万余人出战，海岸击破之，斩首二千级。

上以翠微宫险隘，不能容百官，庚子，诏更营玉华宫于宜君之凤皇谷[③]。庚戌，车驾还宫。

八月，壬戌，诏以薛延陀新降，土功屡兴，加以河北水灾，停明年封禅。

辛未，骨利干遣使入贡；丙戌，以骨利干为玄阙州，拜其俟斤为刺史。骨利干于铁勒诸部为最远，昼长夜短，日没后，天色正曛，煮羊胛适熟，日已复出矣。

己丑，齐州人段志冲上封事，请上致政于皇太子；太子闻之，忧形于色，发言流涕。长孙无忌等请诛志冲。上手诏曰：“五岳陵霄，四海亘地，纳污藏疾[④]，无损高深。志冲欲以匹夫解位天子，朕若有罪，是其直也；若其无罪，是其狂也。譬如尺雾障天，不亏于大；寸云点日，何损于明！”

丁酉，立皇子明为曹王。明母杨氏，巢剌王之妃也，有宠于上；文德皇后之崩也，欲立为皇后。魏征谏曰：“陛下方比德唐、虞，奈何以辰嬴自累[⑤]！”乃止。寻以明继元吉后。

戊戌，敕宋州刺史王波利等发江南十二州工人造大船数百艘[⑥]，欲以征高丽。

冬，十月，庚辰，奴剌啜匐俟友帅其所部万余人内附[⑦]。

十一月，突厥车鼻可汗遣使入贡。车鼻名斛勃，本突厥同族，世为小可汗。颉利之败，突厥余众欲奉以为大可汗，时薛延陀方强，车鼻不敢当，帅其众归之。或说薛延陀：“车鼻贵种，有勇略，为众所附，恐为后患，不如杀之。”车鼻知之，逃去。薛延陀遣数千骑追之，车鼻勒兵与战，大破之，乃建牙于金山之北[⑧]，自称乙注车鼻可汗，突厥余众稍稍归之，数年间胜兵三万人，时出抄掠薛延陀。及薛延陀败，车鼻势益张，遣其子沙钵罗特勒入见，又请身自入朝。诏遣将军郭广敬征之。车鼻特为好言，初无来意，竟不至。

癸卯，徙顺阳王泰为濮王。

壬子，上疾愈，三日一视朝。

十二月，壬申，西赵酋长赵磨帅万余户内附，以其地为明州⑨。

龟兹王伐叠卒，弟诃黎布失毕立，浸失臣礼，侵渔邻国。上怒，戊寅，诏使持节、昆丘道行军大总管、左骁卫大将军阿史那社尔、副大总管、右骁卫大将军契苾何力、安西都护郭孝恪等将兵击之，仍命铁勒十三州、突厥、吐蕃、吐谷浑连兵进讨。

高丽王使其子莫离支任武入谢罪，上许之。

【注释】

①石城：在今辽宁省庄河市北。 ②积利城：在今辽宁瓦房店市境。 ③宜君：古县名。治今陕西宜君县西南玉华。 ④纳污藏疾：见《左传·宣公十五年》："川泽纳污，山薮藏疾。"言山川之水亦容纳污浊，山薮多草木，毒者居之，故曰藏疾。此处引之，以天地之大，纳污藏疾算得了什么，喻皇上胸襟开阔，以社稷为重，不宜小不忍而危害社稷。⑤辰嬴：秦穆公女嬴氏，鲁僖公二十二年（前638）嫁给晋怀公子圉，称怀嬴。鲁文公六年（前621）晋文公重耳入秦，穆公纳女五人，怀嬴又在里面，称辰嬴，即所谓"辰嬴嬖于二君"。 ⑥江南十二州：即宣、润、常、苏、湖、杭、越、台、婺、括、江、洪等十二州。 ⑦奴剌：部落名称。其居处于吐谷浑、党项之间。 ⑧金山：在今青海西宁市西北。 ⑨"西赵"句：西赵，南蛮族之一。明州：治所不详，辖地约今贵州贞丰布依族、苗族自治县、册亨布依自治县东北部、罗甸县西南一带。

二十二年 春，正月，己丑，上作《帝范》十二篇以赐太子，曰《君体》《建亲》《求贤》《审官》《纳谏》《去谗》《戒盈》《崇俭》《赏罚》《务农》《阅武》《崇文》；且曰："修身治国，备在其中。一旦不讳，更无所言矣。"又曰："汝当更求古之哲王以为师，如吾，不足法也。夫取法于上，仅得其中；取法于中，不免为下。吾居位已来，不善多矣，锦绣珠玉不绝于前，宫室台榭屡有兴作，犬马鹰隼无远不致，行游四方，供顿烦劳，此皆吾之深过，勿以为是而法之。顾我弘济苍生，其益多；肇造区夏，其功大。益多损少，故人不怨；功大过微，故业不堕；然比之尽美尽善，固多愧矣。汝无我之功勤而承我之富贵，竭力为善，则国家仅安；骄惰奢纵，则一身不保。且成迟败速者，国也；失易得难者，位也；可不惜哉！可不慎哉！”

中书令兼右庶子马周病，上亲为调药，使太子临问；庚寅，薨。

戊戌，上幸骊山温汤。

己亥，以中书舍人崔仁师为中书侍郎，参知机务。

新罗王金善德卒，以善德妹真德为柱国，封乐浪郡王，遣使册命。

丙午，诏以右武卫大将军薛万彻为青丘道行军大总管，右卫将军裴行方副之，将兵三万余人及楼船战舰自莱州泛海以击高丽。

长孙无忌检校中书令、知尚书门下省事。

戊申，上还宫。

结骨自古未通中国[①]，闻铁勒诸部皆服，二月，其俟利发失钵屈阿栈入朝[②]。其国人皆长大，赤发绿睛，有黑发者以为不祥。上宴之于天成殿，谓侍臣曰：“昔渭桥斩三突厥首，自谓功多[③]，今斯人在席，更不以为怪邪！”失钵屈阿栈请除一官，“执笏而归，诚百世之幸”。戊午，以结骨为坚昆都督府，以失钵屈阿栈为右屯卫大将军、坚昆都督，隶燕然都护。又以阿史德时健俟斤部落置祁连州，隶灵州都督。

是时四夷大小君长争遣使入献见，道路不绝，每元正朝贺，常数百千人。辛酉，上引见诸胡使者，谓侍臣曰：“汉武帝穷兵三十余年，疲弊中国，所获无几；岂如今日绥之以德，使穷发之地尽为编户乎[④]！”

上营玉华宫，务令俭约，惟所居殿覆以瓦，余皆茅茨；然备设太子宫、百司，苞山络野，所费已巨亿计。乙亥，上行幸玉华宫；己卯，畋于华原[⑤]。

中书侍郎崔仁师坐有伏阁自诉者，仁师不奏，除名，流连州[⑥]。

三月，己丑，分瀚海都督俱罗勃部置烛龙州[⑦]。

甲午，上谓侍臣曰："朕少长兵间，颇能料敌；今崑丘行师，处月、处密二部及龟兹用事者羯猎颠、那利每怀首鼠[8]，必先授首，弩失毕其次也。"

庚子，隋萧后卒，诏复其位号，谥曰愍；使三品护葬，备卤簿仪卫，送至江都，与炀帝合葬。

充容长城徐惠以上东征高丽[9]，西讨龟兹，翠微、玉华，营缮相继，又服玩颇华靡，上疏谏，其略曰："以有尽之农功，填无穷之巨浪；图未获之他众，丧已成之我军。昔秦皇并吞六国，反速危亡之基，晋武奄有三方[10]，翻成覆败之业；岂非矜功恃大，弃德轻邦，图利忘危，肆情纵欲之所致乎！是知地广非常安之术，人劳乃易乱之源也。"又曰："虽复茅茨示约，犹兴木石之疲，和雇取人，不无烦扰之弊。"又曰："珍玩伎巧，乃丧国之斧斤；珠玉锦绣，实迷心之鸩毒。"又曰："作法于俭，犹恐其奢；作法于奢，何以制后！"上善其言，甚礼重之。

【注释】

①结骨：古部族名。居唐努乌梁海叶尼塞河上游一带。在回纥西北三千里。 ②俟利发：结骨族官称。 ③"昔渭桥"句：三斩突厥首，谓武德九年(626)，颉利犯便桥时之事。 ④穷发之地：指寸草不生荒野之地。毛，毛发，以荒草比作毛发。 ⑤华原：古县名。治今陕西铜川市耀州区。 ⑥连州：治今广东连州市。 ⑦烛龙州：不详。盖治在今新疆吉木萨尔县一带。 ⑧首鼠：首鼠两端。游移不定，迟疑不决的意思。 ⑨充容：官名。为九嫔之一，正二品。长城：古县名。治今浙江长兴县。徐惠：徐孝德之女。 ⑩晋武奄有三方：指晋武帝司马炎时已统一了魏、蜀、吴三方，拥有三方土地。

资治通鉴卷第一百九十九

唐纪十五　起著雍涒滩四月，尽旃蒙单阏九月，凡七年有奇。

太宗文武大圣大广孝皇帝下之下

贞观二十二年　夏，四月，丁巳，右武候将军梁建方击松外蛮[1]，破之。

初，巂州都督刘伯英上言[2]："松外诸蛮暂降复叛，请出师讨之，以通西洱[3]、天竺之道[4]。"敕建方发巴蜀十三州兵讨之[5]。蛮酋双舍帅众拒战，建方击败之，杀获千余人。群蛮震慑，亡窜山谷。建方分遣使者谕以利害，皆来归附，前后至者七十部，户十万九千三百，建方署其酋长蒙和等为县令，各统所部，莫不感悦。因遣使诣西洱河，其帅杨盛大骇，具船将遁，使者晓谕以威信，盛遂请降。其地有杨、李、赵、董等数十姓，各据一州，大者六百，小者二、三百户，无大君长，不相统壹，语虽小讹，其生业、风俗，大略与中国同，自云本皆华人，其所异者以十二月为岁首。

己未，契丹辱纥主曲据帅众内附[6]。以其地置玄州[7]，以曲据为刺史，隶营州都督府。

甲子，乌胡镇将古神感将兵浮海击高丽[8]，遇高丽步骑五千，战于易山，破之。其夜，高丽万余人袭神感船，神感设伏，又破之而还。

初，西突厥乙毗咄陆可汗以阿史那贺鲁为叶护，居多逻斯水，在西州北千五百里，统处月、处密、始苏、歌逻禄、失毕五姓之众。

乙毗咄陆奔吐火罗，乙毗射匮可汗遣兵迫逐之，部落亡散。乙亥，贺鲁帅其余众数千帐内属，诏处之于庭州莫贺城[9]，拜左骁卫将军。贺鲁闻唐兵讨龟兹，请为乡导，仍从数十骑入朝。上以为昆丘道行军总管，厚宴赐而遣之。

五月，庚子，右卫率长史王玄策击帝那伏帝王阿罗那顺[10]，大破之。

初，中天竺王尸罗逸多兵最强[11]，四天竺皆臣之，玄策奉使至天竺，诸国皆遣使入贡。会尸罗逸多卒，国中大乱，其臣阿罗那顺自立，发胡兵攻玄策；玄策帅从者三十人与战，力不敌，悉为所擒，阿罗那顺尽掠诸国贡物。玄策脱身宵遁，抵吐蕃西境，以书征邻国兵，吐蕃遣精锐千二百人、泥婆国遣七千余骑赴之[12]。玄策与其副蒋师仁帅二国之兵进至中天竺所居茶镈和罗城[13]，连战三日，大破之，斩首三千余级，赴水溺死者且万人。阿罗那顺弃城走，更收余众，还与师仁战；又破之，擒阿罗那顺。余众奉其妃及王子，阻乾陀卫江[14]，师仁进击之，众溃，获其妃及王子，虏男女万二千人。于是天竺响震，城邑聚落降者五百八十余所，俘阿罗那顺以归。以玄策为朝散大夫[15]。

唐三彩陶马

【注释】

①松外蛮：即松州之外的蛮族。松州，治今四川省松潘县。 ②巂（xī 西）州：治今四川西昌市。 ③西洱：水名，即西洱河，一名称叶榆泽，亦即今云南西部洱海。 ④天竺：印度的古称。 ⑤巴蜀十三州：益、眉、荣、梓、利、绵、遂、巴、卢、渠、达、集、渝等十三州。 ⑥辱纥主：契丹酋

长首领之称。 ⑦玄州:治今辽宁朝阳市一带。 ⑧乌胡:亦作乌湖。岛名,即今渤海湾中隍城岛。 ⑨庭州:治今新疆吉木萨尔县北破子城。 ⑩右卫率长史:为太子东宫十率府之一的右卫率府长史。 ⑪中天竺:即天竺分东西南北中五部分,中天竺,即天竺中部。 ⑫泥婆国:即泥婆逻国,今尼泊尔的旧译名。 ⑬茶馎和罗城:古印度都城。 ⑭乾陀卫江:即今称恒河流经古印度乾陀罗,即义为遍香国的地段之称。 ⑮朝散大夫:唐制文散阶朝散大夫,从五品下。

六月,乙丑,以白霫部为居延州。

癸酉,特进宋公萧瑀卒[①],太常议谥曰"德",尚书议谥曰"肃"。上曰:"谥者,行之迹,当得其实,可谥曰贞褊公[②]。"子锐嗣,尚上女襄城公主。上欲为之营第,公主固辞,曰:"妇事舅姑,当朝夕侍侧,若居别第,所阙多矣。"上乃命即瑀第而营之。

上以高丽困弊,议以明年发三十万众,一举灭之。或以为大军东征,须备经岁之粮,非畜乘所能载,宜具舟舰为水运。隋末剑南独无寇盗,属者辽东之役,剑南复不预及,其百姓富庶,宜使之造舟舰。上从之。秋,七月,遣右领左右府长史强伟于剑南道伐木造舟舰[③],大者或长百尺,其广半之。别遣使行水道,自巫峡抵江、扬,趣莱州。

庚寅,西突厥相屈利啜请帅所部从讨龟兹。

初,左武卫将军武连县公武安李君羡直玄武门[④],时太白屡昼见[⑤],太史占云[⑥]:"女主昌。"民间又传《秘记》云[⑦]:"唐三世之后,女主武王代有天下。"上恶之。会与诸武臣宴宫中,行酒令[⑧],使各言小名。君羡自言名五娘,上愕然,因笑曰:"何物女子,乃尔勇健!"又以君羡官称封邑皆有"武"字,深恶之,后出为华州刺史。有布衣员道信,自言能绝粒,晓佛法,君羡深敬信之,数相从,屏人语。御史奏君羡与妖人交通,谋不轨。壬辰,君羡坐诛,籍没其家。

上密问太史令李淳风:"《秘记》所云,信有之乎?"对曰:"臣仰稽天象,俯察历数,其人已在陛下宫中,为亲属,自今不过三十年,当王天下,杀唐子孙殆尽,其兆既成矣。"上曰:"疑似者尽杀之,何如?”对曰:“天之所命,人不能违也。王者不死,徒多杀无辜。且自今以往三十年,其人已老,庶几颇有慈心,为祸或浅。今借使得而杀之,天或生壮者肆其怨毒,恐陛下子孙,无遗类矣!”上乃止。

司空梁文昭公房玄龄留守京师,疾笃,上征赴玉华宫,肩舆入殿,至御座侧乃下,相对流涕,因留宫下,闻其小愈则喜形于色,加剧则忧悴。玄龄谓诸子曰:“吾受主上厚恩,今天下无事,唯东征未已,群臣莫敢谏,吾知而不言,死有余责。”乃上表谏,以为:“《老子》曰:‘知足不辱,知止不殆。’陛下功名威德亦可足矣,拓地开疆亦可止矣,且陛下每决一重囚,必令三覆五奏,进素膳,止音乐者,重人命也。今驱无罪之士卒,委之锋刃之下,使肝脑涂地,独不足愍乎!向使高丽违失臣节,诛之可也;侵扰百姓,灭之可也;他日能为中国患,除之可也。今无此三条而坐烦中国,内为前代雪耻,外为新罗报仇,岂非所存者小,所损者大乎!愿陛下许高丽自新,焚陵波之船,罢应募之众,自然华、夷庆赖,远肃迩安。臣旦夕入地,傥蒙录此哀鸣[9],死且不朽!”玄龄子遗爱尚上女高阳公主,上谓公主曰:“彼病笃如此,尚能忧我国家。”上自临视,握手与诀,悲不自胜。癸卯,薨。

柳芳曰:玄龄佐太宗定天下,及终相位,凡三十二年,天下号为贤相;然无迹可寻,德亦至矣。故太宗定祸乱而房、杜不言功,王、魏善谏诤而房、杜让其贤,英、卫善将兵而房、杜行其道,理致太平,善归人主。为唐宗臣,宜哉!

【注释】

①“特进”句:谥曰德、曰肃,周公《谥法》:刚德克就曰肃。 ②谥曰贞褊公:贺琛《谥法》:直道不桡曰贞;俭啬无德曰褊;心隘政急曰褊。 ③右领左右府长史:领左右府,亦分为左、右,各有长史,此即左、右千牛府。 ④武连县:治今四川剑阁县西南武连。直玄武门:在玄武门值班宿卫,此为掌管北门宿卫。 ⑤太白屡昼见:太白,星名。或曰启明、长庚、金星,晨出东方,夕出西方,昼见封建迷信视为不祥之兆,传说多杀伐。 ⑥太史:唐太史局,专掌天文历法的官。 ⑦《秘记》:指谶纬之类的书籍。 ⑧酒令:饮酒时的一种游戏。其一人作令官,饮者听

其号令，违则有罚。下文使各言小名，即酒令。　⑨哀鸣：《论语·泰伯》："曾子有疾，孟敬子问之，曾子言曰：'鸟之将死，其鸣也哀，人之将死，其言也善。'"房玄龄缩引"哀鸣"表示"其言也善"。

八月，己酉朔，日有食之。

丁丑，敕越州都督府及婺、洪等州造海船及双舫千一百艘[1]。

辛未，遣左领军大将军执失思力出金山道击薛延陀余寇。

九月，庚辰，崑丘道行军大总管阿史那社尔击处月、处密，破之，余众悉降。

癸未，薛万彻等伐高丽还。万彻在军中，使气陵物，裴行方奏其怨望，坐除名，流象州[2]。

己丑，新罗奏为百济所攻，破其十三城。

己亥，以黄门侍郎褚遂良为中书令。

强伟等发民造船，役及山獠，雅、邛、眉三州獠反[3]。壬寅，遣茂州都督张士贵、右卫将军梁建方发陇右、峡中兵二万余人以击之[4]。蜀人苦造船之役，或乞输直雇潭州人造船[5]；上许之。州县督迫严急，民至卖田宅、鬻子女不能供，谷价踊贵，剑外骚然[6]。上闻之，遣司农少卿长孙知人驰驿往视之。知人奏称："蜀人脆弱，不耐劳剧。大船一艘，庸绢二千二百三十六匹。山谷已伐之木，挽曳未毕，复征船庸，二事并集，民不能堪，宜加存养。"上乃敕潭州船庸皆从官给。

冬，十月，癸丑，车驾还京师。

回纥吐迷度兄子乌纥蒸其叔母[7]。乌纥与俱陆莫贺达官俱罗勃，皆突厥车鼻可汗之婿也，相与谋杀吐迷度以归车鼻。乌纥夜引十余骑袭吐迷度，杀之。燕然副都护元礼臣使人诱乌纥[8]，许奏以为瀚海都督，乌纥轻骑诣礼臣谢，礼臣执而斩之，以闻。上恐回纥部落离散，遣兵部尚书崔敦礼往安抚之。久之，俱罗勃入见，上留之不遣。

阿史那社尔既破处月、处密，引兵自焉耆之西趋龟兹北境，分兵为五道，出其不意，焉耆王薛婆阿那支弃城奔龟兹，保其东境。社尔遣兵追击，擒而斩之，立其从父弟先那准为焉耆王，使修职

唐龟兹故城遗址

贡。龟兹大震，守将多弃城走。社尔进屯碛口，去其都城三百里，遣伊州刺史韩威帅千余骑为前锋[9]，右卫将军曹继叔次之。至多褐城，龟兹王诃利布失毕、其相那利、羯猎颠帅众五万拒战。锋刃甫接，威引兵伪遁，龟兹悉众追之，行三十里，与继叔军合。龟兹惧，将却，继叔乘之，龟兹大败，逐北八十里。

甲戌，以回纥吐迷度子前左屯卫大将军〔翊左郎将〕婆闰为左骁卫大将军、大俟利发、瀚海都督。

十一月，庚子，契丹帅窟哥、奚帅可度者并帅所部内属。以契丹部为松漠府[10]，以窟哥为都督；又以其别帅达稽等部为峭落等九州[11]，各以其辱纥主为刺史。以奚部为饶乐府，以可度者为都督；又以其别帅阿会等部为弱水等五州[12]，亦各以其辱纥主为刺史。辛丑，置东夷校尉官于营州[13]。

十二月，庚午，太子为文德皇后作大慈恩寺成[14]。

龟兹王布失毕既败，走保都城，阿史那社尔进军逼之，布失毕轻骑西走。社尔拔其城，使安西都护郭孝恪守之。沙州刺史苏海政、尚辇奉御薛万备帅精骑追布失毕[15]，行六百里，布失毕窘急，保拨换城[16]，社尔进军攻之四旬，闰月，丁丑，拔之，擒布失毕及羯猎颠。那利脱身走，潜引西突厥之众并其国兵万余人，袭击孝恪。孝恪营于城外，龟兹人或告之，孝恪不以为意。那利奄至，孝恪帅所部千余人将入城，那利之众已登城矣，城中降胡与之相应，共击孝恪，矢刃如雨，孝恪不能敌，将复出，死于西门。城中大扰，仓部郎中崔义超召募得二百人[17]，卫军资财物，与龟兹战于城中，曹继叔、韩威亦营于城外，自城西北隅击之。那利经宿乃退，斩首三千余级，城中始定。后旬余日，那利复引山北龟兹万余人趣都城，继叔逆击，大破之，斩首八千级。那利单骑走，龟兹人执之，以诣军门。

阿史那社尔前后破其大城五，遣左卫郎将权祇甫诣诸城[18]，开示祸福，皆相帅请降，凡得七百余城，虏男女数万口。社尔乃召其父老，宣国威灵，谕以伐罪之意，立其王之弟叶护为王，龟兹人大喜。西域震骇，西突厥、于阗、安国争馈驼马军粮[19]，社尔勒石纪功而还。

戊寅，以崑丘道行军总管、左骁卫将军阿史那贺鲁为泥伏沙钵罗叶护，赐以鼓纛，使招讨西突厥之未服者。

癸未，新罗相金春秋及其子文王入见。春秋，真德之弟也。上以春秋为特进，文王为左武卫将军。春秋请改章服从中国[20]，内出冬服赐之。

【注释】

①越州：隋以吴州改名，治所在会稽县（今浙江绍兴市）。后改名郡，唐初又改名越州。婺州：治今浙江金华市。洪州：治今江西南昌市。双舫：两两相互并连的舫舟。 ②象州：治今广西象州县东北。 ③雅、邛、眉三州：治今四川雅安市西、邛崃市东南、眉山县。 ④茂州：治今四川茂县。陇右：泛指甘肃陇山以西地区。 ⑤潭州：治今湖南长沙市。 ⑥剑外：自四川剑门关以南谓之剑外。 ⑦蒸其叔母：与叔母淫乱。蒸，与母辈淫乱。 ⑧燕然副都护：燕然都护府中的副长官。燕然都护府，治今内蒙古乌拉特中旗西南。 ⑨伊州：治今新疆哈密市。 ⑩松漠府：治今内蒙古巴林右旗南。 ⑪九州：即峭落州、无逢州、羽陵州、白连州、徒何州、万丹州、疋黎州、赤山州、并松漠府为九州。 ⑫五

州:弱水州、祁黎州、洛瓌州、太鲁州、渴野州。 ⑬东夷校尉官:掌管东夷地区的长官。 ⑭大慈恩寺:佛寺名称。《两京新记》:西京外城,朱雀街东第三桥、皇城之东第一街进业坊,隋无漏寺旧基,太子即其地建寺,为文德皇后祈福,竹木深邃,为京城观游之最。 ⑮沙州:治今甘肃敦煌市西。 ⑯拨换城:自安西府西出柘厥关,渡白马河四百余里至拨换城。 ⑰仓部郎中:官名。掌管天下仓储,受纳租税,出给禄廪之事,属户部。 ⑱左卫郎将:即唐左卫府中较低级的武官。 ⑲安国:古西域城国。盖在今乌兹别克斯坦布哈拉一带。 ⑳章服:以图文为等级标志的礼服。如古以日月、星辰、山龙、华虫、宗彝、藻火、粉米、黼黻、希骕等为古天子冕服十二章。有九章、七章、五章、三章之别。凡冕服,皆玄衣纁裳。

二十三年 春,正月,辛亥,龟兹王布失毕及其相那利等至京师,上责让而释之,以布失毕为左武卫中郎将。

西南徒莫祗等蛮内附,以其地为傍、望、览、丘四州,隶朗州都督府[①]。

上以突厥车鼻可汗不入朝,遣右骁卫郎将高侃发回纥、仆骨等兵袭击之。兵入其境,诸部落相继来降。拔悉密吐屯肥罗察降,以其地置新黎州。

二月,丙戌,置瑶池都督府[②],隶安西都护;戊子,以左卫将军阿史那贺鲁为瑶池都督。

三月,丙辰,置丰州都督府[③],使燕然都护李素立兼都督。

去冬旱,至是始雨。辛酉,上力疾至显道门外,赦天下。丁卯,敕太子于金液门听政。

夏,四月,乙亥,上行幸翠微宫。

上谓太子曰:"李世勣才智有余,然汝与之无恩,恐不能怀服。我今黜之,若其即行,俟我死,汝于后用为仆射,亲任之;若徘徊顾望,当杀之耳。"五月,戊午,以同中书门下三品李世勣为叠州都督[④];世勣受诏,不至家而去。

辛酉,开府仪同三司卫景武公李靖薨。

上苦利增剧[⑤],太子昼夜不离侧,或累日不食,发有变白者。

上泣曰："汝能孝爱如此，吾死何恨！"丁卯，疾笃，召长孙无忌入含风殿[⑥]。上卧，引手扪无忌颐，无忌哭，悲不自胜；上竟不得有所言，因令无忌出。己巳，复召无忌及褚遂良入卧内，谓之曰："朕今悉以后事付公辈。太子仁孝，公辈所知，善辅导之！"谓太子曰："无忌、遂良在，汝勿忧天下！"又谓遂良曰："无忌尽忠于我，我有天下，多其力也，我死，勿令谗人间之。"仍令遂良草遗诏。有顷，上崩。

太子拥无忌颈，号恸将绝，无忌揽涕，请处分众事以安内外，太子哀号不已，无忌曰："主上以宗庙社稷付殿下，岂得效匹夫唯哭泣乎！"乃秘不发丧。庚午，无忌等请太子先还，飞骑、劲兵及旧将皆从。辛未，太子入京城；大行御马舆，侍卫如平日，继太子而至，顿于两仪殿。以太子左庶子于志宁为侍中，少詹事张行成兼侍中，以检校刑部尚书、右庶子、兼吏部侍郎高季辅兼中书令。壬申，发丧太极殿，宣遗诏，太子即位。军国大事，不可停阙；平常细务，委之有司。诸王为都督、刺史者，并听奔丧，濮王泰不在来限。罢辽东之役及诸土木之功。四夷之人入仕于朝及来朝贡者数百人，闻丧皆恸哭，剪发、剺面、割耳，流血洒地。

【注释】

①朗州：治今湖南常德市。 ②瑶池都督府：在今哈萨克斯坦境内巴尔喀什湖一带。 ③丰州：治今内蒙古五原县西南黄河北岸。 ④叠州：治今甘肃迭部县。 ⑤利：泄泻。通"痢"。 ⑥含风殿：在翠微宫。

六月，甲戌朔，高宗即位，赦天下。

丁丑，以叠州都督李勣为特进、检校洛州刺史、洛阳宫留守[①]。

先是，太宗二名，令天下不连言者勿避；至是，始改官名犯先帝讳者[②]。

癸未，以长孙无忌为太尉，兼检校中书令，知尚书、门下二省事。无忌固辞知尚书省事，帝许之，仍令以太尉同中书门下三品。

癸巳，以李勣为开府仪同三司、同中书门下三品。

阿史那社尔之破龟兹也，行军长史薛万备请因兵威说于阗王伏阇信入朝，社尔从之。秋，七月，己酉，伏阇信随万备入朝，诏入谒梓宫[3]。

八月，癸酉，夜，地震，晋州尤甚，压杀五千余人。

庚寅，葬文皇帝于昭陵[4]，庙号太宗。阿史那社尔、契苾何力请杀身殉葬，上遣人谕以先旨不许。蛮夷君长为先帝所擒服者颉利等十四人，皆琢石为其像，刻名列于北司马门内。

丁酉，礼部尚书许敬宗奏弘农府君庙应毁[5]，请藏主于西夹室[6]，从之。

九月，乙卯，以李勣为左仆射。

冬，十月，以突厥诸部置舍利等五州隶云中都督府[7]，苏农等六州隶定襄都督府[8]。

乙亥，上问大理卿唐临系囚之数，对曰："见囚五十余人，唯二人应死。"上悦。上尝录系囚，前卿所处者多号呼称冤，临所处者独无言。上怪，问其故。囚曰："唐卿所处，本自无冤。"上叹息良久，曰："治狱者不当如是邪！"

上以吐蕃赞普弄赞为驸马都尉[9]，封西海郡王。赞普致书于长孙无忌等云："天子初即位，臣下有不忠者，当勒兵赴国讨除之。"

十二月，诏濮王泰开府置僚属，车服珍膳，特加优异。

唐太宗昭陵外景

【注释】

①李勣:本为李世勣,因避太宗名字,称李勣。 ②讳:避讳。指对君主、尊长辈的名字避开不直言。《礼记·曲礼》:“卒哭乃讳。”注:“敬鬼神之名也。” ③梓宫:帝后所用以梓木制作的棺材。 ④昭陵:唐太宗李世民墓。在今陕西礼泉县东北九嵕山。现为全国重点文物保护单位之一。 ⑤弘农府君:即魏弘农太守李重耳,对唐高宗是其七世祖,亲尽应毁。 ⑥西夹室:太庙有太夹室,两边有东西二夹室。 ⑦五州:舍利州、思辟州、阿史那州、绰州、白登州。 ⑧六州:史只载苏农州、阿德州、执失州、拔延州,余二州佚。 ⑨驸马都尉:汉武帝置奉车、驸马、骑三都尉,唐以骑都尉为勋官,附马都尉以授尚主者,奉车都尉不复除授。

高宗天皇大圣大弘孝皇帝上之上[1]

永徽元年 春,正月,辛丑朔,改元。

丙午,立妃王氏为皇后。后,思政之孙也[2]。以后父仁祐为特进、魏国公。

己未,以张行成为侍中。

辛酉,上召朝集使,谓曰:“朕初即位,事有不便于百姓者悉宜陈,不尽者更封奏。”自是日引刺史十人入阁,问以百姓疾苦,及其政治。

有洛阳人李弘泰诬告长孙无忌谋反,上命立斩之。无忌与褚遂良同心辅政,上亦尊礼二人,恭己以听之,故永徽之政,百姓阜安,有贞观之遗风。

太宗女衡山公主应适长孙氏,有司以为服既公除[3],欲以今秋成昏。于志宁上言:“汉文立制,本为天下百姓。公主服本斩衰[4],纵使服随例除[5],岂可情随例改,请俟三年丧毕成昏。”上从之。

二月,辛卯,立皇子孝为许王,上金为杞王,素节为雍王。

夏,五月,壬戌,吐蕃赞普弄赞卒[6],其嫡子早死,立其孙为赞普。赞普幼弱,政事皆决于国相禄东赞。禄东赞性明达严重,行兵有法,吐蕃所以强大,威服氐、羌,皆其谋也。

六月，高侃击突厥，至阿息山。车鼻可汗召诸部兵皆不赴，与数百骑遁去。侃帅精骑追至金山，擒之以归，其众皆降。

初，阿史那社尔虏龟兹王布失毕，立其弟为王。唐兵既还，其酋长争立，更相攻击。秋，八月，壬午，诏复以布失毕为龟兹王，遣归国，抚其众。

九月，庚子，高侃执车鼻可汗至京师，释之，拜左武卫将军，处其余众于郁督军山，置狼山都督府以统之。以高侃为卫将军[⑦]。于是突厥尽为封内之臣，分置单于、瀚海二都护府。单于领狼山、云中、桑乾三都督，苏农等一十四州；瀚海领瀚海、金徽、新黎等七都督，仙萼等八州；各以其酋长为刺史、都督。

癸亥，上出畋，遇雨，问谏议大夫昌乐谷那律曰："油衣若为则不漏？"对曰："以瓦为之，必不漏。"上悦，为之罢猎。

李勣固求解职；冬，十月，戊辰，解勣左仆射，以开府仪同三司、同中书门下三品。

己未，监察御史阳武韦思谦劾奏中书令褚遂良抑买中书译语人地[⑧]。大理少卿张叡册以为准估无罪。思谦奏曰："估价之设，备国家所须，臣下交易，岂得准估为定！叡册舞文，附下罔上，罪当诛。"是日，左迁遂良为同州刺史[⑨]，叡册循州刺史[⑩]。思谦名仁约，以字行。

十二月，庚午，梓州都督谢万岁、兖州都督谢法兴与黔州都督李孟尝讨琰州叛獠[⑪]；万岁、法兴入洞招慰，为獠所杀。

【注释】

①高宗天皇大圣大弘孝皇帝：唐高宗李治，小字雉奴，太宗第九子。始封为晋王。贞观十七年（643），太子承乾废，立为太子。即位初年，遵守贞观遗规，推行均田制，留意垦荒，继续实行科举制，修订"律令格式"，人口增加，社会安定。在对外关系中，东灭百济、高丽，西破突厥，势力进入东亚。中后期，皇权落于皇后武则天之手，阶级矛盾有所发展。死后庙号高宗。睿宗文明元年（684），谥曰天皇大帝。玄宗天宝八年（749），加尊号高宗天皇大圣皇帝。十三年（754），加尊号高宗天皇大圣大弘孝皇帝。　②思政：即王思政，为西魏颍川太守，死于东魏。③服：旧时丧礼规定穿戴的丧服。　④斩衰：为古代丧服之制的斩衰、齐

衰、大功、小功、缌麻五服之一。斩衰为给最亲近的丧亡父母所穿戴的丧服,古丧礼规定父母死后,服丧三年,期满才能除服。 ⑤服随例除:这是汉文帝所立之制,即服丧,随着国家重大事例而除去丧服。 ⑥赞普:吐蕃酋长称号。《新唐书·吐蕃传》:“其俗谓强雄曰赞,丈夫曰普,故号君长曰赞普。” ⑦卫将军:唐无卫将军之职,疑“卫”字上有脱字。 ⑧阳武:古县名。治今河南原阳县。译语人:翻译人员。中书省掌四方朝贡及通表疏,故有翻译人员。 ⑨同州:治今陕西大荔县。 ⑩循州:治今广东惠州市东北。 ⑪琰州:治今贵州镇宁布依族苗族自治县南。

二年 春,正月,乙巳,以黄门侍郎宇文节、中书侍郎柳奭并同中书门下三品。奭,亨之兄子[①],王皇后之舅也。

左骁卫将军、瑶池都督阿史那贺鲁招集离散,庐帐渐盛,闻太宗崩,谋袭取西、庭二州[②]。庭州刺史骆弘义知其谋,表言之,上遣通事舍人桥宝明驰往慰抚。宝明说贺鲁,令长子咥运入宿卫,授右骁卫中郎将,寻复遣归。咥运乃说其父拥众西走,击破乙毗射匮可汗,并其众,建牙于双河及千泉,自号沙钵罗可汗,咄陆五啜、努失毕五俟斤皆归之,胜兵数十万,与乙毗咄陆可汗连兵,处月、处密及西域诸国多附之。以咥运为莫贺咄叶护。

焉耆王婆伽利卒,国人表请复立故王突骑支;夏,四月,诏加突骑支右武卫将军,遣还国。

金州刺史滕王元婴骄奢纵逸[③],居亮阴中[④],畋游无节,数夜开城门,劳扰百姓,或引弹弹人,或埋人雪中以戏笑。上赐书切让之,且曰:“取适之方,亦应多绪,晋灵荒君[⑤],何足为则!朕以王至亲,不能致王于法,今书王下上考以愧王心。”

元婴与蒋王恽皆好聚敛,上尝赐诸王帛各五百段,独不及二王,敕曰:“滕叔、蒋兄自能经纪,不须赐物;给麻两车以为钱贯[⑥]。”二王大惭。

秋,七月,西突厥沙钵罗可汗寇庭州,攻陷金岭城及蒲类县,杀略数千人。诏左武候大将军梁建方、右骁卫大将军契苾何力为弓月道行军总管[⑦],右骁卫将军高德逸、右武候将军薛孤、吴仁为副,发秦、成、岐、雍府兵三万人及回纥五万骑以讨之。

癸巳，诏诸礼官学士议明堂制度[8]，以高祖配五天帝[9]，太宗配五人帝[10]。

八月，己巳，以于志宁为左仆射，张行成为右仆射，高季辅为侍中；志宁、行成仍同中书门下三品。

己卯，郎州白水蛮反，寇麻州，遣左领军将军赵孝祖等发兵讨之。

九月，癸巳，废玉华宫为佛寺。戊戌，更命九成宫为万年宫。

庚戌，左武候引驾卢文操逾墙盗左藏物[11]，上以引驾职在纠绳[12]，乃自为盗，命诛之。谏议大夫萧钧谏曰："文操情实难原，然法不至死。"上乃免文操死，顾侍臣曰："此真谏议也！"

闰月，长孙无忌等上所删定律令式，甲戌，诏颁之四方。

上谓宰相曰："闻所在官司，行事犹互观颜面，多不尽公。"长孙无忌对曰："此岂敢言无；然肆情曲法，实亦不敢。至于小小收取人情，恐陛下尚不能免。"无忌以元舅辅政，凡有所言，上无不嘉纳。

冬，十有一月，辛酉，上祀南郊。

癸酉，诏："自今京官及外州有献鹰隼及犬马者，罪之。"

戊寅，特浪羌酋董悉奉求、辟惠羌酋卜檐莫各帅种落万余户诣茂州内附。

窦州、义州蛮酋李宝诚等反[13]，桂州都督刘伯英讨平之。

郎州道总管赵孝祖讨白水蛮[14]，蛮酋秃磨蒲及俭弥于帅众据险拒战，孝祖皆击斩之。会大雪，蛮饥冻，死亡略尽。孝祖奏言："贞观中讨昆州乌蛮[15]，始开青蛉、弄栋为州县。弄栋之西有小勃弄、大勃弄二川，恒扇诱弄栋，欲使之反。其勃弄以西与黄瓜、叶榆、西洱河相接，人众殷实，多于蜀川，无大酋长，好结仇怨，今因破白水之兵，请随便西讨，抚而安之。"敕许之。

十二月，壬子，处月朱邪孤注杀招慰使单道惠，与突厥贺鲁相结。

是岁，百济遣使入贡，上戒之，使"勿与新罗、高丽相攻，不然，吾将发兵讨汝矣"。

【注释】

①亨:柳亨,西魏尚书左仆射柳庆的孙子,窦诞的门婿,亨的妻子就是襄阳公主的女儿。 ②西、庭二州:治今新疆吐鲁番高昌旧址,吉木萨尔县北破城子。 ③金州:治今陕西安康市。 ④亮阴:古代帝王居丧。《尚书·无逸》:"其在高宗……作其即位,乃或亮阴,三年不言。"郑玄注为"凶庐",孔传为居丧守默。亦作阴暗、谅阴、谅暗。 ⑤晋灵荒君:晋灵,晋灵公,是一位荒淫的暴君。《左传·宣公·二年》载,晋灵公不君,从台上弹人以观其避丸等等。 ⑥钱贯:即钱串,穿钱的绳子。 ⑦弓月道:唐区域划分有道。弓月道,以弓月城取名。弓月城,在今新疆霍城县西北。 ⑧明堂制度:明堂,古代帝王宣明政教的地方。凡朝会、祭祀、庆赏、选士、养老、教学等大典,均在此举行。其后宫室渐备,另在东南近郊建立明堂,以存古制。 ⑨五天帝:即纬书所说的天上五方之帝,东方苍帝、南方赤帝、中央黄帝、西方白帝、北方黑帝。 ⑩五人帝:东方太皞、西方少皞、南方炎帝、北方颛顼、中央黄帝。 ⑪左武候引驾:官名。左右武候,掌宫中及京城昼夜巡警之法,以执御非违;有引驾三卫六十人,引驾佽飞六十六人。左右藏:官名。左藏掌邦国库藏,右藏掌邦国宝货。 ⑫纠绳:以法度作准绳,纠正非法。 ⑬窦州:治今广东信宜市西南镇隆。义州:治今广西岑溪市东。 ⑭郎州:治今云南曲靖市西。 ⑮昆州:治今云南昆明市西郊马街附近。

三年 春,正月,己未朔,吐谷浑、新罗、高丽、百济并遣使入贡。

癸亥,梁建方、契苾何力等大破处月朱邪孤注于牢山[①]。孤注夜遁,建方使副总管高德逸轻骑追之,行五百余里,生擒孤注,斩首九千级。军还,御史劾奏梁建方兵力足以追讨,而逗留不进;高德逸敕令市马,自取骏者。上以建方等有功,释不问。大理卿李道裕奏言:"德逸所取之马,筋力异常,请实中厩[②]。"上谓侍臣曰:"道裕法官,进马非其本职,妄希我意;岂朕行事不为臣下所信邪!朕方自咎,故不复黜道裕耳。"

己巳,以同州刺史褚遂良为吏部尚书、同中书门下三品。

丙子,上飨太庙;丁亥,飨先农,躬耕藉田。

二月,甲寅,上御安福门楼[③],观百戏。乙卯,上谓侍臣曰:"昨登楼，欲以观人情及风俗奢俭，非为声乐。朕闻胡人善为击鞠之戏[④]，尝一观之。昨初升楼，即有群胡击鞠，意谓朕笃好之也。帝王所为，岂宜容易。朕已焚此鞠，冀杜胡人窥望之情，亦因以为诫。”

三月，辛巳，以宇文节为侍中，柳奭为中书令，以兵部侍郎三原韩瑗守黄门侍郎、同中书门下三品。

夏，四月，赵孝祖大破西南蛮，斩小勃弄酋长殁盛，擒大勃弄酋长杨承颠。自余皆屯聚保险，大者有众数万，小者数千人，孝祖皆破降之，西南蛮遂定。

甲午，澧州刺史彭思王元则薨。

六月，戊申，遣兵部尚书崔敦礼等将并、汾步骑万人往茂州。发薛延陀余众渡河，置祁连州以处之。

秋，七月，丁巳，立陈王忠为皇太子，赦天下。王皇后无子，柳奭为后谋，以忠母刘氏微贱，劝后立忠为太子，冀其亲己；外则讽长孙无忌等使请于上。上从之。乙丑，以于志宁兼太子少师，张行成兼少傅，高季辅兼少保。

丁丑，上问户部尚书高履行：“去年进户多少？”履行奏：“去年进户总一十五万。”因问隋代及今日见户，履行奏：“隋开皇中，户八百七十万，即今户三百八十万。”履行，士廉之子也。

九月，守中书侍郎来济同中书门下三品。

冬，十一月，庚寅，弘化长公主自吐谷浑来朝。

癸巳，濮王泰薨于均州。

散骑常侍房遗爱尚太宗女高阳公主，公主骄恣甚，房玄龄薨，公主教遗爱与兄遗直异财，既而反谮遗直。遗直自言，太宗深责让主，由是宠衰；主怏怏不悦。会御史劾盗，得浮屠辩机宝枕，云主所赐。主与辩机私通，饷遗亿计，更以二女子侍遗爱。太宗怒，腰斩辩机，杀奴婢十余人；主益怨望，太宗崩，无戚容。上即位，主又令遗爱与遗直更相讼，遗爱坐出为房州刺史，遗直为隰州刺史。又，浮屠智勗等数人私侍主，主使掖庭令陈玄运伺宫省机祥。

先是，驸马都尉薛万彻坐事除名，徙宁州刺史，入朝，与遗爱款昵，对遗爱有怨望语，且曰：“今虽病足，坐置京师，鼠辈犹不敢动。”因与遗爱谋：“若国家有变，当奉司徒荆王元景为主。”元景女适遗爱弟遗则，由是与遗爱往来。元景尝自言，梦手把日月。驸马都尉柴令武，绍之子也，尚巴陵公主，除卫州刺史，托以主疾留京师求医，因与遗爱谋议相结。高阳公主谋黜遗直，夺其封爵，使人诬告遗直无礼于己。遗直亦言遗爱及主罪，云：“罪盈恶稔，恐累臣私门。”上令长孙无忌鞫之，更获遗爱及主反状。

司空、安州都督吴王恪母，隋炀帝女也。恪有文武才，太宗常以为类己，欲立为太子，无忌固争而止，由是与无忌相恶。恪名望素高，为物情所向，无忌深忌之，欲因事诛恪以绝众望。遗爱知之，因言与恪同谋，冀如纥干承基得免死。

【注释】

①牢山：山名，即九隆山，在云南保山市西南。　②中厩：内宫的马厩。　③安福门：皇城门之一。据《唐六典》，长安皇城西面二门，北曰安福，南曰顺义。　④击鞠之戏：击鞠球的游戏。鞠，用皮韦制作，内实以柔物，今谓之球子。

四年　春，二月，甲申，诏遗爱、万彻、令武皆斩，元景、恪、高阳、巴陵公主并赐自尽。上泣谓侍臣曰：“荆王，朕之叔父，吴王，朕兄，欲匄其死[①]，可乎？”兵部尚书崔敦礼以为不可，乃杀之。万彻临刑大言曰：“薛万彻大健儿，留为国家效死力，岂不佳，乃坐房遗爱杀之乎！”吴王恪且死，骂曰：“长孙无忌窃弄威权，构害良善，宗社有灵，当族灭不久！”

乙酉，侍中兼太子詹事宇文节，特进、太常卿江夏王道宗、左骁卫大将军驸马都尉执失思力并坐与房遗爱交通[②]，流岭表。节与遗爱亲善，及遗爱下狱，节颇左右之。江夏王道宗素与长孙无忌、褚遂良不协，故皆得罪。戊子，废恪母弟蜀王愔为庶人，置巴州；房遗直贬春州铜陵尉[③]，万彻弟万备流交州。罢房玄龄配飨[④]。

开府仪同三司李勣为司空。

初，林邑王范头利卒[⑤]，子真龙立，大臣伽独弑之，尽灭范氏。伽独自立，国人弗从，乃立头利之婿婆罗门为王。国人咸思范氏，复罢婆罗门，立头利之女为王。女不能治国，有诸葛地者，头利之姑子也,父为头利所杀,南奔真腊[6],大臣可伦翁定遣使迎而立之,妻以女王,众然后定。夏,四月,戊子,遣使入贡。

秋,九月,壬戌,右仆射北平定公张行成薨。甲戌,以褚遂良为右仆射,同中书门下三品如故,仍知选事。

冬,十月,庚子,上幸骊山温汤;乙巳,还宫。

初,睦州女子陈硕真[7]以妖言惑众,与妹夫章叔胤举兵反,自称文佳皇帝,以叔胤为仆射。甲子夜[8],叔胤帅众攻桐庐,陷之。硕真撞钟焚香,引兵二千攻陷睦州及於潜,进攻歙州,不克。敕扬州刺史房仁裕发兵讨之。硕真遣其党童文宝将四千人寇婺州,刺史崔义玄发兵拒之。民间讹言硕真有神,犯其兵者必灭族,士众凶惧。司功参军崔玄籍曰:"起兵仗顺,犹且无成,况凭妖妄,其能久乎!"义玄以玄籍为前锋,自将州兵继之,至下淮戍,遇贼,与战。左右以楯蔽义玄,义玄曰:"刺史避箭,人谁致死!"命撤之。于是士卒齐奋,贼众大溃,斩首数千级。听其余众归首;进至睦州境,降者万计。十一月,庚戌,房仁裕军合,获硕真、叔胤,斩之,余党悉平。义玄以功拜御史大夫。

癸丑,以兵部尚书崔敦礼为侍中。

十二月,庚子,侍中蓚宪公高季辅薨。

是岁,西突厥乙毗咄陆可汗卒,其子颉苾达度设号真珠叶护,始与沙钵罗可汗有隙,与五弩失毕共击沙钵罗,破之,斩首千余级。

【注释】

①匄:同"丐",乞求。此指乞求免于处死。　②驸马都尉执失思力:高祖女九江公主下嫁执失思力,封驸马都尉。　③春州:治今广东阳春市。铜陵:古县名。治今广东阳春市东北。隶属于春州。　④罢房玄龄配飨:盖古有功臣配飨之例,房玄龄有功于唐,作为功臣配飨,今罢之。　⑤林邑:在今越南广南省一带。　⑥真腊:古国名。即今柬埔寨。　⑦陈硕真:农民起义女首领。睦州(今浙江建德市东)人。永徽四年,官逼民反,他与妹夫章叔胤聚数万众起义,自称文佳皇帝,以叔胤为仆射,以童文宝为大将,攻克浙江桐庐、睦州、於潜等。后为崔义玄、房仁裕所败牺牲。　⑧疑误,待考。

五年 春，正月，壬戌，羌酋冻就内附[①]，以其地置剑州[②]。

三月，戊午，上行幸万年宫。

庚申，加赠武德功臣屈突通等十三人官。

初，王皇后无子，萧淑妃有宠，王后疾之。上之为太子也，入侍太宗，见才人武氏而悦之[③]。太宗崩，武氏随众感业寺为尼[④]。忌日，上诣寺行香，见之，武氏泣，上亦泣。王后闻之，阴令武氏长发，劝上内之后宫，欲以间淑妃之宠。武氏巧慧，多权数，初入宫，卑辞屈体以事后；后爱之，数称其美于上。未几大幸，拜为昭仪[⑤]，后及淑妃宠皆衰，更相与共谮之，上皆不纳。昭仪欲追赠其父而无名，故托以褒赏功臣，遍赠屈突通等，而武士彟预焉。

乙丑，上幸凤泉汤[⑥]；己巳，还万年宫。

夏，四月，大食发兵击波斯[⑦]，杀波斯王伊嗣侯，伊嗣侯之子卑路斯奔吐火罗。大食兵去，吐火罗发兵立卑路斯为波斯王而还。

闰月，丙子，以处月部置金满州。

丁丑，夜，大雨，山水涨溢，冲玄武门；宿卫士皆散走。右领军郎将薛仁贵曰："安有宿卫之士，天子有急而敢畏死乎！"乃登门桄大呼以警宫内。上遽出乘高，俄而水入寝殿，水溺卫士及麟游居人[⑧]，死者三千余人。

壬辰，新罗女王金真德卒，诏立其弟春秋为新罗王。

六月，丙午，恒州大水[⑨]，呼沱溢，漂溺五千三百家。

中书令柳奭以王皇后宠衰，内不自安，请解政事；癸亥，罢为吏部尚书。

秋，九月，丁酉，车驾至京师。

戊戌，上谓五品以上曰："顷在先帝左右，见五品以上论事，或仗下面陈[⑩]，或退上封事，终日不绝；岂今日独无事邪，何公等皆不言也？"

冬，十月，雇雍州四万一千人筑长安外郭，三旬而毕。癸丑，雍州参军薛景宣上封事，言："汉惠帝城长安，寻晏驾；今复城之，必有大咎。"于志宁等以景宣言涉不顺，请诛之。上曰："景宣虽狂妄，若因上封事得罪，恐绝言路。"遂赦之。

高丽遣其将安固将高丽、靺鞨兵击契丹；松漠都督李窟哥御之，大败高丽于新城。

是岁大稔，洛州粟米斗两钱半，粳米斗十一钱。

王皇后、萧淑妃与武昭仪更相谮诉，上不信后、淑妃之语，独信昭仪。后不能曲事上左右，母魏国夫人柳氏及舅中书令柳奭入见六宫，又不为礼。武昭仪伺后所不敬者，必倾心与相结，所得赏赐分与之。由是后及淑妃动静，昭仪必知之，皆以闻于上。

后宠虽衰，然上未有意废也。会昭仪生女，后怜而弄之，后出，昭仪潜扼杀之，覆之以被。上至，昭仪阳欢笑，发被观之，女已死矣，即惊啼。问左右，左右皆曰："皇后适来此。"上大怒曰："后杀吾女！"昭仪因泣诉其罪。后无以自明，上由是有废立之志。又畏大臣不从，乃与昭仪幸太尉长孙无忌第，酣饮极欢，席上拜无忌宠姬子三人皆为朝散大夫，仍载金宝缯锦十车以赐无忌。上因从容言皇后无子以讽无忌，无忌对以他语，竟不顺旨，上及昭仪皆不悦而罢。昭仪又令母杨氏诣无忌第，屡有祈请，无忌终不许。礼部尚书许敬宗亦数劝无忌，无忌厉色折之。

【注释】

①冻就：特浪生羌卜楼大首领。　②剑州：治今四川阿坝县南境。　③才人：宫中女官名。唐制，才人五人，正五品。　④武氏随众感业寺为尼：贞观二十三年(649)五月，太宗去世，其年即以安业坊济度尼寺为灵宝寺，尽度太宗嫔御为尼以处之。据史记载，感业寺，当为安业寺。　⑤昭仪：古女官名。汉元帝所置，位视丞相，爵比诸侯王。言昭明其仪，以示隆重。后代沿用，位不如汉尊。　⑥凤泉汤：凤泉，古县名。治今陕西眉县东南。汤，汤池。　⑦大食：国名。即伊斯兰教的创立者穆罕默德所创立的阿拉伯帝国。以波斯语称大食。　⑧麟游：县名。治今陕西麟游县西。　⑨恒州：治今山西大同市东北古城。　⑩仗下：唐制：常朝诸卫皆立仗，仗下宰执、谏官奏事，故云仗下。

六年　春，正月，壬申朔，上谒昭陵；甲戌，还宫。

己丑，巂州道行军总管曹继叔破胡丛、显养、车鲁等蛮于斜山①，拔十余城。

庚寅，立皇子弘为代王，贤为潞王。

高丽与百济、靺鞨连兵，侵新罗北境，取三十三城；新罗王春秋遣使求援。二月，乙丑，遣营州都督程名振、左卫中郎将苏定方发兵击高丽。

夏，五月，壬午，名振等渡辽水，高丽见其兵少，开门渡贵端水逆战，名振等奋击，大破之，杀获千余人，焚其外郭及村落而还。

癸未，以右屯卫大将军程知节为葱山道行军大总管，以讨西突厥沙钵罗可汗。

壬辰，以韩瑗为侍中，来济为中书令。

六月，武昭仪诬王后与其母魏国夫人柳氏为厌胜，敕禁后母柳氏不得入宫。秋，七月，戊寅，贬吏部尚书柳奭为遂州刺史[②]。奭行至扶风，岐州长史于承素希旨奏奭漏泄禁中语，复贬荣州刺史[③]。

唐因隋制，后宫有贵妃、淑妃、德妃、贤妃皆视一品。上欲特置宸妃，以武昭仪为之，韩瑗、来济谏，以为故事无之，乃止。

中书舍人饶阳李义府为长孙无忌所恶，左迁壁州司马[④]。敕未至门下，义府密知之，问计于中书舍人幽州王德俭，德俭曰："上欲立武昭仪为后，犹豫未决者，直恐宰臣异议耳。君能建策立之，则转祸为福矣。"义府然之，是日，代德俭直宿，叩阁上表，请废皇后王氏，立武昭仪，以厌兆庶之心。上悦，召见，与语，赐珠一斗，留居旧职。昭仪又密遣使劳勉之，寻超拜中书侍郎。于是卫尉卿许敬宗、御义大夫崔义玄、中丞袁公瑜皆潜布腹心于武昭仪矣。

许敬宗像

乙酉，以侍中崔敦礼为

中书令。

八月，尚药奉御蒋孝璋员外特置[⑤]，仍同正员。员外同正自孝璋始。

长安令裴行俭闻将立武昭仪为后，以国家之祸必自此始，与长孙无忌、褚遂良私议其事。袁公瑜闻之，以告昭仪母杨氏，行俭坐左迁西州都督府长史。行俭，仁基之子也。

九月，戊辰，以许敬宗为礼部尚书。

上一日退朝，召长孙无忌、李勣、于志宁、褚遂良入内殿。遂良曰："今日之召，多为中宫，上意既决，逆之必死。太尉元舅，司空功臣，不可使上有杀元舅及功臣之名。遂良起于草茅，无汗马之劳，致位至此，且受顾托，不以死争之，何以下见先帝！"勣称疾不入。无忌等至内殿，上顾谓无忌曰："皇后无子，武昭仪有子，今欲立昭仪为后，何如？"遂良对曰："皇后名家，先帝为陛下所娶。先帝临崩，执陛下手谓臣曰：'朕佳儿佳妇，今以付卿。'此陛下所闻，言犹在耳。皇后未闻有过，岂可轻废！臣不敢曲从陛下，上违先帝之命！"上不悦而罢。明日又言之，遂良曰："陛下必欲易皇后，伏请妙择天下令族，何必武氏！武氏经事先帝，众所具知，天下耳目，安可蔽也。万代之后，谓陛下为如何！愿留三思！臣今忤陛下，罪当死。"因置笏于殿阶，解巾叩头流血曰："还陛下笏，乞放归田里。"上大怒，命引出。昭仪在帘中大言曰："何不扑杀此獠！"无忌曰："遂良受先朝顾命[⑥]，有罪不可加刑。"于志宁不敢言。

韩瑗因间奏事，涕泣极谏，上不纳。明日又谏，悲不自胜，上命引出。瑗又上疏谏曰："匹夫匹妇，犹相选择，况天子乎！皇后母仪万国，善恶由之，故嫫母辅佐黄帝[⑦]，妲己倾覆殷王，《诗》云：'赫赫宗周，褒姒灭之。'[⑧]每览前古，常兴叹息，不谓今日尘黩圣代。作而不法，后嗣何观[⑨]！愿陛下详之，无为后人所笑！使臣有以益国，菹醢之戮，臣之分也！昔吴王不用子胥之言而麋鹿游于姑苏[⑩]。臣恐海内失望，棘荆生于阙庭，宗庙不血食[⑪]，期有日矣！"来济上表谏曰："王者立后，上法乾坤，必择礼教名家，幽闲令淑，副四海之望，称神祇之意。是故周文造舟以迎太姒，而兴《关雎》之化，百姓蒙祚；孝成纵欲，以婢为后，使皇统亡绝，社稷倾沦。有周之隆既如彼，大汉之祸又如此，惟陛下详察！”上皆不纳。

他日，李勣入见，上问之曰：“朕欲立武昭仪为后，遂良固执以为不可。遂良既顾命大臣，事当且已乎？”对曰：“此陛下家事，何必更问外人！”上意遂决。许敬宗宣言于朝曰：“田舍翁多收十斛麦，尚欲易妇；况天子欲立一后，何豫诸人事而妄生异议乎！”昭仪令左右以闻。庚午，贬遂良为潭州都督。

【注释】

①斜山：山名，在今四川会理市西。 ②遂州：治今四川遂宁市。③荣州：治今四川荣县。 ④壁州：治今四川通江县。 ⑤尚药奉御：尚药局奉御，员二人，掌合和御药及诊候方脉之事。 ⑥顾命：《尚书》篇名，取临终遗命之意。事见《顾命》篇。后称天子临终遗诏曰顾命。⑦嫫母：黄帝妃子，人虽丑，但品德好，黄帝爱幸，辅佐黄帝有方。⑧“诗云”句：见《诗·小雅·正月》。褒姒，周幽王妃。幽王宠爱，举烽火博得褒姒一笑，有急再举烽火失灵，为申侯犬戎所杀。 ⑨作而不法，后嗣何观：语见《左传·庄公·二十三年》。作“书而不法，后嗣何观！”不法，不合法度。为曹刿谏鲁庄公之辞。 ⑩“昔吴王”句：吴王，指吴王夫差；子胥，伍子胥，楚人，因父为太子傅直谏被杀，避难于吴，使公子光夺得王位，后辅吴王阖庐有功。吴王夫差受任大夫，其言王不听，感慨地说麋鹿游于姑苏。姑苏，即姑苏台，姑苏山，在今苏州市。意为姑苏成了废墟，麋鹿漫游的场所，即国家灭亡。 ⑪血食：古时杀牲取血用以祭祀，故名。

资治通鉴卷第二百

唐纪十六 起旃蒙单阏十月，尽玄黓阉茂七月，凡六年有奇。

高宗天皇大圣大弘孝皇帝上之下

永徽六年 冬，十月，己酉，下诏称："王皇后、萧淑妃谋行鸩毒，废为庶人，母及兄弟，并除名，流岭南。"许敬宗奏："故特进赠司空王仁祐告身尚存，使逆乱余孽犹得为荫，并请除削。"从之。

乙卯，百官上表请立中宫，乃下诏曰："武氏门著勋庸，地华缨黻[①]，往以才行选入后庭，誉重椒闱，德光兰掖。朕昔在储贰，特荷先慈，常得侍从，弗离朝夕，宫壸之内[②]，恒自饬躬，嫔嫱之间，未尝迕目，圣情鉴悉，每垂赏叹，遂以武氏赐朕，事同政君，可立为皇后。"

丁巳，赦天下。是日，皇后上表称："陛下前以妾为宸妃，韩瑗、来济面折庭争，此既事之极难，岂非深情为国，乞加褒赏。"上以表示瑗等，瑗等弥忧惧，屡请去位，上不许。

十一月，丁卯朔，临轩命司空李勣赍玺绶册皇后武氏[③]。是日，百官朝皇后于肃义门。

故后王氏、故淑妃萧氏，并囚于别院，上尝念之，间行至其所，见其室封闭极密，惟窍壁以通食器，恻然伤之，呼曰："皇后、淑妃安在？"王氏泣对曰："妾等得罪为宫婢，何得更有尊称！"又曰："至尊若念畴昔，使妾等再见日月，乞名此院为回心院。"上曰："朕即有处置。"武后闻之，大怒，遣人杖王氏及萧氏各一百，断去手足，捉酒瓮中，曰：“令二妪骨醉！”数日而死，又斩之。王氏初闻宣敕，再拜曰：“愿大家万岁！昭仪承恩，死自吾分。”淑妃骂曰：“阿武妖猾，乃至于此！愿他生我为猫，阿武为鼠，生生扼其喉。”由是宫中不畜猫。寻又改王氏姓为蟒氏，萧氏为枭氏。武后数见王、萧为祟，被发沥血如死时状。后徙居蓬莱宫，复见之，故多在洛阳，终身不归长安。

己巳，许敬宗奏曰：“永徽爰始，国本未生，权引彗星，越升明两[4]。近者元妃载诞，正胤降神[5]，重光日融，爝晖宜息[6]。安可反植枝干，久易位于天庭；倒袭裳衣，使违方于震位[7]！又，父子之际，人所难言，事或犯鳞[8]，必婴严宪[9]，煎膏染鼎，臣亦甘心。”上召见，问之，对曰：“皇太子，国之本也，本犹未正，万国无所系心。且在东宫者，所出本微，今知国家已有正嫡，必不自安。窃位而怀自疑，恐非宗庙之福，愿陛下熟计之。”上曰：“忠已自让。”对曰：“能为太伯，愿速从之。”

西突厥颉苾达度设数遣使请兵讨沙钵罗可汗。甲戌，遣丰州都督元礼臣册拜颉苾达度设为可汗。礼臣至碎叶城[10]，沙钵罗发兵拒之，不得前。颉苾达度设部落多为沙钵罗所并，余众寡弱，不为诸姓所附，礼臣竟不册拜而归。

中书侍郎李义府参知政事[11]。义府容貌温恭，与人语，必嬉怡微笑，而狡险忌克[12]，故时人谓义府笑中有刀；又以其柔而害物，谓之李猫。

【注释】

①缨黻（fú 扶）：缨，古人冠冕上的穗状饰物；黻，古人礼服上绣着的花纹；借指有声望地位的封建士大夫。 ②宫壸（kǔn 捆）：宫中后妃所居之处。壸，宫中的路。 ③临轩：皇帝不御正座而御殿前的平台称临轩。 ④权引二句：比喻永徽三年暂立陈王李忠为皇太子。明两，两日前后相续。《易·离》：“明两作离，大人以继明照于四方。”《疏》：“明两作离者，离为日，日为明。今有上下两体，故云明两作离也。”本义为：离卦䷝上下两体都为离☲，是两明前后相续之象。因以明两指帝王，颂扬其明照四方。 ⑤正胤降神：比喻武后之子代王李弘当立为皇太子。正胤，正统的子嗣。 ⑥“重（chóng 虫）光”二句：重光，日光相续明照。

《尚书·顾命》:"昔君文王武王,宣重光。"谓帝王相继如日光重明。爝(jué 决)晖,火炬的光亮。《庄子·逍遥游》:"日月出矣,而爝火不息,其于光也,不亦难乎?"谓炬火毕竟比不上日月之光。 ⑦震位:胡三省注:"震,长子也,以守社稷宗庙,为祭主也。" ⑧犯鳞:冒犯帝王。古代把帝王喻作龙。相传龙有逆鳞,触犯了它必然受害。 ⑨婴:触犯,遭遇。 ⑩碎叶:唐代西部边防重镇,以城临碎叶水,故名。故址在今哈萨克斯坦托克马克城附近。 ⑪参知政事:官名。唐代以中书令、侍中、尚书令共宰相职事,以他官居相位的有此名目。 ⑫忌克:忌人之能,而欲居人之上。

显庆元年 春,正月,辛未,以皇太子忠为梁王、梁州刺史;立皇后子代王弘为皇太子,生四年矣。忠既废,官属皆惧罪亡匿,无敢见者;右庶子李安仁独候忠,泣涕拜辞而去。安仁,纲之孙也。

壬申,赦天下,改元。

二月,辛亥,赠武士彟司徒,赐爵周国公。

三月,以度支侍郎杜正伦为黄门侍郎、同三品。

夏,四月,壬子,矩州人谢无灵举兵反[①],黔州都督李子和讨平之。

己未,上谓侍臣曰:"朕思养人之道,未得其要,公等为朕陈之[②]!"来济对曰:"昔齐桓公出游,见老而饥寒者,命赐之食,老人曰:'愿赐一国之饥者。'赐之衣,曰:'愿赐一国之寒者。'公曰:'寡人之廪府安足以周一国之饥寒!'老人曰:'君不夺农时,则国人皆有余食矣;不夺蚕要,则国人皆有余衣矣!'故人君之养人,在省其征役而已。今山东役丁,岁别数万,役之则人大劳,取庸则人大费。臣愿陛下量公家所须外,余悉免之。"上从之。

六月,辛亥,礼官奏停太祖、世祖配祀[③],以高祖配昊天于圜丘[④],太宗配五帝于明堂[⑤];从之。

秋,七月,乙丑,西洱蛮酋长杨栋附[⑥]、显和蛮酋长王郎祁、郎、昆、黎、盘四州酋长王伽冲等帅众内附[⑦]。

癸未,以中书令崔敦礼为太子少师、同中书门下三品。

八月,丙申,固安昭公崔敦礼薨。

唐黄釉褐绿彩云荷纹罐

辛丑，葱山道行军总管程知节击西突厥，与歌逻、处月二部战于榆慕谷，大破之，斩首千余级。副总管周智度攻突骑施、处木昆等部于咽城，拔之，斩首三万级。

乙巳，龟兹王布失毕入朝。

李义府恃宠用事。洛州妇人淳于氏[8]，美色，系大理狱，义府属大理寺丞毕正义枉法出之，将纳为妾，大理卿段宝玄疑而奏之。上命给事中刘仁轨等鞫之[9]，义府恐事泄，逼正义自缢于狱中。上知之，原义府罪不问。

侍御史涟水王义方欲奏弹之，先白其母曰："义方为御史，视奸臣不纠则不忠，纠之则身危而忧及于亲为不孝，二者不能自决，奈何？"母曰："昔王陵之母，杀身以成子之名。汝能尽忠以事君，吾死不恨！"义方乃奏："义府于辇毂之下[10]，擅杀六品寺丞；就云正义自杀，亦由畏义府威，杀身以灭口。如此，则生杀之威，不由上出，渐不可长，请更加勘当！"于是对仗，叱义府命下；义府顾望不退。义方三叱，上既无言，义府始趋出，义方乃读弹文。上释义府不问，而谓义方毁辱大臣，言辞不逊，贬莱州司户[11]。

九月，括州暴风[12]，海溢，溺四千余家。

冬，十一月，丙寅，生羌酋长浪我利波等帅众内附，以其地置柘、栱二州[13]。

【注释】

①矩州：地名。唐武德四年（621）置，在今贵州思南县境。　②陈：述说。　③太祖：指李渊的祖父李虎。李渊建唐后，追尊李虎为景皇帝，庙号太祖。世祖：指李渊的父亲李昺。李渊建唐后，追尊李昺为元皇帝，庙号世祖。配祀：附祭、配享。据胡三省注，武德初，以李虎配祀于圜丘，

以李昺配祀于明堂。 ④昊(hào 号)天:天。圜丘:古代祭天的圆形高坛。 ⑤明堂:古代帝王宣明政教的地方。凡朝会及祭祀、庆赏、选士、养老、教学等大典,均在其中举行。 ⑥西洱:即今云南西部洱海。 ⑦郎:州名。唐武德八年(625)以南宁州改名,治所在味县(今云南曲靖市西)。昆:州名。隋置,治所在今云南昆明西郊马街附近。后废。唐初复置;后复废。黎:州名。唐以西宁州改名,治所在梁水县(今云南华宁县)。天宝末废。盘:州名。唐以西平州改名。治今云南砚山县北。 ⑧洛州:地名。唐初改河南郡置,治所在洛阳市(今河南洛阳东北)。开元初改为河南府。 ⑨鞫(jū 居):鞫讯,审问犯人。 ⑩辇毂(niǎngǔ 碾古):帝王的车舆。用来代指天子。也谓京师。 ⑪莱州:地名。唐初以东莱郡复为莱州,治今山东莱州市。司户:即司户参军。唐代官名,主管民户。 ⑫括州:隋开皇年间以处州改名,治所在括苍县(今浙江丽水市东南),大业初改为永嘉郡。唐初复名括州,后改复再三,于大历十四年(779)改名处州。 ⑬柘(zhè 这):州名。治今四川黑水县、理县接壤处。栱(gǒng 拱):州名。治不详。地在今四川松潘县境。

十二月,程知节引军至鹰娑川[1],遇西突厥二万骑,别部鼠尼施等二万余骑继至,前军总管苏定方帅五百骑驰往击之,西突厥大败,追奔二十里,杀获千五百余人,获马及器械,绵亘山野,不可胜计。副大总管王文度害其功,言于知节曰:"今兹虽云破贼,官军亦有死伤,乘危轻脱,乃成败之法耳,何急而为此!自今常结方陈[2],置辎重在内,遇贼则战,此万全策也。"又矫称别得旨,以知节恃勇轻敌,委文度为之节制,遂收军不许深入。士卒终日跨马,被甲结陈[3],不胜疲顿,马多瘦死。定方言于知节曰:"出师欲以讨贼,今乃自守,坐自困敝,若遇贼必败;懦怯如此,何以立功!且主上以公为大将,岂可更遣军副专其号令,事必不然。请囚文度,飞表以闻。"知节不从。

至恒笃城[4],有群胡归附,文度曰:"此属伺我旋师,还复为贼,不如尽杀之,取其资财。"定方曰:"如此乃自为贼耳,何名伐叛!"文度竟杀之,分其财,独定方不受。师旋,文度坐矫诏当死,特除名;知节亦坐逗留追贼不及,减死免官。

是岁，以太常卿驸马都尉高履行为益州长史。

韩瑗上疏，为褚遂良讼冤曰："遂良体国忘家，捐身徇物，风霜其操，铁石其心，社稷之旧臣，陛下之贤佐。无闻罪状，斥去朝廷，内外甿黎[5]，咸嗟举措。臣闻晋武弘裕，不贻刘毅之诛[6]；汉祖深仁，无恚周昌之直[7]。而遂良被迁，已经寒暑，违忤陛下，其罚塞焉。伏愿缅鉴无辜，稍宽非罪，俯矜微款，以顺人情。"上谓瑗曰："遂良之情，朕亦知之。然其悖戾好犯上，故以此责之，卿何言之深也！"对曰："遂良社稷忠臣，为谗谀所毁。昔微子去而殷国以亡[8]，张华存而纲纪不乱[9]。陛下无故弃逐旧臣，恐非国家之福！"上不纳。瑗以言不用，乞归田里；上不许。

刘洎之子讼其父冤，称贞观之末，为褚遂良所谮而死[10]，李义府复助之。上以问近臣，众希义府之旨，皆言其枉。给事中长安乐彦玮独曰："刘洎大臣，人主暂有不豫[11]，岂得遽自比伊、霍[12]！今雪洎之罪，谓先帝用刑不当乎！"上然其言，遂寝其事[13]。

【注释】

①鹰娑（suō 梭）川：河流名。在今新疆焉耆回族自治县西北。②陈（zhèn 振）：同"阵"，战阵。 ③被（pī 批）甲：穿着甲胄。被，通"披"。 ④恒笃城：《新唐书》作"怛笃城"。今地不详。 ⑤甿（méng 萌）黎：泛指平民。甿，同"氓"。 ⑥贻（yí 仪）：给与。刘毅（？—285）：西晋东莱掖（今山东莱州市）人，字仲雄。官至司隶校尉，尚书左仆射。以直言敢谏著名，曾面讽武帝卖官，超过东汉桓、灵。 ⑦恚（huì 卉）：恨，怒。周昌（？—前192）：西汉沛县（今属江苏）人。秦末归附刘邦，从入关破秦，任中尉。后为御史大夫，封汾阴侯。刘邦欲废太子（即惠帝），他力争不屈。 ⑧微子：西周宋国国君。子姓，纣庶兄，名启。见商将亡，向太师、少师问策，太师劝其出走。武王克殷时请降，被封于商丘（今河南商丘南）一带，国号宋。 ⑨张华（232—300）：西晋大臣。字茂先，方城（今河北固安县西南）人。晋初任中书令、散骑常侍，助武帝灭吴。惠帝时历任侍中、中书监司空。维护皇室正统，反对贾后等各派势力争夺政权。为赵王司马伦所杀。 ⑩谮（zèn 怎去声）：诬陷。 ⑪不豫：帝王有病的讳称。 ⑫伊：即商初大臣伊尹。相传他曾放逐商王太甲而自立。七年后，太甲潜回复辟，将他杀死。霍：即西汉大臣霍光（？—前68）。武帝时任奉车都尉。昭帝年幼即位，受武帝遗诏辅政，任

大司马大将军，封博陆侯。昭帝死，迎立昌邑王刘贺为帝，不久又废刘贺，迎立宣帝。前后执政二十年。　⑬寝：停止。

二年　春，正月，癸巳[①]，分哥逻禄部置阴山、大漠二都督府[②]。

闰月，壬寅，上行幸洛阳。

庚戌，以左屯卫将军苏定方为伊丽道行军总管，帅燕然都护渭南任雅相、副都护萧嗣业发回纥等兵，自北道讨西突厥沙钵罗可汗。嗣业，钜之子也。

初，右卫大将军阿史那弥射及族兄左屯卫大将军步真，皆西突厥酋长，太宗之世，帅众来降；至是，诏以弥射、步真为流沙安抚大使，自南道招集旧众。

二月，辛酉，车驾至洛阳宫。

庚午，立皇子显为周王。壬申，徙雍王素节为郇王。

三月，甲辰，以潭州都督褚遂良为桂州都督。

癸丑，以李义府兼中书令。

夏，五月，丙申，上幸明德宫避暑。上自即位，每日视事；庚子，宰相奏天下无虞，请隔日视事，许之。

秋，七月，丁亥朔，上还洛阳宫。

王玄策之破天竺也[③]，得方士那罗迩娑婆寐以归，自言有长生之术，太宗颇信之，深加礼敬，使合长生药。发使四方求奇药异石，又发使诣婆罗门诸国采药[④]。其言率皆迂诞无实，苟欲以延岁月，药竟不就，乃放还。上即位，复诣长安，又遣归。玄策时为道王友，辛亥，奏言："此婆罗门实能合长年药，自诡必成[⑤]，今遣归，可惜失之。"玄策退，上谓侍臣曰："自古安有神仙！秦始皇、汉武帝求之，疲弊生民，卒无所成。果有不死之人，今皆安在！"李勣对曰："诚如圣言。此婆罗门今兹再来，容发衰白，已改于前，何能长生！陛下遣之，内外皆喜。"娑婆寐竟死于长安。

许敬宗、李义府希皇后旨，诬奏侍中韩瑗、中书令来济与褚遂良潜谋不轨，以桂州用武之地，授遂良桂州都督，欲以为外援。八月，丁卯，瑗坐贬振州刺史，济贬台州刺史，终身不听朝觐[⑥]。又贬褚遂良为爱州刺史，荣州刺史柳奭为象州刺史。

遂良至爱州，上表自陈："往者濮王、承乾交争之际[7]，臣不顾死亡，归心陛下。时岑文本、刘洎奏称'承乾恶状已彰，身在别所，其于东宫，不可少时虚旷，请且遣濮王往居东宫。'臣又抗言固争，皆陛下所见。卒与无忌等四人共定大策。及先朝大渐[8]，独臣与无忌同受遗诏。陛下在草土之辰[9]，不胜哀恸，臣以社稷宽譬，陛下手抱臣颈。臣与无忌区处众事，咸无废阙，数日之间，内外宁谧。力小任重，动罹愆过[10]，蝼蚁余齿[11]，乞陛下哀怜。"表奏，不省。

【注释】

①癸巳：显庆二年正月无此日，当有误。　②分哥逻禄部句：胡三省注："以谋落部置阴山府，以炽俟部置大漠府，俱属北庭都护府。"　③王玄策：唐河南洛阳人。曾任右卫率府长史。贞观中多次出使印度，二十一年摩伽陀国王阿罗那顺阻其入境，他发吐蕃、泥婆罗兵，擒阿罗那顺。次年献俘长安，升任朝散大夫。天竺：印度的古称。　④婆罗门：古国名。指古印度，意为"婆罗门众之国"。　⑤自诡：引为自己的责任。⑥朝觐（jìn 近）：朝见君主或朝拜圣地。　⑦往者句：指唐太宗第四子魏王李泰与长子李承乾争夺皇位继承权之事。太宗即位，立承乾为皇太子。但承乾有足疾，魏王泰阴谋夺嫡。承乾遣人谋刺泰，未成。贞观十七年（643），承乾因谋反被废；泰亦被徙居均州，改顺阳王，后进为濮王。　⑧先朝：指唐太宗。大渐：病危。　⑨草土之辰：居丧之时。居父母之丧时要睡草垫枕土块，故称草土。　⑩罹（lí 犁）：遭遇。愆（qiān 千）：罪过。　⑪蝼蚁：蝼蛄和蚂蚁。比喻力量微薄或地位低微的人。余齿：余年，余生。

己巳，礼官奏："四郊迎气，存太微五帝之祀[1]；南郊明堂[2]，废纬书六天之义[3]。其方丘祭地之外，别有神州，亦请合为一祀[4]。"从之。

辛未，以礼部尚书许敬宗为侍中、兼度支尚书，杜正伦为兼中书令。

冬，十月，戊戌[5]，上行幸许州。乙巳，畋于滍水之南[6]。壬子，至汜水曲[7]。十二月，乙卯朔，车驾还洛阳宫。

苏定方击西突厥沙钵罗可汗，至金山北[8]，先击处木昆部，大破之,其俟斤懒独禄等帅万余帐来降[9],定方抚之,发其千骑与俱。

右领军郎将薛仁贵上言:“泥孰部素不伏贺鲁,为贺鲁所破,虏其妻子。今唐兵有破贺鲁诸部得泥孰妻子者,宜归之,仍加赐赉,使彼明知贺鲁为贼而大唐为之父母,则人致其死,不遗力矣。”上从之。泥孰喜,请从军共击贺鲁。

定方至曳咥河西[10],沙钵罗帅十姓兵且十万,来拒战。定方将唐兵及回纥万余人击之。沙钵罗轻定方兵少,直进围之。定方令步兵据南原,攒矟外向[11],自将骑兵陈于北原。沙钵罗先攻步军,三冲不动,定方引骑兵击之,沙钵罗大败,追奔三十里,斩获数万人;明日,勒兵复进。于是胡禄屋等五弩失毕悉众来降,沙钵罗独与处木昆屈律啜数百骑西走。时阿史那步真出南道,五咄陆部落闻沙钵罗败,皆诣步真降。定方乃命萧嗣业、回纥婆闰将胡兵趋邪罗斯川[12],追沙钵罗,定方与任雅相将新附之众继之。会大雪,平地二尺,军中咸请俟晴而行,定方曰:“虏恃雪深,谓我不能进,必休息士马。亟追之可及,若缓之,彼遁逃浸远,不可复追,省日兼功,在此时矣!”乃踏雪昼夜兼行,所过收其部众,至双河,与弥射、步真合,去沙钵罗所居二百里,布陈长驱,径至其牙帐[13]。沙钵罗与其徒将猎,定方掩其不备,纵兵击之,斩获数万人,得其鼓纛[14],沙钵罗与其子咥运、婿阎啜等脱走,趣石国[15]。定方于是息兵,诸部各归所居,通道路,置邮驿,掩骸骨,问疾苦,画疆埸[16],复生业,凡为沙钵罗所掠者,悉括还之,十姓安堵如故[17]。乃命萧嗣业将兵追沙钵罗,定方引军还。

沙钵罗至石国西北苏咄城,人马饥乏,遣人赍珍宝入城市马,城主伊沮达官诈以酒食出迎,诱之入,闭门执之,送于石国。萧嗣业至石国,石国人以沙钵罗授之。

乙丑,分西突厥地置濛池、昆陵二都护府[18],以阿史那弥射为左卫大将军、昆陵都护、兴昔亡可汗,押五咄陆部落;阿史那步真为右卫大将军、濛池都护、继往绝可汗,押五弩失毕部落。遣光禄卿卢承庆持节册命,仍命弥射、步真与承庆据诸姓降者,准其部落大小,位望高下,授刺史以下官。

丁卯,以洛阳宫为东都,洛州官吏员品并如雍州。

是岁，诏："自今僧尼不得受父母及尊者礼拜，所司明有法制禁断。"

以吏部侍郎刘祥道为黄门侍郎，仍知吏部选事。祥道以为："今选司取士伤滥，每年入流之数，过一千四百，杂色入流[19]，曾不铨简[20]。即日内外文武官一品至九品，凡万三千四百六十五员，约准三十年，则万三千余人略尽矣。若年别入流者五百人，足充所须之数。望有釐革[21]。"既而杜正伦亦言入流人太多。上命正伦与祥道详议，而大臣惮于改作，事遂寝。祥道，林甫之子也。

【注释】

①太微：星官名。即"太微垣"。此星官内有星10颗，以五帝座为中枢，成屏藩的形状。五帝：此处既指五帝座，又是纬书所说天上五方之帝——东方苍帝灵威仰、南方赤帝赤熛怒、中央黄帝含枢纽、西方白帝招矩、北方黑帝汁光纪。也称作"五天"。 ②南郊句：南郊祀和明堂的祭祀，是用作祭天的，南郊，即南郊大祀。帝王于每年冬至日在南郊的圜丘祭天。 ③六天：纬书虚构的六个天帝。即"五天"与天皇大帝耀魄宝，合称六天。 ④"其方丘"三句：据胡三省注，唐武德年间，冬至及孟夏雩祭皇地祇于方丘，祭神州地祇于北郊，此时合为一祀。方丘，帝王于每年夏至日祭祀地祇的方坛。 ⑤戊戌：显庆二年十月无此日。据《新纪》，作"十一月"，是。 ⑥滍（zhì 稚）水：古水名。即今河南鲁山、叶县境内的沙河。 ⑦汜（sì 四）水曲：古地名。在今河南新郑市境内。 ⑧金山：即阿尔泰山。 ⑨俟斤：突厥授予部属首领的官名。 ⑩曳咥（yè dié 业迭）河：古河名。一说，此河在新疆伊犁河东面。一说，此即新疆额尔齐斯河上游。 ⑪攒（zǎn 暂）：聚。矟（shuò 朔）：长矛，槊。 ⑫邪罗斯川：古河名。据胡三省注，此河在伊犁河西面。 ⑬牙帐：主帅所居之帷帐，竖牙旗于帐前，故称牙帐。 ⑭纛（dào 到）：古代军中大旗。 ⑮石国：古国名。故地在今乌兹别克斯坦塔什干一带。 ⑯埸（yì 义）：边界。 ⑰安堵：安居。 ⑱濛池都护府：在碎叶川西面。碎叶川即今哈萨克斯坦楚河。昆陵都护府：在碎叶川东面。 ⑲杂色：指士流以外出身的人。 ⑳铨简：选拔，选择（人才）。 ㉑釐革：整治，变革。

三年 春，正月，戊子，长孙无忌等上所修新礼；诏中外行之。先是，议者谓贞观礼节文未备，故命无忌等修之。时许敬宗、李义

唐十二生肖陶俑

府用事,所损益多希旨,学者非之。太常博士萧楚材等以为豫备凶事,非臣子所宜言;敬宗、义府深然之,遂焚《国恤》一篇,由是凶礼遂阙。

初,龟兹王布失毕妻阿史那氏与其相那利私通[1],布失毕不能禁,由是君臣猜阻[2],各有党与[3],互来告难。上两召之,既至,囚那利,遣左领军郎将雷文成送布失毕归国。至龟兹东境泥师城,龟兹大将羯猎颠发众拒之,仍遣使降于西突厥沙钵罗可汗。布失毕据城自守,不敢进。诏左屯卫大将军杨胄发兵讨之。会布失毕病卒,胄与羯猎颠战,大破之,擒羯猎颠及其党,尽诛之,乃以其地为龟兹都督府。戊申,立布失毕之子素稽为龟兹王兼都督。

二月,丁巳,上发东都;甲戌,至京师。

夏,五月,癸未,徙安西都护府于龟兹,以旧安西复为西州都督府,镇高昌故地[4]。

六月,营州都督兼东夷都护程名振、右领军中郎将薛仁贵将兵攻高丽之赤烽镇,拔之,斩首四百余级,捕虏百余人。高丽遣其大将豆方娄帅众三万拒之,名振以契丹逆击,大破之,斩首二千五百级。

秋,八月,甲寅,播罗哀獠酋长多胡桑等帅众内附[5]。

冬，十月，庚申，吐蕃赞普来请婚[⑥]。

中书令李义府有宠于上，诸子孩抱者并列清贵。而义府贪冒无厌[⑦]，母、妻及诸子、女婿，卖官鬻狱，其门如市，多树朋党，倾动朝野。中书令杜正伦每以先进自处，义府恃恩，不为之下，由是有隙，与义府讼于上前。上以大臣不和，两责之。十一月，乙酉，贬正伦横州刺史[⑧]，义府普州刺史[⑨]。正伦寻卒于横州。

阿史那贺鲁既被擒，谓萧嗣业曰："我本亡虏，为先帝所存，先帝遇我厚而我负之，今日之败，天所怒也。吾闻中国刑人必于市，愿刑我于昭陵之前以谢先帝。"上闻而怜之。贺鲁至京师，甲午，献于昭陵。敕免其死，分其种落为六都督府，其所役属诸国皆置州府，西尽波斯，并隶安西都护府。贺鲁寻死，葬于颉利墓侧。

戊戌，以许敬宗为中书令，大理卿辛茂将为兼侍中。

开府仪同三司鄂忠武公尉迟敬德薨。敬德晚年闲居，学延年术，修饰池台，奏清商乐以自奉养[⑩]，不交通宾客，凡十六年，年七十四，以病终，朝廷恩礼甚厚。

是岁，爱州刺史褚遂良卒。

雍州司士许祎与来济善，侍御史张伦与李义府有怨，吏部尚书唐临奏以祎为江南道巡察使，伦为剑南道巡察使。是时义府虽在外，皇后常保护之。以临为挟私选授[⑪]。

【注释】

①龟（qiū 丘）兹：古西域城国名。在今新疆库车一带。　②猜阻：猜疑。　③党与：同党的人。　④高昌：古城国名。辖地在今新疆吐鲁番盆地一带。　⑤播罗哀：据胡三省注，为罗窦少数民族部落的名称。罗窦，洞名，在今广东信宜市南。獠：古代对仡佬族先民的侮辱性称谓。　⑥吐蕃（bō 波）：古代藏族政权名。公元七世纪至九世纪时在青藏高原建立。赞普：吐蕃君长的称号。　⑦贪冒：贪图财利。　⑧横州：州名。贞观八年（634）改南简州而置。治所在宁浦（今广西横州市南）。　⑨普州：州名。武德二年（619）复置。故治即今四川安岳县。　⑩清商：六朝以后，中原旧曲及江南吴歌、荆楚四声，统称清商。　⑪以临句：李义府已贬为普州刺史，正为剑南巡察使所管辖，故唐临选授官职挟带私情。

尉迟敬德墓志铭拓片

四年 春，二月，乙丑，免临官。

三月，壬午，西突厥兴昔亡可汗与真珠叶护战于双河[1]，斩真珠叶护。

夏，四月，丙辰，以于志宁为太子太师、同中书门下三品；乙丑，以黄门侍郎许圉师参知政事。

武后以太尉赵公长孙无忌受重赐而不助己，深怨之。及议废王后，燕公于志宁中立不言，武后亦不悦。许敬宗屡以利害说无忌，无忌每面折之，敬宗亦怨。武后既立，无忌内不自安，后令敬宗伺其隙而陷之。

会洛阳人李奉节告太子洗马韦季方、监察御史李巢朋党事[2]，敕敬宗与辛茂将鞫之。敬宗按之急，季方自刺，不死，敬宗因诬奏季方欲与无忌构陷忠臣近戚[3]，使权归无忌，伺隙谋反，今事觉，故自杀。上惊曰："岂有此邪！舅为小人所间，小生疑阻则有之，何至于反！"敬宗曰："臣始末推究，反状已露，陛下犹以为疑，恐非社稷之福。"上泣曰："我家不幸，亲戚间屡有异志，往年高阳公主与房遗爱谋反，今元舅复然，使朕惭见天下之人。兹事若实，如之何？"对曰："遗爱乳臭儿，与一女子谋反，势何所成！无忌与先帝谋取天下，天下服其智；为宰相三十年，天下畏其威；若一旦窃发，陛下遣谁当之？今赖宗庙之灵，皇天疾恶，因按小事，乃得大奸，实天下之庆也。臣窃恐无忌知季方自刺，窘急发谋，攘袂一呼[4]，同恶云集，必为宗庙之忧。臣昔见宇文化及父述为炀帝所亲任，结以婚姻，委以朝政；述卒，化及复典禁兵，一夕于江都作乱，先杀不附己者，臣家亦预其祸[5]，于是大臣苏威、裴矩之徒，皆舞蹈马首，唯恐不及，黎明遂倾隋室。前事不远，愿陛下速决之！"上命敬宗更加审察。明日，敬宗复奏曰："昨夜季方已承与无忌同反，臣又问季方：'无忌与国至亲，累朝宠任，何恨而反？'季方答云：'韩瑗尝语无忌云：柳奭、褚遂良劝公立梁王为太子，今梁王既废，上亦疑公，故出高履行于外⑥。自此无忌忧恐，渐为自安之计。后见长孙祥又出，韩瑗得罪，日夜与季方等谋反。'臣参验辞状，咸相符合，请收捕准法。"上又泣曰："舅若果尔，朕决不忍杀之，天下将谓朕何！后世将谓朕何！"敬宗对曰："薄昭，汉文帝之舅也，文帝从代来，昭亦有功，所坐止于杀人，文帝遣百官素服哭而杀之，至今天下以文帝为明主。今无忌忘两朝之大恩，谋移社稷，其罪与薄昭不可同年而语也。幸而奸状自发，逆徒引服，陛下何疑，犹不早决！古人有言：'当断不断，反受其乱。'安危之机，间不容发。无忌今之奸雄，王莽、司马懿之流也；陛下少更迁延，臣恐变生肘腋，悔无及矣！"上以为然，竟不引问无忌。戊辰，下诏削无忌太尉及封邑，以为扬州都督，于黔州安置，准一品供给。祥，无忌之从父兄子也，前此自工部尚书出为荆州长史，故敬宗以此诬之。

敬宗又奏："无忌谋逆，由褚遂良、柳奭、韩瑗构扇而成；奭潜通宫掖，谋行鸩毒，于志宁亦党附无忌。"于是诏追削遂良官爵，除奭、瑗名，免志宁官。遣使发道次兵援送无忌诣黔州。无忌子秘书监驸马都尉冲等皆除名⑦，流岭表⑧。遂良子彦甫、彦冲流爱州，于道杀之。益州长史高履行累贬洪州都督。

【注释】

①双河：在今新疆境内。具体位置不详。　②洗马：官名。汉沿秦置，为太子宫属。晋以后其职事为掌图籍。　③构陷：设谋陷害，使人获罪。　④攘袂（mèi 妹）：揎袖捋臂，振奋的样子。袂，衣袖。　⑤臣家句：许敬宗父善心被宇文化及所害。　⑥"故出"句：前一年长孙无忌舅舅之子高履行被贬为益州长史。　⑦驸马都尉冲：长孙冲娶太宗女长乐公主。　⑧岭表：即岭南。五岭以南之地。

五月，丙申，兵部尚书任雅相、度支尚书卢承庆并参知政事。承庆，思道之孙也。

凉州刺史赵持满，多力善射，喜任侠，其从母为韩瑗妻，其舅驸马都尉长孙铨，无忌之族弟也，铨坐无忌，流巂州。许敬宗恐持满作难，诬云无忌同反，驿召至京师，下狱，讯掠备至，终无异辞，曰："身可杀也，辞不可更！"吏无如之何，乃代为狱辞结奏。戊戌，诛之，尸于城西，亲戚莫敢视。友人王方翼叹曰："栾布哭彭越[①]，义也；文王葬枯骨[②]，仁也。下不失义，上不失仁，不亦可乎！"乃收而葬之。上闻之，不罪也。方翼，废后之从祖兄也。长孙铨至流所，县令希旨杖杀之。

六月，丁卯，诏改《氏族志》为《姓氏录》。

初，太宗命高士廉等修《氏族志》，升降去取，时称允当。至是，许敬宗等以其书不叙武氏本望，奏请改之，乃命礼部郎中孔志约等比类升降，以后族为第一等，其余悉以仕唐官品高下为准，凡九等。于是士卒以军功致位五品，豫士流，时人谓之"勋格"。

许敬宗议封禅仪[③]，己巳，奏："请以高祖、太宗俱配昊天上帝，太穆、文德二皇后俱配皇地祇。"从之。

秋，七月，命御史往高州追长孙恩，象州追柳奭，振州追韩瑗，并枷锁诣京师，仍命州县簿录其家。恩，无忌之族弟也。

壬寅，命李勣、许敬宗、辛茂将与任雅相、卢承庆更共覆按无忌事。许敬宗又遣中书舍人袁公瑜等诣黔州，再鞫无忌反状，至则逼无忌令自缢。诏柳奭、韩瑗所至斩决。使者杀柳奭于象州。韩瑗已死，发验而还。籍没三家，近亲皆流岭南为奴婢。常州刺史长孙祥坐与无忌通书，处绞。长孙恩流檀州[④]。

八月，壬子，以普州刺史李义府兼吏部尚书、同中书门下三品。义府既贵，自言本出赵郡，与诸李叙昭穆[⑤]；无赖之徒藉其权势，拜伏为兄叔者甚众。给事中李崇德初与同谱，及义府出为普州，即除之。义府闻而衔之[⑥]，及复为相，使人诬构其罪，下狱，自杀。

【注释】

①栾布句：西汉初，彭越为梁王，任命栾布为梁大夫。二人相友善。汉高祖杀彭越，栾布奉使自齐还，哭祭彭越，为吏所捕。高祖释栾布，任为都尉。　②"文王"句：据汉刘向《新序·杂事第五》，周文王修筑灵台的水池，掘地得死人骨。文王令吏以衣棺敛葬，天下皆称颂文王的仁义

泽及枯骨。 ③封禅：帝王登泰山筑坛祭天为“封”，在山南梁父山上辟基祭地为“禅”。 ④檀州：州名。隋开皇十六年(596)分幽州置，治所在燕乐(今北京密云区东北)。唐移治密云。 ⑤昭穆：古代宗法制度，宗庙次序，始祖庙居中，以下父子(祖、父)递为昭穆，左为昭，右为穆。于是，坟地的葬位左右次序，以及祭祀时子孙的行礼位置，也按此种规定排列，昭穆也就成为一般宗族辈分的泛称。 ⑥衔：存在心里，记恨在心。

乙卯，长孙氏、柳氏缘无忌、奭贬降者十三人。高履行贬永州刺史。于志宁贬荣州刺史，于氏贬者九人。自是政归中宫矣[①]。

九月，诏以石、米、史、大安、小安、曹、拔汗那、悒怛、疏勒、朱驹半等国置州县府百二十七[②]。

冬，十月，丙午，太子加元服[③]，赦天下。

初，太宗疾山东士人自矜门地[④]，婚姻多责资财，命修《氏族志》例降一等；王妃、主婿皆取勋臣家，不议山东之族。而魏征、房玄龄、李勣家皆盛与为婚，常左右之[⑤]，由是旧望不减；或一姓之中，更分某房某眷，高下悬隔。李义府为其子求婚不获，恨之，故以先帝之旨，劝上矫其弊。壬戌，诏后魏陇西李宝、太原王琼、荥阳郑温、范阳卢子迁、卢浑、卢辅、清河崔宗伯、崔元孙、前燕博陵崔懿、晋赵郡李楷等子孙，不得自为婚姻，仍定天下嫁女受财之数，毋得受陪门财[⑥]。然族望为时所尚，终不能禁，或载女窃送夫家，或女老不嫁，终不与异姓为婚。其衰宗落谱，昭穆所不齿者，往往反自称禁婚家，益增厚价。

闰月，戊寅，上发京师，令太子监国。太子思慕不已，上闻之，遽召赴行在[⑦]。戊戌，车驾至东都。

十一月，丙午，以许圉师为散骑常侍、检校侍中[⑧]。

戊午，侍中兼左庶子辛茂将薨。

思结俟斤都曼帅疏勒、朱俱波、谒般陀三国反[⑨]，击破于阗[⑩]。癸亥，以左骁卫大将军苏定方为安抚大使以讨之。

以卢承庆同中书门下三品。

右领军中郎将薛仁贵等与高丽将温沙门战于横山[⑪]，破之。

苏定方军至业叶水[12]，思结保马头川[13]。定方选精兵万人、骑三千匹驰往袭之，一日一夜行三百里，诘旦[14]，至城下，都曼大惊。战于城外，都曼败，退保其城。及暮，诸军继至，遂围之，都曼惧而出降。

【注释】

①中宫:皇后的住处，别于东西二宫。此用作皇后的代称。 ②米:古国名。故地在今乌兹别克斯坦撒马尔罕的西南方。史:古国名。故地在今乌兹别克斯坦撒马尔罕的南方。大安:古国名。又称布豁、捕喝。故地在今乌兹别克斯坦布哈拉一带，小安:古国名。在大安之东，又称东安，喝汗。故地在今乌兹别克斯坦布哈拉附近。曹:古国名。故地在今乌兹别克斯坦撒马尔罕的北方和东北方一带。拔汗那:古国名。又称破洛那。故地在今乌兹别克斯坦费尔干纳盆地。怛怛(dá 达):古国名。又称吠哒、挹阗。故地在西域，建都拔底延城(在今阿富汗北部)。疏勒:西域古国名。故治在今新疆喀什。朱驹半:西域古国名。亦称朱俱波、朱驹波。故地在今新疆叶城一带。 ③元服:冠冕、帽子。 ④门地:门第。 ⑤左右:支配，辅翼。 ⑥陪门财:胡三省注:"陪门财者，女家门望未高，而议姻之家非耦，令其纳财以陪门望。" ⑦行在:帝王外出所到之地。 ⑧检校:加官名，又称散官，仅有其名，无实职。 ⑨谒般陀:西域古国名。亦称喝盘陀。故地在今新疆塔什库尔干一带。 ⑩于阗(tián 田)，西域古国名。故地在今新疆和田一带。 ⑪横山:即华表山。在今辽宁辽阳。 ⑫业叶水:河名。在今新疆轮台西三百里。 ⑬马头川:河名和古城名。约在今新疆阿克苏附近。 ⑭诘旦:明晨，明日。

五年 春，正月，定方献俘于乾阳殿。法司请诛都曼，定方请曰:"臣许以不死，故都曼出降，愿匄其余生。"上曰:"朕屈法以全卿之信。"乃免之。

甲子，上发东都;二月，辛巳，至并州。三月，丙午，皇后宴亲戚故旧邻里于朝堂[1]，妇人于内殿，班赐有差。诏:"并州妇人年八十以上，皆版授郡君[2]。"

百济恃高丽之援，数侵新罗;新罗王春秋上表求救。辛亥，以左武卫大将军苏定方为神丘道行军大总管，帅左骁卫将军刘伯英等水陆十万以伐百济。以春秋为嵎夷道行军总管，将新罗之众，与之合势。

夏，四月，戊寅[3]，上发并州；癸巳，至东都。五月，作合璧宫。壬戌，上幸合璧宫。

戊辰，以定襄都督阿史德枢宾、左武候将军延陀梯真、居延州都督李合珠并为冷岍道行军总管，各将所部兵以讨叛奚[4]，仍命尚书右丞崔余庆充使总护三部兵，奚寻遣使降。更以枢宾等为沙砖道行军总管，以讨契丹，擒契丹松漠都督阿卜固送东都。

六月，庚午朔，日有食之。

甲午，车驾还洛阳宫。

房州刺史梁王忠，年浸长，颇不自安，或私衣妇人服以备刺客；又数自占吉凶。或告其事，秋，七月，乙巳，废忠为庶人，徙黔州，囚于承乾故宅。

丁卯，度支尚书、同中书门下三品卢承庆坐科调失所免官[5]。

八月，吐蕃禄东赞遣其子起政将兵击吐谷浑[6]，以吐谷浑内附故也。

苏定方引军自成山济海[7]，百济据熊津江口以拒之。定方进击破之，百济死者数千人，余皆溃走。定方水陆齐进，直趣其都城。未至二十余里，百济倾国来战，大破之，杀万余人，追奔，入其郭。百济王义慈及太子隆逃于北境，定方进围其城；义慈次子泰自立为王，帅众固守。隆子文思曰："王与太子皆在，而叔遽拥兵自王，借使能却唐兵，我父子必不全矣。"遂帅左右逾城来降，百姓皆从之，泰不能止。定方命军士登城立帜，泰窘迫，开门请命。于是义慈、隆及诸城主皆降。百济故有五部，分统三十七郡、二百城、七十六万户，诏以其地置熊津等五都督府[8]，以其酋长为都督、刺史。

壬午，左武卫大将军郑仁泰将兵讨思结、拔也固、仆骨、同罗四部，三战皆捷，追奔百余里，斩其酋长而还。

冬，十月，上初苦风眩头重，目不能视，百司奏事，上或使皇后决之。后性明敏，涉猎文史，处事皆称旨。由是始委以政事，权与人主侔矣。

十一月，戊戌朔，上御则天门楼，受百济俘，自其王义慈以下皆释之。苏定方前后灭三国，皆生擒其主⑨。赦天下。

甲寅，上幸许州⑩。十二月，辛未，畋于长社⑪。己卯，还东都。

壬午，以左骁卫大将军契苾何力为浿江道行军大总管，左武卫大将军苏定方为辽东道行军大总管，左骁卫将军刘伯英为平壤道行军大总管，蒲州刺史程名振为镂方道总管，将兵分道击高丽。青州刺史刘仁轨坐督海运覆船，以白衣从军自效⑫。

【注释】

①朝堂：古代君王召集百官治事的地方。国家有大事，皆于朝堂会议。　②版授：虚授官职或封衔，非实授。　③丙寅：显庆五年四月无此日。据《旧纪》，当作"戊寅"。　④奚：古族名。南北朝时称库莫奚，分布在饶乐水（今内蒙古西拉木伦河）流域，游牧为生。隋唐时称奚。后附辽，与契丹人相融合。　⑤科调：摊派。多指临时性增加的租税。⑥禄东赞（？—667）：唐时吐蕃人。藏文献称噶东赞宇松。先后辅佐松赞及芒论芒赞两赞普，为吐蕃大论，执掌军政大权。吐谷（yú 余）浑：古族名，原为鲜卑的一支，游牧于今辽宁凌海市西北。西晋末迁至今青海、甘肃间，从事游牧，用汉文。唐代后期，部族分散。　⑦成山：即成山头。在山东半岛最东端。　⑧诏以句：五都督府名为熊津、马韩、东明、金连、德安。　⑨其主：指贺鲁、都曼，义慈。　⑩许州：州名。北周大定元年（581）改郑州置。唐代辖境相当于今河南长葛、鄢陵，扶沟、临颍、舞阳间地。　⑪畋（tián）：打猎。长社：古县名。西汉置。隋初改为颍川，唐初复名长社，故治在今河南许昌市。　⑫白衣：古代平民穿白衣，因以称无功名者。

龙朔元年　春，正月，乙卯，募河南北、淮南六十七州兵，得四万四千余人，诣平壤、镂方行营。戊午，以鸿胪卿萧嗣业为扶馀道行军总管①，帅回纥等诸部兵诣平壤。

二月，乙未晦，改元。

三月，丙申朔，上与群臣及外夷宴于洛城门，观屯营新教之舞，谓之《一戎大定乐》。时上欲亲征高丽，以象用武之势也。

初，苏定方既平百济，留郎将刘仁愿镇守百济府城，又以左卫中郎将王文度为熊津都督，抚其余众。文度济海而卒，百济僧道琛、故将福信聚众据周留城，迎故王子丰于倭国而立之，引兵围仁愿于府城。诏起刘仁轨检校带方州刺史，将王文度之众，便道发新罗兵以救仁愿。仁轨喜曰："天将富贵此翁矣！"于州司请《唐历》及庙讳以行[2]，曰："吾欲扫平东夷，颁大唐正朔于海表！"仁轨御军严整，转斗而前，所向皆下。百济立两栅于熊津江口，仁轨与新罗兵合击，破之，杀溺死者万余人。道琛等乃释府城之围，退保任存城；新罗粮尽，引还，道琛自称领军将军，福信自称霜岑将军，招集徒众，其势益张。仁轨众少，与仁愿合军，休息士卒。上诏新罗出兵，新罗王春秋奉诏，遣其将金钦将兵救仁轨等，至古泗，福信邀击，败之。钦自葛岭道遁还新罗，不敢复出。福信寻杀道琛，专总国兵。

夏，四月，丁卯，上幸合璧宫。

庚辰，以任雅相为浿江道行军总管，契苾何力为辽东道行军总管，苏定方为平壤道行军总管，与萧嗣业及诸胡兵凡三十五军，水陆分道并进。上欲自将大军继之；癸巳，皇后抗表谏亲征高丽；诏从之。

六月，癸未，以吐火罗、哌哒、罽宾、波斯等十六国置都督府八[3]，州七十六，县一百一十，军府一百二十六，并隶安西都护府。

秋，七月，甲戌[4]，苏定方破高丽于浿江，屡战皆捷，遂围平壤城。

九月，癸巳朔，特进新罗王春秋卒；以其子法敏为乐浪郡王、新罗王。

壬子，徙潞王贤为沛王。贤闻王勃善属文，召为修撰。勃，通之孙也。时诸王斗鸡，勃戏为《檄周

唐绿釉辟雍砚

王鸡文》。上见之,怒曰:"此乃交构之渐。"斥勃出沛府。

高丽盖苏文遣其子男生以精兵数万守鸭绿水,诸军不得度。契苾何力至,值冰大合,何力引众乘冰渡水,鼓噪而进,高丽大溃,追奔数十里,斩首三万级,余众悉降,男生仅以身免。会有诏班师,乃还。

冬,十月,丁卯,上畋于陆浑[5];戊申,又畋于非山;癸酉,还宫。

回纥酋长婆闰卒[6],侄比粟毒代领其众,与同罗、仆固犯边,诏左武卫大将军郑仁泰为铁勒道行军大总管,燕然都护刘审礼、左武卫将军薛仁贵为副,鸿胪卿萧嗣业为仙萼道行军总管,右屯卫将军孙仁师为副,将兵讨之。审礼,德威之子也。

【注释】

①鸿胪卿:官名。鸿胪寺官署的主官,掌朝拜祭祀礼仪之赞导。唐代一度改为司宾寺,旋复旧。 ②于州司句:胡三省注:"按刘仁轨自青州刺史白衣从军,此盖于青州州司请之也。" ③吐火罗:中亚细亚古国。故地在兴都库什山与阿姆河上游之间(今阿富汗北部)。8 世纪为阿拉伯人所并。哌哒(yàdá 亚达):西域古国。即悒怛。罽(jì 计)宾:西域古国。所辖地域因时代而异。隋唐两代位于今阿富汗东北一带。 ④甲戌:龙朔元年(661)七月无此日,当有误。 ⑤陆浑:古县名。治所在今河南嵩县东北。五代并入伊阳。 ⑥回纥:古族名。又作回鹘。维吾尔的古称。

二年 春,正月,辛亥,立波斯都督卑路斯为波斯王。

二月,甲子,改百官名:以门下省为东台,中书省为西台,尚书省为中台;侍中为左相,中书令为右相,仆射为匡政,左、右丞为肃机,尚书为太常伯,侍郎为少常伯;其余二十四司、御史台、九寺、七监、十六卫,并以义训更其名,而职任如故。

甲戌,浿江道大总管任雅相薨于军。雅相为将,未尝奏亲戚故吏从军,皆移所司补授,谓人曰:"官无大小,皆国家公器,岂可苟便其私!"由是军中赏罚皆平,人服其公。

戊寅,左骁卫将军白州刺史沃沮道总管庞孝泰与高丽战于蛇水之上,军败,与其子十三人皆战死。苏定方围平壤久不下,会大雪，解围而还。

三月，郑仁泰等败铁勒于天山。

铁勒九姓闻唐兵将至，合众十余万以拒之，选骁健者数十人挑战，薛仁贵发三矢，杀三人，余皆下马请降。仁贵悉坑之，度碛北，击其余众，获叶护兄弟三人而还。军中歌之曰："将军三箭定天山，壮士长歌入汉关。"

思结、多滥葛等部落先保天山，闻仁泰等将至，皆迎降；仁泰等纵兵击之，掠其家以赏军。虏相帅远遁，将军杨志追之，为虏所败。候骑告仁泰："虏辎重在近，往可取也。"仁泰将轻骑万四千，倍道赴之，遂逾大碛[1]，至仙萼河[2]，不见虏，粮尽而还。值大雪，士卒饥冻，弃捐甲兵，杀马食之，马尽，人自相食，比入塞，余兵才八百人。

军还，司宪大夫杨德裔劾奏[3]："仁泰等诛杀已降，使虏逃散，不抚士卒，不计资粮，遂使骸骨蔽野，弃甲资寇。自圣朝开创以来，未有如今日之丧败者。仁贵于所监临，贪淫自恣，虽矜所得，不补所丧。并请付法司推科。"诏以功赎罪，皆释之。

以右骁卫大将军契苾何力为铁勒道安抚使，左卫将军姜恪副之，以安辑其余众。何力简精骑五百，驰入九姓中，虏大惊，何力乃谓曰："国家知汝皆胁从，赦汝之罪，罪在酋长，得之则已。"其部落大喜，共执其叶护及设、特勒等二百余人以授何力，何力数其罪而斩之，九姓遂定。

甲午，车驾发东都；辛亥，幸蒲州；夏，四月，庚申朔，至京师。

辛巳，作蓬莱宫。

五月，丙申，以许圉师为左相。

六月，乙丑，初令僧、尼、道士、女官致敬父母。

秋，七月，戊子朔，赦天下。

丁巳，熊津都督刘仁愿、带方州刺史刘仁轨大破百济于熊津之东，拔真岘城。

初，仁愿、仁轨等屯熊津城，上与之敕书，以"平壤军回，一城不可独固，宜拔就新罗。若金法敏藉卿留镇，宜且停彼；若其不须，即宜泛海还也。"将士咸欲西归。仁轨曰："人臣徇公家之利，有死无贰,岂得先念其私!主上欲灭高丽,故先诛百济,留兵守之,制其心腹;虽余寇充斥而守备甚严,宜砺兵秣马,击其不意,理无不克。既捷之后,士卒心安,然后分兵据险,开张形势,飞表以闻,更求益兵。朝廷知其有成,必命将出师,声援才接,凶丑自歼。非直不弃成功,实亦永清海表。今平壤之军既还,熊津又拔,则百济余烬,不日更兴,高丽逋寇,何时可灭!且今以一城之地居敌中央,苟或动足,即为擒虏,纵入新罗,亦为羁客[4],脱不如意[5],悔不可追。况福信凶悖残虐,君臣猜离,行相屠戮;正宜坚守观变,乘便取之,不可动也。"众从之。时百济王丰与福信等以仁愿等孤城无援,遣使谓之曰:"大使等何时西还,当遣相送。"仁愿、仁轨知其无备,忽出击之,拔其支罗城及尹城、大山、沙井等栅,杀获甚众,分兵守之。福信等以真岘城险要,加兵守之。仁轨伺其稍懈,引新罗兵夜傅城下[6],攀草而上,比明,入据其城,遂通新罗运粮之路。仁愿乃奏请益兵,诏发淄、青、莱、海之兵七千人以赴熊津。

福信专权,与百济王丰浸相猜忌[7]。福信称疾,卧于窟室,欲俟丰问疾而杀之。丰知之,帅亲信袭杀福信;遣使诣高丽、倭国乞师以拒唐兵。

【注释】

①碛(qì 弃):沙漠。 ②仙萼河:即今蒙古色楞格河。 ③司宪大夫:官名。即御史中丞,御史大夫的佐官。唐代往往代行御史大夫之职,专掌监察、执法。 ④羁(jī 基)客:寄居作客。 ⑤脱:倘若,万一。 ⑥傅:靠近。 ⑦浸:逐渐。

资治通鉴卷第二百一

唐纪十七　起玄黓阉茂八月，尽上章困敦牂，凡八年有奇。

高宗天皇大圣大弘孝皇帝中之上

龙朔二年　八月，壬寅，以许敬宗为太子少师、同东西台三品、知西台事。

九月，戊寅，初令八品、九品衣碧。

冬，十月，丁酉，上幸骊山温汤，太子监国；丁未，还宫。

庚戌，西台侍郎陕人上官仪同东西台三品。

癸丑，诏以四年正月有事于泰山，仍以来年二月幸东都。

左相许圉师之子奉辇直长自然[①]，游猎犯人田，田主怒，自然以鸣镝射之。圉师杖自然一百而不以闻。田主诣司宪讼之[②]，司宪大夫杨德裔不为治。西台舍人袁公瑜遣人易姓名上封事告之[③]，上曰："圉师为宰相，侵陵百姓，匿而不言，岂非作威作福！"圉师谢曰："臣备位枢轴[④]，以直道事陛下，不能悉允众心，故为人所攻讦。至于作威福者，或手握强兵，或身居重镇；臣以文吏，奉事圣明，惟知闭门自守，何敢作威福！"上怒曰："汝恨无兵邪！"许敬宗曰："人臣如此，罪不容诛。"遽令引出。诏特免官。

癸酉[⑤]，立皇子旭轮为殷王。

十二月，戊申，诏以方讨高丽、百济，河北之民，劳于征役，其封泰山、幸东都并停。

㕍海道总管苏海政受诏讨龟兹，敕兴昔亡、继往绝二可汗发兵与之俱。至兴昔亡之境，继往绝素与兴昔亡有怨，密谓海政曰："弥射谋反，请诛之。"时海政兵才数千，集军吏谋曰："弥射若反，我辈无噍类[6]，不如先事诛之。"乃矫称敕[7]，令大总管赍帛数万段赐可汗及诸酋长，兴昔亡帅其徒受赐，海政悉收斩之。其鼠尼施、拔塞干两部亡走，海政与继往绝追讨，平之。军还，至疏勒南，弓月部复引吐蕃之众来，欲与唐兵战；海政以师老不敢战[8]，以军资赂吐蕃，约和而还。由是诸部落皆以兴昔亡为冤，各有离心。继往绝寻卒，十姓无主，有阿史那都支及李遮匐收其余众附于吐蕃。

是岁，西突厥寇庭州[9]，刺史来济将兵拒之，谓其众曰："吾久当死，幸蒙存全以至今日，当以身报国。"遂不释甲胄，赴敌而死。

【注释】

①奉辇直长：官名，即尚辇直长。是殿中六局直长之一。龙朔间改尚辇局为奉辇局，掌乘舆。直长为正七品官员。 ②司宪：官署名，即御史台。掌监察执法。 ③封事：古代臣下上书奏事，为防泄漏，用袋封缄，称为封事。 ④备位：谦词，谓聊以充数，徒占其位。枢轴，机关运转的中轴。比喻朝廷的机要部门。 ⑤癸酉：龙朔二年十月无此日。据新旧《唐书》本纪所载，均为十一月癸酉。原文漏"十一月"三字。 ⑥噍(jiào 醮)类：原谓能饮食的动物，特指活着的人。 ⑦矫：假托。 ⑧师老：军队疲怠。 ⑨庭州：唐贞观中进攻高昌，西突厥来降，以其地置庭州。治所在今新疆乌鲁木齐。

三年 春，正月，左武卫将军郑仁泰讨铁勒叛者余种，悉平之。

乙酉[1]，以李义府为右相，仍知选事。

二月，徙燕然都护府于回纥，更名瀚海都护；徙故瀚海都护于云中古城[2]，更名云中都护。以碛为境，碛北州府皆隶瀚海，碛南隶云中。

三月，许圉师再贬虔州刺史，杨德裔以阿党流庭州，圉师子文思、自然并免官。

右相河间郡公李义府典选，恃中宫之势，专以卖官为事，铨综无次，怨讟盈路[3]，上颇闻之，从容谓义府曰："卿子及婿颇不谨，多为非法，我尚为卿掩覆，卿宜戒之！"义府勃然变色，颈、颊俱张，曰："谁告陛下？"上曰："但我言如是，何必就我索其所从得邪！"义府殊不引咎，缓步而去。上由是不悦。

望气者杜元纪谓义府所居第有狱气，宜积钱二十万缗以厌之[④]，义府信之，聚敛尤急。义府居母丧，朔望给哭假，辄微服与元纪出城东，登古冢，候望气色，或告义府窥觇灾眚[⑤]，阴有异图。又遣其子右司议郎津召长孙无忌之孙延，受其钱七百缗，除延司津监，右金吾仓曹参军杨行颖告之。夏，四月，乙丑[⑥]，下义府狱，遣司刑太常伯刘祥道与御史、详刑共鞫之[⑦]，仍命司空李勣监焉。事皆有实。戊子，诏义府除名，流巂州；津除名，流振州；诸子及婿并除名，流庭州。朝野莫不称庆。

或作河间道行军元帅刘祥道破铜山大贼李义府露布[⑧]，牓之通衢[⑨]。义府多取人奴婢，及败，各散归其家，故其露布云："混奴婢而乱放，各识家而竞入。"

乙未，置鸡林大都督府于新罗国，以金法敏为之。

丙午，蓬莱宫含元殿成，上始移仗居之，更命故宫曰西内。戊申，始御紫宸殿听政。

五月，壬午，柳州蛮酋吴君解反；遣冀州长史刘伯英、右武卫将军冯士翙发岭南兵讨之。

【注释】

①乙酉：龙朔三年正月无此日。查新旧《唐书》本纪，均作"乙丑"，是。原文误。　②云中古城：故址在今山西大同。　③讟（dú 毒）：怨言。　④缗（mín 民）：成串的钱，一千文为一缗。　⑤灾眚（shěng 省）：灾难。　⑥乙丑：龙朔三年四月无此日，当有误。　⑦司刑太常伯：即刑部尚书。详刑：即大理。大理寺的长官，掌刑法。　⑧露布：不缄封的文书，用于檄文、捷报或其他紧急文书。　⑨牓（bǎng 绑）：张贴告示。

吐蕃与吐谷浑互相攻，各遣使上表论曲直，更来求援；上皆不许。

吐谷浑之臣素和贵有罪，逃奔吐蕃，具言吐谷浑虚实。吐蕃发兵击吐谷浑，大破之，吐谷浑可汗曷钵与弘化公主帅数千帐弃

禄东赞像

国走依凉州[①],请徙居内地。上以凉州都督郑仁泰为青海道行军大总管,帅右武卫将军独孤卿云、辛文陵等分屯凉、鄯二州[②],以备吐蕃。六月,戊申,又以左武卫大将军苏定方为安集大使,节度诸军,为吐谷浑之援。

吐蕃禄东赞屯青海,遣使者论仲琮入见,表陈吐谷浑之罪,且请和亲。上不许,遣左卫郎将刘文祥使于吐蕃,降玺书责让之。

秋,八月,戊申,上以海东累岁用兵,百姓困于征调,士卒战溺死者甚众,诏罢三十六州所造船,遣司元太常伯窦德玄等分诣十道[③],问人疾苦,黜陟官吏。德玄,毅之曾孙也。

九月,戊午,熊津道行军总管、右威卫将军孙仁师等破百济余众及倭兵于白江,拔其周留城。

初,刘仁愿、刘仁轨既克真岘城,诏孙仁师将兵,浮海助之。百济王丰南引倭人以拒唐兵。仁师与仁愿、仁轨合兵,势大振。诸将以加林城水陆之冲,欲先攻之,仁轨曰:“加林险固,急攻则伤士卒,缓之则旷日持久。周留城,虏之巢穴,群凶所聚,除恶务本,宜先攻之,若克周留,诸城自下。”于是仁师、仁愿与新罗王法敏将陆军以进,仁轨与别将杜爽、扶馀隆将水军及粮船自熊津入白江,以会陆军,同趣周留城。遇倭兵于白江口,四战皆捷,焚其舟四百艘,烟炎灼天[④],海水皆赤。百济王丰脱身奔高丽,王子忠胜、忠志等帅众降,百济尽平,唯别帅迟受信据任存城,不下。

初,百济西部人黑齿常之,长七尺余,骁勇有谋略,仕百济为达率兼郡将,犹中国刺史也。苏定方克百济,常之帅所部随众降。

定方絷其王及太子[5]，纵兵劫掠，壮者多死。常之惧，与左右十余人遁归本部，收集亡散，保任存山，结栅以自固，旬月间归附者三万余人。定方遣兵攻之，常之拒战，唐兵不利；常之复取二百余城，定方不能克而还。常之与别部将沙吒相如各据险以应福信，百济既败，皆帅其众降。刘仁轨使常之、相如自将其众，取任存城，仍以粮仗助之。孙仁师曰："此属兽心，何可信也！"仁轨曰："吾观二人皆忠勇有谋，敦信重义；但向者所托，未得其人，今正是其感激立效之时，不用疑也。"遂给其粮仗，分兵随之，攻拔任存城，迟受信弃妻子，奔高丽。

诏刘仁轨将兵镇百济，召孙仁师、刘仁愿还。百济兵火之余，比屋凋残，僵尸满野。仁轨始命瘗骸骨[6]，籍户口，理村聚，署官长，通道途，立桥梁，补堤堰，复陂塘[7]，课耕桑，赈贫乏，养孤老，立唐社稷，颁正朔及庙讳；百济大悦，阖境各安其业。然后修屯田，储糗粮[8]，训士卒，以图高丽。

刘仁愿至京师，上问之曰："卿在海东，前后奏事，皆合机宜，复有文理。卿本武人，何能如是？"仁愿曰："此皆刘仁轨所为，非臣所及也。"上悦，加仁轨六阶，正除带方州刺史，为筑第长安[9]，厚赐其妻子，遣使赍玺书劳勉之。上官仪曰："仁轨遭黜削而能尽忠，仁愿秉节制而能推贤，皆可谓君子矣！"

冬，十月，辛巳朔，诏太子每五日于光顺门内视诸司奏事，其事之小者，皆委太子决之。

十二月，庚子，诏改来年元。

壬寅，以安西都护高贤为行军总管，将兵击弓月以救于阗。

是岁，大食击波斯、拂菻[10]，破之；南侵婆罗门，吞灭诸胡，胜兵四十余万[11]。

【注释】

①凉州：州名。唐代辖境为今甘肃永昌县以东、天祝以西一带，治姑臧（今甘肃武威市）。 ②鄯（shàn 善）：州名。辖境为今青海西宁、湟中、乐都等地，治湟水（今青海海东市乐都区）。 ③司元太常伯：即户部尚书。 ④炎：胡三省注："读曰焰。" ⑤絷（zhí 执）：捆，拘禁。 ⑥瘗（yì 易）：埋尸体。 ⑦陂（bēi 杯）塘：池塘。 ⑧糗（qiǔ 秋上声）：

干粮。 ⑨第:大宅院。 ⑩大食:古国名。唐代称阿拉伯帝国为大食。拂菻(lǐn 凛):古国名。隋唐时指东罗马帝国及其所属西亚地中海一带。 ⑪胜兵:指能穿上甲胄作战的士兵。

麟德元年 春,正月,甲子,改云中都护府为单于大都护府,以殷王旭轮为单于大都护。

初,李靖破突厥,迁三百帐于云中城,阿史德氏为之长。至是,部落渐众,阿史德氏诣阙,请如胡法立亲王为可汗以统之。上召见,谓曰:"今之可汗,古之单于也。"故更为单于都护府,而使殷王遥领之[①]。

二月,戊子,上行幸万年宫。

夏,四月,壬子[②],卫州刺史道孝王元庆薨。

丙午,魏州刺史郇公孝协坐赃,赐死。司宗卿陇西王博乂奏孝协父叔良死王事[③],孝协无兄弟,恐绝嗣。上曰:"画一之法,不以亲疏异制,苟害百姓,虽皇太子亦所不赦。孝协有一子,何忧乏祀乎!"孝协竟自尽于第。

五月,戊申朔,遂州刺史许悼王孝薨。

乙卯,于昆明之弄栋川置姚州都督府。

秋,七月,丁未朔,诏以三年正月有事于岱宗[④]。

八月,丙子,车驾还京师,幸旧宅[⑤],留七日;壬午,还蓬莱宫。

丁亥,以司列太常伯刘祥道兼右相[⑥],大司宪窦德玄为司元太常伯、检校左相[⑦]。

冬,十月,庚辰,检校熊津都督刘仁轨上言:"臣伏睹所存戍兵,疲羸者多,勇健者少,衣服贫敝,唯思西归,无心展效。臣问以'往在海西[⑧],见百姓人人应募,争欲从军,或请自办衣粮,谓之义征,何为今日士卒如此?'咸言:'今日官府与曩时不同,人心亦殊。曩时东西征役,身没王事,并蒙敕使吊祭,追赠官爵;或以死者官爵回授子弟,凡渡辽海者,皆赐勋一转。自显庆五年以来,征人屡经渡海,官不记录,其死者亦无人谁何。州县每发百姓为兵,其壮而富者,行钱参逐[⑨],皆亡匿得免;贫者身虽老弱,被发即行。顷者破百济及平壤苦战,当时将帅号令,许以勋赏,无所不至;及达西岸，惟闻枷锁推禁，夺赐破勋，州县追呼，无以自存，公私困弊，不可悉言。以是昨发海西之日已有逃亡自残者，非独至海外而然也。又，本因征役授勋级以为荣宠；而比年出征，皆使勋官挽引，劳苦与白丁无殊，百姓不愿从军，率皆由此。'臣又问：'曩日士卒留镇五年，尚得支济，今尔等始经一年，何为如此单露？'咸言：'初发家日，惟令备一年资装；今已二年，未有还期。'臣检校军士所留衣，今冬仅可充事，来秋以往，全无准拟。陛下留兵海外，欲殄灭高丽[10]。百济、高丽，旧相党援，倭人虽远，亦共为影响，若无镇兵，还成一国。今既资戍守，又置屯田，所藉士卒同心同德，而众有此议，何望成功！自非有所更张[11]，厚加慰劳，明赏重罚以起士心，若止如今日以前处置，恐师众疲老，立效无日。逆耳之事，或无人为陛下尽言，故臣披露肝胆，昧死奏陈。"

上深纳其言，遣右威卫将军刘仁愿将兵渡海以代旧镇之兵，仍敕仁轨俱还。仁轨谓仁愿曰："国家悬军海外，欲以经略高丽，其事非易。今收获未毕，而军吏与士卒一时代去，军将又归，夷人新服，众心未安，必将生变。不如且留旧兵，渐令收获，办具资粮，节级遣还[12]；军将且留镇抚，未可还也。"仁愿曰："吾前还海西，大遭谗谤，云吾多留兵众，谋据海东，几不免祸。今日唯知准敕，岂敢擅有所为！"仁轨曰："人臣苟利于国，知无不为，岂恤其私！"乃上表陈便宜，自请留镇海东，上从之。仍以扶馀隆为熊津都尉，使招辑其余众。

初，武后能屈身忍辱，奉顺上意，故上排群议而立之；及得志，专作威福，上欲有所为，动为后所制，上不胜其忿。有道士郭行真，出入禁中，尝为厌胜之术，宦者王伏胜发之。上大怒，密召西台侍郎、同东西台三品上官仪议之。仪因言："皇后专恣，海内所不与，请废之。"上意亦以为然，即令仪草诏。

左右奔告于后，后遽诣上自诉。诏草犹在上所，上羞缩不忍，复待之如初；犹恐后怨怒，因绐之曰[13]："我初无此心，皆上官仪教我。"仪先为陈王谘议[14]，与王伏胜俱事故太子忠，后于是使许敬宗诬奏仪、伏胜与忠谋大逆。十二月，丙戌，仪下狱，与其子庭芝、王伏胜皆死，籍没其家。戊子，赐忠死于流所。右相刘祥道坐与仪善，罢政事，为司礼太常伯[15]，左肃机郑钦泰等朝士流贬者甚众[16]，皆坐与仪交通故也。

自是上每视事，则后垂帘于后，政无大小，皆与闻之。天下大权，悉归中宫，黜陟[17]、生杀，决于其口，天子拱手而已[18]，中外谓之二圣。

太子右中护、检校西台侍郎乐彦玮、西台侍郎孙处约并同东西台三品[19]。

【注释】

①遥领：担任职名，不亲往任职。 ②壬子：麟德元年四月无此日。据《新纪》，"壬子"乃"壬午"之误。即初五。 ③司宗卿：即宗正卿。掌管王室亲族事务。死王事：指李叔良在高祖时攻击突厥，被流矢射中而死。李叔良是高祖李渊的孙子。 ④岱宗：古人认为泰山为四岳所宗，且泰山别称岱，故其别名为岱宗。 ⑤旧宅：此指皇帝为晋王时所居地。 ⑥司列太常伯：即吏部尚书。 ⑦大司宪：即御史大夫，御史台的长官。 ⑧海西：泛指海以西之地。即今吉林、辽东一带地区。 ⑨参逐：明严衍《通鉴补》于"参逐"下补"官府"二字，并注："参逐官府，犹言参谒官府以行赂也。" ⑩殄（tiǎn 腆）灭：灭亡。 ⑪更张：重新张设，改变作法。 ⑫节级：次第，依次。 ⑬绐（dài 代）：欺骗。 ⑭谘（zī 兹）议：指王府谘议参军之职。李忠被立为皇太子前为陈王，上官仪充任王府谘议参军。 ⑮司礼太常伯：即礼部尚书。 ⑯左肃机：即尚书左丞。 ⑰黜陟（chù zhì 处至）：罢免和提拔。 ⑱拱手：双手相抱于胸前，表示闲适无事。 ⑲太子右中护：龙朔年间改左、右庶子为左、右中护。庶子，太子官属，掌教养训诫等事。

二年 春，正月，丁卯，吐蕃遣使入见，请复与吐谷浑和亲，仍求赤水地畜牧[1]，上不许。

二月，壬午，车驾发京师；丁酉，至合璧宫。

上语及隋炀帝，谓侍臣曰："炀帝拒谏而亡，朕常以为戒，虚心求谏；而竟无谏者，何也？"李勣对曰："陛下所为尽善，群臣无得而谏。"

三月，甲寅，以兼司戎太常伯姜恪同东西台三品[2]。恪，宝谊之子也[3]。

辛未，东都乾元殿成[4]。闰月，壬申朔，车驾至东都。

疏勒弓月引吐蕃侵于阗。敕西州都督崔知辩、左武卫将军曹继叔将兵救之。

夏，四月，戊辰，左侍极陆敦信检校右相[5]；西台侍郎孙处约、太子右中护、检校西台侍郎乐彦玮并罢政事。

秘阁郎中李淳风以傅仁均《戊寅历》推步浸疏[6]，乃增损刘焯《皇极历》[7]，更撰《麟德历》；五月，辛卯，行之。

秋，七月，己丑，兖州都督邓康王元裕薨。

上命熊津都尉扶馀隆与新罗王法敏释去旧怨；八月，壬子，同盟于熊津城。刘仁轨以新罗、百济、耽罗、倭国使者浮海西还[8]，会祠泰山，高丽亦遣太子福男来侍祠。

冬，十月，癸丑，皇后表称："封禅旧仪，祭皇地祇，太后昭配，而令公卿行事，礼有未安，至日，妾请帅内外命妇奠献[9]。"诏："禅社首以皇后为亚献[10]，越国太妃燕氏为终献[11]。"壬戌，诏："封禅坛所设上帝、后土位，先用藁秸、陶匏等，并宜改用茵褥、罍爵，其诸郊祀亦宜准此。"又诏："自今郊庙享宴，文舞用《功成庆善之乐》，武舞用《神功破陈之乐》。"

丙寅，上发东都，从驾文武仪仗，数百里不绝。列营置幕，弥亘原野。东自高丽，西至波斯、乌长诸国朝会者[12]，各帅其属扈从[13]，穹庐毳幕[14]，牛羊驼马，填咽道路。时比岁丰稔[15]，米斗至五钱，麦、豆不列于市。

十一月，戊子，上至濮阳，窦德玄骑从。上问："濮阳谓之帝丘，何也？"德玄不能对。许敬宗自后跃马而前曰："昔颛顼居此，故谓之帝丘。"上称善。敬宗退，谓人曰："大臣不可以无学；吾见德玄不能对，心实羞之。"德玄闻之，曰："人各有能有不能，吾不强对以所不知，此吾所能也。"李勣曰："敬宗多闻，信美矣[16]；德玄之言亦善也。"

寿张人张公艺九世同居[17]，齐、隋、唐皆旌表其门。上过寿张，幸其宅，问所以能共居之故，公艺书"忍"字百余以进。上善之，赐以缣帛。

十二月，丙午，车驾至齐州，留十日。丙辰，发灵岩顿，至泰山下，有司于山南为圆坛，山上为登封坛，社首山上为降禅方坛。

【注释】

①赤水地：赤水即黄河源头的赤水，赤水地本为吐谷浑所辖。②司戎太常伯：即兵部尚书。　③宝谊：即姜宝谊，随唐高祖起兵于太原。　④乾元殿：胡三省注："洛阳宫正殿也。武后垂拱四年，毁为明堂。"　⑤左侍极：官名。龙朔间改左、右散骑常侍为左、右侍极。唐置左、右散骑常侍，分属门下、中书二省，多用为将相大臣兼职，无实际职权。　⑥秘阁郎中：官名。即太史令。龙朔年间改太史局为秘阁局，令为郎中，丞为郎。《戊寅历》：始行于唐高祖武德二年(619)。　⑦《皇极历》：隋时，刘焯造《甲子元历》，谓之《皇极历》，为张宾所摈，不得行。⑧耽罗：古国名。又称儋罗，在新罗武州南岛上，初附百济，后附新罗。故地在今韩国济州岛。　⑨内外命妇：内命妇，指自妃嫔至采女各等级的帝王之姬妾，以及宫中的各级内官。外命妇，胡三省注："皇姑封大长公主，皇姊妹封长公主，皇女封公主，皇太子之女封郡主，王之女封县主。王母、妻为妃，一品及国公母、妻为国夫人，三品以上母、妻为郡夫人，五品、勋官三品封母、妻为县君；散官并同职事；勋官四品封母、妻为乡君。其母并加太字，各视其夫、子之品。"从大长公主至乡君皆为外命妇。⑩社首：山名。在今山东泰安西南。　⑪燕氏：越王贞之母，太宗妃嫔此时惟有燕氏在。　⑫乌长：古国名。亦作乌荼，实系乌荼之误。故址在今印度奥里萨邦东北部一带。　⑬扈(hù 户)从：随从。　⑭毳(cuì 脆)幕：毡房帐幕。　⑮丰稔(rěn 忍)：庄稼丰熟。　⑯信：确实。⑰寿张：古县名，在今山东西部黄河北岸。

乾封元年　春，正月，戊辰朔，上祀昊天上帝于泰山南。己巳，登泰山，封玉牒[①]，上帝册藏以玉匮，配帝册藏以金匮，皆缠以金绳，封以金泥[②]，印以玉玺，藏以石感[③]。庚午，降禅于社首，祭皇地祇。上初献毕，执事者皆趋下。宦者执帷，皇后升坛亚献，帷帟皆以锦绣为之[④]；酌酒，实俎豆[⑤]，登歌，皆用宫人。壬申，上御朝觐坛，受朝贺；赦天下，改元。文武官三品已上赐爵一等，四品已下加一阶。先是阶无泛加，皆以劳考叙进，至五品三品，仍奏取进止，至是始有泛阶，比及末年，服绯者满朝矣[⑥]。

时大赦，惟长流人不听还，李义府忧愤发病卒。自义府流窜，朝士日忧其复入，及闻其卒，众心乃安。

丙戌，车驾发泰山；辛卯，至曲阜，赠孔子太师，以少牢致祭[7]。癸未，至亳州[8]，谒老君庙[9]，上尊号曰太上玄元皇帝。丁丑，至东都，留六日；甲申，幸合璧宫；夏，四月，甲辰，至京师，谒太庙。

庚戌，左侍极兼检校右相陆敦信以老疾辞职，拜大司成[10]，兼左侍极，罢政事。

五月，庚寅，铸乾封泉宝钱，一当十，俟期年尽废旧钱。

高丽泉盖苏文卒，长子男生代为莫离支[11]，初知国政，出巡诸城，使其弟男建、男产知留后事。或谓二弟曰："男生恶二弟之逼，意欲除之，不如先为计。"二弟初未之信。又有告男生者曰："二弟恐兄还夺其权，欲拒兄不纳。"男生潜遣所亲往平壤伺之，二弟收掩，得之，乃以王命召男生。男生惧，不敢归；男建自为莫离支，发兵讨之。男生走保别城，使其子献诚诣阙求救。六月，壬寅，以右骁卫大将军契苾何力为辽东道安抚大使，将兵救之；以献诚为右武卫将军，使为乡导。又以右金吾卫将军庞同善、营州都督高侃为行军总管，同讨高丽。

秋，七月，乙丑朔，徙殷王旭轮为豫王。

以大司宪兼检校太子左中护刘仁轨为右相。

初，仁轨为给事中，按毕正义事，李义府怨之，出为青州刺史。会讨百济，仁轨当浮海运粮，时未可行[12]，义府督之，遭风失船，丁夫溺死甚众，命监察御史袁异式往鞫之[13]。义府谓异式曰："君能办事，勿忧无官。"异式至，谓仁轨曰："君与朝廷何人为仇，宜早自为计。"仁轨曰："仁轨当官不职，国有常刑，公以法毙之，无所逃命。若使遽自引决以快仇人，窃所未甘！"乃具狱以闻。异式将行，仍自掣其锁[14]。狱上，义府言于上曰："不斩仁轨，无以谢百姓。"舍人源直心曰："海风暴起，非人力所及。"上乃命除名，以白衣从军自效。义府又讽刘仁愿使害之，仁愿不忍杀。及为大司宪，异式惧，不自安，仁轨沥觞告之曰[15]："仁轨若念畴昔之事，有如此觞！"仁轨既知政事，异式寻迁詹事丞[16]；时论纷然，仁轨闻之，遽荐为司元大夫[17]。监察御史杜易简谓人曰："斯所谓矫枉过正矣！"

【注释】

①玉牒:古代帝王封禅所用的文书。 ②金泥:用水银和金屑以为泥,用以封印玉牒玉检诏书等,多于封禅时用之。 ③石䃭(gǎn 感):古代封禅所用的石匣。 ④帟(yì 义):小帐幕,帷帐中座上承尘的平幕。 ⑤俎(zǔ 阻)豆:古代宴客、朝聘、祭祀用的礼器。俎,置肉的几案;豆,盛干肉一类食物的器皿。 ⑥服绯者:指四品五品之官。古代四品五品职官着绯色官服。 ⑦少牢:古代祭祀宴享用羊、猪二牲称少牢。 ⑧亳(bó 帛)州:州名。治今安徽亳州市。 ⑨老君庙:即老子祠。在今河南鹿邑县。 ⑩大司成:官名。即国子祭酒,国子监的主管官。 ⑪莫离支:高丽职官名。是军政最高长官,相当于唐朝的兵部尚书兼中书令。 ⑫时未可行:谓当时海上未遇顺风不能航行。 ⑬鞫(jū 居):审问。 ⑭掣(chè 彻):拽拉。 ⑮沥觞(shāng 伤):一点一点地洒落杯中之酒。觞,酒杯的古称。 ⑯詹事丞:官名。即詹事府少詹事。协助詹事管理太子宫内外庶务。 ⑰司元大夫:官名。即户部郎中。

八月,辛丑,司元太常伯兼检校左相窦德玄薨。

初,武士彟娶相里氏,生男元庆、元爽;又娶杨氏,生三女,长适越王府法曹贺兰越石[①],次皇后,次适郭孝慎。士彟卒,元庆、元爽及士彟兄子惟良、怀运皆不礼于杨氏,杨氏深衔之。越石、孝慎及孝慎妻并早卒,越石妻生敏之及一女而寡。后既立,杨氏号荣国夫人,越石妻号韩国夫人[②],惟良自始州长史超迁司卫少卿[③],怀运自瀛州长史迁淄州刺史,元庆自右卫郎将为宗正少卿[④],元爽自安州户曹累迁少府少监[⑤]。荣国夫人尝置酒,谓惟良等曰:"颇忆畴昔之事乎?今日之荣贵复何如?"对曰:"惟良等幸以功臣子弟,早登宦籍,揣分量才,不求贵达,岂意以皇后之故,曲荷朝恩,夙夜忧惧,不为荣也。"荣国不悦。皇后乃上疏,请出惟良等为远州刺史,外示谦抑,实恶之也。于是以惟良检校始州刺史,元庆为龙州刺史,元爽为濠州刺史。元庆至州,以忧卒。元爽坐事流振州而死。

韩国夫人及其女以后故出入禁中,皆得幸于上。韩国寻卒,其女赐号魏国夫人。上欲以魏国为内职,心难后,未决,后恶之。会惟良、怀运与诸州刺史诣泰山朝觐,从至京师,惟良等献食。后密置毒醢中[⑥],使魏国食之,暴卒,因归罪于惟良、怀运,丁未,诛之,改其姓为蝮氏。怀运兄怀亮早卒,其妻善氏尤不礼于荣国,坐惟良等没入掖庭,荣国令后以他事朿棘鞭之[⑦],肉尽见骨而死。

九月,庞同善大破高丽兵,泉男生帅众与同善合。诏以男生为特进、辽东大都督,兼平壤道安抚大使,封玄菟郡公。

戊子,金紫光禄大夫致仕广平宣公刘祥道薨[⑧],子齐贤嗣。齐贤为人方正,上甚重之,为晋州司马。将军史兴宗尝从上猎苑中,因言晋州产佳鹞,刘齐贤今为司马,请使捕之。上曰:“刘齐贤岂捕鹞者邪!卿何以此待之!”

冬,十二月,己酉,以李勣为辽东道行军大总管,以司列少常伯安陆郝处俊副之[⑨],以击高丽。庞同善、契苾何力并为辽东道行军副大总管兼安抚大使如故;其水陆诸军总管并运粮使窦义积、独孤卿云、郭待封等,并受勣处分。河北诸州租赋悉诣辽东给军用。待封,孝恪之子也[⑩]。

勣欲与其婿京兆杜怀恭偕行,以求勋效[⑪]。怀恭辞以贫,勣赡之;复辞以无奴马,又赡之。怀恭辞穷,乃亡匿岐阳山中,谓人曰:“公欲以我立法耳。”勣闻之,流涕曰:“杜郎疏放[⑫],此或有之。”乃止。

唐乾封泉宝钱

【注释】

①法曹:本为司法官署名。其全称,在府为法曹参军事,在州为法曹司法参军事,在县为司法;掌刑法狱讼事。此用指法曹的官员。 ②杨

氏号二句:胡三省注:"唐制,国夫人,位一品。" ③司卫少卿:官名。即卫尉少卿。卫尉寺卿的佐官。唐代卫尉寺掌军器仪仗帐幕之事。④宗正少卿:官名。宗正卿的佐官。据胡三省注,此时已改称司宗少卿。 ⑤户曹:本为掌管民户的官署名。唐代在府称户曹,在州称司户;掌管籍帐、婚姻、田宅等事。此用指户曹官员。少府少监:官名。少府监的佐官。少府掌宫中服御诸物。据胡三省注,此时已改少府监为内府监,改少府少监为内府少监。 ⑥醢(hǎi 海):肉酱。 ⑦朿(cì 刺):木芒。"刺"的异体。 ⑧致仕:辞官归居。 ⑨司列少常伯:官名。即吏部侍郎。 ⑩孝恪:即郭孝恪(? —649)。唐初大将。许州阳翟(今河南禹州市)人。随李世民征战,历贝、赵、江、泾四州刺史,有能名,累升左骁卫将军。贞观十六年(642)任安西都护、西州刺史。后为西州道行军总管,战死于龟兹。 ⑪勋效:功绩。 ⑫疏放:放纵。

二年 春,正月,上耕藉田①,有司进耒耜,加以雕饰。上曰:"耒耜农夫所执,岂宜如此之丽!"命易之。既而耕之,九推乃止②。

自行乾封泉宝钱,谷帛踊贵,商贾不行;癸未,诏罢之。

二月,丁酉,涪陵悼王愔薨③。

辛丑,复以万年宫为九成宫④。

生羌十二州为吐蕃所破,三月,戊寅,悉罢之。

上屡责侍臣不进贤,众莫敢对。司列少常伯李安期对曰:"天下未尝无贤,亦非群臣敢蔽贤也。比来公卿有所荐引,为谗者已指为朋党,滞淹者未获伸而在位者先获罪,是以各务杜口耳。陛下果推至诚以待之,其谁不愿举所知!此在陛下,非在群臣也。"上深以为然。安期,百药之子也⑤。

夏,四月,乙卯,西台侍郎杨弘武、戴至德、正谏大夫兼东台侍郎李安期、东台舍人昌乐张文瓘、司列少常伯兼正谏大夫河北赵仁本并同东西台三品⑥。弘武,素之弟子⑦;至德,胄之兄子也⑧。时造蓬莱、上阳、合璧等宫,频征伐四夷,厩马万匹,仓库渐虚,张文瓘谏曰:"隋鉴不远,愿勿使百姓生怨。"上纳其言,减厩马数千匹。

秋,八月,己丑朔,日有食之。

辛亥，东台侍郎同东西台三品李安期出为荆州长史。

九月，庚申，上以久疾，命太子弘监国。

辛未，李勣拔高丽之新城，使契苾何力守之。勣初度辽，谓诸将曰："新城，高丽西边要害，不先得之，余城未易取也。"遂攻之，城人师夫仇等缚城主开门降。勣引兵进击，一十六城皆下之。

庞同善、高侃尚在新城，泉男建遣兵袭其营，左武卫将军薛仁贵击破之。侃进至金山，与高丽战，不利，高丽乘胜逐北，仁贵引兵横击，大破之，斩首五万余级⑨，拔南苏、木底、苍岩三城⑩，与泉男生军合。

郭待封以水军自别道趣平壤，勣遣别将冯师本载粮仗以资之。师本船破，失期，待封军中饥窘，欲作书与勣，恐为虏所得，知其虚实，乃作离合诗以与勣⑪。勣怒曰："军事方急，何以诗为？必斩之！"行军管记通事舍人河南元万顷为释其义，勣乃更遣粮仗赴之。

万顷作《檄高丽文》曰"不知守鸭绿之险。"泉南建报曰："谨闻命矣！"即移兵据鸭绿津，唐兵不得渡。上闻之，流万顷于岭南。

郝处俊在高丽城下，未及成列，高丽奄至，军中大骇。处俊据胡床，方食干糒⑫，潜简精锐，击败之，将士服其胆略。

冬，十二月，甲午，诏："自今祀昊天上帝、五帝、皇地祇、神州地祇，并以高祖、太宗配，仍合祀昊天上帝、五帝于明堂⑬。"

是岁，海南獠陷琼州⑭。

【注释】

①藉田：古时帝王"亲耕"的农田。所谓亲耕，只是帝王于春耕前载耒耜前往，象征性地推几下耒。以奉祀宗庙，且寓劝农之意。　②九推乃止：胡三省注："耕藉之制，《月令》及郑玄注《周礼》，皆云天子三推，卢植注《礼记》曰：天子耕藉，一发九推耒。此用卢说也。"　③愔（yīn 音）：即李愔。唐高宗李治的弟弟。　④复以句：永徽二年，改九成宫为万年宫。　⑤百药：即唐代史学家李百药（565—648）。定州安平（今属河北）人，字重规。以父德林旧稿为基础，撰成《北齐书》。　⑥西台侍郎句：龙朔时改给事中为东台舍人，谏议大夫为正谏大夫。东台舍人备顾问应对等事。正谏大夫掌规谏论议。　⑦素：即杨素（？—606）。隋弘

农华阴(今属陕西)人,字处道。入隋任内史令、尚书左仆射,掌朝政。参与拥立杨广和杀隋文帝。官至司徒,封楚国公。 ⑧胄:即戴胄(?—633)。唐初大臣,相州安阳(今属河南)人,字玄胤。贞观初任大理少卿,敢于直谏,执法平允。累官检校吏部尚书,参与朝政。 ⑨斩首句:《新唐书·薛仁贵传》作"斩馘五千。"《东夷传》则作"斩首五万级。" ⑩拔南苏句:胡三省注:"三城后皆置为州。" ⑪离合诗:杂诗的一种。诗句中有分解离析文字偏旁笔画之喻义,可拼合成字,以见其意。 ⑫干糒(bèi 备):干粮。糒,干饭。 ⑬自今等三句:胡三省注:"此兼用贞观、显庆之礼。" ⑭獠:古代对少数民族的侮辱性称谓。琼州:琼州本隋朱崖郡之琼山县,贞观五年置琼州。治所在琼山(今属海南)。

总章元年[①] 春,正月,壬子,以右相刘仁轨为辽东道副大总管。

二月,壬午,李勣等拔高丽扶馀城。薛仁贵既破高丽于金山,乘胜将三千人将攻扶馀城,诸将以其兵少,止之。仁贵曰:"兵不必多,顾用之何如耳。"遂为前锋以进,与高丽战,大破之,杀获万余人,遂拔扶馀城。扶馀川中四十余城皆望风请服。

侍御史洛阳贾言忠奉使自辽东还,上问以军事,言忠对曰:"高丽必平。"上曰:"卿何以知之?"对曰:"隋炀帝东征而不克者,人心离怨故也;先帝东征而不克者,高丽未有衅也。今高藏微弱,权臣擅命,盖苏文死,男建兄弟内相攻夺,男生倾心内附,为我乡导[②],彼之情伪,靡不知之。以陛下明圣,国家富强,将士尽力,以乘高丽之乱,其势必克,不俟再举矣。且高丽连年饥馑,妖异屡降,人心危骇,其亡可翘足待也。"上又问:"辽东诸将孰贤?"对曰:"薛仁贵勇冠三军;庞同善虽不善斗,而持军严整;高侃勤俭自处,忠果有谋;契苾何力沉毅能断,虽颇忌前,而有统御之才;然夙夜小心,忘身忧国,皆莫及李勣也。"上深然其言。

泉男建复遣兵五万人救扶馀城,与李勣等遇于薛贺水[③],合战,大破之,斩获三万余人,进攻大行城,拔之。

朝廷议明堂制度略定,三月,庚寅,赦天下,改元。

戊寅[④],上幸九成宫。

夏，四月，丙辰，彗星见于五车[5]。上避正殿，减常膳，撤乐。许敬宗等奏请复常，曰："彗见东北，高丽将灭之兆也。"上曰："朕之不德，谪见于天[6]，岂可归咎小夷！且高丽百姓，亦朕之百姓也。"不许。戊辰，彗星见。

辛巳，西台侍郎、同东西台三品杨弘武薨。

八月，辛酉，卑列道行军总管、右威卫将军刘仁愿坐征高丽逗留，流姚州。

癸酉，车驾还京师。

九月，癸巳，李勣拔平壤。勣既克大行城，诸军出他道者皆与勣会，进至鸭绿栅[7]，高丽发兵拒战，勣等奋击，大破之，追奔二百余里，拔辱夷城，诸城遁逃及降者相继。契苾何力先引兵至平壤城下，勣军继之，围平壤月余，高丽王藏遣泉男产帅首领九十八人，持白幡诣勣降，勣以礼接之。泉男建犹闭门拒守，频遣兵出战，皆败。男建以军事委僧信诚，信诚密遣人诣勣，请为内应。后五日，信诚开门，勣纵兵登城鼓噪，焚城四月[8]，男建自刺，不死，遂擒之。高丽悉平。

【注释】

①总章元年：胡三省注："以将作明堂改元。是年三月方改元。" ②乡导：即向导。乡，通"向"。 ③薛贺水：《旧唐书·东夷传》作"萨贺水"。 ④戊寅：总章元年三月无此日。据新、旧《唐书》本纪，"戊寅"均系于二月，即二十四日。 ⑤五车：星名，属毕宿，共有五星。据胡三省注：五车五星，"五帝车舍也，五帝坐也，主天子五兵。"故彗星相犯于皇帝不利。 ⑥谪（zhé 折）：谴责，惩罚。 ⑦栅：营寨。 ⑧焚城四月：胡三省注："'月'当作'角'，否则作'周'。"《旧唐书·东夷传》记为："火其门，郁焰四兴。"可证"月"字讹误。

冬，十月，戊午，以乌茶国婆罗门卢迦逸多为怀化大将军[1]。逸多自言能合不死药，上将饵之。东台侍郎郝处俊谏曰："修短有命，非药可延。贞观之末，先帝服那罗迩娑婆寐药，竟无效；大渐之际，名医不知所为，议者归罪娑婆寐，将加显戮[2]，恐取笑戎狄而止。前鉴不远，愿陛下深察。"上乃止。

李勣将至，上命先以高藏等献于昭陵，具军容，奏凯歌，入京师，献于太庙。十二月，丁巳，上受俘于含元殿。以高藏政非己出，赦以为司平太常伯、员外同正[③]。以泉男产为司宰少卿[④]，僧信诚为银青光禄大夫，泉男生为右卫大将军。李勣以下，封赏有差。泉男建流黔中，扶馀丰流岭南，分高丽五部、百七十六城、六十九万余户，为九都督府、四十二州、百县，置安东都护府于平壤以统之。擢其酋帅有功者为都督、刺史、县令，与华人参理[⑤]。以右威卫大将军薛仁贵检校安东都护，总兵二万人以镇抚之。

丁卯，上祀南郊，告平高丽，以李勣为亚献。己巳，谒太庙。

渭南尉刘延祐，弱冠登进士第[⑥]，政事为畿县最[⑦]。李勣谓之曰："足下春秋甫尔，遽擅大名，宜稍自贬抑，无为独出人右也。"

时有敕，征辽军士逃亡，限内不首及首而更逃者[⑧]，身斩，妻子籍没。太子上表，以为："如此之比，其数至多：或遇病不及队伍，怖惧而逃；或因樵采为贼所掠；或渡海漂没；或深入贼庭，为所伤杀。军法严重，同队恐并获罪，即举以为逃，军旅之中，不暇勘当[⑨]，直据队司通状关移所属[⑩]，妻子没官，情实可哀。《书》曰：'与其杀不辜，宁失不经[⑪]。'伏愿逃亡之家，免其配没。"从之。

甲戌，司戎太常伯姜恪兼检校左相，司平太常伯阎立本守右相[⑫]。

是岁，京师及山东、江、淮旱，饥。

【注释】

①乌荼：古印度国名。故址在今印度奥里萨邦东一带。怀化大将军：唐置怀化大将军，从三品，以授蕃官。　②显戮：明正典刑，处决示众。　③司平太常伯：官名。即工部尚书。员外同正：官名。胡三省注："按《旧书》，永徽五年，尚药奉御蒋孝璋员外特置，仍同正员。员外同正，自此始。"指在正官员额之外，特别增置的官员，其地位同正官相当。　④司宰少卿：官名。即光禄少卿。　⑤参理：胡三省注："理，犹治也，时避上名，以'治'为'理'，《通鉴》因唐史成文。"　⑥弱冠：古代男子以二十岁为成人，初加冠，体还未壮，故称弱。后以年少为弱冠。　⑦畿县：京城之外畿辅所辖县。胡三省注："唐雍州诸县，万年、长安为京县，余县为畿县。《六典》曰：城内为京县，城外为畿县。"　⑧首：自首。

⑨勘当:勘验确实。 ⑩队司:军中官吏。关:知会,通告。移:传递文书。 ⑪“《书》曰”句:胡三省注:“《书·大禹谟》之言。《注》云:经,常也。宁失不常之罪,不枉不辜之善。” ⑫守:署理,由官阶低而任官阶高的职务叫守。

二年 春,二月,辛酉,以张文瓘为东台侍郎,以右肃机、检校太子中护谯人李敬玄为西台侍郎,并同东西台三品。先是同三品不入衔,至是始入衔。

癸亥,以雍州长史卢承庆为司刑太常伯。承庆尝考内外官,有一官督运,遭风失米,承庆考之曰:“监运损粮,考中下。”其人容色自若,无言而退。承庆重其雅量,改注曰:“非力所及,考中中。”既无喜容,亦无愧词。又改曰:“宠辱不惊,考中上。”

三月,丙戌,东台侍郎郝处俊同东、西台三品。

丁亥,诏定明堂制度:其基八觚[①],其宇上圆,覆以清阳玉叶[②],其门墙阶级,窗棂楣柱[③],枊楶枅栱[④],皆法天地阴阳律历之数。诏下之后,众议犹未决,又会饥馑,竟不果立。

夏,四月,己酉朔,上幸九成宫。

高丽之民多离叛者,敕徙高丽户三万八千二百于江、淮之南,及山南、京西诸州空旷之地,留其贫弱者,使守安东。

六月,戊申朔,日有食之。

秋,八月,丁未朔,诏以十月幸凉州。时陇右虚耗,议者多以为未宜游幸。上闻之,辛亥,御延福殿[⑤],召五品已上谓曰:“自古帝王,莫不巡守,故朕欲巡视远俗。若果为不可,何不面陈,而退有后言,何也?”自宰相以下莫敢对。详刑大夫来公敏独进曰[⑥]:“巡守虽帝王常事,然今高丽新平,余寇尚多,西边经略,亦未息兵。陇右户口雕弊,銮舆所至,供亿百端[⑦],诚为未易。外间实有窃议,但明制已行,故群臣不敢陈论耳。”上善其言,为之罢西巡。未几,擢公敏为黄门侍郎。

甲戌,改瀚海都护府为安北都护府。

九月,丁丑朔,诏徙吐谷浑部落就凉州南山。议者恐吐蕃侵暴,使不能自存,欲先发兵击吐蕃。右相阎立本以为去岁饥歉,未可兴师。议久不决，竟不果徙[8]。

庚寅，大风，海溢，漂永嘉、安固六千余家。

【注释】

①觚（gū 姑）：方棱，棱角。 ②清阳玉叶：胡三省注："时按《淮南子》，清阳为天，故覆明堂以清阳之色。玉叶，非必以玉为之，盖亦瓦之类。谓之叶者，尚朴之意，犹茨之以茅也；曰玉者，示宝贵之耳。" ③窗棂（líng 灵）：中国传统建筑的窗格子。楣柱：门框上面的横木和堂屋前部的楹柱。 ④枊（àng 盎）：斗栱。楶（jié 洁）：柱头斗栱。枅（jī 击）：柱上的方木，用来承受栋梁，即屋栌。栱：大木桩。 ⑤延福殿：九成宫中的殿名。 ⑥详刑大夫：即大理寺少卿。 ⑦供亿：按需要而供应。亿，估量。 ⑧果：实现。

冬，十月，丁巳，车驾还京师。

十一月，丁亥，徙豫王旭轮为冀王，更名轮。

司空、太子太师、英贞武公李勣寝疾，上悉召其子弟在外者，使归侍疾。上及太子所赐药，勣则饵之；子弟为之迎医，皆不听进，曰："吾本山东田夫，遭值圣明，致位三公，年将八十，岂非命邪！修短有期，岂能复就医工求活[1]！"一旦，忽谓其弟司卫少卿弼曰："吾今日小愈，可共置酒为乐。"于是子孙悉集，酒阑[2]，谓弼曰："吾自度必不起，故欲与汝曹为别耳。汝曹勿悲泣，听我约束。我见房、杜平生勤苦，仅能立门户，遭不肖子荡覆无余[3]。吾有此子孙，今悉付汝。葬毕，汝即迁入我堂，抚养孤幼，谨察视之。其有志气不伦[4]，交游非类者，皆先挝杀[5]，然后以闻。"自是不复更言。十二月，戊申，薨。上闻之悲泣，葬日，幸未央宫，登楼望辒车恸哭[6]。起冢象阴山、铁山、乌德鞬山，以旌其破突厥、薛延陀之功。

勣为将，有谋善断；与人议事，从善如流，战胜则归功于下，所得金帛，悉散之将士，故人思致死，所向克捷。临事选将，必訾相其状貌丰厚者遣之[7]。或问其故，勣曰："薄命之人，不足与成功名。"

闺门雍睦而严。其姊尝病，勣已为仆射，亲为之煮粥，风回，爇其须鬓。姊曰："仆妾幸多，何自苦如是！"勣曰："非为无人使令也，顾姊老，勣亦老，虽欲久为姊煮粥，其可得乎！”

勣常谓人：“我年十二三时为亡赖贼，逢人则杀。十四五为难当贼，有所不惬则杀人。十七八为佳贼，临陈乃杀之。二十为大将，用兵以救人死。”

勣长子震早卒，震子敬业袭爵。

时承平既久，选人益多，是岁，司列少常伯裴行俭始与员外郎张仁祎设长名姓历榜[⑧]，引铨注之法。又定州县升降、官资高下。其后遂为永制，无能革之者。

唐鎏金铜铺手

大略唐之选法，取人以身、言、书、判[⑨]，计资量劳而拟官。始集而试，观其书、判；已试而铨，察其身、言；已铨而注，询其便利；已注而唱，集众告之。然后类以为甲，先简仆射，乃上门下，给事中读，侍郎省，侍中审之，不当者驳下。既审，然后上闻，主者受旨奉行，各给以符，谓之告身。兵部武选亦然[⑩]。课试之法，以骑射及翘关、负米[⑪]。人有格限未至[⑫]，而能试文三篇，谓之宏词，试判三条，谓之拔萃，入等者得不限而授。其黔中、岭南、闽中州县官，不由吏部，委都督选择土人补授。凡居官以年为考，六品以下，四考为满。

【注释】

①医工：古称医生为医匠或医工。　②阑：残尽。　③不肖子：胡三省注：“此指房玄龄、杜如晦的不肖子房遗爱、杜荷。”　④不伦：不成样子、不正派或没有条理。即不伦不类。　⑤挝（zhuā 抓）：击打。　⑥轜（ér 而）：载运灵柩的丧车。同“輀”。　⑦訾（zī 资）：计量，衡量。⑧长名姓历榜：即“长名榜”。在榜上将铨选成绩的先后列名公布，循资

铨补，可防有司从中以私意决定补官的先后次序。 ⑨取人句：胡三省注："唐择人之法有四：一曰身，取其体貌丰伟；二曰言，取其言辞辩正；三曰书，取其楷法遒美；四曰判，取其文理优长。" ⑩兵部句：唐制，武选由兵部主持。 ⑪翘关：关是一种重物，长一丈七尺，直径二寸半。作为武试科目，须"凡十举后，手持关距，出处无过一尺。"负米：作为武试科目，须"负米五斛，行二十步，皆为中第。" ⑫格限：指选官所规定的期限。

咸亨元年[1] 春，正月，丁丑，右相刘仁轨请致仕，许之。

三月，甲戌朔，以旱，赦天下，改元。

丁丑，改蓬莱宫为含元宫。

壬辰，太子少师许敬宗请致仕；许之。

敕突厥酋长子弟事东宫。西台舍人徐齐聃上疏，以为："皇太子当引文学端良之士置左右，岂可使戎狄丑类入侍轩闼！"又奏："齐献公即陛下外祖[2]，虽子孙有犯，岂应上延祖祢[3]！今周忠孝公庙甚修[4]，而齐献公庙毁废，不审陛下何以垂示海内，彰孝理之风！"上皆从之。齐聃，充容之弟也[5]。

夏，四月，吐蕃陷西域十八州，又与于阗袭龟兹拨换城，陷之。罢龟兹、于阗、焉耆、疏勒四镇。辛亥，以右威卫大将军薛仁贵为逻娑道行军大总管，左卫员外大将军阿史那道真、左卫将军郭待封副之，以讨吐蕃，且援送吐谷浑还故地。

庚午，上幸九成宫。

高丽酋长剑牟岑反，立高藏外孙安舜为主。以左监门大将军高侃为东州道行军总管，发兵讨之，安舜杀剑牟岑，奔新罗。

六月，壬寅朔，日有食之。

秋，八月，丁巳，车驾还京师。

郭待封先与薛仁贵并列，及征吐蕃，耻居其下，仁贵所言，待封多违之。军至大非川，将趣乌海，仁贵曰："乌海险远，车行甚难，辎重自随，难以趋利；宜留二万人，为两栅于大非岭上，辎重悉置栅内，吾属帅轻锐，倍道兼行，掩其未备，破之必矣。"仁贵帅所部前行，击吐蕃于河口，大破之，斩获甚众，进屯乌海以俟待封。待封不用仁贵策，将辎重徐进，未至乌海，遇吐蕃二十余万，待封军大败，还走，悉弃辎重。仁贵退屯大非川，吐蕃相论钦陵将兵四十余万就击之，唐兵大败，死伤略尽。仁贵、待封与阿史那道真并脱身免，与钦陵约和而还。敕大司宪乐彦玮即军中按其败状，械送京师，三人皆免死除名⑥。

唐骆驼俑

钦陵，禄东赞之子也，与弟赞婆、悉多干、勃论皆有才略。禄东赞卒，钦陵代之秉政，三弟将兵居外，邻国畏之。

关中旱，饥。九月，丁丑，诏以明年正月幸东都。

甲申，皇后母鲁国忠烈夫人杨氏卒，敕文武九品以上及外命妇并诣宅吊哭。

闰月，癸卯，皇后以久旱，请避位⑦，不许。

壬子，加赠司徒周忠孝公武士彟为太尉、太原王，夫人为王妃。

甲寅，以左相姜恪为凉州道行军大总管，以御吐蕃。

冬，十月，乙未，太子右中护、同东西台三品赵仁本为左肃机，罢政事⑧。

庚寅，诏官名皆复旧。

【注释】

①咸亨元年：是年三月，始改元。　②齐献公：即文德皇后父长孙晟。　③祖祢（mí 迷）：祖先。父死，以祖主牌位入庙供奉称祢，见《公羊传·隐元年》秋七月注：生称父，死称考，入庙称祢。　④周忠孝公：即皇后父武士彟。　⑤齐聃二句：胡三省注："齐聃姊入宫为充容，列于九嫔。"　⑥除名：免除做官的身份。　⑦避位：退位。　⑧罢政事：罢免处理政务的职权。

资治通鉴卷第二百二

唐纪十八　起重光协洽，尽重光大荒落，凡十一年。

高宗天皇大圣大弘孝皇帝中之下

咸亨二年　春，正月，甲子，上幸东都。

夏，四月，甲申，以西突厥阿史那都支为左骁卫大将军兼匐延都督①，以安集五咄陆之众。

初，武元庆等既死，皇后奏以其姊子贺兰敏之为士彟之嗣，袭爵周公，改姓武氏，累迁弘文馆学士、左散骑常侍。魏国夫人之死也，上见敏之，悲泣曰："向吾出视朝犹无恙②，退朝已不救，何仓卒如此！"敏之号哭不对。后闻之，曰："此儿疑我。"由是恶之。敏之貌美，蒸于太原王妃；及居妃丧，释衰绖③，奏妓④。司卫少卿杨思俭女，有殊色，上及后自选以为太子妃，婚有日矣，敏之逼而淫之。后于是表言敏之前后罪恶，请加窜逐。六月，丙子，敕流雷州，复其本姓。至韶州，以马缰绞死。朝士坐与敏之交游，流岭南者甚众。

秋，七月，乙未朔，高侃破高丽余众于安市城。

九月，丙申，潞州刺史徐王元礼薨。

冬，十一月，甲午朔，日有食之。

车驾自东都幸许、汝；十二月，癸酉，校猎于叶县⑤；丙戌，还东都。

【注释】

①匐延都督，胡三省注："显庆二年，平贺鲁，以处木昆部为匐延都督

府。” ②向(xiǎng 享):从前。 ③衰绖(cuī dié 崔迭):丧服。衰,同“缞”,粗麻布制成的丧服。绖,丧服上的麻布带子。 ④奏妓:演奏妓乐。 ⑤校猎:设栅栏进行围猎。

三年 春,正月,辛丑,以太子右卫副率梁积寿为姚州道行军总管[①],将兵讨叛蛮。

庚戌,昆明蛮十四姓二万三千户内附,置殷、敦、总三州。

二月,庚午,徙吐谷浑于鄯州浩亹水南[②]。吐谷浑畏吐蕃之强,不安其居,又鄯州地狭,寻徙灵州,以其部落置安乐州,以可汗诺曷钵为刺史。吐谷浑故地皆入于吐蕃。

己卯,侍中永安郡公姜恪薨。

夏,四月,庚午,上幸合璧宫。

吐蕃遣其大臣仲琮入贡,上问以吐蕃风俗,对曰:“吐蕃地薄气寒,风俗朴鲁;然法令严整,上下一心,议事常自下而起,因人所利而行之,斯所以能持久也。”上诘以吞灭吐谷浑、败薛仁贵、寇逼凉州事,对曰:“臣受命贡献而已,军旅之事,非所闻也。”上厚赐而遣之。癸未,遣都水使者黄仁素使于吐蕃。

秋,八月,壬午,特进高阳郡公许敬宗卒。太常博士袁思古议:“敬宗弃长子于荒徼,嫁少女于夷貊[③]。按《谥法》,‘名与实爽曰缪,’请谥为缪。”敬宗孙太子舍人彦伯讼思古与许氏有怨,请改谥。太常博士王福畤议,以为:“得失一朝,荣辱千载。若嫌隙有实,当据法推绳;如其不然,义不可夺。”户部尚书戴至德谓福畤曰:“高阳公任遇如是,何以谥之为缪?”对曰:“昔晋司空何曾既忠且孝,徒以日食万钱,秦秀谥之曰‘缪’。许敬宗忠孝不逮于曾,而饮食男女之累过之,谥之曰‘缪’,无负许氏矣。”诏集五品已上更议,礼部尚书阳思敬议:“按《谥法》,既过能改曰恭。请谥曰恭。”诏从之。敬宗尝奏流其子昂于岭南,又以女嫁蛮酋冯盎之子,多纳其货,故思古议及之。福畤,勃之父也。

九月,癸卯,徙沛王贤为雍王。

冬,十月,己未,诏太子监国。

壬戌,车驾发东都。

十一月，戊子朔，日有食之。

甲辰，车驾至京师。

十二月，高侃与高丽余众战于白水山，破之。新罗遣兵救高丽，侃击破之。

癸卯[④]，以左庶子刘仁轨同中书门下三品。

太子罕接宫臣，典膳丞全椒邢文伟辄减所供膳[⑤]，并上书谏太子。太子复书，谢以多疾及入侍少暇，嘉纳其意。顷之，右史缺，上曰："邢文伟事吾子，能撤膳进谏，此直士也。"擢为右史。

太子因宴集，命宫臣掷倒[⑥]，次至左奉裕率王及善[⑦]，及善曰："掷倒自有伶官[⑧]，臣若奉令，恐非所以羽翼殿下也。"太子谢之。上闻之，赐及善缣百匹，寻迁左千牛卫将军[⑨]。

【注释】

①太子左卫副率：唐太子侍奉护卫官署有十率府，左卫为其中之一。十率府各有副率，位四品。　②浩亹（mén 门）水：河名。即今大通河，湟水的支流。在今青海东北部。　③夷貊（mò 陌）：我国古代称东方少数民族为夷，称东北方少数民族为貊。此用夷貊作边疆少数民族的贬称。　④癸卯：咸亨三年十二月无此日，当有误。　⑤典膳丞：东宫典膳局郎，正六品上；丞，正八品上。掌进膳尝食。全椒：县名。在今安徽东部，滁河上游。　⑥掷倒：唐散乐有舞盘伎、舞轮伎、长跻伎、跳铃伎、掷倒伎、跳剑伎、吞剑伎。掷倒，是一种倒立行走而以足舞动的技艺。⑦左奉裕率：隋置太子内率府，拟上台千牛卫，掌东宫千牛备身侍奉之事，龙朔改为左、右奉裕率。是太子的亲随护卫。　⑧伶官：乐官。⑨千牛，官名。后魏始置，掌执御刀"千牛刀"，为君主亲身护卫，故又称千牛备身。唐代设左右千牛卫，为禁卫之一。

四年　春，正月，丙辰，绛州刺史郑惠王元懿薨。

三月，丙申，诏刘仁轨等改修国史，以许敬宗等所记多不实故也。

夏，四月，丙子，车驾幸九成宫。

闰五月，燕山道总管、右领军大将军李谨行大破高丽叛者于瓠芦河之西，俘获数千人，余众皆奔新罗。时谨行妻刘氏留伐奴城,高丽引靺鞨攻之[1],刘氏擐甲帅众守城[2],久之,虏退。上嘉其功,封燕国夫人。谨行,靺鞨人突地稽之子也[3],武力绝人,为众夷所惮。

秋,七月,辛巳,婺州大水[4],溺死者五千人。

八月,辛丑,上以疟疾,令太子于延福殿受诸司启事。

冬,十月,壬午,中书令阎立本薨。

乙巳,车驾还京师。

十二月,丙午,弓月、疏勒二王来降。西突厥兴昔亡可汗之世,诸部离散,弓月及阿悉吉皆叛[5]。苏定方之西讨也[6],擒阿悉吉以归。弓月南结吐蕃,北招咽面[7],共攻疏勒,降之。上遣鸿胪卿萧嗣业发兵讨之。嗣业兵未至,弓月惧,与疏勒皆入朝;上赦其罪,遣归国。

【注释】

①靺鞨(mò hé 末合):古族名。源于肃慎。北魏时称勿吉,隋唐时靺鞨。分布在松花江、牡丹江流域及黑龙江中下游,东至日本海。后称作女真。 ②擐(huàn 患):套,穿。 ③突地稽:靺鞨渠帅。本附高丽,隋炀帝初率部来降,居于柳城(今辽宁朝阳)。唐武德四年(621),任燕州总管。 ④婺(wù 务)州:州名。隋开皇中置,治所在吴宁(今浙江金华)。大业初改为东阳郡。唐武德四年(621)复为婺州。 ⑤阿悉吉:胡三省注:"阿悉吉即阿悉结,弩失毕五俟斤之一也。" ⑥苏定方之西讨:指显庆二年(657),唐军攻击西突厥事。 ⑦咽面:部落名。古代铁勒族的一支。居地约当今哈萨克斯坦巴尔喀什湖以东地区。

上元元年[1] 春,正月,壬午[2],以左庶子、同中书门下三品刘仁轨为鸡林道大总管,卫尉卿李弼、右领军大将军李谨行副之,发兵讨新罗。时新罗王法敏既纳高丽叛众,又据百济故地,使人守之。上大怒,诏削法敏官爵;其弟右骁卫员外大将军、临海郡公仁问在京师,立以为新罗王,使归国。

三月,辛亥朔,日有食之。

贺兰敏之既得罪,皇后奏召武元爽之子承嗣于岭南,袭爵周公,拜尚衣奉御[3];夏,四月,辛卯,迁宗正卿。

秋,八月,壬辰,追尊宣简公为宣皇帝[④],妣张氏为宣庄皇后[⑤];懿王为光皇帝[⑥],妣贾氏为光懿皇后;太武皇帝为神尧皇帝,太穆皇后为太穆神皇后;文皇帝为太宗文武圣皇帝,文德皇后为文德圣皇后。皇帝称天皇,皇后称天后,以避先帝、先后之称。改元,赦天下。

戊戌,敕:"文武官三品以上服紫,金玉带;四品服深绯,金带;五品服浅绯,金带;六品服深绿,七品服浅绿,并银带;八品服深青,九品服浅青,并鍮石带[⑦];庶人服黄,铜铁带。自非庶人,不听服黄。"

九月,癸丑,诏追复长孙晟、长孙无忌官爵,以无忌曾孙翼袭爵赵公,听无忌丧归,陪葬昭陵。

甲寅,上御翔鸾阁,观大酺[⑧]。分音乐为东西朋,使雍王贤主东朋,周王显主西朋,角胜为乐。郝处俊谏曰:"二王春秋尚少,志趣未定,当推梨让枣,相亲如一。今分二朋,递相夸竞,俳优小人,言辞无度,恐其交争胜负,讥诮失礼,非所以崇礼义、劝敦睦也。"上瞿然曰:"卿远识,非众人所及也。"遽止之。

是日,卫尉卿李弼暴卒于宴所,为之废酺一日。

唐波斯银币

冬,十一月,丙午朔,车驾发京师;己酉,校猎华山之曲武原;戊辰,至东都。

箕州录事参军张君澈等诬告刺史蒋王恽及其子汝南郡王炜谋反,敕通事舍人薛思贞驰传往按之。十二月,癸未,恽惶惧,自缢死。上知其非罪,深痛惜之,斩君澈等四人。

戊子,于阗王伏阇雄来朝。

辛卯,波斯王卑路斯

来朝。

壬寅，天后上表，以为："国家圣绪，出自玄元皇帝，请令王公以下皆习《老子》，每岁明经，准《孝经》《论语》策试。"又请"自今父在，为母服齐衰三年[9]。又，京官八品以上，宜量加俸禄。"及其余便宜，合十二条。诏书褒美，皆行之。

是岁，有刘晓者，上疏论选，以为："今选曹以检勘为公道[10]，书判为得人[11]，殊不知考其德行才能。况书判借人者众矣。又，礼部取士，专用文章为甲乙，故天下之士，皆舍德行而趋文艺，有朝登甲科而夕陷刑辟者，虽日诵万言，何关理体[12]！文成七步，未足化人。况尽心卉木之间，极笔烟霞之际，以斯成俗，岂非大谬！夫人之慕名，如水趋下，上有所好，下必甚焉。陛下若取士以德行为先，文艺为末，则多士雷奔，四方风动矣！"

【注释】

①上元元年：是年八月方改元。　②壬午：上元元年正月无此日。据新旧《唐书》本纪，均作"二月壬午"，即初二日。　③尚衣奉御：官名，属殿中省，掌管帝王衣服，详其制度，辨其名数。　④宣简公：即李熙。后魏金门镇将熙，太祖虎之祖，谥宣简公。　⑤妣（bǐ 彼），此指已故的女性祖先。　⑥懿王：即李天赐。魏幢主天赐，太祖虎之父也，谥懿王。　⑦鍮（tōu 偷）石：黄铜。　⑧酺（pú 菩）：聚会饮酒。　⑨自今二句：据胡三省注，在此之前的丧礼规定：父亲健在，为亡母服丧的时间为一年。齐衰（zī cuī 姿崔）：丧服名。为五服之一，次于斩衰。以粗麻布做成，因其缉边缝齐，故称齐衰。　⑩检勘：谓考其功过，察其假名承伪、隐冒升降。　⑪书判：楷法和文理。　⑫理体：即治道。

二年　春，正月，丙寅，以于阗国为毗沙都督府，分其境内为十州，以于阗王尉迟伏阇雄为毗沙都督。

辛未，吐蕃遣其大臣论吐浑弥来请和，且请与吐谷浑复修邻好；上不许。

二月，刘仁轨大破新罗之众于七重城；又使靺鞨浮海，略新罗之南境，斩获甚众。仁轨引兵还。诏以李谨行为安东镇抚大使，屯新罗之买肖城以经略之，三战皆捷，新罗乃遣使入贡，且谢罪；

上赦之，复新罗王法敏官爵。金仁问中道而还，改封临海郡公。

三月，丁巳，天后祀先蚕于邙山之阳[①]；百官及朝集使皆陪位[②]。

上苦风眩甚，议使天后摄知国政。中书侍郎同三品郝处俊曰："天子理外，后理内，天之道也。昔魏文著令，虽有幼主，不许皇后临朝，所以杜祸乱之萌也。陛下奈何以高祖、太宗之天下，不传之子孙而委之天后乎！"中书侍郎昌乐李义琰曰："处俊之言至忠，陛下宜听之！"上乃止。

天后多引文学之士著作郎元万顷、左史刘祎之等[③]，使之撰《列女传》《臣轨》《百僚新戒》《乐书》，凡千余卷。朝廷奏议及百司表疏，时密令参决，以分宰相之权，时人谓之北门学士[⑥]。祎之，子翼之子也[⑦]。

夏，四月，庚辰，以司农少卿韦弘机为司农卿。弘机兼知东都营田[⑧]，受诏完葺宫苑。有宦者于苑中犯法，弘机杖之，然后奏闻。上以为能，赐绢数十匹，曰："更有犯者，卿即杖之，不必奏也。"

初，左千牛将军长安赵瓌尚高祖女常乐公主，生女为周王显妃。公主颇为上所厚，天后恶之。辛巳，妃坐废，幽闭于内侍省，食料给生者，防人候其突烟，已而数日烟不出，开视，死腐矣。瓌自定州刺史贬栝州刺史，令公主随之官，仍绝其朝谒。

太子弘仁孝谦谨，上甚爱之；礼接士大夫，中外属心。天后方逞其志，太子奏请，数迕旨，由是失爱于天后。义阳、宣城二公主，萧淑妃之女也，坐母得罪，幽于掖庭，年逾三十不嫁。太子见之惊恻，遽奏请出降，上许之。天后怒，即日以公主配当上翊卫权毅、王遂古[⑨]。己亥，太子薨于合璧宫，时人以为天后酖之也。

壬寅，车驾还洛阳宫。五月，戊申，下诏："朕方欲禅位皇太子，而疾遽不起，宜申往命，加以尊名，可谥为孝敬皇帝[⑩]。"

六月，戊寅，立雍王贤为皇太子，赦天下。

天后恶慈州刺史杞王上金，有司希旨奏其罪；秋，七月，上金坐解官，澧州安置。

八月，庚寅，葬孝敬皇帝于恭陵。

戊戌，以戴至德为右仆射，庚子，以刘仁轨为左仆射，并同中书门下三品如故。张文瓘为侍中，郝处俊为中书令；李敬玄为吏部尚书兼左庶子，同中书门下三品如故。

刘仁轨、戴志德更日受牒诉[11]，仁轨常以美言许之，至德必据理难诘，未尝与夺，实有冤结者，密为奏辩。由是时誉皆归仁轨。或问其故，至德曰："威福者人主之柄，人臣安得盗取之！"上闻，深重之。有老妪欲诣仁轨陈牒，误诣至德，至德览之未终，妪曰："本谓是解事仆射，乃不解事仆射邪！归我牒！"至德笑而授之。时人称其长者。文瓘时兼大理卿，囚闻改官，皆恸哭。文瓘性严正，诸司奏议，多所纠驳，上甚委之。

【注释】

①先蚕：古代传说中始教民众养蚕之神。相传周制由王后享先蚕，后世历朝都由皇后主祭先蚕。 ②朝（cháo 潮）集使：汉代每年各郡派掌管财政的官吏赴京报告政情及一年收入情况，称上计使者。唐因汉制，各道每年遣使朝集京师，谒见皇帝，称朝集使。陪位：陪席。 ④著作郎：唐著作郎，从五品上，掌修撰碑志、祝文、祭文，属秘书省。 ⑤左史：龙朔年间改起居郎为左史。唐于门下省置起居郎，专司记录皇帝每日言行。 ⑥北门学士：元万顷、刘祎之等参与朝政，以分宰相之权，是在翰林院起草制诰。翰林院在银台之北，他们常从皇宫北门出入，不经过南衙，故称。 ⑦子翼：胡三省注："刘子翼仕隋，以学行著。" ⑧营田：屯田。屯田制的耕作田。 ⑨翊卫：禁卫官名。与亲卫、勋卫同掌宿卫之事。翊卫以卿、监、刺史以上子孙任之。三卫皆轮流值日于殿陛。 ⑩可谥句：胡三省注："帝子谥皇帝始此。" ⑪更日：交替日子，轮流。牒：指诉讼状纸。

仪凤元年[1] 春，正月，壬戌，徙冀王轮为相王。

纳州獠反[2]，敕黔州都督发兵讨之。

二月，甲戌，徙安东都护府于辽东故城；先是有华人任安东官者，悉罢之。徙熊津都督府于建安故城；其百济户口先徙于徐、兖等州者，皆置于建安。

天后劝上封中岳；癸未，诏以今冬有事于嵩山。

丁亥，上幸汝州之温汤。

三月，癸卯，黄门侍郎来恒、中书侍郎薛元超并同中书门下三品。恒，济之兄[③]；元超，收之子也[④]。

甲辰，上还东都。

闰月，吐蕃寇鄯、廓、河、芳等州，敕左监门卫中郎将令狐智通发兴、凤等州兵以御之。己卯，诏以吐蕃犯塞，停封中岳。乙酉，以洛州牧周王显为洮州道行军元帅，将工部尚书刘审礼等十二总管，并州大都督相王轮为凉州道行军元帅，将左卫大将军契苾何力等，以讨吐蕃。二王皆不行。

庚寅，车驾西还。

甲寅[⑤]，中书侍郎李义琰同中书门下三品。

戊午[⑥]，车驾至九成宫。

六月，癸亥，黄门侍郎晋陵高智周同中书门下三品。

秋，八月，乙未[⑦]，吐蕃寇叠州。

壬寅，敕："桂、广、交、黔等都督府，比来注拟土人[⑧]，简择未精，自今每四年遣五品已上清正官充使，仍令御史同往注拟。"时人谓之南选。

九月，壬申，大理奏左威卫大将军权善才、左监门中郎将范怀义误斫昭陵柏，罪当除名，上特命杀之。大理丞太原狄仁杰奏："二人罪不当死。"上曰："善才等斫陵柏，我不杀则为不孝。"仁杰固执不已，上作色，令出，仁杰曰："犯颜直谏，自古以为难。臣以为遇桀、纣则难，遇尧、舜则易。今法不至死而陛下特杀之，是法不信于人也，人何所措其手足！且张释之有言[⑨]：'设有盗长陵一抔土[⑩]，陛下何以处之？'今以一株柏杀二将军，后代谓陛下为何如矣！臣不敢奉诏者，恐陷陛下于不道，且羞见释之于地下故也。"上怒稍解，二人除名，流岭南。后数日，擢仁杰为侍御史。

初，仁杰为并州法曹，同僚郑崇质当使绝域。崇质母老且病，仁杰曰："彼母如此，岂可使之有万里之忧！"诣长史蔺仁基，请代之行。仁基素与司马李孝廉不叶[⑪]，因相谓曰："吾辈岂可不自愧乎！"遂相与辑睦。

冬，十月，车驾还京师。

丁酉，祫享太庙[⑫]，用太学博士史璨议，禘后三年而祫[⑬]，祫后二年而褅。

郇王素节，萧淑妃之子也，警敏好学。天后恶之，自岐州刺史左迁申州刺史[14]。乾封初，敕曰："素节既有旧疾，不须入朝。"而素节实无疾，自以久不得入觐，乃著《忠孝论》。王府仓曹参军张柬之因使潜封其论以进[15]。后见之，诬以赃贿，丙午，降封鄱阳王，袁州安置。

十一月，壬申，改元，赦天下。

庚寅，以李敬玄为中书令。

十二月，戊午，以来恒为河南道大使，薛元超为河北道大使，尚书左丞鄢陵崔知悌、国子司业郑祖玄为江南道大使，分道巡抚。

【注释】

①仪凤元年：是年十一月，方改元。 ②纳州：州名。仪凤二年(677)置，治所在今四川叙永县西南。此时还未置州。 ③济：即唐朝大臣来济(610—662)。扬州江都(今江苏扬州)人。护儿之子。入唐，擢进士。贞观中，累迁通事舍人。高宗永徽为宰相，曾谏立武后事。显庆中，贬台州刺史。后徙庭州，与突厥兵交战阵亡。 ④收：即唐初官吏薛收(592—624)。蒲州汾阴(今山西河津)人，字伯褒。道衡子。因房玄龄荐，任秦王李世民主簿。秦王攻东都，从其计，扼成皋以拒窦建德，一战定中原。入东都，授记室参军。旋卒。 ⑤甲寅：仪凤元年闰三月无此日。据新旧《唐书》本纪，此乃四月之日，即十七日。 ⑥戊午：仪凤元年闰三月无此日。此乃四月二十一日。 ⑦乙未：仪凤元年八月无此日。据《新纪》，此为七月二十九日。 ⑧注拟：唐代选拔官吏，先由尚书省登录选

唐奉先寺卢舍那大佛

人,再经考询,然后按才拟定其官职,称为注拟。 ⑨张释之:西汉官吏。南阳堵阳(今河南方城县东)人,字季。文帝时,以资选为郎,累迁公车令。后任廷尉,严格按法处理案件,竟能不顾文帝旨意。 ⑩长陵:汉高祖刘邦的陵墓。抔(póu 剖):以双手捧物。此用"一抔"来极言其少。 ⑪叶(xié 斜):和洽,合。"协"的古文。 ⑫袷(xiá 侠):古代祭名。集远近祖先神主于太庙合祭。 ⑬禘(dì 帝):古代祭名。约有郊祭之禘、殷祭之禘、时祭之禘三类。此指殷祭之禘,是帝王宗庙的大祭,与"袷"并称为殷祭。 ⑭左迁:贬官。 ⑮因使:通过使者。潜:暗中。

二年 春,正月,乙亥,上耕藉田。

初,刘仁轨引兵自熊津还,扶馀隆畏新罗之逼,不敢留,寻亦还朝。二月,丁巳,以工部尚书高藏为辽东州都督,封朝鲜王,遣归辽东,安辑高丽余众[①];高丽先在诸州者,皆遣与藏俱归。又以司农卿扶馀隆为熊津都督,封带方王,亦遣归安辑百济余众,仍移安东都护府于新城以统之。时百济荒残,命隆寓居高丽之境。藏至辽东,谋叛,潜与靺鞨通;召还,徙邛州而死,散徙其人于河南、陇右诸州,贫者留安东城傍。高丽旧城没于新罗,余众散入靺鞨及突厥,隆亦竟不敢还故地,高氏、扶馀氏遂亡。

三月,癸亥朔,以郝处俊、高智周并为左庶子,李义琰为右庶子。

夏,四月,左庶子张大安同中书门下三品。大安,公谨之子也[②]。

诏以河南、北旱,遣御史中丞崔谧等分道存问赈给。侍御史宁陵刘思立上疏,以为:"今麦秀蚕老,农事方殷,敕使抚巡[③],人皆竦抃[④],忘其家业,冀此天恩,聚集参迎,妨废不少。既缘赈给,须立簿书,本欲安存[⑤],更成烦扰。望且委州县赈给,待秋务闲,出使褒贬。"疏奏,谧等遂不行。

五月,吐蕃寇扶州之临河镇,擒镇将杜孝升,令赍书说松州都督武居寂使降,孝升固执不从。吐蕃军还,舍孝升而去,孝升复帅余众拒守。诏以孝升为游击将军[⑥]。

秋,八月,徙周王显为英王,更名哲。

命刘仁轨镇洮河军[7]。冬,十二月,乙卯,诏大发兵讨吐蕃。

诏以显庆新礼,多不师古,其五礼并依《周礼》行事[8]。自是礼官益无凭守,每有大礼,临时撰定。

【注释】

①安辑:安抚。 ②公谨:即张公谨,太宗朝功臣。 ③敕使:皇帝的使者。 ④竦(sǒng 怂):踮起脚跟望,企踵。抃(biàn 变):鼓掌。 ⑤安存:安慰存问。存,问候,省视。 ⑥游击将军:胡三省注:"《晋官品令》:游击将军,第四品。唐,从五品下。"属中级将领。 ⑦洮河军:地名。胡三省注:"鄯州城内,有临洮军。"军,唐代于设兵戍守之地,设置"军""守捉""镇""戍"。大的称为"军",小的称"守""捉""镇""戍"。 ⑧五礼:古代以祭祀之事为吉礼,冠婚之事为嘉礼,宾客之事为宾礼,军旅之事为军礼,丧葬之事为凶礼,合称五礼。

三年 春,正月,辛酉,百官及蛮夷酋长朝天后于光顺门。

刘仁轨镇洮河,每有奏请,多为李敬玄所抑,由是怨之。仁轨知敬玄非将帅才,欲中伤之,奏言:"西边镇守,非敬玄莫可。"敬玄固辞,上曰:"仁轨须朕,朕亦自往,卿安得辞!"丙子,以敬玄代仁轨为洮河道大总管兼安抚大使,仍检校鄯州都督。又命益州大都督府长史李孝逸等发剑南、山南兵以赴之。孝逸,神通之子也[1]。

癸未,遣左金吾将军曹怀舜等分往河南、北募猛士,不问布衣及仕宦[2]。

夏,四月,戊申,赦天下,改来年元为通乾。

五月,壬戌,上幸九成宫。丙寅,山中雨,大寒,从兵有冻死者。

秋,七月,李敬玄奏破吐蕃于龙支[3]。

上初即位,不忍观《破陈乐》,命撤之。辛酉,太常少卿韦万石奏:"久寝不作,惧成废缺。请自今大宴会复奏之。"上从之。

九月,辛酉,车驾还京师。

上将发兵讨新罗,侍中张文瓘卧疾在家,自舆入见,谏曰:"今吐蕃为寇,方发兵西讨,新罗虽云不顺,未尝犯边,若又东征,臣恐公私不堪其弊。"上乃止。癸亥,文瓘薨。

丙寅,李敬玄将兵十八万与吐蕃将论钦陵战于青海之上,兵败,工部尚书、左卫大将军彭城僖公刘审礼为吐蕃所虏。时审礼将前军深入,顿于濠所,为虏所攻,敬玄懦怯,按兵不救。闻审礼战没,狼狈还走,顿于承风岭,阻泥沟以自固,虏屯兵高冈以压之。左领军员外将军黑齿常之,夜帅敢死之士五百人袭击虏营,虏众溃乱,其将跋地设引兵遁去,敬玄乃收余众还鄯州。

审礼诸子自缚诣阙,请入吐蕃赎其父,敕听次子易从诣吐蕃省之。比至,审礼已病卒,易从昼夜号哭不绝声;吐蕃哀之,还其尸,易从徒跣负之以归[4]。

上嘉黑齿常之之功,擢拜左武卫将军,充河源军副使[5]。

李敬玄之西征也,监察御史原武娄师德应猛士诏从军,及败,敕师德收集散亡,军乃复振。因命使于吐蕃,吐蕃将论赞婆迎之赤岭[6]。师德宣导上意,谕以祸福,赞婆甚悦,为之数年不犯边。师德迁殿中侍御史,充河源军司马,兼知营田事。

上以吐蕃为忧,悉召侍臣谋之,或欲和亲以息民;或欲严设守备,俟公私富实而讨之;或欲亟发兵击之。议竟不决,赐食而遣之。

太学生宋城魏元忠上封事,言御吐蕃之策,以为:"理国之要,在文与武。今言文者则以辞华为首而不及经纶,言武者则以骑射为先而不及方略,是皆何益于理乱哉!故陆机著《辨亡》之论[7],无救河桥之败,养由基射穿七札[8],不济鄢陵之师,此已然之明效也。古语有之:'人无常俗,政有理乱;兵无强弱,将有巧拙。'故选将当以智略为本,勇力为末。今朝廷用人,类取将门子弟及死事之家,彼皆庸人,岂足当阃外之任[9]!李左车、陈汤、吕蒙、孟观[10],皆出贫贱而立殊功,未闻其家代为将也。

"夫赏罚者,军国之切务,苟有功不赏,有罪不诛,虽尧、舜不能以致理。议者皆云:'近日征伐,虚有赏格而无事实[11]。'盖由小才之吏,不知大体,徒惜勋庸,恐虚仓库。不知士不用命[12],所损几何!黔首虽微,不可欺罔。岂得悬不信之令,设虚赏之科,而望其立功乎!自苏定方征辽东,李勣破平壤,赏绝不行,勋仍淹滞,不闻斩一台郎,戮一令史[13],以谢勋人。大非川之败,薛仁贵、郭待封等不即重诛，向使早诛仁贵等，则自余诸将岂敢失利于后哉！臣恐吐蕃之平，非旦夕可冀也。

“又，出师之要，全资马力。臣请开畜马之禁，使百姓皆得畜马；若官军大举，委州县长吏以官钱增价市之，则皆为官有。彼胡虏恃马力以为强，若听人间市而畜之，乃是损彼之强为中国之利也。”先是禁百姓畜马，故元忠言之。上善其言，召见，令直中书省，仗内供奉⑭。

冬，十月，丙午，徐州刺史密贞王元晓薨。

十一月，壬子，黄门侍郎、同中书门下三品来恒薨。

十二月，诏停来年通乾之号，以反语不善故也⑮。

【注释】

①神通：即唐宗室李神通（？—630）。高祖从弟。隋末举兵，响应李渊太原起事。武德初封永康王，寻改淮安王。后从李世民破刘黑闼，迁左武卫大将军。贞观初，拜开府仪同三司。 ②仕宦：作官。 ③龙支：古县名。西魏以金城县改称，治所在今青海民和东南。唐上元后地入吐蕃而废。 ④徒跣（xiǎn 险）：赤脚步行。 ⑤河源军：据胡三省注所引杜佑的说法，河源军在鄯州（今青海海东市乐都区）西一百二十里。 ⑥赤岭：即今日月山，在青海湟源县西，地当中原通往吐蕃的交通要冲。 ⑦陆机（261—303）：西晋大臣。吴县华亭（今上海松江区）人，字士衡。祖逊、父抗俱为东吴名臣。吴灭，作《辨亡论》。仕晋，累迁郎中令。八王之乱起，依成都王司马颖。后被谗，为颖所杀。 ⑧养由基：春秋时楚国大夫。养氏，名由基，字叔。善射，相传能百步穿杨。 ⑨阃（kǔn 捆）外：统兵在外。 ⑩李左车：西汉初人。初在赵封为广武君，后归附韩信。陈汤：西汉瑕丘（今山东济宁市兖州区东北）人，字子公。元帝时，为西域副校尉。匈奴威胁西域，他发兵至康居，攻杀郅支单于。封关内侯。吕蒙（178—220）：三国吴将领。富陂（今安徽阜南县东南）人，字子明。从孙权攻战，任横野中郎将。后随周瑜大破曹操于赤壁。鲁肃卒，代领其军，破关羽，占荆州。孟观：西晋东光（今河北东光县东）人，字叔时。惠帝时为殿中郎中、黄门侍郎。氐羌齐万年反，命观征讨，生擒万年，拜征右将军。赵王司马伦夺位，署为安南将军，假节屯宛，为伦守御。伦败，斩首传送洛阳。 ⑪赏格：悬赏所定的等第、标准。 ⑫用命：服从命令，效命。 ⑬“不闻”二句：胡三省注：“尚书诸曹郎，皆谓之

台郎。勋转淹滞，则司勋之责耳。司勋令史三十三人。”这里台郎、令史指的是管理勋赏的官员。 ⑭仗内供奉：朝会得随百官人见。 ⑮诏停二句：胡三省注：“通乾，反语为天穷。”反（fān 番）语，古代的一种隐语。即以二字先正切，再颠倒相切，成另外二字。“通乾”正切，合音为“天”；颠倒为“乾通”相切，合音为“穷”；构成反语“天穷”，涵义不吉利，因而停止用它作为年号。

调露元年 春，正月，己酉，上幸东都。

司农卿韦弘机作宿羽、高山、上阳等宫，制度壮丽。上阳宫临洛水，为长廊亘一里。宫成，上徙御之。侍御史狄仁杰劾奏弘机导上为奢泰[①]，弘机坐免官。左司郎中王本立恃恩用事[②]，朝廷畏之。仁杰奏其奸，请付法司，上特原之。仁杰曰：“国家虽乏英才，岂少本立辈！陛下何惜罪人，以亏王法。必欲曲赦本立，请弃臣于无人之境，为忠贞将来之诫！”本立竟得罪，由是朝廷肃然。

庚戌，右仆射、太子宾客道恭公戴至德薨[③]。

二月，壬戌，吐蕃赞普卒，子器弩悉弄立，生八年矣。时器弩悉弄与其舅麴萨若诣羊同发兵[④]，有弟生六年，在论钦陵军中。国人畏钦陵之强，欲立之，钦陵不可，与萨若共立器弩悉弄。

上闻赞普卒，嗣主未定[⑤]，命裴行俭乘间图之。行俭曰：“钦陵为政，大臣辑睦，未可图也。”乃止。

夏，四月，辛酉，郝处俊为侍中。

偃师人明崇俨，以符咒幻术为上及天后所重，官至正谏大夫。五月，壬午，崇俨为盗所杀，求贼，竟不得。赠崇俨侍中。

丙戌，命太子监国。太子处事明审，时人称之。

戊戌，作紫桂宫于渑池之西。

六月，辛亥，赦天下，改元。

初，西突厥十姓可汗阿史那都支及其别帅李遮匐与吐蕃连和，侵逼安西，朝议欲发兵讨之。吏部侍郎裴行俭曰：“吐蕃为寇，审礼覆没，干戈未息，岂可复出师西方！今波斯王卒，其子泥洹师为质在京师[⑥]，宜遣使者送归国，道过二虏，以便宜取之[⑦]，可不血刃而擒也。”上从之，命行俭册立波斯王，仍为安抚大食使[⑧]。行俭奏肃州刺史王方翼以为己副，仍令检校安西都护。

【注释】

①奢泰：通作“奢汰”。挥霍无度。　②左司郎中：隋炀帝大业三年，尚书都司始置左、右司郎各一人，掌都省之职。唐置左、右司郎中，各掌付十二司之事，以举正稽违，省署符目。　③太子宾客：显庆元年，始置太子宾客四员，正三品，掌侍从规谏，赞相礼仪。　④羊同：古族名。羌人的一支。分布于今西藏西北部。有大小二部，小羊同在大羊同之西。从事畜牧。其王姓姜葛，以四大臣分掌军政事，有兵八、九万。唐初为吐蕃所并。　⑤嗣主未定：此四字原无，据十二行本补。　⑥“今波斯王”二句：胡三省注：“波斯为大食所灭，其王卑路斯入朝，授武卫将军而死，其子为质在京师。”　⑦便宜：因利乘便，见机行事。　⑧大食：古国名。唐代以后，称阿拉伯帝国为大食。

秋，七月，己卯朔，诏以今年冬至有事于嵩山。

初，裴行俭尝为西州长史，及奉使过西州，吏人郊迎，行俭悉召其豪杰子弟千余人自随，且扬言天时方热，未可涉远，须稍凉乃西上。阿史那都支觇知之[1]，遂不设备。行俭徐召四镇诸胡酋长谓曰[2]：“昔在西州，纵猎甚乐，今欲寻旧赏，谁能从吾猎者？”诸胡子弟争请从行，近得万人。行俭阳为畋猎，校勒部伍，数日，遂倍道西进。去都支部落十余里，先遣都支所亲问其安否，外示闲暇，似非讨袭，续使促召相见。都支先与李遮匐约，秋中拒汉使，猝闻军至，计无所出，帅其子弟迎谒，遂擒之。因传其契箭[3]，悉召诸部酋长，执送碎叶城。简其精骑，轻赍，昼夜进掩遮匐，途中，获都支还使与遮匐使者同来；行俭释遮匐使者，使先往谕遮匐以都支已就擒，遮匐亦降。于是囚都支、遮匐以归，遣波斯王自还其国，留王方翼于安西，使筑碎叶城。

冬，十月，单于大都护府突厥阿史德温傅、奉职二部俱反[4]，立阿史那泥熟匐为可汗，二十四州酋长皆叛应之，众数十万。遣鸿胪卿单于大都护府长史萧嗣业、右领军卫将军花大智、右千牛卫将军李景嘉等将兵讨之。嗣业等先战屡捷，因不设备；会大雪，突厥夜袭其营。嗣业狼狈拔营走，众遂大乱，为虏所败，死者不可胜数。大智、景嘉引步兵且行且战，得入单于都护府。嗣业减死，流桂州，大智、景嘉并免官。

突厥寇定州，刺史霍王元轨命开门偃旗，虏疑有伏，惧而宵遁。州人李嘉运与虏通谋，事泄，上令元轨穷其党与，元轨曰："强寇在境，人心不安，若多所逮系，是驱之使叛也。"乃独杀嘉运，余无所问，因自劾违制。上览表大喜，谓使者曰："朕亦悔之，向无王[5]，失定州矣。"自是朝廷有大事，上多密敕问之。

壬子，遣左金吾卫将军曹怀舜屯井陉，右武卫将军崔献屯龙门，以备突厥。突厥扇诱奚、契丹侵掠营州，都督周道务遣户曹始平唐休璟将兵击破之。

庚申，诏以突厥背诞[6]，罢封嵩山。

癸亥，吐蕃文成公主遣其大臣论塞调傍来告丧，并请和亲，上遣郎将宋令文诣吐蕃会赞普之葬。

十一月，戊寅朔，以太子左庶子、同中书门下三品高智周为御史大夫，罢知政事[7]。

癸未，上宴裴行俭，谓之曰："卿有文武兼资，今授卿二职。"乃

唐永泰公主墓壁画局部

除礼部尚书兼检校右卫大将军。甲辰，以行俭为定襄道行军大总管，将兵十八万，并西军检校丰州都督程务挺、东军幽州都督李文暕总三十余万以讨突厥，并受行俭节度。务挺，名振之子也[⑧]。

【注释】

①觇(chān 掺)：偷偷地察看。 ②四镇：即龟兹、毗沙、焉耆、疏勒四都督府。 ③契箭：作符契用的弓箭。夷狄无符信，以箭为契信。西突厥沙钵啐利失可汗分其国为十部，部以一人统之，人授一箭，号十设，亦曰十箭。 ④单于句：胡三省注："阿史德，姓也，温傅其名。奉职，亦一部酋长之名。" ⑤向：向使，假使。 ⑥背诞：违命放纵，不受节制而妄为。 ⑦知：主持，执掌。 ⑧名振：即程名振。平恩(今河北曲周县东南)人。高祖时，率兵经略河北。历洺州刺史。太宗征辽东时，任右骁卫将军，能以少击众，号为名将。历晋、蒲二州刺史卒。

永隆元年[①] 春，二月，癸丑，上幸汝州之温汤；戊午，幸嵩山处士三原田游岩所居[②]；己未，幸道士宗城潘师正所居[③]，上及天后、太子皆拜之。乙丑，还东都。

三月，裴行俭大破突厥于黑山[④]，擒其酋长奉职，可汗泥熟匐为其下所杀，以其首来降。

初，行俭行至朔川[⑤]，谓其下曰："用兵之道，抚士贵诚，制敌贵诈。前日萧嗣业粮运为突厥所掠，士卒冻馁，故败。今突厥必复为此谋，宜有以诈之。"乃诈为粮车三百乘，每车伏壮士五人，各持陌刀、劲弩[⑥]，以羸兵数百为之援，且伏精兵于险要以待之；虏果至，羸兵弃车散走。虏驱车就水草，解鞍牧马，欲取粮，壮士自车中跃出，击之，虏惊走，复为伏兵所邀，杀获殆尽，自是粮运行者，虏莫敢近。

军至单于府北，抵暮，下营，掘堑已周，行俭遽命移就高冈；诸将皆言士卒已安堵[⑦]，不可复动，行俭不从，趣使移。是夜，风雨暴至，前所营地，水深丈余。诸将惊服，问其故，行俭笑曰："自今但从我命，不必问其所由知也。"

奉职既就擒，余党走保狼山[⑧]。诏户部尚书崔知悌驰传诣定襄宣慰将士[⑨]，且区处余寇，行俭引军还。

夏,四月,乙丑,上幸紫桂宫。

戊辰,黄门侍郎闻喜裴炎、崔知温、中书侍郎京兆王德真并同中书门下三品。知温,知悌之弟也。

秋,七月,吐蕃寇河源,左武卫将军黑齿常之击却之。擢常之为河源军经略大使。常之以河源冲要,欲加兵戍之,而转输险远,乃广置烽戍七十余所,开屯田五千余顷,岁收五百余万石,由是战守有备焉。

先是,剑南募兵于茂州西南筑安戎城,以断吐蕃通蛮之路。吐蕃以生羌为乡导⑩,攻陷其城,以兵据之,由是西洱诸蛮皆降于吐蕃。吐蕃尽据羊同、党项及诸羌之地,东接凉、松、茂、嶲等州,南邻天竺,西陷龟兹、疏勒等四镇,北抵突厥,地方万余里,诸胡之盛,莫与为比。

丙申,郑州刺史江王元祥薨。

突厥余众围云州⑪,代州都督窦怀悊、右领军中郎将程务挺将兵击破之。

【注释】

①永隆元年:这一年八月始改年号为永隆。 ②处士:未做官或不愿做官的士人。田游岩:三原(今陕西三原县东北)人,永徽时补太学生,罢归。长史李安期表其才,召赴京师,辞疾入箕山,居许由祠旁,自号许由东邻。高宗幸嵩山至其门,拜崇文馆学士。进太子洗马,放还山,不交当世而终。 ③潘师正:宗城(今河北威县东)人。少事王远知为道士,得其术,居逍遥谷。高宗召见问对,乃尊异之,诏即其庐作崇唐观。卒年九十八,谥体元先生。 ④黑山:在今内蒙古包头市西北。 ⑤朔川:据胡三省考证,当作"朔州"。朔州,治善阳县(今山西朔州市)。⑥陌刀:一种步兵所持的长刀,古代又称斩马剑。 ⑦安堵:相安,安居。 ⑧狼山:胡三省注:"歌逻禄右厢部落所居也。永徽元年,置狼山州,属云中都护府。"即今内蒙古杭锦后旗西北狼山。 ⑨崔知悌:鄢陵(今河南鄢陵县西北)人。官中书侍郎,以忠勤迁尚书左丞。裴行俭破突厥,受诏驰慰将士,佐行俭平定突厥有功。终户部尚书。 ⑩生羌:指未归顺朝廷接受教化的羌人部落。乡导:即向导。 ⑪云州:州名。唐武德四年(621)置,治今内蒙古和林格尔县西北土城子。

八月，丁未，上还东都。

中书令、检校鄯州都督李敬玄，军既败，屡称疾请还，上许之。既至，无疾，诣中书视事；上怒，丁巳，贬衡州刺史。

太子贤闻宫中窃议，以贤为天后姊韩国夫人所生，内自疑惧。明崇俨以厌胜之术为天后所信[①]，常密称“太子不堪承继，英王貌类太宗”。又言“相王相最贵”。天后尝命北门学士撰《少阳正范》及《孝子传》以赐太子[②]，又数作书诮让之[③]，太子愈不自安。

及崇俨死，贼不得，天后疑太子所为。太子颇好声色，与户奴赵道生等狎昵，多赐之金帛，司议郎韦承庆上书谏，不听。天后使人告其事。诏薛元超、裴炎与御史大夫高智周等杂鞫之，于东宫马坊搜得皂甲数百领，以为反具；道生又款称太子使道生杀崇俨[④]。上素爱太子，迟回欲宥之[⑤]，天后曰：“为人子怀逆谋，天地所不容；大义灭亲，何可赦也！”甲子，废太子贤为庶人，遣右监门中郎将令狐智通等送贤诣京师，幽于别所，党与皆伏诛，乃焚其甲于天津桥南以示士民。承庆，思谦之子也[⑥]。

乙丑，立左卫大将军、雍州牧英王哲为皇太子，改元，赦天下。

太子洗马刘讷言尝撰《俳谐集》以献贤，贤败，搜得之，上怒曰：“以《六经》教人，犹恐不化，乃进俳谐鄙说[⑦]，岂辅导之义邪！”流讷言于振州。

左卫将军高真行之子政为太子典膳丞，事与贤连，上以付其父，使自训责。政入门，真行以佩刀刺其喉，真行兄户部侍郎审行又刺其腹，真行兄子璇断其首，弃之道中。上闻之，不悦，贬真行为睦州刺史，审行为渝州刺史。真行，士廉之子也[⑧]。

左庶子、中书门下三品张大安坐阿附太子[⑨]，左迁普州刺史。其余宫僚，上皆释其罪，使复位，左庶子薛元超等皆舞蹈拜恩[⑩]；右庶子李义琰独引咎涕泣，时论美之。

九月，甲申，以中书侍郎、同中书门下三品王德真为相王府长史，罢政事。

冬，十月，壬寅，苏州刺史曹王明、沂州刺史嗣蒋王炜，皆坐故太子贤之党，明降封零陵郡王，黔州安置；炜除名，道州安置。

丙午，文成公主薨于吐蕃。

己酉,车驾西还。

十一月,壬申朔,日有食之。

【注释】

①厌胜:古代迷信中的一种以诅咒来压伏制胜的方术。 ②少阳正范:古代称东宫为少阳之位,亦把少阳作太子代称。《少阳正范》是一部有关太子行为规范的书。 ③诮(qiào 俏)让:谴责。 ④款:服罪。 ⑤迟回:迟疑徘徊。 ⑥思谦:即唐大臣韦思谦。阳武(今河南原阳县)人,名仁约,以字行。初由应城令擢御史,累进御史大夫。以太中大夫致仕卒。 ⑦俳(pái 排)谐:戏谑取笑的言辞。 ⑧士廉:即唐初大臣高士廉(575—647)。蓨县(今河北景县)人,名俭,以字行。隋末因故谪交州,唐初北归。累迁雍州治中。参与预谋玄武门之变。贞观中历侍中、益州大都督府长史、吏部尚书,封许国公。受诏预修《氏族志》,书成,擢尚书右仆射。后解仆射,仍以开府仪同三司平章事。 ⑨阿附:逢迎附和。 ⑩舞蹈:古代朝拜帝王的礼节。

开耀元年[①] 春,正月,突厥寇原、庆等州。乙亥,遣右卫将军李知十等屯泾、庆二州以备突厥。

庚辰,以初立太子,敕宴百官及命妇于宣政殿,引九部伎及散乐自宣政门入[②]。太常博士袁利贞上疏,以为:"正寝非命妇宴会之地[③],路门非倡优进御之所[④],请命妇会于别殿,九部伎自东西门入,其散乐伏望停省。"上乃更命置宴于麟德殿;宴日,赐利贞帛百段。利贞,昂之曾孙也[⑤]。

利贞族孙谊为苏州刺史,自以其先自宋太尉淑以来,尽忠帝室[⑥],谓琅邪王氏虽奕世台鼎[⑦],而为历代佐命[⑧],耻与为比,尝曰:"所贵于名家者,为其世笃忠贞,才行相继故也。彼鬻婚姻求禄利者,又乌足贵乎!"时人是其言。

裴行俭军既还,突厥阿史那伏念复自立为可汗,与阿史德温傅连兵为寇。癸巳,以行俭为定襄道大总管,以右武卫将军曹怀舜、幽州都督李文暕为副,将兵讨之。

二月,天后表请赦杞王上金、鄱阳王素节之罪;以上金为沔州刺史,素节为岳州刺史,仍不听朝集。

三月,辛卯,以刘仁轨兼太子少傅,余如故[9]。以侍中郝处俊为太子少保,罢政事。

少府监裴匪舒,善营利,奏卖苑中马粪,岁得钱二十万缗。上以问刘仁轨,对曰:"利则厚矣,恐后代称唐家卖马粪,非嘉名也。"乃止。匪舒又为上造镜殿,成,上与仁轨观之,仁轨惊趋下殿。上问其故,对曰:"天无二日,土无二王,适视四壁有数天子,不祥孰甚焉!"上遽令剔去。

曹怀舜与裨将窦义昭将前军击突厥。或告"阿史那伏念与阿史德温傅在黑沙[10],左右才二十骑以下,可径往取也。"怀舜等信之,留老弱于瓠芦泊,帅轻锐倍道进,至黑沙,无所见,人马疲顿,乃引兵还。

会薛延陀部落欲西诣伏念,遇怀舜军,因请降。怀舜等引兵徐还,至长城北,遇温傅,小战,各引去。至横水,遇伏念,怀舜、义昭与李文暕及裨将刘敬同四军合为方陈,且战且行;经一日,伏念乘便风击之,军中扰乱,怀舜等弃军走,军遂大败,死者不可胜数。怀舜等收散卒,敛金帛以赂伏念,与之约和,杀牛为盟。伏念北去,怀舜等乃得还。

夏,五月,丙戌,怀舜免死,流岭南。

己丑,河源道经略大使黑齿常之将兵击吐蕃论赞婆于良非川,破之,收其粮畜而还。常之在军七年,吐蕃深畏之,不敢犯边。

【注释】

①开耀元年:这一年九月始改年号为开耀。《旧纪》作十月,误。②散乐:百戏、杂技。 ③正寝:古代帝王诸侯常居治政的所在。 ④路门:路寝之门。路寝即正寝。 ⑤昂:即南朝梁大臣袁昂。字千里。初仕齐为吴兴太守。梁师起,昂拒境不受命,齐亡,始至京师,梁武帝用为吏部尚书。寻迁尚书令,进司空。卒谥穆正。 ⑥"自以其先"二句:胡三省注:"袁淑死于宋元凶之难,袁颉以死奉子勋,袁昂尽节于齐室,袁宪尽忠于陈后主。" ⑦奕世:累世,一代接一代。台鼎:古称三公台鼎,如星有三台,鼎有三足。 ⑧佐命:古代帝王建立王朝,自称承天受命,故以佐命指辅佐之臣。胡三省注:"琅邪王氏股肱晋室,而王弘为宋室佐命,王俭为齐室佐命,梁室之兴、侯景之篡,王亮、王克为劝进之首。"

⑨余如故:仁轨先为尚书左仆射、同中书门下三品。 ⑩黑沙:黑沙城,后突厥默啜以为南庭。

初,太原王妃之薨也,天后请以太平公主为女官以追福[①]。及吐蕃求和亲,请尚太平公主,上乃为立太平观,以公主为观主以拒之。至是,始选光禄卿汾阴薛曜之子绍尚焉。绍母,太宗女城阳公主也。

秋,七月,公主适薛氏,自兴安门南至宣阳坊西,燎炬相属,夹路槐木多死。绍兄顗以公主宠盛,深忧之,以问族祖户部郎中克构,克构曰:“帝甥尚主,国家故事[②],苟以恭慎行之,亦何伤!然谚曰:‘娶妇得公主,无事取官府。’不得不为之惧也。”

天后以顗妻萧氏及顗弟绪妻成氏非贵族,欲出之,曰:“我女岂可使与田舍女为妯娌邪!”或曰:“萧氏,瑀之侄孙,国家旧姻[③]。”乃止。

夏州群牧使安元寿奏:“自调露元年九月以来,丧马一十八万余匹,监牧吏卒为虏所杀掠者八百余人。”

薛延陀达浑等五州四万余帐来降[④]。

甲午,左仆射兼太子少傅、同中书门下三品刘仁轨固请解仆射,许之。

闰七月,丁未,裴炎为侍中,崔知温、薛元超并守中书令[⑤]。

上征田游岩为太子洗马,在东宫无所规益。右卫副率蒋俨以书责之曰:“足下负巢、由之俊节[⑥],傲唐、虞之圣主,声出区宇,名流海内。主上屈万乘之重,申三顾之荣,遇子以商山之客[⑦],待子以不臣之礼,将以辅导储贰,渐染芝兰耳。皇太子春秋鼎盛,圣道未周,仆以不才,犹参庭诤,足下受调护之寄,是可言之秋,唯唯而无一谈,悠悠以卒年岁。向使不餐周粟[⑧],仆何敢言!禄及亲矣,以何酬塞?想为不达,谨书起予[⑨]。”游岩竟不能答。

庚申,上以服饵,令太子监国。

裴行俭军于代州之陉口,多纵反间[⑩],由是阿史那伏念与阿史德温傅浸相猜贰[⑪]。伏念留妻子辎重于金牙山,以轻骑袭曹怀舜。行俭遣裨将何迦密自通漠道,程务挺自石地道掩取之。伏念与曹怀舜等约和而还，比至金牙山，失其妻子辎重，士卒多疾疫，乃引兵北走细沙，行俭又使副总管刘敬同、程务挺等将单于府兵追蹑之[12]。伏念请执温傅以自效，然尚犹豫，又自恃道远，唐兵必不能至，不复设备。敬同等军到，伏念狼狈，不能整其众，遂执温傅，从间道诣行俭降。候骑告以尘埃涨天而至，将士皆震恐，行俭曰："此乃伏念执温傅来降，非他盗也。然受降如受敌，不可无备。"乃命严备，遣单使迎前劳之。少选[13]，伏念果帅酋长缚温傅诣军门请罪。行俭尽平突厥余党，以伏念、温傅归京师。

冬，十月，丙寅朔，日有食之。

壬戌[14]，裴行俭等献定襄之俘。乙丑[15]，改元。丙寅，斩阿史那伏念、阿史德温傅等五十四人于都市。

初，行俭许伏念以不死，故降。裴炎疾行俭之功，奏言："伏念为副将张虔勖、程务挺所逼，又回纥等自碛北南向逼之[16]，穷窘而降耳。"遂诛之。行俭叹曰："浑、濬争功[17]，古今所耻。但恐杀降，无复来者。"因称疾不出。

丁亥，新罗王法敏卒，遣使立其子政明。

十一月，癸卯，徙故太子贤于巴州。

【注释】

①太平公主：天后女。女官：即女冠。女道士。追福：祈求冥福。②故事：先例，旧日的典章制度。 ③萧氏三句：胡三省注："萧璹子锐尚太宗女襄城公主。" ④五州：指姑衍州、步讫若州、嵠弹州、鹘州、低粟州。 ⑤守：署理，代理。官阶低而所署官职高叫守。 ⑥巢由：即上古传说中的高士巢父、许由。巢父因巢居而得名，尧欲让以君位，拒不受；尧又欲让位于许由，他又教许由隐居。许由原隐于沛泽，尧让以君位，他逃到箕山下耕作而食；尧聘以为九州长，又逃到颍水洗耳。 ⑦商山之客：指西汉初隐居于商山的"四皓"，即东园公、绮里季、夏黄公、角里先生。传说汉高祖敦聘四皓，不至，吕后用张良策，迎四皓，使辅太子。⑧不餐周粟：商末孤竹君之子伯夷、叔齐闻周文王善养老而入周。武王伐纣，两人劝谏，以为不仁。武王灭商。两人逃至首阳山，不食周粟而死。 ⑨起予：《论语·八佾》："子曰；起予者商也，始可与言诗已矣。"《疏》："起，发也。予，我也。商，子夏名。"后用指得自他人的教益，受到

他人的启发。 ⑩反间:利用间谍离间敌方内部。此指从事反间的间谍。 ⑪猜贰:猜忌。 ⑫蹑(niè 聂):紧随在后。 ⑬少选:少顷。 ⑭壬戌:开耀元年十月无此日。据《新纪》,应为九月壬戌(二十七日)。本书沿《旧纪》致误。 ⑮乙丑:开耀元年十月无此日。据《新纪》,应为九月乙丑(三十日)。 ⑯碛(qì 弃):沙漠。 ⑰浑濬争功:指西晋武帝太康元年(280)王浑、王濬争功之事。安东将军王浑破吴中军后迟疑不敢渡江;益州刺史王濬攻克武昌,顺流而下,直取吴都,受孙皓之降。王浑便愧恨妒毁王濬,为人所讥。

资治通鉴卷第二百三

唐纪十九　起玄黓敦牂，尽柔兆阉茂，凡五年。

高宗天皇大圣大弘孝皇帝下

永淳元年[①]　春，二月，作万泉宫于蓝田。

癸未，改元，赦天下。

戊午[②]，立皇孙重照为皇太孙。上欲令开府置官属，问吏部郎中王方庆，对曰："晋及齐皆尝立太孙，其太子官属即为太孙官属，未闻太子在东宫而更立太孙者也。"上曰："自我作古[③]，可乎？"对曰："三王不相袭礼，何为不可！"乃奏置师傅等官。既而上疑其非法，竟不补授。方庆，裒之曾孙也[④]，名綝，以字行。

西突厥阿史那车薄帅十姓反。

夏，四月，甲子朔，日有食之。

上以关中饥馑，米斗三百，将幸东都；丙寅，发京师，留太子监国，使刘仁轨、裴炎、薛元超辅之。时出幸仓猝，扈从之士有饿死于中道者。上虑道路多草窃，命监察御史魏元忠检校车驾前后。元忠受诏，即阅视赤县狱，得盗一人，神采语言异于众；命释桎梏，袭冠带，乘驿以从，与之共食宿，托以诘盗，其人笑许诺。比及东都，士马万数，不亡一钱。

辛未，以礼部尚书闻喜宪公裴行俭为金牙道行军大总管，帅右金吾将军阎怀旦等三总管分道讨西突厥。师未行，行俭薨。

行俭有知人之鉴，初为吏部侍郎，前进士王勮、咸阳尉栾城苏

杨炯像

味道皆未知名，行俭一见谓之曰：“二君后当相次掌铨衡，仆有弱息[5]，愿以为托。”是时勮弟勃与华阴杨炯、范阳卢照邻、义乌骆宾王皆以文章有盛名，司列少常伯李敬玄尤重之，以为必显达。行俭曰：“士之致远，当先器识而后才艺。勃等虽有文华，而浮躁浅露，岂享爵禄之器邪！杨子稍沈静，应至令长；余得令终幸矣[6]。”既而勃度海堕水，炯终于盈川令，照邻恶疾不愈，赴水死，宾王反诛，勮、味道皆典选，如行俭言。行俭为将帅，所引偏裨如程务挺、张虔勗、王方翼、刘敬同、李多祚、黑齿常之，后多为名将。

行俭常命左右取犀角、麝香而失之。又敕赐马及鞍，令史辄驰骤，马倒，鞍破。二人皆逃去，行俭使人召还，谓曰：“尔曹皆误耳，何相轻之甚邪！”待之如故。破阿史那都支，得马脑盘，广二尺余，以示将士，军吏王休烈捧盘升阶，跌而碎之，惶恐，叩头流血。行俭笑曰：“尔非故为，何至于是！”不复有追惜之色。诏赐都支等资产金器三千余物，杂畜称是[7]，并分给亲故及偏裨，数日而尽。

阿史那车薄围弓月城，安西都护王方翼引军救之，破虏众于伊丽水，斩首千余级。俄而三姓咽面与车薄合兵拒方翼，方翼与战于热海[8]，流矢贯方翼臂，方翼以佩刀截之，左右不知。所将胡兵谋执方翼以应车薄，方翼知之，悉召会议，阳出军资赐之，以次引出斩之，会大风，方翼振金鼓以乱其声，诛七十余人，其徒莫之觉。既而分遣裨将袭车薄、咽面，大破之，擒其酋长三百人，西突厥遂平。阎怀旦等竟不行。方翼寻迁夏州都督，征入，议边事。

上见方翼衣有血渍，问之，方翼具对热海苦战之状，上视疮叹息；竟以废后近属[9]，不得用而归。

【注释】

①永淳元年：这一年二月，以皇孙李重照出生改元“永淳”。 ②戊午：永淳元年二月无此日。据《新纪》“戊午”当为三月之日，即二十五日。 ③自我作古：不沿袭旧例，由自己创始。 ④裒：胡三省注：“方庆，梁王褒之曾孙，江陵陷，褒徙入关，遂为咸阳人。裒，当作褒。”王褒，临沂（今属山东）人，字子渊。举秀才。仕梁，初为秘书郎，累迁吏部尚书、左仆射。后随梁元帝降西魏，至长安，为车骑将军，仪同三司。入周，为内史中大夫、小司空。出为宜州刺史，卒于官。 ⑤弱息：幼弱的儿子。息，子女。 ⑥令终：尽天年，得善终。令，善，美好。 ⑦称（chèn趁）：相当，符合。是：此，这。 ⑧热海：胡三省注：“碎叶城东有热海，地寒不冻。”即今吉尔吉斯斯坦境内的伊克塞湖。 ⑨废后近属：被废黜的高宗王皇后的近亲，王方翼为王皇后的侄孙。

乙酉，车驾至东都。

丁亥，以黄门侍郎颍川郭待举、兵部侍郎岑长倩、秘书员外少监·检校中书侍郎鼓城郭正一、吏部侍郎鼓城魏玄同并与中书门下同承受进止平章事[1]。上欲用待举等，谓韦知温曰[2]：“待举等资任尚浅，且令预闻政事，未可与卿等同名。”自是外司四品已下知政事者，始以平章事为名。长倩，文本之兄子也[3]。

先是，玄同为吏部侍郎，上言铨选之弊，以为：“人君之体，当委任而责成功，所委者当，则所用者自精矣。故周穆王命伯冏为太仆正，曰：‘慎简乃僚[4]。’是使群司各求其小者，而天子命其大者也。乃至汉氏，得人皆自州县补署，五府辟召，然后升于天朝，自魏、晋以来，始专委选部。夫以天下之大，士人之众，而委之数人之手，用刀笔以量才，按簿书而察行，借使平如权衡[5]，明如水镜，犹力有所极，照有所穷，况所委非人而有愚阇阿私之弊乎！愿略依周、汉之规以救魏、晋之失。”疏奏，不纳。

五月[6]，东都霖雨。乙卯，洛水溢，溺民居千余家。关中先水后旱、蝗，继以疾疫，米斗四百，两京间死者相枕于路，人相食。

上既封泰山，欲遍封五岳，秋，七月，作奉天宫于嵩山南。监察御史里行李善感谏曰[7]："陛下封泰山，告太平，致群瑞，与三皇、五帝比隆矣。数年以来，菽粟不稔，饿殍相望，四夷交侵，兵车岁驾；陛下宜恭默思道以禳灾谴，乃更广营宫室，劳役不休，天下莫不失望。臣忝备国家耳目，窃以此为忧！"上虽不纳，亦优容之。自褚遂良、韩瑗之死，中外以言为讳，无敢逆意直谏，几二十年；及善感始谏，天下皆喜，谓之"凤鸣朝阳[8]"。

上遣宦者缘江徙异竹，欲植苑中。宦者科舟载竹，所在纵暴；过荆州，荆州长史苏良嗣囚之，上疏切谏，以为："致远方异物，烦扰道路，恐非圣人爱人之意。又，小人窃弄威福，亏损皇明。"上谓天后曰："吾约束不严，果为良嗣所怪。"手诏慰谕良嗣，令弃竹江中。良嗣，世长之子也[9]。

黔州都督谢祐希天后意，逼零陵王明令自杀，上深惜之，黔府官属皆坐免官。祐后寝于平阁，与婢妾十余人共处，夜，失其首。垂拱中，明子零陵王俊、黎国公杰为天后所杀，有司籍其家，得祐首，漆为秽器[10]，题云谢祐，乃知明子使刺客取之也。

太子留守京师，颇事游畋，薛元超上疏规谏；上闻之，遣使者慰劳元超，仍召赴东都。

吐蕃将论钦陵寇柘、松、翼等州。诏左骁卫郎将李孝逸、右卫郎将卫蒲山发秦、渭等州兵分道御之。

冬，十月，丙寅，黄门侍郎刘景先同中书门下平章事。

是岁，突厥余党阿史那骨笃禄、阿史德元珍等招集亡散，据黑沙城反，入寇并州及单于府之北境，杀岚州刺史王德茂。右领军卫将军、检校代州都督薛仁贵将兵击元珍于云州，虏问唐大将为谁，应之曰："薛仁贵。"虏曰："吾闻仁贵流象州[11]，死久矣，何以绐我[12]！"仁贵免胄示之面[13]，虏相顾失色，下马列拜，稍稍引去。仁贵因奋击，大破之，斩首万余级，捕虏二万余人。

吐蕃入寇河源军，军使娄师德将兵击之于白水涧，八战八捷。上以师德为比部员外郎、左骁卫郎将、河源军经略副使，曰："卿有文武材，勿辞也！"

【注释】

①与中书门下同承受进止平章事：平章是商量处理的意思。唐初以三省长官为名义上的宰相，其余以他官分担宰相之任，加同中书门下三品。至高宗时始定同中书门下平章事之称，意为与中书门下的长官共同商处国事，简称同平章事。　②韦知温：据中华书局本选录章钰校勘记，“韦”，诸本作“崔”。　③文本：即唐太宗的大臣岑文本（595—645）字景仁，棘阳（今河南新野县）人。初为萧铣中书侍郎。入唐，署荆州别驾。贞观中，累官至中书侍郎，专典机密。太宗用兵辽东，凡所筹度，一皆委之。后随太宗进军幽州，患暴疾卒。　④故周穆王二句：见《尚书·冏命》。　⑤“用刀笔”三句：刀笔，旧时公牍称为“刀笔”。簿书，官署中的文书簿册。权衡，古代称量轻重的器具。　⑥五月：据中华书局本选录章钰校勘记，诸本于“五月”下有“丙午”二字。　⑦里行：官名。资历还没有到，暂时在监察御史里行走。　⑧凤鸣朝阳：《诗·大雅·卷阿》：“凤皇鸣矣，于彼高冈。梧桐生矣，于彼朝阳。”后因以凤鸣朝阳喻贤才逢时而起。　⑨世长：即唐初大臣苏世长。武功（今陕西武功县西北）人。初仕隋，累官都水少监。后王世充署为太子太保。洛阳平，降唐。高祖擢为谏议大夫，咨重其言。贞观初使突厥，与颉利争礼，不受赂还。后出为巴州刺史卒。　⑩秽器：便溺器。　⑪“吾闻”句：胡三省注：“仁贵以大非川之败除名，起为鸡林道总管，复坐事贬象州。”　⑫绐（dài代）：欺骗。　⑬免胄：脱去盔甲。

弘道元年[①]　春，正月，甲午朔[②]，上行幸奉天宫。

二月，庚午，突厥寇定州，刺史霍王元轨击却之。乙亥，复寇妫州。三月，庚寅，阿史那骨笃禄、阿史德元珍围单于都护府，执司马张行师，杀之。遣胜州都督王本立、夏州都督李崇义将兵分道救之。

太子右庶子、同中书门下三品李义琰改葬父母，使其舅氏迁旧墓；上闻之，怒曰：“义琰倚势，乃陵其舅家，不可复知政事！”义琰闻之，不自安，以足疾乞骸骨[③]。庚子，以义琰为银青光禄大夫，致仕。

癸丑，守中书令崔知温薨。

夏，四月，己未，车驾还东都。

绥州步落稽白铁余[4]，埋铜佛于地中，久之，草生其上，绐其乡人曰："吾于此数见佛光。"择日集众掘地，果得之，因曰："得见圣佛者，百疾皆愈。"远近赴之。铁余以杂色囊盛之数十重，得厚施，乃去一囊。数年间，归信者众，遂谋作乱。据城平县，自称光明圣皇帝，置百官，进攻绥德、大斌二县，杀官吏，焚民居。遣右武卫将军程务挺与夏州都督王方翼讨之，甲申，攻拔其城，擒铁余，余党悉平。

五月，庚寅，上幸芳桂宫，至合璧宫，遇大雨而还。

乙巳，突厥阿史那骨笃禄等寇蔚州，杀刺史李思俭，丰州都督崔智辩将兵邀之于朝那山北，兵败，为虏所擒。朝议欲废丰州，迁其百姓于灵、夏。丰州司马唐休璟上言，以为："丰州阻河为固，居贼冲要，自秦、汉已来，列为郡县；土宜耕牧。隋季丧乱，迁百姓于宁、庆二州，致胡虏深侵，以灵、夏为边境。贞观之末，募人实之，西北始安。今废之则河滨之地复为贼有，灵、夏等州人不安业，非国家之利也！"乃止。

六月，突厥别部寇掠岚州，偏将杨玄基击走之。

秋，七月，己丑，立皇孙重福为唐昌王。

庚辰[5]，诏以今年十月有事于嵩山；寻以上不豫，改用来年正月。

甲辰，徙相王轮为豫王，更名旦。

中书令兼太子左庶子薛元超病瘖，乞骸骨，许之。

八月，己丑[6]，以将封嵩山，召太子赴东都；留唐昌王重福守京师，以刘仁轨为之副。冬，十月，己卯，太子至东都。

癸亥，车驾幸奉天宫。

十一月，丙戌，诏罢来年封嵩山，上疾甚故也。上苦头重，不能视，召侍医秦鸣鹤诊之[7]，鸣鹤请刺头出血，可愈。天后在帘中，不欲上疾愈，怒曰："此可斩也，乃欲于天子头刺血！"鸣鹤叩头请命。上曰："但刺之，未必不佳。"乃刺百会、脑户二穴。上曰："吾目似明矣。"后举手加额曰："天赐也！"自负彩百匹以赐鸣鹤。

戊戌，以右武卫将军程务挺为单于道安抚大使，招讨阿史那骨笃禄等。

诏太子监国，以裴炎、刘景先、郭正一同东宫平章事[8]。

上自奉天宫疾甚，宰相皆不得见。丁未，还东都，百官见于天津桥南。

十二月，丁巳，改元，赦天下。上欲御则天门楼宣赦，气逆不能乘马，乃召百姓入殿前宣之。是夜，召裴炎入，受遗诏辅政，上崩于贞观殿。遗诏太子柩前即位，军国大事有不决者，兼取天后进止。废万泉、芳桂、奉天等宫。

庚申，裴炎奏太子未即位，未应宣敕，有要速处分，望宣天后令于中书、门下施行。甲子，中宗即位，尊天后为皇太后，政事咸取决焉。太后以泽州刺史韩王元嘉等，地尊望重，恐其为变，并加三公等官以慰其心。

甲戌，以刘仁轨为左仆射，裴炎为中书令；戊寅，以刘景先为侍中。

故事[9]，宰相于门下省议事，谓之政事堂，故长孙无忌为司空，房玄龄为仆射，魏征为太子太师，皆知门下省事。及裴炎迁中书令，始迁政事堂于中书省。

壬午，遣左威卫将军王果、左监门将军令狐智通、右金吾将军

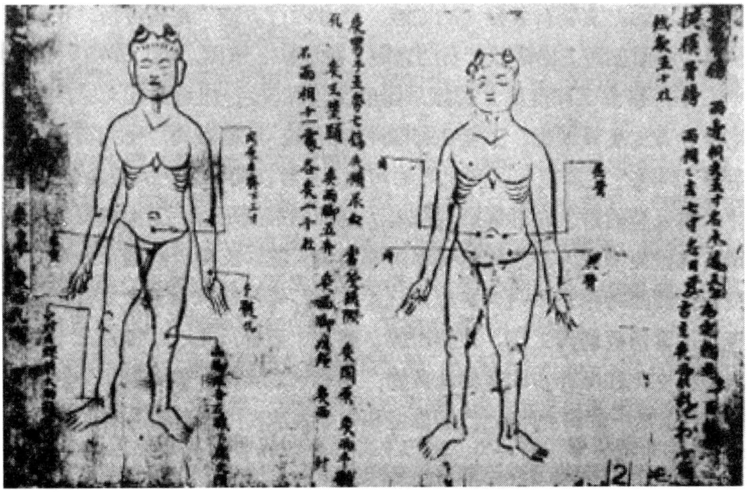

唐代《针灸图》残卷

杨玄俭、右千牛将军郭齐宗分往并、益、荆、扬四大都督府，与府司相知镇守。

中书侍郎同平章事郭正一为国子祭酒，罢政事。

【注释】

①弘道元年：这一年十二月始改年号为弘道。 ②甲午朔：此年正月己丑为朔日，甲午为初六。《新纪》无“朔”字，是。本书沿《旧纪》而误。 ③乞骸骨：古代官吏因年老请求退休，常称乞骸、乞骸骨。意思是使骸骨得归葬其故乡。 ④步落稽：古族名。又称山胡、稽胡。源于南匈奴。南北朝时，居今山西、陕西北部山谷间。从事农业，与汉人杂处。隋唐以来，渐与汉族相融合。 ⑤庚辰：弘道元年七月无此日，当有误。严衍《通鉴补》改为“壬辰”，即七月初七。 ⑥己丑：弘道元年八月无此日。据《新纪》，乃“乙丑”，即初十。 ⑦侍医：殿中省尚药局有侍御医四人，从六品上。 ⑧同东宫平章事：严衍《通鉴补》改作“于东宫同平章事”，于义为长。 ⑨故事：先例，过去的典章制度。

则天顺圣皇后上之上

光宅元年[①] 春，正月，甲申朔，改元嗣圣，赦天下。

立太子妃韦氏为皇后；擢后父玄贞自普州参军为豫州刺史。

癸巳，以左散骑常侍杜陵韦弘敏为太府卿、同中书门下三品。

中宗欲以韦玄贞为侍中，又欲授乳母之子五品官；裴炎固争，中宗怒曰：“我以天下与韦玄贞何不可！而惜侍中邪！”炎惧，白太后，密谋废立。二月，戊午，太后集百官于乾元殿，裴炎与中书侍郎刘祎之、羽林将军程务挺、张虔勗勒兵入宫[②]，宣太后令，废中宗为庐陵王，扶下殿。中宗曰：“我何罪？”太后曰：“汝欲以天下与韦玄贞，何得无罪！”乃幽于别所。

己未，立雍州牧豫王旦为皇帝。政事决于太后，居睿宗于别殿[③]，不得有所预。立豫王妃刘氏为皇后。后，德威之孙也。

有飞骑十余人饮于坊曲[④]，一人言：“向知别无勋赏，不若奉庐陵。”一人起，出诣北门告之[⑤]。座未散，皆捕得，系羽林狱，言者斩,余以知反不告皆绞;告者除五品官。告密之端自此兴矣。

壬子[6],以永平郡王成器为皇太子,睿宗之长子也。赦天下,改元文明。

庚申,废皇太孙重照为庶人,命刘仁轨专知西京留守事。流韦玄贞于钦州。

太后与刘仁轨书曰:"昔汉以关中事委萧何[7],今托公亦犹是矣。"仁轨上疏,辞以衰老不堪居守,因陈吕后祸败事以申规戒[8]。太后使秘书监武承嗣赍玺书慰谕之曰:"今以皇帝谅闇不言[9],眇身且代亲政;远劳劝戒,复辞衰疾。又云'吕氏见嗤于后代,禄、产贻祸于汉朝',引喻良深,愧慰交集。公忠贞之操,终始不渝,劲直之风,古今罕比。初闻此语,能不罔然;静而思之,是为龟镜[10]。况公先朝旧德[11],遐迩具瞻,愿以匡救为怀,无以暮年致请。"

辛酉,太后命左金吾将军丘神勣诣巴州,检校故太子贤宅以备外虞,其实风使杀之。神勣,行恭之子也[12]。

甲子,太后御武成殿,皇帝帅王公以下上尊号。丁卯,太后临轩,遣礼部尚书武承嗣册嗣皇帝。自是太后常御紫宸殿,施惨紫帐以视朝[13]。

丁丑,以太常卿、检校豫王府长史王德真为侍中;中书侍郎、检校豫王府司马刘祎之同中书门下三品。

三月,丁亥,徙杞王上金为毕王,鄱阳王素节为葛王。

丘神勣至巴州,幽故太子贤于别室[14],逼令自杀。太后乃归罪于神勣,戊戌,举哀于显福门,贬神勣为叠州刺史。己亥,追封贤为雍王。神勣寻复入为左金吾将军。

【注释】

①光宅元年:这一年九月始改年号为光宅。 ②羽林将军:胡三省注:"贞观中,置北衙七营兵,选才力骁勇者充,龙朔二年曰左、右羽林军,置大将军各一员,将军各二员,品同诸卫,统领北衙禁兵之法令,而督摄左右厢飞骑之仪仗,以统诸曹之职,取府兵、越骑、步射,以为羽林军士,大朝会,则执仗以卫阶陛,行幸则夹驰道为内仗。" ③睿宗:即李旦。睿宗是他的庙号。 ④飞骑:唐代皇帝的侍卫军士。贞观十二年置左、右屯营飞骑,由诸卫将军率领。坊曲:小街曲巷。 ⑤北门:即玄武门,为

唐代羽林禁卫军的驻地。 ⑥壬子:光宅元年二月无此日,当有误。 ⑦萧何(? —前193):西汉初政治家。沛县(今属江苏)人。秦末佐刘邦起义。刘邦封汉王,任他为丞相。楚汉战争中,荐韩信为大将,并留守关中,输送军需士卒,为汉朝的建立起了重要作用。 ⑧吕后(前241—前180):汉高祖皇后。名雉,字娥姁。西汉初曾助高祖灭诸异姓王。其子惠帝继位,她掌握实权。惠帝死后,临朝称制,分封诸吕为王侯,控制南北军,以审食其为左丞相,掌握实权。她死后,其兄子梁王吕产、赵王吕禄等企图举兵反叛,为汉宗室刘章所杀。 ⑨谅闇:皇帝居丧。 ⑩龟镜:龟可卜吉凶,镜能别美恶,故用来喻借鉴、鉴戒。 ⑪旧德:有德望的故老。 ⑫行恭:即唐朝将领丘行恭。洛阳(今属河南)人。有勇,善骑射。贞观中讨高昌有功进右武侯将军。高帝立,迁大将军,冀、陕二州刺史。所守严烈,僚吏畏之。 ⑬惨紫:胡三省注:"紫色之浅者为惨紫。" ⑭别室:另设的房间,有别于正室。

夏,四月,开府仪同三司、梁州都督滕王元婴薨。

辛酉,徙毕王上金为泽王,拜苏州刺史;葛王素节为许王,拜绛州刺史。

癸酉,迁庐陵王于房州;丁丑,又迁于均州故濮王宅[1]。

五月,丙申,高宗灵驾西还。

闰月,以礼部尚书武承嗣为太常卿、同中书门下三品。

秋,七月,戊午,广州都督路元叡为昆仑所杀[2]。元叡暗懦,僚属恣横,有商舶至,僚属侵渔不已,商胡诉于元叡,元叡索枷,欲系治之。群胡怒,有昆仑袖剑直登听事[3],杀元叡及左右十余人而去,无敢近者,登舟入海,追之不及。

温州大水[4],流四千余家。

突厥阿史那骨笃禄等寇朔州。

八月,庚寅,葬天皇大帝于乾陵[5],庙号高宗。

初,尚书左丞冯元常为高宗所委,高宗晚年多疾[6],每曰:"朕体中不佳,可与元常平章以闻。"元常尝密言:"中宫威权太重,宜稍抑损。"高宗虽不能用,深以其言为然。及太后称制,四方争言符瑞;嵩阳令樊文献瑞石,太后命于朝堂示百官,元常奏:"状涉谄诈,不可诬罔天下。”太后不悦,出为陇州刺史。元常,子琮之曾孙也[7]。

丙午,太常卿、同中书门下三品武承嗣罢为礼部尚书。

括州大水[8],流二千余家。

唐鎏金团花纹银碟

九月,甲寅,赦天下,改元。旗帜皆从金色。八品以下,旧服青者更服碧。改东都为神都,宫名太初。又改尚书省为文昌台,左、右仆射为左、右相,六曹为天、地、四时六官;门下省为鸾台,中书省为凤阁,侍中为纳言,中书令为内史;御史台为左肃政台,增置右肃政台[9];其余省、寺、监、率之名[10],悉以义类改之[11]。

以左武卫大将军程务挺为单于道安抚大使,以备突厥。

【注释】

①故濮王宅:即贞观末濮王泰迁均州所居故宅。 ②昆仑:古地区名。唐代前后,泛称中南半岛南部及南洋诸岛为昆仑。此地区居民亦称“昆仑”。严衍《通鉴补》于“昆仑”下补“商胡”二字。 ③“有昆仑”句:严衍《通鉴补》于“昆仑”下补“商”字。听事:厅堂。指官府治事之所。 ④温州:州名,唐上元元年(674)置,治所在永嘉县(今浙江温州)。 ⑤天皇大帝:唐高宗李治的尊号“天皇大圣大弘孝皇帝”的略称。 ⑥“高宗”句:据中华书局本选录章钰校勘记,诸本于“疾”下有“百司奏事”四字。 ⑦子琮:即北齐大臣冯子琮。长乐(今山东高青县东南)人。初为军府法曹,摄库部。累官吏部尚书、左仆射。 ⑧栝(guā 刮)州:州名。通作“括州”。隋开皇十二年(592)以处州改名,治所在括苍县(今浙江丽水市东南)。大业初改为永嘉郡。唐武德四年(621)复名栝州。 ⑨“御史台”二句:胡三省注:“左台专知京师百官及监诸军旅并承诏出使,右台专知诸州按察。” ⑩“其余”句:胡三省注:“秘书、殿中二省,九卿寺,少府、将作、国子、军器等监,东宫十率。”

⑪"悉以"句:谓都按照相似的意义和种类加以更改。

武承嗣请太后追王其祖[1],立武氏七庙[2],太后从之。裴炎谏曰:"太后母临天下,当示至公[3],不可私于所亲。独不见吕氏之败乎!"太后曰:"吕氏以权委生者,故及于败。今吾追尊亡者,何伤乎!"对曰:"事当防微杜渐,不可长耳!"太后不从。己巳,追尊太后五代祖克己为鲁靖公,妣为夫人;高祖居常为太尉、北平恭肃王,曾祖俭为太尉、金城义康王,祖华为太尉、太原安成王,考士彟为太师、魏定王;祖妣皆为妃。裴炎由是得罪。又作五代祠堂于文水。

时诸武用事,唐宗室人人自危,众心愤惋。会眉州刺史英公李敬业及弟盩厔令敬猷、给事中唐之奇、长安主簿骆宾王、詹事司直杜求仁皆坐事,敬业贬柳州司马,敬猷免官,之奇贬栝苍令,宾王贬临海丞,求仁贬黟令。求仁,正伦之侄也[4]。盩厔尉魏思温尝为御史,复被黜。皆会于扬州,各自以失职怨望,乃谋作乱,以匡复庐陵王为辞[5]。

骆宾王像

思温为之谋主,使其党监察御史薛仲璋求奉使江都,令雍州人韦超诣仲璋告变,云"扬州长史陈敬之谋反"。仲璋收敬之系狱。居数日,敬业乘传而至,矫称扬州司马来之官,云"奉密旨,以高州酋长冯子猷谋反,发兵讨之。"于是开府库,令士曹参军李宗臣就钱坊,驱囚徒、工匠授以甲[6]。斩敬之于系所;录事参军孙处行拒之,亦斩以徇,僚吏无敢动者。遂起一州之兵,复称嗣圣元年。开三府，一曰匡复府，二曰英公府，三曰扬州大都督府。敬业自称匡复府上将，领扬州大都督。以之奇、求仁为左、右长史，宗臣、仲璋为左、右司马，思温为军师，宾王为记室⑦，旬日间得胜兵十余万。

移檄州县，略曰："伪临朝武氏者，人非温顺，地实寒微。昔充太宗下陈⑧，尝以更衣入侍，洎乎晚节⑨，秽乱春宫⑩。密隐先帝之私，阴图后庭之嬖，践元后于翚翟⑪，陷吾君于聚麀⑫。"又曰："杀姊屠兄⑬，弑君鸩母⑭，人神之所同嫉，天地之所不容。"又曰："包藏祸心，窃窥神器。君之爱子⑮，幽之于别宫；贼之宗盟，委之以重任。"又曰："一抔之土未干，六尺之孤安在！"又曰："试观今日之域中，竟是谁家之天下！"太后见檄，问曰："谁所为？"或对曰："骆宾王。"太后曰："宰相之过也。人有如此才，而使之流落不偶乎⑯！"

敬业求得人貌类故太子贤者，绐众云："贤不死，亡在此城中，令吾属举兵。"因奉以号令。

楚州司马李崇福帅所部三县应敬业。盱眙人刘行举独据县不从，敬业遣其将尉迟昭攻盱眙。诏以行举为游击将军⑰，以其弟行实为楚州刺史。

甲申⑱，以左玉钤卫大将军李孝逸为扬州道大总管，将兵三十万，以将军李知十、马敬臣为之副，以讨李敬业。

【注释】

①追王（wàng 旺）：追封为王。　②七庙：古代帝王设七庙供奉七代祖先。　③至公：极公正，最大的公正。　④正伦：即唐代大臣杜正伦（？—659）。鄃县（今河北临漳县西南）人。隋仁寿中任羽骑尉。入唐，直秦王府文学馆。贞观初，擢兵部员外郎，累迁中书侍郎，以能谏诤为太宗赞许。后为太子左庶子。高宗朝官至中书令。被诬为有异谋，贬为横州刺史而卒。　⑤匡复：挽救将亡之国，使转危为安。　⑥驱囚徒句：据中华书局本选录章钰校勘记，诸本于"工匠"下有"数百"二字。　⑦记室：官名。东汉置，掌章表书记文檄。后代因之，或称记室督、记室参军等。元后废。　⑧昔充句：指武则天曾充当太宗的才人。古代统治者以婢妾充实后宫，称为充下陈。　⑨晚节：晚年。　⑩秽乱春宫：指与太子私通。秽乱，淫乱。春宫，即东宫，太子宫。　⑪元后：帝王的嫡妻。翚翟（huī dí 辉狄）：胡三省注："后服也。"　⑫聚麀（yōu 幽）：麀，雌鹿。谓

禽兽不知父子夫妇之伦，故有两代雄鹿共一麀之事。因以聚麀指两代人之间的乱伦行为。 ⑬杀姊屠兄：胡三省注："姊，谓韩国夫人；兄谓元爽、元庆。" ⑭杀君鸩母：此以高帝晏驾及太原王妃之死为后罪。 ⑮爱子：指唐睿宗李旦。 ⑯不偶：生不逢时，不得志。 ⑰诏以句：据中华书局本选录章钰校勘记，诸本于"诏"上有"行举拒却之"五字。 ⑱甲申：光宅元年九月无此日。据新、旧《唐书》本，均列为十月事，即十月初六。原文漏"十月"二字。

武承嗣与其从父弟右卫将军三思以韩王元嘉、鲁王灵夔属尊位重[①]，屡劝太后因事诛之。太后谋于执政，刘祎之、韦思谦皆无言；内史裴炎独固争，太后愈不悦。三思，元庆之子也。

及李敬业举兵，薛仲璋，炎之甥也，炎欲示闲暇，不汲汲议诛讨。太后问计于炎，对曰："皇帝年长，不亲政事，故竖子得以为辞。若太后返政，则不讨自平矣。"监察御史蓝田崔詧闻之，上言："炎受顾托，大权在己，若无异图，何故请太后归政？"太后命左肃政大夫金城骞味道、侍御史栎阳鱼承晔鞫之，收炎下狱。炎被收，辞气不屈。或劝炎逊辞以免，炎曰："宰相下狱，安有全理！"

凤阁舍人李景谌证炎必反[②]。刘景先及凤阁侍郎义阳胡元范皆曰："炎社稷元臣，有功于国，悉心奉上，天下所知，臣敢明其不反。"太后曰："炎反有端，顾卿不知耳。"对曰："若裴炎为反，则臣等亦反也。"太后曰："朕知裴炎反，知卿等不反。"文武间证炎不反者甚众，太后皆不听。俄并景先、元范下狱。丁亥[③]，以骞味道检校内史同凤阁鸾台三品，李景谌同凤阁鸾台平章事。

魏思温说李敬业曰："明公以匡复为辞，宜帅大众鼓行而进，直指洛阳，则天下知公志在勤王，四面响应矣。"薛仲璋曰："金陵有王气，且大江天险，足以为固，不如先取常、润[④]，为定霸之基，然后北向以图中原，进无不利，退有所归，此良策也！"思温曰："山东豪杰以武氏专制，愤惋不平，闻公举事，皆自蒸麦饭为粮，伸锄为兵，以俟南军之至。不乘此势以立大功，乃更蓄缩，自谋巢穴，远近闻之，其谁不解体！"敬业不从，使唐之奇守江都，将兵渡江攻润州。思温谓杜求仁曰："兵势合则强，分则弱，敬业不并力度淮，收山东之众以取洛阳,败在眼中矣!"

壬辰[5],敬业陷润州,执刺史李思文,以李宗臣代之。思文,敬业之叔父也,知敬业之谋,先遣使间道上变,为敬业所攻,拒守久之,力屈而陷。思温请斩以徇,敬业不许。谓思文曰:"叔党于武氏,宜改姓武。"润州司马刘延嗣不降,敬业将斩之,思温救之,得免,与思文皆囚于狱。刘延嗣,审礼从父弟也。曲阿令河间尹元贞引兵救润州,战败,为敬业所擒,临以白刃,不屈而死。

丙申[6],斩裴炎于都亭。炎将死,顾兄弟曰:"兄弟官皆自致,炎无分毫之力,今坐炎流窜,不亦悲乎!"籍没其家,无甔石之储[7]。刘景先贬普州刺史[8],胡元范流琼州而死。裴炎弟子太仆寺丞伷先,年十七,上封事请见言事。太后召见,诘之曰:"汝伯父谋反,尚何言?"伷先曰:"臣为陛下画计耳,安敢诉冤!陛下为李氏妇,先帝弃天下,遽揽朝政,变易嗣子,疏斥李氏,封崇诸武。臣伯父忠于社稷,反诬以罪,戮及子孙。陛下所为如是,臣实惜之!陛下早宜复子明辟,高枕深居,则宗族可全;不然,天下一变,不可复救矣!"太后怒曰:"胡白,小子敢发此言!"命引出。伷先反顾曰:"今用臣言,犹未晚。"如是者三。太后命于朝堂杖之一百,长流瀼州[9]。

炎之下狱也,郎将姜嗣宗使至长安,刘仁轨问以东都事,嗣宗曰:"嗣宗觉裴炎有异于常久矣。"仁轨曰:"使人觉之邪?"嗣宗曰:"然。"仁轨曰:"仁轨有奏事,愿附使人以闻。"嗣宗曰:"诺。"明日,受仁轨表而还,表言:"嗣宗知裴炎反不言。"太后览之,命拉嗣宗于殿庭,绞于都亭[10]。

【注释】

①武承嗣句:胡三省注:"二王皆高祖子。" ②凤阁舍人:官名。即中书舍人。唐代掌管诏令、侍从、宣旨和接纳上奏文表等事。 ③丁亥:光宅元年九月无此日。据《新纪》,此乃十月之日,即十月初九。④润:州名。隋开皇中置,大业中废。唐武德三年(620)复置,治所在丹徒县(今江苏镇江)。 ⑤壬辰:光宅元年九月无此日。据《新纪》,壬辰为十月之日,即十月十四日。 ⑥丙申:光宅元年九月无此日。据新、旧《唐书》,杀裴炎在十月。丙申为十月十八日。 ⑦甔(dān 担)石:甔为

口小腹大的瓦器，容量一石。这里用来形容数量相当少。 ⑧刘景先句：据中华书局本选录章钰校勘记，诸本于“史”下有“又贬辰州刺史”六字。 ⑨瀼（nǎng 曩）州：州名。唐贞观十二年（638）置，治所在临江县（今广西上思县西南）。 ⑩“命拉”二句：胡三省注：“先拉其干，而后绞杀之。”

丁酉[1]，追削李敬业祖考官爵，发冢斫棺，复姓徐氏。

李景谌罢为司宾少卿[2]，以右史武康沈君谅、著作郎崔詧为正谏大夫、同平章事。

徐敬业闻李孝逸将至，自润州回军拒之，屯高邮之下阿溪；使徐敬猷逼淮阴，别将韦超、尉迟昭屯都梁山[3]。

李孝逸军至临淮[4]，偏将雷仁智与敬业战，不利，孝逸惧，按兵不进。殿中侍御史魏元忠谓孝逸曰[5]：“天下安危，在兹一举。四方承平日久，忽闻狂狡，注心倾耳以俟其诛。今大军久留不进，远近失望，万一朝廷更命他将以代将军，将军何辞以逃逗挠之罪乎！”孝逸乃引军而前。壬寅[6]，马敬臣击斩尉迟昭于都梁山。

十一月，辛亥，以左鹰扬大将军黑齿常之为江南道大总管，讨敬业。

韦超拥众据都梁山，诸将皆曰：“超凭险自固，士无所施其勇，骑无所展其足；且穷寇死战，攻之多杀士卒，不如分兵守之，大军直趣江都，覆其巢穴。”支度使薛克杨曰[7]：“超虽据险，其众非多。今多留兵则前军势分，少留兵则终为后患，不如先击之，其势必举，举都梁，则淮阴、高邮望风瓦解矣！”魏元忠请先击徐敬猷，诸将曰：“不如先攻敬业，敬业败，则敬猷不战自擒矣。若击敬猷，则敬业引兵救之，是腹背受敌也。”元忠曰：“不然。贼之精兵，尽在下阿，乌合而来，利在一决，万一失利，大事去矣！敬猷出于博徒，不习军事，其众单弱，人情易摇，大军临之，驻马可克。敬业虽欲救之，计程必不能及。我克敬猷，乘胜而进，虽有韩、白不能当其锋矣！今不先取弱者而遽攻其强，非计也。”孝逸从之，引兵击超，超夜遁；进击敬猷，敬猷脱身走。

庚申，敬业勒兵阻溪拒守，后军总管苏孝祥夜将五千人，以小舟渡溪先击之，兵败，孝祥死，士卒赴溪溺死者过半。左豹韬卫果毅渔阳成三朗为敬业所擒。唐之奇绐其众曰：“此李孝逸也！”将斩之，三朗大呼曰：“我果毅成三郎，非李将军也。官军今大至矣，尔曹破在朝夕。我死，妻子受荣，尔死，妻子籍没，尔终不及我也！”遂斩之。

孝逸等诸军继至，战数不利。孝逸惧，欲引退，魏元忠与行军管记刘知柔言于孝逸曰：“风顺荻干，此火攻之利。”固请决战。敬业置阵既久，士卒多疲倦顾望，阵不能整；孝逸进击之，因风纵火，敬业大败，斩首七千级，溺死者不可胜纪。敬业等轻骑走入江都，挈妻子奔润州，将入海奔高丽；孝逸进屯江都，分遣诸将追之。乙丑，敬业至海陵界，阻风，其将王那相斩敬业、敬猷及骆宾王首来降。余党唐之奇、魏思温皆捕得，传首神都[8]，扬、润、楚三州平。

陈岳论曰：敬业苟能用魏思温之策，直指河、洛，专以匡复为事，纵军败身戮，亦忠义在焉。而妄希金陵王气，是真为叛逆，不败何待！

敬业之起也，使敬猷将兵五千，循江西上，略地和州。前弘文馆学士历阳高子贡帅乡里数百人拒之，敬猷不能西。以功拜朝散大夫、成均助教[9]。

丁卯，郭待举罢为左庶子；以鸾台侍郎韦方质为凤阁侍郎、同平章事。方质，云起之孙也[10]。

十二月，刘景先又贬吉州员外长史，郭待举贬岳州刺史。

初，裴炎下狱，单于道安抚大使、左武卫大将军程务挺密表申理，由是忤旨。务挺素与唐之奇、杜求仁善，或谮之曰[11]：“务挺与裴炎、徐敬业通谋。”癸卯，遣左鹰扬将军裴绍业即军中斩之，籍没其家。突厥闻务挺死，所在宴饮相庆；又为务挺立祠，每出师，必祷之。

太后以夏州都督王方翼与务挺连职，素相亲善，且废后近属，征下狱，流崖州而死。

【注释】

①丁酉：光宅元年九月无此日。据新、旧《唐书》本纪，均为十月之日，即十月十九日。　②司宾少卿：即鸿胪寺少卿。胡三省注：“是年改

鸿胪为司宾。” ③都梁山：在今江苏盱眙县东南。 ④临淮：胡三省注：“临淮，泗州。”此时尚未置临淮县。 ⑤“殿中”句：严衍《通鉴补》于“殿中”上补“监军”二字。中华书局本选录章钰校勘记所采诸本亦补此二字。 ⑥壬寅：光宅元年九月无此日。据新、旧《唐书》本纪，应为十月之日，即十月二十四日。 ⑦支度使：唐制，凡天下边军有支度使，以计军资粮仗之用，所费皆申度支会计，以长行旨为准。薛克杨：严衍《通鉴补》为“薛克构”。 ⑧神都：唐光宅元年（684），武则天定都洛阳，洛阳旧号东都，至此改称神都，即今河南洛阳。 ⑨朝散大夫：散官名。隋置，唐至元沿袭。成均助教：即国子助教，从六品上，掌佐博士分经以教授。武则天改国子监为成均监。 ⑩云起：即隋、唐时官吏韦云起（？—626）。万年（今陕西西安）人。隋开皇时以明经举。累官治书御史，后左迁大理司直。入唐，以司农卿兼领西麟州刺史。后迁益州行台兵部尚书。玄武门之变后，以党于李建成之罪被杀。 ⑪谮（zèn）：诬陷，中伤。

垂拱元年 春，正月，丁未朔，赦天下，改元。

太后以徐思文为忠，特免缘坐[①]，拜司仆少卿[②]。谓曰：“敬业改卿姓武，朕今不复夺也。”

庚戌，以骞味道守内史。

戊辰，文昌左相、同凤阁鸾台三品乐城文献公刘仁轨薨。

二月，癸未，制：“朝堂所置登闻鼓及肺石[③]，不须防守，有挝鼓立石者，令御史受状以闻。”

乙巳，以春官尚书武承嗣、秋官尚书裴居道、右肃政大夫韦思谦并同凤阁鸾台三品[④]。

突厥阿史那骨笃禄等数寇边，以左玉钤卫中郎将淳于处平为阳曲道行军总管，击之。

正谏大夫、同平章事沈君谅罢。

三月，正谏大夫、同平章事崔詧罢。

丙辰，迁庐陵王于房州[⑤]。

辛酉，武承嗣罢。

辛未，颁《垂拱格》[⑥]。

朝士有左迁诣宰相自诉者，内史骞味道曰：“此太后处分。”同中书门下三品刘祎之曰[7]:“缘坐改官,由臣下奏请。”太后闻之,夏,四月,丙子,贬味道为青州刺史,加祎之太中大夫。谓侍臣曰:“君臣同体,岂得归恶于君,引善自取乎!”

癸未,突厥寇代州;淳于处平引兵救之;至忻州,为突厥所败,死者五千余人。

丙午[8],以裴居道为内史。纳言王德真流象州。

己酉,以冬官尚书苏良嗣为纳言[9]。

壬戌,制内外九品以上及百姓,咸令自举。

壬申,韦方质同凤阁鸾台三品。

六月,天官尚书韦待价同凤阁鸾台三品[10]。待价,万石之兄也。

同罗、仆固等诸部叛,遣左豹韬卫将军刘敬同发河西骑士出居延海以讨之,同罗、仆固等皆败散。敕侨置安北都护府于同城以纳降者。

秋,七月,己酉,以文昌左丞魏玄同为鸾台侍郎、同凤阁鸾台三品。

诏自今祀天地,高祖、太宗、高宗皆配坐;用凤阁舍人元万顷等之议也。

九月,丁卯,广州都督王果讨反獠,平之。

冬,十一月,癸卯,命天官尚书韦待价为燕然道行军大总管,以讨吐蕃[11]。初,西突厥兴昔亡、继往绝可汗既死,十姓无主,部落多散亡,太后乃擢兴昔亡之子左豹韬卫翊府中郎将元庆为左玉钤卫将军,兼崐陵都护,袭兴昔亡可汗押五咄陆部落。

麟台正字射洪陈子昂上疏[12],以为:“朝廷遣使巡察四方,不可任非其人,及刺史、县令,不可不择。比年百姓疲于军旅,不可不安。”其略曰:“夫使不择人,则黜陟不明,刑罚不中,朋党者进,贞直者退;徒使百姓修饰道路,送往迎来,无所益也。谚曰:‘欲知其人,观其所使。’不可不慎也。”又曰:“宰相,陛下之腹心;刺史、县令,陛下之手足;未有无腹心手足而能独理者也。”又曰:“天下有危机,祸福因之而生,机静则有福,机动则有祸,百姓是也。百姓安则乐其生,不安则轻其死,轻其死则无所不至,祆逆乘衅[13],天下

唐《武后行从图》(摹本)

乱矣!"又曰:"隋炀帝不知天下有危机,而信贪佞之臣,冀收夷狄之利,卒以灭亡,其为殷鉴,岂不大哉!"

太后修故白马寺,以僧怀义为寺主。怀义,鄠人⑭,本姓冯,名小宝,卖药洛阳市,因千金公主以进⑮,得幸于太后;太后欲令出入禁中,乃度为僧,名怀义。又以其家寒微,令与驸马都尉薛绍合族⑯,命绍以季父事之⑰。出入乘御马,宦者十余人侍从;士民遇之者皆奔避,有近之者,辄挝其首流血⑱,委之而去,任其生死。见道士则极意殴之,仍髡其发而去⑲。朝贵皆匍匐礼谒,武承嗣、武三思皆执僮仆之礼以事之,为之执辔⑳,怀义视之若无人。多聚无赖少年,度为僧,纵横犯法,人莫敢言。右台御史冯思勗屡以法绳之,怀义遇思勗于途,令从者殴之,几死。

【注释】

①缘坐:胡三省注:"缘坐者,缘亲党而坐罪也。"徐思文是徐敬业的叔父。　②司仆少卿:即太仆寺少卿。光宅元年(684)改太仆寺为司仆寺。　③登闻鼓:古代帝王悬鼓于朝堂外,臣下有谏议或冤情,许击鼓上闻,称为登闻鼓。肺石:古代于朝廷门外设赤色石头,形如肺。民有不平,可击石鸣冤。　④春官尚书:即礼部尚书。秋官尚书:即刑部尚书。右肃政大夫:即右御史大夫。　⑤房州:州名。隋开皇十八年(598)以罗州改置,治所在今湖北竹山。唐贞观十年(636)移治房陵(在今湖北房

县)。 ⑥垂拱格:垂拱初所制定的法条格式。 ⑦中书门下:严衍《通鉴补》改作“凤阁鸾台”。 ⑧丙午:严衍《通鉴补》上补“五月”二字。 ⑨冬官尚书:即工部尚书。 ⑩天官尚书:即吏部尚书。 ⑪吐蕃:严衍《通鉴补》改作“突厥”。 ⑫麟台句:胡三省注:“光宅改秘书省为麟台。正字,正九品下,掌刊正文字。”射洪:县名,治所在今四川射洪县西北金华镇。 ⑬祆(yāo 妖):地面的反常变异现象。 ⑭鄠(hù 户):县名。西汉置,治所在今陕西西安市鄠邑区北。隋大业十年(614)移治今鄠邑区。 ⑮千金公主:唐高祖李渊之女。 ⑯薛绍:薛绍尚武后女太平公主。是武则天的女婿。 ⑰季父:叔父。 ⑱挝(zhuā 抓):打,敲。 ⑲髡(kūn 昆):古代剃去男子头发的刑罚。 ⑳执辔(pèi 佩):牵拉马缰。

二年 春,正月,太后下诏复政于皇帝。睿宗知太后非诚心,奉表固让;太后复临朝称制。辛酉,赦天下。

二月,辛未朔,日有食之。

右卫大将军李孝逸既克徐敬业,声望甚重;武承嗣等恶之,数谮于太后[①],左迁施州刺史。

三月,戊申,太后命铸铜为匦[②],其东曰“延恩”,献赋颂、求仕进者投之;南曰“招谏”,言朝政得失者投之;西曰“伸冤”,有冤抑者投之;北曰“通玄”,言天象灾变及军机秘计者投之。命正谏、补阙、拾遗一人掌之[③],先责识官[④],乃听投表疏。

徐敬业之反也,侍御史鱼承晔之子保家教敬业作刀车及弩[⑤],敬业败,仅得免。太后欲周知人间事,保家上书,请铸铜为匦以受天下密奏。其器共为一室,中有四隔,上各有窍,以受表疏,可入不可出。太后善之。未几,其怨家投匦告保家为敬业作兵器,杀伤官军甚众,遂伏诛。

太后自徐敬业之反,疑天下人多图己,又自以久专国事,且内行不正,知宗室大臣怨望,心不服,欲大诛杀以威之。乃盛开告密之门,有告密者,臣下不得问,皆给驿马,供五品食,使诣行在。虽农夫樵人,皆得召见,廪于客馆,所言或称旨,则不次除官,无实者不问。于是四方告密者蜂起,人皆重足屏息[⑥]。

有胡人索元礼，知太后意，因告密召见，擢为游击将军，令案制狱。元礼性残忍，推一人必令引数十百人，太后数召见赏赐以张其权。于是尚书都事长安周兴、万年人来俊臣之徒效之，纷纷继起。兴累迁至秋官侍郎，俊臣累迁至御史中丞，相与私畜无赖数百人，专以告密为事；欲陷一人，辄令数处俱告，事状如一。俊臣与司刑评事洛阳万国俊共撰《罗织经》数千言，教其徒网罗无辜，织成反状，构造布置，皆有支节。太后得告密者，辄令元礼等推之，竞为讯囚酷法，有“定百脉”“突地吼”“死猪愁”“求破家”“反是实”等名号，或以椽关手足而转之，谓之“凤皇晒翅”；或以物绊其腰，引枷向前，谓之“驴驹拔撅”；或使跪捧枷，累甓其上[7]，谓之“仙人献果”；或使立高木，引枷尾向后，谓之“玉女登梯”；或倒悬石缒其首[8]，或以醋灌鼻，或以铁圈毂其首而加楔[9]，至有脑裂髓出者。每得囚，辄先陈其械具以示之，皆战栗流汗，望风自诬。每有赦令，俊臣辄令狱卒先杀重囚，然后宣示。太后以为忠，益宠任之。中外畏此数人，甚于虎狼。

麟台正字陈子昂上疏，以为：“执事者疾徐敬业首乱唱祸，将息奸源，穷其党与，遂使陛下大开诏狱，重设严刑，有迹涉嫌疑，辞相逮引，莫不穷捕考按。至有奸人荧惑，乘险相诬，纠告疑似，冀图爵赏，恐非伐罪吊人之意也。臣窃观当今天下，百姓思安久矣，故扬州构逆，殆有五旬，而海内晏然，纤尘不动，陛下不务玄默以救疲人，而反任威刑以失其望，臣愚暗昧，窃有大惑。伏见诸方告密，囚累百千辈，及其穷竟，百无一实。陛下仁恕，又屈法容之，遂使奸恶之党快意相仇，睚眦之嫌即称有密[10]，一人被讼，百人满狱，使者推捕，冠盖如市。或谓陛下爱一人而害百人，天下喁喁[11]，莫知宁所。臣闻隋之末代，天下犹平，杨玄感作乱，不逾月而败。天下之弊，未至土崩，蒸人之心[12]，犹望乐业。炀帝不悟，遂使兵部尚书樊子盖专行屠戮[13]，大穷党与，海内豪士，无不罹殃；遂至杀人如麻，流血成泽，天下靡然[14]，始思为乱，于是雄杰并起而隋族亡矣。夫大狱一起，不能无滥，冤人吁嗟，感伤和气，群生疠疫，水旱随之，人既失业，则祸乱之心怵然而生矣[15]。古者明王重慎刑法，盖惧此也。昔汉武帝时巫蛊狱起[16]，使太子奔走，兵交宫阙，无辜被害者以千万数，宗庙几覆，赖武帝得壶关三老书，廓然感悟[17]，夷江充三族，余狱不论，天下以安尔。古人云：'前事之不忘，后事之师[18]。'伏愿陛下念之！"太后不听。

【注释】

①谮（zèn）：说坏话诬陷他人。 ②匦（guǐ 轨）：箱子，匣子。 ③命正谏句：胡三省注："正谏，即谏议大夫也。垂拱元年，置左、右补阙各一人，从七品上；左、右拾遗各二人，从八品上；掌供奉讽谏，行立次左、右之下；左属门下省，右属中书省。" ④识官：指担保的官吏，署名担保他人的品行称为保识。 ⑤刀车：古代的一种战车。两轮、车尾密布枪刃。凡是敌方攻破城门，便以刀车堵塞。 ⑥重足：累足。两足相叠，不敢正立。 ⑦甓（pì 屁）：砖。 ⑧缒（zhuì 缀）：用绳子拴住东西往下送。 ⑨縠（xuè 血）：紧箍。 ⑩睚眦（yá zì 牙自）之嫌：很小的嫌怨。睚眦，发怒时瞪眼。 ⑪喁（yóng）喁：低语，小声议论。 ⑫蒸人：即蒸民。众民，百姓。 ⑬樊子盖（545—616）：隋庐江（治今安徽合肥）人，字华宗。炀帝初为武威太守。炀帝赴辽东时，任东都太守。大业九年（613），守洛阳拒杨玄感。玄感败死，他奉命与裴蕴穷究玄感党，杀三万余人，枉死者大半，晋爵济公。 ⑭靡（mí 迷）：损害。 ⑮怵（xù 旭）：利诱。 ⑯巫蛊狱：汉武帝时，方士和神巫多聚京师，女巫出入宫中，教宫人埋木偶祭祀免灾。适遇武帝病，江充谓帝祟在巫蛊，因于宫中掘地搜查。江充与太子刘据有嫌怨，遂诬称在太子宫中查获木偶甚多。太子惧，起兵捕杀江充，失败自杀。巫蛊，古巫师用邪术加祸于人。 ⑰廓然感悟：豁然觉悟。 ⑱"前事"二句：以前的经验教训牢记不忘，可以作为今后行事的借鉴。语出《战国策·赵策一》。

夏，四月，太后铸大仪[①]，置北阙[②]。

以岑长倩为内史。六月，辛未，以苏良嗣为左相，同凤阁鸾台三品韦待价为右相。己卯，以韦思谦为纳言。

苏良嗣遇僧怀义于朝堂，怀义偃蹇不为礼[③]；良嗣大怒，命左右捽曳[④]，批其颊数十。怀义诉于太后，太后曰："阿师当于北门出入，南牙宰相所往来，勿犯也。"

太后托言怀义有巧思，故使入禁营造。补阙长社王求礼上表，以为："太宗时，有罗黑黑善弹琵琶，太宗阉为给使，使教宫人。

陛下若以怀义有巧性，欲宫中驱使者，臣请阉之，庶不乱宫闱。”表寝不出。

秋，九月，丁未，以西突厥继往绝可汗之子斛瑟罗为右玉钤卫将军，袭继往绝可汗押五弩失毕部落。

己巳[⑤]，雍州言新丰县东南有山踊出[⑥]，改新丰为庆山县。四方毕贺。江陵人俞文俊上书：“天气不和而寒暑并，人气不和而疣赘生，地气不和而塠阜出。今陛下以女主处阳位，反易刚柔，故地气塞隔而山变为灾。陛下谓之‘庆山’，臣以为非庆也。臣愚以为宜侧身修德以答天谴[⑦]；不然，殃祸至矣！”太后怒，流于岭外[⑧]，后为六道使所杀[⑨]。

突厥入寇，左鹰扬卫大将军黑齿常之拒之；至两井，遇突厥三千余人，见唐兵，皆下马擐甲[⑩]，常之以二百余骑冲之，皆弃甲走。日暮，突厥大至，常之令营中然火，东南又有火起，虏疑有兵相应，遂夜遁。

狄仁杰为宁州刺史。右台监察御史晋陵郭翰巡察陇右，所至多所按劾，入宁州境，耆老歌刺史德美者盈路；翰荐之于朝，征为冬官侍郎[⑪]。

【注释】

①大仪：仪范、大法。　②北阙：在玄武门外，是皇城北门外的门阙。　③偃蹇（jiǎn 俭）：骄傲、傲慢。　④捽（zuó 昨）：揪住头发。　⑤己巳：垂拱二年九月无此日。据《新纪》，乃十月之日，即十月初二。　⑥新丰县：治所在今陕西西安市临潼区新丰镇。　⑦侧身：戒慎恐惧，不敢安身的意思。　⑧岭外：即岭南。　⑨六道使：指长寿二年（693）武后派往岭南等六道的使者。时岭南告流人谋反，武后派万国俊前去按问。国俊还朝，言诸道流人亦反。武后再遣刘光业、王德寿、鲍思恭、王大贞、屈贞筠五使往诸道按问。　⑩擐（huàn 奂）甲：穿上甲胄。　⑪冬官侍郎：即工部侍郎。

资治通鉴卷第二百四

唐纪二十 起强圉大渊献，尽重光单阏，凡五年。

则天顺圣皇后上之下

垂拱三年 春，闰正月，丁卯，封皇子成美为恒王，隆基为楚王，隆范为卫王，隆业为赵王。

二月，丙辰，突厥骨笃禄等寇昌平[①]，命左鹰扬大将军黑齿常之帅诸军讨之。

三月，乙丑，纳言韦思谦以太中大夫致仕。

夏，四月，命苏良嗣留守西京。时尚方监裴匪躬检校京苑[②]，将鬻苑中蔬果以收其利。良嗣曰："昔公仪休相鲁[③]，犹能拔葵、去织妇，未闻万乘之主鬻蔬果也。"乃止。

壬戌，裴居道为纳言。五月，丙寅，夏官侍郎京兆张光辅为凤阁侍郎、同平章事。

凤阁侍郎、同凤阁鸾台三品刘祎之窃谓凤阁舍人永年贾大隐曰："太后既废昏立明，安用临朝称制！不如返政以安天下之心[④]。"大隐密奏之，太后不悦，谓左右曰："祎之我所引，乃复叛我！"或诬祎之受归诚州都督孙万荣金[⑤]，又与许敬宗妾有私，太后命肃州刺史王本立推之。本立宣敕示之，祎之曰："不经凤阁鸾台，何名为敕！"太后大怒，以为拒捍制使；庚午，赐死于家。

祎之初下狱，睿宗为之上疏申理，亲友皆贺之，祎之曰："此乃所以速吾死也。"临刑，沐浴，神色自若，自草谢表，立成数纸。麟台郎郭翰、太子文学周思钧称叹其文[⑥]。太后闻之，左迁翰巫州司法，思钧播州司仓。

秋，七月，壬辰，魏玄同检校纳言。

岭南俚户旧输半课[⑦]，交趾都护刘延祐使之全输，俚户不从，延祐诛其魁首。其党李思慎等作乱，攻破安南府城，杀延祐。桂州司马曹玄静将兵讨思慎等，斩之。

突厥骨笃禄、元珍寇朔州；遣燕然道大总管黑齿常之击之，以左鹰扬大将军李多祚为之副，大破突厥于黄花堆，追奔四十余里，突厥皆散走碛北。多祚世为靺鞨酋长，以军功得入宿卫。黑齿常之每得赏赐，皆分将士；有善马为军士所损，官属请笞之，常之曰："奈何以私马笞官兵乎！"卒不问。

九月，己卯，虢州人杨初成诈称郎将，矫制于都市募人迎庐陵王于房州；事觉，伏诛。

冬，十月，庚子，右监门卫中郎将爨宝璧与突厥骨笃禄、元珍战，全军皆没，宝璧轻骑遁归。

宝璧见黑齿常之有功，表请穷追余寇。诏与常之计议，遥为声援。宝璧欲专其功，不待常之，引精卒万三千人先行，出塞二千余里，掩击其部落[⑧]；既至，又先遣人告之，使得严备，与战，遂败。太后诛宝璧，改骨笃禄曰不卒禄。

命魏玄同留守西京。

武承嗣又使人诬李孝逸自云"名中有兔，兔，月中物，当有天分。"太后以孝逸有功，十一月，戊寅，减死除名，流儋州而卒[⑨]。

太后欲遣韦待价将兵击吐蕃，凤阁侍郎韦方质奏，请如旧制遣御史监军。太后曰："古者名君遣将，阃外之事悉以委之[⑩]。比闻御史监军，军中事无大小皆须承禀。以下制上，非令典也[⑪]；且何以责其有功！"遂罢之。

是岁，天下大饥，山东、关内尤甚。

【注释】

①昌平：县名。西汉置，治所在今北京昌平区东南。 ②时尚方监句：光宅年间改少府监为尚方监。京苑，西京之苑。 ③公仪休：战国时鲁国人。曾任鲁博士，后为鲁穆公之相，为人清廉。回家见妻子织帛，怒

而赶走妻子，烧掉织机；用饭时食葵菜觉得味美，愠而拔掉园葵，弃之；他说："吾已食禄，又夺园夫红女利乎！" ④返正：据中华书局本选录章钰校勘记，各本"正"作"政"。 ⑤归诚州：贞观二十二年，以契丹别部置归诚州，属松漠都督府。在今内蒙古巴林右旗一带。 ⑥麟台郎：光宅年间改秘书郎为麟台郎。太子文学：太子宫司经局有太子文学一人，正六品，掌侍奉文章。 ⑦俚：古族名。亦作"里人"。主要分布在今广东西南沿海及广西东南等地。 ⑧掩击：乘人不备而袭击。 ⑨儋（dān耽）州：唐武德五年（622）以儋耳郡改置，治所在义伦县（今海南儋县西北旧儋县）。 ⑩阃（kǔn 捆）外：郭门以外，此指统兵在外。 ⑪令典：好的制度。

四年 春，正月，甲子，于神都立高祖、太宗、高宗三庙，四时享祀如西庙之仪。又立崇先庙以享武氏祖考。太后命有司议崇先庙室数，司礼博士周悰请为七室[①]，又减唐太庙为五室。春官侍郎贾大隐奏："礼，天子七庙，诸侯五庙，百王不易之义。今周悰别引浮议，广述异闻，直崇临朝权仪，不依国家常度。皇太后亲承顾托，光显大猷，其崇先庙室应如诸侯之数，国家宗庙不应辄有变移。"太后乃止。

太宗、高宗之世，屡欲立明堂，诸儒议其制度，不决而止。及太后称制，独与北门学士议其制，不问诸儒。诸儒以为明堂当在国阳丙巳之地[②]，三里之外，七里之内。太后以为去宫太远。二月，庚午[③]，毁乾元殿，于其地作明堂，以僧怀义为之使，凡役数万人。

夏，四月，戊戌，杀太子通事舍人郝象贤[④]。象贤，处俊之孙也[⑤]。

初，太后有憾于处俊，会奴诬告象贤反，太后命周兴鞫之，致象贤族罪。象贤家人诣朝堂，讼冤于监察御史乐安任玄殖[⑥]。玄殖奏象贤无反状，玄殖坐免官。象贤临刑，极口骂太后，发扬宫中隐慝，夺市人柴以击刑者；金吾兵共格杀之。太后命支解其尸，发其父祖坟，毁棺焚尸。自是终太后之世，法官每刑人，先以木丸塞其口。

武承嗣使凿白石为文曰："圣母临人，永昌帝业。"末紫石杂药物填之[7]。庚午[8]，使雍州人唐同泰奉表献之[9]，称获之于洛水。太后喜，命其石曰"宝图"，擢同泰为游击将军。五月，戊辰，诏当亲拜洛，受"宝图"；有事南郊，告谢昊天；礼毕，御明堂，朝群臣。命诸州都督、刺史及宗室、外戚以拜洛前十日集神都。乙亥，太后加尊号为圣母神皇。

六月，丁亥朔，日有食之。

壬寅，作神皇三玺。

东阳大长公主削封邑[10]，并二子徙巫州。公主适高履行，太后以高氏长孙无忌之舅族，故恶之。

江南道巡抚大使、冬官侍郎狄仁杰以吴、楚多淫祠[11]，奏焚其一千七百余所，独留夏禹、吴太伯、季札、伍员四祠。

【注释】

①"司礼"句：胡三省注："光宅改太常曰司礼。史言周悰之请，希旨迎合。"悰（cóng 从）：此处为人名用字。 ②丙巳之地：古人以天干、地支作为方位标志。丙巳代表南偏东的方位。 ③庚午：垂拱四年二月无此日。据《新纪》，为正月庚午，即正月十一日。 ④太子通事舍人：唐制，太子通事舍人正七品下，掌导引宫臣辞见及劳问之事。 ⑤处俊：即唐大臣郝处俊（607—681）。安州安陆（今属湖北）人。贞观进士，累迁至吏部侍郎，曾副李勣攻高丽。入拜东台侍郎，进同东西台三品。上元时，迁中书令。高宗以病风眩，议使武后摄知国政，因其谏而止。后拜侍中，罢为太子少保。 ⑥乐安：此指旧乐安郡地。隋开皇六年（586）以其地置棣州，后废。贞观十七年（643）复置，移治厌次县（今山东惠民县东南）。 ⑦末紫石：把紫石打碎为粉末。紫石，紫色玉石，古人以为祥瑞之物。 ⑧庚午：垂拱四年四月无此日，当有误。 ⑨雍州：胡三省注："隋京兆郡，武德元年改曰雍州。"治所在长安（今陕西西安西北）。 ⑩东阳大长公主：唐太宗李世民的女儿。 ⑪淫祠：滥建的祠庙。

秋，七月，丁巳，赦天下。更命"宝图"为"天授圣图"；洛水为永昌洛水，封其神为显圣侯，加特进，禁渔钓，祭祀比四渎[1]。名图所出曰"圣图泉"，泉侧置永昌县。又改嵩山为神岳，封其神为天中王，拜太师、使持节、神岳大都督，禁刍牧。又以先于汜水得瑞石，改汜水为广武。

太后潜谋革命，稍除宗室。绛州刺史韩王元嘉、青州刺史霍王元轨、邢州刺史鲁王灵夔、豫州刺史越王贞及元嘉子通州刺史黄公譔、元轨子金州刺史江都王绪、虢王凤子申州刺史东莞公融、灵夔子范阳王蔼、贞子博州刺史琅邪王冲，在宗室中皆以才行有美名，太后尤忌之。元嘉等内不自安，密有匡复之志。

譔谬为书与贞云："内人病浸重，当速疗之，若至今冬，恐成痼疾。"及太后召宗室朝明堂，诸王因递相惊曰："神皇欲于大飨之际[2]，使人告密，尽收宗室，诛之无遗。"譔诈为皇帝玺书与冲云："朕遭幽絷，诸王宜各发兵救我。"冲又诈为皇帝玺书云："神皇欲移李氏社稷以授武氏。"八月，壬寅，冲召长史萧德琮等令募兵，分告韩、霍、鲁、越及贝州刺史纪王慎，令各起兵共趣神都。太后闻之，以左金吾将军丘神勣为清平道行军大总管以讨之。

冲募兵得五千余人，欲渡河取济州；先击武水[3]，武水令郭务悌诣魏州求救。莘令马玄素将兵千七百人中道邀冲，恐力不敌，入武水，闭门拒守。冲推草车塞其南门，因风纵火焚之，欲乘火突入；火作而风回，冲军不得进，由是气沮。堂邑董玄寂为冲将兵击武水，谓人曰："琅邪王与国家交战，此乃反也。"冲闻之，斩玄寂以徇，众惧而散入草泽，不可禁止，惟家僮左右数十人在。冲还走博州，戊申，至城门，为守门者所杀，凡起兵七日而败。丘神勣至博州，官吏素服出迎，神勣挥刃尽杀之，凡破千余家。

越王贞闻冲起，亦举兵于豫州，遣兵陷上蔡。九月，丙辰，命左豹韬大将军麴崇裕为中军大总管，岑长倩为后军大总管，将兵十万以讨之，又命张光辅为诸军节度。削贞、冲属籍，更姓虺氏。贞闻冲败，欲自锁诣阙谢罪，会所署新蔡令傅延庆募得勇士二千余人，贞乃宣言于众曰："琅邪已破魏、相数州，有兵二十万，朝夕至矣。"发属县兵共得五千，分为五营，使汝阳县丞裴守德等将之，署九品以上官五百余人。所署官皆受迫胁，莫有斗志，惟守德与之同谋，贞以其女妻之，署大将军，委以腹心。贞使道士及僧诵经以求事成，左右及战士皆带辟兵符。麴崇裕等军至豫州城东四十里，贞遣少子规及裴守德拒战，兵溃而归。贞大惧，闭阁自守。崇裕等至城下，左右谓贞曰："王岂可坐待戮辱！"贞、规、守德及其妻皆自杀。与冲皆枭首东都阙下。

初，范阳王蔼遣使语贞及冲曰："若四方诸王一时并起，事无不济。"诸王往来相约结，未定而冲先发，惟贞狼狈应之，诸王皆不敢发，故败。

贞之将起兵也，遣使告寿州刺史赵瓌，瓌妻常乐长公主谓使者曰[④]："为我语越王：昔隋文帝将篡周室，尉迟迥[⑤]，周之甥也，犹能举兵匡救社稷，功虽不成，威震海内，足为忠烈。况汝诸王，先帝之子，岂得不以社稷为心！今李氏危若朝露，汝诸王不舍生取义，尚犹豫不发，欲何须邪！祸且至矣，大丈夫当为忠义鬼，无为徒死也。"

及贞败，太后欲悉诛韩、鲁等诸王，命监察御史蓝田苏珦按其密状。珦讯问，皆无明验，或告珦与韩、鲁通谋，太后召珦诘之，珦抗论不回。太后曰："卿大雅之士，朕当别有任使，此狱不必卿也。"乃命珦于河西监军，更使周兴等按之。于是收韩王元嘉、鲁王灵夔、黄公譔、常乐公主于东都，迫胁皆自杀，更其姓曰"虺"，亲党皆诛。

以文昌左丞狄仁杰为豫州刺史。时治越王贞党与，当坐者六七百家，籍没者五千口，司刑趣使行刑[⑥]。仁杰密奏："彼皆诖误[⑦]，臣欲显奏，似为逆人申理；知而不言，恐乖陛下仁恤之旨。"太后特原之，皆流丰州。道过宁州，宁州父老迎劳之曰："我狄使君活汝邪[⑧]？"相携哭于德政碑下，设斋三日而后行。

时张光辅尚在豫州，将士恃功，多所求取，仁杰不之应。光辅怒曰："州将轻元帅邪[⑨]？"仁杰曰："乱河南者一越王贞耳[⑩]，今一贞死，万贞生！"光辅诘其语[⑪]，仁杰曰："明公总兵三十万，所诛者止于越王贞。城中闻官军至，逾城出降者四面成蹊[⑫]，明公纵将士暴掠，杀已降以为功，流血丹野，非万贞而何！恨不得尚方斩马剑，加于明公之颈，虽死如归耳！"光辅不能诘，归，奏仁杰不逊，左迁复州刺史。

【注释】

①"祭祀"句:隋唐以来封建王朝祠祭,分大祀、中祀、群祀三等。中祀,为祭日、月、先农、先蚕、前代帝王、太岁等之礼,祭五岳、四渎也属此等。四渎,即江、淮、河、济。 ②大飨(xiǎng 响):即大袷,古代合祀先王的祭礼。 ③武水:古县名。隋开皇十六年(596)置,治所在今山东聊城西南。五代周时废。 ④常乐长公主:唐高祖李渊的女儿。 ⑤尉迟迥(? —580):北周代(今山西大同市东北)人,字薄居罗。鲜卑族。文帝宇文泰甥,累有军功。北周初拜柱国大将军。宣帝继位,为相州总管。帝死,杨坚独揽天下军权,他起兵讨伐,兵败自杀。 ⑥司刑:司刑寺即大理寺。 ⑦诖(guà 挂)误:连累。 ⑧我狄使君句:狄仁杰曾任宁州刺史。 ⑨州将:汉代称刺史为州将。 ⑩河南:胡三省注:"当作汝南。" ⑪诘(jié 洁):追问,反问。 ⑫蹊(xī 奚):小路。

丁卯,左肃政大夫骞味道、夏官侍郎王本立并同平章事。

太后之召宗室朝明堂也,东莞公融密遣使问成均助教高子贡,子贡曰:"来必死。"融乃称疾不赴。越王贞起兵,遣使约融,融仓猝不能应[1],为官属所逼,执使者以闻,擢拜右赞善大夫[2]。未几,为支党所引,冬,十月,己亥,戮于市,籍没其家。高子贡亦坐诛。

济州刺史薛颉、颉弟绪、绪弟驸马都尉绍,皆与琅邪王冲通谋。颉闻冲起兵,作兵器,募人;冲败,杀录事参军高纂以灭口[3]。十一月,辛酉,颉、绪伏诛,绍以太平公主故,杖一百,饿死于狱。

十二月,乙酉,司徒、青州刺史霍王元轨坐与越王连谋,废徙黔州[4],载以槛车[5],行至陈仓而死。江都王绪、殿中监郕公裴承先皆戮于市。承先,寂之孙也[6]。

命裴居道留守西京。

左肃政大夫、同平章事骞味道素不礼于殿中侍御史周矩,屡言其不能了事。会有罗告味道者,敕矩按之。矩谓味道曰:"公常责矩不了事,今日为公了之。"乙亥[7],味道及其子辞玉皆伏诛。

己酉,太后拜洛受图,皇帝、皇太子皆从,内外文武百官、蛮夷各依方叙立[8],珍禽、奇兽、杂宝列于坛前,文物卤簿之盛[9],唐兴以来未之有也。

辛亥，明堂成，高二百九十四尺，方三百尺。凡三层：下层法四时，各随方色。中层法十二辰[10]；上为圆盖，九龙捧之。上施铁凤[11]，高一丈，饰以黄金。中有巨木十围，上下通贯，栭栌樘㮰藉以为本[12]。下施铁渠，为辟雍之象[13]。号曰万象神宫。宴赐群臣，赦天下，纵民入观。改河南为合宫县。又于明堂北起天堂五级以贮大像；至三级，则俯视明堂矣。僧怀义以功拜左威卫大将军、梁国公。

侍御史王求礼上书曰："古之明堂，茅茨不翦，采椽不斫。今者饰以珠玉，图以丹青，铁鹙入云[14]，金龙隐雾；昔殷辛琼台，夏癸瑶室，无以加也。"太后不报。

太后欲发梁、凤、巴蜑[15]，自雅州开山通道，出击生羌，因袭吐蕃。正字陈子昂上书[16]，以为："雅州边羌，自国初以来未尝为盗。今一旦无罪戮之，其怨必甚；且惧诛灭，必蜂起为盗。西山盗起[17]，则蜀之边邑不得不连兵备守，兵久不解，臣愚以为西蜀之祸，自此结矣。臣闻吐蕃爱蜀富饶，欲盗之久矣，徒以山川阻绝，障隘不通，势不能动。今国家乃乱边羌，开隘道，使其收奔亡之种，为乡导以攻边，是借寇兵为贼除道，举全蜀以遗之也。蜀者国家之宝库，可以兼济中国。今执事者乃图侥幸之利以事西羌，得其地不足以稼穑，财不足以富国，徒为糜费，无益圣德，况其成败未可知哉！夫蜀之所恃者险也，人之所以安者无役也；今国家乃开其险，役其人，险开则便寇，人役则伤财，臣恐未见羌戎，已有奸盗在其中矣。且蜀人尪劣[18]，不习兵战，山川阻旷，去中夏远，今无故生西羌、吐蕃之患，臣见其不及百年，蜀为戎矣。国家近废安北，拔单于，弃龟兹，放疏勒，天下翕然谓之盛德者[19]，盖以陛下务在养人，不在广地也。今山东饥，关、陇弊，而徇贪夫之议，谋动甲兵，兴大役，自古国亡家败，未尝不由黩兵[20]，愿陛下熟计之。"既而役不果兴。

【注释】

①苍猝：仓促。同"仓猝"。 ②右赞善大夫：太子属官。唐东宫左、右赞善大夫，正五品上，掌传令、讽过失、赞礼仪、以经教授诸郡

王。 ③录事参军：唐武德初改州主簿为录事参军，掌正违失，莅符印。 ④黔州：古州名。北周建德三年(574)以奉州改名，治所即今重庆彭水。隋大业三年(607)改为黔安郡，唐初复为黔州。南宋升为绍庆府。 ⑤槛车：囚禁犯人或装载猛兽的有栅栏的车。此指囚车。 ⑥寂：即唐朝武德开国功臣裴寂(573—632)。蒲州桑泉(今山西临猗县西南)人，字玄真。隋大业中任晋阳宫副监，支持李渊起兵反隋。入唐，任尚书左仆射，特受高祖信任，参与制定《唐律》。后为司空。贞观初免官归乡，后流放静州(今广西昭平县)，死赠河东郡公。 ⑦乙亥：垂拱四年十二月无此日，据《新纪》作"己亥"是，即十二月十五日。 ⑧蛮夷：据中华书局本所引章钰校勘记，各本于"蛮夷"下有"酋长"二字。 ⑨卤簿：古代帝王、后妃、太子、王公大臣驾出时的仪仗队。唐制四品以上皆给卤簿。 ⑩十二辰：自子至亥十二个时辰。 ⑪上施句：据中华书局本所引章钰校勘记，各本于"上"上有"上层法二十四气，亦为圆盖"十一字。 ⑫栭(ér 而)：柱顶上支承大梁的方木。栌(lú 卢)：梁上短柱，即斗拱。撑(chēng 撑)：同"樘"。斜柱，支撑。梍(pí 皮)：屋檐前板。 ⑬辟(bì 避)雍：周代为贵族子弟所设的大学。辟，即璧。辟雍四周环水，形如璧环，故名。 ⑭鷟(zhuó 灼)：胡三省注："鸑鷟者，凤也。" ⑮梁：指梁州。凤：指凤州。巴：指巴州。蜑(dàn 蛋)：古代南方民族之一。 ⑯正字：官名。掌详定典籍，订正文字。 ⑰西山句：胡三省注："西山在成都西，松、茂二州都督所统诸州，皆西山羌也。" ⑱尪(wāng 汪)劣：孱弱。 ⑲翕(xī 西)然：一致的样子。 ⑳黩(dú 读)兵：滥用武力。

永昌元年 春，正月，乙卯朔，大飨万象神宫，太后服衮冕，搢大珪，持镇圭为初献[①]，皇帝为亚献，太子为终献。先诣昊天上帝座，次高祖、太宗、高宗，次魏国先王[②]，次五方帝座。太后御则天门，赦天下，改元。丁巳，太后御明堂，受朝贺。戊午，布政于明堂，颁九条以训百官。己未，御明堂，飨群臣。

二月，丁酉，尊魏忠孝王曰周忠孝太皇，妣曰忠孝太后，文水陵曰章德陵，咸阳陵曰明义陵[③]。置崇先府官。戊戌，尊鲁公曰太原靖王，北平王曰赵肃恭王，金城王曰魏义康王，太原王曰周安成王。

唐白釉仿皮囊瓷壶

三月，甲子，张光辅守纳言。

壬申，太后问正字陈子昂当今为政之要。子昂退，上疏，以为："宜缓刑崇德，息兵革，省赋役，抚慰宗室，各使自安。"辞婉意切，其论甚美，凡三千言。

癸酉，以天官尚书武承嗣为纳言，张光辅守内史。

夏，四月，甲辰，杀辰州别驾汝南王炜、连州别驾鄱阳公諲等宗室十二人，徙其家于巂州。炜，恽之子[④]；諲，元庆之子也[⑤]。

己酉，杀天官侍郎蓝田邓玄挺。玄挺女为諲妻，又与炜善。諲谋迎中宗于庐陵，以问玄挺；炜又尝谓玄挺曰："欲为急计，何如？"玄挺皆不应。故坐知反不告，同诛。

五月，丙辰，命文昌右相韦待价为安息道行军大总管，击吐蕃。

浪穹州蛮酋傍时昔等二十五部[⑥]，先附吐蕃，至是来降；以傍时昔为浪穹州刺史，令统其众。

己巳，以僧怀义为新平军大总管，北讨突厥。行至紫河，不见虏，于单于台刻石纪功而还。

诸王之起兵也，贝州刺史纪王慎独不预谋，亦坐系狱；秋，七月，丁巳，槛车徙巴州，更姓虺氏，行及蒲州而卒。八男徐州刺史东平王续等，相继被诛，家徙岭南。

女东光县主楚媛，幼以孝谨称，适司议郎裴仲将，相敬如宾；姑有疾，亲尝药膳；接遇娣姒，皆得欢心。时宗室诸女皆以骄奢相尚，诮楚媛独俭素，曰："所贵于富贵者，得适志也；今独守勤苦，将以何求？"楚媛曰："幼而好礼，今而行之，非适志欤！观自古女子，皆以恭俭为美，纵侈为恶。辱亲是惧，何所求乎；富贵傥来之物，何足骄人！”众皆惭服。及慎凶问至，楚媛号恸，呕血数升，免丧，不御膏沐者垂二十年。

韦待价军至寅识迦河，与吐蕃战，大败。待价既无将领之才，狼狈失据，士卒冻馁，死亡甚众，乃引军还。太后大怒，丙子，待价除名，流绣州，斩副大总管安西大都护阎温古。安西副都护唐休璟收其余众，抚安西土，太后以休璟为西州都督。

戊寅，以王本立同凤阁鸾台三品。

徐敬业之败也，弟敬真流绣州，逃归，将奔突厥，过洛阳，洛州司马弓嗣业、洛阳令张嗣明资遣之；至定州，为吏所获，嗣业缢死。嗣明、敬真多引海内知识，云有异图，冀以免死；于是朝野之士为所连引坐死者甚众。嗣明诬内史张光辅，云：“征豫州日[7]，私论图谶、天文[8]，阴怀两端。”八月，甲申，光辅与敬真、嗣明等同诛，籍没其家。

乙未，秋官尚书太原张楚金、陕州刺史郭正一、凤阁侍郎元万顷、洛阳令魏元忠，并免死流岭南。楚金等皆为敬真所引[9]，云与敬业通谋。临刑，太后使凤阁舍人王隐客驰骑传声赦之。声达于市，当刑者皆喜跃欢呼，宛转不已；元忠独安坐自如，或使之起，元忠曰：“虚实未知。”隐客至，又使起，元忠曰：“俟宣敕已。”既宣敕，乃徐起，舞蹈再拜，竟无忧喜之色。是日，阴云四塞，既释楚金等，天气晴霁[10]。

【注释】

①搢（jìn 尽）大圭二句：搢，插。大圭，佩玉，也称珽，是古代用于隆重仪式的礼器，作丁字形，插在衣带间以记事备忘。镇圭，古代朝聘祭享所用的作为凭信的玉制礼器，由帝王拿着行礼。 ②魏国先王：即武士彟。 ③文水陵二句：胡三省注：“武氏之先葬文水，士彟及其妻葬咸阳。” ④恽：即唐太宗李世民之子李恽，封蒋王。 ⑤元庆：即唐高祖李渊之子李元庆，封道王。 ⑥浪穹州：唐初置，治所即今云南洱源县，后废。其地即南诏六部之一“浪穹诏”。 ⑦征豫州日：胡三省注：“谓征越王贞时”。 ⑧图谶（chèn 趁）：古代一种宣扬迷信、预兆的图书。 ⑨引：牵连。 ⑩霁（jì 计）：雨后或雪后转晴。

九月，壬子，以僧怀义为新平道行军大总管，将兵二十万以讨突厥骨笃禄。

初，高宗之世，周兴以河阳令召见，上欲加擢用，或奏以为非清流[①]，罢之。兴不知，数于明堂俟命。诸相皆无言，地官尚书、检校纳言魏玄同[②]，时同平章事，谓之曰："周明府可去矣[③]。"兴以为玄同沮己，衔之。玄同素与裴炎善，时人以其终始不渝，谓之耐久朋。周兴奏诬玄同言："太后老矣，不若奉嗣君为耐久。"太后怒，闰月，甲午，赐死于家。监刑御史房济谓玄同曰："丈人何不告密，冀得召见，可以自直！"玄同叹曰："人杀鬼杀[④]，亦复何殊，岂能作告密人邪！"乃就死。又杀夏官侍郎崔詧于隐处[⑤]。自余内外大臣坐死及流贬者甚众。

彭州长史刘易从亦为徐敬真所引；戊申，就州诛之。易从为人，仁孝忠谨，将刑于市，吏民怜其无辜，远近奔赴，竟解衣投地曰："为长史求冥福。"有司平准[⑥]，直十余万。

周兴等诬右武卫大将军燕公黑齿常之谋反，征下狱。冬，十月，戊午，常之缢死。

己未，杀宗室鄂州刺史嗣郑王璥等六人。庚申，嗣滕王修琦等六人免死，流岭南。

丁卯，春官尚书范履冰、凤阁侍郎邢文伟并同平章事。

己卯，诏太穆神皇后、文德圣皇后宜配皇地祇[⑦]，忠孝太后从配[⑧]。

右卫胄曹参军陈子昂上疏[⑨]，以为："周颂成、康，汉称文、景，皆以能措刑故也。今陛下之政，虽尽善矣，然太平之朝，上下乐化，不宜有乱臣贼子，日犯天诛。比者大狱增多，逆徒滋广，愚臣顽昧，初谓皆实，乃去月十五日，陛下特察系囚李珍等无罪，百僚庆悦，皆贺圣明，臣乃知亦有无罪之人挂于疏网者。陛下务在宽典，狱官务在急刑，以伤陛下之仁，以诬太平之政，臣窃恨之。又，九月二十一日敕免楚金等死，初有风雨，变为景云[⑩]。臣闻阴惨者刑也，阳舒者德也；圣人法天，天亦助圣，天意如此，陛下岂可不承顺之哉！今又阴雨，臣恐过在狱官。凡系狱之囚，多在极法[⑪]，道路之议，或是或非，陛下何不悉召见之，自诘其罪。罪有实者显示明刑，滥者严惩狱吏[12]，使天下威服，人知政刑，岂非至德克明哉！”

【注释】

①“或奏”句：清流，指负有时望的清高的士大夫。周兴出身于尚书都事，是品流之外的官吏。　②地官：唐光宅元年，武则天改户部为地官。　③明府：唐人呼县令为明府。　④鬼杀：指染病而死。　⑤又杀句：谓不在市朝公开地处死。夏官，唐光宅元年，武则天改兵部为夏官。　⑥平准：估价。　⑦太穆神皇后：唐高祖李渊的皇后。文德圣皇后：唐太宗李世民的皇后。　⑧忠孝太后：武则天尊其母为忠孝太后。　⑨胄曹参军：唐诸卫府皆有胄曹参军，掌戎仗、器械及公廨兴造、决罚之事。　⑩景云：即卿云、庆云，象征祥瑞的云彩。　⑪极法：极刑，死刑。　⑫狱司：司法的官吏。

天授元年[①]　十一月，庚辰朔，日南至。太后享万象神宫，赦天下。始用周正[②]，改永昌元年十一月为载初元年正月，以十二月为腊月，夏正月为一月。以周、汉之后为二王后，舜、禹、成汤之后为三恪[③]，周、隋之嗣同列国[④]。

凤阁侍郎河东宗秦客，改造“天”“地”等十二字以献[⑤]，丁亥，行之。太后自名“曌”，改诏曰制[⑥]。秦客，太后从父姊之子也。

乙未，司刑少卿周兴奏除唐亲属籍。

腊月，辛未，以僧怀义为右卫大将军，赐爵鄂国公。

春，一月，戊子，武承嗣迁文昌左相，岑长倩迁文昌右相、同凤阁鸾台三品，凤阁侍郎武攸宁为纳言，邢文伟守内史，左肃政大夫、同凤阁鸾台三品王本立罢为地官尚书。攸宁，士彟之兄孙也。

时武承嗣、三思用事，宰相皆下之。地官尚书、同凤阁鸾台三品韦方质有疾，承嗣、三思往问之，方质据床不为礼。或谏之，方质曰：“死生有命，大丈夫安能曲事近戚以求苟免乎！”寻为周兴等所构，甲午，流儋州，籍没其家。

二月，辛酉，太后策贡士于洛城殿。贡士殿试自此始。

丁卯，地官尚书王本立薨。

三月，丁亥，特进、同凤阁鸾台三品苏良嗣薨。

夏，四月，丁巳，春官尚书、同平章事范履冰坐尝举犯逆者下狱死。

醴泉人侯思止，始以卖饼为业，后事游击将军高元礼为仆，素诡谲无赖。恒州刺史裴贞杖一判司[7]，判司使思止告贞与舒王元名谋反，秋，七月，辛巳，元名坐废，徙和州，壬午，杀其子豫章王亶；贞亦族灭。擢思止为游击将军。时，告密者往往得五品，思止求为御史，太后曰："卿不识字，岂堪御史！"对曰："獬豸何尝识字[8]，但能触邪耳。"太后悦，即以为朝散大夫、侍御史。他日，太后以先所籍没宅赐之，思止不受，曰："臣恶反逆之人，不愿居其宅。"太后益赏之。

衡水人王弘义，素无行，尝从邻舍乞瓜，不与，乃告县官瓜田中有白兔；县官使人搜捕，蹂践瓜田立尽。又游赵、贝，见闾里耆老作邑斋，遂告以谋反，杀二百余人，擢授游击将军，俄迁殿中侍御史。或告胜州都督王安仁谋反，敕弘义按之。安仁不服，弘义即于枷上刎其首；又捕其子，适至，亦刎其首，函之以归。道过汾州，司马毛公与之对食，须臾，叱毛公下阶，斩之，枪揭其首入洛，见者无不震栗。

时置制狱于丽景门内[9]，入是狱者，非死不出，弘义戏呼为"例竟门[10]"。朝士人人自危，相见莫敢交言，道路以目。或因入朝密遭掩捕，每朝，辄与家人诀曰："未知复相见否？"

时法官竞为深酷，唯司刑丞徐有功、杜景俭独存平恕[11]，被告者皆曰："遇来、侯必死，遇徐、杜必生。"

有功，文远之孙也[12]，名弘敏，以字行。初为蒲州司法[13]，以宽为治，不施敲朴，吏相约有犯徐司法杖者，众共斥之。迨官满，不杖一人，职事亦修。累迁司刑丞，酷吏所诬构者，有功皆为直之，前后所活数十百家。尝廷争狱事，太后厉色诘之，左右为战栗，有功神色不挠，争之弥切。太后虽好杀，知有功正直，甚敬惮之。景俭，武邑人也。

司刑丞荥阳李日知亦尚平恕。少卿胡元礼欲杀一囚，日知以为不可，往复数四，元礼怒曰："元礼不离刑曹，此囚终无生理！"日知曰："日知不离刑曹，此囚终无死法！"竟以两状列上，日知果直。

东魏国寺僧法明等撰《大云经》四卷，表上之，言太后乃弥勒佛下生，当代唐为阎浮提主[14]，制颁于天下。

武承嗣使周兴罗告隋州刺史泽王上金、舒州刺史许王素节谋反，征诣行在。素节发舒州，闻遭丧哭者，叹曰：“病死何可得，乃更哭邪！”丁亥，至龙门，缢杀之。上金自杀。悉诛其诸子及支党。

太后欲以太平公主妻其伯父士让之孙攸暨[15]，攸暨时为右卫中郎将，太后潜使人杀其妻而妻之。公主方额广颐[16]，多权略，太后以为类己，宠爱特厚，常与密议天下事。旧制，食邑，诸王不过千户，公主不过三百五十户；太平食邑独累加至三千户。

【注释】

①天授元年：这一年九月，始改年号为天授。　②周正：周代的历法。古代历法以建子、建丑、建寅为三正。夏代建寅，殷代建丑，周代建子。建子就是说以农历十一月为正月。　③“以周汉”二句：古代新王朝建立后，封前两朝的王侯后裔为诸侯国君，称二王。另外往往还要给予前代三朝的王族后裔王侯的名号，称三恪。恪，尊敬的意思。唐朝本以后周朝及隋朝的后裔为二王后，此时改称周朝和汉朝的后裔为二王后。　④周：此指后周朝。　⑤“改造”句：胡三省注：“十二字：‘照’为‘曌’，‘天’为‘㓅’。‘地’为‘埊’，‘日’为‘㊐’，‘月’为‘囝’，‘星’为‘〇’，‘君’为‘𠁈’，‘臣’为‘恵’，‘人’为‘𤯔’，‘载’为‘𡕀’，‘年’为‘𠡦’，‘正’为‘𠥳’。又有‘证’为‘𨲢’，‘圣’为‘𨱍’二字。　⑥改诏曰制：避武后名讳。曌，诏同音。　⑦判司：唐代称州曹各司的参军为判司。　⑧獬（xiè 谢）豸：传说中的一种兽名。个性忠直，看见人争斗，便用其独角触那不直的人。　⑨制狱：即诏狱。关押奉诏令逮捕的人犯的监狱。　⑩例竟门：竟有死的意思，入此门照例必死，故称例竟门。⑪司刑丞：官名，即大理寺丞。　⑫文远：即隋唐之际的学者徐文远（550—623），偃师（今属河南）人，名旷，以字行。博通五经，尤精《春秋左氏传》。李密、王世充等均从受学。隋文帝时迁太学博士，炀帝时擢国子博士。入唐仍为国子博士，封东莞县男。　⑬司法：即法曹司法参军。唐制：法曹司法参军，掌鞫狱、立法、督盗贼、知赃贿没入。　⑭阎浮提：佛教称人世为阎浮提。　⑮“太后”句：胡三省注：“垂拱四年诛薛绍，太平公主寡居。”

八月，甲寅，杀太子少保、纳言裴居道；癸亥，杀尚书左丞张行廉。辛未，杀南安王颖等宗室十二人，又鞭杀故太子贤二子，唐之宗室于是殆尽矣，其幼弱存者亦流岭南，又诛其亲党数百家。惟千金长公主以巧媚得全，自请为太后女，仍改姓武氏；太后爱之，更号延安大长公主。

九月，丙子，侍御史汲人傅游艺帅关中百姓九百余人诣阙上表，请改国号曰周，赐皇帝姓武氏，太后不许；擢游艺为给事中。于是百官及帝室宗戚、远近百姓、四夷酋长、沙门、道士合六万余人，俱上表如游艺所请，皇帝亦上表自请赐姓武氏。戊寅，群臣上言："有凤皇自明堂飞入上阳宫，还集左台梧桐之上[①]，久之，飞东南去；及赤雀数万集朝堂。"

庚辰，太后可皇帝及群臣之请。壬午，御则天楼，赦天下，以唐为周，改元。乙酉，上尊号曰圣神皇帝，以皇帝为皇嗣，赐姓武氏；以皇太子为皇孙。

丙戌，立武氏七庙于神都，追尊周文王曰始祖文皇帝，妣姒氏曰文定皇后；平王少子武曰睿祖康皇帝，妣姜氏曰康睿皇后[②]；太原靖王曰严祖成皇帝，妣曰成庄皇后；赵肃恭王曰肃祖章敬皇帝，魏义康王曰烈祖昭安皇帝，周安成王曰显祖文穆皇帝，忠孝太皇曰太祖孝明高皇帝，妣皆如考谥，称皇后。立武承嗣为魏王，三思为梁王，攸宁为建昌王，士彟兄孙攸归、重规、载德、攸暨、懿宗、嗣宗、攸宜、攸望、攸绪、攸止皆为郡王，诸姑姊皆为长公主。

又以司宾卿溧阳史务滋为纳言，凤阁侍郎宗秦客检校内史，给事中傅游艺为鸾台侍郎、平章事。游艺与岑长倩、右玉钤卫大将军张虔勖、左金吾大将军丘神勣、侍御史来子珣等并赐姓武。秦客潜劝太后革命，故首为内史。游艺期年之中历衣青、绿、朱、紫[③]，时人谓之四时仕宦[④]。

敕改州为郡；或谓太后曰："陛下始革命而废州，不祥[⑤]。"太后遽追止之。

命史务滋等十人巡抚诸道[⑥]。太后立兄孙延基等六人为郡王。

冬，十月，甲子，检校内史宗秦客坐赃贬遵化尉，弟楚客、晋卿亦以奸赃流岭外。

丁卯，杀流人韦方质。

辛未，内史邢文伟坐附会宗秦客贬珍州刺史[7]。顷之，有制使至州，文伟以为诛己，遽自缢死。

壬申，敕两京诸州各置大云寺一区，藏《大云经》，使僧升高座讲解，其撰疏僧云宣等九人皆赐爵县公，仍赐紫袈裟、银龟袋[8]。

制天下武氏咸蠲课役。

西突厥十姓，自垂拱以来为东突厥所侵掠，散亡略尽。濛池都护继往绝可汗斛瑟罗收其余众六七万人入居内地，拜右卫大将军，改号竭忠事主可汗。

道州刺史李行褒兄弟为酷吏所陷，当族[9]，秋官郎中徐有功固争不能得。秋官侍郎周兴奏有功出反囚，当斩，太后虽不许，亦免有功官；然太后雅重有功[10]，久之，复起为侍御史。有功伏地流涕固辞曰："臣闻鹿走山林而命悬庖厨，势使之然也。陛下以臣为法官，臣不敢枉陛下法，必死是官矣。"太后固授之，远近闻者相贺。

是岁，以右卫大将军泉献诚为左卫大将军。太后出金宝，命选南北牙善射者五人赌之，献诚第一，以让右玉钤卫大将军薛咄摩，咄摩复让献诚。献诚乃奏言："陛下令选善射者，今多非汉官，窃恐四夷轻汉[11]，请停此射。"太后善而从之。

【注释】

①左台：官署名。即左肃政台。唐光宅元年，武则天改御史台为左肃政台，并增置右肃政台。 ②"追尊"四句：武则天改国号为周，故以上古周王姬氏为其远祖。康睿：严衍《通鉴补》改为"康惠"。 ③"游艺"句：谓傅游艺在一年之内由九品升到一品。衣（yì 易）：穿着。 ④四时仕官：一年四季，每季都升迁官位。 ⑤不祥：因为州、周同音，故"废州"犯忌。 ⑥巡抚诸道：据中华书局本选录章钰校勘记，诸本"巡"作"存"，"诸道"下有"癸卯"二字。 ⑦珍州：旧州名。唐贞观十六年（642）置，治所在今贵州正安县西北。后废置多次，于明初改为真州长官司。 ⑧"仍赐"句：僧徒一般着缁色袈裟，有恩赐才穿紫色袈裟。唐五品以上官员原来佩鱼符，天授二年改佩龟袋，中宗改佩鱼，此时又改为佩龟。 ⑨族：族诛，灭族。 ⑩雅：平素，一向。 ⑪"今多非"二句：泉

献诚是高丽泉男生的儿子，薛咄摩是薛延陀族人，都不是汉族官吏。

二年 正月，癸酉朔，太后始受尊号于万象神宫，旗帜尚赤。甲戌，改置社稷于神都。辛巳，纳武氏神主于太庙；唐太庙之在长安者，更命曰享德庙。四时唯享高祖已下，余四室皆闭不享[①]。又改长安崇先庙为崇尊庙。乙酉，日南至，大享明堂，祀昊天上帝，百神从祀，武氏祖宗配飨，唐三帝亦同配。

御史中丞知大夫事李嗣真以酷吏纵横，上疏，以为："今告事纷纭，虚多实少，恐有凶慝阴谋离间陛下君臣。古者狱成，公卿参听，王必三宥，然后行刑。比日狱官单车奉使，推鞫既定，法家依断，不令重推；或临时专决，不复闻奏。如此，则权由臣下，非审慎之法，倘有冤滥，何由可知！况以九品之官专命推覆，操杀生之柄，窃人主之威，按覆既不在秋官，省审复不由门下，国之利器，轻以假人，恐为社稷之祸。"太后不听。

饶阳尉姚贞亮等数百人表请上尊号曰上圣大神皇帝，不许。

侍御史来子珣诬尚衣奉御刘行感兄弟谋反[②]，皆坐诛。

春，一月，地官尚书武思文及朝集使二千八百人，表请封中岳。

己亥，废唐兴宁、永康、隐陵署官[③]，唯量置守户。

左金吾大将军丘神勣以罪诛。

纳言史务滋与来俊臣同鞫刘行感狱，俊臣奏务滋与行感亲密，意欲寝其反状。太后命俊臣并推之，庚子，务滋恐惧自杀。

或告文昌右丞周兴与丘神勣通谋，太后命来俊臣鞫之，俊臣与兴方推事对食，谓兴曰："囚多不承，当为何法？"兴曰："此甚易耳！取大瓮，以炭四周炙之，令囚入中，何事不承！"俊臣乃索大瓮，火围如兴法，因起谓兴曰："有内状推兄，请兄入此瓮！"兴惶恐叩头服罪。法当死，太后原之，二月，流兴岭南，在道，为仇家所杀。

兴与索元礼、来俊臣竞为暴刻，兴、元礼所杀各数千人，俊臣所破千余家。元礼残酷尤甚，太后亦杀之以慰人望。

徙左卫大将军千乘王武攸暨为定王。

立故太子贤之子光顺为义丰王。

甲子，太后命始祖墓曰德陵，睿祖墓曰乔陵，严祖墓曰节陵，肃祖墓曰简陵，烈祖墓曰靖陵，显祖墓曰永陵，改章德陵为昊陵，显义陵为顺陵。

追复李君羡官爵[4]。

夏，四月，壬寅朔，日有食之。

癸卯，制以释教开革命之阶[5]，升于道教之上。

命建安王攸宜留守长安。

丙辰，铸大钟，置北阙。

五月，以岑长倩为武威道行军大总管，击吐蕃，中道召还，军竟不出。

六月，以左肃政大夫格辅元为地官尚书，与鸾台侍郎乐思晦、凤阁侍郎任知古并同平章事。思晦，彦玮之子也[6]。

【注释】

①四室：指奉祀宣帝、元帝、光帝、景帝的殿堂。　②尚衣奉御：官名。掌皇帝衣服、进御之事。　③兴宁：元帝陵称兴宁。永康：景帝陵称永康。隐陵：严衍《通鉴补》认为：隐字疑衍，或是二字。　④李君羡（？—648）：唐初将领。武安（今河北邯郸市永年区）人。高祖时从破宋金刚，讨王世充，破窦建德、刘黑闼，累建功。又与尉迟敬德攻突厥。封武连县公，拜兰州都督。贞观时，有谣言当有女主武王代有天下，太宗心忌之。逢内宴作酒令，各言小名，君羡自报曰五娘，太宗惊愕。又因为君羡的官称封邑属县都带有“武”字，为太宗所不容，贬为华州刺史，借故将他处死。　⑤“制以释教”句：胡三省注：“谓《大云经》也。”释教：佛教。　⑥彦玮：即唐朝官员乐彦玮（？—644），字德珪。长安（治今陕西西安）人。显庆中为给事中。麟德初，以西台侍郎同东西台三品；数月，罢为大司宪卒。

秋，七月，徙关内户数十万以实洛阳。

八月，戊申，纳言武攸宁罢为左羽林大将军；夏官尚书欧阳通为司礼卿兼判纳言事[1]。

庚申，杀玉钤卫大将军张虔勖。来俊臣鞫虔勖狱，虔勖自讼于徐有功；俊臣怒，命卫士以刀乱斫杀之，枭首于市。

义丰王光顺、嗣雍王守礼、永安王守义、长信县主等皆赐姓武氏[2]，与睿宗诸子皆幽闭宫中，不出门庭者十余年。守礼、守义，光顺之弟也。

或告地官尚书武思文初与徐敬业通谋；甲子，流思文于岭南，复姓徐氏。

九月，乙亥，杀岐州刺史云弘嗣。来俊臣鞫之，不问一款[3]，先断其首，乃伪立案奏之。其杀张虔勖亦然。敕旨皆依，海内钳口。

鸾台侍郎、同平章事傅游艺梦登湛露殿，以语所亲，所亲告之；壬辰，下狱，自杀。

狄仁杰像

癸巳，以左羽林卫大将军建昌王武攸宁为纳言，洛州司马狄仁杰为地官侍郎，与冬官侍郎裴行本并同平章事。太后谓仁杰曰："卿在汝南，甚有善政[4]，卿欲知谮卿者名乎？"仁杰谢曰："陛下以臣为过，臣请改之；知臣无过，臣之幸也，不愿知谮者名。"太后深叹美之。

先是，凤阁舍人修武张嘉福使洛阳人王庆之等数百人上表，请立武承嗣为皇太子。文昌右相、同凤阁鸾台三品岑长倩以皇嗣在东宫，不宜有此议，奏请切责上书者，告示令散。太后又问地官尚书、同平章事格辅元，辅元固称不可。由是大忤诸武意，故斥长倩令西征吐蕃，未至，征还，下制狱。承嗣又谮辅元。来俊臣又胁长倩子灵原，令引司礼卿兼判纳言事欧阳通等数十人,皆云同反。通为俊臣所讯,五毒备至,终无异词,俊臣乃诈为通款。冬,十月,己酉,长倩、辅元、通等皆坐诛。

王庆之见太后,太后曰:“皇嗣我子,奈何废之?”对曰:“‘神不歆非类,民不祀非族[5]。’今谁有天下,而以李氏为嗣乎!”太后谕遣之。庆之伏地,以死泣请,不去,太后乃以印纸遗之曰:“欲见我,以此示门者。”自是庆之屡求见,太后颇怒之,命凤阁侍郎李昭德赐庆之杖。昭德引出光政门外,以示朝士曰:“此贼欲废我皇嗣,立武承嗣。”命扑之,耳目皆血出,然后杖杀之,其党乃散。

昭德因言于太后曰:“天皇,陛下之夫;皇嗣,陛下之子。陛下身有天下,当传之子孙为万代业,岂得以侄为嗣乎!自古未闻侄为天子而为姑立庙者也!且陛下受天皇顾托,若以天下与承嗣,则天皇不血食矣。”太后亦以为然。昭德,乾祐之子也[6]。

壬辰[7],杀鸾台侍郎、同平章事乐思晦、右卫将军李安静。安静,纲之孙也[8]。太后将革命,王公百官皆上表劝进,安静独正色拒之。及下制狱[9],来俊臣诘其反状,安静曰:“以我唐家老臣,须杀即杀!若问谋反,实无可对。”俊臣竟杀之。

太学生王循之上表,乞假还乡;太后许之。狄仁杰曰:“臣闻君人者唯杀生之柄不假人[10],自余皆归之有司。故左、右丞,徒以下不句[11];左、右相,流以上乃判[12],为其渐贵故也。彼学生求假,丞、簿事耳,若天子为之发敕,则天下之事几敕可尽乎!必欲不违其愿,请普为立制而已。”太后善之。

【注释】

①司礼卿:唐光宅元年,武则天改太常寺为司礼寺,司礼卿即该寺长官。 ②“义丰王”句:胡三省注:“光顺兄弟皆章怀太子贤之子。” ③款:指囚犯的供词。胡三省注:“狱辞之出于囚口者为款。” ④“卿在”二句:指垂拱四年狄仁杰任豫州刺史时,有好政绩。 ⑤“神不歆”二句:这是《左传》僖公十年晋大夫狐突的话,意思是:神灵不享不同族类的祭物,百姓不祭祀不同宗族的人。歆,古人认为祭祀时神鬼先用鼻嗅、口吸的方式享用祭物的气味。 ⑥乾祐:即唐朝官吏李乾祐,长安(今陕西西安)人,贞观初为殿中侍御史,历治书,有能名。永徽初擢御史大夫,为褚遂良所恶,迁邢、魏二州刺史。因刺取朝廷事发,获罪,流驩

州。后为司刑、太常伯,又坐罪免官卒。 ⑦壬辰:天授二年十月无此日。据《新唐书》作“壬戌”。即十月二十五日。 ⑧纲:即唐朝官吏李纲(547—631)。蓨县(今河北景县)人,字文纪,初名瑗,字子玉。仕隋为太子洗马、尚书右丞等官,为杨素所忌,使为行军司马,从刘方远攻林邑。旋被排斥去官。入唐,为礼部尚书兼太子詹事,以太子建成不听谏,屡请致仕,高祖仅解除其尚书。贞观中,复为少师,发言陈事,无所回避,以刚直著称。 ⑨制狱:皇帝特命监禁罪人的监狱。即诏狱。 ⑩柄:权力。假人:给予他人。 ⑪徒:指士庶。句(gōu 勾):“勾”的本字。勾当,办理。 ⑫流:指入流官吏。

资治通鉴卷第二百五

唐纪二十一　起玄黓执徐，尽柔兆涒滩，凡五年。

则天顺圣皇后中之上

长寿元年[①]　正月，戊辰朔[②]，太后享万象神宫。

腊月，立故于阗王尉迟伏阇雄之子瑕为于阗王。

春，一月，丁卯，太后引见存抚使所举人，无问贤愚，悉加擢用，高者试凤阁舍人、给事中，次试员外郎、侍御史、补阙、拾遗、校书郎。试官自此始。时人为之语曰："补阙连车载，拾遗平斗量；欋推侍御史，碗脱校书郎[③]。"有举人沈全交续之曰："糊心存抚使，眯目圣神皇[④]。"为御史纪先知所擒，劾其诽谤朝政，请杖之朝堂，然后付法，太后笑曰："但使卿辈不滥，何恤人言！宜释其罪。"先知大惭。太后虽滥以禄位收天下人心，然不称职者，寻亦黜之，或加刑诛。挟刑赏之柄以驾御天下，政由己出，明察善断，故当时英贤亦竞为之用。

宁陵丞庐江郭霸以谄谀干太后，拜监察御史。中丞魏元忠病，霸往问之，因尝其粪，喜曰："大夫粪甘则可忧[⑤]；今苦，无伤也。"元忠大恶之，遇人辄告之。

戊辰，以夏官尚书杨执柔同平章事。执柔，恭仁弟之孙也[⑥]，太后以外族用之[⑦]。

初，隋炀帝作东都，无外城，仅有短垣而已，至是，凤阁侍郎李昭德始筑之。

左台中丞来俊臣罗告同平章事任知古、狄仁杰、裴行本、司农卿裴宣礼、前文昌左丞卢献、御史中丞魏元忠、潞州刺史李嗣真谋反。先是,来俊臣奏请降敕,一问即承反者得减死。及知古等下狱,俊臣以此诱之,仁杰对曰:"大周革命,万物惟新,唐室旧臣,甘从诛戮。反是实!"俊臣乃少宽之。判官王德寿谓仁杰曰:"尚书定减死矣。德寿业受驱策,欲求少阶级,烦尚书引杨执柔,可乎?"仁杰曰:"皇天后土遣狄仁杰为如此事!"以头触柱,血流被面;德寿惧而谢之。

侯思止鞫魏元忠,元忠辞气不屈;思止怒,命倒曳之。元忠曰:"我薄命,譬如坠驴,足絓于镫,为所曳耳。"思止愈怒,更曳之,元忠曰:"侯思止,汝若须魏元忠头则截取,何必使承反也!"

狄仁杰既承反,有司待报行刑,不复严备。仁杰裂衾帛书冤状,置绵衣中,谓王德寿曰:"天时方热,请授家人去其绵。"德寿许之。仁杰子光远得书,持之告变[8],得召见。则天览之,以问俊臣,对曰:"仁杰等下狱,臣未尝褫其巾带,寝处甚安,苟无事实,安肯承反!"太后使通事舍人周綝往视之,俊臣暂假仁杰等巾带,罗立于西,使綝视之;綝不敢视,唯东顾唯诺而已。俊臣又诈为仁杰等谢死表,使綝奏之。

乐思晦男未十岁,没入司农,上变[9],得召见。太后问状,对曰:"臣父已死,臣家已破,但惜陛下法为俊臣等所弄,陛下不信臣言,乞择朝臣之忠清、陛下素所信任者,为反状以付俊臣,无不承反矣。"太后意稍寤,召见仁杰等,问曰:"卿承反何也?"对曰:"不承,则已死于拷掠矣。"太后曰:"何为作谢死表?"对曰:"无之。"出表示之,乃知其诈,于是出此七族。庚午,贬知古江夏令,仁杰彭泽令,宣礼夷陵令,元忠涪陵令,献西乡令;流行本、嗣真于岭南。

俊臣与武承嗣等固请诛之,太后不许。俊臣乃独称行本罪尤重,请诛之;秋官郎中徐有功驳之,以为:"明主有更生之恩,俊臣不能将顺[10],亏损恩信。"

殿中侍御史贵乡霍献可,宣礼之甥也,言于太后曰:"陛下不杀裴宣礼,臣请陨命于前[11]。"以头触殿阶,血流沾地,以示为人臣者不私其亲。太后皆不听。献可常以绿帛裹其伤,微露之于幞头下⑫,冀太后见之以为忠。

【注释】

①长寿元年:胡三省注:"是年四月,改元如意;九月,改元长寿。自四月以前犹是天授三年。" ②戊辰朔:当时以十一月为岁首,戊辰朔乃天授二年十一月初一。 ③"补阙"等四句:意思是补阙、拾遗、侍御史、校书郎员额多而滥杂。欋(qú 渠)推:用四齿耙翻动。欋,农具名,即四齿耙。碗脱:谓人如同脱坯于同一模型的碗,个个都一个模样。 ④眯(mí 迷):异物进入目中,难以睁开眼睛辨清东西。 ⑤大夫:时魏元忠任御史中丞,此称魏元忠为"大夫",是超出魏元忠身分的谄媚举动。御史中丞位居御史大夫之下。 ⑥恭仁:即隋宗室杨恭仁。仁寿中为甘州刺史,为政不苟细,边民安于生业。后从讨杨玄感,破之。归唐后封观国公,任凉州总管。 ⑦"太后"句:胡三省注:"太后母杨氏。" ⑧告变:向朝廷密告变故。此处意为申冤。 ⑨上变:意同"告变"。 ⑩将顺:随顺,顺势助成。 ⑪陨:通"殒"。死亡。 ⑫幞(fú 乎)头:头巾。

甲戌,补阙薛谦光上疏,以为:"选举之法,宜得实才,取舍之间,风化所系。今之选人①,咸称觅举,奔竞相尚,喧诉无惭。至于才应经邦,惟令试策②;武能制敌,止验弯弧③。昔汉武帝见司马相如赋,恨不同时,及置之朝廷,终文园令④,知其不堪公卿之任故也。吴起将战,左右进剑,起曰:'将者提鼓挥桴⑤,临敌决疑,一剑之任,非将事也。'然则虚文岂足以佐时,善射岂足以克敌!要在文吏察其行能,武吏观其勇略,考居官之臧否,行举者赏罚而已。"

来俊臣求金于左卫大将军泉献诚,不得,诬以谋反,下狱,乙亥,缢杀之。

庚辰,司刑卿、检校陕州刺史李游道为冬官尚书、同平章事。

二月,己亥,吐蕃党项部落万余人内附,分置十州。

戊午,以秋官尚书袁智弘同平章事⑥。

夏,四月,丙申,赦天下,改元如意。

五月,丙寅,禁天下屠杀及捕鱼虾。江淮旱,饥,民不得采鱼虾,饿死者甚众。

右拾遗张德，生男三日，私杀羊会同僚，补阙杜肃怀一餤⑦，上表告之。明日，太后对仗，谓德曰："闻卿生男，甚喜。"德拜谢。太后曰："何从得肉？"德叩头服罪。太后曰："朕禁屠宰，吉凶不预。然卿自今召客，亦须择人。"出肃表示之。肃大惭，举朝欲唾其面。

吐蕃酋长曷苏帅部落请内附，以右玉钤卫将军张玄遇为安抚使，将精卒二万迎之。六月，军至大渡水西，曷苏事泄，为国人所擒。别部酋长昝捶帅羌蛮八千余人内附，玄遇以其部落置莱川州而还⑧。

辛亥⑨，万年主簿徐坚上疏，以为："书有五听之道⑩，令著三覆之奏⑪。窃见比有敕推按反者，令使者得实，即行斩决。人命至重，死不再生，万一怀枉⑫，吞声赤族⑬，岂不痛哉！此不足肃奸逆而明典刑，适所以长威福而生疑惧。臣望绝此处分，依法覆奏。又，法官之任，宜加简择，有用法宽平，为百姓所称者，愿亲而任之；有处事深酷⑭，不允人望者，愿疏而退之。"坚，齐聃之子也⑮。

【注释】

①选人：候补、候选的官员。　②试策：古代科举试士用对策。策即策问，试者按问题逐条对答，内容多为议论时政。　③弯弧：弯弓射箭。弧，木弓。　④"昔汉武"四句：胡三省注："汉司马相如为《子虚赋》，武帝读而善之，曰：'朕独不得与此人同时！'杨得意曰：'臣邑人司马相如自言为此赋。'上召以为郎，后为孝文园令，病免而卒。"　⑤桴（fú 伏）：通"枹"。鼓槌。　⑥秋官：光宅元年，武则天改刑部为秋官。　⑦餤（dàn 淡）：薄饼卷肉。　⑧莱川州：此地名有误，当作叶川州。叶川州的治所在今四川康定市境内。不久改为米川州。　⑨辛亥：长寿元年六月无此日，当有误。　⑩五听之道：古代审案的五种方法。《周礼·秋官·小司寇》："以五声听狱讼，求民情。一曰辞听，二曰色听，三曰气听，四曰耳听，五曰目听。"即多方面观察来判断案情曲直。　⑪三覆之奏：指唐太宗规定的死刑执行之前须履行的"三覆奏"手续，即决前一日、二日和执行之日要经过三次覆勘奏闻。　⑫怀枉：犹含冤。　⑬吞声：谓无法申诉。赤族：全族抄斩。　⑭深酷：苛求残忍。　⑮齐聃：即唐代官吏徐齐聃。字将道，长城（今浙江长兴县）人。八岁能文，太宗召试，赐所佩金削刀。高宗时累官崇文馆学士、桃林令、西台舍人。后因事贬蕲州司马，又流钦州卒。

夏官侍郎李昭德密言于太后曰[①]："魏王承嗣权太重。"太后曰："吾侄也，故委以腹心。"昭德曰："侄之于姑，其亲何如子之于父？子犹有篡弑其父者，况侄乎！今承嗣既陛下之侄，为亲王，又为宰相，权侔人主，臣恐陛下不得久安天位也！"太后矍然曰[②]："朕未之思。"秋，七月，戊寅，以文昌左相、同凤阁鸾台三品武承嗣为特进，纳言武攸宁为冬官尚书，夏官尚书、同平章事杨执柔为地官尚书，并罢政事；以秋官侍郎新郑崔元综为鸾台侍郎，夏官侍郎李昭德为凤阁侍郎，检校天官侍郎姚琇为文昌左丞，检校地官侍郎李元素为文昌右丞，与司宾卿崔神基并同平章事。琇，思廉之孙[③]；元素，敬玄之弟也[④]。辛巳，以营缮大匠王璿为夏官尚书、同平章事[⑤]。承嗣亦毁昭德于太后，太后曰："吾任昭德，始得安眠，此代吾劳，汝勿言也。"

是时，酷吏恣横，百官畏之侧足，昭德独廷奏其奸。太后好祥瑞，有献白石赤文者，执政诘其异，对曰："以其赤心。"昭德怒曰："此石赤心，它石尽反邪？"左右皆笑。襄州人胡庆以丹漆书龟腹曰："天子万万年。"诣阙献之。昭德以刀刮尽，奏请付法。太后曰："此心亦无恶。"命释之。

太后习猫，使与鹦鹉共处，出示百官，传观未遍，猫饥，搏鹦鹉食之，太后甚惭。

太后自垂拱以来，任用酷吏，先诛唐宗室贵戚数百人，次及大臣数百家，其刺史、郎将以下，不可胜数。每除一官，户婢窃相谓曰："鬼朴又来矣[⑥]。"不旬月，辄遭掩捕、族诛。监察御史朝邑严善思，公直敢言。时告密者不可胜数，太后亦厌其烦，命善思按问，引虚伏罪者八百五十余人。罗织之党为之不振，乃相与共构陷善思，坐流驩州。太后知其枉，寻复召为浑仪监丞[⑦]。善思名譔，以字行。

右补阙新郑朱敬则以太后本任威刑以禁异议，今既革命，众心已定，宜省刑尚宽，乃上疏，以为："李斯相秦，用刻薄变诈以屠诸侯，不知易之以宽和，卒至土崩，此不知变之祸也。汉高祖定天下，陆贾、叔孙通说之以礼义，传世十二，此知变之善也。自文明草昧，天地屯蒙[8]，三叔流言，四凶构难[9]，不设钩距[10]，无以应天顺人，不切刑名，不可摧奸息暴。故置神器，开告端[11]，曲直之影必呈，包藏之心尽露，神道助直，无罪不除，苍生晏然，紫宸易主[12]。然而急趋无善迹，促柱少和声，向时之妙策，乃当今之刍狗也[13]。伏愿览秦、汉之得失，考时事之合宜，审糟粕之可遗，觉蘧庐之须毁[14]，去萋菲之牙角[15]，顿奸险之锋芒，窒罗织之源，扫朋党之迹，使天下苍生坦然大悦，岂不乐哉！”太后善之，赐帛三百段。

侍御史周矩上疏曰：“推劾之吏皆相矜以虐，泥耳笼头，枷研楔毂，折膺签爪，悬发薰耳，号曰‘狱持’。或累日节食，连宵缓问，昼夜摇撼，使不得眠，号曰‘宿囚’。此等既非木石，且救目前，苟求赊死。臣窃听舆议，皆称天下太平，何苦须反！岂被告者尽是英雄，欲求帝王邪？但不胜楚毒自诬耳。愿陛下察之。今满朝侧息不安，皆以为陛下朝与之密，夕与之仇，不可保也。周用仁而昌，秦用刑而亡。愿陛下缓刑用仁，天下幸甚！”太后颇采其言，制狱稍衰。

太后春秋虽高，善自涂泽[16]，虽左右不觉其衰。丙戌，敕以齿落更生，九月，庚子，御则天门，赦天下，改元。更以九月为社[17]。

制于并州置北都[18]。

癸丑，同平章事李游道、王璿、袁智弘、崔神基、李元素、春官侍郎孔思元、益州长史任令辉，皆为王弘义所陷，流岭南。

左羽林中郎将来子珣坐事流爱州，寻卒。

初，新丰王孝杰从刘审礼击吐蕃，为副总管，与审礼皆没于吐蕃。赞普见孝杰泣曰：“貌类吾父。”厚礼之，后竟得归，累迁右鹰扬卫将军。孝杰久在吐蕃，知其虚实。会西州都督唐休璟请复取龟兹、于阗、疏勒、碎叶四镇，敕以孝杰为武威军总管，与左武卫大将军阿史那忠节将兵击吐蕃。冬，十月，丙戌，大破吐蕃，复取四镇，置安西都护府于龟兹，发兵戍之。

【注释】

①夏官：光宅元年，武则天改兵部为夏官。　②矍（jué 决）然：惊惶、急视的样子。　③思廉：即唐代史学家姚思廉（557—637）。名简，以字行。京兆万年（今陕西西安）人。仕隋，历汉王府参军、河间郡司法书

佐。继承父姚察事业，续撰梁、陈二史，迁代王府侍读。入唐，授秦王府文学。贞观初为著作郎、弘文馆学士，奉诏与魏征等共撰史，终成《梁书》《陈书》。加通直散骑常侍。 ④敬玄：即唐大臣李敬玄（615—682）。亳州谯县（今安徽亳州市）人。贞观末人东宫侍读。高宗时，历任弘文馆学士，西台侍郎、同东西台三品兼检校司列少常伯，中书令。仪凤中，迁洮河道大总管，与吐蕃战于青海，大败。贬衡州刺史。后迁扬州大都督府长史。 ⑤营缮大匠：官名。职掌宫室、宗庙、路寝、陵园的土木建设。营缮是官署名，光宅元年改将作监为营缮监。 ⑥鬼朴：严衍《通鉴补》注："鬼朴，犹谚言杀胚。" ⑦浑仪监：官署名。光宅元年，武则天改司天监为浑仪监。掌管天文、历法等。 ⑧"自文明"二句：胡三省注："草，造也；昧，蒙也。造物之始，始于冥昧，言后称制之初，改元文明，造始之时也。屯者物之始，蒙者物之稚，言后称制初，犹天地生物之始。" ⑨"三叔"二句：胡三省注："三叔，指韩、霍诸王；四凶，指徐敬业等。" ⑩钩距：反复调查，究其情实。是盘问人的一种方法。 ⑪"故置"二句：胡三省注："谓铸匦从开告密之门也。" ⑫紫宸：唐宋时内朝的正殿名。 ⑬刍狗：祭祀所用，祭后则弃之。 ⑭蘧（qú 渠）庐：旅舍。借住之处，不可久居，终当离去。 ⑮萋菲：当作"萋斐"。本指文章交错的样子。《诗·小雅·巷伯》："萋兮斐兮，成是贝锦；彼谮人者，亦已太甚。"后因作谗毁之人的代称。 ⑯涂泽：修饰容貌。 ⑰社：指祭祀后土的社祀。 ⑱并州：古州名。治所在今山西太原西南。

二年 正月，壬辰朔，太后享万象神宫，以魏王承嗣为亚献，梁王三思为终献。太后自制神宫乐，用舞者九百人。

户婢团儿为太后所宠信，有憾于皇嗣，乃谮皇嗣妃刘氏、德妃窦氏为厌咒[①]。癸巳，妃与德妃朝太后于嘉豫殿，既退，同时杀之，瘗于宫中，莫知所在。德妃，抗之曾孙也[②]。皇嗣畏忤旨，不敢言，居太后前，容止自如。团儿复欲害皇嗣，有言其情于太后者，太后乃杀团儿。

是时，告密者皆诱人奴婢告其主，以求功赏。德妃父孝谌为润州刺史，有奴妄为妖异以恐德妃母庞氏，庞氏惧，奴请夜祠祷解，因发其事。下监察御史龙门薛季昶按之，季昶诬奏，以为与德妃同祝诅，先涕泣不自胜，乃言曰："庞氏所为，臣子所不忍道。"太

唐彩绘陶女仆俑

后擢季昶为给事中。庞氏当斩，其子希瑊诣侍御史徐有功讼冤，有功牒所司停刑，上奏论之，以为无罪；季昶奏有功阿党恶逆，请付法，法司处有功罪当绞。令史以白有功[3]，有功叹曰："岂我独死，诸人永不死邪！"既食，掩扇而寝。人以为有功苟自强，必内忧惧，密伺之，方熟寝。太后召有功，迎谓曰："卿比按狱，失出何多？"对曰："失出，人臣之小过；好生，圣人之大德。"太后默然。由是庞氏得减死，与其三子皆流岭南，孝谌贬罗州司马，有功亦除名。

戊申，姚璹奏请令宰相撰《时政记》[4]，月送史馆。从之。《时政记》自此始。

腊月，丁卯，降皇孙成器为寿春王，恒王成义为衡阳王，楚王隆基为临淄王，卫王隆范为巴陵王，赵王隆业为彭城王，皆睿宗之子也。

春，一月，庚子，以夏官侍郎娄师德同平章事。师德宽厚清慎，犯而不校。与李昭德俱入朝，师德体肥行缓，昭德屡待之不至，怒骂曰："田舍夫！"师德徐笑曰："师德不为田舍夫，谁当为之！"其弟除代州刺史，将行，师德谓曰："吾备位宰相，汝复为州牧，荣宠过盛，人所疾也，将何以自免？"弟长跪曰[5]："自今虽有人唾某面，某拭之而已，庶不为兄忧。"师德愀然曰："此所以为吾忧也！人唾汝面，怒汝也；汝拭之，乃逆其意，所以重其怒。夫唾，不拭自干，当笑而受之。"

甲寅，前尚方监裴匪躬、内常侍范云仙坐私谒皇嗣，腰斩于市。自是公卿以下皆不得见。又有告皇嗣潜有异谋者,太后命来俊臣鞫其左右,左右不胜楚毒,皆欲自诬。太常工人京兆安金藏大呼谓俊臣曰[6]:“公既不信金藏之言,请剖心以明皇嗣不反。”即引佩刀自剖其胸,五藏皆出[7],流血被地。太后闻之,令轝入宫中[8],使医内五藏[9],以桑皮线缝之,傅以药,经宿始苏。太后亲临视之,叹曰:“吾有子不能自明,使汝至此。”即命俊臣停推。睿宗由是得免。

罢举人习《老子》,更习太后所造《臣轨》。

二月,丙子,新罗王政明卒,遣使立其子理洪为王。

乙亥,禁人间锦。侍御史侯思止私畜锦,李昭德按之,杖杀于朝堂。

或告岭南流人谋反,太后遣司刑评事万国俊摄监察御史就按之。国俊至广州,悉召流人,矫制赐自尽。流人号呼不服,国俊驱就水曲[10],尽斩之,一朝杀三百余人。然后诈为反状,还奏,因言诸道流人,亦必有怨望谋反者,不可不早诛。太后喜,擢国俊为朝散大夫、行侍御史。更遣右翊卫兵曹参军刘光业、司刑评事王德寿、苑南面监丞鲍思恭、尚辇直长王大贞、右武威卫兵曹参军屈贞筠皆摄监察御史,诣诸道按流人。光业等以国俊多杀蒙赏,争效之,光业杀七百人,德寿杀五百人,自余少者不减百人,其远年杂犯流人亦与之俱毙。太后颇知其滥,制:“六道流人未死者并家属皆听还乡里。”国俊等亦相继死,或得罪流窜。

来俊臣诬冬官尚书苏干,云在魏州与琅邪王冲通谋,夏,四月[11],乙未,杀之。

五月,癸丑,棣州河溢[12]。

秋,九月,丁亥朔,日有食之。

魏王承嗣等五千人表请加尊号曰金轮圣神皇帝。乙未,太后御万象神宫,受尊号,赦天下。作金轮等七宝[13],每朝会,陈之殿庭。

庚子,追尊昭安皇帝曰浑元昭安皇帝,文穆皇帝曰立极文穆皇帝,孝明高皇帝曰无上孝明高皇帝;皇后从帝号。

辛丑,以文昌左丞、同平章事姚璹为司宾卿,罢政事;以司宾卿万年豆卢钦望为内史，文昌左丞韦巨源同平章事，秋官侍郎吴人陆元方为鸾台侍郎、同平章事。巨源，孝宽之玄孙也⑭。

【注释】

①厌(yǎn 衍)咒：用巫术迷信的方法，祈祷鬼神或诅咒。 ②抗：即唐高祖李渊的皇后窦氏之从兄窦抗。字道生。在隋以文帝甥早贵，累迁幽州总管。炀帝时免官。少年时与李渊亲近，李渊下长安后归唐，拜将作大将。后罢为左武侯大将军。从李世民征讨薛举、王世充，皆有战功。 ③令史：官名。汉代置，掌文书，位次于郎。晋、南北朝沿置，皆有品秩。隋唐以后，已没有品秩，变为三省、六部及御史台的低级吏员。此指侍御史的属员。 ④时政记：唐制：自长寿二年，宰相每上朝奏论政事后，退归中书，由知印宰相记述当日奏对之语，送付史馆，称时政记。史官凭此，编于典册。 ⑤长跪：直起身子跪着，表示恭敬。 ⑥太常工人句：胡三省注："时公卿不得见皇嗣，唯金藏等工人得在左右。" ⑦五藏：藏同"脏(zàng)"。 ⑧轝(yú 于)：车。同"舆"。 ⑨内：同"纳"。 ⑩水曲：水畔。 ⑪四月：此有误。当从《新唐书》作"五月"。 ⑫棣州：古州名。隋开皇六年(586)置。后数次废置。唐贞观十七年(634)复置，移治厌次县(今山东惠民县东南)。 ⑬七宝，胡三省注："七宝，曰金轮宝、曰白象宝、曰女宝、曰马宝、曰珠宝、曰主兵臣宝、曰主藏臣宝。" ⑭孝宽，即北周大将韦孝宽(509—580)，名叔裕，以字行。杜陵(今陕西西安东南)人。北魏末为统军，后从宇文泰。大统八年(542)任晋州刺史，镇玉壁。以功授骠骑大将军。周静帝即位，杨坚辅政，相州总管尉迟迥不服；他讨平尉迟迥，不久病死。

延载元年① 正月，丙戌，太后享万象神宫。

突厥可汗骨笃禄卒，其子幼，弟默啜自立为可汗。腊月，甲戌，默啜寇灵州。

室韦反②，遣右鹰扬卫大将军李多祚击破之。

春，一月，以娄师德为河源等军检校营田大使。

二月，武威道总管王孝杰破吐蕃教论赞刃、突厥可汗俀子等于冷泉及大岭③，各三万余人，碎叶镇守使韩思忠破泥熟俟斤等万余人。

庚午，以僧怀义为代北道行军大总管，以讨默啜。

三月，甲申，以凤阁舍人苏味道为凤阁侍郎、同平章事，李昭德检校内史，更以僧怀义为朔方道行军大总管，以李昭德为长史，苏味道为司马，帅契苾明、曹仁师、沙吒忠义等十八将军以讨默啜，未行，虏退而止。昭德尝与怀义议事，失其旨，怀义挞之，昭德惶惧请罪。

夏，四月，壬戌，以夏官尚书、武威道大总管王孝杰同凤阁鸾台三品。

五月，魏王承嗣等二万六千余人上尊号曰越古金轮圣神皇帝。甲午，御则天门楼受尊号，赦天下，改元。

天授中，遣监察御史寿春裴怀古安集西南蛮。六月，癸丑，永昌蛮酋薰期帅部落二十余万户内附。

河内有老尼居神都麟趾寺[④]，与嵩山人韦什方等以妖妄惑众。尼自号净光如来，云能知未然；什方自云吴赤乌元年生。又有老胡亦自言五百岁，云见薛师已二百年矣[⑤]，容貌愈少。太后甚信重之，赐什方姓武氏。秋，七月，癸未，以什方为正谏大夫、同平章事，制云："迈轩代之广成[⑥]，逾汉朝之河上[⑦]。"八月，什方乞还山，制罢遣之。

戊辰，以王孝杰为瀚海道行军总管，仍受朔方道行军大总管薛怀义节度。

己巳，以司宾少卿姚玮为纳言；左肃政中丞原武杨再思为鸾台侍郎，洛州司马杜景俭为凤阁侍郎，并同平章事。

豆卢钦望请京官九品已上输两月俸以赡军，转帖百官，令拜表。百官但赴拜，不知何事。拾遗王求礼谓钦望曰："明公禄厚，输之无伤；卑官贫迫，奈何不使其知而欺夺之乎？"钦望正色拒之。既上表，求礼进言曰："陛下富有四海，军国有储，何藉贫官九品之俸而欺夺之！"姚玮曰："求礼不识大体。"求礼曰："如姚玮，为识大体者邪？"事遂寝。

戊寅，鸾台侍郎、同平章事崔元综坐事流振州。

武三思帅四夷酋长请铸铜铁为天枢[⑧]，立于端门之外，铭纪功德，黜唐颂周；以姚玮为督作使。诸胡聚钱百万亿，买铜铁不能足，赋民间农器以足之。

九月，壬午朔，日有食之。

殿中丞来俊臣坐赃贬同州参军。王弘义流琼州，诈称敕追还，至汉北，侍御史胡元礼遇之，按验，得其奸状，杖杀之。

内史李昭德恃太后委遇，颇专权使气，人多疾之。前鲁王府功曹参军丘愔上疏攻之[10]，其略曰："陛下天授以前，万机独断。自长寿以来，委任昭德，参奉机密，献可替否[11]；事有便利，不预谘谋，要待画日将行[12]，方乃别生驳异。扬露专擅，显示于人，归美引愆，义不如此[13]。"又曰："臣观其胆，乃大于身，鼻息所冲，上拂云汉。"又曰："蚁穴坏堤，针芒写气[14]，权重一去，收之极难。"长上果毅邓注[15]，又著《石论》数千言，述昭德专权之状。凤阁舍人逄弘敏取奏之，太后由是恶昭德。壬寅，贬昭德为南宾尉，寻又免死流窜。

太后出黎花一枝以示宰相[16]，宰相皆以为瑞。杜景俭独曰："今草木黄落，而此更发荣，阴阳不时[17]，咎在臣等。"因拜谢。太后曰："卿真宰相也！"

冬，十月，壬申，以文昌右丞李元素为凤阁侍郎，左肃政中丞周允元检校凤阁侍郎，并同平章事。允元，豫州人也。

岭南獠反，以容州都督张玄遇为桂、永等州经略大使以讨之。

【注释】

①延载元年：此年五月才改年号为延载。　②室韦：古族名。居住在黑龙江上游及额尔古纳河一带，以狩猎为生。隋唐时与中原王朝关系密切，被视为契丹在北方的部族，后为契丹所并。　③教论赞刃：据严衍《通鉴补》当作教论赞与。大岭：在今青海西宁市西。　④河内：古县名。隋开皇十六年(596)改野王县置，治所即今河南沁阳市。　⑤薛师：胡三省注："僧怀义本冯小宝也，太后使与薛绍通昭穆，故老胡谓之薛师。"　⑥广成：即传说中黄帝时人广成子，居崆峒山中。黄帝曾往见问道，广成子说："吾修身千二百岁矣，吾形未尝衰。"　⑦河上：即汉人河上公，其姓名无人知。相传于汉文帝时结草庵黄河之滨，文帝以《老子》求教，河上公说："余注是经以来千七百余年。"　⑧天枢：纪功德柱。⑨端门：洛阳皇城南门。　⑩功曹参军：官名。唐制：诸王府功曹参军，正七品上，掌文官簿书、考课陈设。　⑪献可替否：进献可行的建议，除去不可行的主张，即诤言进谏之意。　⑫画日：谓批示可行的意思。

⑬“归美”二句：胡三省注：“善则称君，过则称己，人臣之义也。” ⑭写：同“泻”。 ⑮长上果毅：武官名。唐制，兵部尚书选取骁勇材艺可任统领者，拔优，命为诸色长上。据《唐六典》，应召值宿皇宫侍卫的，有长上折冲、长上果毅。 ⑯黎：通“梨”。 ⑰不时：不合时令，失序。

天册万岁元年① 正月，辛巳朔，太后加号慈氏越古金轮圣神皇帝，赦天下，改元证圣。

周允元与司刑少卿皇甫文备奏内史豆卢钦望、同平章事韦巨源、杜景俭、苏味道、陆元方附会李昭德，不能匡正，钦望贬赵州，巨源贬麟州，景俭贬溱州，味道贬集州，元方贬绥州刺史。

初，明堂既成，太后命僧怀义作夹纻大像②，其小指中犹容数十人，于明堂北构天堂以贮之。堂始构，为风所摧，更构之，日役万人，采木江岭，数年之间，所费以万亿计，府藏为之耗竭。怀义用财如粪土③，太后一听之，无所问。每作无遮会④，用钱万缗；士女云集，又散钱十车，使之争拾，相蹈践有死者。所在公私田宅，多为僧有。怀义颇厌入宫，多居白马寺，所度力士为僧者满千人。侍御史周矩疑有奸谋，固请按之。太后曰：“卿姑退，朕即令往。”矩至台，怀义亦至，乘马就阶而下，坦腹于床。矩召吏将按之，遽跃马而去。矩具奏其状，太后曰：“此道人病风⑤，不足诘，所度僧，惟卿所处。”悉流远州。迁矩天官员外郎。

乙未，作无遮会于明堂，凿地为阬，深五丈，结彩为宫殿，佛像皆于坑中引出之，云自地涌出。又杀牛取血，画大像，首高二百尺，云怀义刺膝血为之。丙申，张像于天津桥南，设斋。时御医沈南璆亦得幸于太后，怀义心愠，是夕，密烧天堂，延及明堂，火照城中如昼，比明皆尽，暴风裂血像为数百段。太后耻而讳之，但云内作工徒误烧麻主，遂涉明堂。时方酺宴，左拾遗刘承庆请辍朝停酺以答天谴，太后将从之。姚璹曰：“昔成周宣榭⑥，卜代愈隆；汉武建章⑦，盛德弥永。今明堂布政之所，非宗庙也，不应自贬损。”太后乃御端门，观酺如平日。命更造明堂、天堂，仍以怀义充使。又铸铜为九州鼎及十二神，皆高一丈，各置其方。先是，河内老尼昼食一麻一米，夜则烹宰宴乐，畜弟子百余人，淫秽靡所不为。武什方自言能合长年药，太后遣乘驿于岭南采药。及明堂火，尼人唁太后，太后怒叱之，曰："汝常言能前知，何以不言明堂火?"因斥还河内，弟子及老胡等皆逃散。又有发其奸者，太后乃复召尼还麟趾寺，弟子毕集，敕给使掩捕[8]，尽获之，皆没为官婢。什方还，至偃师，闻事露，自绞死。

庚子，以明堂火告庙，下制求直言。刘承庆上疏，以为："火发既从麻主，后及总章[9]，所营佛舍，恐劳无益，请罢之。又，明堂所以统和天人，一旦焚毁，臣下何心犹为酺宴！忧喜相争，伤于情性。又，陛下垂制博访，许陈至理，而左史张鼎以为今既火流王屋，弥显大周之祥，通事舍人逢敏奏称，弥勒成道时有天魔烧宫，七宝台须臾散坏，斯实谄妄之邪言，非君臣之正论。伏愿陛下乾乾翼翼，无戾天人之心而兴不急之役，则兆人蒙赖，福禄无穷。"

获嘉主簿彭城刘知几表陈四事：其一，以为："皇业权舆，天地开辟，嗣君即位，黎元更始，则时藉非常之庆以申再造之恩。今六合清晏而赦令不息，近则一年再降，远则每岁无遗，至于违法悖礼之徒，无赖不仁之辈，编户则寇攘为业，当官则赃贿是求。而元日之朝，指期天泽，重阳之节，伫降皇恩，如其忖度，咸果释免。或有名垂结正，罪将断决，窃行货贿，方便规求，故致稽延，毕沾宽宥。用使俗多顽悖，时罕廉隅，为善者不预恩光，作恶者独承徼幸。古语曰：'小人之幸，君子之不幸。'斯之谓也。望陛下而今而后，颇节于赦，使黎氓知禁，奸宄肃清。"其二，以为："海内具僚九品以上，每岁逢赦，必赐阶勋，至于朝野宴集，公私聚会，绯服众于青衣[10]，象板多于木笏[11]；皆荣非德举，位罕才升，不知何者为妍蚩，何者为美恶。臣望自今以后，稍息私恩，使有善者逾效忠勤，无才者咸知勉励。"其三，以为："陛下临朝践极，取士太广，六品以下职事清官，遂乃方之土芥[12]，比之沙砾，若遂不加沙汰[13]，臣恐有秽皇风。"其四，以为："今之牧伯迁代太速[14]，倏来忽往，蓬转萍流，既怀苟且之谋，何暇循良之政！望自今刺史非三岁以上不可迁官，仍明察功过，尤甄赏罚。"疏奏，太后颇嘉之。是时官爵易得而法网严峻，故人竞为趋进而多陷刑戮，知几乃著《思慎赋》以刺时见志焉。

丙午，以王孝杰为朔方道行军总管，击突厥。

春，二月，己酉朔，日有食之。

僧怀义益骄恣，太后恶之。既焚明堂，心不自安，言多不顺；太后密选宫人有力者百余人以防之。壬子，执之于瑶光殿前树下，使建昌王武攸宁帅壮士殴杀之，送尸白马寺，焚之以造塔。

甲子，太后去“慈氏越古”之号。

三月，丙辰，凤阁侍郎、同平章事周允元薨。

夏，四月，天枢成，高一百五尺，径十二尺，八面，各径五尺。下为铁山，周百七十尺，以铜为蟠龙麒麟萦绕之；上为腾云承露盘，径三丈，四龙人立捧火珠，高一丈。工人毛婆罗造模，武三思为文，刻百官及四夷酋长名，太后自书其榜曰“大周万国颂德天枢”。

秋，七月，辛酉，吐蕃寇临洮，以王孝杰为肃边道行军大总管以讨之。

九月，甲寅，太后合祭天地于南郊，加号天册金轮大圣皇帝，赦天下，改元。

冬，十月，突厥默啜遣使请降，太后喜，册授左卫大将军、归国公。

【注释】

①天册万岁元年：此年九月才改年号为“天册万岁”。　②纻（zhù祝）：苎麻织成的布。　③粪：粪除，扫除。　④无遮会：“无遮大会”的略称。它是佛教举行的一种以布施为中心的法会。每五年举行一次，故又称“五年大会”。　⑤风：通“疯”。　⑥昔成周句：据《左传》宣公十七年，成周藏乐器的宣榭失火，是人为造成的。　⑦汉武建章：胡三省注：“汉武时，柏梁台灾，乃大营建章。”　⑧给使：官名。《唐六典》：“北齐内职有散给使五十人，唐因之置内给使，无常员，属宫闱局。凡宦人无官品者称内给使。”　⑨总章：本为唐高宗年号。此处代指明堂，因为总章年间朝廷曾议定明堂制度。　⑩“绯服”句：《上元敕》：“四品服深绯，五品服浅绯，九品服深青。”　⑪“象板”句：唐制，五品以上笏用象，九品以上用木。　⑫方：比拟。　⑬沙汰：淘汰，裁减。　⑭牧伯：汉代以后州郡长官的尊称。

万岁通天元年 腊月，甲戌，太后发神都；甲申，封神岳[1]；赦天下，改元万岁登封，天下百姓无出今年租税；大酺九日。丁亥，禅于少室[2]；己丑，御朝觐坛受贺；癸巳，还宫；甲午，谒太庙。

右千牛卫将军安平王武攸绪，少有志行，恬澹寡欲，扈从封中岳还，即求弃官，隐于嵩山之阳。太后疑其诈，许之，以观其所为。攸绪遂优游岩壑，冬居茅椒[3]，夏居石室，一如山林之士。太后所赐及王公所遗野服器玩，攸绪一皆置之不用，尘埃凝积。买田使奴耕种，与民无异。

春，一月，甲寅，以娄师德为肃边道行军副总管，击吐蕃。己巳，以师德为左肃政大夫，知政事如故。

改长安崇尊庙为太庙。

二月，辛巳，尊神岳天中王为神岳天中黄帝，灵妃为天中黄后；启为齐圣皇帝；封启母神为玉京太后。

三月，壬寅，王孝杰、娄师德与吐蕃将论钦陵赞婆战于素罗汗山[4]，唐兵大败；孝杰坐免为庶人，师德贬原州员外司马。师德因署移牒，惊曰："官爵尽无邪！"既而曰："亦善，亦善。"不复介意。

丁巳，新明堂成，高二百九十四尺，方三百尺，规模率小于旧。上施金涂铁凤，高二丈，后为大风所损；更为铜火珠，群龙捧之，号曰通天宫。赦天下，改元万岁通天。

大食请献师子[5]。姚璹上疏，以为："师子专食肉，远道传致，肉既难得，极为劳费。陛下鹰犬不蓄，渔猎悉停，岂容菲薄于身而厚给于兽！"乃却之。

以检校夏官侍郎孙元亨同平章事。

夏，五月，壬子，营州契丹松漠都督李尽忠、归诚州刺史孙万荣举兵反[6]，攻陷营州，杀都督赵文翙。尽忠，万荣之妹夫也，皆居于营州城侧。文翙刚愎，契丹饥不加赈给，视酋长如奴仆，故二人怨而反。乙丑，遣左鹰扬卫将军曹仁师、右金吾卫大将军张玄遇、左威卫大将军李多祚、司农少卿麻仁节等二十八将讨之。秋，七月，辛亥，以春官尚书梁王武三思为榆关道安抚大使，姚璹副之，以备契丹。改李尽忠为李尽灭，孙万荣为孙万斩。

尽忠寻自称无上可汗，据营州，以万荣为前锋，略地，所向皆下，旬日，兵至数万，进围檀州[⑦]，清边前军副总管张九节击却之。

八月，丁酉，曹仁师、张玄遇、麻仁节与契丹战于硖石谷[⑧]，唐兵大败。先是，契丹破营州，获唐俘数百，囚之地牢，闻唐兵将至，使守牢霫绐之曰[⑨]："吾辈家属，饥寒不能自存，唯俟官军至即降耳。"既而契丹引出其俘，饲以糠粥，慰劳之曰："吾养汝则无食，杀汝又不忍，今纵汝去。"遂释之。俘至幽州，具言其状，诸军闻之，争欲先入。至黄獐谷[⑩]，虏又遣老弱迎降，故遗老牛瘦马于道侧。仁师等三军弃步卒，将骑兵先进。契丹设伏横击之，飞索以缉玄遇、仁节[⑪]，生获之，将卒死者填山谷，鲜有脱者。契丹得军印，诈为牒[⑫]，令玄遇等署之，牒总管燕匪石、宗怀昌等云[⑬]："官军已破贼，若至营州，军将皆斩，兵不叙勋。"匪石等得牒，昼夜兼行，不遑寝食以赴之，士马疲弊；契丹伏兵于中道邀之，全军皆没。

九月，制："天下系囚及庶士家奴骁勇者，官偿其直[⑭]，发以击契丹。"初令山东近边诸州置武骑团兵，以同州刺史建安王武攸宜为右武威卫大将军，充清边道行军大总管，以讨契丹。

右拾遗陈子昂为攸宜府参谋，上疏曰："恩制免天下罪人及募诸色奴充兵讨击契丹，此乃捷急之计，非天子之兵。且比来刑狱久清，罪人全少，奴多怯弱，不惯征行，纵其募集，未足可用。况今天下忠臣义士，万分未用其一，契丹小孽，假命待诛，何劳免罪赎奴，损国大体！臣恐此策不可威示天下。"

【注释】

①神岳：山名。即嵩山，在今河南登封市北。胡三省注：武则天"以嵩山为神岳"。 ②少室：山名。在今河南登封西北。 ③茅椒：此指用茅草和椒搭盖的房屋。胡三省注："茅椒编之为室，性暖，可以御寒。" ④素罗汗山：山名。在今甘肃临潭县境内。 ⑤师子："师"通"狮"，即狮子。 ⑥营州：州名。北魏置，治和龙（今辽宁朝阳）。隋因之，唐又于此置营州都督府，统羁縻府州三十余。后废。松漠：都督府名。它是营州的羁縻府，唐太宗时以归附的契丹部落置。归诚州：州名。它是营州的羁縻州，唐太宗时以归附的契丹部落置。 ⑦檀州：州名。治所在今北京密云区。 ⑧硖石谷：地名。在今河北卢龙县。唐平州有西硖石、东硖石二戍。 ⑨霫（xí 习）：古代少数民族名。 ⑩黄獐谷：地名。

胡三省注："黄獐谷在西硖石。" ⑪缯（tā 它）：用绳索套住、捆住。⑫牒：公文。 ⑬牒总管：谓发送公文给总管。这里"牒"用如动词。⑭偿：用钱折抵。直：通"值"。此指身价。

丁巳，突厥寇凉州，执都督许钦明。钦明，绍之曾孙也[①]；时出按部，突厥数万奄至城下，钦明拒战，为所虏。

钦明兄钦寂，时为龙山军讨击副使，与契丹战于崇州[②]，军败，被擒。虏将围安东，令钦寂说其属城未下者。安东都护裴玄珪在城中，钦寂谓曰："狂贼天殃，灭在朝夕，公但励兵谨守以全忠节。"虏杀之。

吐蕃复遣使请和亲，太后遣右武卫胄曹参军贵乡郭元振往察其宜[③]。吐蕃将论钦陵请罢安西四镇戍兵，并求分十姓突厥之地[④]。元振曰："四镇、十姓与吐蕃种类本殊，今请罢唐兵，岂非有兼并之志乎？"钦陵曰："吐蕃苟贪土地，欲为边患，则东侵甘、凉，岂肯规利于万里之外邪！"乃遣使者随元振入请之。

朝廷疑未决，元振上疏，以为："钦陵求罢兵割地，此乃利害之机，诚不可轻举措也。今若直拒其善意，则为边患必深。四镇之利远，甘、凉之害近，不可不深图也。宜以计缓之，使其和望未绝则善矣。彼四镇、十姓，吐蕃之所甚欲也，而青海、吐谷浑，亦国家之要地也，今报之宜曰：'四镇、十姓之地，本无用于中国，所以遣兵戍之，欲以镇抚西域，分吐蕃之势，使不得并力东侵也。今若果无东侵之志，当归我吐谷浑诸部及青海故地[⑤]，则五俟斤部亦当以归吐蕃[⑥]。'如此则足以塞钦陵之口，而亦未与之绝也。若钦陵小有乖违，则曲在彼矣。且四镇、十姓款附日久，今未察其情之向背，事之利害，遥割而弃之，恐伤诸国之心，非所以御四夷也。"太后从之。

元振又上言："吐蕃百姓疲于徭戍，早愿和亲；钦陵利于统兵专制，独不欲归款。若国家岁发和亲使，而钦陵常不从命，则彼国之人怨钦陵日深，望国恩日甚，设欲大举其徒，固亦难矣。斯亦离间之渐，可使其上下猜阻，祸乱内兴矣。"太后深然之。元振名震，以字行。

庚申，以并州长史王方庆为鸾台侍郎，与殿中监万年李道广并同平章事。

突厥默啜请为太后子，并为其女求昏，悉归河西降户，帅其部众为国讨契丹。太后遣豹韬卫大将军阎知微、左卫郎将摄司宾卿田归道册授默啜左卫大将军、迁善可汗。知微，立德之孙[7]；归道，仁会之子也[8]。

冬，十月，辛卯，契丹李尽忠卒，孙万荣代领其众。突厥默啜乘间袭松漠，虏尽忠、万荣妻子而去。太后进拜默啜为颉跌利施大单于、立功报国可汗。

孙万荣收合余众，军势复振，遣别帅骆务整、何阿小为前锋，攻陷冀州，杀刺史陆宝积，屠吏民数千人；又攻瀛州，河北震动。制起彭泽令狄仁杰为魏州刺史。前刺史独孤思庄畏契丹猝至，悉驱百姓入城，缮修守备。仁杰至，悉遣还农，曰："贼犹在远，何烦如是！万一贼来，吾自当之。"百姓大悦。

时契丹入寇，军书填委[9]，夏官郎中硖石姚元崇剖析如流，皆有条理，太后奇之，擢为夏官侍郎。

太后思徐有功用法平，擢拜左台殿中侍御史，远近闻者无不相贺。鹿城主簿宗城潘好礼著论，称有功蹈道依仁，固守诚节，不以贵贱死生易其操履。设客问曰："徐公于今谁与为比？"主人曰："四海至广，人物至多，或匿迹韬光，仆不敢诬，若所闻见，则一人而已，当于古人中求之。"客曰："何如张释之[10]？"主人曰："释之所行者甚易，徐公所行者甚难，难易之间，优劣见矣。张公逢汉文之时，天下无事，至如盗高庙玉环及渭桥惊马，守法而已，岂不易哉！徐公逢革命之秋，属惟新之运，唐朝遗老，或包藏祸心，使人主有疑。如周兴、来俊臣，乃尧年之四凶也[11]，崇饰恶言以诬盛德；而徐公守死善道，深相明白，几陷囹圄，数挂纲维[12]，此吾子所闻，岂不难哉！"客曰："使为司刑卿，乃得展其才矣。"主人曰："吾子徒见徐公用法平允，谓可置司刑；仆睹其人，方寸之地[13]，何所不容，若其用之，何事不可，岂直司刑而已哉！"

【注释】

①绍：即唐初所封凌烟阁功臣之一许绍。字嗣宗，安陆（今属湖北）

人。儿时与李渊同学，相友善。隋大业末任夷陵通守，保全郡境，开仓赈民，流民数十万来归。炀帝亡，以所部遥属越王杨侗。王世充代隋，许绍率黔安等郡归李渊，授峡州刺史，封安陆郡公。后屡有军功，进谯国公。受命督兵图荆州，击萧铣，卒于军中。贞观中，追封荆州都督。　②崇州：州名。唐武德五年(622)，分饶乐都督府的可汗部署。贞观三年(629)徙治营州境内的废阳师镇。　③胄曹参军：官名。胄曹参军掌兵械、公廨兴善、罪谪；大朝会行从，则受黄质甲铠弓矢于卫尉。　④"吐蕃将"二句：长寿元年置四镇戍兵。十姓突厥，即五咄陆、五弩失毕。⑤"当归我"句：吐谷浑诸部，唐高宗咸亨三年(672)内迁，故地沦为吐蕃所有。青海故地，在咸亨元年(670)因薛仁贵兵败大非川，亦沦为吐蕃所有。　⑥五俟斤：胡三省注："西突厥五弩失毕部，各有酋长，曰五俟斤。"　⑦立德：即唐代画家阎立德(？—656)。名让，以字行。万年(今陕西西安)人。贞观时任将作大匠、博州刺史、工部尚书。有巧思，绘人物故实称能手。善营建宫殿、城池、陵寝。以营造高祖、太宗陵寝工程，进封为公。　⑧仁会：即唐代官吏田仁会。长安(今陕西西安)人。制举出身，仕累左武候中郎将。太宗时，与执失思力受诏败薛延陀。高宗永徽中，为平州刺史，有政声。后迁胜州都督，境内治安无盗寇。入为太府少卿，迁右金吾将军，昼夜遁行，毫奸必发，京师无论贵贱均敬畏他。转右卫将军，以年老乞休而卒。　⑨填委：诸事纷集的意思。　⑩张释之：西汉官吏。字季，堵阳(今河南方城县东)人。文帝时，以赀选为郎，累迁公车令。后任廷尉，执法严明。屡不顾文帝旨意，严格按法处理案件。景帝立，任淮南相。年老病死。　⑪四凶：即浑敦、穷奇、梼杌、饕餮。　⑫纲维：据中华书局本所引章钰校勘记，诸本作"网罗"。　⑬方寸：指人的心。

资治通鉴卷第二百六

唐纪二十二　起强圉作噩，尽上章困敦六月，凡三年有奇。

则天顺圣皇后中之下

神功元年[①]　正月，己亥朔，太后享通天宫。

突厥默啜寇灵州，以许钦明自随。钦明至城下大呼，求美酱、粱米及墨，意欲城中选良将、引精兵、夜袭虏营，而城中无谕其意者。

箕州刺史刘思礼学相人于术士张憬藏，憬藏谓思礼当历箕州，位至太师。思礼念太师人臣极贵，非佐命无以致之，乃与洛州录事参军綦连耀谋反，阴结朝士，托相术，许人富贵，俟其意悦，因说以“綦连耀有天命，公必因之得富贵。”凤阁舍人王勮兼天官侍郎事，用思礼为箕州刺史。

明堂尉吉顼闻其谋[②]，以告合宫尉来俊臣[③]，使上变告之，太后使河内王武懿宗推之。懿宗令思礼广引朝士，许免其死，凡小忤意皆引之。于是思礼引凤阁侍郎同平章事李元素、夏官侍郎同平章事孙元亨、知天官侍郎事石抱忠、刘奇、给事中周谮及王勮兄泾州刺史勔、弟监察御史助等，凡三十六家，皆海内名士，穷楚毒以成其狱，壬戌，皆族诛之，亲党连坐流窜者千余人。

初，懿宗宽思礼于外，使诬引诸人。诸人既诛，然后收思礼，思礼悔之。懿宗自天授以来，太后数使之鞫狱，喜诬陷人，时人以为周、来之亚。

来俊臣欲擅其功，复罗告吉顼；顼上变，得召见，仅免。俊臣由是复用，而顼亦以此得进。

俊臣党人罗告司刑府史樊惎谋反[4]，诛之。惎子讼冤于朝堂，无敢理者，乃援刀自刳其腹[5]。秋官侍郎上邽刘如璿见之，窃叹而泣。俊臣奏如璿党恶逆，下狱，处以绞刑；制流瀼州。

尚乘奉御张易之，行成之族孙也[6]，年少，美姿容，善音律。太平公主荐易之弟昌宗入侍禁中，昌宗复荐易之，兄弟皆得幸于太后，常傅朱粉，衣锦绣。昌宗累迁散骑常侍，易之为司卫少卿[7]；拜其母臧氏、韦氏为太夫人，赏赐不可胜纪，仍敕凤阁侍郎李迥秀为臧氏私夫。迥秀，大亮之族孙也[8]。武承嗣、三思、懿宗、宗楚客、晋卿皆候易之门庭，争执鞭辔，谓易之为五郎，昌宗为六郎。

癸亥，突厥默啜寇胜州，平狄军副使安道买击破之。

甲子，以原州司马娄师德守凤阁侍郎、同平章事。

春，三月，戊申，清边道总管王孝杰、苏宏晖等将兵十七万与孙万荣战于东硖石谷，唐兵大败，孝杰死之。

孝杰遇契丹，帅精兵为前锋，力战。契丹引退，孝杰追之，行背悬崖，契丹回兵薄之，宏晖先遁，孝杰坠崖死，将士死亡殆尽。管记洛阳张说驰奏其事。太后赠孝杰官爵，遣使斩宏晖以徇；使者未至，宏晖以立功得免。

武攸宜军渔阳[9]，闻孝杰等败没，军中震恐，不敢进。契丹乘胜寇幽州，攻陷城邑，剽掠吏民，攸宜遣将击之，不克。

阎知微、田归道同使突厥，册默啜为可汗。知微中道遇突厥使者，辄与之绯袍、银带，且上言："虏使至都，宜大为供张。"归道上言："突厥背诞积年，方今悔过，宜待圣恩宽宥。今知微擅与之袍带，使朝廷无以复加；宜令反初服以俟朝恩。又，小虏使臣，不足大为供张。"太后然之。知微见默啜，舞蹈，吮其靴鼻；归道长揖不拜。默啜囚归道，将杀之，归道辞色不挠，责其无厌，为陈祸福。阿波达干元珍曰[10]："大国使者，不可杀也。"默啜怒稍解，但拘留不遣。

初，咸亨中，突厥有降者，皆处之丰、胜、灵、夏、朔、代六州，至是，默啜求六州降户及单于都护府之地，并谷种、缯帛、农器、铁，太后不许。默啜怒，言辞悖慢。姚琦、杨再思以契丹未平，请依默啜所求给之。麟台少监、知凤阁侍郎赞皇李峤曰[11]："戎狄贪而无信，此所谓'借寇兵资盗粮'也，不如治兵以备之。"琦、再思固请与之，乃悉驱六州降户数千帐以与默啜，并给谷种四万斛，杂彩五万段，农器三千事，铁四万斤，并许其昏。默啜由是益强。

田归道始得还，与阎知微争论于太后前。归道以为默啜必负约，不可恃和亲，宜为之备。知微以为和亲必可保。

【注释】

①神功元年：这一年九月改年号为"神功"。　②明堂：县名。唐乾封元年（666）置，治所在今陕西西安城南。长安三年（703）废。　③合宫：县名。唐永昌元年（689）改河南县置，治所在今河南洛阳西郊。后复名河南县。　④司刑府史：官名。大理卿的属官。唐制，大理寺有府二十八，史五十六人。　⑤刳（kū 枯）：剖开。　⑥行成：即唐初官吏张行成（586—653）。字德立，义丰（治今河北安国）人。隋大业末，以孝廉授谒者台散从员外郎。后为王世充度支尚书。有能名。唐太宗时召补殿中侍御史，官至侍中兼刑部尚书。高宗即位，拜尚书左仆射、太子少傅。　⑦司卫少卿：官名，即卫尉少卿。胡三省注："龙朔改卫尉为司卫，光宅因之。"　⑧大亮：即唐初将领李大亮（586—645），泾阳（今属陕西）人。有文武才略。隋末为庞玉行军兵曹，后投李渊，后与李靖分道击吐谷浑。拜右卫大将军。　⑨渔阳：县名。隋大业末以无终县改名，治所即今天津蓟县。　⑩阿波达干元珍：即阿史德元珍。阿波达干是他的官名。突厥的官长分二十八等，从"设"直到"达干"，都是世袭的。　⑪麟台少监：官名。即秘书少监。

夏，四月，铸九鼎成，徙置通天宫。豫州鼎高丈八尺，受千八百石；余州高丈四尺，受千二百石[1]；各图山川物产于其上，共用铜五十六万七百余斤。太后欲以黄金千两涂之，姚琦曰："九鼎神器，贵于天质自然。且臣观其五采焕炳相杂，不待金色以为炫耀。"太后从之。自玄武门曳入，令宰相、诸王帅南北牙宿卫兵十余万人并仗内大牛、白象共曳之。

前益州长史王及善已致仕，会契丹作乱，山东不安，起为滑州刺史。太后召见,问以朝廷得失,及善陈治乱之要十余条。太后曰:“外州末事,此为根本,卿不可出。”癸酉,留为内史。

癸未,以右金吾卫大将军武懿宗为神兵道行军大总管,与右豹韬卫将军何迦密将兵击契丹。五月,癸卯,又以娄师德为清边道副大总管,右武威卫将军沙吒忠义为前军总管,将兵二十万击契丹。

先是,有朱前疑者上书云:“臣梦陛下寿满八百。”即拜拾遗。又自言“梦陛下发白再玄,齿落更生”。迁驾部郎中[②]。出使还,上书云:“闻嵩山呼万岁。”赐以绯算袋[③],时未五品,于绿衫上佩之。会发兵讨契丹,敕京官出马一匹供军,酬以五品。前疑买马输之,屡抗表求进阶;太后恶其贪鄙,六月,乙丑,敕还其马,斥归田里。

右司郎中冯翊乔知之有美妾曰碧玉,知之为之不昏。武承嗣借以教诸姬,遂留不还。知之作《绿珠怨》以寄之[④],碧玉赴井死。承嗣得诗于裙带,大怒,讽酷吏罗告,族之。

司仆少卿来俊臣倚势贪淫,士民妻妾有美者,百方取之;或使人罗告其罪,矫称敕以取其妻,前后罗织诛人,不可胜计。自宰相以下,籍其姓名而取之。自言才比石勒。监察御史李昭德素恶俊臣,又尝庭辱秋官侍郎皇甫文备[⑤],二人共诬昭德谋反,下狱。

俊臣欲罗告武氏诸王及太平公主,又欲诬皇嗣及庐陵王与南北牙同反,冀因此盗国权,河东人卫遂忠告之。诸武及太平公主恐惧,共发其罪,系狱,有司处以极刑。太后欲赦之,奏上三日,不出。王及善曰:“俊臣凶狡贪暴,国之元恶,不去之,必动摇朝廷。”太后游苑中,吉顼执辔,太后问以外事,对曰:“外人唯怪来俊臣奏不下。”太后曰:“俊臣有功于国,朕方思之。”顼曰:“于安远告虺贞反[⑥],既而果反,今止为成州司马。俊臣聚结不逞,诬构良善,赃贿如山,冤魂塞路,国之贼也,何足惜哉!”太后乃下其奏。

丁卯,昭德、俊臣同弃市,时人无不痛昭德而快俊臣。仇家争噉俊臣之肉,斯须而尽,抉眼剥面,披腹出心,腾蹋成泥。太后知天下恶之,乃下制数其罪恶,且曰:“宜加赤族之诛,以雪苍生之愤,可准法籍没其家。”士民皆相贺于路曰:“自今眠者背始帖席矣。”

俊臣以告綦连耀功，赏奴婢十人。俊臣阅司农婢[7]，无可者，以西突厥可汗斛瑟罗家有细婢，善歌舞，欲得以为赏口，乃使人诬告斛瑟罗反。诸酋长诣阙割耳剺面讼冤者数十人[8]。会俊臣诛，乃得免。

俊臣方用事，选司受其属请不次除官者，每铨数百人。俊臣败，侍郎皆自首。太后责之，对曰："臣负陛下，死罪！臣乱国家法，罪止一身；违俊臣语，立见灭族。"太后乃赦之。

上林令侯敏素谄事俊臣[9]，其妻董氏谏之曰："俊臣国贼，指日将败，君宜远之。"敏从之。俊臣怒，出为武龙令[10]。敏欲不往，妻曰："速去勿留！"俊臣败，其党皆流岭南，敏独得免。

太后征于安远为尚食奉御，擢吉顼为右肃政中丞。

以检校夏官侍郎宗楚客同平章事。

武懿宗军至赵州，闻契丹将骆务整数千骑将至冀州，懿宗惧，欲南遁。或曰："虏无辎重，以抄掠为资，若按兵拒守，势必离散，从而击之，可有大功。"懿宗不从，退据相州，委弃军资器仗甚众。契丹遂屠赵州。

甲午[11]，孙万荣为奴所杀。

万荣之破王孝杰也，于柳城西北四百里依险筑城，留其老弱妇女、所获器仗资财，使妹夫乙冤羽守之，引精兵寇幽州。恐突厥默啜袭其后，遣五人至黑沙[12]，语默啜曰："我已破王孝杰百万之众，唐人破胆，请与可汗乘胜共取幽州。"三人先至，默啜喜，赐以绯袍。二人后至，默啜怒其稽缓，将杀之，二人曰："请一言而死。"默啜问其故，二人以契丹之情告。默啜乃杀前三人而赐二人绯，使为乡导，发兵取契丹新城[13]，杀所获凉州都督许钦明以祭天；围新城三日，克之，尽俘以归。使乙冤羽驰报万荣。

时万荣方与唐兵相持，军中闻之，恟惧。奚人叛万荣，神兵道总管杨玄基击其前，奚兵击其后，获其将何阿小。万荣军大溃，帅轻骑数千东走。前军总管张九节遣兵邀之于道，万荣穷蹙，与其奴逃至潞水东[14]，息于林下，叹曰："今欲归唐，罪已大。归突厥亦死，归新罗亦死。将安之乎！"奴斩其首以降，枭之四方馆门[15]。其余众及奚、霫皆降于突厥。

戊子，特进武承嗣、春官尚书武三思并同凤阁鸾台三品。

辛卯，制以契丹初平[16]，命河内王武懿宗、娄师德及魏州刺史狄仁杰分道安抚河北。懿宗所至残酷，民有为契丹所胁从复来归者，懿宗皆以为反，生刳取其胆[17]。先是，何阿小嗜杀人，河北人为之语曰："唯此两何[18]，杀人最多。"

【注释】

①豫州鼎四句：豫州是神都洛阳的畿辅，因此豫州鼎比其他鼎高大。　②驾部郎中：官名。掌国家舆辇车乘、传驿、厩牧，官司牲畜簿籍，辨其出入，管理其名目、数目。　③绯算袋：胡三省注："唐初职事官三品以上赐金装刀、砺石，一品以下则有手巾、算袋。开元以后，百官朔望朝参，外官衙日，则佩算袋，各随其所服之色，余日则否。"　④绿珠（？—300）：西晋石崇爱妾。相传姓梁，白州博白（今属广西）人。善吹笛。赵王司马伦专权时，伦党孙秀向石崇索之，为石崇所拒。后石崇被逮，她坠楼死。　⑤皇甫丈备：据中华书局本所引章钰校勘记，诸本作"皇甫文备"。　⑥虺贞：即原豫州刺史越王李贞。李贞于垂拱四年（688）起兵反，兵败自杀。武后下令更其姓为"虺"。　⑦司农婢：据胡三省注引《唐六典》，司农丞掌凡官户奴婢，男女成人，先以本色媲偶；若给赐，许其妻子相随；若犯籍没，以其所能各配诸司，妇人巧者入掖庭。　⑧剺（lí离）：用刀划。　⑨上林令：官名。唐司农之属有上林署令，从七品下，掌苑囿县地之事，凡植果树蔬以供朝会祭祀，及冬季藏冰皆主之。　⑩武龙：县名。唐武德元年（618）置，治所在今重庆武隆区西北。　⑪甲午：据严衍《通鉴补》，当作"甲申"。　⑫黑沙：地名。据胡三省注，为当时突厥王庭所在地。　⑬新城：地名。即前契丹所筑，在柳城西北者。当在今辽宁朝阳西北。　⑭潞水：河名。即今北京市通州区以下白河。⑮四方馆：唐以四方馆隶中书省，由通事舍人掌理。接待四方使客，掌管各方国及互市事。　⑯制：帝王的命令。　⑰刳（kū枯）：剖开。　⑱两何：胡三省注："武懿宗封河内王，与何阿小为'两何'。"

秋，七月，丁酉，昆明内附，置窦州。

武承嗣、武三思并罢政事。

庚午，武攸宜自幽州凯旋。武懿宗奏河北百姓从贼者请尽族之，左拾遗王求礼庭折之曰："此属素无武备，力不胜贼，苟从之以求生，岂有叛国之心！懿宗拥强兵数十万，望风退走，贼徒滋蔓，又欲委罪于草野诖误之人，为臣不忠，请先斩懿宗以谢河北！”懿宗不能对。司刑卿杜景俭亦奏：“此皆胁从之人，请悉原之。”太后从之。

八月，丙戌，纳言姚琦坐事左迁益州长史，以太子宫尹豆卢钦望为文昌右相、凤阁鸾台三品[①]。

九月，壬辰[②]，大享通天宫，赦天下，改元。

庚戌，娄师德守纳言。

甲寅，太后谓侍臣曰：“顷者周兴、来俊臣按狱，多连引朝臣，云其谋反；国有常法，朕安敢违！中间疑其不实，使近臣就狱引问，得其手状[③]，皆自承服，朕不以为疑。自兴、俊臣死，不复闻有反者，然则前死者不有冤邪？”夏官侍郎姚元崇对曰：“自垂拱以来坐谋反死者，率皆兴等罗织，自以为功。陛下使近臣问之，近臣亦不自保，何敢动摇！所问者若有翻覆，惧遭惨毒，不若速死。赖天启圣心，兴等伏诛，臣以百口为陛下保，自今内外之臣无复反者；若微有实状，臣请受知而不告之罪。”太后悦曰：“向时宰相皆顺成其事，陷朕为淫刑之主；闻卿所言，深合朕心。”赐元崇钱千缗。

时人多为魏元忠讼冤者，太后复召为肃政中丞。元忠前后坐弃市流窜者四。尝侍宴，太后问曰：“卿往者数负谤[④]，何也？”对曰：“臣犹鹿耳，罗织之徒欲得臣肉为羹，臣安所避之！”

冬，闰十月，甲寅，以幽州都督狄仁杰为鸾台侍郎，司刑卿杜景俭为凤阁侍郎，并同平章事。

仁杰上疏，以为：“天生四夷，皆在先王封略之外[⑤]，故东拒沧海，西阻流沙，北横大漠，南阻五岭，此天所以限夷狄而隔中外也。自典籍所纪，声教所及[⑥]，三代不能至者，国家尽兼之矣。诗人矜薄伐于太原，美化行于江、汉[⑦]，则三代之远裔，皆国家之域中也。若乃用武方外，邀功绝域，竭府库之实以争不毛之地，得其人不足增赋，获其土不可耕织，苟求冠带远夷之称[⑧]，不务固本安人之术，此秦皇、汉武之所行，非五帝、三王之事业也。始皇穷兵极武，务求广地，死者如麻，至天下溃叛。汉武征伐四夷，百姓困穷，盗贼蜂起；末年悔悟，息兵罢役，故能为天所祐。近者国家频岁出师，所费滋广，西戍四镇，东戍安东，调发日加，百姓虚弊。今关东饥馑，蜀、汉逃亡，江、淮已南，征求不息，人不复业，相率为盗，本根一摇，忧患不浅。其所以然者，皆以争蛮貊不毛之地，乖子养苍生之道也。昔汉元纳贾捐之之谋而罢朱崖郡[9]，宣帝用魏相之策而弃车师之田[10]，岂不欲慕尚虚名，盖惮劳人力也。近贞观年中克平九姓，立李思摩为可汗，使统诸部者，盖以夷狄叛则伐之，降则抚之，得推亡固存之义[11]，无远戍劳人之役，此近日之令典，经边之故事也。窃谓宜立阿史那斛瑟罗为可汗，委之四镇，继高氏绝国，使守安东。省军费于远方，并甲兵于塞上，使夷狄无侵侮之患则可矣，何必穷其窟穴，与蝼蚁校长短哉！但当敕边兵，谨守备，远斥候[12]，聚资粮，待其自致，然后击之。以逸待劳则战士力倍，以主御客则我得其便，坚壁清野则寇无所得；自然二贼深入则有颠蹶之虑[13]，浅入必无寇获之益。如此数年，可使二虏不击而服矣。"事虽不行，识者是之。

凤阁舍人李峤知天官选事，始置员外官数千人。

先是历官以是月为正月，以腊月为闰。太后欲正月甲子朔冬至，乃下制以为"去晦仍见月[14]，有爽天经[15]。可以今月为闰月，来月为正月。"

【注释】

①"以太子宫尹"句：胡三省注："天授中改太子詹事为太子宫尹。'凤阁'之上当有'同'字。" ②壬辰：神功元年九月无此日，当有误。据《新唐书》，此作"壬寅"。 ③手状：亲笔供词，自供状。 ④负谤：蒙受诽谤。 ⑤封略：封域、疆界。 ⑥声教：声威和教化。 ⑦"诗人"二句：胡三省注："《诗·六月》，宣王北伐也。其诗云：'薄伐猃狁，至于太原'。又《广汉》之诗，美文王之道被于南国，美化行乎江、汉之域。"矜，夸耀。薄，语助词。化，教化。 ⑧冠带远夷：意思是使远方民族像汉人一样服用冠带，归附认同。 ⑨"昔汉元"句：指西汉元帝刘奭在初元二年（前47）采纳待诏贾捐之的建议，于次年废除珠厓郡的史事。贾捐之，贾谊的曾孙。珠厓郡（亦作朱崖郡），西汉元封元年（前110）置，治所在瞫都（今海南珠山东南）。 ⑩"宣帝"句：指西汉宣帝刘询在元康二年（前64）采纳丞相魏相劝谏，放弃车师（今新疆吐鲁番一带），撤回屯田军

队的史事。 ⑪推亡固存：语出《尚书·仲虺之诰》："推亡固存，邦乃其昌。"意思是推倒要灭亡的、巩固应存在的，国家才能昌盛。 ⑫斥候：侦察敌情的士兵。 ⑬二贼：此指突厥、吐蕃。颠踬（zhì 质）：颠仆、覆灭。 ⑭去晦：上个月的晦日（农历每月的最末一天为晦日）。 ⑮爽：违背，不合。天经：天道。

圣历元年 正月，甲子朔，冬至，太后享通天宫；赦天下，改元。

夏官侍郎宗楚客罢政事。

春，二月，乙未，文昌右相、同凤阁鸾台三品豆卢钦望罢为太子宾客。

武承嗣、三思营求为太子，数使人说太后曰："自古天子未有以异姓为嗣者。"太后意未决。狄仁杰每从容言于太后曰："文皇帝栉风沐雨[①]，亲冒锋镝[②]，以定天下，传之子孙。大帝以二子托陛下[③]。陛下今乃欲移之他族，无乃非天意乎！且姑侄之与母子孰亲？陛下立子，则千秋万岁后，配食太庙，承继无穷；立侄，则未闻侄为天子而祔姑于庙者也[④]。"太后曰："此朕家事，卿勿预知。"仁杰曰："王者以四海为家，四海之内，孰非臣妾，何者不为陛下家事！君为元首，臣为股肱，义同一体，况臣备位宰相，岂得不预知乎！"又劝太后召还庐陵王。王方庆、王及善亦劝之。太后意稍寤。它日，又谓仁杰曰："朕梦大鹦鹉两翅皆折，何也？"对曰："武者，陛下之姓，两翼，二子也。陛下起二子，则两翼振矣。"太后由是无立承嗣、三思之意。

唐双鸾纹铜镜

孙万荣之围幽州也，移檄朝廷曰："何不归我庐陵王?”吉顼与张易之、昌宗皆为控鹤监供奉[5],易之兄弟亲狎之。顼从容说二人曰:“公兄弟贵宠如此,非以德业取之也,天下侧目切齿多矣。不有大功于天下,何以自全?窃为公忧之!”二人惧,涕泣问计。顼曰:“天下士庶未忘唐德,咸复思庐陵王。主上春秋高,大业须有所付;武氏诸王非所属意[6]。公何不从容劝主上立庐陵王以系苍生之望!如此,岂徒免祸,亦可以长保富贵矣。”二人以为然,承间屡为太后言之。太后知谋出于顼,乃召问之,顼复为太后具陈利害,太后意乃定。

三月,己巳,托言庐陵王有疾,遣职方员外郎瑕丘徐彦伯召庐陵王及其妃、诸子诣行在疗疾[7]。戊子,庐陵王至神都。

夏,四月,庚寅朔,太后祀太庙。

辛丑,以娄师德充陇右诸军大使,仍检校营田事。

六月,甲午,命淮阳王武延秀入突厥,纳默啜女为妃;豹韬卫大将军阎知微摄春官尚书,右武卫郎将杨齐庄摄司宾卿,赍金帛巨亿以送之。延秀,承嗣之子也。

凤阁舍人襄阳张柬之谏曰:“自古未有中国亲王娶夷狄女者。”由是忤旨,出为合州刺史。

秋,七月,凤阁侍郎、同平章事杜景俭罢为秋官尚书。

八月,戊子,武延秀至黑沙南庭。突厥默啜谓阎知微等曰:“我欲以女嫁李氏,安用武氏儿邪!此岂天子之子乎!我突厥世受李氏恩,闻李氏尽灭,唯两儿在,我今将兵辅立之。”乃拘延秀于别所,以知微为南面可汗,言欲使之主唐民也。遂发兵袭静难、平狄、清夷等军[8],静难军使慕容玄崱以兵五千降之。虏势大振,进寇妫、檀等州。前从阎知微入突厥者,默啜皆赐之五品、三品之服,太后悉夺之。

默啜移书数朝廷曰:“与我蒸谷种,种之不生,一也。金银器皆行滥[9],非真物,二也。我与使者绯紫皆夺之,三也。缯帛皆疏恶,四也。我可汗女当嫁天子儿,武氏小姓,门户不敌,罔冒为昏,五也。我为此起兵,欲取河北耳。”

监察御史裴怀古从阎知微入突厥,默啜欲官之,不受。囚,将杀之,逃归;抵晋阳,形容羸悴。突骑噪聚,以为间谍,欲取其首以求功。有果毅尝为人所枉，怀古按直之，大呼曰："裴御史也。"救之，得全。至都，引见，迁祠部员外郎[10]。

时诸州闻突厥入寇，方秋，争发民修城。卫州刺史太平敬晖谓僚属曰："吾闻金汤非粟不守，奈何舍收获而事城郭乎？"悉罢之，使归田，百姓大悦。

甲午，鸾台侍郎、同平章事王方庆罢为麟台监。

太子太保魏宣王武承嗣，恨不得为太子，意怏怏，戊戌，病薨。

庚子，以春官尚书武三思检校内史，狄仁杰兼纳言。

太后命宰相各举尚书郎一人，仁杰举其子司府丞光嗣[11]，拜地官员外郎，已而称职。太后喜曰："卿足继祁奚矣[12]。"

通事舍人河南元行冲，博学多通，仁杰重之。行冲数规谏仁杰，且曰："凡为家者必有储蓄脯醢以适口[13]，参术以攻疾[14]。仆窃计明公之门，珍味多矣，行冲请备药物之末[15]。"仁杰笑曰："吾药笼中物，何可一日无也！"行冲名澹，以字行。

以司属卿武重规为天兵中道大总管，右武卫将军沙吒忠义为天兵西道总管，幽州都督下邽张仁愿为天兵东道总管，将兵三十万以讨突厥默啜；又以左羽林卫大将军阎敬容为天兵西道后军总管，将兵十五万为后援。

癸丑，默啜寇飞狐[16]，乙卯，陷定州，杀刺史孙彦高及吏民数千人。

【注释】

①文皇帝：唐太宗李世民的谥号为文皇帝。栉（zhì 至）风沐雨：风梳头，雨洗发，形容奔波劳碌，风雨无阻。 ②镝（dí 敌）：箭头。 ③大帝：唐高宗李治的谥号为天皇大帝。二子：指唐中宗李显和睿宗李旦。此前，李显被废为庐陵王，李旦被降为皇嗣。 ④祔（fù 负）：古代祭祀之一，后死者附祭于祖庙。 ⑤控鹤监：官署名。据胡三省注，这一年武后设置控鹤监来安置她的近幸。后改奉宸府。供奉：官名。唐制：凡以文学技艺擅长者，得供奉内庭，给事左右。 ⑥属（zhǔ 主）意：意向专注于某人。 ⑦行在：指帝王出行时的住地。 ⑧静难：唐行政区划"军"名。废置不详。平狄：军名。唐天授二年(691)以神武军改名，治所在今山西朔县东北马邑。清夷：军名。唐垂拱中置，治所在今河北怀来。

⑨行滥：指混杂其他物质的劣等品。胡三省注："市列为行，市列造金银器贩卖，率淆他物以求赢，俗谓之行作。滥，恶也。" ⑩祠部：官署名。唐祠部郎掌祠祀、享祭、天文、漏刻、国忌、庙讳、卜筮、医药、僧尼之事，属礼部。 ⑪司府：官署名。光宅元年(684)武后改太府为司府。 ⑫祁奚：春秋时晋国大夫。字黄羊。食邑在祁(今山西祁县东南)。悼公时任中军尉。居位三年请告老，初举仇人解狐代己，解狐卒而再举自己的儿子午以代。时人称为"外举不避仇，内举不避亲"。平公即位，任公族大夫。 ⑬脯醢(fǔ hǎi 府海)：干肉酱。 ⑭参术：人参和白术。⑮"行冲"句：谓我元行冲愿充当府上的末等药材。 ⑯飞狐：县名。隋仁寿初改广昌县置。隋末废。唐初复置。治所在今河北涞源。

九月，甲子，以夏官尚书武攸宁同凤阁鸾台三品。

改默啜为斩啜[①]。

默啜使阎知微招谕赵州，知微与虏连手踏《万岁乐》于城下[②]。将军陈令英在城上谓曰："尚书位任非轻，乃为虏踏歌，独无惭乎！"知微微吟曰："不是已，《万岁乐》。"

戊辰，默啜围赵州，长史唐般若翻城应之。刺史高叡与妻秦氏仰药诈死，虏舆之诣默啜，默啜以金师子带、紫袍示之曰："降则拜官，不降则死！"叡顾其妻，妻曰："酬报国恩，正在今日！"遂俱闭目不言。经再宿，虏知不可屈，乃杀之。虏退，唐般若族诛；赠叡冬官尚书，谥曰节。叡，颎之孙也[③]。

皇嗣固请逊位于庐陵王，太后许之。壬申，立庐陵王哲为皇太子，复名显。赦天下。

甲戌，命太子为河北道元帅以讨突厥[④]。先是，募人月余不满千人，及闻太子为帅，应募者云集，未几，数盈五万。

戊寅，以狄仁杰为河北道行军副元帅，右丞宋元爽为长史，右台中丞崔献为司马，左台中丞吉顼为监军使。时太子不行，命仁杰知元帅事，太后亲送之。

蓝田令薛讷，仁贵之子也，太后擢为左威卫将军、安东道经略。将行，言于太后曰："太子虽立，外议犹疑未定；苟此命不易[⑤]，丑虏不足平也。"太后深然之。王及善请太子赴外朝以慰人心[⑥]，从之。

以天官侍郎苏味道为凤阁侍郎、同平章事。味道前后在相位数岁，依阿取容，尝谓人曰："处事不宜明白，但摸棱持两端可矣。"时人谓之"苏摸棱"。

癸未，突厥默啜尽杀所掠赵、定等州男女万余人，自五回道去[7]，所过，杀掠不可胜纪。沙吒忠义等但引兵蹑之[8]，不敢逼。狄仁杰将兵十万追之，无所及。默啜还漠北，拥兵四十万，据地万里，西北诸夷皆附之，甚有轻中国之心。

冬，十月，制：都下屯兵，命河内王武懿宗、九江王武攸归领之。

癸卯，以狄仁杰为河北道安抚大使。时河北人为突厥所驱逼者[9]，虏退，惧诛，往往亡匿。仁杰上疏，以为："朝廷议者皆罪契丹、突厥所胁从之人，言其迹虽不同，心则无别。诚以山东近缘军机调发伤重，家道悉破，或至逃亡。重以官典侵渔，因事而起，枷杖之下，痛切肌肤，事迫情危，不循礼义。愁苦之地，不乐其生，有利则归，且图赊死，此乃君子之愧辱，小人之常行也。又，诸城入伪[10]，或待天兵，将士求功，皆云攻得，臣忧滥赏，亦恐非辜。以经与贼同，是为恶地，至有污辱妻子，劫掠货财，兵士信知不仁，簪笏未能以免，乃是贼平之后，为恶更深。且贼务招携[11]，秋毫不犯，今之归正，即是平人，翻被破伤，岂不悲痛！夫人犹水也，壅之则为泉，疏之则为川，通塞随流，岂有常性！今负罪之伍，必不在家，露宿草行，潜窜山泽，赦之则出，不赦则狂，山东群盗，缘兹聚结。臣以边尘暂起[12]，不足为忧，中土不安，此为大事。罪之则众情恐惧，恕之则反侧自安。伏愿曲赦河北诸州，一无所问。"制从之。仁杰于是抚慰百姓，得突厥所驱掠者，悉递还本贯。散粮运以赈贫乏，修邮驿以济旋师。恐诸将及使者妄求供顿，乃自食疏粝[13]，禁其下无得侵扰百姓，犯者必斩。河北遂安。

以夏官侍郎姚元崇、秘书少监李峤并同平章事。

突厥默啜离赵州，乃纵阎知微使还。太后命磔于天津桥南[14]，使百官共射之，既乃冎其肉[15]，剉其骨[16]，夷其三族，疏亲有先未相识而同死者。

褒公段瓒，志玄之子也[17]，先没于突厥。突厥在赵州，瓒邀杨齐庄与之俱逃，齐庄畏懦，不敢发。瓒先归，太后赏之。齐庄寻至，敕河内王武懿宗鞫之；懿宗以为齐庄意怀犹豫，遂与阎知微同诛。既射之如猬，气殜殜未死[18]，乃决其腹，割心，投于地，犹趌趌然跃不止[19]。

擢田归道为夏官侍郎，甚见亲委。

蜀州每岁遣兵五百人戍姚州[20]，路险远，死亡者多。蜀州刺史张柬之上言，以为："姚州本哀牢之国，荒外绝域，山高水深。国家开以为州，未尝得其盐布之税，甲兵之用，而空竭府库，驱率平人，受役蛮夷，肝脑涂地，臣窃为国家惜之。请废姚州以隶巂州，岁时朝觐，同之蕃国。泸南诸镇亦皆废省，于泸北置关，百姓非奉使，无得交通往来。"疏奏，不纳。

【注释】

①"改默啜"句：据严衍《通鉴补》，"改"下当补"突厥"二字。②踏《万岁乐》：据严衍《通鉴补》，"踏"下当补"歌"字。《万岁乐》：歌曲之名。 ③颎：即隋初大臣高颎（？—607）。一名敏，字昭玄，渤海蓨县（今河北景县）人。北周时任内史下大夫。丞相杨坚招为相府司马。入隋，任尚书左仆射，参与国家制度和重要法令的拟订，佐杨广伐陈灭陈。前后执政二十年，后被诬罢官。炀帝时任太常卿，获罪被杀。 ④"命太子"句：胡三省注："行军元帅起于周、隋，至唐惟亲王及太子为元帅。" ⑤此命：指重立李显为皇太子的命令。 ⑥"王及善"句：胡三省注："盖睿宗为皇嗣时，止于宫中朝谒，不出外朝；今及善始请太子与群臣俱于外庭朝谒耳。" ⑦五回：山名。即唐易县（治今河北易县）的广昌岭。岭高四十余里，二十里中曲折五回，才能登其主峰，故岭有五回之名。又称五回山。 ⑧蹑（niè 聂）：追随。 ⑨时北人句：据中华书局点校本所引章钰校勘记，诸本"北"上有"河"字。 ⑩入伪：指降附契丹、突厥。 ⑪招携：招抚怀有二心的人，即招抚携贰。 ⑫蹔：同"暂"。⑬疏粝：粗粮。粝，脱壳粟米。 ⑭磔（zhé 哲）：古代的一种分裂肢体的酷刑。 ⑮咼：同"剐"。 ⑯挫（cuò 措）：折伤。 ⑰志玄：即唐建国功臣段志玄（？—642）。临淄（今山东淄博市东北）人。少时无赖，屡犯法。隋末客居太原，从李渊父子起兵。潼关之战、讨王世充、破窦建德均有军功，迁秦王府右二护军。太宗时，累迁左骁卫大将军，封国公。

⑱殜(dié 迭)殜:气息微弱的样子。 ⑲趌(jié 杰)趌:跳动、搏动的样子。 ⑳姚州:州名。唐武德四年(621)设,治所在姚城县(今云南姚安县北)。天宝末废。

二年 正月,丁卯朔,告朔于通天宫[①]。

壬戌,以皇嗣为相王,领太子右卫率。

甲子,置控鹤监丞、主簿等官[②],率皆嬖宠之人,颇用才能文学之士以参之。以司卫卿张易之为控鹤监,银青光禄大夫张昌宗、左台中丞吉顼、殿中监田归道、夏官侍郎李迥秀、凤阁舍人薛稷、正谏大夫临汾员半千皆为控鹤监内供奉[③]。稷,元超之从子也[④]。半千以古无此官,且所聚多轻薄之士,上疏请罢之;由是忤旨,左迁水部郎中。

腊月,戊子,以左台中丞吉顼为天官侍郎,右台中丞魏元忠为凤阁侍郎,并同平章事。

文昌左丞宗楚客与弟司农卿晋卿,坐赃贿满万余缗及第舍过度,楚客贬播州司马,晋卿流峰州[⑤]。太平公主观其第,叹曰:"见其居处,吾辈乃虚生耳。"

辛亥,赐太子姓武氏;赦天下。

太后生重眉,成八字,百官皆贺。

河南、北置武骑团以备突厥。

春,一月,庚申,夏官尚书、同凤阁鸾台三品武攸宁罢为冬官尚书。

二月,己丑,太后幸嵩山,过缑氏[⑥],谒升仙太子庙。壬辰,太后不豫,遣给事中栾城阎朝隐祷少室山。朝隐自为牺牲,沐浴伏俎上[⑦],请代太后命。太后疾小愈,厚赏之。丁酉,自缑氏还。

初,吐蕃赞普器弩悉弄尚幼,论钦陵兄弟用事,皆有勇略,诸胡畏之。钦陵居中秉政,诸弟握兵分据方面,赞婆常居东边,为中国患者三十余年。器弩悉弄浸长,阴与大臣论岩谋诛之。会钦陵出外,赞普诈云出畋,集兵执钦陵亲党二千余人,杀之,遣使召钦陵兄弟,钦陵等举兵不受命。赞普将兵讨之,钦陵兵溃,自杀。夏,四月,赞婆帅所部千余人来降,太后命左武卫铠曹参军郭元振

唐《升仙太子碑》局部拓片

与河源军大使夫蒙令卿将骑迎之[8]，以赞婆为特进、归德王。钦陵子弓仁，以所统吐谷浑七千帐来降，拜左玉钤卫将军、酒泉郡公。

壬辰，以魏元忠检校并州长史，充天兵军大总管，以备突厥。

娄师德为天兵军副大总管，仍充陇右诸军大使，专掌怀抚吐蕃降者。

太后春秋高，虑身后太子与诸武不相容。壬寅，命太子、相王、太平公主与武攸暨等为誓文，告天地于明堂，铭之铁券，藏于史馆。

【注释】

①告朔：古代礼制。天子把历书颁发给诸侯、大臣。一般在每年秋冬之交举行，所颁为第二年的历书。 ②“置控鹤”句：胡三省注：“先已置控鹤监，今方备官。”则此时才正式任命控鹤监属官。 ③员（yún 云）半千（？—714 或 721）：唐朝官吏。字荣期，本名馀庆。晋州临汾（今属山西）人。上元初，应八科举，皆中，授武陟尉。武后临朝，历任正谏大夫等职。胡三省注：“半千本彭城刘氏，十世祖凝之事宋，及齐受禅奔魏，以忠烈自比伍员（子胥），因自姓员。” ④元超：即唐朝官吏薛元超（622—

683)。名振，汾阴（今山西万荣县西南）人。薛收子，袭爵汾阴男。历任太子舍人、黄门侍郎、饶州刺史、中书令等职。曾预修《晋书》。 ⑤峰州：州名。隋开皇十八年(598)以兴州改名，治嘉宁（今越南永富省白鹤县南风州）。大业初废。唐武德四年(621)复置。 ⑥缑氏：古县名。秦置，治所在今河南偃师东南。其后多次废置。隋大业初复置。宋废。 ⑦俎(zǔ 祖)：古代祭祀或宴会时盛放牲体的器具。 ⑧夫蒙令卿：胡三省注："夫蒙，姓也。《姓谱》：夫蒙，羌复姓，后秦有建威将军夫蒙大羌。"

秋，七月，命建安王武攸宜留守西京，代会稽王武攸望。

丙辰，吐谷浑部落一千四百帐内附。

八月，癸丑，突骑施乌质勒遣其子遮弩入见[①]。遣侍御史元城解琬安抚乌质勒及十姓部落。

制："州县长吏，非奏有敕旨，毋得擅立碑。"

内史王及善虽无学术，然清正难夺，有大臣之节。张易之兄弟每侍内宴，无复人臣礼；及善屡奏以为不可。太后不悦，谓及善曰："卿既高年，不宜更侍游宴，但检校阁中可也[②]。"及善因称病，谒假月余；太后不问。及善叹曰："岂有中书令而天子可一日不见乎？事可知矣！"乃上疏乞骸骨[③]，太后不许。庚子，以及善为文昌左相，太子宫尹豆卢钦望为文昌右相，仍并同凤阁鸾台三品。鸾台侍郎、同平章事杨再思罢为左台大夫。丁未，相王兼检校安北大都护。以天官侍郎陆元方为鸾台侍郎、同平章事。

纳言、陇右诸军大使娄师德薨。

师德在河陇，前后四十余年，恭勤不怠，民夷安之。性沉厚宽恕，狄仁杰之入相也，师德实荐之；而仁杰不知，意颇轻师德，数挤之于外。太后觉之，尝问仁杰曰："师德贤乎？"对曰："为将能谨守边陲，贤则臣不知。"又曰："师德知人乎？"对曰："臣尝同僚，未闻其知人也。"太后曰："朕之知卿，乃师德所荐也，亦可谓知人矣。"仁杰既出，叹曰："娄公盛德，我为其所包容久矣，吾不得窥其际也。"是时罗织纷纭，师德久为将相，独能以功名终，人以是重之。

戊申，以武三思为内史。

九月，乙亥，太后幸福昌[4]；戊寅，还神都。

庚子[5]，邢贞公王及善薨。

河溢，漂济源百姓庐舍千余家[6]。

冬，十月，丁亥，论赞婆至都，太后宠待赏赐甚厚，以为右卫大将军，使将其众守洪源谷[7]。

太子、相王诸子复出阁[8]。

太后自称制以来，多以武氏诸王及驸马都尉为成均祭酒，博士、助教亦多非儒士。又因郊丘，明堂，拜洛，封嵩[9]，取弘文国子生为斋郎[10]，因得选补。由是学生不复习业，二十年间，学校殆废。而向时酷吏所诬陷者，其亲友流离，未获原宥。凤阁舍人韦嗣立上疏，以为："时俗浸轻儒学，先王之道，弛废不讲。宜令王公以下子弟，皆入国学，不听以他岐仕进。又，自扬、豫以来[11]，制狱渐繁，酷吏乘间，专欲杀人以求进。赖陛下圣明，周、丘、王、来相继诛殛[12]，朝野庆泰，若再睹阳和。至如仁杰、元忠，往遭按鞫，亦皆自诬，非陛下明察，则已为菹醢矣[13]；今陛下升而用之，皆为良辅。何乃前非而后是哉？诚由枉陷与甄明耳。臣恐向之负冤得罪者甚众，亦皆如是。伏望陛下弘天地之仁，广雷雨之施，自垂拱以来，罪无轻重，一皆昭洗，死者追复官爵，生者听还乡里。如此，则天下皆知昔之枉滥，非陛下之意，皆狱吏之辜，幽明欢欣[14]，感通和气[15]。"太后不能从。

嗣立，承庆之异母弟也。母王氏，遇承庆甚酷，每杖承庆，嗣立必解衣请代；母不许，辄私自杖，母乃为之渐宽。承庆为凤阁舍人，以疾去职。嗣立时为莱芜令，太后召谓曰："卿父尝言：'臣有两儿，堪事陛下。'卿兄弟在官，诚如父言。朕今以卿代兄，更不用他人。"即日拜凤阁舍人。

是岁，突厥默啜立其弟咄悉匐为左厢察，骨笃禄子默矩为右厢察，各主兵二万余人；其子匐俱为小可汗，位在两察上，主处木昆等十姓，兵四万余人，又号为拓西可汗[16]。

【注释】

①突骑施乌质勒：胡三省注："西突厥既败，突骑施始盛。突骑施乌质勒者，西突厥之别种也，初隶斛瑟罗下，号莫贺达干。后斛瑟罗入朝，

其地为乌质勒所并。” ②阁：指省阁。即宫禁之中。 ③乞骸骨：请求退休。古代认为做官便以骸骨交付国家，故谓请求退休为乞骸骨。④福昌：古县名。唐武德二年(619)改宜阳县置，治所在今河南宜阳县西。 ⑤庚子：圣历二年九月无此日。据《新唐书》当作“庚辰”。⑥济源：县名。隋开皇十六年(596)分轵县置，治所即今河南济源市。⑦洪源谷：地名。在凉州昌松县(治今甘肃武威东南)境内。 ⑧出阁：指解除幽禁。天授二年(691)相王诸子被幽于宫中。 ⑨“又因郊丘”四句：胡三省注：“郊丘，祭圜丘于南郊也。享万象神宫及享通天宫，皆明堂也。垂拱四年拜洛，万岁通天元年封嵩山。” ⑩斋郎：胡三省注：“斋郎者，执豆笾、奉樽彝罍洗以供祭祀之事。” ⑪扬、豫：指徐敬业起兵于扬州，越王李贞起兵于豫州反武则天之事。 ⑫“周、丘、王、来”句：天授二年，周兴流死，丘神勣诛。延载元年王弘义诛，神功元年来俊臣诛。 ⑬菹醢(zūhǎi 租海)：剁成肉酱。 ⑭幽明：死者和生者。⑮感通和气：谓与上天感应而降祥和之气。 ⑯“主处木昆”三句：胡三省注：“处木昆十姓，西突厥所部也，故号拓西。”

久视元年 正月，戊寅，内史武三思罢为特进、太子少保。天官侍郎、同平章事吉顼贬安固尉。

太后以顼有干略，故委以腹心。顼与武懿宗争赵州之功于太后前。顼魁岸辩口[①]，懿宗短小伛偻[②]，顼视懿宗，声气陵厉。太后由是不悦，曰：“顼在朕前，犹卑我诸武，况异时讵可倚邪[③]！”他日，顼奏事，方援古引今，太后怒曰：“卿所言，朕饫闻之[④]，无多言！太宗有马名师子骢，肥逸无能调驭者。朕为宫女侍侧，言于太宗曰：‘妾能制之，然须三物，一铁鞭，二铁檛[⑤]，三匕首。铁鞭击之不服，则以檛檛其首，又不服，则以匕首断其喉。’太宗壮朕之志。今日卿岂足污朕匕首邪！”顼惶惧流汗，拜伏求生，乃止。诸武怨其附太子，共发其弟冒官事，由是坐贬。

辞日，得召见，涕泣言曰：“臣今远离阙庭，永无再见之期，愿陈一言。”太后命之坐，问之，顼曰：“合水土为泥，有争乎？”太后曰：“无之。”又曰：“分半为佛，半为天尊[⑥]，有争乎？”曰：“有争矣。”顼顿首曰：“宗室、外戚各当其分，则天下安。今太子已立而外戚犹为王,此陛下驱之使他日必争,两不得安也。"太后曰:"朕亦知之。然业已如是,不可何如!"

腊月,辛巳,立故太孙重润为邵王,其弟重茂为北海王。

太后问鸾台侍郎陆元方以外事⑦,对曰:"臣备位宰相,有大事不敢不以闻;人间细事,不足烦圣听。"由是忤旨。庚寅,罢为司礼卿。

元方为人清谨,再为宰相,太后每有迁除⑧,多访之⑨,元方密封以进,未尝漏露。临终,悉取奏稿焚之,曰:"吾于人多阴德,子孙其未衰乎⑩!"

以西突厥竭忠事主可汗斛瑟罗为平西军大总管,镇碎叶。

丁酉,以狄仁杰为内史。

庚子,以文昌左丞韦巨源为纳言。

乙巳,太后幸嵩山;春,一月,丁卯,幸汝州之温汤;戊寅,还神都。作三阳宫于告成之石淙⑪。

二月,乙未,同凤阁鸾台三品豆卢钦望罢为太子宾客。

三月,以吐谷浑青海王宣超为乌地也拔勤忠可汗⑫。

【注释】

①辩口:口才便捷。 ②伛偻(yǔlǚ 羽吕):腰背弯曲。 ③讵(jù 巨):岂,怎。 ④饫(yù 玉):饱。 ⑤檛(zhuā 抓):箠,鞭子。 ⑥天尊:道教尊奉的天神。 ⑦太后句:据中华书局点校本所引章钰校勘记,诸本于"郎"字下有"同平章事"四字。 ⑧迁除:提拔、任命官员。 ⑨访:询问。 ⑩其:表示揣测(相当"或许")。 ⑪"作三阳宫"句:胡三省注:"三阳宫去洛城一百六十里,万岁登封元年,改东都阳城县曰告成,以祀神岳告成也。"石淙,在今河南登封东南,嵩山东谷之水至此,于崇冈山峡间,夹石乱流而成奇观。 ⑫宣超:胡三省注:"诸曷钵之孙也。"

夏,四月,戊申,太后幸三阳宫避暑,有胡僧邀车驾观葬舍利,太后许之。狄仁杰跪于马前曰:"佛者夷狄之神,不足以屈天下之主。彼胡僧诡谲,直欲邀致万乘以惑远近之人耳。山路险狭,不容侍卫,非万乘所宜临也。"太后中道而还,曰:"以成吾直臣之气。”

五月，己酉朔，日有食之。

太后使洪州僧胡超合长生药，三年而成，所费巨万。太后服之，疾小瘳[①]。癸丑，赦天下，改元久视；去天册金轮大圣之号。

六月，改控鹤为奉宸府，以张易之为奉宸令。太后每内殿曲宴[②]，辄引诸武、易之及弟秘书监昌宗饮博嘲谑。太后欲掩其迹，乃命易之、昌宗与文学之士李峤等修《三教珠英》于内殿。武三思奏昌宗乃王子晋后身[③]。太后命昌宗衣羽衣，吹笙，乘木鹤于庭中；文士皆赋诗以美之。

太后又多选美少年为奉宸内供奉，右补阙朱敬则谏曰：“陛下内宠有易之、昌宗，足矣。近闻右监门卫长史侯祥等[④]，明自媒炫，丑慢不耻，求为奉宸内供奉，无礼无仪，溢于朝听。臣职在谏诤，不敢不奏。”太后劳之曰：“非卿直言，朕不知此。”赐彩百段。

易之、昌宗竞以豪侈相胜。弟昌仪为洛阳令，请属无不从。尝早朝，有选人姓薛，以金五十两并状邀其马而赂之。昌仪受金，至朝堂，以状授天官侍郎张锡。数日，锡失其状，以问昌仪，昌仪骂曰：“不了事人！我亦不记，但姓薛者即与之。”锡惧，退，索在铨姓薛者六十余人，悉留注官。锡，文瓘之兄子也[⑤]。

初，契丹将李楷固，善用绢索及骑射、舞槊[⑥]，每陷陈[⑦]，如鹘入乌群，所向披靡。黄獐之战，张玄遇、麻仁节皆为所绢。又有骆务整者，亦为契丹将，屡败唐兵。及孙万荣死，二人皆来降。有司责其后至，奏请族之。狄仁杰曰：“楷固等并骁勇绝伦，能尽力于所事，必能尽力于我，若抚之以德，皆为我用矣。”奏请赦之。所亲皆止之，仁杰曰：“苟利于国，岂为身谋[⑧]！”太后用其言，赦之。又请与之官，太后以楷固为左玉钤卫将军，务整为右武威卫将军，使将兵击契丹余党，悉平之。

【注释】

①瘳(chōu 抽)：病愈。　②曲宴：小宴。有别于正式宴会而言。③王子晋：即道教尊奉的神仙王乔，字子晋。周灵王太子。在嵩山从浮丘公学道三十余年，后乘白鹤升天，称“右弼真人”。　④右监门卫长史：胡三省注：“唐诸卫府各有长史，从六品上，各掌判其府诸曹之

事。” ⑤文瓘:即唐朝官吏张文瓘。昌乐(治今河南南乐)人。高宗乾封年间任东台舍人。时大建宫殿,频征四方,文瓘上言劝谏“勿使百姓生怨”。高宗从其言,减厩马数千匹。 ⑥绢索:套索。 ⑦陷陈:冲入敌阵。陈,“阵”的本字。 ⑧身谋:考虑自身利害。

资治通鉴卷第二百七

唐纪二十三　起上章困敦七月，尽旃蒙大荒落正月，凡四年有奇。

则天顺圣皇后下

久视元年　秋，七月，献俘于含枢殿[①]。太后以楷固为左玉钤卫大将军、燕国公，赐姓武氏。召公卿合宴，举觞属仁杰曰："公之功也。"将赏之，对曰："此乃陛下威灵，将帅尽力，臣何功之有！"固辞不受。

闰月，戊寅，车驾还宫。

己丑，以天官侍郎张锡为凤阁侍郎、同平章事。鸾台侍郎、同平章事李峤罢为成均祭酒。锡，峤之舅也，故罢峤政事。

丁酉，吐蕃将麴莽布支寇凉州，围昌松[②]，陇右诸军大使唐休璟与战于港源谷[③]。麴莽布支兵甲鲜华，休璟谓诸将曰："诸论既死，麴莽布支新为将，不习军事，望之虽如精锐，实易与耳，请为诸君破之。"乃被甲先陷陈，六战皆捷，吐蕃大奔，斩首二千五百级，获二裨将而还。

司府少卿杨元亨，尚食奉御杨元禧，皆弘武之子也[④]。元禧尝忤张易之，易之言于太后："元禧，杨素之族；素父子，隋之逆臣，子孙不应供奉。"太后从之，壬寅，制："杨素及其兄弟子孙皆不得任京官。"左迁元亨睦州刺史，元禧贝州刺史。

庚戌[⑤]，以魏元忠为陇右诸军大使，击吐蕃。

庚申[⑥]，太后欲造大像，使天下僧尼日出一钱以助其功。狄仁杰上疏谏，其略曰："今之伽蓝[7]，制过宫阙。功不使鬼，止在役人，物不天来，终须地出，不损百姓，将何以求！"又曰："游僧皆托佛法，诖误生人；里陌动有经坊，阛阓亦立精舍[8]。化诱所急，切于官征；法事所须，严于制敕。"又曰："梁武、简文舍施无限，及三淮沸浪，五岭腾烟，列刹盈衢，无救危亡之祸，缁衣蔽路[9]，岂有勤王之师！"又曰："虽敛僧钱，百未支一。尊容既广，不可露居，覆以百层，尚忧未遍，自余廊宇，不得全无。如来设教，以慈悲为主。岂欲劳人，以存虚饰！"又曰："比来水旱不节，当今边境未宁，若费官财，又尽人力，一隅有难，将何以救之！"太后曰："公教朕为善，何得相违！"遂罢其役。

阿悉吉薄露叛[10]，遣左金吾将军田扬名、殿中侍御史封思业讨之。军至碎叶，薄露夜于城傍剽掠而去，思业将骑追之，反为所败。扬名引西突厥斛瑟罗之众攻其城，旬余，不克。九月，薄露诈降，思业诱而斩之，遂俘其众。

【注释】

①"献俘"句：胡三省注："李楷固献契丹之俘也。含枢殿盖在三阳宫。" ②昌松：古县名。十六国后凉以苍松县改名，治所在今甘肃武威市东南。唐乾元后废。 ③港源谷：据严衍《通鉴补》，当作"洪源谷"。 ④弘武：即唐高宗朝大臣杨弘武。弘农华阴（今属陕西）人。杨素弟之子。永徽中，累迁吏部郎中、太子中舍人。历荆州司马、司戎少常伯、西台侍郎。曾讽谏高宗用武后言，高宗不加罪。乾封中，官至同东西台三品，居职以清简称。 ⑤庚戌：久视元年闰七月无此日，当有误。据《新唐书》，"庚戌"上当补"八月"二字。 ⑥庚申：久视元年闰七月亦无此日。据《新唐书》，此日系于八月。 ⑦伽（qié 茄）蓝：梵语僧伽蓝摩之省称。意为佛寺。 ⑧阛阓（huán huì 环卉）：街市。精舍：佛舍，佛堂。 ⑨缁（zī 孜）衣：僧尼穿的黑衣。代指僧尼。 ⑩阿悉吉薄露：胡三省注："阿悉吉，即西突厥弩失毕五俟斤之阿悉结也；薄露，其名。"

太后信重内史梁文惠公狄仁杰，群臣莫及，常谓之国老而不名。仁杰好面引廷争，太后每屈意从之。尝从太后游幸，遇风吹仁杰巾坠，而马惊不能止，太后命太子追执其鞚而系之[1]。仁杰屡以老疾乞骸骨，太后不许。入见，常止其拜，曰："每见公拜，朕亦身痛。"仍免其宿直[②]，戒其同僚曰："自非军国大事，勿以烦公。"辛丑[③]，薨，太后泣曰："朝堂空矣！"自是朝廷有大事，众或不能决，太后辄叹曰："天夺吾国老何太早邪！"

太后尝问仁杰："朕欲得一佳士用之，谁可者？"仁杰曰："未审陛下欲何所用之？"太后曰："欲用为将相。"仁杰对曰："文学缊藉[④]，则苏味道、李峤固其选矣。必欲取卓荦奇才[⑤]，则有荆州长史张柬之，其人虽老，宰相才也。"太后擢柬之为洛州司马。数日，又问仁杰，对曰："前荐柬之，尚未用也。"太后曰："已迁矣。"对曰："臣所荐者可为宰相，非司马也。"乃迁秋官侍郎；久之，卒用为相。仁杰又尝荐夏官侍郎姚元崇、监察御史曲阿桓彦范、太州刺史敬晖等数十人，率为名臣。或谓仁杰曰："天下桃李[⑥]，悉在公门矣。"仁杰曰："荐贤为国，非为私也。"

唐鎏金铜菩萨

初，仁杰为魏州刺史，有惠政，百姓为之立生祠。后其子景晖为魏州司功参军，贪暴为人患，人遂毁其像焉。

冬，十月，辛亥，以魏元忠为萧关道大总管，以备突厥。

甲寅，制复以正月为十一月，一月为正月，赦天下[⑦]。

丁巳，纳言韦巨源罢，以文昌右丞韦安石为鸾台侍郎、同平章事。安石，津之孙也[⑧]。

时武三思、张易之兄弟用事，安石数面折之。尝侍宴禁中，易之引蜀商宋霸子等数人在座同博。

安石跪奏曰:“商贾贱类,不应得预此会。”顾左右逐出之,座中皆失色;太后以其言直,劳勉之,同列皆叹服。

丁卯,太后幸新安[9];壬申,还宫。

十二月,甲寅,突厥掠陇右诸监马万余匹而去。

时屠禁尚未解[10],凤阁舍人全节崔融上言[11],以为:“割烹牺牲,弋猎禽兽,圣人著之典礼,不可废阙。又,江南食鱼,河西食肉,一日不可无;富者未革,贫者难堪。况贫贱之人,仰屠为生,日戮一人,终不能绝,但资恐喝[12],徒长奸欺[13]。为政者苟顺月令,合礼经,自然物遂其生,人得其性矣。”戊午,复开屠禁,祠祭用牲牢如故。

【注释】

①鞚(kòng 控):马笼头。 ②宿直:大臣轮流在朝廷值夜班。直,通值。 ③辛丑:据《新唐书》,狄仁杰死于九月辛丑。 ④缊藉:含蓄而不显露。 ⑤卓荦(luò 洛):超绝。 ⑥桃李:古代通常以所荐士人为桃李。 ⑦制复以二句:胡三省注:“以十一月为正月,事见二百四卷天授元年。以一月为正月,用夏正建寅也。” ⑧津:即隋末大臣韦津(?—618)。累官民部尚书。大业十四年(618),李密进攻洛阳,韦津与金紫光禄大夫段达等出兵拒战,兵溃战死。 ⑨新安:县名。秦置,治所在今河南渑池县东。隋大业初移治今河南新安县。 ⑩时屠禁句:胡三省注;“禁屠见二百五卷长寿元年。” ⑪全节:古县名,属齐州、汉、晋之东平陵县地……贞观十七年,齐王佑反,平陵人不从,更名全节。治所在今山东济南市章丘区西。后并入历城县。 ⑫资:助长。恐喝:威胁恐吓。 ⑬奸欺:奸邪欺诈。

长安元年[1] 春,正月,丁丑,以成州言佛迹见,改元大足。

二月,己酉,以鸾台侍郎柏人李怀远同平章事[2]。

三月,凤阁侍郎、同平章事张锡坐知选漏泄禁中语、赃满数万,当斩,临刑释之,流循州[3]。时苏味道亦坐事与锡俱下司刑狱,锡乘马,气色自若,舍于三品院[4],帷屏食饮,无异平居。味道步至系所,席地而卧,蔬食而已。太后闻之,赦味道,复其位。

是月,大雪,苏味道以为瑞,帅百官入贺。殿中侍御史王求礼止之曰:“三月雪为瑞雪,腊月雷为瑞雷乎?”味道不从。既入,求礼独不贺，进言曰："今阳和布气，草木发荣，而寒雪为灾，岂得诬以为瑞！贺者皆谄谀之士也。"太后为之罢朝。

时又有献三足牛者，宰相复贺。求礼飏言曰[5]："凡物反常皆为妖。此鼎足非其人[6]，政教不行之象也。"太后为之愀然[7]。

夏，五月，乙亥，太后幸三阳宫。

以魏元忠为灵武道行军大总管，以备突厥。

天官侍郎盐官顾琮同平章事[8]。

六月，庚申，以夏官尚书李迥秀同平章事。

迥秀性至孝，其母本微贱，妻崔氏常叱媵婢，母闻之不悦，迥秀即时出之。或曰："贤室虽不避嫌疑，然过非七出[9]，何遽如是？"迥秀曰："娶妻本以养亲；今乃违忤颜色，安敢留也！"竟出之。

秋，七月，甲戌，太后还宫。

甲申，李怀远罢为秋官尚书。

八月，突厥默啜寇边，命安北大都护相王为天兵道元帅，统诸军击之，未行而虏退。

丙寅，武邑人苏安恒上疏曰："陛下钦先圣之顾托，受嗣子之推让，敬天顺人，二十年矣。岂不闻帝舜褰裳[10]，周公复辟！舜之于禹，事祗族亲；旦与成王，不离叔父。族亲何如子之爱，叔父何如母之恩？今太子孝敬是崇，春秋既壮，若使统临宸极[11]，何异陛下之身！陛下年德既尊，宝位将倦，机务繁重，浩荡心神，何不禅位东宫，自怡圣体！自昔理天下者，不见二姓而俱王也。当今梁、定、河内、建昌诸王[12]，承陛下之荫覆，并得封王；臣谓千秋万岁之后，于事非便，臣请黜为公侯，任以闲简。臣又闻陛下有二十余孙，今无尺寸之封，此非长久之计也；臣请分土而王之，择立师傅，教其孝敬之道，以夹辅周室，屏藩皇家，斯为美矣。"疏奏，太后召见，赐食，慰谕而遣之。

太后春秋高，政事多委张易之兄弟；邵王重润与其妹永泰郡主、主婿魏王武延基窃议其事。易之诉于太后，九月，壬申，太后皆逼令自杀。延基，承嗣之子也。

丙申，以相王知左、右羽林卫大将军事。

冬，十月，壬寅，太后西入关，辛酉，至京师；赦天下，改元。

十一月，戊寅，改含元宫为大明宫。

天官侍郎安平崔玄暐，性介直，未尝请谒。执政恶之，改文昌左丞。月余，太后谓玄暐曰："自卿改官以来，闻令史设斋自庆。此欲盛为奸贪耳，今还卿旧任。"乃复拜天官侍郎，仍赐彩七十段。

以主客郎中郭元振为凉州都督、陇右诸军大使。

先是，凉州南北境不过四百余里，突厥、吐蕃频岁奄至城下，百姓苦之。元振始于南境硖口置和戎城，北境碛中置白亭军，控其冲要，拓州境千五百里，自是寇不复至城下。元振又令甘州刺史李汉通开置屯田，尽水陆之利。旧凉州粟麦斛至数千，及汉通收率之后[13]，一缣籴数十斛，积军粮支数十年。元振善于抚御，在凉州五年，夷、夏畏慕，令行禁止，牛羊被野[14]，路不拾遗。

【注释】

①长安元年：据胡三省注，此年十月才改年号为"长安"。　②柏人：古县名。西汉置，治所在今河北隆尧县西尧城西北。北魏移治今尧城。东魏改为柏仁县。唐仁宝初改为尧山县。　③循州：州名。隋开皇十年(590)置，治所在归善县(今广东惠州东北)。大业初改为龙川郡。唐武德中复名循州。　④三品院：胡三省注："先是，制狱既繁，司刑寺别置三品院以处三品以上官之下狱者。"　⑤飏(yáng 羊)言：大声疾呼。　⑥鼎足：喻三公。古以三公承君如鼎足。　⑦愀(qiǎo 巧)然：脸色改变的样子。　⑧盐官：古县名。三国吴置，治所在今浙江海宁西南盐官镇南。隋初移治今盐官镇。唐武德中废，贞观四年(630)复置。　⑨七出：古代休妻的七条原则，即无子、淫佚、不侍奉公婆、口舌、盗窃、妒忌、恶疾。　⑩褰(qiān 牵)裳：撩起衣裳。褰，揭起、撩起。　⑪宸极：帝王之位。　⑫"当今"句：胡三省注："武三思封梁王，攸暨封定王，懿宗封河内王，攸宁封建昌王。"　⑬收率：召徕百姓而率领他们耕种。　⑭被：覆盖，遮盖。

二年　春，正月，乙酉，初设武举。

突厥寇盐、夏二州。三月，庚寅，突厥破石岭[1]，寇并州。以雍州长史薛季昶摄右台大夫，充山东防御军大使，沧、瀛、幽、易、恒、定等州诸军皆受季昶节度。夏，四月，以幽州刺史张仁愿专知幽、平、妫、檀防御，仍与季昶相知，以拒突厥。

五月，壬申，苏安恒复上疏曰："臣闻天下者，神尧、文武之天下也[②]，陛下虽居正统，实因唐氏旧基。当今太子追回，年德俱盛，陛下贪其宝位而忘母子深恩，将何圣颜以见唐家宗庙，将何诰命以谒大帝坟陵[③]？陛下何故日夜积忧，不知钟鸣漏尽[④]！臣愚以为天意人事，还归李家。陛下虽安天位，殊不知物极则反，器满则倾。臣何惜一朝之命而不安万乘之国哉！"太后亦不之罪。

乙未，以相王为并州牧，充安北道行军元帅，以魏元忠为之副。

六月，壬戌，召神都留守韦巨源诣京师，以副留守李峤代之。

秋，七月，甲午，突厥寇代州。

司仆卿张昌宗兄弟贵盛[⑤]，势倾朝野。八月，戊午，太子、相王、太平公主上表请封昌宗为王，制不许；壬戌，又请，乃赐爵邺国公。

敕："自今有告言扬州及豫、博余党，一无所问，内外官司无得为理。"

九月，乙丑朔，日有食之，不尽如钩，神都见其既[⑥]。

壬申，突厥寇忻州。

己卯，吐蕃遣其臣论弥萨来求和。

庚辰，以太子宾客武三思为大谷道大总管，洛州长史敬晖为副；辛巳，又以相王旦为并州道元帅，三思与武攸宜、魏元忠为之副；姚元崇为长史，司礼少卿郑杲为司马；然竟不行。

癸未，宴论弥萨于麟德殿。时凉州都督唐休璟入朝，亦预宴。弥萨屡窥之。太后问其故，对曰："洪源之战，此将军猛厉无敌，故欲识之。"太后擢休璟为右武威、金吾二卫大将军。休璟练习边事，自碣石以西逾四镇，绵亘万里，山川要害，皆能记之。

冬，十月，甲辰，天官侍郎、同平章事顾琮薨。

戊申，吐蕃赞普将万余人寇茂州，都督陈大慈与之四战，皆破之，斩首千余级。

十一月，辛未，监察御史魏靖上疏，以为："陛下既知来俊臣之奸，处以极法，乞详覆俊臣等所推大狱，伸其枉滥。"太后乃命监察御史苏颋按覆俊臣等旧狱,由是雪免者甚众。颋,夔之曾孙也[7]。

戊子,太后祀南郊,赦天下。

十二月,甲午,以魏元忠为安东道安抚大使,羽林卫大将军李多祚检校幽州都督,右羽林卫将军薛讷、左武卫将军骆务整为之副。

戊申,置北庭都护府于庭州。

侍御史张循宪为河东采访使,有疑事不能决,病之,问侍吏曰:"此有佳客,可与议事者乎?"吏言前平乡尉猗氏张嘉贞有异才,循宪召见,询以事;嘉贞为条析理分,莫不洗然[8]。循宪因请为奏,皆意所未及。循宪还,见太后,太后善其奏,循宪具言嘉贞所为,且请以己之官授之。太后曰:"朕宁无一官自进贤邪!"因召嘉贞,入见内殿,与语,大悦,即拜监察御史;擢循宪司勋郎中[9],赏其得人也[10]。

【注释】

①石岭:关名。即今山西阳曲县东北关城。 ②"神尧"句:胡三省注:"高祖,神尧皇帝;太宗,文武皇帝。" ③大帝:胡三省注:"高宗称天皇大帝。" ④钟鸣漏尽:晨钟敲响,计时的漏壶中水已滴完。比喻衰老之年。 ⑤司仆卿:职官名,即太仆寺卿。光宅元年(684),武则天改太仆寺为司仆寺。 ⑥既:食尽,全食。 ⑦夔:即隋代官吏苏夔。字伯尼,京兆武功(今陕西武功县西北)人。大臣苏威之子。少聪明,有辩才。博览群言,以钟律见长。开皇初任太子通事舍人,因议乐得罪不行,著《乐志》自明。后任太子舍人、武骑尉。炀帝时,迁太子洗马,转司朝谒者。历任尚书职方郎、燕王司马、朝散大夫、鸿胪少卿,以功进通议大夫。因父事获罪,除名为民。 ⑧洗然:胡三省注:"洗,与洒同……洗然,悚然也。"一说,清晰明白。 ⑨司勋郎中:唐司勋郎掌邦国官人之勋级,属吏部。 ⑩得人:收得人才。

三年 春,三月,壬戌朔,日有食之。

夏,四月,吐蕃遣使献马千匹、金二千两以求婚。

闰月,丁丑,命韦安石留守神都。

己卯,改文昌台为中台[1]。以中台左丞李峤知纳言事。

新罗王金理洪卒,遣使立其弟崇基为王。

六月,辛酉,突厥默啜遣其臣莫贺干来,请以女妻皇太子之子。

宁州大水[②],溺杀二千余人。

秋,七月,癸卯,以正谏大夫朱敬则同平章事。

戊申,以相王旦为雍州牧[③]。

庚戌,以夏官尚书、检校凉州都督唐休璟同凤阁鸾台三品。时突骑施酋长乌质勒与西突厥诸部相攻,安西道绝。太后命休璟与诸宰相议其事,顷之,奏上,太后即依其议施行。后十余日,安西诸州请兵应接,程期一如休璟所画,太后谓休璟曰:"恨用卿晚。"谓诸宰相曰:"休璟练习边事,卿曹十不当一。"

时西突厥可汗斛瑟罗用刑残酷,诸部不服。乌质勒本隶斛瑟罗,号莫贺达干,能抚其众,诸部归之,斛瑟罗不能制。乌质勒置都督二十员,各将兵七千人,屯碎叶西北;后攻陷碎叶,徙其牙帐居之。斛瑟罗部众离散,因入朝,不敢复还[④],乌质勒悉并其地。

九月,庚寅朔[⑤],日有食之,既[⑥]。

【注释】

①文昌台:光宅元年,改尚书省为文昌台。　②宁州:州名。西魏废帝二年(553)以豳州改名,治所在定安县(今甘肃宁县)。隋大业中改为北地郡,唐初复为宁州。　③"以相王"句:据中华书局标点本所引章钰校勘记,各本于"相"上有"并州牧"三字。　④"斛瑟罗"三句:胡三省注:"天授元年书斛瑟罗入居内地,神功元年书来俊臣诬陷斛瑟罗,则其入朝必不在是年。此因书乌质勒事叙其得国之由,遂及斛瑟罗失国事耳。"则斛瑟罗入朝当在这一年之前。　⑤庚寅朔:此月庚寅为初二,非朔日。　⑥既:谓食既,即日全食。

初,左台大夫、同凤阁鸾台三品魏元忠为洛州长史,洛阳令张昌仪恃诸兄之势,每牙,直上长史听事[①];元忠到官,叱下之。张易之奴暴乱都市,元忠杖杀之。及为相,太后召易之弟岐州刺史昌期,欲以为雍州长史,对仗[②],问宰相曰:"谁堪雍州者?"元忠对曰:"今之朝臣无以易薛季昶。"太后曰:"季昶久任京府,朕欲别除一官;昌期何如?”诸相皆曰:“陛下得人矣。”元忠独曰:“昌期不堪!”太后问其故,元忠曰:“昌期少年,不闲吏事[③],向在岐州,户口逃亡且尽。雍州帝京,事务繁剧,不若季昶强干习事。”太后默然而止。元忠又尝面奏:“臣自先帝以来,蒙被恩渥,今承乏宰相[④],不能尽忠死节,使小人在侧,臣之罪也!”太后不悦,由是诸张深怨之。

司礼丞高戬[⑤],太平公主之所爱也。会太后不豫,张昌宗恐太后一日晏驾,为元忠所诛,乃谮元忠与戬私议云:“太后老矣,不若挟太子为久长。”太后怒,下元忠、戬狱,将使与昌宗廷辨之。昌宗密引凤阁舍人张说,赂以美官,使证元忠;说许之。明日,太后召太子、相王及诸宰相,使元忠与昌宗参对,往复不决。昌宗曰:“张说闻元忠言,请召问之。”

太后召说。说将入,凤阁舍人南和宋璟谓说曰:“名义至重,鬼神难欺,不可党邪陷正以求苟免!若获罪流窜,其荣多矣。若事有不测,璟当叩阁力争[⑥],与子同死。努力为之,万代瞻仰,在此举也!”殿中侍御史济源张廷珪曰:“朝闻道,夕死可矣!”左史刘知几曰:“无污青史,为子孙累!”

及入,太后问之,说未对。元忠惧,谓说曰:“张说欲与昌宗共罗织魏元忠邪!”说叱之曰:“元忠为宰相,何乃效委巷小人之言[⑦]!”昌宗从旁迫趣说[⑧],使速言。说曰:“陛下视之,在陛下前,犹逼臣如是,况在外乎!臣今对广朝,不敢不以实对。臣实不闻元忠有是言,但昌宗逼臣使诬证之耳!”易之、昌宗遽呼曰:“张说与魏元忠同反!”太后问其状。对曰:“说尝谓元忠为伊、周;伊尹放太甲,周公摄王位,非欲反而何?”说曰:“易之兄弟小人,徒闻伊、周之语,安知伊、周之道!日者元忠初衣紫[⑨],臣以郎官往贺,元忠语客曰:‘无功受宠,不胜惭惧。’臣实言曰:‘明公居伊、周之任,何愧三品!’彼伊尹、周公皆为臣至忠,古今慕仰。陛下用宰相,不使学伊、周,当使学谁邪?且臣岂不知今日附昌宗立取台衡[⑩],附元忠立致族灭!但臣畏元忠冤魂,不敢诬之耳。”太后曰:“张说反覆小人,宜并系治之。”他日,更引问[⑪],说对如前。太后怒,命宰相与河内王武懿宗共鞫之,说所执如初[⑫]。

【注释】

①“每牙”二句:胡三省注:“凡牙参者,立于庭下”。牙,即“衙”,古代官署之称。据胡注,此作牙参理解。意思是到州府衙门参谒办事。②对仗:仪仗侍卫相对而立,朝议开始。 ③闲:通“娴”。熟练,熟悉。 ④承乏宰相:元忠自言朝廷乏人,已得承之备位宰相。 ⑤司礼丞:职官名。即太常丞。太常寺卿的副手。 ⑥阁:胡三省注引程大昌说:“凡内殿、便殿皆可谓之阁。” ⑦委巷:犹曲巷。小巷,陋巷。⑧迫趣:即迫促。 ⑨初衣紫:初任三品官。唐太宗贞观四年(630),诏令三品以上官员的服色采用紫色。 ⑩台衡:指宰相之位。胡三省注:“三台为泰阶,北斗杓三星为玉衡。宰辅得人,则玉衡正而泰阶平,故谓宰辅为台衡。”这是古人将天象附会人世观念的反映。 ⑪引问:皇帝召见官员加以询问。 ⑫执:坚持。

朱敬则抗疏理之曰:“元忠素称忠正,张说所坐无名,若令抵罪,失天下望。”苏安恒亦上疏,以为:“陛下革命之初,人以为纳谏之主;暮年以来,人以为受佞之主。自元忠下狱,里巷恟恟[①],皆以为陛下委信奸宄,斥逐贤良。忠臣烈士,皆抚髀于私室而钳口于公朝,畏迕易之等意,徒取死而无益。方今赋役烦重,百姓凋弊,重以谗慝专恣,刑赏失中,窃恐人心不安,别生他变,争锋于朱雀门内,问鼎于大明殿前[②],陛下将何以谢之?何以御之?”易之等见其疏,大怒,欲杀之,赖朱敬则及凤阁舍人桓彦范、著作郎陆泽魏知古保救得免。

丁酉,贬魏元忠为高要尉[③];戬、说皆流岭表。元忠辞日,言于太后曰:“臣老矣,今向岭南,十死一生。陛下他日必有思臣之时。”太后问其故,时易之、昌宗皆侍侧,元忠指之曰:“此二小儿,终为乱阶。”易之等下殿,叩膺自擲称冤。太后曰:“元忠去矣!”

殿中侍御史景城王晙复奏申理元忠,宋璟谓之曰:“魏公幸已得全,今子复冒威怒,得无狼狈乎!”晙曰:“魏公以忠获罪,晙为义所激,颠沛无恨。”璟叹曰:“璟不能申魏公之枉,深负朝廷矣。”

太子仆崔贞慎等八人饯元忠于郊外[④],易之诈为告密人柴明状,称贞慎等与元忠谋反。太后使监察御史丹徒马怀素鞫之,谓怀素曰:“兹事皆实,略问,速以闻。”顷之,中使督趣者数四,曰:“反状昭然,何稽留如此?”怀素请柴明对质,太后曰:“我自不知柴明处,但据状鞫之,安用告者?”怀素据实以闻,太后怒曰:“卿欲纵反者邪?”对曰:“臣不敢纵反者。元忠以宰相谪官,贞慎等以亲故追送,若诬以为反,臣实不敢。昔栾布奏事彭越头下[5],汉祖不以为罪,况元忠之刑未如彭越,而陛下欲诛其送者乎!且陛下操生杀之柄,欲加之罪,取决圣衷可矣;若命臣推鞫,臣不敢不以实闻!”太后曰:“汝欲全不罪邪?”对曰:“臣智识愚浅,实不见其罪!”太后意解。贞慎等由是获免。

太后尝命朝贵宴集,易之兄弟皆位在宋璟上。易之素惮璟,欲悦其意,虚位揖之曰:“公方今第一人,何乃下坐?”璟曰:“才劣位卑,张卿以为第一,何也?”天官侍郎郑杲谓璟曰:“中丞奈何卿五郎[6]?”璟曰:“以官言之,正当为卿。足下非张卿家奴,何郎之有[7]!”举坐悚惕[8]。时自武三思以下,皆谨事易之兄弟,璟独不为之礼。诸张积怒,常欲中伤之;太后知之,故得免。

【注释】

①恟(xiōng 凶)恟:惊扰不安的样子。 ②“争锋”二句:朱雀门,谓宫城南门。大明殿,即含元殿。 ③高要:县名。西汉武帝时置,治所即今广东高要县(肇庆市)。 ④太子仆:职官名。唐代太子仆掌太子车舆、乘骑、仪仗之政令,从四品下。 ⑤栾布(? —前 145):西汉梁(治今河南商丘南)人。与梁王彭越友善,任梁大夫。汉高祖杀彭越,他奉使还,哭祭彭越,为吏所捕。高祖释其罪,任为都尉。 ⑥“中丞”句:谓中丞(宋璟)为何称五郎(张易之)为张卿。 ⑦“足下”二句:唐代,门生、家奴呼其主为郎。 ⑧悚(sǒng 怂)惕:恐惧。

丁未,以左武卫大将军武攸宜充西京留守。

冬,十月,丙寅,车驾发西京;乙酉,至神都。

十一月,突厥遣使谢许婚。丙寅[1],宴于宿羽台[2],太子预焉。宫尹崔神庆上疏,以为:“今五品以上所以佩龟者,为别敕征召,恐有诈妄,内出龟合,然后应命。况太子国本,古来征召皆用玉契[3]。此诚重慎之极也。昨缘突厥使见,太子应预朝参,直有文符下宫,曾不降敕处分,臣愚谓太子非朔望朝参、应别召者,望降墨敕及玉契。”太后甚然之。

始安獠欧阳倩拥众数万[④],攻陷州县,朝廷思得良吏以镇之。朱敬则称司封郎中裴怀古有文武才[⑤];制以怀古为桂州都督,仍充招慰讨击使。怀古才及岭上,飞书示以祸福,倩等迎降,且言“为吏所侵逼,故举兵自救耳。”怀古轻骑赴之。左右曰:“夷獠无信,不可忽也。”怀古曰:“吾仗忠信,可通神明,而况人乎!”遂诣其营,贼众大喜,悉归所掠货财;诸洞酋长素持两端者,皆来款附[⑥],岭外悉定。

是岁,分命使者以六条察州县[⑦]。

吐蕃南境诸部皆叛,赞普器弩悉弄自将击之[⑧],卒于军中。诸子争立,久之,国人立其子弃隶蹜赞为赞普,生七年矣。

【注释】

①丙寅:长安三年十一月无此日。据中华书局标点本所引章钰校勘记,诸本“寅”作“申”。 ②宿羽台:在东都洛阳的宿羽宫中,唐高宗调露元年(679)所建。 ③“今五品”七句:玉契,表示身份的玉制符信。胡三省注:“唐制,百官有随身鱼符,以明贵贱,应召命,左二,右一;左者进内,右者随身。皇太子以玉契召,勘合乃赴;亲王以金,庶宫以铜;皆题某位姓名,盛以鱼袋。天授二年改佩鱼为龟……唐以鲤鱼为符,遂为鱼符。至伪周,武姓也;玄武,龟也,因改鱼符为龟。” ④始安:郡名。三国吴甘露元年(265)置,治所在始安县(今广西桂林市)。历代有所废置。唐武德中改名桂州,天宝初复名始安郡。 ⑤司封郎中:职官名。唐属吏部,掌国之封爵。 ⑥款附:诚心归附。 ⑦六条:此指六项法规。 ⑧自将:亲自率军。

四年 春,正月,丙申,册拜右武卫将军阿史那怀道为西突厥十姓可汗。怀道,斛瑟罗之子也。

丁未,毁三阳宫,以其材作兴泰宫于万安山[①]。二宫皆武三思建议为之,请太后每岁临幸,功费甚广,百姓苦之。左拾遗卢藏用上疏,以为:“左右近臣多以顺意为忠,朝廷具僚皆以犯忤为戒[②],致陛下不知百姓失业,伤陛下之仁。陛下诚能以劳人为辞,发制

唐三彩陶马

罢之，则天下皆知陛下苦己而爱人也。”不从。藏用，承庆之弟孙也[③]。

壬子，以天官侍郎韦嗣立为凤阁侍郎、同平章事。

夏官侍郎、同凤阁鸾台三品李迥秀颇受贿赂，监察御史马怀素劾奏之。二月，癸亥，迥秀贬庐州刺史。

壬申，正谏大夫、同平章事朱敬则以老疾致仕。敬则为相，以用人为先，自余细务不之视。

太后尝与宰相议及刺史、县令。三月，己丑，李峤、唐休璟等奏：“窃见朝廷物议，远近人情，莫不重内官，轻外职，每除授牧伯，皆再三披诉。比来所遣外任，多是贬累之人；风俗不澄，寔由于此[④]。望于台、阁、寺、监妙简贤良，分典大州，共康庶绩。臣等请辍近侍，率先具僚。”太后命书名探之，得韦嗣立及御史大夫杨再思等二十人。癸巳，制各以本官检校刺史，嗣立为汴州刺史。其后政迹可称者，唯常州刺史薛谦光、徐州刺史司马锽而已。

丁丑[⑤]，徙平恩王重福为谯王。

以夏官侍郎宗楚客同平章事。

凤阁侍郎、同凤阁鸾台三品苏味道谒归葬其父，制州县供葬事。味道因之侵毁乡人墓田，役使过度，监察御史萧至忠劾奏之，左迁坊州刺史。至忠，引之玄孙也[⑥]。

夏，四月，壬戌，同凤阁鸾台三品韦安石知纳言，李峤知内史事。

太后幸兴泰宫。

太后复税天下僧尼，作大像于白司马阪[⑦]，令春官尚书武攸宁检校，縻费巨亿。李峤上疏，以为：“天下编户，贫弱者众。造像钱见有一十七万余缗，若将散施[⑧]，人与一千，济得一十七万余户。

拯饥寒之弊，省劳役之勤，顺诸佛慈悲之心，沾圣君亭育之意[9]，人神胥悦，功德无穷。方作过后因缘，岂如见在果报！”监察御史张廷珪上疏谏曰：“臣以时政论之，则宜先边境，蓄府库，养人力；以释教论之[10]，则宜救苦厄，灭诸相[11]，崇无为。伏愿陛下察臣之愚，行佛之意，务以理为上，不以人废言。”太后为之罢役，仍召见廷珪，深赏慰之[12]。

凤阁侍郎、同凤阁鸾台三品姚元崇以母老固请归侍；六月，辛酉，以元崇行相王府长史，秩位并同三品。

乙丑，以天官侍郎崔玄暐同平章事。

召凤阁侍郎、同平章事、检校汴州刺史韦嗣立赴兴泰宫。

丁丑，以李峤同凤阁鸾台三品。峤自请解内史。

壬午，以相王府长史姚元崇兼知夏官尚书、同凤阁鸾台三品。

【注释】

①万安山：在今河南宜阳县南。　②具僚：备位充数的官员。具，聊备其数。　③承庆：即唐大臣卢承庆。字子余，幽州涿（今属河北）人。少袭父爵为范阳郡公。贞观初，为秦州参军。历考功员外郎、民部侍郎、检校兵部侍郎、雍州别驾、尚书左丞。高宗永徽时，坐事贬简州司马。后历洪州长史、汝州刺史。显庆中以度支尚书同中书门下三品，坐罪免。不久又任润州刺史、刑部尚书，以金紫光禄大夫致仕，卒赠幽州都督。④寔（shí识）：同“实”。　⑤丁丑：长安四年三月无此日。据《新唐书》，当作“丁亥”。　⑥引：即南朝陈官吏萧引。字叔休，南兰陵（今江苏镇江）人。博学有器局，善属文。侯景之乱，与宗亲百余人奔岭南，依广州刺史欧阳纥。章昭平番禺，始北还。宣帝召问岭南事，引陈始末，帝悦，即拜金部侍郎。后官贞威将军、建康令，坐事免官，卒于家。　⑦白司马阪：在洛阳北邙山上。阪，山坡。　⑧散施：散发。施，散布。　⑨亭育：化育，养成。亭，养育的意思。　⑩释教：佛教在中国的别称，意即释迦牟尼所创立的宗教。　⑪相：佛教名词。对“性”而言。指一切事物的外现形象状态。如火的焰相、水的流相等。　⑫深赏：厚加赏赐。

秋，七月，丙戌，以神都副留守杨再思为内史。

再思为相，专以谄媚取容。司礼少卿张同休，易之之兄也，尝召公卿宴集，酒酣，戏再思曰："杨内史面似高丽。"再思欣然，即翦纸帖巾[①]，反披紫袍，为高丽舞[②]，举坐大笑。时人或誉张昌宗之美曰："六郎面似莲花。"再思独曰："不然。"昌宗问其故，再思曰："乃莲花似六郎耳。"

甲午，太后还宫。

乙未，司礼少卿张同休、汴州刺史张昌期、尚方少监张昌仪皆坐赃下狱，命左右台共鞫之；丙申，敕，张易之、张昌宗作威作福，亦命同鞫。辛丑，司刑正贾敬言奏[③]："张昌宗强市人田，应征铜二十斤。"制"可"。乙巳，御史大夫李承嘉、中丞桓彦范奏："张同休兄弟赃共四千余缗，张昌宗法应免官。"昌宗奏："臣有功于国，所犯不至免官。"太后问诸宰相："昌宗有功乎？"杨再思曰："昌宗合神丹，圣躬服之有验，此莫大之功。"太后悦，赦昌宗罪，复其官。左补阙戴令言作《两足狐赋》以讥再思，再思出令言为长社令。

丙午，夏官侍郎、同平章事宗楚客有罪，左迁原州都督，充灵武道行军大总管。

癸丑，张同休贬岐山丞，张昌仪贬博望丞。

鸾台侍郎、知纳言事、同凤阁鸾台三品韦安石举奏张易之等罪，敕付安石及右庶子、同凤阁鸾台三品唐休璟鞫之，未竟而事变。八月，甲寅，以安石兼检校扬州长史，庚申，以休璟兼幽营都督、安东都护。休璟将行，密言于太子曰："二张恃宠不臣，必将为乱。殿下宜备之。"

相王府长史兼知夏官尚书事、同凤阁鸾台三品姚元崇上言："臣事相王，不宜典兵马。臣不敢爱死[④]，恐不益于王。"辛酉，改春官尚书，余如故。元崇字元之，时突厥叱列元崇反，太后命元崇以字行。

突厥默啜既和亲，戊寅，始遣淮阳王武延秀还。

九月，壬子，以姚元之充灵武道行军大总管；辛酉，以元之为灵武道安抚大使。

元之将行，太后令举外司堪为宰相者[⑤]。对曰："张柬之沉厚有谋，能断大事，且其人已老，惟陛下急用之。"冬，十月，甲戌，以秋官侍郎张柬之同平章事，时年且八十矣。

乙亥，以韦嗣立检校魏州刺史，余如故。

壬午，以怀州长史河南房融同平章事。

太后命宰相各举堪为员外郎者，韦嗣立荐广武令岑羲曰："但恨其伯父长倩为累[6]。"太后曰："苟或有才，此何所累！"遂拜天官员外郎。由是诸缘坐者始得进用[7]。

十一月，丁亥，以天官侍郎韦承庆为凤阁侍郎、同平章事。

癸卯，成均祭酒、同凤阁鸾台三品李峤罢为地官尚书。

十二月，甲寅，敕大足已来新置官并停。

丙辰，凤阁侍郎、同平章事韦嗣立罢为成均祭酒，检校魏州刺史如故；以兄承庆入相故也。

【注释】

①翦：同"剪"。帖：粘贴。　②高丽舞：唐十部乐有高丽伎，舞者四人；杨再思盖仿之为此舞。　③司刑正：职官名，即大理正。掌参议刑辟、详正科条之事，从五品。　④爱死：犹贪生怕死。　⑤外司：由宰辅主持的正规机构各官为外司官，亦称外朝官。　⑥长倩：即唐朝大臣岑长倩（？—691）。棘阳（今河南新野县）人。永淳中，任兵部侍郎、同中书门下平章事。垂拱初任文昌右相，封邓国公。曾上疏请改皇嗣李旦姓武氏。加特进，辅国大将军。凤阁舍人张嘉福等请立武承嗣为太子，他不署名，奏请切责上书者。因此大忤诸武意，被斥令出兵吐蕃，中途召还，下狱被杀。　⑦缘坐者：由于受牵累获罪的人。

太后寝疾，居长生院，宰相不得见者累月，惟张易之、昌宗侍侧。疾少间[1]，崔玄暐奏言："皇太子、相王，仁明孝友，足侍汤药。宫禁事重，伏愿不令异姓出入。"太后曰："德卿厚意。"易之、昌宗见太后疾笃，恐祸及己，引用党援，阴为之备。屡有人为飞书及牓其书于通衢[2]，云"易之兄弟谋反"，太后皆不问。

辛未，许州人杨元嗣，告"昌宗尝召术士李弘泰占相，弘泰言昌宗有天子相，劝于定州造佛寺，则天下归心。"太后命韦承庆及司刑卿崔神庆、御史中丞宋璟鞫之。神庆，神基之弟也。承庆、神庆奏言："昌宗款称'弘泰之语，寻已奏闻'，准法首原[3]；弘泰妖言，请收行法。"璟与大理丞封全祯奏："昌宗宠荣如是，复召术士占相,志欲何求！弘泰称筮得纯《乾》,天子之卦。昌宗倘以弘泰为妖妄,何不执送有司？虽云奏闻,终是包藏祸心,法当处斩破家。请收付狱,穷理其罪！”太后久之不应,璟又曰:“倘不即收系,恐其摇动众心。”太后曰:“卿且停推,俟更检详文状。”璟退,左拾遗江都李邕进曰:“向观宋璟所奏,志安社稷,非为身谋,愿陛下可其奏！”太后不听。寻敕璟扬州推按,又敕璟按幽州都督屈突仲翔赃污,又敕璟副李峤安抚陇、蜀;璟皆不肯行,奏曰:“故事,州县官有罪,品高则侍御史、卑则监察御史按之,中丞非军国大事,不当出使。今陇、蜀无变,不识陛下遣臣出外何也？臣皆不敢奉制。”

司刑少卿桓彦范上疏,以为:“昌宗无功荷宠,而包藏祸心,自招其咎,此乃皇天降怒;陛下不忍加诛,则违天不祥。且昌宗既云奏讫,则不当更与弘泰往还,使之求福禳灾,是则初无悔心;所以奏者,拟事发则云先已奏陈,不发则俟时为逆。此乃奸臣诡计,若云可舍,谁为可刑！况事已再发,陛下皆释不问,使昌宗益自负得计,天下亦以为天命不死,此乃陛下养成其乱也。苟逆臣不诛,社稷亡矣。请付鸾台凤阁三司[④],考竟其罪！”疏奏,不报。

崔玄暐亦屡以为言,太后令法司议其罪。玄暐弟司刑少卿昪,处以大辟。宋璟复奏收昌宗下狱。太后曰:“昌宗已自奏闻。”对曰:“昌宗为飞书所逼,穷而自陈,势非得已。且谋反大逆,无容首免。若昌宗不伏大刑,安用国法！”太后温言解之。璟声色逾厉曰:“昌宗分外承恩,臣知言出祸从,然义激于心,虽死不恨！”杨再思恐其忤旨,遽宣敕令出,璟曰:“圣主在此,不烦宰相擅宣敕命！”太后乃可其奏,遣昌宗诣台,璟庭立而按之;事未毕,

唐绿釉载丝骆驼

太后遣中使召昌宗特敕赦之。璟叹曰:"不先击小子脑裂,负此恨矣。"太后乃使昌宗诣璟谢,璟拒不见。

左台中丞桓彦范、右台中丞东光袁恕己共荐詹事司直阳峤为御史[⑤]。杨再思曰:"峤不乐搏击之任如何[⑥]?"彦范曰:"为官择人,岂必待其所欲!所不欲者,尤须与之,所以长难进之风,抑躁求之路。"乃擢为右台侍御史。峤,休之之玄孙也[⑦]。

先是李峤、崔玄暐奏:"往属革命之时[⑧],人多逆节[⑨],遂致刻薄之吏,恣行酷法,其周兴等所劾破家者,并请雪免[⑩]。"司刑少卿桓彦范又奏陈之,表疏前后十上,太后乃从之。

【注释】

①间(jiàn 见):疾病稍愈。②飞书:匿名信。③准法首原:依法律将自首者宽免减罪。④三司:指尚书省刑部、大理寺、御史台。⑤詹事司直:职官名。掌弹劾官僚,纠举职事。正九品上。⑥搏击之任:此指御史所承担的监察弹劾的职事。⑦休之:即北齐大臣阳休之(509—582)。无终(今天津蓟州区)人,字子烈。初仕北魏为州主簿。曾预修国史。东魏时,官至幽州大中正、侍中。入齐,为散骑常侍,修起居注,参定礼仪。天统初,为光禄卿,监国史,官至尚书右仆射,领中书监。周灭齐,召赴长安,位至上开府、和州刺史。撰《韵略》等,皆佚。⑧往属:以前,以往。⑨逆节:违背节操。⑩雪免:昭雪和赦免。

中宗大和大圣大昭孝皇帝上

神龙元年 春,正月,壬午朔,赦天下,改元。自文明以来得罪者,非扬、豫、博三州及诸反逆魁首,咸赦除之。

太后疾甚,麟台监张易之、春官侍郎张昌宗居中用事,张柬之、崔玄暐与中台右丞敬晖、司刑少卿桓彦范、相王府司马袁恕己谋诛之。柬之谓右羽林卫大将军李多祚曰:"将军今日富贵,谁所致也?"多祚泣曰:"大帝也。"柬之曰:"今大帝之子为二竖所危,将军不思报大帝之德乎?"多祚曰:"苟利国家,惟相公处分,不敢顾身及妻子。"因指天地以自誓。遂与定谋。

初，柬之与荆府长史阌乡杨元琰相代[①]，同泛江，至中流，语及太后革命事，元琰慨然有匡复之志。及柬之为相，引元琰为右羽林将军，谓曰："君颇记江中之言乎？今日非轻授也。"柬之又用彦范、晖及右散骑侍郎李湛皆为左、右羽林将军[②]，委以禁兵。易之等疑惧，乃更以其党武攸宜为右羽林大将军，易之等乃安。

俄而姚元之自灵武至，柬之、彦范相谓曰："事济矣！"遂以其谋告之。彦范以事白其母，母曰："忠孝不两全，先国后家可也。"时太子于北门起居[③]，彦范、晖谒见，密陈其策，太子许之。

癸卯，柬之、玄暐、彦范与左威卫将军薛思行等帅左右羽林兵五百余人至玄武门，遣多祚、湛及内直郎、驸马都尉安阳王同皎诣东宫迎太子[④]。太子疑，不出，同皎曰："先帝以神器付殿下，横遭幽废，人神同愤，二十三年矣。今天诱其衷，北门、南牙，同心协力，以诛凶竖[⑤]，复李氏社稷，愿殿下暂至玄武门以副众望。"太子曰："凶竖诚当夷灭，然上体不安，得无惊怛！诸公更为后图。"李湛曰："诸将相不顾家族以徇社稷，殿下奈何欲纳之鼎镬乎！请殿下自出止之。"太子乃出。

同皎扶抱太子上马，从至玄武门，斩关而入。太后在迎仙宫，柬之等斩易之、昌宗于庑下，进至太后所寝长生殿，环绕侍卫。太后惊起，问曰："乱者谁邪？"对曰："张易之、昌宗谋反，臣等奉太子令诛之，恐有漏泄，故不敢以闻。称兵宫禁，罪当万死！"太后见太子曰："乃汝邪？小子既诛，可还东宫。"彦范进曰："太子安得更归！昔天皇以爱子托陛下，今年齿已长，久居东宫，天意人心，久思李氏。群臣不忘太宗、天皇之德，故奉太子诛贼臣。愿陛下传位太子，以顺天人之望！"李湛，义府之子也[⑥]。太后见之，谓曰："汝亦为诛易之将军邪？我于汝父子不薄，乃有今日！"湛惭不能对。又谓崔玄暐曰："他人皆因人以进，惟卿朕所自擢，亦在此邪？"对曰："此乃所以报陛下之大德。"

于是收张昌期、同休、昌仪，皆斩之，与易之、昌宗枭首天津南。是日，袁恕己从相王统南牙兵以备非常，收韦承庆、房融及司礼卿崔神庆系狱，皆易之之党也。初，昌仪新作第，甚美，逾于王主，或夜书其门曰："一日丝能作几日络[⑦]？"灭去，复书之，如是六七，昌仪取笔注其下曰："一日亦足。"乃止。

甲辰，制太子监国，赦天下。以袁恕己为凤阁侍郎、同平章事，分遣十使赍玺书宣慰诸州。乙巳，太后传位于太子。

丙午，中宗即位。赦天下，惟张易之党不原[8]；其为周兴等所枉者，咸令清雪[9]，子女配没者皆免之。相王加号安国相王，拜太尉、同凤阁鸾台三品，太平公主加号镇国太平公主。皇族先配没者，子孙皆复属籍，仍量叙官爵。

丁未，太后徙居上阳宫，李湛留宿卫。戊申，帝帅百官诣上阳宫，上太后尊号曰则天大圣皇帝。

庚戌，以张柬之为夏官尚书、同凤阁鸾台三品，崔玄暐为内史，袁恕己同凤阁鸾台三品，敬晖、桓彦范皆为纳言；并赐爵郡公。李多祚赐爵辽阳郡王，王同皎为右千牛将军、琅邪郡公，李湛为右羽林大将军、赵国公；自余官赏有差。

张柬之等之讨张易之也，殿中监田归道将千骑宿玄武门[10]，敬晖遣使就索千骑，归道先不预谋，拒而不与。事宁，晖欲诛之，归道以理自陈，乃免归私第；帝嘉其忠壮，召拜太仆少卿。

【注释】

①阌（mín民）乡：古县名。北周置，称阌乡，治所在今河南灵宝西北。唐作阌乡，宋仍作阌乡。　②散骑侍郎：唐代不曾设置散骑侍郎，《旧唐书》载李湛当时任右散骑常侍，当从。严衍《通鉴补》改"侍郎"为"常侍"。　③"时太子"句：洛阳宫北门，亦曰玄武门。不从端门入而从北门入问起居，取便近。　④内直郎：职官名。唐代东宫内直局有内直郎二人，掌太子的符玺、扇伞、几案、衣服之事。从六品下。　⑤"以诛"句：据中华书局标点本所引章钰校勘记，诸本于"以"下有"今日"二字。　⑥义府：即唐大臣李义府（614—666）。饶阳（今属河北）人。太宗时任门下省典仪。高宗朝历任中书舍人、弘文馆学士。支持高宗立武后，升任宰相。为人阴险，人称笑中有刀。后因罪流放巂州（今四川西昌）。　⑦"一日丝"句：隐语。意思是张昌仪将遭逢断灭诛绝，还能作乐几天呢。络、乐谐音。　⑧不原：谓不在赦免之列。　⑨清雪：犹昭雪。　⑩千骑：禁军名。贞观初置，称百骑，选善射者百人，分成两班，在宫禁的北门守卫。武则天改称千骑。

资治通鉴卷第二百八

唐纪二十四　起旃蒙大荒落二月，尽强圉协洽，凡二年有奇。

中宗大和大圣大昭孝皇帝中

神龙元年　二月，辛亥，帝帅百官诣上阳宫问太后起居；自是每十日一往。

甲寅，复国号曰唐[①]。郊庙、社稷、陵寝、百官、旗帜、服色、文字皆如永淳以前故事。复以神都为东都，北都为并州，老君为玄元皇帝[②]。

乙卯，凤阁侍郎、同平章事韦承庆贬高要尉；正谏大夫、同平章事房融除名，流高州；司礼卿崔神庆流钦州。杨再思为户部尚书、同中书门下三品、西京留守。

太后之迁上阳宫也，太仆卿、同中书门下三品姚元之独呜咽流涕。桓彦范、张柬之谓曰："今日岂公涕泣时邪！恐公祸由此始。"元之曰："元之事则天皇帝久，乍此辞违，悲不能忍。且元之前日从公诛奸逆，人臣之义也；今日别旧君，亦人臣之义也，虽获罪，实所甘心。"是日，出为亳州刺史[③]。

甲子，立妃韦氏为皇后，赦天下。追赠后父玄贞为上洛王、母崔氏为妃。

左拾遗贾虚已上疏，以为："异姓不王，古今通制。今中兴之始，万姓喁喁以观陛下之政；而先王后族，非所以广德美于天下也。且先朝赠后父太原王[④]，殷鉴不远[⑤]，须防其渐。若以恩制已行，宜令皇后固让，则益增谦冲之德矣[6]。”不听。

初，韦后生邵王重润、长宁、安乐二公主，上之迁房陵也，安乐公主生于道中，上特爱之。上在房陵与后同幽闭，备尝艰危，情爱甚笃。上每闻敕使至，辄惶恐欲自杀，后止之曰：“祸福无常，宁失一死，何遽如是！”上尝与后私誓曰：“异时幸复见天日，当惟卿所欲，不相禁御。”及再为皇后，遂干预朝政，如武后在高宗之世。桓彦范上表，以为：“《易》称‘无攸遂，在中馈，贞吉’[7]，《书》称‘牝鸡之辰，惟家之索’[8]。伏见陛下每临朝，皇后必施帷幔坐殿上，预闻政事。臣窃观自古帝王，未有与妇人共政而不破国亡身者也。且以阴乘阳[9]，违天也；以妇陵夫，违人也。伏愿陛下览古今之戒，以社稷苍生为念，令皇后专居中宫，治阴教[10]，勿出外朝干国政。”

先是，胡僧慧范以妖妄游权贵之门，与张易之兄弟善，韦后亦重之。及易之诛，复称慧范预其谋，以功加银青光禄大夫，赐爵上庸县公，出入宫掖，上数微行幸其舍。彦范复表言慧范执左道以乱政[11]，请诛之。上皆不听。

【注释】

①“复国号”句：天授元年，武则天更国号曰周，此时复旧。 ②“复以”三句：胡三省注：“光宅元年，改东都曰神都……天授元年以并州为北都……高宗乾封元年上老子尊号曰玄元皇帝；武后革命，改曰老君。” ③刺史：严衍《通鉴补》在此二字之后补“后柬之等被害，而元之独免，人皆称其智”十六字。 ④“且先朝”句：指高宗赠武后父武士彟太原郡王之事。 ⑤“殷鉴”句：语出《诗·大雅·荡》，原意为殷人灭夏，殷的子孙应以夏亡为鉴戒。后泛指可作借鉴的往事。 ⑥谦冲：谦和，淡泊。 ⑦“《易》称”句：此为《易·家人卦》六二《爻辞》，意谓妇人搞好家中膳食，无所必遂，是贞吉。 ⑧“《书》称”句：语出《书·牧誓》，喻妇人干政如母鸡代公鸡报晓，结果是国亡家败。胡三省注：“辰”作“晨”。索，尽。 ⑨乘：登，凌驾于。 ⑩阴教：女子的教化。 ⑪左道：邪门旁道。

初，武后诛唐宗室，有才德者先死，惟吴王恪之子郁林侯千里，褊躁无才[1]，又数献符瑞，故独得免。上即位，立为成王，拜左金吾大将军。武后所诛唐诸王、妃、主、驸马等皆无人葬埋，子孙或流窜岭表，或拘囚历年，或逃匿民间，为人佣保[2]。至是，制州县求访其柩，以礼改葬，追复官爵，召其子孙，使之承袭，无子孙者为择后置之。既而宗室子孙相继而至，皆召见，涕泣舞蹈，各以亲疏袭爵拜官有差。

二张之诛也，洛州长史薛季昶谓张柬之、敬晖曰："二凶虽除，产、禄犹在[3]，去草不去根，终当复生。"二人曰："大事已定，彼犹机上肉耳[4]，夫何能为！所诛已多，不可复益也。"季昶叹曰："吾不知死所矣。"朝邑尉武强刘幽求亦谓桓彦范、敬晖曰："武三思尚存，公辈终无葬地；若不早图，噬脐无及[5]。"不从。

上女安乐公主适三思子崇训。上官婉儿，仪之女孙也[6]，仪死，没入掖庭，辩慧善属文，明习吏事。则天爱之，自圣历以后，百司表奏多令参决；及上即位，又使专掌制命，益委任之，拜为婕妤，用事于中。三思通焉，故党于武氏，又荐三思于韦后，引入禁中，上遂与三思图议政事，张柬之等皆受制于三思矣。上使韦后与三思双陆[7]，而自居旁为之点筹[8]；三思遂与后通，由是武氏之势复振。

张柬之等数劝上诛诸武，上不听。柬之等曰："革命之际，宗室诸李，诛夷略尽；今赖天地之灵，陛下返正，而武氏滥官僭爵，按堵如故[9]，岂远近所望邪？愿颇抑损其禄位以慰天下！"又不听。柬之等或抚床叹愤，或弹指出血，曰："主上昔为英王，时称勇烈，吾所以不诛诸武者，欲使上自诛之以张天子之威耳。今反如此，事势已去，知复奈何！"

上数微服幸武三思第，监察御史清河崔皎密疏谏曰："国命初复，则天皇帝在西宫[10]，人心犹有附会；周之旧臣，列居朝廷，陛下奈何轻有外游，不察豫且之祸[11]！"上泄之，三思之党切齿。

丙寅，以太子宾客武三思为司空、同中书门下三品。

左散骑常侍谯王重福，上之庶子也；其妃，张易之之甥。韦后恶之，谮于上曰："重润之死，重福为之也。"由是贬濮州员外刺史[12]，又改均州刺史[13]，常令州司防守之。

丁卯，以右散骑常侍安定王武攸暨为司徒、定王。

辛未，相王固让太尉及知政事，许之；又立为皇太弟，相王固辞而止。

甲戌，以国子祭酒始平祝钦明同中书门下三品，黄门侍郎、知侍中事韦安石为刑部尚书，罢知政事。

丁丑，武三思、武攸暨固辞新官爵及政事，许之，并加开府仪同三司。

立皇子义兴王重俊为卫王，北海王重茂为温王；仍以重俊为洛州牧。

【注释】

①褊（biǎn 扁）躁：气量狭隘，性情急躁。褊，衣服狭小，引申为狭隘。　②佣保：同“庸保”。雇工。　③产、禄：胡三省注：“谓武三思等。”这里将武三思等比作西汉的吕产、吕禄。　④机：同“几”。几案。　⑤噬（shì 逝）脐：《左传·庄公六年》：“若不早图，后君噬脐。”嘴咬肚脐，无法够得着。比喻后悔不及，噬，咬。　⑥仪：即唐朝大臣上官仪（约 608—665）。陕县（今属河南）人，字游韶。贞观进士。太宗闻其名，召授弘文馆直学士。累官至西台侍郎、同东西台三品，仍兼学士。以反对武则天当政，麟德元年（664）被告发与废太子李忠通谋，下狱死，籍没家口。　⑦双陆：古代的一种博弈游戏。相传由天竺传入，盛行于南北朝及隋唐时。因局如棋盘，左右各有六路，故名。　⑧点筹：计算筹码。　⑨按堵：同“安堵”。安居，定居。　⑩西宫：上阳宫在洛阳宫城之西，故称西宫。　⑪豫且之祸：即“白龙鱼服”的典故。据汉刘向《说范·正谏》：“吴王欲从民饮，伍子胥谏曰：‘不可。昔白龙下清冷之渊，化为鱼，渔者豫且射中其目……”后以此典故比喻贵人改妆微行，有不测之祸。　⑫濮州：州名。隋开皇十六年（596）置，治所在鄄城县（今山东鄄城北）。大业初废。唐武德四年（621）复置。1913 年废。　⑬均州：州名。隋开皇初以丰州改置，治武当（今湖北丹江口市西北）。历代数废置。1912 年改为均县。

三月，甲申，制：“文明已来破家子孙皆复旧资荫[①]，唯徐敬业、裴炎不在免限。”

丁亥，制：“酷吏周兴、来俊臣等，已死者追夺官爵，存者皆流岭南恶地[②]。”

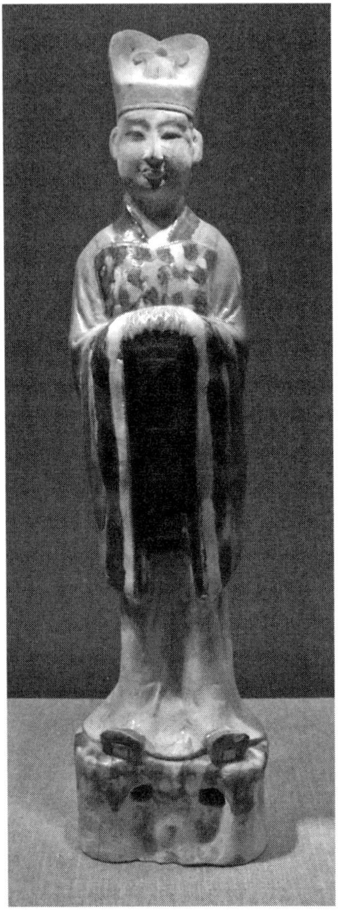

唐三彩文官俑

己丑，以袁恕己为中书令。

以安车征安平王武攸绪于嵩山，既至，除太子宾客，固请还山，许之。

制："枭氏、蟒氏皆复旧姓[③]。"

术士郑普思、尚衣奉御叶静能皆以妖妄为上所信重，夏，四月，墨敕以普思为秘书监，静能为国子祭酒。桓彦范、崔玄暐固执不可，上曰："已用之，无容遽改。"彦范曰："陛下初即位，下制云：'政令皆依贞观故事。'贞观中，魏征、虞世南、颜师古为秘书监，孔颖达为国子祭酒，岂普思、静能之比乎！"庚戌，左拾遗李邕上疏，以为："《诗》三百，一言以蔽之，曰'思无邪'[④]。若有神仙能令人不死，则秦始皇、汉武帝得之矣；佛能为人福利，则梁武帝得之矣。尧、舜所以为帝王首者，亦修人事而已。尊宠此属，何补于国！"上皆不听。

上即位之日，驿召魏元忠于高要；丁卯，至都，拜卫尉卿、同平章事。

甲戌，以魏元忠为兵部尚书，韦安石为吏部尚书，李怀远为右散骑常侍，唐休璟为辅国大将军，崔玄暐检校益府长史，杨再思检校杨府长史，祝钦明为刑部尚书，并同中书门下三品。元忠等皆以东宫旧僚褒之也。

乙亥，以张柬之为中书令。

戊寅，追赠故邵王重润为懿德太子。

五月，壬午，迁周庙七主于西京崇尊庙。制："武氏三代讳[⑤]，奏事者皆不得犯。”

乙酉，立太庙、社稷于东都。

以张柬之等及武攸暨、武三思、郑普思等十六人皆为立功之人，赐以铁券，自非反逆，各恕十死[⑥]。

【注释】

①资荫：资历和庇荫。 ②存者：指唐奉一、李秦授、曹仁哲等。 ③“枭氏”句：枭氏即唐高宗之萧淑妃的家族，蟒氏即高宗之王皇后的家族；永徽六年（655）萧、王二氏被废幽闭，其家族被改姓氏。 ④“《诗》三百”三句：引自《论语·为政》孔子之言。思无邪，思想纯正的意思。 ⑤讳：旧时对帝王将相或尊长不许直呼其名，称避讳。故亦以所避讳的名字为“讳”。 ⑥恕十死：免除十次死罪。

癸巳，敬晖等帅百官上表，以为：“五运迭兴，事不两大[①]。天授革命之际，宗室诛窜殆尽，岂得与诸武并封！今天命惟新，而诸武封建如旧，并居京师，开辟以来未有斯理。愿陛下为社稷计，顺遐迩心，降其王爵，以安内外。”上不许。

敬晖等畏武三思之谗，以考功员外郎崔湜为耳目，伺其动静。湜见上亲三思而忌晖等，乃悉以晖等谋告三思，反为三思用；三思引为中书舍人。湜，仁师之孙也[②]。

先是，殿中侍御史南皮郑愔谄事二张，二张败，贬宣州司士参军，坐赃，亡入东都，私谒武三思。初见三思，哭甚哀，既而大笑。三思素贵重，甚怪之，愔曰：“始见大王而哭，哀大王将戮死而灭族也。后乃大笑，喜大王之得愔也。大王虽得天子之意，彼五人皆据将相之权[③]，胆略过人，废太后如反掌。大王自视势位与太后孰重？彼五人日夜切齿欲噬大王之肉，非尽大王之族不足以快其志。大王不去此五人，危如朝露，而晏然尚自以为泰山之安，此愔所以为大王寒心也。”三思大悦，与之登楼，问自安之策，引为中书舍人。与崔湜皆为三思谋主。

三思与韦后日夜谮晖等，云“恃功专权，将不利于社稷。”上信之。三思等因为上画策：“不若封晖等为王，罢其政事，外不失尊宠功臣，内实夺之权。”上以为然。甲午，以侍中齐公敬晖为平阳王，桓彦范为扶阳王[4]，中书令汉阳公张柬之为汉阳王，南阳公袁恕己为南阳王，特进、同中书门下三品博陵公崔玄暐为博陵王，罢知政事，赐金帛鞍马，令朝朔望；仍赐彦范姓韦氏，与皇后同籍。寻又以玄暐检校益州长史、知都督事，又改梁州刺史。三思令百官复修则天之政，不附武氏者斥之，为五王所逐者复之[5]，大权尽归三思矣。

五王之请削武氏诸王也，求人为表，众莫肯为。中书舍人岑羲为之，语甚激切；中书舍人偃师毕构次当读表[6]，辞色明厉。三思既得志，羲改秘书少监，出构为润州刺史[7]。

易州刺史赵履温，桓彦范之妻兄也。彦范之诛二张，称履温预其谋，召为司农少卿，履温以二婢遗彦范；及彦范罢政事，履温复夺其婢。

上嘉宋璟忠直，屡迁黄门侍郎。武三思尝以事属璟[8]，璟正色拒之曰："今太后既复子明辟[9]，王当以侯就第，何得尚干朝政！独不见产、禄之事乎？"

【注释】

①"五运"二句：谓五德的运行轮流兴盛，无两德同时强大之事。古以五行相生相克来说明王朝的兴衰，有所谓"五德终始"的历史循环论体系。　②仁师：即唐初官吏崔仁师（约590—650）。　③五人：指张柬之、敬晖、桓彦范、崔玄暐、袁恕己。　④"桓彦范"句：据中华书局本所引章钰校勘记，诸本于"桓"上有"谯公"二字。　⑤五王：指汉阳王张柬之、平阳王敬晖、扶阳王桓彦范、博陵王崔玄暐、南阳王袁恕己五人。⑥次当读表：谓按次序正轮到宣读表章。　⑦润州：州名。隋开皇十五年（595）置，治所在延陵县（今江苏镇江），大业中废。唐武德三年（620）复置，治所在丹徒县（今江苏镇江）。　⑧属：委托。　⑨明辟：帝位的敬称。

以韦安石兼检校中书令，魏元忠兼检校侍中，又以李湛为右散骑常侍，赵承恩为光禄卿，杨元琰为卫尉卿。

先是，元琰知三思浸用事[1]，请弃官为僧，上不许。敬晖闻之，笑曰："使我早知，劝上许之，髡去胡头[2]，岂不妙哉！"元琰多须类胡，故晖戏之。元琰曰："功成名遂，不退将危。此乃由衷之请，非徒然也。"晖知其意，瞿然不悦[3]。及晖等得罪，元琰独免。

上官婕妤劝韦后袭则天故事，上表请天下士庶为出母服丧三年[4]，又请百姓年二十三为丁，五十九免役[5]，改易制度以收时望。制皆许之。

癸卯，制，降诸武，梁王三思为德静王，定王攸暨为乐寿王[6]，河内王懿宗等十二人皆降为公，以厌人心。

甲辰，以唐休璟为左仆射，同中书门下三品如故；豆卢钦望为右仆射。

六月，壬子，以左骁卫大将军裴思说充灵武军大总管，以备突厥。

癸亥，命右仆射豆卢钦望，有军国重事，中书门下可共平章。

先是，仆射为正宰相，其后多兼中书门下之职，午前决朝政，午后决省事。至是，钦望专为仆射，不敢预政事，故有是命。是后专拜仆射者，不复为宰相矣。

又以韦安石为中书令，魏元忠为侍中，杨再思检校中书令。

丁卯，祔孝敬皇帝于太庙[7]，号义宗。

戊辰，洛水溢，流二千余家。

秋，七月，辛巳，以太子宾客韦巨源同中书门下三品，西京留守如故。

特进汉阳王张柬之表请归襄州养疾；乙未，以柬之为襄州刺史，不知州事，给全俸[8]。

河南、北十七州大水。八月，戊申，以水灾求直言。右卫骑曹参军西河宋务光上疏[9]，以为："水阴类，臣妾之象，恐后庭有干外朝之政者，宜杜绝其萌。今霖雨不止，乃闭坊门以禳之[10]，至使里巷谓坊门为宰相，言朝廷使之燮理阴阳也[11]。又，太子国本，宜早择贤能而立之。又，外戚太盛，如武三思等，宜解其机要，厚以禄赐。又，郑普思、叶静能以小技窃大位，亦朝政之蠹也。"疏奏，不省。

壬戌，追立妃赵氏为恭皇后[12]，孝敬皇帝妃裴氏为哀皇后。

【注释】

①浸:渐渐。 ②髡(kūn 坤):古代一种剃去头发的刑罚。此有开玩笑的意思。 ③瞿然:惊奇地看着的样子。 ④出母:被休的母亲。 ⑤“又请”二句:唐制,二十一为丁,六十为老。这一改制缩短了丁男服役时间。 ⑥“梁王”二句:二人都降封为县王。德静、乐寿均为唐县名。 ⑦孝敬皇帝:故太子李弘的谥号,他是中宗的兄长。 ⑧“特进”五句:胡三省注:“唐制,特进正二品,郡王从一品,从品高给;一品月俸八千,食料一千八百,杂用一千二百:上州刺史从三品,月俸五千一百,杂用九百。” ⑨骑曹参军:职官名。唐诸卫府有仓、兵、骑、胄四曹参军。骑曹参军掌外内杂畜簿帐牧养,凡府马承直,从远近分七番,月一易之,以敕出宫城者给马。 ⑩“乃闭坊门”句:唐制,久雨不晴,便关闭坊市的北门来祈求天晴。禳(ráng 攘),祭祷消灾。 ⑪燮理:调节。 ⑫赵妃:唐中宗李显为周王时的妃子。高宗上元二年(675)被废,幽闭而亡。

九月,壬午,上祀昊天上帝、皇地祇于明堂,以高宗配。

初,上在房陵,州司制约甚急;刺史河东张知謇、灵昌崔敬嗣独待遇以礼,供给丰赡。上德之,擢知謇自贝州刺史为左卫将军,赐爵范阳公。敬嗣已卒,求得其子汪,嗜酒,不堪厘职,除五品散官[①]。

改葬上洛王韦玄贞,其仪皆如太原王故事。

癸巳,太子宾客、同中书门下三品韦巨源罢为礼部尚书,以其从父安石为中书令故也。

以左卫将军上邽纪处讷兼检校太府卿,处讷娶武三思之妻姊故也。

冬,十月,命唐休璟留守京师。

癸亥,上幸龙门;乙丑,猎于新安而还。

辛未,以魏元忠为中书令,杨再思为侍中。

十一月,戊寅,群臣上皇帝尊号曰应天皇帝,皇后曰顺天皇后。壬午,上与后谒谢太庙,赦天下;相王、太平公主加实封,皆满万户。

己丑,上御洛城南楼,观泼寒胡戏[②]。清源尉吕元泰上疏,以为“谋时寒若[③],何必裸身挥水,鼓舞衢路以索之!”疏奏,不纳。

壬寅,则天崩于上阳宫,年八十二。遗制:“去帝号,称则天大圣皇后。王、萧二族及褚遂良、韩瑗、柳奭亲属皆赦之[④]。”

上居谅阴[⑤],以魏元忠摄冢宰三日。元忠素负忠直之望,中外赖之;武三思惮之,矫太后遗制,慰谕元忠,赐实封百户。元忠捧制,感咽涕泗,见者曰:“事去矣!”

十二月,丁卯,上始御同明殿见群臣。

太后将合葬乾陵,给事中严善思上疏,以为:“乾陵玄宫以石为门,铁锢其缝,今启其门,必须镌凿[⑥]。神明之道,体尚幽玄[⑦],动众加功[⑧],恐多惊黩[⑨]。况合葬非古,汉时诸陵,皇后多不合葬,魏、晋已降,始有合者。望于乾陵之傍更择吉地为陵,若神道有知,幽途自当通会[⑩];若其无知,合之何益!”不从。

是岁,户部奏天下户六百一十五万,口三千七百一十四万有畸[⑪]。

【注释】

①五品散官:指朝请大夫和朝散大夫等官。隋文帝置朝散大夫为正四品散官,炀帝改为从五品下;炀帝置朝请大夫,为正五品散官。唐因之。 ②泼寒胡戏:胡三省注:“泼寒胡戏即乞寒胡戏,本出于胡中西域康国,十一月鼓舞乞寒,以水交泼为乐,武后末年以季冬为之。” ③谋时寒若:语出《尚书·洪范》,意思是人君能谋善划则时令寒气顺遂如常。若,顺。 ④“王、萧”句:胡三省注:“武后之立也,王皇后、萧淑妃幽废,不得良死,褚遂良、韩瑗以谏死,柳奭以王后亲属死,其亲属皆流窜。” ⑤谅阴(liáng ān 良安):亦作谅闇、梁闇、亮阴。帝王居丧。 ⑥镌凿:挖掘,开凿。 ⑦体:本质。 ⑧功:工程。 ⑨惊黩:惊扰,冒犯。 ⑩幽途:阴间。通会:沟通交会。 ⑪畸:通“奇”。余数,零头。

二年 春,正月,戊戌,以吏部尚书李峤同中书门下三品,中书侍郎于惟谦同平章事。

闰月,丙午,制:“太平、长宁、安乐、宜城、新都、安定、金城公主并开府[①],置官属。”

武三思以敬晖、桓彦范、袁恕己尚在京师,忌之,乙卯,出为

唐乾陵

滑、洺、豫三州刺史。

赐阌乡僧万回号法云公。

甲戌,以突骑施酋长乌质勒为怀德郡王。

二月,乙未,以刑部尚书韦巨源同中书门下三品,仍与皇后叙宗族。

丙申,僧慧范等九人并加五品阶,赐爵郡、县公;道士史崇恩等加五品阶[②],除国子祭酒,同正;叶静能加金紫光禄大夫。

选左、右台及内外五品以上官二十人为十道巡察使,委之察吏抚人,荐贤直狱,二年一代,考其功罪而进退之。易州刺史魏人姜师度、礼部员外郎马怀素、殿中侍御史临漳源乾曜、监察御史灵昌卢怀慎、卫尉少卿滏阳李杰皆预焉。

三月,甲辰,中书令韦安石罢为户部尚书;户部尚书苏瓌为侍中、西京留守。瓌,颋之父也[③]。唐休璟致仕。

初,少府监丞弘农宋之问及弟兖州司仓之逊皆坐附会张易之贬岭南[④],逃归东都,匿于友人光禄卿、驸马都尉王同皎家。同皎疾武三思及韦后所为,每与所亲言之,辄切齿。之逊于帘下闻之,密遣其子昙及甥校书郎李悛告三思，欲以自赎[5]。三思使昙、悛及抚州司仓冉祖雍上书告同皎与洛阳人张仲之、祖延庆、武当丞寿春周憬等潜结壮士[6]，谋杀三思，因勒兵诣阙[7]，废皇后。上命御史大夫李承嘉、监察御史姚绍之按其事[8]，又命杨再思、李峤、韦巨源参验[9]。仲之言三思罪状，事连宫壸[10]。再思、巨源阳寐不听[11]；峤与绍之命反接送狱[12]。仲之还顾，言不已，绍之命挝之，折其臂。仲之大呼曰："吾已负汝，死当讼汝于天！"庚戌，同皎等皆坐斩。籍没其家。周憬亡入比干庙中，大言曰："比干古之忠臣，知吾此心。三思与皇后淫乱，倾危国家，行当枭首都市，恨不及见耳！"遂自刭[13]。之问、之逊、昙、悛、祖雍并除京官，加朝散大夫。

【注释】

①"太平"句：太平公主为唐高宗之女，其他人均为唐中宗之女。②道士句：据中华书局本所引章钰校勘记，诸本"加"上有"三人"二字。 ③颋（tǐng 艇）：即唐大臣苏颋（670—727）。 ④司仓：即仓曹司仓参军事，官名。唐制，仓曹司仓参军事掌租调、公廨、庖厨、仓库、市肆。 ⑤自赎：抵消自己的罪。 ⑥潜结：暗中集结。 ⑦勒兵：率领军队。阙：宫门两边的楼台，借指宫廷。 ⑧按：审查。 ⑨验：勘验，验证。 ⑩宫壸（kǔn 捆）：内宫。此指韦后。 ⑪阳寐：假装睡觉。⑫反接：反绑。 ⑬刭（jǐng 井）：用刀割颈项。

武三思与韦后日夜谮敬晖等不已，复左迁晖为朗州刺史，崔玄暐为均州刺史，桓彦范为亳州刺史，袁恕己为郢州刺史；与晖等同立功者谢思行等皆以为党与坐贬[1]。

大置员外官，自京司及诸州凡二千余人，宦官超迁七品以上员外官者又将千人。

魏元忠自端州还，为相，不复强谏，惟与时俯仰[2]；中外失望。酸枣尉袁楚客致书元忠，以为："主上新服厥命，惟新厥德，当进君子，退小人，以兴大化，岂可安其荣宠，循默而已[3]！今不早建太子，择师傅而辅之，一失也。公主开府置僚属，二失也。崇长缁衣，使游走权门，借势纳赂，三失也。俳优小人[4]，盗窃品秩，四失也。有司选进贤才，皆以货取势求，五失也。宠进宦者，殆满千人，为长乱之阶，六失也。王公贵戚，赏赐无度，竞为侈靡，七失也。广置员外官，伤财害民，八失也。先朝宫女，得自便居外，出入无禁，交通请谒[⑤]，九失也。左道之人，荧惑主听[⑥]，盗窃禄位，十失也。凡此十失，君侯不正，谁正之哉！”元忠得书，愧谢而已。

夏，四月，改赠后父韦玄贞为酆王，后四弟皆赠郡王[⑦]。

己丑，左散骑常侍、同中书门下三品李怀远致仕。

处士京兆韦月将上书告武三思潜通宫掖，必为逆乱；上大怒，命斩之。黄门侍郎宋璟奏请推按[⑧]，上益怒，不及整巾，屣履出侧门[⑨]，谓璟曰：“朕谓已斩，乃犹未邪！”命趋斩之。璟曰：“人言宫中私于三思，陛下不问而诛之，臣恐天下必有窃议。”固请按之，上不许。璟曰：“必欲斩月将，请先斩臣！不然，臣终不敢奉诏。”上怒少解。左御史大夫苏珦、给事中徐坚、大理卿长安尹思贞皆以为方夏行戮，有违时令。上乃命与杖，流岭南。过秋分一日，平晓[⑩]，广州都督周仁轨斩之。

唐乾陵无字碑

御史大夫李承嘉附武三思，诋尹思贞于朝，思贞曰：“公附会奸臣，将图不轨，先除忠臣邪！”承嘉怒，劾奏思贞，出为青州刺史。或谓思贞曰：“公平日讷于言[⑪]，及廷折承嘉，何其敏邪？”思贞曰：“物不能鸣者，激之则鸣。承嘉恃威权相陵，仆义不受屈，亦不知言之从何而至也。”

武三思恶宋璟，出之检校贝州刺史。

【注释】

①党与：同党。 ②俯仰：随宜应付。 ③循默：依顺和缄默。 ④俳（pái 排）优：古称以舞乐杂戏为业的人。 ⑤请谒：请托。 ⑥荧惑：迷惑。 ⑦后四弟：即韦洵、韦浩、韦洞、韦泚。 ⑧推按：推问，审讯。 ⑨屣（xǐ 洗）履：拖着鞋子走路。 ⑩平晓：天刚拂晓。 ⑪讷（nè 呐）：出言迟钝。

五月，庚申，葬则天大圣皇后于乾陵。

武三思使郑愔告朗州刺史敬晖、亳州刺史韦彦范[1]、襄州刺史张柬之、郢州刺史袁恕己、均州刺史崔玄暐与王同皎通谋。六月，戊寅，贬晖崖州司马，彦范泷州司马，柬之新州司马，恕己窦州司马，玄暐白州司马，并员外置，仍长任，削其勋封；复彦范姓桓氏。

初，韦玄贞流钦州而卒，蛮酋宁承基兄弟逼取其女，妻崔氏不与，承基等杀之，及其四男洵、浩、洞、泚，上命广州都督周仁轨使将兵二万讨之。承基等亡入海，仁轨追斩之，以其首祭崔氏墓，杀掠其部众殆尽。上喜，加仁轨镇国大将军[2]，充五府大使[3]，赐爵汝南郡公。韦后隔帘拜仁轨，以父事之。及韦后败，仁轨以党与诛。

秋，七月，戊申，立卫王重俊为皇太子。太子性明果，而官属率贵游子弟[4]，所为多不法；左庶子姚珽屡谏，不听。珽，琦之弟也[5]。

丙寅，以李峤为中书令。

上将还西京，辛未，左散骑常侍李怀远同中书门下三品，充东都留守。

武三思阴令人疏皇后秽行[6]，牓于天津桥，请加废黜。上大怒，命御史大夫李承嘉穷核其事。承嘉奏言："敬晖、桓彦范、张柬之、袁恕己、崔玄暐使人为之，虽云废后，实谋大逆，请族诛之。"三思又使安乐公主谮之于内，侍御史郑愔言之于外，上命法司结竟。大理丞三原李朝隐奏称："晖等未经推鞫，不可遽就诛夷。"大理丞裴谈奏称："晖等宜据制书处斩籍没，不应更加推鞫。"上以晖等尝赐铁券，许以不死，乃长流晖于琼州，彦范于瀼州，柬之于泷州，恕己于环州，玄暐于古州，子弟年十六以上，皆流岭外。擢承嘉为金紫光禄大夫，进爵襄武郡公，谈为刑部尚书；出李朝隐为闻喜令。

三思又讽太子上表⑦，请夷晖等三族；上不许。

中书舍人崔湜说三思曰："晖等异日北归，终为后患，不如遣使矫制杀之。"三思问谁可使者，湜荐大理正周利用。利用先为五王所恶，贬嘉州司马，乃以利用摄右台侍御史，奉使岭外。比至，柬之、玄暐已死，遇彦范于贵州，令左右缚之，曳于竹槎之上⑧，肉尽至骨，然后杖杀。得晖，冎而杀之⑨。恕己素服黄金⑩，利用逼之使饮野葛汁，尽数升不死，不胜毒愤，掊地⑪，爪甲殆尽，仍捶杀之。利用还，擢拜御史中丞。薛季昶累贬儋州司马，饮药死。

三思既杀五王，权倾人主，常言："我不知代间何者谓之善人⑫，何者谓之恶人；但于我善者则为善人，于我恶者则为恶人耳。"

时兵部尚书宗楚客、将作大匠宗晋卿、太府卿纪处讷、鸿胪卿甘元柬皆为三思羽翼。御史中丞周利用、侍御史冉祖雍、太仆丞李俊、光禄丞宋之逊、监察御史姚绍之皆为三思耳目，时人谓之五狗。

【注释】

①韦彦范：胡三省注："桓彦范时赐姓韦，因而称之。" ②镇国大将军：散官名。唐武散官原无镇国大将军，此时由中宗创置来对周仁轨表示荣宠。 ③五府：指广州、桂州、邕州、容州、琼州五都督府。 ④率：大多，一般。贵游子弟：指权贵之家的游闲子弟。 ⑤琡（shú 赎）：即唐朝官吏姚琡。 ⑥疏：条陈，罗列。 ⑦讽：暗示。 ⑧槎（chá 察）：用竹木编成的筏。 ⑨冎：同"剐"。 ⑩黄金：此指金石丹药。 ⑪掊（póu 抔）：扒，抓。 ⑫代间：世间。唐避太宗讳，改世为代。

九月，戊午，左散骑常侍、同中书门下三品李怀远薨。

初，李峤为吏部侍郎，欲树私恩，再求入相，奏大置员外官，广引贵势亲识。既而为相，铨衡失序①，府库减耗，乃更表言滥官之弊，且请逊位②；上慰谕不许。

冬，十月，己卯，车驾发东都，以前检校并州长史张仁愿检校左屯卫大将军兼洛州长史。戊戌，车驾至西京。十一月，乙巳，赦天下。

丙辰，以蒲州刺史窦从一为雍州刺史。从一，德玄之子也，初名怀贞，避皇后父讳，更名从一，多谄附权贵。太平公主与僧寺争碾硙[3]，雍州司户李元纮判归僧寺。从一大惧，亟命元纮改判。元纮大署判后曰："南山可移，此判无动！"从一不能夺。元纮，道广之子也。

初，秘书监郑普思纳其女于后宫，监察御史灵昌崔日用劾奏之，上不听。普思聚党于雍、岐二州，谋作乱。事觉，西京留守苏瓌收系，穷治之。普思妻第五氏以鬼道得幸于皇后，上敕瓌勿治。及车驾还西京，瓌廷争之，上抑瓌而佑普思；侍御史范献忠进曰："请斩苏瓌！"上曰："何故？"对曰："瓌为留守大臣，不能先斩普思，然后奏闻，使之荧惑圣听，其罪大矣。且普思反状明白，而陛下曲为申理。臣闻王者不死，殆谓是乎！臣愿先赐死，不能北面事普思。"魏元忠曰："苏瓌长者，用刑不枉。普思法当死。"上不得已，戊午，流普思于儋州，余党皆伏诛。

十二月，己卯，突厥默啜寇鸣沙[4]，灵武军大总管沙吒忠义与战，军败，死者六千余人。丁巳[5]，突厥进寇原、会等州[6]，掠陇右牧马万余匹而去。免忠义官。

安西大都护郭元振诣突骑施乌质勒牙帐议军事[7]，天大风雪，元振立于帐前，与乌质勒语。久之，雪深，元振不移足；乌质勒老，不胜寒，会罢而卒。其子娑葛勒兵将攻元振，副使御史中丞解琬知之，劝元振夜逃去。元振曰："吾以诚心待人，何所疑惧！且深在寇庭，逃将安适[8]！"安卧不动。明旦，入哭，甚哀。娑葛感其义，待元振如初。戊戌，以娑葛袭嗢鹿州都督、怀德王。

安乐公主恃宠骄恣，卖官鬻狱[9]，势倾朝野。或自为制敕，掩其文，令上署之；上笑而从之，竟不视也。自请为皇太女，上虽不从，亦不谴责。

【注释】

①铨衡：考核选拔。 ②逊位：退位，辞职。 ③硙（wèi 畏）：石磨。 ④鸣沙：古县名。隋开皇十九年（599）置，治今宁夏中宁县东鸣沙州。 ⑤丁巳：据严衍《通鉴补》，当作"辛巳"。 ⑥原：州名。北魏正

光五年(524)改高平镇置原州(治今宁夏固原)。隋大业中废为平凉郡,唐初复为原州。会:州名。西魏置会州(治今甘肃靖远县)。隋开皇初改名会宁镇。唐武德二年(619)升置西会州,贞观中改为会州。 ⑦牙帐:统军营帐。 ⑧适:去,往。 ⑨黷狱:此指贪赃枉法。

景龙元年[①] 春,正月,庚戌,制以突厥默啜寇边,命内外官各进平突厥之策。右补阙卢俌上疏,以为:"郤縠悦礼乐[②],敦《诗》《书》,为晋元帅;杜预射不穿札[③],建平吴之勋。是知中权制谋[④],不取一夫之勇。如沙吒忠义,骁将之材,本不足以当大任。又,鸣沙之役,主将先逃,宜正邦宪[⑤];赏罚既明,敌无不服。又,边州刺史,宜精择其人,使之蒐卒乘[⑥],积资粮,来则御之,去则备之。去岁四方旱灾,未易兴师。当理内以及外,绥近以来远,俟仓廪实,士卒练,然后大举以讨之。"上善之。

二月,丙戌,上遣武攸暨、武三思诣乾陵祈雨。既而雨降,上喜,制复武氏崇恩庙及昊陵、顺陵,因名酆王庙曰褒德,陵曰荣先;又诏崇恩庙斋郎取五品子充。太常博士杨孚曰:"太庙皆取七品已下子为斋郎,今崇恩庙取五品子,未知太庙当如何?"上命太庙亦准崇恩庙[⑦]。孚曰:"以臣准君,犹为僭逆[⑧],况以君准臣乎!"上乃止。

庚寅,敕改诸州中兴寺、观为龙兴,自今奏事不得言中兴。右补阙权若讷上疏,以为:"天、地、日、月等字皆则天能事[⑨],贼臣敬晖等轻紊前规;今削之无益于淳化,存之有光于孝理。又,神龙元年制书,一事以上,并依贞观故事,岂可近舍母仪,远尊祖德!"疏奏,手制褒美。

三月,庚子,吐蕃遣其大臣悉薰热入贡。

夏,四月,辛巳,以上所养雍王守礼女金城公主妻吐蕃赞普。

五月,戊戌,以左屯卫大将军张仁愿为朔方道大总管,以备突厥。

上以岁旱谷贵,召太府卿纪处讷谋之。明日,武三思使知太史事迦叶志忠奏:"是夜,摄提入太微宫[⑩],至帝座,主大臣宴见纳忠于天子。"上以为然,敕称处讷忠诚,彻于玄象[⑪],赐衣一袭,帛六十段。

六月，丁卯朔，日有食之。

姚巂道讨击使、监察御史晋昌唐九征击姚州叛蛮，破之，斩获三千余人。

【注释】

①景龙元年：这一年九月始改年号为景龙。 ②郤縠（hú 斛）（？—前632）：春秋时期晋国大夫。晋楚争霸中原，晋文公作三军，为大夫赵衰所荐任元帅，将中军。侵曹伐卫，取五鹿邑，遂卒。 ③杜预（222—284）：西晋大臣。字元凯，杜陵（今陕西西安东南）人。司马昭的妹夫。以功封当阳县侯。博学而多谋略，时号“杜武库”。札：铠甲上的叶片。 ④中权：指中军统帅的职责。 ⑤邦宪：国法。 ⑥蒐（sōu 搜）：收集。 ⑦准：比照。 ⑧僭逆：僭越逆乱。 ⑨能事：擅长的本事，杰作。 ⑩摄提：星官名，属亢宿，共六星。古人以为摄提直斗杓所指，主建时节。 ⑪彻：通晓。玄象：天象。

皇后以太子重俊非其所生[①]，恶之；特进德静王武三思尤忌太子。上官婕妤以三思故，每下制敕，推尊武氏。安乐公主与驸马左卫将军武崇训常陵侮太子，或呼为奴。崇训又教公主言于上，请废太子，立己为皇太女。太子积不能平。

秋，七月，辛丑，太子与左羽林大将军李多祚、将军李思冲、李承况、独孤祎、沙吒忠义等，矫制发羽林千骑兵三百余人，杀三思、崇训于其第，并亲党十余人。又使左金吾大将军成王千里及其子天水王禧分兵守宫城诸门，太子与多祚引兵自肃章门斩关而入，叩阁索上官婕妤。婕妤大言曰：“观其意欲先索婉儿，次索皇后，次及大家。”上乃与韦后、安乐公主、上官婕妤登玄武门楼以避兵锋，使右羽林大将军刘景仁帅飞骑百余人屯于楼下以自卫。杨再思、苏瓌、李峤与兵部尚书宗楚客、左卫将军纪处讷拥兵二千余人屯太极殿前，闭门自守。多祚先至玄武楼下，欲升楼，宿卫拒之。多祚与太子狐疑，按兵不战，冀上问之。宫闱令石城杨思勗在上侧[②]，请击之。多祚婿羽林中郎将野呼利为前锋总管，思勗挺刃斩之，多祚军夺气。上据槛俯谓多祚所将千骑曰：“汝辈皆朕宿卫之士，何为从多祚反？苟能斩反者，勿患不富贵。”于是千骑斩多祚、承况、祎之、忠义，余众皆溃。成王千里、天水王禧攻右延明门，将杀宗楚客、纪处讷，不克而死。太子以百骑走终南山，至鄠西，能属者才数人，憩于林下，为左右所杀。上以其首献太庙及祭三思、崇训之柩，然后枭之朝堂。更成王千里姓曰蝮氏，同党皆伏诛。

东宫僚属无敢近太子尸者，唯永和县丞宁嘉勖解衣裹太子首号哭，贬兴平丞。

太子兵所经诸门守者皆坐流；韦氏之党奏请悉诛之，上更命法司推断。大理卿宋城郑惟忠曰：“大狱始决，人心未安，若复有改推，则反仄者众矣③。”上乃止。

以杨思勗为银青光禄大夫，行内常侍④。癸卯，赦天下。

赠武三思太尉、梁宣王，武崇训开府仪同三司、鲁忠王。安乐公主请用永泰公主故事，以崇训墓为陵。给事中卢粲驳之，以为：“永泰事出特恩，今鲁王主婿，不可为比。”上手敕曰：“安乐与永泰无异，同穴之义⑤，今古不殊。”粲又奏：“陛下以膝下之爱施及其夫，岂可使上下无辨，君臣一贯哉！”上乃从之。公主怒，出粲为陈州刺史。

襄邑尉襄阳席豫闻安乐公主求为太女，叹曰：“梅福讥切王氏⑥，独何人哉！”乃上书请立太子，言甚深切。太平公主欲表为谏官，豫耻之，逃去。

【注释】

①“皇后”句：胡三省注：“重俊，后宫所生，史失其姓氏。” ②宫闱令：官名。即宫闱局令。唐制，宫闱局令属内侍省，掌侍奉宫闱，出入管龠，从七品下。 ③反仄：同“反侧”。翻来覆去卧不安席。 ④行：兼摄官职。内常侍：官名。唐内常侍，正五品下，是内侍省四名内侍的副手，共六人。 ⑤同穴：此指合葬。 ⑥“梅福”句：指西汉南昌尉梅福上书成帝，极谏冤杀京兆尹王章之事。讥，进谏、规劝。

八月，戊寅，皇后及王公已下表上尊号曰应天神龙皇帝，改玄武门为神武门，楼为制胜楼。宗楚客又帅百官表请加皇后尊号曰顺天翊圣皇后。上并许之。

初，右台大夫苏珦治太子重俊之党，囚有引相王者，珦密为之申理[①]，上乃不问。自是安乐公主及兵部尚书宗楚客日夜谋谮相王，使侍御史冉祖雍诬奏相王及太平公主，云“与重俊通谋，请收付制狱。”上召吏部侍郎兼御史中丞萧至忠，使鞫之，至忠泣曰：“陛下富有四海，不能容一弟一妹，而使人罗织害之乎！相王昔为皇嗣，固请于则天，以天下让陛下，累日不食，此海内所知。奈何以祖雍一言而疑之！”上素友爱，遂寝其事。

右补阙浚仪吴兢闻祖雍之谋，上疏，以为：“自文明以来，国之祚胤[②]，不绝如线，陛下龙兴，恩及九族，求之瘴海，升之阙庭。况相王同气至亲[③]，六合无贰[④]，而贼臣日夜连谋，乃欲陷之极法；祸乱之根，将由此始。夫任以权则虽疏必重，夺其势则虽亲必轻。自古委信异姓，猜忌骨肉，以覆国亡家者，几何人矣。况国家枝叶无几[⑤]，陛下登极未久，而一子以弄兵受诛，一子以愆违远窜[⑥]，惟余一弟朝夕左右，尺布斗粟之讥[⑦]，不可不慎，《青蝇》之诗[⑧]，良可畏也。”

相王宽厚恭谨，安恬好让，故经武、韦之世，竟免于难。

初，右仆射、中书令魏元忠以武三思擅权，意常愤郁。及太子重俊起兵，遇元忠子太仆少卿升于永安门，胁以自随，太子死，升为乱兵所杀。元忠扬言曰：“元恶已死，虽鼎镬何伤[⑨]！但惜太子陨没耳。”上以其有功，且为高宗、武后所重，故释不问。兵部尚书宗楚客、太府卿纪处讷等共证元忠，云“与太子通谋，请夷其三族。”制不许。元忠惧，表请解官爵，以散秩还第[⑩]。丙戌，上手敕听解仆射，以特进、齐公致仕，仍朝朔望。

【注释】

①申理：申说情理。 ②祚胤：后嗣，子孙。 ③同气：指兄弟。 ④六合：指上下和东西南北四方，泛指天下。 ⑤枝叶：此用来比喻宗族子弟。 ⑥“而一子”二句：受诛，谓李重俊。远窜，谓李重福。愆，罪咎，过错。违，邪恶，错失。 ⑦尺布斗粟：讥讽兄弟不相容。汉文帝时，其弟淮南王刘长谋反事败，黜徙蜀郡，途中饿死。民间便作尺布斗粟之歌，讥讽此事。 ⑧青蝇：《诗·小雅》篇名。内容是讽刺周幽王听信谗言，诗中将青蝇比作进谗言的佞人。 ⑨鼎镬（huò 货）：古代酷刑，以鼎

镬烹人。 ⑩散秩:闲散的官员身份。

九月,丁卯[1],以吏部侍郎萧至忠为黄门侍郎,兵部尚书宗楚客为左卫将军,兼太府卿纪处讷为太府卿,并同中书门下三品;中书侍郎、同中书门下三品于惟谦罢为国子祭酒。

庚子,赦天下,改元。

宗楚客等引右卫郎将姚廷筠为御史中丞,使劾奏魏元忠,以为:"侯君集社稷元勋,及其谋反,太宗就群臣乞其命而不得,竟流涕斩之。其后房遗爱、薛万彻、齐王祐等为逆,虽复懿亲[2],皆从国法。元忠功不逮君集,身又非国戚,与李多祚等谋反,男入逆徒[3],是宜赤族污宫[4]。但有朋党饰辞营救,以惑圣听,陛下仁恩,欲掩其过。臣所以犯龙鳞、忤圣意者,正以事关宗社耳。"上颇然之。元忠坐系大理,贬渠州司马。

宗楚客令给事中冉祖雍奏言:"元忠既犯大逆,不应出佐渠州。"杨再思、李峤亦赞之[5]。上谓再思等曰:"元忠驱使日久,朕特矜容[6],制命已行,岂宜数改! 轻重之权,应自朕出。卿等频奏,殊非朕意!"再思等惶惧拜谢。

监察御史袁守一复表弹元忠曰:"重俊乃陛下之子,犹加昭宪;元忠非勋非戚,焉得独漏严刑!"甲辰,又贬元忠务川尉。

顷之,楚客又令袁守一奏言:"则天昔在三阳宫不豫[7],狄仁杰奏请陛下监国,元忠密奏以为不可,此则元忠怀逆日久,请加严诛!"上谓杨再思等曰:"以朕思之,人臣事主,必在一心;岂有主上小疾,遽请太子知事! 此乃仁杰欲树私恩,未见元忠有失。守一欲借前事以陷元忠,其可乎!"楚客乃止。

元忠行至涪陵而卒。

银青光禄大夫、上庸公、圣善·中天·西明三寺主慧范于东都作圣善寺,长乐坡作大像,府库为之虚耗。上及韦后皆重之,势倾内外,无敢指目者[8]。戊申,侍御史魏传弓发其奸赃四十余万,请置极法。上欲宥之,传弓曰:"刑赏国之大事,陛下赏已妄加,岂宜刑所不及!"上乃削黜慧范,放于家。

宦官左监门大将军薛思简等有宠于安乐公主,纵暴不法,传弓奏请诛之,御史大夫窦从一惧,固止之。时宦官用事,从一为雍州刺史及御史大夫,误见讼者无须,必曲加承接[⑨]。

以杨再思为中书令,韦巨源、纪处讷并为侍中。

壬戌,改左、右羽林千骑为万骑。

冬,十月,丁丑,命左屯卫将军张仁愿充朔方道大总管[⑩],以击突厥;比至,虏已退,追击,大破之。

习艺馆内教苏安恒[⑪],矜高好奇[⑫],太子重俊之诛武三思也,安恒自言"此我之谋"。太子败,或告之;戊寅,伏诛。

十二月,乙丑朔,日有食之。

是岁,上遣使者分道诣江、淮赎生[⑬]。中书舍人房子李乂上疏谏曰:"江南乡人采捕为业,鱼鳖之利,黎元所资[⑭]。虽云雨之私有沾于末利;而生成之惠未洽于平人。何则?江湖之饶,生育无限;府库之用,支供易殚。费之若少,则所济何成!用之倘多,则常支有阙。在于拯物,岂若忧人!且鬻生之徒,唯利是视,钱刀日至[⑮],网罟年滋[⑯],施之一朝,营之百倍。未若回救赎之钱物,减贫无之徭赋,活国爱人,其福胜彼。"

唐彩绘镇墓兽

【注释】

①丁卯:景龙元年九月无此日,当有误。《新唐书》此作"丁酉"。 ②懿亲:至亲。古代多指皇室宗亲。 ③男:此指魏元忠之子魏升。 ④污宫:谓血染宗庙。宫,宗庙。 ⑤赞:帮助。此指推波助澜。 ⑥矜容:怜悯包容。 ⑦不豫:帝王患病的讳称。 ⑧指目:手指目视,品头论

足。 ⑨承接:此指逢迎。 ⑩左屯卫将军:据胡三省注,当作“左屯卫大将军”。 ⑪习艺馆:本名内文学馆,武后改为习艺馆,又改为翰林内教坊。掌教习宫人书算众艺。 ⑫矜高:自视高傲。 ⑬赎生:赎买水产放生。 ⑭黎元:民众。 ⑮钱刀:古有金刀钱布,故曰钱刀,即货币。 ⑯网罟(gǔ 古):捕捉鱼类的用具。罟,网的总名。

资治通鉴卷第二百九

唐纪二十五　起著雍涒滩，尽上章阉茂七月，凡二年有奇。

中宗大和大圣大昭孝皇帝下

景龙二年　春，二月，庚寅[①]，宫中言皇后衣笥裙上有五色云起[②]，上令图以示百官。韦巨源请布之天下，从之，仍赦天下。

迦叶志忠奏："昔神尧皇帝未受命，天下歌《桃李子》；文武皇帝未受命，天下歌《秦王破阵乐》；天皇大帝未受命，天下歌《堂堂》；则天皇后未受命，天下歌《娬媚娘》；应天皇帝未受命，天下歌《英王石州》；顺天皇后未受命，天下歌《桑条韦》，盖天意以为顺天皇后宜为国母，主蚕桑之事。谨上《桑韦歌》十二篇，请编之乐府，皇后祀先蚕则奏之。"太常卿郑愔又引而申之。上悦，皆受厚赏。

右补阙赵延禧上言："周、唐一统，符命同归，故高宗封陛下为周王[③]；则天时，唐同泰献《洛水图》。孔子曰：'其或继周者，虽百代可知也。'陛下继则天，子孙当百代王天下。"上悦，擢延禧为谏议大夫。

丁亥，萧至忠上疏，以为："恩倖者止可富之金帛，食以粱肉，不可以公器为私用。今列位已广，冗员倍之，干求未厌，日月增数，陛下降不赀之泽[④]，近戚有无涯之请，卖官利己，鬻法徇私。台寺之内，朱紫盈满，忽事则不存职务，恃势则公违宪章，徒忝官曹，无益时政。"上虽嘉其意，竟不能用。

三月，丙辰，朔方道大总管张仁愿筑三受降城于河上[⑤]。

初，朔方军与突厥以河为境，河北有拂云祠，突厥将入寇，必先诣祠祈祷，牧马料兵而后渡河。时默啜悉众西击突骑施，仁愿请乘虚夺取漠南地，于河北筑三受降城，首尾相应，以绝其南寇之路。太子少师唐休璟以为："两汉以来皆北阻大河，今筑城寇境，恐劳人费功，终为虏有。"仁愿固请不已，上竟从之。

仁愿表留岁满镇兵以助其功[⑥]，咸阳兵二百余人逃归，仁愿悉擒之，斩于城下，军中股栗，六旬而成。以拂云祠为中城，距东西两城各四百余里，皆据津要，拓地三百余里。于牛头朝那山北，置烽候千八百所，以左玉钤卫将军论弓仁为朔方军前锋游弈使[⑦]，戍诺真水为逻卫[⑧]。自是突厥不敢渡山畋牧，朔方无复寇掠，减镇兵数万人。

仁愿建三城，不置壅门及备守之具[⑨]。或问之，仁愿曰："兵贵进取，不利退守。寇至，当并力出战，回首望城者，犹应斩之，安用守备，生其退恧之心也[⑩]！"其后常元楷为朔方军总管，始筑壅门。人以是重仁愿而轻元楷。

【注释】

①庚寅：严衍《通鉴补》作"庚辰"。 ②衣笥（sì 饲）：盛衣物用的一种竹器。 ③故高宗句：胡三省注："显庆二年，帝封周王；仪凤二年，徙封英王。" ④不赀（zī 姿）：不可计量。赀，计算。 ⑤三受降城：中受降城在今内蒙古包头西，东受降城在今内蒙古托克托南黄河之北、大黑河东岸。西受降城在今内蒙古杭锦后旗乌加河北岸。三城各相距三百余里。后东、西两城均曾改筑。 ⑥仁愿表留句：胡三省注："戍边岁满当归者，留以助筑城之功。" ⑦游弈使：官名。领游兵以巡弈者也……杜佑曰：游弈，于军中选骁勇谙山川、泉井者充，日夕逻候于亭障之外，捉生问事；其副使、子将，并久军行人，取善骑射人。 ⑧诺真水：在中受降城东北数百里处。 ⑨壅门：亦作"瓮门"。大城门外的小城，用以增强城池的防御力量。 ⑩恧（nǜ 衄）：自愧。此处有畏怯之义。

夏，四月，癸未，置修文馆大学士四员，直学士八员，学士十二员，选公卿以下善为文者李峤等为之。每游幸禁苑，或宗戚宴集，学士无不毕从，赋诗属和，使上官昭容第其甲乙[①]，优者赐金帛；同预宴者，惟中书、门下及长参王公、亲贵数人而已，至大宴，方召八座、九列、诸司五品以上预焉。于是天下靡然争以文华相尚，儒学忠谠之士莫得进矣。

秋，七月，癸巳，以左屯卫大将军、朔方道大总管张仁愿同中书门下三品。

甲午，清源尉吕元泰上疏，以为："边境未宁，镇戍不息，士卒困苦，转输疲弊，而营建佛寺，日广月滋，劳人费财，无有穷极。昔黄帝、尧、舜、禹、汤、文、武惟以俭约仁义立德垂名，晋、宋以降，塔庙竞起，而丧乱相继，由其好尚失所，奢靡相高，人不堪命故也。伏愿回营造之资，充疆埸之费，使烽燧永息，群生富庶，则如来慈悲之施，平等之心，孰过于此？"疏奏，不省。

安乐、长宁公主及皇后妹郕国夫人、上官婕妤、婕妤母沛国夫人郑氏、尚宫柴氏、贺娄氏[2]，女巫第五英儿、陇西夫人赵氏，皆依势用事，请谒受赇，虽屠沽臧获[3]，用钱三十万，则别降墨敕除官，斜封付中书，时人谓之"斜封官"；钱三万则度为僧尼。其员外、同正、试、摄、检校、判、知官凡数千人[4]。西京、东都各置两吏部侍郎，为四铨，选者岁数万人。

上官婕妤及后宫多立外第，出入无节，朝士往往从之游处，以求进达。安乐公主尤骄横，宰相以下多出其门。与长宁公主竞起第舍，以侈丽相高，拟于宫掖，而精巧过之。安乐公主请昆明池，上以百姓蒲鱼所资，不许。公主不悦，乃更夺民田作定昆池，延袤数里，累石象华山，引水象天津，欲以胜昆明，故名定昆。安乐有织成裙，直钱一亿，花卉鸟兽，皆如粟粒，正视旁视，日中影中，各为一色。

上好击球，由是风俗相尚，驸马武崇训、杨慎交洒油以筑球场。慎交，恭仁曾孙也[5]。

上及皇后、公主多营佛寺。左拾遗京兆辛替否上疏谏，略曰："臣闻古之建官，员不必备，士有完行，家有廉节，朝廷有余俸，百姓有余食。伏惟陛下百倍行赏，十倍增官，金银不供其印，束帛不充于锡，遂使富商豪贾，尽居缨冕之流；鬻伎行巫，或涉膏腴之地。"又曰："公主，陛下之爱女，然而用不合于古义，行不根于人

唐含光殿球场石志

心，将恐变爱成憎，翻福为祸。何者？竭人之力，费人之财，夺人之家；爱数子而取三怨，使边疆之士不尽力，朝廷之士不尽忠，人之散矣，独持所爱，何所恃乎！君以人为本，本固则邦宁，邦宁则陛下之夫妇母子长相保也。”又曰：“若以造寺必为理体[⑥]，养人不足经邦，则殷、周已往皆暗乱，汉、魏已降皆圣明，殷、周已往为不长，汉、魏已降为不短矣。陛下缓其所急，急其所缓，亲未来而疏见在，失真实而冀虚无，重俗人之为，轻天子之业，虽以阴阳为炭，万物为铜，役不食之人，使不衣之士，犹尚不给，况资于天生地养，风动雨润，而后得之乎！一旦风尘再扰，霜雹荐臻[⑦]，沙弥不可操干戈[⑧]，寺塔不足攘饥馑，臣窃惜之。”疏奏，不省。

时斜封官皆不由两省而授，两省莫敢执奏，即宣示所司。吏部员外郎李朝隐前后执破一千四百余人，怨谤纷然，朝隐一无所顾。

【注释】

①昭容：妃嫔的称号。唐昭容位亚昭仪，于九品之次第二。是年冬，方以上官婕妤为昭容。　②尚宫：宫廷女官称号。唐宫官有六尚宫，职掌如六尚书。尚宫二人，正五品，掌引导中宫，总司记、司言、司簿、司闱四司之官。　③臧获：奴婢贱称。奴为臧，婢为获。　④“其员外”句：胡三省注：“时有员外置之官，有员外同正之官，有试官，有摄官，有检校官。判，谓判某官事；知，谓知某官事也。”这些都不是正官，说明其时授官过滥。　⑤恭仁：即唐初大臣杨恭仁（？—639）。本名纶，华阴（今属陕西）人。隋观王杨雄之子。　⑥理体：即治体。避唐高宗讳，改“治”为“理”。　⑦荐臻：接连而至。　⑧沙弥：和尚。

冬，十月，己酉，修文馆直学士、起居舍人武平一上表请抑损外戚权宠；不敢斥言韦氏，但请抑损己家。上优制不许。平一名甄，以字行，载德之子也[①]。

十一月，庚申，突骑施酋长娑葛自立为可汗，杀唐使者御史中丞冯嘉宾，遣其弟遮努帅众犯塞。

初，娑葛既代乌质勒统众，父时故将阙啜忠节不服，数相攻击。忠节众弱不能支，金山道行军总管郭元振奏追忠节入朝宿卫。

忠节行至播仙城，经略使、右威卫将军周以悌说之曰："国家不爱高官显爵以待君者，以君有部落之众故也。今脱身入朝，一老胡耳，岂惟不保宠禄，死生亦制于人手。方今宰相宗楚客、纪处讷用事，不若厚赂二公，请留不行，发安西兵及引吐蕃以击娑葛，求阿史那献为可汗以招十姓[②]，使郭虔瓘发拔汗那兵以自助[③]；既不失部落，又得报仇，比于入朝，岂可同日语哉！"郭虔瓘者，历城人，时为西边将。忠节然其言，遣间使赂楚客、处讷，请如以悌之策。

元振闻其谋，上疏，以为："往岁吐蕃所以犯边，正为求十姓、四镇之地不获故耳。比者息兵请和，非能慕悦中国之礼义也，直以国多内难，人畜疫疠，恐中国乘其弊，故且屈志求自昵。使其国小安，岂能忘取十姓、四镇之地哉！今忠节不论国家大计，直欲为吐蕃乡导[④]，恐四镇危机，将从此始。顷缘默啜凭陵，所应者多，兼四镇兵疲弊，势未能为忠节经略，非怜突骑施也。忠节不体国家中外之意而更求吐蕃；吐蕃得志，则忠节在其掌握，岂得复事唐也！往年吐蕃无恩于中国，犹欲求十姓、四镇之地；今若破娑葛有功，请分于阗、疏勒，不知以何理抑之！又，其所部诸蛮及婆罗门等方不服，若借唐兵助讨之，亦不知以何词拒之！是以古之智者皆不愿受夷狄之惠，盖豫忧其求请无厌、终为后患故也[⑤]。又，彼请阿史那献者，岂非以献为可汗子孙，欲依之以招怀十姓乎？按献父元庆，叔父仆罗，兄俀子及斛瑟罗、怀道等，皆可汗子孙也。往者唐及吐蕃遍曾立之以为可汗，欲以招抚十姓，皆不能致，寻自破灭。何则？此属非有过人之才，恩威不足以动众，虽复可汗旧种，众心终不亲附，况献又疏远于其父兄乎？若使忠节兵力自能诱胁十姓，则不必求立可汗子孙也。又，欲令郭虔瓘入拔汗那，发其兵。虔瓘前此已尝与忠节擅入拔汗那发兵，不能得其片甲匹马，而拔汗那不胜侵扰，南引吐蕃，奉俀子，还侵四镇。时拔汗那四旁无强寇为援，虔瓘等恣为侵掠，如独行无人之境，犹引俀子为患。今北有娑葛，急则与之并力，内则诸胡坚壁拒守，外则突厥伺隙邀遮[6]。臣料虔瓘等此行，必不能如往年之得志；内外受敌，自陷危亡，徒与虏结隙，令四镇不安。以臣愚揣之，实为非计。”

楚客等不从，建议：“遣冯嘉宾持节安抚忠节，侍御史吕守素处置四镇，以将军牛师奖为安西副都护，发甘、凉以西兵，兼征吐蕃，以讨娑葛。”娑葛遣使娑腊献马在京师，闻其谋，驰还报娑葛。于是娑葛发五千骑出安西，五千骑出拨换，五千骑出焉耆，五千骑出疏勒，入寇。元振在疏勒，栅于河口，不敢出。忠节逆嘉宾于计舒河口，娑葛遣兵袭之，生擒忠节，杀嘉宾，擒吕守素于僻城，缚于驿柱，咼而杀之。

【注释】

①载德：即唐朝外戚武载德。文水（今山西文水县东）人。河间王武仁范之子。任左卫亲府中郎将。武则天当政时，封颍川王。 ②阿史那献：唐朝西突厥首领阿史那弥射之孙，阿史那元庆之子。 ③拔汗那：西域古国名，即汉代大宛国。其都城在渴塞城（今乌兹别克斯坦塔什干东南）。 ④乡导：向导。乡，通“向”。 ⑤豫：预先。同“预”。 ⑥邀遮：拦截阻击。

上以安乐公主将适左卫中郎将武延秀，遣使召太子宾客武攸绪于嵩山。攸绪将至，上敕礼官于两仪殿设别位，欲行问道之礼，听以山服葛巾入见，不名不拜。仗入，通事舍人引攸绪就位；攸绪趋立辞见班中[1]，再拜如常仪。上愕然，竟不成所拟之礼。上屡延之内殿，频烦宠锡，皆谢不受；亲贵谒候，寒温之外，不交一言。

初，武崇训之尚公主也，延秀数得侍宴。延秀美姿仪，善歌舞，公主悦之。及崇训死，遂以延秀尚焉。

己卯，成礼，假皇后仗[2]，分禁兵以盛其仪卫，命安国相王障车[3]。庚辰，赦天下。以延秀为太常卿，兼右卫将军。辛巳，宴群臣于两仪殿，命公主出拜公卿，公卿皆伏地稽首。

癸未，牛师奖与突骑施娑葛战于火烧城，师奖兵败没。娑葛遂陷安西，断四镇路，遣使上表，求宗楚客头。楚客又奏以周以悌代郭元振统众，征元振入朝；以阿史那献为十姓可汗，置军焉耆以讨娑葛。

娑葛遗元振书，称："我与唐初无恶，但雠阙啜。宗尚书受阙啜金，欲枉破奴部落，冯中丞、牛都护相继而来，奴岂得坐而待死！又闻史献欲来，徒扰军州，恐未有宁日。乞大使商量处置。"元振奏娑葛书。楚客怒，奏言元振有异图，召，将罪之。元振使其子鸿间道具奏其状，乞留定西土，不敢归。周以悌竟坐流白州，复以元振代以悌，赦娑葛罪，册为十四姓可汗。

以婕妤上官氏为昭容。

十二月，御史中丞姚廷筠奏称："比见诸司不遵律令格式，事无大小皆悉闻奏。臣闻为君者任臣，为臣者奉法。万机丛委④，不可遍览，岂有修一水窦，伐一枯木，皆取断宸衷⑤！自今若军国大事及条式无文者，听奏取进止，自余各准法处分。其有故生疑滞，致有稽失，望令御史纠弹。"从之。

丁巳晦，敕中书、门下与学士、诸王、驸马入阁守岁，设庭燎⑥，置酒，奏乐。酒酣，上谓御史大夫窦从一曰："闻卿久无伉俪，朕每忧之。今夕岁除，为卿成礼。"从一但唯唯拜谢。俄而内侍引烛笼、步障、金缕罗扇自西廊而上，扇后有人衣礼衣，花钗，令与从一对坐。上命从一诵《却扇诗》数首⑦。扇却，去花易服而出，徐视之，乃皇后老乳母王氏，本蛮婢也。上与侍臣大笑。诏封莒国夫人，嫁为从一妻。俗谓乳母之婿曰"阿䎃"，从一每谒见及进表状，自称"翊圣皇后阿䎃"，时人谓之"国䎃"，从一欣然有自负之色。

【注释】

①辞见班：凡百官自中朝出为外官赴朝辞，自外官入朝觐者引入见，其辞见者不与百官序班，自为班立，谓之辞见班。　②假皇后仗：唐制，唐后乘重翟、厌翟、安车、四望车、金根车；而公主低皇后一等，乘厌翟车。此时将皇后所乘重翟及皇后仪仗给予公主使用。　③障车：护卫车乘。　④丛委：丛杂堆积。　⑤宸衷：皇帝的意志。宸，帝王的代称。

⑥燎：火炬。　⑦却扇诗：唐人成婚之夜，要诵《催妆》《却扇》诗。

三年　春，正月，丁卯，制广东都圣善寺[1]，居民失业者数十家。

长宁、安乐诸公主多纵僮奴掠百姓子女为奴婢，侍御史袁从之收系狱，治之。公主诉于上，上手制释之。从之奏称："陛下纵奴掠良人，何以理天下！"上竟释之。

二月，己丑，上幸玄武门，与近臣观宫女拔河。又命宫女为市肆，公卿为商旅，与之交易，因为忿争，言辞亵慢，上与后临观为乐。

丙申，监察御史崔琬对仗弹宗楚客、纪处讷潜通戎狄，受其货赂，致生边患。故事，大臣被弹，俯偻趋出[2]，立于朝堂待罪。至是，楚客更愤怒作色，自陈忠鲠，为琬所诬。上竟不穷问，命琬与楚客结为兄弟以和解之，时人谓之"和事天子"。

壬寅，以韦巨源为左仆射，杨再思为右仆射，并同中书门下三品。

上数与近臣学士宴集，令各效伎艺以为乐。工部尚书张锡舞《谈容娘》，将作大匠宗晋卿舞《浑脱》，左卫将军张洽舞《黄獐》，左金吾将军杜元谈诵《婆罗门咒》，中书舍人卢藏用效道士上章。国子司业河东郭山恽独曰："臣无所解，请歌古诗。"上许之。山恽乃歌《鹿鸣》《蟋蟀》[3]。明日，上赐山恽敕，嘉美其意，赐时服一袭。

上又尝宴侍臣，使各为《回波辞》[4]。众皆为谄语，或自求荣禄，谏议大夫李景伯曰："回波尔时酒卮。微臣职在箴规，侍宴既过三爵[5]，喧哗窃恐非仪！"上不悦。萧至忠曰："此真谏官也。"

三月，戊午，以宗楚客为中书令，萧至忠为侍中，大府卿韦嗣立为中书侍郎、同中书门下三品，中书侍郎崔湜、赵彦昭并同平章事。崔湜通于上官昭容，故昭容引以为相。彦昭，张掖人也。

时政出多门，滥官充溢，人以为三无坐处，谓宰相、御史及员外官也。韦嗣立上疏，以为："比者造寺极多，务取崇丽，大则用钱百数十万，小则三五万，无虑所费千万以上，人力劳弊，怨嗟盈路。

佛之为教，要在降伏身心，岂雕画土木，相夸壮丽！万一水旱为灾，戎狄构患，虽龙象如云，将何救哉！又，食封之家，其数甚众，昨问户部，云用六十余万丁；一丁绢两匹[⑥]，凡百二十余万匹。臣顷在太府，每岁庸绢，多不过百万，少则六七十万匹，比之封家，所入殊少。夫有佐命之勋，始可分茅胙土[⑦]。国初，功臣食封者不过三二十家，今以恩泽食封者乃逾百数；国家租赋，太半私门，私门有余，徒益奢侈，公家不足，坐致忧危，制国之方，岂谓为得！封户之物，诸家自征，僮仆依势，陵轹州县，多索裹头，转行贸易，烦扰驱迫，不胜其苦。不若悉计丁输之太府，使封家于左藏受之，于事为愈。又，员外置官，数倍正阙，曹署典吏，困于祗承，府库仓储，竭于资奉。又，刺史、县令，近年以来，不存简择，京官有犯及声望下者方遣刺州，吏部选人，衰耄无手笔者方补县令。以此理人，何望率化！望自今应除三省、两台及五品以上清望官，皆先于刺史、县令中选用，则天下理矣。"上弗听。

戊寅，以礼部尚书韦温为太子少保、同中书门下三品，太常卿郑愔为吏部尚书、同平章事。温，皇后之兄也。

太常博士唐绍以武氏昊陵、顺陵置守户五百，与昭陵数同，梁宣王、鲁忠王墓守户多于亲王五倍，韦氏褒德庙卫兵多于太庙，上疏请量裁减；不听。绍，临之孙也[⑧]。

中书侍郎兼知吏部侍郎、同平章事崔湜、吏部侍郎同平章事郑愔俱掌铨衡，倾附势要，赃贿狼藉，数外留人，授拟不足，逆用三年阙，选法大坏。湜父挹为司业，受选人钱，湜不之知，长名放之[⑨]。其人诉曰："公所亲受某赂，奈何不与官？"湜怒曰："所亲为谁，当擒取杖杀之！"其人曰："公勿杖杀，将使公遭忧[⑩]。"湜大惭。侍御史靳恒与监察御史李尚隐对仗弹之，上下湜等狱，命监察御史裴漼按之。安乐公主讽漼宽其狱，漼复对仗弹之。夏，五月，丙寅，愔免死，流吉州，湜贬江州司马。上官昭容密与安乐公主、武延秀曲为申理，明日，以湜为襄州刺史，愔为江州司马。

六月，右仆射、同中书门下三品杨再思薨。

【注释】

①东都圣善寺：西京已有圣善寺，东都亦有圣善寺，皆唐中宗所建，

为武后追福。 ②俯偻(lǚ 缕):低头为俯,伛背为偻;即俯首曲身的意思。 ③"山恽"句:胡三省注:"《鹿鸣》,宴群臣嘉宾;《蟋蟀》,取好乐无荒之义。然山恽欲以所业自见,以附于儒学而已,非能纳君于善。" ④回波辞:当时内宴酒兴正浓时,侍臣们都起身表演《回波舞》,因此唐中宗让侍臣们作《回波辞》。 ⑤"侍宴"句:古礼,臣侍君宴,饮酒不许超过三爵,超过三爵,就是非礼。 ⑥一丁绢两匹:唐初制度,一丁每年纳绢二匹。 ⑦分茅胙土:古代帝王分封诸侯,将大社坛某方的土块用白茅包住授封,象征授予土地和权力。胙,赐。 ⑧临:即唐大臣唐临(600—659)。字本德。长安(今陕西西安)人。历事高祖、太宗、高宗,累迁吏部尚书。坐事贬潮州刺史,死于任所。 ⑨长名:指公布铨选结果的长名榜。放:即不予入选。 ⑩忧:居丧,多指父母的丧事。

秋,七月,突骑施娑葛遣使请降;庚辰,拜钦化可汗,赐名守忠。

八月,己酉[1],以李峤同中书门下三品,韦安石为侍中,萧至忠为中书令。

至忠女适皇后舅子崔无诐,成婚日,上主萧氏,后主崔氏,时人谓之"天子嫁女,皇后娶妇"。

上将祀南郊,丁酉,国子祭酒祝钦明、国子司业郭山恽建言:"古者大祭祀,后祼献以瑶爵[2]。皇后当助祭天地。"太常博士唐绍、蒋钦绪驳之,以为:"郑玄注《周礼·内司服》,惟有助祭先王先公,无助祭天地之文。皇后不当助祭南郊。"国子司业盐官褚无量议,以为:"祭天惟以始祖为主,不配以祖妣,故皇后不应预祭。"韦巨源定仪注,请依钦明议。上从之,以皇后为亚献,仍以宰相女为斋娘,助执豆笾。钦明又欲以安乐公主为终献,绍、钦绪固争,乃止;以巨源摄太尉为终献。钦绪,胶水人也。

己巳[3],上幸定昆池,命从官赋诗。黄门侍郎李日知诗曰:"所愿暂思居者逸,勿使时称作者劳。"及睿宗即位,谓日知曰:"当是时,朕亦不敢言之。"

九月,戊辰,以苏瓌为右仆射、同中书门下三品。

太平、安乐公主各树朋党,更相谮毁,上患之。冬,十一月,癸亥，上谓修文馆直学士武平一曰："比闻内外亲贵多不辑睦，以何法和之？"平一以为："此由谗谄之人阴为离间，宜深加诲谕，斥逐奸险。若犹未已，伏愿舍近图远，抑慈存严，示以知禁，无令积恶。"上赐平一帛而不能用其言。

上召前修文馆学士崔湜、郑愔入陪大礼。乙丑，上祀南郊，赦天下，并十恶咸赦除之[4]；流人并放还；斋娘有婿者，皆改官。

甲戌，开府仪同三司、平章军国重事豆卢钦望薨。

乙亥，吐蕃赞普遣其大臣尚赞咄等千余人逆金城公主。

河南道巡察使、监察御史宋务光，以"于时食实封者凡一百四十余家，应出封户者凡五十四州，皆割上腴之田，或一封分食数州；而太平、安乐公主又取高赀多丁者，刻剥过苦，应充封户者甚于征役；滑州地出绫缣，人多趋射，尤受其弊，人多流亡；请稍分封户散配余州。又，征封使者烦扰公私，请附租庸，每年送纳。"上弗听。

时流人皆放还，均州刺史谯王重福独不得归，乃上表自陈曰："陛下焚柴展礼，郊祀上玄，苍生并得赦除，赤子偏加摈弃，皇天平分之道，固若此乎！天下之人闻者为臣流涕。况陛下慈念，岂不愍臣栖遑[5]！"表奏，不报。

前右仆射致仕唐休璟，年八十余，进取弥锐，娶贺娄尚宫养女为其子妇。十二月，壬辰，以休璟为太子少师、同中书门下三品。

甲午，上幸骊山温汤；庚子，幸韦嗣立庄舍。以嗣立与周高士韦敻同族[6]，赐爵逍遥公。嗣立，皇后之疏属也。由是顾赏尤重。乙巳，还宫。

是岁，关中饥，米斗百钱。运山东，江、淮谷输京师，牛死什八九。群臣多请车驾复幸东都，韦后家本杜陵，不乐东迁，乃使巫觋彭君卿等说上云："今岁不利东行。"后复有言者，上怒曰："岂有逐粮天子邪！"乃止。

【注释】

①己酉：据严衍《通鉴补》，当作"乙酉"。　②祼（guàn 贯）献：即灌祭。以郁鬯之酒献祭，受祭后将酒灌于地，因奠不饮，谓之祼。瑶爵：以瑶为饰的爵。瑶，一种美玉。　③己巳：景龙三年八月无此日，当有误。

据《旧唐书》则作“乙巳”。 ④十恶：古代封建王朝所规定的不可赦免的十大罪名。即谋反，谋大逆、谋叛、谋恶逆、不道、大不敬、不孝、不睦、不义、内乱。 ⑤栖遑：走投无路，不得安定。 ⑥韦敻（501—578）：北周隐士。字敬远，号逍遥公。有《三教序》。敻（xiòng）。

睿宗玄真大圣大兴孝皇帝上

景云元年[①] 春，正月，丙寅夜，中宗与韦后微行观灯于市里，又纵宫女数千人出游，多不归者。

上命纪处讷送金城公主适吐蕃，处讷辞；又命赵彦昭，彦昭亦辞。丁丑，命左骁卫大将军杨矩送之。己卯，上自送公主至始平；二月，癸未，还宫。公主至吐蕃，赞普为之别筑城以居之。

庚戌，上御梨园毬场，命文武三品以上抛球及分朋拔河。韦巨源、唐休璟衰老，随絙踣地[②]，久之不能兴；上及皇后、妃、主临观，大笑。

夏，四月，丙戌，上游芳林园，命公卿马上摘樱桃。

初，则天之世，长安城东隅民王纯家井溢，浸成大池数十顷，号隆庆池。相王子五王列第于其北[③]，望气者言：“常郁郁有帝王气，比日尤甚。”乙未，上幸隆庆池，结彩为楼，宴侍臣，泛舟戏象以厌之[④]。

定州人郎岌上言：“韦后、宗楚客将为逆乱。”韦后白上杖杀之。

五月，丁卯，许州司兵参军偃师燕钦融复上言[⑤]：“皇后淫乱，干预国政，宗族强盛；安乐公主、武延秀、宗楚客图危宗社。”上召钦融面诘之。钦融顿首抗言，神色不挠；上默然。宗楚客矫制令飞骑扑杀之，投于殿庭石上，折颈而死，楚客大呼称快。上虽不穷问，意颇怏怏不悦；由是韦后及其党始忧惧。

己卯，上宴近臣，国子祭酒祝钦明自请作《八风舞》，摇头转目，备诸丑态；上笑。钦明素以儒学著名，吏部侍郎卢藏用私谓诸学士曰：“祝公《五经》扫地尽矣！”

【注释】

①景云元年：此年六月改年号为唐隆，七月才改年号为景云。②絙（gēng 耕）：粗绳。踣（bó 箔）：仆倒。 ③五王：指寿春王李成器、临淄王李隆基、衡阳王李成义、巴陵王李隆范、彭城王李隆业。 ④厌（yā 押）：通“压”。 ⑤司兵参军：职官名。即各州的兵曹司兵参军事。唐制，司兵参军执掌武官选、兵甲、器仗，门禁管龠，军防烽候，传驿、田猎。

散骑常侍马秦客以医术，光禄少卿杨均以善烹调，皆出入宫掖，得幸于韦后，恐事泄被诛；安乐公主欲韦后临朝，自为皇太女；乃相与合谋，于饼馅中进毒[①]。六月，壬午，中宗崩于神龙殿。

韦后秘不发丧，自总庶政。癸未，召诸宰相入禁中，征诸府兵五万人屯京城，使驸马都尉韦捷、韦灌、卫尉卿韦璿、左千牛中郎将韦锜、长安令韦播、郎将高嵩分领之[②]。璿，温之族弟；播，从子；嵩，其甥也。中书舍人韦元徼巡六街[③]。又命左监门大将军兼内侍薛思简等将兵五百人驰驿戍均州，以备谯王重福。以刑部尚书裴谈、工部尚书张锡并同中书门下三品，仍充东都留守。吏部尚书张嘉福、中书侍郎岑羲、吏部侍郎崔湜并同平章事。羲，长倩之子也。

太平公主与上官昭容谋草遗制，立温王重茂为皇太子，皇后知政事，相王旦参谋政事。宗楚客密谓韦温曰：“相王辅政，于理非宜；且于皇后，嫂叔不通问，听朝之际，何以为礼？”遂帅诸宰相表请皇后临朝，罢相王政事。苏瓌曰：“遗诏岂可改邪！”温、楚客怒，瓌惧而从之，乃以相王为太子太师。

甲申，梓宫迁御太极殿，集百官，发丧，皇后临朝摄政，赦天下，改元唐隆。进相王旦太尉，雍王守礼为豳王，寿春王成器为宋王，以从人望。命韦温总知内外守捉兵马事[④]。

丁亥，殇帝即位，时年十六。尊皇后为皇太后；立妃陆氏为皇后。

壬辰，命纪处讷持节巡抚关内道，岑羲河南道，张嘉福河北道。

宗楚客与太常卿武延秀、司农卿赵履温、国子祭酒叶静能及诸韦共劝韦后遵武后故事,南北卫军、台阁要司皆以韦氏子弟领之[⑤],广聚党众,中外连结。楚客又密上书称引图谶,谓韦氏宜革唐命。谋害殇帝,深忌相王及太平公主,密与韦温、安乐公主谋去之。

相王子临淄王隆基,先罢潞州别驾[⑥],在京师,阴聚才勇之士,谋匡复社稷。初,太宗选官户及蕃口骁勇者,着虎文衣,跨豹文鞯[⑦],从游猎,于马前射禽兽,谓之百骑;则天时稍增为千骑,隶左右羽林;中宗谓之万骑,置使以领之。隆基皆厚结其豪杰。

兵部侍郎崔日用素附韦、武,与宗楚客善,知楚客谋,恐祸及己,遣宝昌寺僧普润密诣隆基告之,劝其速发。隆基乃与太平公主及公主子卫尉卿薛崇暕、苑总监赣人钟绍京、尚衣奉御王崇晔、前朝邑尉刘幽求、利仁府折冲麻嗣宗谋先事诛之。韦播、高嵩数榜捶万骑[⑧],欲以立威,万骑皆怨。果毅葛福顺、陈玄礼见隆基诉之,隆基讽以诛诸韦,皆踊跃请以死自效。万骑果毅李仙凫亦预其谋。或谓隆基当启相王,隆基曰:"我曹为此以徇社稷,事成福归于王,不成以身死之,不以累王也。今启而见从,则王预危事;不从,将败大计。"遂不启。

【注释】

①饼餤(dàn 淡):饼类食品。餤,饼。 ②"使驸马"句:胡三省注:"韦捷尚中宗女成安公主;韦灌尚定安公主。" ③徼巡六街:谓掌理六街巡逻事宜。长安城中左、右六街,金吾街使主之;左、右金吾将军,掌昼夜巡警之法,以执御非违。徼,徼巡,巡查缉捕盗贼的意思。 ④守捉:唐制,军队戍守之地,较大者称军,小者称守捉,其下则有城有镇。⑤南北卫军,南军指十六卫军,北军指羽林军及万骑。台阁:尚书省的各司。 ⑥别驾:职官名。为州长官的佐吏。隋唐时曾改称长史,唐中期后诸州以别驾、长史并置,事权已轻。 ⑦鞯(jiān 煎):衬托马鞍的垫子。 ⑧榜捶:拷打。

庚子,晡时,隆基微服与幽求等入苑中,会钟绍京廨舍;绍京悔,欲拒之,其妻许氏曰:"忘身徇国,神必助之。且同谋素定,今虽不行，庸得免乎！”绍京乃趋出拜谒，隆基执其手与坐。时羽林将士皆屯玄武门，逮夜，葛福顺、李仙凫皆至隆基所，请号而行[1]。向二鼓，天星散落如雪，刘幽求曰：“天意如此，时不可失！”福顺拔剑直入羽林营，斩韦璿、韦播、高嵩以徇，曰：“韦后酖杀先帝，谋危社稷，今夕当共诛诸韦，马鞭以上皆斩之；立相王以安天下。敢有怀两端助逆党者，罪及三族。”羽林之士皆欣然听命。乃送璿等首于隆基，隆基取火视之，遂与幽求等出苑南门，绍京帅丁匠二百余人，执斧锯以从。使福顺将左万骑攻玄德门，仙凫将右万骑攻白兽门，约会于凌烟阁前，即大噪，福顺等共杀守门将，斩关而入。隆基勒兵玄武门外，三鼓，闻噪声，帅总监及羽林兵而入，诸卫兵在太极殿宿卫梓宫者，闻噪声，皆被甲应之。韦后惶惑走入飞骑营，有飞骑斩其首献于隆基。安乐公主方照镜画眉，军士斩之。斩武延秀于肃章门外，斩内将军贺娄氏于太极殿西[2]。

初，上官昭容引其从母之子王昱为左拾遗，昱说昭容母郑氏曰：“武氏，天之所废，不可兴也。今婕妤附于三思，此灭族之道也，愿姨思之！”郑氏以戒昭容，昭容弗听。及太子重俊起兵诛三思，索昭容，昭容始惧，思昱言；自是心附帝室，与安乐公主各树朋党。及中宗崩，昭容草遗制立温王，以相王辅政；宗、韦改之。及隆基入宫，昭容执烛帅宫人迎之，以制草示刘幽求。幽求为之言，隆基不许，斩于旗下。

时少帝在太极殿，刘幽求曰：“众约今夕共立相王，何不早定！”隆基遽止之，捕索诸韦在宫中及守诸门，并素为韦后所亲信者皆斩之。比晓，内外皆定。辛巳[3]，隆基出见相王，叩头谢不先启之罪。相王抱之泣曰：“社稷宗庙不坠于地，汝之力也。”遂迎相王入辅少帝。

闭宫门及京城门，分遣万骑收捕诸韦亲党。斩太子少保、同中书门下三品韦温于东市之北。中书令宗楚客衣斩衰、乘青驴逃出，至通化门，门者曰：“公，宗尚书也。”去布帽，执而斩之，并斩其弟晋卿。相王奉少帝御安福门，慰谕百姓。初，赵履温倾国资以奉安乐公主，为之起第舍，筑台穿池无休已，摭紫衫[4]，以项挽公主犊车。公主死，履温驰诣安福楼下舞蹈称万岁；声未绝，相王命万骑斩之。百姓怨其劳役，争割其肉，立尽。秘书监汴王邕娶韦后妹崇国夫人，与御史大夫窦从一各手斩其妻首以献。邕，凤之孙也[⑤]。左仆射、同中书门下三品韦巨源闻乱，家人劝之逃匿，巨源曰："吾位大臣，岂可闻难不赴！"出至都街，为乱兵所杀，时年八十。于是枭马秦客、杨均、叶静能等首，尸韦后于市。崔日用将兵诛诸韦于杜曲[⑥]，襁褓儿无免者，诸杜滥死非一。

是日，赦天下，云："逆贼魁首已诛，自余支党一无所问。"以临淄王隆基为平王，兼知内外闲厩[⑦]，押左右厢万骑。薛崇暕赐爵立节王。以钟绍京守中书侍郎，刘幽求守中书舍人，并参知机务。麻嗣宗行右金吾卫中郎将。武氏宗属，诛死流窜殆尽。侍中纪处讷行至华州，吏部尚书同平章事张嘉福行至怀州，皆收斩之[⑧]。

【注释】

①取号而行：胡三省注："凡用兵下营及攻袭，就主帅取号以备缓急，相照应。"号，暗号。 ②内将军：当时韦后命以妇人为内将军，由尚宫贺娄氏担任。 ③辛巳：据新旧《唐书》，当作"辛丑"。 ④抴（yè 夜）：用手按捺。 ⑤凤：即唐宗室李凤。高祖之子。 ⑥杜曲：地名。在唐长安南，韦、杜两族居此地，因称韦曲、杜曲。 ⑦内外闲厩：指尚乘奉御的职事，掌理御马。闲厩，马厩。 ⑧收：逮捕。

壬寅，刘幽求在太极殿，有宫人与宦官令幽求作制书立太后，幽求曰："国有大难，人情不安，山陵未毕[①]，遽立太后，不可！"平王隆基曰："此勿轻言。"

遣十道使赍玺书宣抚，及诣均州宣慰谯王重福。贬窦从一为濠州司马。罢诸公主府官。

癸卯，太平公主传少帝命，请让位于相王，相王固辞。以平王隆基为殿中监、同中书门下三品，以宋王成器为左卫大将军，衡阳王成义为右卫大将军，巴陵王隆范为左羽林大将军，彭城王隆业为右羽林大将军，光禄少卿嗣道王微检校右金吾卫大将军。微，元庆之孙也[②]。以黄门侍郎李日知、中书侍郎钟绍京并同中书门下三品。太平公主之子薛崇训为右千牛卫将军。隆基有二奴，王毛仲、李守德，皆趫勇善骑射[③]，常侍卫左右。隆基之入苑中也，毛仲避匿不从，事定数日方归，隆基不之责，仍超拜将军。毛仲，本高丽也。汴王邕贬沁州刺史，左散骑常侍、驸马都尉杨慎交贬巴州刺史，中书令萧至忠贬许州刺史，兵部尚书、同中书门下三品韦嗣立贬宋州刺史，中书侍郎、同平章事赵彦昭贬绛州刺史，吏部侍郎、同平章事崔湜贬华州刺史。

刘幽求言于宋王成器、平王隆基曰："相王畴昔已居宸极，群望所属。今人心未安，家国事重，相王岂得尚守小节，不早即位以镇天下乎！"隆基曰："王性恬淡，不以代事婴怀[④]。虽有天下，犹让于人，况亲兄之子，安肯代之乎！"幽求曰："众心不可违，王虽欲高居独善，其如社稷何！"成器、隆基入见相王，极言其事，相王乃许之。甲辰，少帝在太极殿东隅西向，相王立于梓宫旁[⑤]，太平公主曰："皇帝欲以此位让叔父，可乎？"幽求跪曰："国家多难，皇帝仁孝，追踪尧、舜，诚合至公；相王代之任重，慈爱尤厚矣。"乃以少帝制传位相王。时少帝犹在御座，太平公主进曰："天下之心已归相王，此非儿座！"遂提下之。睿宗即位，御承天门，赦天下。复以少帝为温王。

以钟绍京为中书令。钟绍京少为司农录事[⑥]，既典朝政，纵情赏罚，众皆恶之。太常少卿薛稷劝其上表礼让，绍京从之。稷入言于上曰："绍京虽有勋劳，素无才德，出自胥徒[⑦]，一旦超居元宰[⑧]，恐失圣朝具瞻之美。"上以为然。丙午，改除户部尚书，寻出为蜀州刺史。

【注释】

①山陵：帝王的坟墓。　②元庆：即唐初宗室李元庆。高祖李渊之子，封道王。　③趫（qiáo 乔）：行动轻捷，善奔走。　④代事：即世事。避太宗李世民讳而改。　⑤梓宫：皇帝的棺柩。　⑥司农录事：职官名，即司农寺录事。唐制，九寺皆设录事，官九品。　⑦胥徒：小吏。　⑧元宰：宰相。

上将立太子，以宋王成器嫡长，而平王隆基有大功，疑不能决。成器辞曰："国家安则先嫡长，国家危则先有功；苟违其宜，四海失望。臣死不敢居平王之上。"涕泣固请者累日。大臣亦多言平王功大宜立。刘幽求曰:“臣闻除天下之祸者,当享天下之福。平王拯社稷之危,救君亲之难,论功莫大,语德最贤,无可疑者。”上从之。丁未,立平王隆基为太子。隆基复表让成器,不许。

则天大圣皇后复旧号为天后。追谥雍王贤曰章怀太子。

戊申,以宋王成器为雍州牧、扬州大都督、太子太师。

置温王重茂于内宅[①]。

以太常少卿薛稷为黄门侍郎,参知机务。稷以工书,事上于藩邸,其子伯阳尚仙源公主[②],故为相。

追削武三思、武崇训爵谥,斫棺暴尸,平其坟墓。

以许州刺史姚元之为兵部尚书、同中书门下三品,宋州刺史韦嗣立、许州刺史萧至忠为中书令,绛州刺史赵彦昭为中书侍郎,华州刺史崔湜为吏部侍郎,并同平章事。

越州长史宋之问,饶州刺史冉祖雍,坐谄附韦、武,皆流岭表[③]。

己酉,立衡阳王成义为申王,巴陵王隆范为岐王,彭城王隆业为薛王;加太平公主实封满万户。

太平公主沈敏多权略,武后以为类己,故于诸子中独爱幸,颇得预密谋,然尚畏武后之严,未敢招权势;及诛张易之,公主有力焉。中宗之世,韦后、安乐公主皆畏之,又与太子共诛韦氏。既屡立大功,益尊重,上常与之图议大政,每入奏事,坐语移时[④];或时不朝谒,则宰相就第咨之。每宰相奏事,上辄问:“尝与太平议否?”又问:“与三郎议否?”然后可之。三郎,谓太子也。公主所欲,上无不听,自宰相以下,进退系其一言,其余荐士骤历清显者不可胜数,权倾人主,趋附其门者如市。子薛崇行、崇敏、崇简皆封王,田园遍于近甸,收市营造诸器玩,远至岭、蜀,输送者相属于路,居处奉养,拟于宫掖。

追赠郎岌、燕钦融谏议大夫。

【注释】

①“置温王”句:即将李重茂软禁于内宅,以防有人利用他制造变乱。 ②仙源公主:唐睿宗之女,后封荆山公主。 ③岭表:岭南。 ④移时:一段时间。

秋，七月，庚戌朔，赠韦月将宣州刺史。

癸丑，以兵部侍郎崔日用为黄门侍郎，参知机务。

追复故太子重俊位号；雪敬晖、桓彦范、崔玄暐、张柬之、袁恕己、成王千里、李多祚等罪，复其官爵。

丁巳，以洛州长史宋璟检校吏部尚书、同中书门下三品；岑羲罢为右散骑常侍，兼刑部尚书。璟与姚元之协心革中宗弊政，进忠良，退不肖，赏罚尽公，请托不行，纲纪修举，当时翕然以为复有贞观、永徽之风。

壬戌，崔湜罢为尚书左丞，张锡为绛州刺史，萧至忠为晋州刺史，韦嗣立为许州刺史，赵彦昭为宋州刺史。丙寅，姚元之兼中书令，兵部尚书、同中书门下三品李峤贬怀州刺史。

丁卯，太子少师、同中书门下三品唐休璟致仕，右武卫大将军、同中书门下三品张仁愿罢为左卫大将军。

黄门侍郎、参知机务崔日用与中书侍郎、参知机务薛稷争于上前，稷曰："日用倾侧[①]，向附武三思，非忠臣；卖友邀功，非义士。"日用曰："臣往虽有过，今立大功。稷外托国姻，内附张易之、宗楚客，非倾侧而何！"上由是两罢之，戊辰，以日用为雍州长史，稷为左散骑常侍。

己巳，赦天下，改元[②]；凡韦氏余党未施行者，咸赦之。

乙亥，废武氏崇恩庙及昊陵、顺陵，追废韦后为庶人，安乐公主为悖逆庶人。

韦后之临朝也，吏部侍郎郑愔贬江州司马，潜过均州，与刺史谯王重福及洛阳人张灵均谋举兵诛韦氏，未发而韦氏败。重福迁集州刺史，未行，灵均说重福曰："大王地居嫡长，当为天子。相王虽有功，不当继统。东都士庶，皆愿王来。王若潜入洛阳，发左右屯营兵[③]，袭杀留守，据东都，如从天而下也。然后西取陕州，东取河南北，天下指麾可定。"重福从之。

灵均乃密与愔结谋，聚徒数十人。时愔自秘书少监左迁沅州刺史，迟留洛阳以俟重福，草制，立重福为帝，改元为中元克复。尊上为皇季叔，以温王为皇太弟，愔为左丞相知内外文事，灵均为右丞相、天柱大将军知武事，右散骑常侍严善思为礼部尚书知吏部事。重福与灵均诈乘驿诣东都[4]，愔先供张驸马都尉裴巽第以待重福[5]。洛阳县官微闻其谋[6]。

【注释】

①倾侧：倾斜，不正。 ②改元：即改年号为景云。 ③左右屯营：东都置左、右屯营兵以卫宫城。 ④诈：此指伪装。乘驿：骑乘驿马。⑤供张：即供帐。布置帷帐。 ⑥微闻：略有察觉。

资治通鉴卷第二百一十

唐纪二十六　起上章阉茂八月，尽昭阳赤奋若，凡三年有奇。

睿宗玄真大圣大兴孝皇帝下

景云元年　八月，庚寅，往巽第按问。重福奄至[①]，县官驰出，白留守[②]；群官皆逃匿，洛州长史崔日知独帅众讨之。

留台侍御史李邕遇重福于天津桥，从者已数百人；驰至屯营，告之曰："谯王得罪先帝，今无故入都，此必为乱；君等宜立功取富贵。"又告皇城使闭诸门。重福先趣左、右屯营[③]，营中射之，矢如雨下。乃还趣左掖门，欲取留守兵，见门闭，大怒，命焚之。火未及然[④]，左屯营兵出逼之，重福窘迫，策马出上东[⑤]，逃匿山谷。明日，留守大出兵搜捕，重福赴漕渠溺死。日知，日用之从父兄也，以功拜东都留守。

郑愔貌丑多须，既败，梳髻，著妇人服，匿车中；擒获，被鞫，股慄不能对。张灵均神气自若，顾愔曰："吾与此人举事，宜其败也！"与愔皆斩于东都市。初，愔附来俊臣得进；俊臣诛，附张易之；易之诛，附韦氏；韦氏败，又附谯王重福，竟坐族诛。严善思免死，流静州。

万骑恃讨诸韦之功，多暴横，长安中苦之；诏并除外官[⑥]。又停以户奴为万骑；更置飞骑，隶左、右羽林。

姚元之、宋璟及御史大夫毕构上言："先朝斜封官悉宜停废。"上从之。癸巳，罢斜封官凡数千人。

刑部尚书、同中书门下三品裴谈贬蒲州刺史。

赠苏安恒谏议大夫。

九月，辛未，以太子少师致仕唐休璟为朔方道大总管。

冬，十月，甲申，礼仪使姚元之、宋璟奏[7]："大行皇帝神主，应祔太庙，请迁义宗神主于东都，别立庙。"从之。

乙未，追复天后尊号为大圣天后。

丁酉，以幽州镇守经略节度大使薛讷为左武卫大将军兼幽州都督。节度使之名自讷始。

太平公主以太子年少，意颇易之；既而惮其英武，欲更择暗弱者立之以久其权，数为流言，云"太子非长，不当立。"己亥，制戒谕中外，以息浮议[8]。公主每觇伺太子所为[9]，纤介必闻于上[10]，太子左右，亦往往为公主耳目，太子深不自安。

谥故太子重俊曰节愍。太府少卿万年韦凑上书，以为："赏罚所不加者，则考行立谥以褒贬之。故太子重俊，与李多祚等称兵入宫，中宗登玄武门以避之，太子据鞍督兵自若；及其徒倒戈，多祚等死，太子方逃窜。向使宿卫不守，其为祸也胡可忍言！明日，中宗雨泣，谓供奉官曰[11]：'几不与卿等相见。'其危如此，今圣朝礼葬，谥为节愍，臣窃惑之。夫臣子之礼，过庙必下，过位必趋。汉成帝之为太子，不敢绝驰道[12]。而重俊称兵宫内，跨马御前，无礼甚矣。若以其诛武三思父子而嘉之，则兴兵以诛奸臣而尊君父可也；今欲自取之，是与三思竞为逆也，又足嘉乎！若以其欲废韦氏而嘉之，则韦氏于时逆状未彰，大义未绝[13]，苟无中宗之命而废之，是胁父废母也，庸可乎[14]！汉戾太子困于江充之谗，发忿杀充，虽兴兵交战，非围逼君父也；兵败而死，及其孙为天子，始得改葬，犹谥曰戾。况重俊可谥之曰节愍乎！臣恐后之乱臣贼子，得引以为比，开悖逆之原，非所以彰善瘅恶也[15]，请改其谥。多祚等从重俊兴兵，不为无罪。陛下今宥之可也，名之为雪，亦所未安。"上甚然其言，而执政以为制命已行，不为追改，但停多祚等赠官而已。

【注释】

①奄：突然，忽然。 ②白：禀报。留守：此指东都留守。 ③趣（qū 区）：往赴。 ④然："燃"字的本字。 ⑤上东：即上东门。洛阳城

东面北方的第一门。 ⑥除：任命，授职。外官：地方官。 ⑦礼仪使：唐代凡有国恤，皆以宰相为礼仪使，掌山陵、祔庙等事。 ⑧浮议：空虚不实的议论。 ⑨觇（chān 掺）伺：窥探。 ⑩纤介：比喻细微的事物。 ⑪供奉官：指中书、门下两省官员。 ⑫绝：横越。驰道：专供帝王行驶马车的道路。 ⑬大义：此指韦后、重俊之间的母子之义。 ⑭庸：岂，难道。 ⑮瘅（dàn 旦）恶：排斥坏的。瘅，憎恨。

十一月，戊申朔，以姚元之为中书令。

乙酉，葬孝和皇帝于定陵，庙号中宗。朝议以韦后有罪，不应祔葬[1]。追谥故英王妃赵氏曰和思顺圣皇后，求其瘗[2]，莫有知者，乃以袆衣招魂[3]，覆以夷衾[4]，祔葬定陵。

壬子，侍中韦安石罢为太子少保，左仆射、同中书门下三品苏瓌罢为少傅。

甲寅，追复裴炎官爵。

初，裴伷先自岭南逃归，复杖一百，徙北庭。至徙所，殖货任侠，常遣客诇都下事[5]。武后之诛流人也，伷先先知之，逃奔胡中；北庭都护追获，囚之以闻。使者至，流人尽死，伷先以待报未杀。既而武后下制安抚流人，有未死者悉放还，伷先由是得归。至是求炎后，独伷先在，拜詹事丞。

壬戌，追复王同皎官爵。

庚午，许文贞公苏瓌薨。制起复其子颋为工部侍郎，颋固辞。上使李日知谕旨，日知终坐不言而还，奏曰："臣见其哀毁，不忍发言，恐其陨绝。"上乃听其终制。

十二月，癸未，上以二女西城、隆昌公主为女官，以资天皇天后之福，仍欲于城西造观。谏议大夫宁原悌上言，以为："先朝悖逆庶人以爱女骄盈而及祸，新城、宜城以庶孽抑损而获全[6]。又释、道二家皆以清净为本，不当广营寺观，劳人费财。梁武致败于前，先帝取灾于后，殷鉴不远。今二公主入道，将为之置观，不宜过为崇丽，取谤四方。又，先朝所亲狎诸僧，尚在左右，宜加屏斥。"上览而善之。

宦者闾兴贵以事属长安令李朝隐，朝隐系于狱。上闻之，召见朝隐，劳之曰："卿为赤县令⑦，能如此，朕复何忧！"因御承天门，集百官及诸州朝集使，宣示以朝隐所为，且下制称"宦官遇宽柔之代，必弄威权。朕览前载，每所叹息。能副朕意，实在斯人，可加一阶为太中大夫，赐中上考及绢百匹。"

壬辰，奚、霫犯塞，掠渔阳、雍奴，出卢龙塞而去。幽州都督薛讷追击之，弗克。

旧制，三品以上官册授，五品以上制授，六品以下敕授，皆委尚书省奏拟，文属吏部，武属兵部，尚书曰中铨，侍郎曰东西铨。中宗之末，嬖倖用事，选举混淆，无复纲纪。至是，以宋璟为吏部尚书，李乂、卢从愿为侍郎，皆不畏强御，请谒路绝。集者万余人，留者三铨不过二千，人服其公。以姚元之为兵部尚书，陆象先、卢怀慎为侍郎，武选亦治。从愿，承庆之族子；象先，元方之子也。

侍御史藁城倪若水，奏弹国子祭酒祝钦明、司业郭山恽乱常改作，希旨病君⑧；于是左授钦明饶州刺史，山恽括州长史。

侍御史杨孚，弹纠不避权贵，权贵毁之。上曰："鹰搏狡兔，须急救之，不尔必反为所噬。御史绳奸慝亦然。苟非人主保卫之，则亦为奸慝所噬矣。"孚，隋文帝之侄孙也。

置河西节度、支度、营田等使⑨，领凉、甘、肃、伊、瓜、沙、西七州，治凉州。

姚州群蛮，先附吐蕃，摄监察御史李知古请发兵击之；既降，又请筑城，列置州县，重税之。黄门侍郎徐坚以为不可；不从。知古发剑南兵筑城，因欲诛其豪杰，掠子女为奴婢。群蛮怨怒，蛮酋傍名引吐蕃攻知古，杀之，以其尸祭天，由是姚、嶲路绝，连年不通。

安西都护张玄表侵掠吐蕃北境，吐蕃虽怨而未绝和亲，乃赂鄯州都督杨矩，请河西九曲之地以为公主汤沐邑⑩；矩奏与之。

【注释】

①祔葬：合葬。　②瘗（yì 义）：坟墓。　③袆衣：唐制，皇后有袆衣、鞠衣、襢衣。袆衣是在受册、助祭、朝会大事时的服装。　④夷衾：古代丧礼中用来覆盖尸柩的包被。　⑤诇（xiòng 凶去）：刺探。　⑥新城宜城：即唐中宗庶女新城公主和宜城公主。　⑦赤县：治所设在京师内的

县。 ⑧“希旨”句：指迎合韦后的旨意而害中宗失德。 ⑨“置河西”句：胡三省注：“唐制，凡天下边军皆有支度使，以计军资粮仗之用……凡边防镇守转运不给，则开置屯田以益军储，于是有营田使。” ⑩公主：此指金城公主。

二年 春，正月，癸丑，突厥可汗默啜遣使请和；许之。

己未，以太仆卿郭元振、中书侍郎张说并同平章事。

以温王重茂为襄王，充集州刺史，遣中郎将将兵五百就防之。

乙丑，追立妃刘氏曰肃明皇后，陵曰惠陵；德妃窦氏曰昭成皇后，陵曰靖陵[①]。皆招魂葬于东都城南，立庙京师，号仪坤庙。窦氏，太子之母也。

太平公主与益州长史窦怀贞等结为朋党，欲以危太子，使其婿唐晙邀韦安石至其第，安石固辞不往。上尝密召安石，谓曰：“闻朝廷皆倾心东宫，卿宜察之。”对曰：“陛下安得亡国之言！此必太平之谋耳。太子有功于社稷，仁明孝友，天下所知，愿陛下无惑谗言。”上瞿然曰：“朕知之矣，卿勿言。”时公主在帘下窃听之，以飞语陷安石，欲收按之，赖郭元振救之，得免。

公主又尝乘辇邀宰相于光范门内，讽以易置东宫，众皆失色，宋璟抗言曰：“东宫有大功于天下，真宗庙社稷之主，公主奈何忽有此议！”

璟与姚元之密言于上曰：“宋王陛下之元子，豳王高宗之长孙[②]，太平公主交构其间，将使东宫不安。请出宋王及豳王皆为刺史，罢岐、薛二王左、右羽林，使为左、右率以事太子。太平公主请与武攸暨皆于东都安置。”上曰：“朕更无兄弟，惟太平一妹，岂可远置东都！诸王惟卿所处。”乃先下制云：“诸王、驸马自今毋得典禁兵，见任者皆改他官[③]。”

顷之，上谓侍臣曰：“术者言五日中当有急兵入宫，卿等为朕备之。”张说曰：“此必谗人欲离间东宫。愿陛下使太子监国，则流言自息矣。”姚元之曰：“张说所言，社稷之至计也。”上说[④]。

二月，丙子朔，以宋王成器为同州刺史，豳王守礼为豳州刺史，左羽林大将军岐王隆范为左卫率，右羽林大将军薛王隆业为右卫率；太平公主蒲州安置。

丁丑，命太子监国，六品以下除官及徒罪以下，并取太子处分[⑤]。

殿中侍御史崔莅、太子中允薛昭素言于上曰："斜封官皆先帝所除，恩命已布，姚元之等建议，一朝尽夺之，彰先帝之过，为陛下招怨。今众口沸腾，遍于海内，恐生非常之变。"太平公主亦言之，上以为然。戊寅，制："诸缘斜封别敕授官，先停任者，并量材叙用。"

太平公主闻姚元之、宋璟之谋，大怒，以让太子[⑥]。太子惧，奏元之、璟离间姑、兄，请从极法。甲申，贬元之为申州刺史，璟为楚州刺史。丙戌，宋王、豳王亦寝刺史之命。

中书舍人、参知机务刘幽求罢为户部尚书；以太子少保韦安石为侍中。安石与李日知代姚、宋为政，自是纲纪紊乱，复如景龙之世矣。前右率府铠曹参军柳泽上疏，以为："斜封官皆因仆妾汲引，岂出孝和之意[⑦]！陛下一切黜之，天下莫不称明。一旦忽尽收叙，善恶不定，反覆相攻，何陛下政令之不一也！议者咸称太平公主令胡僧慧范曲引此曹[⑧]，诳误陛下。臣恐积小成大，为祸不细。"上弗听。泽，亨之孙也[⑨]。

左、右万骑与左右羽林为北门四军，使葛福顺等将之。

三月，以宋王成器女为金山公主，许嫁突厥默啜。

【注释】

①"追立四"句：刘、窦二妃死于武后长寿中。 ②"豳王"句：豳王李守礼是章怀太子李贤之子。 ③见："现"的本字。 ④说：通"悦"。 ⑤取：受。 ⑥让：责备。 ⑦孝和：即唐中宗。中宗，谥号为孝和皇帝。 ⑧曲引：暗中结交。 ⑨亨：即柳亨。柳亨事隋为王屋长，归高祖，以女孙窦氏妻之，历事太宗，位至检校岐州刺史。

夏，四月，甲申，宋王成器让司徒；许之，以为太子宾客。以韦安石为中书令。

上召群臣三品以上，谓曰："朕素怀淡泊，不以万乘为贵，曩为皇嗣，又为皇太弟，皆辞不处。今欲传位太子，何如？"群臣莫对。

太子使右庶子李景伯固辞,不许。殿中侍御史和逢尧附太平公主,言于上曰:“陛下春秋未高,方为四海所依仰,岂得遽尔!”上乃止。

戊子,制:“凡政事皆取太子处分。其军旅死刑及五品已上除授,皆先与太子议之,然后以闻。”

辛卯,以李日知守侍中。

壬寅,赦天下。

五月,太子请让位于宋王成器;不许。请召太平公主还京师;许之。

庚戌,制:“则天皇后父母坟仍旧为昊陵、顺陵,量置官属。”太平公主为武攸暨请之也。

辛酉,更以西城为金仙公主,隆昌为玉真公主,各为之造观,逼夺民居甚多,用功数百万。右散骑常侍魏知古、黄门侍郎李乂谏,不听。

壬戌,殿中监窦怀贞为御史大夫、同平章事。

僧慧范恃太平公主势,逼夺民产,御史大夫薛谦光与殿中侍御史慕容珣奏弹之。公主诉于上,出谦光为岐州刺史。

时遣使按察十道,议者以山南所部阔远,乃分为东西道;又分陇右为河西道。六月,壬午,又分天下置汴、齐、兖、魏、冀、并、蒲、鄜、泾、秦、益、绵、遂、荆、岐、通、梁、襄、扬、安、闽、越、洪、潭二十四都督,各纠察所部刺史以下善恶,惟洛及近畿州不隶都督府。太子右庶子李景伯、舍人卢俌等上言:“都督专杀生之柄,权任太重,或用非其人,为害不细。今御史秩卑望重,以时巡察,奸宄自禁。”其后竟罢都督,但置十道按察使而已。

秋,七月,癸巳,追复上官昭容,谥曰惠文。

乙卯[①],以高祖故宅枯柿复生,赦天下[②]。

己巳,以右御史大夫解琬为朔方大总管。琬考按三城戍兵[③],奏减十万人。

庚午,以中书令韦安石为左仆射兼太子宾客、同中书门下三品。太平公主以安石不附己,故崇以虚名,实去其权也。

九月,庚辰,以窦怀贞为侍中。怀贞每退朝,必诣太平公主第。时修金仙、玉真二观,群臣多谏,怀贞独劝成之,身自督役。时人谓怀贞前为皇后阿奢,今为公主邑司[4]。

【注释】

①乙卯:据新、旧《唐书》本纪,在“乙卯”之上均有“八月”二字。②“以高祖”二句:胡三省注:“时诏以兴圣寺是高祖旧宅,有柿树,天授中枯死,至是重生,大赦天下。” ③三城:指三受降城。 ④邑司:职官名。即邑司令。唐代公主有邑司令、丞,掌理公主家财货出入、田园征封之事。

冬,十月,甲辰,上御承天门,引韦安石、郭元振、窦怀贞、李日知、张说宣制,责以“政教多阙,水旱为灾,府库益竭,僚吏日滋;虽朕之薄德,亦辅佐非才。安石可左仆射、东都留守,元振可吏部尚书,怀贞可左御史大夫,日知可户部尚书,说可左丞,并罢政事。”以吏部尚书刘幽求为侍中,右散骑常侍魏知古为左散骑常侍,太子詹事崔湜为中书侍郎,并同中书门下三品;中书侍郎陆象先同平章事。皆太平公主之志也。

象先清净寡欲,言论高远,为时人所重。湜私侍太平公主,公主欲引以为相,湜请与象先同升,公主不可,湜曰:“然则湜亦不敢当。”公主乃为之并言于上。上不欲用湜,公主涕泣以请,乃从之。

右补阙辛替否上疏,以为:“自古失道破国亡家者,口说不如身逢,耳闻不如目睹;臣请以陛下所目睹者言之。太宗皇帝,陛下之祖也,拨乱返正,开基立极;官不虚授,财无枉费;不多造寺观而有福,不多度僧尼而无灾,天地垂祐,风雨时若,粟帛充溢,蛮夷率服,享国久长,名高万古。陛下何不取而法之!中宗皇帝,陛下之兄,弃祖宗之业,徇女子之意;无能而禄者数千人,无功而封者百余家;造寺不止,费财货者数百亿,度人无穷,免租庸者数十万,所出日滋,所入日寡;夺百姓口中之食以养贪残,剥万人体上之衣以涂土木,于是人怨神怒,众叛亲离,水旱并臻,公私俱罄,享国不永,祸及其身。陛下何不惩而改之!自顷以来,水旱相继,兼以霜蝗,人无所食,未闻赈恤,而为二女造观,用钱百余万缗[1]。陛下岂可不计当今府库之蓄积有几,中外之经费有几,而轻用百余万缗,以供无用之役乎！陛下族韦氏之家而不去韦氏之恶，忍弃太宗之法，不忍弃中宗之政乎！且陛下与太子当韦氏用事之时，日夕忧危，切齿于群凶②；今幸而除之，乃不改其所为，臣恐复有切齿于陛下者也。然则陛下又何恶于群凶而诛之！昔先帝之怜悖逆也，宗晋卿为之造第，赵履温为之葺园，殚国财，竭人力，第成不暇居，园成不暇游，而身为戮没。今之造观崇侈者，必非陛下、公主之本意，殆有宗、赵之徒从而劝之，不可不察也。陛下不停斯役，臣恐人之愁怨，不减前朝之时。人人知其祸败而口不敢言，言则刑戮随之矣。韦月将、燕钦融之徒，先朝诛之，陛下赏之，岂非陛下知直言之有益于国乎！臣今所言，亦先朝之直也，惟陛下察之。”上虽不能从，而嘉其切直。

御史中丞和逢尧摄鸿胪卿，使于突厥，说默啜曰：“处密、坚昆闻可汗结昏于唐，皆当归附。可汗何不袭唐冠带，使诸胡知之，岂不美哉！”默啜许诺，明日，襆头、衣紫衫③，南向再拜，称臣，遣其子杨我支及国相随逢尧入朝，十一月，戊寅，至京师。逢尧以奉使功，迁户部侍郎。

壬辰，令天下百姓二十五入军，五十五免。

十二月，癸卯，以兴昔亡可汗阿史那献为招慰十姓使。

上召天台山道士司马承祯，问以阴阳数术，对曰：“道者，损之又损，以至于无为，安肯劳心以学术数乎！”上曰：“理身无为则高矣，如理国何？”对曰：“国犹身也，顺物自然而心无所私，则天下理矣。”上叹曰：“广成之言④，无以过也。”承祯固请还山，上许之。

尚书左丞卢藏用指终南山谓承祯曰：“此中大有佳处，何必天台！”承祯曰：“以愚观之，此乃仕宦之捷径耳！”藏用尝隐终南，则天时征为左拾遗，故承祯言之。

【注释】

①“而为”二句：指建造金仙、玉真二观之事。　②群凶：谓韦温、宗楚客等。　③襆头句：戴襆头、服紫衫，是唐朝三品以上的官员之服。④广成：即传说中的仙人广成子。居崆峒山。相传黄帝曾立下风而向他问道。

玄宗至道大圣大明孝皇帝上之上

先天元年[1]　春，正月，辛巳，睿宗祀南郊，初用谏议大夫贾曾议合祭天地。曾，言忠之子也[2]。

戊子，幸浐东[3]，耕藉田。

己丑，赦天下；改元太极。

乙未，上御安福门，宴突厥杨我支，以金山公主示之；既而会上传位，婚竟不成。

以左御史大夫窦怀贞、户部尚书岑羲并同中书门下三品。

二月，辛酉，废右御史台。

蒲州刺史萧至忠自托于太平公主，公主引为刑部尚书。华州长史蒋钦绪，其妹夫也，谓之曰："如子之才，何忧不达！勿为非分妄求。"至忠不应。钦绪退，叹曰："九代卿族，一举灭之，可哀也哉！"至忠素有雅望，尝自公主第门出，遇宋璟，璟曰："非所望于萧君也。"至忠笑曰："善乎宋生之言！"遽策马而去。

幽州大都督薛讷镇幽州二十余年，吏民安之。未尝举兵出塞，虏亦不敢犯。与燕州刺史李琎有隙，琎毁之于刘幽求，幽求荐左羽林将军孙佺代之。三月，丁丑，以佺为幽州大都督，徙讷为并州长史。

夏，五月，益州獠反。

戊寅，上祭北郊。

辛巳，赦天下，改元延和。

六月，丁未，右散骑常侍武攸暨卒，追封定王。

上以节愍太子之乱，岑羲有保护之功[4]，癸丑，以羲为侍中。

庚申，幽州大都督孙佺与奚酋李大酺战于冷陉，全军覆没。

是时，佺帅左骁卫将军李楷洛，左威卫将军周以悌发兵二万、骑八千，分为三军，以袭奚、契丹。将军乌可利谏曰："道险而天热，悬军远袭[5]，往必败。"佺曰："薛讷在边积年，竟不能为国家复营州。今乘其无备，往必有功。"使楷洛将骑四千前驱，遇奚骑八千，楷洛战不利。佺怯懦，不敢救，引军欲还，虏乘之，唐兵大败。

佺阻山为方陈以自固[6]，大酺使谓佺曰："朝廷既与我和亲，今大军何为而来?"佺曰："吾奉敕来招慰耳。楷洛不禀节度[7]，辄与汝战，请斩以谢。"大酺曰："若然，国信安在?"佺悉敛军中帛，得万余段，并紫袍、金带、鱼袋以赠之。大酺曰："请将军南还，勿相惊扰。"将士惧，无复部伍，虏追击之，士卒皆溃。佺、以悌为虏所擒，献于突厥，默啜皆杀之；楷洛、可利脱归。

【注释】

①先天元年：此年八月才改年号为先天。　②言忠：即贾言忠。洛阳（今属河南）人。以事母孝闻名，补万年主簿。唐高宗时，擢监察御史，累转吏部员外郎。　③浐：水名。亦作产水。即今陕西灞河支流浐河。号为关中八川之一。　④"上以"二句：胡三省注："节愍之难，冉祖雍诬帝及太平（公主）与太子连谋，赖羲与萧至忠保护得免。"　⑤悬军：孤军深入敌境。　⑥阻：倚仗。方陈：方阵。　⑦禀：领受。节度：节制，调遣。

秋，七月，彗星出西方，经轩辕入太微，至于大角。

有相者谓同中书门下三品窦怀贞曰："公有刑厄。"怀贞惧，请解官为安国寺奴；敕听解官。乙亥，复以怀贞为左仆射兼御史大夫、平章军国重事。

太平公主使术者言于上曰："彗所以除旧布新，又帝座及心前星皆有变[1]，皇太子当为天子。"上曰："传德避灾，吾志决矣。"太平公主及其党皆力谏，以为不可，上曰："中宗之时，群奸用事，天变屡臻。朕时请中宗择贤子立之以应灾异，中宗不悦，朕忧恐，数日不食。岂可在彼则能劝之，在己则不能邪！"太子闻之，驰入见，自投于地，叩头请曰："臣以微功，不次为嗣，惧不克堪，未审陛下遽以大位传之，何也?"上曰："社稷所以再安，吾之所以得天下，皆汝力也。今帝座有灾，故以授汝，转祸为福，汝何疑邪！"太子固辞。上曰："汝为孝子，何必待柩前然后即位邪！"太子流涕而出。

壬辰，制传位于太子，太子上表固辞。太平公主劝上虽传位，犹宜自总大政。上乃谓太子曰："汝以天下事重，欲朕兼理之邪?昔舜禅禹，犹亲巡狩[2]。朕虽传位，岂忘家国！其军国大事，当兼省之。”

八月，庚子，玄宗即位，尊睿宗为太上皇。上皇自称曰朕，命曰诰，五日一受朝于太极殿。皇帝自称曰予，命曰制、敕，日受朝于武德殿。三品以上除授及大刑政决于上皇，余皆决于皇帝。

壬寅，上大圣天后尊号曰圣帝天后。

甲辰，赦天下，改元。

乙巳，于鄚州北置渤海军[③]，恒、定州境置恒阳军，妫、蔚州境置怀柔军，屯兵五万。

丙午，立妃王氏为皇后，以后父仁皎为太仆卿。仁皎，下邽人也。戊申，立皇子许昌王嗣直为郯王，真定王嗣谦为郢王。

以刘幽求为右仆射、同中书门下三品，魏知古为侍中，崔湜为检校中书令。

【注释】

①“又帝座”句：胡三省注：“帝座在中宫华盖之下，心三星，中星为明堂，天子位，前星为太子。”此以天象附会人事。 ②昔舜二句：相传，舜禅位于禹后，仍如同帝王前往南方巡狩，死于苍梧。 ③鄚州：州名。唐景云二年(711)置，治所在鄚县(今河北任丘北)。开元中，改为莫州。

初，河内人王琚预于王同皎之谋[①]，亡命，佣书于江都[②]。上之为太子也，琚还长安，选补诸暨主簿，过谢太子。琚至廷中，故徐行高视，宦者曰：“殿下在帘内。”琚曰：“何谓殿下？当今独有太平公主耳！”太子遽召见，与语，琚曰：“韦庶人弑逆，人心不服，诛之易耳。太平公主，武后之子，凶猾无比，大臣多为之用，琚窃忧之。”太子引与同榻坐，泣曰：“主上同气，唯有太平，言之恐伤主上之意，不言为患日深，为之奈何？”琚曰：“天子之孝，异于匹夫，当以安宗庙社稷为事。盖主，汉昭帝之姊，自幼供养，有罪犹诛之。为天下者，岂顾小节！”太子悦曰：“君有何艺，可以与寡人游？”琚曰：“能飞炼、诙嘲[③]。”太子乃奏为詹事府司直[④]，日与游处，累迁太子中舍人；及即位，以为中书侍郎。

是时，宰相多太平公主之党，刘幽求与右羽林将军张暐谋以羽林兵诛之，使暐密言于上曰：“窦怀贞、崔湜、岑羲皆因公主得进，日夜为谋不轻。若不早图，一旦事起，太上皇何以得安！请速诛之。臣已与幽求定计，惟俟陛下之命。”上深以为然。暐泄其谋于侍御史邓光宾，上大惧，遽列上其状。丙辰，幽求下狱。有司奏：“幽求等离间骨肉，罪当死。”上为言幽求有大功，不可杀。癸亥，流幽求于封州，张暐于峰州，光宾于绣州。

初，崔湜为襄州刺史，密与谯王重福通书，重福遗之金带。重福败，湜当死，张说、刘幽求营护得免。既而湜附太平公主，与公主谋罢说政事，以左丞分司东都。及幽求流封州，湜讽广州都督周利贞，使杀之。桂州都督王晙知其谋，留幽求不遣。利贞屡移牒索之，晙不应，利贞以闻。湜屡逼晙，使遣幽求，幽求谓晙曰：“公拒执政而保流人，势不能全，徒仰累耳。”固请诣广州，晙曰：“公所坐非可绝于朋友者也。晙因公获罪，无所恨。”竟逗留不遣。幽求由是得免。

九月，丁卯朔，日有食之。

辛卯，立皇子嗣升为陕王。嗣升母杨氏，士达之曾孙也[5]。王后无子，母养之。

冬，十月，庚子，上谒太庙，赦天下。

癸卯，上幸新丰，猎于骊山之下。

辛酉，沙陀金山遣使入贡。沙陀者，处月之别种也，姓朱邪氏。

十一月，乙酉，奚、契丹二万骑寇渔阳，幽州都督宋璟闭城不出，虏大掠而去。

上皇诰遣皇帝巡边，西自河、陇，东及燕、蓟，选将练卒。甲午，以幽州都督宋璟为左军大总管，并州长史薛讷为中军大总管，朔方大总管、兵部尚书郭元振为右军大总管。

十二月，刑部尚书李日知请致仕[6]。

日知在官，不行捶挞而事集。刑部有令史，受敕三日，忘不行。日知怒，索杖，集群吏，欲捶之；既而谓曰：“我欲捶汝，天下人必谓汝能撩李日知嗔[7]，受李日知杖，不得比于人，妻子亦将弃汝矣。”遂释之。吏皆感悦，无敢犯者，脱有稽失[8]，众共谪之[9]。

【注释】

①"河内人"句:指神龙二年王同皎谋杀武三思事。 ②佣书:代人抄写。 ③飞炼:胡三省注:"谓飞丹沙以炼丹也。"诙嘲:诙谐嘲戏。 ④詹事府司直:官名,掌弹劾官员,纠举职事。 ⑤士达:即隋朝官员杨士达。 ⑥致仕:辞职退休。 ⑦嗔(chēn 琛):生气。 ⑧脱:倘若。稽失:延误失职。 ⑨谪(zhé 哲):责备。

开元元年[①] 春,正月,乙亥,诰:"卫士自今二十五入军,五十免;羽林飞骑并以卫士简补。"

以吏部尚书萧至忠为中书令。

皇帝巡边改期,所募兵各散遣,约八月复集,竟不成行。

二月,庚子夜,开门然灯,又追作去年大酺[②],大合伎乐。上皇与上御门楼临观,或以夜继昼,凡月余。左拾遗华阴严挺之上疏谏,以为:"酺者因人所利,合醵为欢[③]。今乃损万人之力,营百戏之资,非所以光圣德美风化也。"乃止。

初,高丽既亡,其别种大祚荣徙居营州。及李尽忠反,祚荣与靺鞨乞四北羽聚众东走,阻险自固。尽忠死,武后使将军李楷固讨其余党。楷固击乞四北羽,斩之,引兵逾天门岭[④],逼祚荣。祚荣逆战,楷固大败,仅以身免。祚荣遂帅其众东据东牟山[⑤],筑城居之。祚荣骁勇善战,高丽、靺鞨之人稍稍归之,地方二千里,户十余万,胜兵数万人[⑥],自称振国王,附于突厥。时奚、契丹皆叛,道路阻绝,武后不能讨。中宗即位,遣侍御史张行岌招慰之,祚荣遣子入侍。至是,以祚荣为左骁卫大将军、渤海郡王;以其所部为忽汗州,令祚荣兼都督。

庚申,敕以严挺之忠直宣示百官,厚赏之。

三月,辛巳,皇后亲蚕[⑦]。

晋陵尉杨相如上疏言时政,其略曰:"炀帝自恃其强,不忧时政,虽制敕交行,而声实舛谬[⑧],言同尧、舜,迹如桀、纣,举天下之大,一掷而弃之。"又曰:"隋氏纵欲而亡,太宗抑欲而昌,愿陛下详择之!"又曰:"人主莫不好忠正而恶佞邪,然忠正者常疏,佞邪者常亲,以至于覆国危身而不寤者[⑨],何哉?诚由忠正者多忤意,佞邪者多顺指，积忤生憎，积顺生爱，此亲疏之所以分也。明主则不然。爱其忤以收忠贤，恶其顺以去佞邪，则太宗太平之业，将何远哉！”又曰：“夫法贵简而能禁，罚贵轻而必行；陛下方兴崇至德，大布新政，请一切除去碎密，不察小过。小过不察则无烦苛，大罪不漏则止奸慝，使简而难犯，宽而能制，则善矣。”上览而善之。

先是，修大明宫未毕，夏，五月，庚寅，敕以农务方勤，罢之以待闲月⑩。

【注释】

①开元元年：这一年十二月才改年号为开元。 ②“又追作”句：胡三省注：“元年，受内禅，不及赐天下酺，乃追为之。”元年，指先天元年。大酺，大宴饮。 ③醵（jù 巨）：大家凑钱饮酒。 ④天门岭：山名。在土护真河北三百里。土护真河即今内蒙古老哈河。 ⑤东牟山：山名，在挹娄国界，地直营州东二千里，南与新罗以泥河为境，东穷海，西契丹，即今吉林省敦化市附近的六顶山；一说在今吉林省桦甸市西辉发河南，为长白山北行之一支。 ⑥胜兵：能够披甲作战的兵士。 ⑦亲蚕：亲自祭祀先蚕之神。 ⑧舛谬：乖违背谬。 ⑨寤（wù 务）：醒悟。⑩闲月：此指农闲时节。

六月，丙辰，以兵部尚书郭元振同中书门下三品。

太平公主依上皇之势，擅权用事，与上有隙，宰相七人，五出其门①。文武之臣，太半附之。与窦怀贞、岑羲、萧至忠、崔湜及太子少保薛稷、雍州长史新兴王晋、左羽林大将军常元楷、知右羽林将军事李慈、左金吾将军李钦、中书舍人李猷、右散骑常侍贾膺福、鸿胪卿唐晙及僧慧范等谋废立，又与宫人元氏谋于赤箭粉中置毒进于上②。晋，德良之孙也③。元楷、慈数往来主第，相与结谋。

王琚言于上曰：“事迫矣，不可不速发。”左丞张说自东都遣人遗上佩刀，意欲上断割。荆州长史崔日用入奏事，言于上曰：“太平谋逆有日，陛下往在东宫，犹为臣子，若欲讨之，须用谋力。今既光临大宝，但下一制书，谁敢不从？万一奸宄得志，悔之何及！”上曰：“诚如卿言。直恐惊动上皇。”日用曰：“天子之孝在于安四海。若奸人得志，则社稷为墟，安在其为孝乎！请先定北军[4]，后收逆党，则不惊动上皇矣。”上以为然。以日用为吏部侍郎。

秋，七月，魏知古告公主欲以是月四日作乱，令元楷、慈以羽林兵突入武德殿，怀贞、至忠、羲等于南牙举兵应之。上乃与岐王范、薛王业、郭元振及龙武将军王毛仲、殿中少监姜皎、太仆少卿李令问、尚乘奉御王守一、内给事高力士、果毅李守德等定计诛之[5]。皎，謩之曾孙[6]；令问，靖弟客师之孙[7]；守一，仁皎之子；力士，潘州人也。

甲子，上因王毛仲取闲厩马及兵三百余人，自武德殿入虔化门，召元楷、慈，先斩之，擒膺福、猷于内客省以出，执至忠、羲于朝堂，皆斩之。怀贞逃入沟中，自缢死，戮其尸，改姓曰毒。上皇闻变，登承天门楼。郭元振奏，皇帝前奉诰诛窦怀贞等，无他也。上寻至楼上，上皇乃下诰罪状怀贞等，因赦天下，惟逆人亲党不赦。薛稷赐死于万年狱。

乙丑，上皇诰：“自今军国政刑，一皆取皇帝处分。朕方无为养志，以遂素心。”是日，徙居百福殿。

太平公主逃入山寺，三日乃出，赐死于家，公主诸子及党与死者数十人。薛崇简以数谏其母被挞[8]，特免死，赐姓李，官爵如故。籍公主家，财货山积，珍物侔于御府，厩牧羊马、田园息钱，收之数年不尽。慧范家产亦数十万缗。改新兴王晋之姓曰厉。

初，上谋诛窦怀贞等，召崔湜，将托以心腹。湜弟涤谓湜曰：“主上有问，勿有所隐。”湜不从。怀贞等既诛，湜与右丞卢藏用俱坐私侍太平公主，湜流窦州，藏用流泷州。新兴王晋临刑叹曰：“本为此谋者崔湜，今吾死湜生，不亦冤乎！”会有司鞫宫人元氏，元氏引湜同谋进毒，乃追赐死于荆州。薛稷之子伯阳以尚主免死，流岭南，于道自杀。

初，太平公主与其党谋废立，窦怀贞、萧至忠、岑羲、崔湜皆以为然，陆象先独以为不可。公主曰：“废长立少，已为不顺；且又失德，若之何不去？”象先曰：“既以功立，当以罪废。今实无罪，象先终不敢从。”公主怒而去。上既诛怀贞等，召象先谓曰：“岁寒知松柏，信哉！”时穷治公主枝党[9]，当坐者众，象先密为申理，所全甚多;然未尝自言,当时无知者。百官素为公主所善及恶之者,或黜或陟,终岁不尽。

丁卯,上御承天门楼,赦天下。

己巳,赏功臣郭元振等官爵、第舍、金帛有差。以高力士为右监门将军,知内侍省事。

初,太宗定制,内侍省不置三品官,黄衣廪食[10],守门传命而已。天后虽女主,宦官亦不用事。中宗时,嬖倖猥多[11],宦官七品以上至千余人,然衣绯者尚寡。上在藩邸[12],力士倾心奉之,及为太子,奏为内给事,至是以诛萧、岑功赏之。是后宦官稍增至三千余人,除三品将军者浸多,衣绯、紫至千余人,宦官之盛自此始。

【注释】

①“宰相”二句:指窦怀贞、萧至忠、岑羲、崔湜和陆象先五人出自太平公主门下。 ②赤箭:药用植物,即天麻。 ③德良:即唐宗室李德良。武德初封新兴王。 ④北军:胡三省注:“谓左右羽林、左右万骑也。” ⑤内给事:宦官职务。属内侍省,从五品下,掌判省事;元正、冬至,群臣朝贺中宫,则出入宣传,凡宫人衣服费用,则具其品秩,计其多少,春秋二时,宣送中书。 ⑥謩(mó 模):即隋朝官吏姜謩(?—627)。上邽(今甘肃天水市)人。大业末为晋阳长。结交李渊,任其大将军府司功参军。后为李渊相国胄朝参军,封长道县公。 ⑦客师:即唐右武卫将军李客师。三原(今属陕西)人。累有战功,封丹阳郡公。 ⑧薛崇简:即薛崇暕。 ⑨枝党:党羽。 ⑩廪食:由朝廷供食禄米。 ⑪猥:杂。 ⑫藩邸:藩王府邸。

壬申,遣益州长史毕构等六人宣抚十道。

乙亥,以左丞张说为中书令。

庚辰,中书侍郎、同平章事陆象先罢为益州长史、剑南按察使。八月,癸巳,以封州流人刘幽求为左仆射、平章军国大事。

丙辰,突厥可汗默啜遣其子杨我支来求婚;丁巳,许以蜀王女南和县主妻之。

中宗之崩也,同中书门下三品李峤密表韦后,请出相王诸子于外。上即位,于禁中得其表,以示侍臣。峤时以特进致仕,或请诛之，张说曰："峤虽不识逆顺，然为当时之谋则忠矣。"上然之。九月，壬戌，以峤子率更令畅为虔州刺史[1]，令峤随畅之官。

庚午，以刘幽求同中书门下三品。

丙戌，复置右御史台，督察诸州，罢诸道按察使。

冬，十月，辛卯，引见京畿县令[2]，戒以岁饥惠养黎元之意。

己亥，上幸新丰；癸卯，讲武于骊山之下，征兵二十万，旌旗连亘五十余里。以军容不整，坐兵部尚书郭元振于纛下，将斩之。刘幽求、张说跪于马前谏曰："元振有大功于社稷，不可杀。"乃流新州[3]。斩给事中、知礼仪事唐绍，以其制军礼不肃故也。上始欲立威，亦无杀绍之意，金吾卫将军李邈遽宣敕斩之。上寻罢邈官，废弃终身。时二大臣得罪，诸军多震慑失次[4]，惟左军节度薛讷、朔方道大总管解琬二军不动，上遣轻骑召之，皆不得入其陈。上深叹美，慰勉之。

甲辰，猎于渭川[5]。上欲以同州刺史姚元之为相，张说疾之，使御史大夫赵彦昭弹之，上不纳。又使殿中监姜皎言于上曰："陛下常欲择河东总管而难其人，臣今得之矣。"上问为谁，皎曰："姚元之文武全才，真其人也。"上曰："此张说之意也，汝何得面欺[6]，罪当死！"皎叩头首服[7]，上即遣中使召元之诣行在[8]。既至，上方猎，引见，即拜兵部尚书、同中书门下三品。

元之吏事明敏，三为宰相[9]，皆兼兵部尚书，缘边屯戍斥候[10]，士马储械，无不默记。上初即位，励精为治，每事访于元之，元之应答如响，同僚唯诺而已，故上专委任之。元之请抑权幸，爱爵赏，纳谏诤，却贡献，不与群臣亵狎，上皆纳之。

乙巳，车驾还京师。

【注释】

①率更令：《唐六典》："汉率更令、丞主庶子、舍人更直，职似光禄勋；晋率更令掌宫殿门户之禁、郎将屯卫之士；北齐率更令掌周卫禁防、漏刻钟鼓。" ②京畿县令：唐代以京城两赤县为京县，畿内诸县为畿县。京县令正五品上，畿县令正六品下。 ③新州：州名。南朝梁置，治所在新兴县（今广东新兴县）。隋大业初废。唐武德四年（621）复置。④失次：谓乱了阵形。 ⑤渭川：水名。胡三省注："此即新丰界之渭

川。”专指今陕西临潼新丰镇一段的渭水而言。 ⑥面欺：当面欺罔。 ⑦首服：认罪。 ⑧行在：帝王出行暂住的地方。 ⑨三为宰相：姚元之在武则天、唐睿宗两朝任宰相，此时又被玄宗任命为宰相。 ⑩屯戍：戍卒驻防营地。斥候：侦察瞭望哨所。

姚元之尝奏请序进郎吏[1]，上仰视殿屋，元之再三言之，终不应；元之惧，趋出。罢朝，高力士谏曰：“陛下新总万机，宰臣奏事，当面加可否，奈何一不省察！”上曰：“朕任元之以庶政，大事当奏闻共议之；郎吏卑秩，乃一一以烦朕邪？”会力士宣事至省中[2]，为元之道上语，元之乃喜。闻者皆服上识君人之体。

左拾遗曲江张九龄，以元之有重望，为上所信任，奏记劝其远谄躁[3]，进纯厚，其略曰：“任人当才，为政大体，与之共理，无出此途。而向之用才，非无知人之鉴，其所以失溺[4]，在缘情之举[5]。”又曰：“自君侯职相国之重，持用人之权，而浅中弱植之徒，已延颈企踵而至[6]，谄亲戚以求誉，媚宾客以取容[7]，其间岂不有才，所失在于无耻。”元之嘉纳其言。

新兴王晋之诛也，僚吏皆奔散，惟司功李撝步从[8]，不失在官之礼，仍哭其尸。姚元之闻之，曰：“栾布之俦也[9]。”及为相，擢为尚书郎。

己酉，以刑部尚书赵彦昭为朔方道大总管。

唐白瓷茶具

十一月，乙丑，刘幽求兼侍中。

辛巳，群臣上表请加尊号为开元神武皇帝；从之。戊子，受册[10]。

中书侍郎王琚为上所亲厚，群臣莫及。每进见，侍笑语，逮夜方出；或时休沐[11]，往往遣中使召之。或言于上曰："王琚权谲纵横之才[12]，可与之定祸乱，难与之守承平。"上由是浸疏之。是月，命琚兼御史大夫，按行北边诸军。

十二月，庚寅，赦天下，改元。尚书左、右仆射为左、右丞相；中书省为紫微省；门下省为黄门省，侍中为监；雍州为京兆府，洛州为河南府，长史为尹，司马为少尹。

甲午，吐蕃遣其大臣来求和。

壬寅，以姚元之兼紫微令。元之避开元尊号，复名崇。

敕："都督、刺史、都护将之官，皆引面辞毕，侧门取进止[13]。"

姚崇既为相，紫微令张说惧，乃潜诣岐王申款[14]。他日，崇对于便殿，行微蹇[15]。上问："有足疾乎？"对曰："臣有腹心之疾，非足疾也。"上问其故。对曰："岐王陛下爱弟，张说为辅臣，而密乘车入王家，恐为所误，故忧之。"癸丑，说左迁相州刺史。右仆射、同中书门下三品刘幽求亦罢为太子少保。甲寅，以黄门侍郎卢怀慎同紫微黄门平章事。

【注释】

①序进：依据资历提拔。郎吏：据《通鉴考异》："此出李德裕《次柳氏旧闻》，不知郎吏为何官。若郎中、员外郎则是清要官，不得云秩卑；恐是郎将，又不敢必，故仍用旧文。" ②会力士句：唐代，凡有机要事皇帝均派内臣向宰相宣旨。 ③奏记：僚佐向长官上书。 ④失溺：失职、溺职，不能尽职。 ⑤缘情：谓依顺私人情面。 ⑥延颈企踵：伸长脖子，踮起脚跟。 ⑦取容：求取在官场存身。 ⑧司功：官名。即各州的功曹司功参军事。唐制，司功掌考课、假使、祭祀、礼乐、学校、表疏、书启、禄食、祥异、医药、卜筮、陈设、丧葬等事。 ⑨栾布句：以西汉栾布哭彭越事相类比。 ⑩受册：此指接受加尊号的册书。 ⑪休沐：休息沐浴。指例假。 ⑫权谲：通权略，善诡诈。 ⑬取进止：此指听取皇帝的处分。 ⑭申款：申述自己的诚意。 ⑮蹇（jiǎn 简）：跛，瘸。

资治通鉴卷第二百一十一

唐纪二十七　起阏逢摄提格，尽强圉大荒落，凡四年。

玄宗至道大圣大明孝皇帝上之中

开元二年　春，正月，壬申，制："选京官有才识者除都督、刺史，都督、刺史有政迹者除京官，使出入常均，永为恒式。"

己卯，以卢怀慎检校黄门监[①]。

旧制，雅俗之乐，皆隶太常。上精晓音律，以太常礼乐之司，不应典倡优杂伎；乃更置左右教坊以教俗乐，命右骁卫将军范及为之使。又选乐工数百人，自教法曲于梨园[②]，谓之"皇帝梨园弟子"。又教宫女使习之。又选伎女，置宜春院，给赐其家。礼部侍郎张廷珪、酸枣尉袁楚客皆上疏，以为："上春秋鼎盛，宜崇经术[③]，迩端士[④]，尚朴素，深以悦郑声、好游猎为戒[⑤]。"上虽不能用，欲开言路，咸嘉赏之。

中宗以来，贵戚争营佛寺，奏度人为僧，兼以伪妄；富户强丁多削发以避徭役，所在充满。姚崇上言："佛图澄不能存赵[⑥]，鸠摩罗什不能存秦[⑦]，齐襄、梁武，未免祸殃。但使苍生安乐，即是佛身；何用妄度奸人，使坏正法！"上从之。丙寅，命有司沙汰天下僧尼，以伪妄还俗者万二千余人。

初，营州都督治柳城以镇抚奚、契丹，则天之世，都督赵文翙失政，奚、契丹攻陷之，是后寄治于幽州东渔阳城。或言："靺鞨、奚、霫大欲降唐，正以唐不建营州，无所依投，为默啜所侵扰，故且附之;若唐复建营州,则相帅归化矣。”并州长史,和戎、大武等军州节度大使薛讷信之,奏请击契丹,复置营州;上亦以冷陉之役,欲讨契丹。群臣姚崇等多谏。甲申,以讷同紫微黄门三品,将兵击契丹,群臣乃不敢言。

薛王业之舅王仙童,侵暴百姓,御史弹奏;业为之请,敕紫微、黄门覆按[⑧]。姚崇、卢怀慎等奏:“仙童罪状明白,御史所言无所枉,不可纵舍。”上从之。由是贵戚束手。

二月,庚寅朔[⑨],太史奏太阳应亏不亏[⑩]。姚崇表贺,请书之史册;从之。

乙未,突厥可汗默啜遣其子同俄特勒及妹夫火拔颉利发、石阿失毕将兵围北庭都护府,都护郭虔瓘击破之。同俄单骑逼城下,虔瓘伏壮士于道侧,突起斩之。突厥请悉军中资粮以赎同俄,闻其已死,恸哭而去。

丁未,敕:“自今所在毋得创建佛寺;旧寺颓坏应葺者[⑪],诣有司陈牒检视[⑫],然后听之。”

【注释】

①检校黄门监:官名。即检校侍中。开元元年改门下省为黄门省,侍中为监。 ②法曲:道观所奏乐曲。 ③经术:经学儒术。 ④迩:近。端士:品行正直的士人。 ⑤郑声:古代以为春秋时郑国的乐歌“淫”,故以为靡靡之音的代称。 ⑥佛图澄:西晋时龟兹僧侣。在他的影响下,北方佛教大盛。曾为石虎的后赵政权重用。 ⑦鸠摩罗什:十六国时龟兹僧侣。曾为后秦政权的国师。 ⑧覆按:重新审讯。 ⑨庚寅朔:此月“庚寅”为初二,非朔日。 ⑩亏:亏缺。此指日食。 ⑪葺(qì 泣):修理房屋。 ⑫陈牒:呈送公文。

闰月,以鸿胪少卿、朔方军副大总管王晙兼安北大都护、朔方道行军大总管,令丰安、定远、三受降城及旁侧诸军皆受晙节度。徙大都护府于中受降城,置兵屯田。

丁卯,复置十道按察使,以益州长史陆象先等为之。

上思徐有功用法平直,乙亥,以其子大理司直恽为恭陵令[①]。窦孝谌之子光禄卿豳公希瑊等请以己官爵让恽以报其德,由是恽累迁申王府司马。

丙子，申王成义请以其府录事阎楚珪为其府参军，上许之。姚崇、卢怀慎上言："先尝得旨，云王公、驸马有所奏请，非墨敕皆勿行。臣窃以量材授官，当归有司；若缘亲故之恩，得以官爵为惠，踵习近事[②]，实紊纪纲。"事遂寝。由是请谒不行。

突厥石阿失毕既失同俄，不敢归，癸未，与其妻来奔；以为右卫大将军，封燕北郡王，命其妻曰金山公主。

或告太子少保刘幽求、太子詹事钟绍京有怨望语，下紫微省按问，幽求等不服。姚崇、卢怀慎、薛讷言于上曰："幽求等皆功臣，乍就闲职，微有沮丧，人情或然。功业既大，荣宠亦深，一朝下狱，恐惊远听。"戊子[③]，贬幽求为睦州刺史，绍京为果州刺史。紫微侍郎王琚行边军未还，亦坐幽求党贬泽州刺史。

敕："涪州刺史周利贞等十三人[④]，皆天后时酷吏，比周兴等情状差轻，宜放归草泽，终身勿齿[⑤]。"

西突厥十姓酋长都担叛。三月，己亥，碛西节度使阿史那献克碎叶等镇，擒斩都担，降其部落二万余帐。

御史中丞姜晦以宗楚客等改中宗遗诏，青州刺史韦安石、太子宾客韦嗣立、刑部尚书赵彦昭、特进致仕李峤，于时同为宰相，不能匡正，令监察御史郭震弹之；且言彦昭拜巫赵氏为姑，蒙妇人服，与妻乘车诣其家。甲辰，贬安石为沔州别驾，嗣立为岳州别驾，彦昭为袁州别驾，峤为滁州别驾。安石至沔州，晦又奏安石尝检校定陵[⑥]，盗隐官物，下州征赃。安石叹曰："此只应须我死耳。"愤恚而卒[⑦]。晦，皎之弟也[⑧]。

毁天枢，发匠熔其铁钱[⑨]，历月不尽。先是，韦后亦于天街作石台[⑩]，高数丈，以颂功德，至是并毁之。

【注释】

①恭陵：唐宗室李弘（追谥孝敬皇帝）的陵寝。　②踵：沿袭。近事：胡三省注："谓中宗朝滥官之弊。"　③戊子：开元二年（714）闰二月无此日，当有误。　④十三人：即周利贞、裴谈、张栖正、张思敬、王承本、刘晖、杨允、康昕、封珣行、张知默、卫遂公、公孙琰和钟思廉。　⑤齿：齿录，录用。　⑥定陵：唐中宗李显的陵寝。　⑦愤恚：极度愤懑。

⑧皎：即唐玄宗朝的官员姜皎。上邽（今甘肃天水市）人。此时以功进殿中监，封楚国公。　⑨铁钱：据中华书局本所引章钰校勘记，诸本作“铜铁”。　⑩天街：即京城长安的朱雀街。

夏，四月，辛巳，突厥可汗默啜复遣使求婚，自称“乾和永清太驸马、天上得果报天男、突厥圣天骨咄禄可汗[①]”。

五月，己丑，以岁饥，悉罢员外、试、检校官，自今非有战功及别敕，毋得注拟[②]。

己酉，吐蕃相坌达延遗宰相书，请先遣解琬至河源正二国封疆[③]，然后结盟。琬尝为朔方大总管，故吐蕃请之。前此琬以金紫光禄大夫致仕，复召拜左散骑常侍而遣之。又命宰相复坌达延书，招怀之。琬上言：“吐蕃必阴怀叛计，请预屯兵十万于秦、渭等州以备之。”

黄门监魏知古，本起小吏，因姚崇引荐，以至同为相。崇意轻之，请知古摄吏部尚书、知东都选事，遣吏部尚书宋璟于门下过官[④]；知古衔之。

姚崇像

崇二子分司东都，恃其父有德于知古，颇招权请托；知古归，悉以闻。他日，上从容问崇：“卿子才性何如？今何官也？”崇揣知上意，对曰：“臣有三子，两在东都，为人多欲而不谨；是必以事干魏知古[⑤]，臣未及问之耳。”上始以崇必为其子隐，及闻崇奏，喜问：“卿安从知之？”对曰：“知古微时，臣卵而翼之。臣子愚，以为知古必德臣，容其为非，故敢干之耳。”上于是以崇为无私，而薄知古负崇，欲斥之。崇固请曰：“臣子无状，挠陛下法，陛下赦其罪，已幸矣；苟因臣逐知古，天下必以陛下为私于臣，累圣政矣。”上久乃许之。辛亥，知古罢为工部尚书。

宋王成器，申王成义，于上兄也；岐王范，薛王业，上之弟也；豳王守礼，上之从兄也。上素友爱，近世帝王莫能及；初即位，为长枕大被，与兄弟同寝。诸王每旦朝于侧门，退则相从宴饮，斗鸡，击毬，或猎于近郊，游赏别墅，中使存问相望于道⑥。上听朝罢，多从诸王游，在禁中，拜跪如家人礼，饮食起居，相与同之。于殿中设五幄，与诸王更处其中⑦，或讲论赋诗，间以饮酒、博弈、游猎，或自执丝竹；成器善笛，范善琵琶，与上共奏之。诸王或有疾，上为之终日不食，终夜不寝。业尝疾，上方临朝，须臾之间，使者十返。上亲为业煮药，回飙吹火⑧，误爇上须⑨，左右惊救之。上曰：“但使王饮此药而愈，须何足惜！”成器尤恭慎，未尝议及时政，与人交结；上愈信重之，故谗间之言无自而入。然专以声色畜养娱乐之，不任以职事。群臣以成器等地逼，请循故事出刺外州。六月，丁巳，以宋王成器兼岐州刺史，申王成义兼豳州刺史，豳王守礼兼虢州刺史，令到官但领大纲，自余州务，皆委上佐主之⑩。是后诸王为都护、都督、刺史者并准此。

丙寅，吐蕃使其宰相尚钦藏来献盟书。

【注释】

①天男：胡三省注：“天男，犹云天子也。” ②注拟：唐代选举，凡应试获选者，先由尚书省登录，再经考询，然后按才拟定其官职，称注拟。 ③正：此指划定。封疆：疆界。 ④过官：唐制，凡文武职官六品以下，吏、兵部进呈注拟必通过门下省审定，量其阶资，较其才用，若拟职不当，随其优劣退回再衡量，称过官。 ⑤干：求。 ⑥存问：问候，看望。 ⑦其中：据中华书局本所引章钰校勘记，诸本于“中”下有“谓之五王帐”五字。 ⑧回飙：旋风。 ⑨爇（ruò 若）：点燃，焚烧。 ⑩上佐：指州长史、司马。

上以风俗奢靡，秋，七月，乙未，制：“乘舆服御、金银器玩，宜令有司销毁，以供军国之用；其珠玉、锦绣，焚于殿前；后妃以下，皆毋得服珠玉锦绣。”戊戌，敕：“百官所服带及酒器、马衔、镫，三品以上，听饰以玉，四品以金，五品以银，自余皆禁之；妇人服饰从其夫、子。其旧成锦绣，听染为皂。自今天下更毋得采珠玉，织锦绣等物，违者杖一百，工人减一等[1]。”罢两京织锦坊。

臣光曰：明皇之始欲为治，能自刻厉节俭如此，晚节犹以奢败；甚哉，奢靡之易以溺人也！《诗》云：“靡不有初，鲜克有终[2]。”可不慎哉！

薛讷与左监门卫将军杜宾客、定州刺史崔宣道等将兵六万出檀州击契丹。宾客以为：“士卒盛夏负戈甲，赍资粮，深入寇境，难以成功。”讷曰：“盛夏草肥，羔犊孳息，因粮于敌，正得天时，一举灭虏，不可失也。”行至滦水山峡中，契丹伏兵遮其前后，从山上击之，唐兵大败，死者什八九。讷与数十骑突围，得免，虏中嗤之，谓之“薛婆”。薛宣道将后军[3]，闻讷败，亦走。讷归罪于宣道及胡将李思敬等八人，制悉斩之于幽州。庚子，敕免讷死，削除其官爵；独赦杜宾客之罪。

壬寅，以北庭都护郭虔瓘为凉州刺史、河西诸军州节度使。

果州刺史钟绍京心怨望，数上疏妄陈休咎；乙巳，贬溱州刺史。

丁未，房州刺史襄王重茂薨。辍朝三日，追谥曰殇皇帝[4]。

戊申，禁百官家毋得与僧、尼、道士往还。壬子，禁人间铸佛、写经。

宋王成器等请献兴庆坊宅为离宫；甲寅，制许之，始作兴庆宫，仍各赐成器等宅，环于宫侧。又于宫西南置楼，题其西曰“花萼相辉之楼”，南曰“勤政务本之楼”。上或登楼，闻王奏乐，则召升楼同宴，或幸其所居尽欢，赏赉优渥[5]。

乙卯，以岐王范兼绛州刺史，薛王业兼同州刺史。仍敕宋王以下每季二人入朝，周而复始。

民间讹言，上采择女子以充掖庭，上闻之，八月，乙丑，令有司具牛车于崇明门，自选后宫无用者载还其家，敕曰：“燕寝之内[6]，尚令罢遣；闾阎之间[7]，足可知悉。”

乙亥，吐蕃将坌达延、乞力徐帅众十万寇临洮，军兰州，至于渭源，掠取牧马；命薛讷白衣摄左羽林将军[8]，为陇右防御使。以右骁卫将军常乐郭知运为副使，与太仆少卿王晙帅兵击之。辛巳，大募勇士，诣河、陇就讷教习。

初，鄯州都督杨矩以九曲之地与吐蕃[9]，其地肥饶，吐蕃就之畜牧，因以入寇，矩悔惧自杀。

乙酉[10]，太子宾客薛谦光献武后所制《豫州鼎铭》，其末云："上玄降鉴[11]，方建隆基。"以为上受命之符。姚崇表贺，且请宣示史官，颁告中外。

臣光曰：日食不验，太史之过也；而君臣相贺，是诬天也。采偶然之文以为符命，小臣之谄也；而宰相因而实之[12]，是侮其君也。上诬于天，下侮其君，以明皇之明，姚崇之贤，犹不免于是，岂不惜哉！

【注释】

①减一等：胡三省注："减一等则杖八十。" ②"靡不"二句：语出《诗·荡》。谓凡事莫不有开始，但是极少能够坚持到底。 ③薛宣道：据严衍《通鉴补》，当作"崔宣道"。 ④"追谥"句：由于韦后曾立李重茂为帝，因而仍追谥他曰皇帝。 ⑤优渥（wò 握）：优厚。 ⑥燕寝：后宫。 ⑦闾阎：平民居住的地区，民间。 ⑧白衣：平民身分。胡三省注："薛讷以滦河之败削除官爵，故命以白衣摄官出陇右。" ⑨"初鄯州"二句：事情发生在唐睿宗景云元年（710）。 ⑩乙酉：开元二年八月无此日，当有误。 ⑪上玄：天。 ⑫因而实之：谓趁机认定为事实。

九月，戊申，上幸骊山温汤。

敕以岁稔伤农，令诸州修常平仓法[1]；江、岭、淮、浙、剑南地下湿，不堪贮积，不在此例。

突厥可汗默啜衰老，昏虐愈甚；壬子，葛逻禄等部落诣凉州降。

冬，十月，吐蕃复寇渭源。丙辰，上下诏欲亲征，发兵十余万人，马四万匹。

戊午，上还宫。

甲子，薛讷与吐蕃战于武街，大破之。时太仆少卿陇右群牧使王晙帅所部二千人与讷会击吐蕃。坌达延将吐蕃十万屯大来谷,晙选勇士七百,衣胡服,夜袭之,多置鼓角于其后五里,前军遇敌大呼,后人鸣鼓角以应之。虏以为大军至,惊惧,自相杀伤,死者万计。讷时在武街,去大来谷二十里,虏军塞其中间;晙复夜出袭之,虏大溃,始得与讷军合。追奔至洮水,复战于长城堡,又败之,前后杀获数万人。丰安军使王海宾战死。

戊辰,姚崇、卢怀慎等奏:"顷者吐蕃以河为境,神龙中尚公主,遂逾河筑城,置独山、九曲两军,去积石三百里,又于河上造桥。今吐蕃既叛,宜毁桥拔城。"从之。

以王海宾之子忠嗣为朝散大夫、尚辇奉御,养之宫中。

己巳,突厥可汗默啜又遣使求婚,上许以来岁迎公主。

突厥十姓胡禄屋等诸部诣北庭请降,命都护郭虔瓘抚存之。

乙酉[②],命左骁卫郎将尉迟瓌使于吐蕃,宣慰金城公主。吐蕃遣其大臣宗俄因矛至洮水请和,用敌国礼[③];上不许。自是连岁犯边。

十一月,辛卯,葬殇皇帝。

丙申,遣左散骑常侍解琬诣北庭宣慰突厥降者,随便宜区处。

十二月,壬戌,沙陀金山入朝。

甲子,置陇右节度大使,须嗣鄯、奉、河、渭、兰、临、武、洮、岷、郭、叠、宕十二州[④],以陇右防御副使郭知运为之。

乙丑,立皇子嗣真为鄫王,嗣初为鄂王,嗣主为鄄王[⑤]。辛巳,立郢王嗣谦为皇太子。嗣真,上之长子[⑥],母曰刘华妃。嗣谦,次子也,母曰赵丽妃;丽妃以倡进[⑦],有宠于上,故立之。

是岁,置幽州节度、经略、镇守大使,领幽、易、平、檀、妫、燕六州。

突骑施可汗守忠之弟遮弩恨所分部落少于其兄,遂叛入突厥,请为乡导,以伐守忠。默啜遣兵二万击守忠,虏之而还。谓遮弩曰:"汝叛其兄,何有于我!"遂并杀之。

【注释】

①"敕以"二句:唐太宗时置义仓及常平仓,以备凶荒。高宗以后,稍假以给他费,至神龙中略尽,至是复置之。　②乙酉:开元二年十月无

唐陇右道烽火台遗址

此日，当有误。　③用敌国礼：谓（要求）采用对等礼节。　④“须嗣”句：据胡三省注，“须”当作“领”，“嗣”字衍；“奉”当作“秦”；“郭”当作“廓”。　⑤嗣主：胡三省注：当作“嗣玄”。　⑥“嗣真”二句：严衍《通鉴补》改为“长子郯王嗣直”。　⑦倡：歌舞艺人。

三年　春，正月，癸卯，以卢怀慎检校吏部尚书兼黄门监。怀慎清谨俭素，不营资产，虽贵为卿相，所得俸赐，随散亲旧，妻子不免饥寒，所居不蔽风雨。

姚崇尝有子丧，谒告十余日，政事委积，怀慎不能决，惶恐，入谢于上。上曰：“朕以天下事委姚崇，以卿坐镇雅俗耳。”崇既出，须臾，裁决俱尽，颇有得色，顾谓紫微舍人齐浣曰：“余为相，可比何人？”浣未对，崇曰：“何如管、晏？”浣曰：“管、晏之法虽不能施于后，犹能没身[①]。公所为法，随复更之，似不及也。”崇曰：“然则竟如何？”浣曰：“公可谓救时之相耳。”崇喜，投笔曰：“救时之相，岂易得乎！”

怀慎与崇同为相，自以才不及崇，每事推之，时人谓之“伴食宰相”。

臣光曰：昔鲍叔之于管仲，子皮之于子产，皆位居其上，能知其贤而下之，授以国政[2]；孔子美之。曹参自谓不及萧何，一遵其法，无所变更[3]；汉业以成。夫不肖用事，为其僚者，爱身保禄而从之，不顾国家之安危，是诚罪人也。贤智用事，为其僚者，愚惑以乱其治，专固以分其权[4]，娼嫉以毁其功[5]，愎戾以窃其名，是亦罪人也。崇，唐之贤相，怀慎与之同心戮力，以济明皇太平之政，夫何罪哉！《泰誓》曰[6]："如有一介臣，断断猗，无他技；其心休休焉，其如有容；人之有技，若己有之，人之彦圣，其心好之，不啻如自其口出，是能容之，以保我子孙黎民，亦职有利哉。"怀慎之谓矣。

御史大夫宋璟坐监朝堂杖人杖轻，贬睦州刺史。

突厥十姓降者前后万余帐。高丽莫离支文简[7]，十姓之婿也，二月，与跌跌都督思泰等亦自突厥帅众来降；制皆以河南地处之。

三月，胡禄屋酋长支匐忌等入朝。上以十姓降者浸多，夏，四月，庚申，以右羽林大将军薛讷为凉州镇〔军〕大总管，赤水等军并受节度，居凉州；左卫大将军郭虔瓘为朔州镇〔军〕大总管，和戎等军并受节度，居并州，勒兵以备默啜。

默啜发兵击葛逻禄、胡禄屋、鼠尼施等，屡破之；敕北庭都护汤嘉惠、左散骑常侍解琬等发兵救之。五月，壬辰，敕嘉惠等与葛逻禄、胡禄屋、鼠尼施及定边道大总管阿史那献互相应援。

山东大蝗，民或于田旁焚香膜拜设祭而不敢杀，姚崇奏遣御史督州县捕而瘗之[8]。议者以为蝗众多，除不可尽；上亦疑之。崇曰："今蝗满山东，河南、北之人，流亡殆尽，岂可坐视食苗，曾不救乎！借使除之不尽，犹胜养以成灾。"上乃从之。卢怀慎以为杀蝗太多，恐伤和气。崇曰："昔楚庄吞蛭而愈疾[9]，孙叔杀蛇而致福[10]，奈何不忍于蝗而忍人之饥死乎？若使杀蝗有祸，崇请当之。"

【注释】

①没身：终身，一辈子。　②"昔鲍叔"五句：春秋齐桓公之傅鲍叔牙向桓公推荐管仲（桓公的仇人），桓公任管仲为卿，遂霸诸侯。郑子皮当国，授政于子产，郑国大治。　③"曹参"三句：西汉时，曹参继萧何为惠帝丞相，"举事无所变更，一遵萧何约束"。　④专固：此指独占自专

和执一不通的做法。 ⑤娼(mào 冒)嫉:妒忌。 ⑥《泰誓》:《尚书》篇名。以下引文谓,若有一忠臣,诚实而无其他长处;但其心地美好,有容人的器量;他人有本领,如同自己有一样;他人才华出众,能从心里喜欢,而不仅仅是口头上的称道;这么能够容人,来保护我子孙民众,也是由于此人要有利于天下。 ⑦文简:据严衍《通鉴补》当作"高文简"。 ⑧"山东"三句:据严衍《通鉴补》,句前当补"六月"二字。瘞,埋。 ⑨"昔楚庄"句:此事载于贾谊《新书》。 ⑩"孙叔"句:此事载于刘向《说苑》。

秋,七月,庚辰朔,日有食之。

上谓宰相曰:"朕每读书有所疑滞,无从质问;可选儒学之士,日使入内侍读。"卢怀慎荐太常卿马怀素。九月,戊寅[①],以怀素为左散骑常侍,使与右散骑常侍褚无量更日侍读。每至阁门,令乘肩舆以进;或在别馆道远,听于宫中乘马。亲送迎之,待以师傅之礼。以无量羸老,特为之造腰舆[②],在内殿令内侍舁之。

九姓思结都督磨散等来降;己未[③],悉除官遣还。

西南蛮寇边,遣右骁卫将军李玄道发戎、泸、夔、巴、梁、凤等州兵三万人并旧屯兵讨之。

壬戌[④],以凉州大总管薛讷为朔方道行军大总管,太仆卿吕延祚、灵州刺史杜宾客副之,以讨突厥。

甲子,上幸凤泉汤;十一月,己卯[⑤],还京师。

刘幽求自杭州刺史徙郴州刺史,愤恚,甲申,卒于道。

丁酉,以左羽林大将军郭虔瓘兼安西大都护、四镇经略大使。虔瓘请自募关中兵万人诣安西讨击,皆给递驮及熟食[⑥];敕许之。将作大匠韦凑上疏,以为:"今西域服从,虽或时有小盗窃,旧镇兵足以制之。关中常宜充实,以强干弱枝。自顷西北二虏寇边,凡在丁壮,征行略尽,岂宜更募骁勇,远资荒服!又,一万征人行六千余里,咸给递驮熟食,道次州县,将何以供!秦、陇之西,户口渐少,凉州已往,沙碛悠然,遣彼居人,如何取济?纵令必克,其获几何?傥稽天诛,无乃甚损!请计所用、所得,校其多少,则知利害。昔唐尧之代,兼爱夷、夏,中外乂安;汉武穷兵远征,虽多克获,而中国疲耗。今论帝王之盛德者，皆归唐尧，不归汉武；况邀功不成者，复何足比议乎！”时姚崇亦以虔瓘之策为不然。既而虔瓘卒无功。

初，监察御史张孝嵩奉使廓州还，陈碛西利害，请往察其形势；上许之，听以便宜从事。

拔汗那者，古乌孙也，内附岁久。吐蕃与大食共立阿了达为王，发兵攻之，拔汗那王兵败，奔安西求救。孝嵩谓都护吕休璟曰：“不救则无以号令西域。”遂帅旁侧戎落兵万余人，出龟兹西数千里，下数百城，长驱而进。是月，攻阿了达于连城。孝嵩自擐甲督士卒急攻，自巳至酉，屠其三城，俘斩千余级，阿了达与数骑逃入山谷。孝嵩传檄诸国，威振西域，大食、康居、大宛、罽宾等八国皆遣使请降。会有言其赃污者，坐系凉州狱，贬灵州兵曹参军[⑦]。

京兆尹崔日知贪暴不法，御史大夫李杰将纠之，日知反构杰罪。十二月，侍御史杨玚廷奏曰：“若纠弹之司，使奸人得而恐愒，则御史台可废矣。”上遽命杰视事如故，贬日知为歙县丞。

或上言：“按察使徒烦扰公私，请精简刺史、县令，停按察使。”上命召尚书省官议之。姚崇以为：“今止择十使，犹患未尽得人，况天下三百余州，县多数倍，安得刺史、县令皆称其职乎！”乃止。

尚书左丞韦玢奏：“郎官多不举职，请沙汰，改授他官。”玢寻出为刺史，宰相奏拟冀州，敕改小州。姚崇奏言：“台郎宽怠及不称职，玢请沙汰，乃是奉公。台郎甫尔改官，玢即贬黜于外，议者皆谓郎官谤伤；臣恐后来左右丞指以为戒，则省事何从而举矣[⑧]！伏望圣慈详察，使当官者无所疑惧。”乃除冀州刺史。

突骑施守忠既死，默啜兵还，守忠部将苏禄鸠集余众[⑨]，为之酋长。苏禄颇善绥抚，十姓部落稍稍归之，有众二十万，遂据有西方，寻遣使入见。是岁，以苏禄为左羽林大将军、金方道经略大使。

皇后妹夫尚衣奉御长孙昕以细故与御史大夫李杰不协[⑩]。

【注释】

①戊寅：开元三年九月无此日，当有误。据《旧唐书》，为十月事。　②腰舆：胡三省注：“令人举之，适与腰平。”　③己未：开元三年

九月无此日，当有误。据上下文，当为十月之日。 ④壬戌：开元三年九月无此日。当依《新唐书》作“十月……壬戌”。 ⑤乙卯：开元三年十一月无此日。当依严衍《通鉴补》作“己卯”。 ⑥递驮：胡三省注：“沿路递发马、牛、驴驮运兵器什物也。” ⑦兵曹参军：官名。即司兵参军。 ⑧省事：指尚书省的事务。 ⑨鸠集：聚集。 ⑩尚衣奉御：官名。殿中省有尚食、尚药、尚衣、尚舍、尚乘、尚辇六局，各奉御二人。尚衣奉御掌供天子衣服，详其制度，辨其名数，而供其进御。

四年 春，正月，昕与其妹夫杨仙玉于里巷伺杰而殴之。杰上表自诉曰：“发肤见毁，虽则痛身，冠冕被陵，诚为辱国。”上大怒，命于朝堂杖杀，以谢百僚，仍以敕书慰杰曰：“昕等朕之密戚，不能训导，使陵犯衣冠，虽置以极刑，未足谢罪。卿宜以刚肠疾恶，勿以凶人介意。”

丁亥，宋王成器更名宪，申王成义更名㧑[①]。

乙酉，陇右节度使郭虔瓘奏，奴石良才等八人皆有战功，请除游击将军[②]。敕下，卢怀慎等奏曰：“郭虔瓘恃其微效，辄侮彝章[③]，为奴请五品，实乱纲纪，不可许。”上从之。

丙午，以鄫王嗣真为安北大都护、安抚河东・关内・陇右诸蕃大使[④]，以安北大都护张知运为之副。陕王嗣升为安西大都护、安抚河西四镇诸蕃大使，以安西都护郭虔瓘为之副。二王皆不出阁。诸王遥领节度自此始。

二月，丙辰，上幸骊山温汤。

吐蕃围松州。

丁卯，上还宫。

辛未，以尚书右丞倪若水为汴州刺史兼河南采访使[⑤]。

上虽欲重都督、刺史，选京官才望者为之，然当时士大夫犹轻外任。扬州采访使班景倩入为大理少卿，过大梁[⑥]，若水饯之行，立望其行尘，久之乃返，谓官属曰：“班生此行，何异登仙！”

癸酉，松州都督孙仁献袭击吐蕃于城下，大破之。

上尝遣宦官诣江南取䴔䴖、鸂鶒等[⑦]，欲置苑中，使者所至烦扰。道过汴州，倪若水上言：“今农桑方急，而罗捕禽鸟以供园池之玩，远自江、岭，水陆传送，食以粱肉。道路观者，岂不以陛下贱人而贵鸟乎？陛下方当以凤凰为凡鸟，麒麟为凡兽，况鹓鹊、鸂鶒，曷足贵也！”上手敕谢若水，赐帛四十段，纵散其鸟。

山东蝗复大起，姚崇又命捕之。倪若水谓：“蝗乃天灾，非人力所及，宜修德以禳之。刘聪时，常捕埋之，为害益甚。”拒御史，不从其命。崇牒若水曰：“刘聪伪主，德不胜妖；今日圣朝，妖不胜德。古之良守，蝗不入境。若其修德可免，彼岂无德致然?”若水乃不敢违。夏，五月，甲辰，敕委使者详察州县捕蝗勤惰者，各以名闻。由是连岁蝗灾，不至大饥。

或言于上曰：“今岁选叙大滥，县令非才。”及入谢，上悉召县令于宣政殿庭，试以理人策。惟鄄城令韦济词理第一，擢为醴泉令。余二百余人不入第，且令之官；四十五人放归学问。吏部侍郎卢从愿左迁豫州刺史，李朝隐左迁滑州刺史。从愿典选六年，与朝隐皆名称职。初，高宗之世，马载、裴行俭在吏部最有名，时人称吏部前有马、裴，后有卢、李。济，嗣立之子也[8]。

有胡人上言海南多珠翠奇宝，可往营致，因言市舶之利；又欲往师子国求灵药及善医之妪[9]，置之宫掖。上命监察御史杨范臣与胡人偕往求之，范臣从容奏曰：“陛下前年焚珠玉、锦绣，示不复用。今所求者何以异于所焚者乎！彼市舶与商贾争利，殆非王者之体。胡药之性，中国多不能知；况于胡妪，岂宜置之宫掖！夫御史，天子耳目之官，必有军国大事，臣虽触冒炎瘴，死不敢辞。此特胡人眩惑求媚，无益圣德，窃恐非陛下之意，愿熟思之。”上遽自引咎，慰谕而罢之。

六月，癸亥，上皇崩于百福殿。己巳，以上女万安公主为女官，欲以追福。

癸酉，拔曳固斩突厥可汗默啜首来献。时默啜北击拔曳固，大破之于独乐水，恃胜轻归，不复设备，遇拔曳固迸卒颉质略[10]，自柳林突出，斩之。时大武军子将郝灵荃奉使在突厥[11]，颉质略以其首归之，与偕诣阙，悬其首于广街。拔曳固、回纥、同罗、霫、仆固五部皆来降，置于大武军北。

默啜之子小可汗立，骨咄禄之子阙特勒击杀之[12]，及默啜诸子、亲信略尽；立其兄左贤王默棘连，是为毗伽可汗，国人谓之“小杀”。毗伽以国固让阙特勒，阙特勒不受；乃以为左贤王，专典兵马。

【注释】

①“宋王”二句：二王原名中有“成”字，犯睿宗后窦氏谥号“昭成皇后”，故改名。 ②游击将军：武职名。唐制，游击将军从五品下。 ③彝章：常法，例行的规章。 ④鄫王嗣真：据严衍《通鉴补》，当作“郯王嗣直”。 ⑤采访使：据胡三省注：《唐会要》：“开元二十二年二月十九日，初置十道采访处置使。”据此，则先置采访使，二十二年始置采访处置使也。 ⑥大梁：古地名，即今河南开封市西北一带。胡三省注：“唐汴州治浚仪县，古之大梁也。” ⑦䴔䴖（jiāojīng 交精）：水鸟名，即池鹭。鸂鶒（xīchì 西斥）：水鸟名。形大于鸳鸯而色多紫，故称“紫鸳鸯。” ⑧嗣立：即唐朝大臣韦嗣立（654—719）。字延构。阳武（今河南原阳）人。历凤阁舍人、凤阁侍郎、同平章事、中书侍郎同中书门下三品。李隆基起兵杀韦后，他以远亲出为许州刺史，徙为陈州刺史。 ⑨师子国：古国名。斯里兰卡的古称。 ⑩迸卒：溃兵、散兵。 ⑪子将：小将，低级将领。 ⑫骨咄禄：即骨笃禄，默啜之兄。

秋，七月，壬辰，太常博士陈贞节、苏献以太庙七室已满，请迁中宗神主于别庙，奉睿宗神主祔太庙；从之。又奏迁昭成皇后祔睿宗室，肃明皇后留祀于仪坤庙[①]。八月，乙巳，立中宗庙于太庙之西。

辛未，契丹李失活、奚李大酺帅所部来降。制以失活为松漠郡王、行左金吾大将军兼松漠都督，因其八部落酋长，拜为刺史；又以将军薛泰督军镇抚之。大酺为饶乐郡王、行右金吾大将军兼饶乐都督。失活，尽忠之从父弟也[②]。

吐蕃复请和，上许之。

突厥默啜既死，奚、契丹、拔曳固等诸部皆内附，突骑施苏禄复自立为可汗。突厥部落多离散，毗伽可汗患之，乃召默啜时牙官暾欲谷，以为谋主。暾欲谷年七十余，多智略，国人信服之。突厥降户处河曲者，闻毗伽立，多复叛归之。

并州长史王晙上言："此属徒以其国丧乱，故相帅来降；若彼安宁，必复叛去。今置之河曲，此属桀黠，实难制御，往往不受军州约束，兴兵剽掠；闻其逃者已多与虏声问往来，通传委曲。乃是畜养此属使为间谍，日月滋久，奸诈逾深，窥伺边隙，将成大患。虏骑南牧，必为内应，来逼军州，表里受敌，虽有韩、彭，不能取胜矣。愿以秋、冬之交，大集兵众，谕以利害，给其资粮，徙之内地。二十年外，渐变旧俗，皆成劲兵；虽一时暂劳，然永久安靖。比者守边将吏及出境使人，多为谀辞，皆非事实，或云北虏破灭，或云降户妥帖，皆欲自衒其功，非能尽忠徇国。愿察斯利口，勿忘远虑。议者必曰：'国家向时已尝置降户于河曲，皆获安宁，今何所疑！'此则事同时异，不可不察。向者颉利既亡，降者无复异心，故得久安无变。今北虏尚存[3]，此属或畏其威，或怀其惠，或其亲属，岂乐南来！较之彼时，固不侔矣。以臣愚虑，徙之内地，上也；多屯士马，大为之备，华、夷相参，人劳费广，次也；正如今日，下也。愿审兹三策，择利而行，纵使因徙逃亡，得者皆为唐有；若留至河冰，恐必有变。"

疏奏，未报；降户跌跌思泰、阿悉烂等果叛。冬，十月，甲辰，命朔方大总管薛讷发兵追讨之。王晙引并州兵西济河，昼夜兼行，追击叛者，破之，斩获三千级。

先是，单于副都护张知运悉收降户兵仗，令渡河而南，降户怨怒。御史中丞姜晦为巡边使，降户诉无弓矢，不得射猎，晦悉还之；降户得之，遂叛。张知运不设备，与之战于青刚岭[4]，为虏所擒，欲送突厥；至绥州境，将军郭知运以朔方兵邀击之，大破其众于黑山呼延谷，虏释张知运而去。上以张知运丧师，斩之以徇。

毗伽可汗既得思泰等，欲南入为寇。暾欲谷曰："唐主英武，民和年丰，未有间隙，不可动也。我众新集，力尚疲羸，且当息养数年，始可观变而举。"毗伽又欲筑城，并立寺观，暾欲谷曰："不可。突厥人徒稀少，不及唐家百分之一，所以能与为敌者，正以逐水草，居处无常，射猎为业，人皆习武，强则进兵抄掠，弱则窜伏山林，唐兵虽多，无所施用。若筑城而居，变更旧俗，一朝失利，必为所灭。释、老之法，教人仁弱，非用武争胜之术，不可崇也。"毗伽乃止。

庚午，葬大圣皇帝于桥陵[⑤]，庙号睿宗。御史大夫李杰护桥陵作[⑥]，判官王旭犯赃，杰按之，反为所构[⑦]，左迁衢州刺史。

【注释】

①"又奏"二句：昭成皇后乃睿宗次妃，以生玄宗升袝睿宗；而袝元妃肃明皇后于别庙。 ②尽忠：即契丹首领李尽忠。万岁通天年间曾起兵反唐。 ③北虏尚存：指默啜虽亡故，毗伽又立为可汗。 ④青刚岭：山名。在今甘肃环县北。 ⑤桥陵：睿宗的陵墓，在同州蒲城县三十里。即今陕西蒲城县境内。 ⑥护：监督。作：营建。 ⑦构：诬陷。

十一月，己卯，黄门监卢怀慎疾亟，上表荐宋璟、李杰、李朝隐、卢从愿并明时重器，所坐者小，所弃者大，望垂矜录；上深纳之。乙未，薨。家无余蓄，惟一老苍头，请自鬻以办丧事。

丙申，以尚书左丞源乾曜为黄门侍郎、同平章事。

姚崇无居第，寓居罔极寺，以病痁谒告[①]，上遣使问饮食起居状，日数十辈。源乾曜奏事或称旨，上辄曰："此必姚崇之谋也。"或不称旨，辄曰："何不与姚崇议之！"乾曜常谢实然。每有大事，上常令乾曜就寺问崇。癸卯[②]，乾曜请迁崇于四方馆，仍听家人入侍疾；上许之。崇以四方馆有簿书，非病者所宜处，固辞。上曰："设四方馆，为官吏也；使卿居之，为社稷也。恨不可使卿居禁中耳，此何足辞！"

唐桥陵

崇子光禄少卿彝、宗正少卿异，广通宾客，颇受馈遗，为时所讥。主书赵诲为崇所亲信[③]，受胡人赂，事觉，上亲鞫问，下狱当死，崇复营救，上由是不悦。会曲赦京城，敕特标诲名，杖之一百，流岭南。崇由是忧惧，数请避相位，荐广州都督宋璟自代。

十二月，上将幸东都，以璟为刑部尚书、西京留守，令驰驿诣阙，遣内侍、将军杨思勖迎之。璟风度凝远，人莫测其际，在涂竟不与思勖交言。思勖素贵幸，归，诉于上，上嗟叹良久，益重璟。

丙辰，上幸骊山温汤；乙丑，还宫。

闰月，己亥，姚崇罢为开府仪同三司，源乾曜罢为京兆尹、西京留守，以刑部尚书宋璟守吏部尚书兼黄门监，紫微侍郎苏颋同平章事。

璟为相，务在择人，随材授任，使百官各称其职；刑赏无私，敢犯颜直谏。上甚敬惮之，虽不合意，亦曲从之。

突厥默啜自则天世为中国患，朝廷旰食，倾天下之力不能克；郝灵荃得其首，自谓不世之功。璟以天子好武功，恐好事者竞生心徼幸，痛抑其赏，逾年始授郎将；灵荃恸哭而死。

璟与苏颋相得甚厚，颋遇事多让于璟，璟每论事则颋为之助。璟尝谓人曰："吾与苏氏父子皆同居相府，仆射宽厚[④]，诚为国器，然献可替否，吏事精敏，则黄门过其父矣[⑤]。"

姚、宋相继为相，崇善应变成务，璟善守法持正；二人志操不同[⑥]，然协心辅佐，使赋役宽平，刑罚清省，百姓富庶。唐世贤相，前称房、杜，后称姚、宋，他人莫得比焉。二人每进见，上辄为之起，去则临轩送之。及李林甫为相，虽宠任过于姚、宋，然礼遇殊卑薄矣。紫微舍人高仲舒博通典籍，齐澣练习时务[⑦]，姚、宋每坐二人以质所疑，既而叹曰："欲知古，问高君，欲知今，问齐君，可以无阙政矣。"

辛丑，罢十道按察使。

旧制，六品以下官皆委尚书省奏拟。是岁，始制员外郎、御史、起居、遗、补不拟[⑧]。

【注释】

①痁（shàn 善）：疟疾。　②癸卯：开元四年十一月无此日，当有

误。 ③主书：唐中书省属官。共四名，从七品上。 ④仆射：指苏颋之父苏瓌。 ⑤黄门：指苏颋。他当时任紫微侍郎同紫微黄门平章事。 ⑥志操：志向与操守。 ⑦练习：熟习。 ⑧遗：即拾遗。补：即补阙。

五年 春，正月，癸卯，太庙四室坏，上素服避正殿。时上将幸东都，以问宋璟、苏颋，对曰："陛下三年之制未终，遽尔行幸，恐未契天心，灾异为戒；愿且停车驾。"又问姚崇，对曰："太庙屋材，皆苻坚时物，岁久朽腐而坏，适与行期相会，何足异也！且王者以四海为家，陛下以关中不稔幸东都，百司供拟已备，不可失信；但应迁神主于太极殿，更修太庙，如期自行耳。"上大喜，从之，赐崇绢二百匹。己酉，上行享礼于太极殿，命姚崇五日一朝，仍入阁供奉[①]，恩礼更厚，有大政辄访焉。右散骑常侍褚无量上言："隋文帝富有天下，迁都之日，岂取苻氏旧材以立太庙乎？此特谀臣之言耳。愿陛下克谨天戒，纳忠谏，远谄谀。"上弗听。

辛亥，行幸东都。过崤谷，道隘不治；上欲免河南尹及知顿使官[②]，宋璟谏曰："陛下方事巡幸，今以此罪二臣，臣恐将来民受其弊。"上遽命释之。璟曰："陛下罪之，以臣言而免之，是臣代陛下受德也；请令待罪朝堂而后赦之。"上从之。

二月，甲戌，至东都，赦天下。

奚、契丹既内附，贝州刺史宋庆礼建议，请复营州。三月，庚戌，制复置营州都督于柳城，兼平卢军使，管内州县镇戍皆如其旧；以太子詹事姜师度为营田、支度使，与庆礼等筑之，三旬而毕。庆礼清勤严肃，开屯田八十余所，招安流散，数年之间，仓廪充实，市里浸繁。

夏，四月，甲戌，赐奚王李大酺妃辛氏号固安公主。

己丑，皇子嗣一卒，追立为夏王，谥曰悼。嗣一母武惠妃，攸止之女也[③]。

突骑施酋长左羽林大将军苏禄部众浸强，虽职贡不乏，阴有窥边之志。五月，十姓可汗阿史那献欲发葛逻禄兵击之，上不许。

初，上微时，与太常卿姜皎亲善，及诛窦怀贞等[④]，皎预有功，由是宠遇群臣莫及，常出入卧内，与后妃连榻宴饮，赏赐不可胜纪。弟晦,亦以皎故累迁吏部侍郎。宋璟言皎兄弟权宠太盛,非所以安之,上亦以为然。秋,七月,庚子,以晦为宗正卿,因下制曰:"西汉诸将,以权贵不全[5];南阳故人,以优闲自保[6]。皎宜放归田园,散官、勋、封皆如故。"

壬寅,陇右节度使郭知运大破吐蕃于九曲。

安西副大都护汤嘉惠奏突骑施引大食、吐蕃,谋取四镇,围钵换及大石城[7],已发三姓葛逻禄兵与阿史那献击之。

并州长史张嘉贞上言:"突厥九姓新降者,散居太原以北,请宿重兵以镇之[8]。"辛酉,置天兵军于并州,集兵八万,以嘉贞为天兵军大使。

太常少卿王仁惠奏则天立明堂不合古制;又,明堂尚质,而穷极奢侈,密迩宫掖,人神杂扰。甲子,制复以明堂为乾元殿,冬至、元日受朝贺,季秋大享,复就圜丘[9]。

【注释】

①入阁供奉:进入内殿朝参,立于供奉班列之中。胡三省注:"姚崇旧相也,盖立于供奉班首。" ②知顿使:帝王车驾行幸时设有知顿使。 ③攸止:即武攸止,武则天的侄子,封恒安王。 ④"及诛"句:诛窦怀贞事在开元元年(713)。 ⑤"西汉"二句:指的是西汉高祖时的情况。全,保全(身家性命。) ⑥"南阳"二句:指的是东汉光武帝时的情况。 ⑦钵换:城名。亦作拨换。即今新疆阿克苏市。大石城:胡三省注:"盖石国城也。"故地在今乌兹别克斯坦塔什干一带。 ⑧宿:驻扎。 ⑨圜(yuán 元)丘:祭天的圆形高坛。

九月,中书、门下省及侍中皆复旧名。

贞观之制,中书、门下及三品官入奏事,必使谏官、史官随之,有失则匡正,美恶必记之;诸司皆于正牙奏事,御史弹百官,服豸冠[1],对仗读弹文;故大臣不得专君而小臣不得为谗慝。及许敬宗、李义府用事,政多私僻,奏事官多俟仗下,于御坐前屏左右密奏,监奏御史及待制官远立以俟其退[2];谏官、史官皆随仗出,仗下后事,不复预闻。武后以法制群下,谏官、御史得以风闻言事,自御史大夫至监察得互相弹奏,率以险诐相倾覆。及宋璟为相,欲复贞观之政,戊申,制:“自今事非的须秘密者,皆令对仗奏闻,史官自依故事。”

冬,十月,癸酉,伊阙人孙平子上言:“《春秋》讥鲁跻僖公[3];今迁中宗于别庙而祀睿宗,正与鲁同。兄臣于弟,犹不可跻,况弟臣于兄,可跻之于兄上乎!若以兄弟同昭,则不应出兄置于别庙。愿下群臣博议,迁中宗入庙。”事下礼官,太常博士陈贞节、冯宗、苏献议,以为:“七代之庙,不数兄弟。殷代或兄弟四人相继为君[4],若数以为代,则无祖祢之祭矣。今睿宗之室当亚高宗,故为中宗特立别庙。中宗既升新庙,睿宗乃祔高宗,何尝跻居中宗之上?而平子引跻僖公为证,诬罔圣朝,渐不可长。”时论多是平子,上亦以为然,故议久不决。苏献,颋之从祖兄也,故颋右之[5]。卒从礼官议。平子论之不已,谪为康州都城尉。

新庙成。戊寅,神主祔庙。

上命宋璟、苏颋为诸皇子制名及国邑之号,又令别制一佳名及佳号进之。璟等上言:“七子均养,著于《国风》[6]。今臣等所制名号各三十余,辄混同以进,以彰陛下覆焘无偏之德[7]。”上甚善之。

十一月,丙申[8],契丹王李失活入朝。十二月,壬午,以东平王外孙杨氏为永乐公主[9],妻之。

秘书监马怀素奏:“省中书散乱讹缺[10],请选学术之士二十人整比校补。”从之。于是搜访逸书,选吏缮写,命国子博士尹知章、桑泉尉韦述等二十人同刊正,以左散骑常侍褚无量为之使,于乾元殿前编校群书。

【注释】

①豸冠:即獬豸冠。执法者佩戴之冠。 ②监奏御史:即殿中侍御史。待制官:胡三省注:“永徽中,命弘文馆学士一人日待制于武德殿西门。文明元年,诏京官五品以上清官日一人待制于章善明福门;先天末,又命朝集使六品以上二人随仗待制。”待制,轮番值日以备顾问。 ③“春秋”句:谓《春秋》曾讥刺鲁文公将其父僖公之位升到闵公之上为非礼。 ④兄弟四人:指阳甲、盘庚、小辛、小乙四位殷王。 ⑤右:庇护。 ⑥国风:《诗经》的一部分,有十五国风,共一百六十篇。 ⑦覆

焘(dào 到),同覆帱。覆盖的意思。 ⑧丙申:开元五年十一月无此日,当有误。 ⑨东平王:即唐宗室李续。唐太宗李世民之孙,纪王李慎之子。 ⑩省中书:此指中书、门下、侍中三省所藏图书。

资治通鉴卷第二百一十二

唐纪二十八　起著雍敦牂，尽旃蒙赤奋若，凡八年。

玄宗至道大圣大明孝皇帝上之下

开元六年　春，正月，辛丑，突厥毗伽可汗来请和；许之。

广州吏民为宋璟立遗爱碑[1]。璟上言："臣在州无他异迹，今以臣光宠，成彼谄谀；欲革此风，望自臣始，请敕下禁止。"上从之。于是它州皆不敢立。

辛酉，敕禁恶钱，重二铢四分以上乃得行。敛人间恶钱熔之，更铸如式钱。于是京城纷然，卖买殆绝。宋璟、苏颋请出太府钱二万缗置南北市，以平价买百姓不售之物可充官用者[2]，及听两京百官豫假俸钱，庶使良钱流布人间；从之。

二月，戊子，移蔚州横野军于山北，屯兵三万，为九姓之援；以拔曳固都督颉质略、同罗都督毗伽末啜、霫都督比言、回纥都督夷健颉利发、仆固都督曳勒歌等各出骑兵为前、后、左、右军讨击大使，皆受天兵军节度。有所讨捕，量宜追集[3]；无事各归部落营生，仍常加存抚。

三月，乙巳，征嵩山处士卢鸿入见[4]，拜谏议大夫；鸿固辞。

天兵军使张嘉贞入朝，有告其在军奢僭及赃贿者，按验无状；上欲反坐告者，嘉贞奏曰："今若罪之，恐塞言路，使天下之事无由上达，愿特赦之。"其人遂得减死。上由是以嘉贞为忠，有大用之意。

有荐山人范知璿文学者[⑤]，并献其所为文，宋璟判之曰："观其《良宰论》，颇涉佞谀[⑥]。山人当极言谠议[⑦]，岂宜偷合苟容！文章若高，自宜从选举求试，不可别奏。"

夏，四月，戊子，河南参军郑铣、朱阳丞郭仙舟投匦献诗，敕曰："观其文理，乃崇道法；至于时用，不切事情。宜各从所好。"并罢官，度为道士[⑧]。

五月，辛亥，以突骑施都督苏禄为左羽林大将军、顺国公，充金方道经略大使。

契丹王李失活卒，癸巳[⑨]，以其弟娑固代之。

秋，八月，颁乡饮酒礼于州县，令每岁十二月行之。

唐初，州县官俸，皆令富户掌钱，出息以给之；息至倍称，多破产者。秘书少监崔沔上言，请计州县官所得俸，于百姓常赋之外，微有所加以给之[⑩]。从之。

冬，十一月，辛卯，车驾至西京。

戊辰[⑪]，吐蕃奉表请和，乞舅甥亲署誓文[⑫]，及令彼此宰相皆著名于其上。

宋璟奏："括州员外司马李邕、仪州司马郑勉，并有才略文词，但性多异端，好是非改变；若全引进，则咎悔必至，若长弃捐，则才用可惜，请除渝、硖二州刺史。"又奏："大理卿元行冲素称才行，初用之时，实允佥议[⑬]；当事之后，颇非称职，请复以为左散骑常侍，以李朝隐代之。陆象先闲于政体[⑭]，宽不容非，请以为河南尹。"从之。

【注释】

①"广州"句：唐开元四年(716)宋璟以广州都督入朝为宰相，故广州吏民为他立碑。　②不售：卖不出去，滞销。　③量宜：考量需要。追集：征发集结。　④处士：未曾做官的读书人。　⑤山人：隐士。　⑥"观其"二句：胡三省注："《良宰论》盖称美当时宰相。"　⑦谠议：公正无私的议论。　⑧度：出家，离俗出生死。　⑨癸巳：开元六年(718)五月无此日，当有误。　⑩"请计"三句：当时崔沔奏请，按民户均出官俸，每一成丁在常赋之外，加粮数升、帛数束来供给官员俸禄。　⑪戊辰：开元六年(718)十一月无此日，当有误。　⑫舅甥：时以吐蕃赞普娶文成公

主，故为舅甥之国的关系。 ⑬允：符合。佥议：舆论。 ⑭闲：熟习。或作“娴”。

七年 春，二月，俱密王那罗延、康王乌勒伽、安王笃萨波提皆上表言为大食所侵掠，乞兵救援。

敕太府及府县出粟十万石粜之[1]，以敛人间恶钱，送少府销毁。

三月，乙卯，以左武卫大将军、检校内外闲厩使、苑内营田使王毛仲行太仆卿。毛仲严察有干力，万骑功臣、闲厩官吏皆惮之，苑内所收常丰溢。上以为能，故有宠。虽有外第，常居闲厩侧内宅，上或时不见，则悄然若有所失；宦官杨思勖、高力士皆畏避之。

渤海王大祚荣卒；丙辰，命其子武艺袭位。

夏，四月，壬午，开府仪同三司祁公王仁皎薨。其子驸马都尉守一请用窦孝谌例[2]，筑坟高五丈二尺；上许之。宋璟、苏颋固争，以为："准令，一品坟高一丈九尺，其陪陵者高出三丈而已。窦太尉坟，议者颇讥其高大，当时无人极言其失，岂可今日复踵而为之！昔太宗嫁女，资送过于长公主，魏征进谏，太宗既用其言，文德皇后亦赏之，岂若韦庶人崇其父坟，号曰酆陵，以自速其祸乎！夫以后父之尊，欲高大其坟，何足为难！而臣等再三进言者，盖欲成中宫之美耳。况今日所为，当传无穷，永以为法，可不慎乎！"上悦曰："朕每欲正身率下，况于妻子，何敢私之！然此乃人所难言，卿能固守典礼，以成朕美，垂法将来，诚所望也。"赐璟、颋帛四百匹。

五月，乙丑朔，日有食之。上素服以俟变，彻乐减膳[3]，命中书、门下察系囚，赈饥乏，劝农功。辛卯，宋璟等奏曰："陛下勤恤人隐，此诚苍生之福。然臣闻日食修德，月食修刑；亲君子，远小人，绝女谒，除谗慝，所谓修德也。君子耻言浮于行，苟推至诚而行之，不必数下制书也。"

六月，戊辰，吐蕃复遣使请上亲署誓文；上不许，曰："昔岁誓约已定，苟信不由衷，亟誓何益！"

秋，闰七月，右补阙卢履冰上言："礼，父在为母服周年，则天皇后改服齐衰三年，请复其旧。"上下其议。左散骑常侍褚无量以履冰议为是；诸人争论，连年不决。八月，辛卯，敕自今五服并依《丧服传》文，然士大夫议论犹不息，行之各从其意。无量叹曰："圣人岂不知母恩之厚乎？厌降之礼，所以明尊卑、异戎狄也。俗情肤浅，不知圣人之心，一紊其制，谁能正之！"

九月，甲寅[4]，徙宋王宪为宁王。上尝从复道中见卫士食毕[5]，弃余食于窦中，怒，欲杖杀之；左右莫敢言。宪从容谏曰："陛下从复道中窥人过失而杀之，臣恐人人不自安。且陛下恶弃食于地者，为食可以养人也；今以余食杀人，无乃失其本乎！"上大悟，蹶然起曰："微兄[6]，几至滥刑。"遽释卫士。是日，上宴饮极欢，自解红玉带，并所乘马以赐宪。

冬，十月，辛卯，上幸骊山温汤；癸卯，还宫。

壬子，册拜突骑施苏禄为忠顺可汗。

十一月，壬申，上以岐山令王仁琛，藩邸故吏，墨敕令与五品官。宋璟奏："故旧恩私，则有大例[7]，除官资历，非无公道[8]。仁琛向缘旧恩，已获优改，今若再蒙超奖[9]，遂于诸人不类；又是后族，须杜舆言。乞下吏部检勘，苟无负犯，于格应留[10]，请依资稍优注拟。"从之。

选人宋元超于吏部自言侍中璟之叔父，冀得优假[11]。璟闻之，牒吏部云："元超，璟之三从叔[12]，常在洛城，不多参见。既不敢缘尊辄隐，又不愿以私害公。向者无言，自依大例，既有声听，事须矫枉；请放。"

宁王宪奏选人薛嗣先请授微官，事下中书、门下。璟奏："嗣先两选斋郎，虽非灼然应留，以懿亲之故[13]，固应微假官资。在景龙中，常有墨敕处分，谓之斜封。自大明临御，兹事杜绝，行一赏，命一官，必是缘功与才，皆历中书、门下。至公之道，唯圣能行。嗣先幸预姻戚，不为屈法，许臣等商量，望付吏部知，不出正敕。"从之。

先是，朝集使往往赍货入京师，及春将还，多迁官；宋璟奏一切勒还以革其弊。

是岁，置剑南节度使，领益、彭等二十五州。

【注释】

①府:此指京兆府。县:此指京县、畿县。 ②窦孝谌:唐外戚。玄宗的外祖父。 ③彻:通"撤",撤除。 ④甲寅:开元七年(719)九月无此日,当依《新唐书》作"甲戌"。 ⑤复道:楼阁之间的通道。 ⑥微:如果不是。 ⑦大例:指典章上的条例。 ⑧公道:此指共同的标准。 ⑨超奖:破格提拔。 ⑩于格:依照法规。 ⑪优假:从优录用。 ⑫三从叔:堂叔父。胡三省注:"三从,同高祖。" ⑬懿亲:皇亲。

八年 春,正月,丙辰,左散骑常侍褚无量卒。辛酉,命右散骑常侍元行冲整比群书。

侍中宋璟疾负罪而妄诉不已者,悉付御史台治之。谓中丞李谨度曰:"服不更诉者出之,尚诉未已者且系。"由是人多怨者。会天旱有魃[1],优人作魃状戏于上前,问魃:"何为出?"对曰:"奉相公处分。"又问:"何故?"魃曰:"负冤者三百余人,相公悉以系狱抑之,故魃不得不出。"上心以为然。

时璟与中书侍郎、同平章事苏颋建议严禁恶钱,江、淮间恶钱尤甚,璟以监察御史萧隐之充使括恶钱。隐之严急烦扰,怨嗟盈路,上于是贬隐之官。辛巳,罢璟为开府仪同三司,颋为礼部尚书。以京兆尹源乾曜为黄门侍郎,并州长史张嘉贞为中书侍郎,并同平章事。于是弛钱禁,恶钱复行矣。

二月,戊戌,皇子敏卒,追立为怀王,谥曰哀。

壬子,敕以役莫重于军府,一为卫士,六十乃免,宜促其岁限,使百姓更迭为之。

夏,四月,丙午,遣使赐乌长王、骨咄王、俱位王册命。三国皆在大食之西,大食欲诱之叛唐,三国不从,故褒之。

五月,辛酉,复置十道按察使。

丁卯,以源乾曜为侍中,张嘉贞为中书令。

乾曜上言:"形要之家多任京官,使俊乂之士沉废于外[2]。臣三子皆在京,请出其二人。"上从之。因下制称乾曜之公,命文武官效之,于是出者百余人。

张嘉贞吏事强敏,而刚躁自用。中书舍人苗延嗣、吕太一、考功员外郎员嘉静、殿中侍御史崔训皆嘉贞所引进，常与之议政事。四人颇招权，时人语曰："令公四俊，苗、吕、崔、员。"

六月，瀍、谷涨溢，漂溺几二千人。

突厥降户仆固都督勺磨及跌跌部落散居受降城侧，朔方大使王晙言其阴引突厥，谋陷军城，密奏请诛之。诱勺磨等宴于受降城，伏兵悉杀之，河曲降户殆尽。拔曳固、同罗诸部在大同、横野军之侧者，闻之皆恟惧。秋，并州长史、天兵节度大使张说引二十骑，持节即其部落慰抚之，因宿其帐下。副使李宪以虏情难信，驰书止之。说复书曰："吾肉非黄羊，必不畏食；血非野马，必不畏刺。士见危致命，此吾效死之秋也。"拔曳固、同罗由是遂安。

冬，十月，辛巳，上行幸长春宫；壬午，畋于下邽。

上禁约诸王，不使与群臣交结。光禄少卿驸马都尉裴虚己与岐王范游宴，仍私挟谶纬；戊子，流虚己于新州，离其公主[3]。万年尉刘庭琦、太祝张谔数与范饮酒赋诗[4]，贬庭琦雅州司户，谔山茌丞。然待范如故，谓左右曰："吾兄弟自无间，但趋竞之徒强相托附耳。吾终不以此责兄弟也。"上尝不豫，薛王业妃弟内直郎韦宾与殿中监皇甫恂私议休咎[5]；事觉，宾杖死，恂贬锦州刺史。业与妃惶惧待罪，上降阶执业手曰："吾若有心猜兄弟者，天地实殛之。"即与之宴饮，仍慰谕妃，令复位。

十一月，乙卯，上还京师。

辛未，突厥寇甘、凉等州，败河西节度使杨敬述，掠契苾部落而去。

先是，朔方大总管王晙奏请西发拔悉密[6]，东发奚、契丹，期以今秋掩毗伽牙帐于稽落水上[7]；毗伽闻之，大惧。暾欲谷曰："不足畏也。拔悉密在北庭，与奚、契丹相去绝远，势不相及；朔方兵计亦不能来此。必若能来，俟其垂至，徙牙帐北行三日，唐兵食尽自去矣。且拔悉密轻而好利，得王晙之约，必喜而先至。晙与张嘉贞不相悦，奏请多不相应，必不敢出兵。晙兵不出，拔悉密独至，击而取之，势甚易耳。"

既而拔悉密果发兵逼突厥牙帐，而朔方及奚、契丹兵不至，拔悉密惧，引退。毗伽欲击之，暾欲谷曰："此属去家千里，将死战，未可击也。不如以兵蹑之⑧。”去北庭二百里，暾欲谷分兵间道先围北庭，因纵兵击拔悉密，大破之。拔悉密众溃走，趋北庭，不得入，尽为突厥所虏。

暾欲谷引兵还，出赤亭，掠凉州羊马，杨敬述遣裨将卢公利、判官元澄将兵邀击之。暾欲谷谓其众曰：“吾乘胜而来，敬述出兵，破之必矣。”公利等至删丹，与暾欲谷遇，唐兵大败，公利、澄脱身走。毗伽由是大振，尽有默啜之众。

契丹牙官可突干骁勇得众心，李娑固猜畏，欲去之。是岁，可突干举兵击娑固，娑固败奔营州。营州都督许钦澹遣安东都护薛泰帅骁勇五百与奚王李大酺奉娑固以讨之，战败，娑固、李大酺皆为可突干所杀，生擒薛泰，营州震恐。许钦澹移军入渝关，可突干立娑固从父弟郁干为主，遣使请罪。上赦可突干之罪，以郁干为松漠都督，以李大酺之弟鲁苏为饶乐都督。

【注释】

①魃（bá 八）：旱鬼。　②“形要”二句：形要，即势要。俊乂，贤能的人。沉废，沉滞抑废，指仕途不得志。　③公主：指唐睿宗之女霍国公主，裴虚己之妻。　④太祝：官名。唐代太常寺设太祝六人，正九品上。掌祭祀祈祷。　⑤内直郎：官名。唐太子宫有内直局，设内直郎二人，掌符玺、伞扇、几案、衣服之事。　⑥拔悉密：突厥部落名。酋长姓阿史那氏，居北庭（今新疆吉木萨尔县北破城子）。　⑦稽落水：古水名。发源于稽落山（在内蒙古呼和浩特市境内）。　⑧蹑（niè 聂）：追击，追踪。

九年　春，正月，制削杨敬述官爵，以白衣检校凉州都督，仍充诸使①。

丙辰，改蒲州为河中府，置中都官僚，一准京兆、河南。

丙寅，上幸骊山温汤；乙亥，还宫。

监察御史宇文融上言：“天下户口逃移，巧伪甚众，请加检括。”融，弼之玄孙也②，源乾曜素爱其才，赞成之。二月，乙酉，敕有司议招集流移、按诘巧伪之法以闻。

丙戌，突厥毗伽复使来求和。上赐书，谕以“曩昔国家与突厥和亲，华、夷安逸，甲兵休息；国家买突厥羊马，突厥受国家缯帛，彼此丰给。自数十年来，不复如旧，正由默啜无信，口和心叛，数出盗兵，寇抄边鄙，人怨神怒，陨身丧元，吉凶之验，皆可汗所见。今复蹈前迹，掩袭甘、凉，随遣使人，更来求好。国家如天之覆，如海之容，但取来情，不追往咎。可汗果有诚心，则共保遐福[3]；不然，无烦使者徒尔往来。若其侵边，亦有以待。可汗其审图之[4]！”

丁亥，制：“州县逃亡户口听百日自首，或于所在附籍，或牒归故乡，各从所欲。过期不首，即加检括[5]，谪徙边州；公私敢容庇者抵罪。”以宇文融充使，括逃移户口及籍外田，所获巧伪甚众。迁兵部员外郎兼侍御史。融奏置劝农判官十人，并摄御史，分行天下。其新附客户，免六年赋调。使者竞为刻急，州县承风劳扰，百姓苦之。阳翟尉皇甫憬上疏言其状；上方任融，贬憬盈川尉。州县希旨，务于获多，虚张其数，或以实户为客，凡得户八十余万，田亦称是[6]。

兰池州胡康待宾诱诸降户同反，夏，四月，攻陷六胡州[7]，有众七万，进逼夏州。命朔方大总管王晙、陇右节度使郭知运共讨之。

戊戌，敕：“京官五品以上，外官刺史、四府上佐[8]，各举县令一人，视其政善恶，为举者赏罚。”

以太仆卿王毛仲为朔方道防御讨击大使，与王晙及天兵军节度大使张说相知讨康待宾[9]。

六月，己卯，罢中都，复为蒲州。

蒲州刺史陆象先政尚宽简，吏民有罪，多晓谕遣之。州录事言于象先曰：“明公不施棰挞，何以示威！”象先曰：“人情不远，此属岂不解吾言邪[10]？必欲棰挞以示威，当从汝始！”录事惭而退。象先尝谓人曰：“天下本无事，但庸人扰之耳。苟清其源，何忧不治！”

【注释】

①诸使：指节度、支度、营田等使之职。　②弼（bì 必）：即隋朝大臣宇文弼（546—607）。字公辅，洛阳人。仕北周。入隋，为尚书右丞，迁左丞。炀帝时，任刑部尚书，转礼部。后因讥评炀帝被杀。　③遐福：久远的福祉。　④审图：审慎考虑。　⑤检括：追查搜括。　⑥称是：与此相当。　⑦六胡州：指唐高宗时在宁夏南境以归降突厥设置的鲁、丽、含、

塞、依、契六州。　⑧四府：指京兆、河南、河中、太原四府。　⑨知：主持，指挥。　⑩此属：这些人。

秋，七月，己酉，王晙大破康待宾，生擒之，杀叛胡万五千人。辛酉，集四夷酋长，腰斩康待宾于西市。

先是，叛胡潜与党项通谋，攻银城、连谷，据其仓庾，张说将步骑万人出合河关掩击[①]，大破之。追至骆驼堰，党项乃更与胡战，胡众溃，西走入铁建山。说安集党项，使复其居业。讨击使阿史那献以党项翻覆，请并诛之，说曰："王者之师，当伐叛柔服，岂可杀已降邪！"因奏置麟州，以镇抚党项余众。

九月，乙巳朔，日有食之。

康待宾之反也，诏郭知运与王晙相知讨之；晙上言，朔方兵自有余力，请敕知运还本军。未报，知运已至，由是与晙不协。晙所招降者，知运复纵兵击之；虏以晙为卖己，由是复叛。上以晙不能遂定群胡，丙午，贬晙为梓州刺史。

丁未，梁文献公姚崇薨，遗令："佛以清净慈悲为本，而愚者写经造像，冀以求福。昔周、齐分据天下，周则毁经像而修甲兵，齐则崇塔庙而弛刑政，一朝合战，齐灭周兴。近者诸武、诸韦，造寺度人，不可胜纪，无救族诛。汝曹勿效儿女子终身不寤，追荐冥福[②]！道士见僧获利，效其所为，尤不可延之于家。当永为后法！"

癸亥，以张说为兵部尚书、同中书门下三品。

冬，十月，河西、陇右节度大使郭知运卒。知运与同县右卫副率王君㚟[③]，皆以骁勇善骑射著名西陲，为虏所惮，时人谓之王、郭。㚟遂自知运麾下代为河西、陇右节度使，判凉州都督[④]。

十一月，丙辰，国子祭酒元行冲上《群书四录》，凡书四万八千一百六十九卷。

庚午，赦天下。

十二月，乙酉，上幸骊山温汤；壬辰，还宫。

是岁，诸王为都督、刺史者，悉召还京师。

新作蒲津桥，镕铁为牛以系絙[⑤]。

安州别驾刘子玄卒。子玄即知几也，避上嫌名[⑥]，以字行。

著作郎吴兢撰《则天实录》，言宋璟激张说使证魏元忠事。说修史见之，知兢所为，谬曰："刘五殊不相借[7]！"兢起对曰："此乃兢所为，史草具在，不可使明公枉怨死者。"同僚皆失色。其后说阴祈兢改数字，兢终不许，曰："若徇公请，则此史不为直笔，何以取信于后！"

太史上言，《麟德历》浸疏[8]，日食屡不效。上命僧一行更造新历，率府兵曹梁令瓒造黄道游仪以测候七政[9]。

置朔方节度使，领单于都护府，夏、盐等六州，定远、丰安二军，三受降城。

【注释】

①合河关：即临津关。在今山西兴县西北。 ②追荐：诵经超度死者。冥福：（祈求）死后之福。 ③"知运"句：严衍《通鉴补》改"同县"为"同郡"。郭知运，瓜州晋昌人；王君㚟，瓜州常乐人。 ④判：唐官制，以高官兼任较低职位的官称判。 ⑤絙（gēng 耕）：粗绳索。 ⑥嫌名：与名讳声音相近的字。几、基音同。 ⑦刘五：刘知几排行为五。唐人多以排行称。借：帮忙。 ⑧麟德历：此历法始行于高宗麟德二年。疏：不周密。 ⑨七政：指日、月、五星（水、火、木、金、土）。

十年 春，正月，丁巳，上行幸东都，以刑部尚书王志愔为西京留守。

癸亥，命有司收公廨钱[1]，以税钱充百官俸。

乙丑，收职田[2]。亩率给仓粟二斗。

二月，戊寅，上至东都。

夏，四月，己亥，以张说兼知朔方军节度使。

五月，伊、汝水溢，漂溺数千家。

闰月，壬申，张说如朔方巡边。

己丑，以余姚县主女慕容氏为燕郡公主，妻契丹王郁干。

六月，丁巳，博州河决，命按察使萧嵩等治之。嵩，梁明帝之孙也[3]。

己巳，制增太庙为九室，迁中宗主还太庙。

秋，八月，癸卯，武疆令裴景仙，坐赃五千匹，事觉，亡命；上怒，命集众斩之。大理卿李朝隐奏景仙赃皆乞取，罪不至死；又，其曾祖寂有建义大功[4]，载初中以非罪破家，惟景仙独存，今为承嫡，宜宥其死，投之荒远。其辞略曰："十代宥贤，功实宜录；一门绝祀，情或可哀。"制令杖杀。朝隐又奏曰："生杀之柄，人主得专；轻重有条，臣下当守。今若乞取得罪，便处斩刑；后有枉法当科，欲加何辟？所以为国惜法，期守律文；非敢以法随人，曲矜仙命。"又曰："若寂勋都弃，仙罪特加，则叔向之贤，何足称者[5]；若敖之鬼，不其馁而[6]！"上乃许之。杖景仙一百，流岭南恶处。

安南贼帅梅叔焉等攻围州县，遣骠骑将军兼内侍杨思勖讨之。思勖募群蛮子弟，得兵十余万，袭击，大破之，斩叔焉，积尸为京观而还[7]。

初，上之诛韦氏也，王皇后颇预密谋，及即位数年，色衰爱弛。武惠妃有宠，阴怀倾夺之志，后心不平，时对上有不逊语。上愈不悦，密与秘书监姜皎谋以后无子废之，皎泄其言。嗣滕王峤，后之妹夫也，奏之。上怒，张嘉贞希旨构成其罪，云："皎妄谈休咎。"甲戌[8]，杖皎六十，流钦州，弟吏部侍郎晦贬春州司马；亲党坐流、死者数人，皎卒于道。

己亥[9]，敕："宗室、外戚、驸马，非至亲毋得往还；其卜相占候之人，皆不得出入百官之家。"

【注释】

①公廨钱：指官署田、园、地的税款。胡三省注："武德元年，制京司及州县官各给公廨田，课其管种，以供公私之费。又有公廨园、公廨地，皆收其税以给百官。" ②职田：指文武官员的职分田。北魏至明初按官职品级授给官吏一定数量的公田，作为俸禄。 ③梁明帝：即南朝后梁主萧岿。谥号明帝。 ④建义：指参与谋划起兵反隋之举。 ⑤"则叔向"二句：春秋晋平公六年（前552），范宣子杀栾盈朋党羊舌虎（叔向弟），叔向受牵连被囚，由祁奚进说得释。 ⑥"若敖"二句：这是春秋楚国令尹子文的话。谓若敖氏祖先的鬼魂，会由于断子绝孙无人祭祀而挨饿。若敖，楚国王族的姓氏。 ⑦京观（guàn 贯）：积尸封土其上以夸耀武功。 ⑧甲戌：开元十年（722）八月无此日。当依《旧唐书》于"甲戌"上补"九月"二字。 ⑨己亥：据《旧记》，当作"九月乙亥"。

己卯夜[①]，左领军兵曹权楚璧与其党李齐损等作乱，立楚璧兄子梁山为光帝，诈称襄王之子，拥左屯营兵数百人入宫城，求留守王志愔，不获。比晓，屯营兵自溃；斩楚璧等，传首东都。志愔惊怖而薨。楚璧，怀恩之侄[②]；齐损，迥秀之子也[③]。壬午，遣河南尹王怡如京师，按问宣慰。

癸未，吐蕃围小勃律王没谨忙[④]，谨忙求救于北庭节度使张嵩曰："勃律，唐之西门，勃律亡则西域皆为吐蕃矣。"嵩乃遣疏勒副使张思礼将蕃、汉步骑四千人救之，昼夜倍道，与谨忙合击吐蕃，大破之，斩获数万。自是累岁，吐蕃不敢犯边。

王怡治权楚璧狱，连逮甚众，久之不决；上乃以开府仪同三司宋璟为西京留守。璟至，止诛同谋数人，余皆奏原之。

康待宾余党康愿子反，自称可汗；张说发兵追讨擒之，其党悉平。徙河曲六州残胡五万余口于许、汝、唐、邓、仙、豫等州，空河南、朔方千里之地。

先是，缘边戍兵常六十余万，说以时无强寇，奏罢二十余万使还农。上以为疑，说曰："臣久在疆埸，具知其情，将帅苟以自卫及役使营私而已。若御敌制胜，不必多拥冗卒以妨农务[⑤]。陛下若以为疑，臣请以阖门百口保之。"上乃从之。

初，诸卫府兵，自成丁从军，六十而免，其家又不免杂徭，浸以贫弱，逃亡略尽，百姓苦之。张说建议，请召募壮士充宿卫，不问色役[⑥]，优为之制，逋逃者必争出应募[⑦]；上从之。旬日，得精兵十三万，分隶诸卫，更番上下。兵农之分，从此始矣。

冬，十月，癸丑，复以乾元殿为明堂。

甲寅，上幸寿安兴泰宫，猎于上宜川；庚申，还宫。

上欲耀兵北边，丁卯，以秦州都督张守洁等为诸卫将军。

十一月，乙未，初令宰相共食实封三百户。

前广州都督裴伷先下狱，上与宰相议其罪。张嘉贞请杖之，张说曰："臣闻刑不上大夫，为其近于君，且所以养廉耻也。故士可杀不可辱。臣向巡北边，闻杖姜皎于朝堂。皎官登三品，亦有微功，有罪应死则死，应流则流，奈何轻加笞辱，以皂隶待之[⑧]！姜皎事往，不可复追，伷先据状当流，岂可复蹈前失！"上深然之。嘉贞不悦，退谓说曰："何论事之深也！"说曰："宰相，时来则为之。若国之大臣皆可笞辱，但恐行及吾辈。吾此言非为仙先，乃为天下士君子也。"嘉贞无以应。

十二月，庚子，以十姓可汗阿史那怀道女为交河公主，嫁突骑施可汗苏禄。

上将幸晋阳，因还长安。张说言于上曰："汾阴脽上有汉家后土祠[9]，其礼久废；陛下宜因巡幸修之，为农祈谷。"上从之。

上女永穆公主将下嫁[10]，敕资送如太平公主故事。僧一行谏曰："武后惟太平一女，故资送特厚，卒以骄败，奈何为法！"上遽止之。

【注释】

①己卯：开元十年(722)八月无此日，当依新、旧《唐书》于"己卯"上补"九月"二字。 ②怀恩：即唐朝官吏权怀恩。万年(治今陕西西安)人。以荫累迁尚乘奉御，袭祖父权弘寿爵为卢国公。高宗朝以严能称，升万年令。迁益州大都督府长史，卒。 ③迥秀：即唐朝大臣李迥秀。字茂之，泾阳(今属陕西)人。科第出身。累官考功员外郎。武后爱其才，迁凤阁舍人。中宗朝，官至兵部尚书。 ④勃律：古西域国名。分大勃律、小勃律。大勃律在今克什米尔地区巴尔提斯坦，小勃律在今克什米尔地区吉尔吉特。 ⑤冗卒：庞杂疲弱的军队。 ⑥色役：各种名目的徭役。 ⑦逋(bū 晡)逃：逃亡。 ⑧皂隶：衙门里的差役。 ⑨脽(shuí 谁)：山丘名。在今山西万荣县境内。后土祠：祭祀土地神的祠庙。 ⑩"上女"句：永穆公主所嫁的驸马为王繇。

十一年　春，正月，己巳，车驾自东都北巡；庚辰，至潞州，给复五年[1]；辛卯，至并州，置北都，以并州为太原府，刺史为尹；二月，戊申，还至晋州。

张说与张嘉贞不平，会嘉贞弟金吾将军嘉祐赃发，说劝嘉贞素服待罪于外。己酉，左迁嘉贞幽州刺史。

壬子，祭后土于汾阴。乙卯，贬平遥令王同庆为赣尉，坐广为储偫[2]，烦扰百姓也。

癸亥，以张说兼中书令。

己巳[3]，罢天兵、大武等军，以大同军为太原以北节度使，领太原、辽、石、岚、汾、代、忻、朔、蔚、云十州。

三月，庚午，车驾至京师。

夏，四月，甲子，以吏部尚书王晙为兵部尚书、同中书门下三品。

五月，己丑，以王晙兼朔方军节度大使，巡河西、陇右、河东、河北诸军。

上置丽正书院，聚文学之士。秘书监徐坚、太常博士会稽贺知章、监察御史鼓城赵冬曦等，或修书，或侍讲；以张说为修书使以总之，有司供给优厚。中书舍人洛阳陆坚以为此属无益于国，徒为糜费，欲悉奏罢之。张说曰："自古帝王于国家无事之时，莫不崇宫室，广声色。今天子独延礼文儒，发挥典籍，所益者大，所损者微。陆子之言，何不达也！"上闻之，重说而薄坚。

秋，八月，癸卯，敕："前令检括逃人，虑成烦扰，天下大同，宜各从所乐，令所在州县安集，遂其生业。"

戊申，追尊宣皇帝庙号献祖，光皇帝庙号懿祖[4]，祔于太庙九室。

先是，吐谷浑畏吐蕃之强，附之者数年，九月，壬申，帅众诣沙州降，河西节度使张敬忠抚纳之。

冬，十月，丁酉，上幸骊山，作温泉宫；甲寅，还宫。

十一月，礼仪使张说等奏，以高祖配昊天上帝，罢三祖并配之礼[5]。戊寅，上祀南郊，赦天下。

戊子，命尚书左丞萧嵩与京兆、蒲、同、岐、华州长官选府兵及白丁一十二万，谓之"长从宿卫"，一年两番，州县毋得杂役使。

十二月，甲午，上幸凤泉汤；戊申，还宫。

庚申，兵部尚书、同中书门下三品王晙坐党引疏族[6]，贬蕲州刺史。

是岁，张说奏改政事堂曰中书门下，列五房于其后，分掌庶政[7]。

初，监察御史濮阳杜暹因按事至突骑施，突骑施馈之金，暹固辞。左右曰："君寄身异域，不宜逆其情。"乃受之，埋于幕下，出境，移牒令取之。虏大惊，度碛追之，不及。及安西都护阙[8]，或荐暹往使安西，人服其清慎。时暹自给事中居母忧。

【注释】

①"至潞州"二句：唐玄宗李隆基曾任潞州别驾，因此免其地五年赋役。 ②储偫(zhì 至)：储器物以备用。 ③己巳：开元十一年(723)二月无此日，当有误。 ④"追尊"二句：宣皇帝名李熙，是李唐先祖凉武昭王李暠的曾孙，凉王李歆的孙子，弘农太守李重耳的儿子。光皇帝名李天赐，是李熙的长子。 ⑤"以高祖"二句：配，配享，陪同受祭献。三祖，指唐高祖李渊、太宗李世民、高宗李治。 ⑥疏族：远亲。此指许州刺史王乔。时王乔家奴告发王乔与王晙潜谋构逆，即所谓"党引疏族"事。 ⑦"张说"三句：胡三省注："旧制，宰相常于门下省议事，谓之政事堂。永淳元年，中书令裴炎以中书执政事笔，遂移政事堂于中书省。至是，说改政事堂为中书门下，其政事印改为中书门下之印。"五房，指吏房、枢机房、兵房，户房、刑礼房。 ⑧阙：空缺。

十二年 春，三月，甲子，起暹为安西副大都护、碛西节度等使。

神龙初，追复泽王上金官爵，求得庶子义珣于岭南，绍其故封。许王素节之子瓘，利其爵邑，与弟璆谋，使人告义珣非上金子，妄冒袭封，复流岭南，以璆继上金后为嗣泽王。至是，玉真公主表义珣实上金子，为瓘兄弟所摈。夏，四月，庚子，复立义珣为嗣泽王；削璆爵，贬瓘鄂州别驾。壬寅，敕宗室旁继为嗣王者并令归宗。

壬子，命太史监南宫说等于河南[1]、北平地测日晷及极星，夏至日中立八尺之表，同时候之。阳城晷长一尺四寸八分弱，夜视北极出地高三十四度十分度之四；浚仪岳台晷长一尺五寸微强，极高三十四度八分；南至朗州晷长七寸七分，极高二十九度半；北至蔚州，晷长二尺二寸九分，极高四十度。南北相距三千六百八十八里九十步，晷差一尺五寸二分，极差十度半。又南至交州，晷出表南三寸三分；八月，海中南望老人星下，众星粲然，皆古所未名，大率去南极二十度以上皆见。

五月,丁亥,停诸道按察使。

六月,壬辰,制听逃户自首,辟所在闲田,随宜收税,毋得差科征役,租佣一皆蠲免。仍以兵部员外郎兼侍御史宇文融为劝农使,巡行州县,与吏民议定赋役。

上以山东旱,命台阁名臣以补刺史;壬午[2],以黄门侍郎王丘、中书侍郎长安崔沔、礼部侍郎·知制诰韩休等五人出为刺史。丘,同皎之从父兄子[3];休,大敏之孙也[4]。

初,张说引崔沔为中书侍郎;故事,承宣制皆出宰相,侍郎署位而已。沔曰:"设官分职,上下相维,各申所见,事乃无失。侍郎,令之贰也,岂得拱默而已!"由是遇事多所异同,说不悦,故因是出之。

秋,七月,突厥可汗遣其臣哥解颉利发来求婚。

溪州蛮覃行璋反[5]。以监门卫大将军杨思勖为黔中道招讨使,将兵击之。癸亥,思勖生擒行璋,斩首三万级而归。加思勖辅国大将军,俸禄、防阁皆依品给。赦行璋,以为洵水府别驾[6]。

姜皎既得罪,王皇后愈忧畏不安,然待下有恩,故无随而谮之者,上犹豫不决者累岁。后兄太子少保守一,以后无子,使僧明悟为后祭南北斗,剖霹雳木[7],书天地字及上名,合而佩之,祝曰:"佩此有子,当如则天皇后。"事觉,己卯,废为庶人,移别室安置;贬守一潭州别驾,中路赐死。户部尚书张嘉贞坐与守一交通,贬台州刺史。

八月,丙申,突厥哥解颉利发还其国;以其使者轻[8],礼数不备,未许婚。

己亥,以宇文融为御史中丞。

融乘驿周流天下,事无大小,诸州先牒上劝农使,后申中书;省司亦待融指㧑,然后处决。时上将大攘四夷,急于用度,州县畏融,多张虚数,凡得客户八十余万,田亦称是。岁终,增缗钱数百万,悉进入宫;由是有宠。议者多言烦扰,不利百姓,上亦令集百寮于尚书省议之。公卿已下,畏融恩势,皆不敢立异,惟户部侍郎杨玚独抗议,以为:"括客免税,不利居人[9];征籍外田税,使百姓困弊,所得不补所失。"未几,玚出为华州刺史。

壬寅，以开府仪同三司宋璟为西京留守。

冬，十月，丁酉，谢飐王特勒遣使入奏，称"去年五月，金城公主遣使诣箇失密国，云欲走归汝。箇失密王从臣国王借兵，共拒吐蕃。王遣臣入取进止[⑩]。"上以为然，赐帛遣之。

废后王氏卒，后宫思慕后不已，上亦悔之。

十一月，庚午，上幸东都；戊寅，至东都。

辛巳，司徒申王㧑薨，赠谥惠庄太子。

群臣屡上表请封禅，闰月，丁卯，制以明年十一月十日有事于泰山。时张说首建封禅之议，而源乾曜不欲为之，由是与说不平[⑪]。

是岁，契丹王李郁干卒，弟吐干袭位。

【注释】

①命太史监句：胡三省注："唐太史局属秘书省。景龙二年，改太史局为太史监，令名不改，不隶秘书。开元二年，又改令为监。说，读若悦。" ②壬午：开元十二年(724)六月无此日，当有误。 ③同皎，即唐中宗的女婿王同皎(？—706)。安阳(今属河南)人。武则天时为典膳郎。参与诛杀张易之兄弟，迁光禄卿。神龙中，为武三思诬告，被杀。 ④大敏：即唐朝官吏韩大敏。武则天时为凤阁舍人，以昭雪梁州都督李行褒案，赐死。 ⑤溪州：州名。唐天授中置，治所在大乡县(今湖南永顺县东南)。 ⑥别驾：胡三省注："当为'别将'。" ⑦霹雳木：霹雳所震之木，俗称雷打木。古人认为此木有雷气，可以镇服鬼物。 ⑧轻：此指地位卑，身份低。 ⑨"括客"二句：谓清查寄居客户，允许自首者免税，对本籍的居户不利。 ⑩入取进止：谓入朝听取皇帝处置。 ⑪不平：此指失和。

十三年 春，二月，庚申，以御史中丞宇文融兼户部侍郎。制以所得客户税钱均充所在常平仓本；又委使司与州县议作劝农社[①]，使贫富相恤，耕耘以时。

乙亥，更命长从宿卫之士曰"彍骑"，分隶十二卫，总十二万人为六番。

上自选诸司长官有声望者大理卿源光裕、尚书左丞杨承令、兵部侍郎寇泚等十一人为刺史，命宰相、诸王及诸司长官、台郎、御史饯于洛滨[2]，供张甚盛。赐以御膳，太常具乐，内坊歌妓；上自书十韵诗赐之。光裕，乾曜之从孙也。

三月，甲午，太子嗣谦更名鸿；徙郯王嗣真为庆王[3]，更名潭；陕王嗣升为忠王，更名浚；鄫王嗣真为棣王，更名洽；鄂王嗣初更名涓；鄄王嗣玄为荣王，更名滉。又立子琚为光王[4]，潍为仪王，沄为颍王，泽为永王，清为寿王，洄为延王，沭为盛王，溢为济王。

丙申，御史大夫程行湛奏："周朝酷吏来俊臣等二十三人，情状尤重，子孙请皆禁锢；傅游艺等四人差轻，子孙不听近任。"从之。

汾州刺史杨承令不欲外补，意怏怏，自言："吾出守有由。"上闻之，怒，壬寅，贬睦州别驾。

张说草封禅仪献之。夏，四月，丙辰，上与中书门下及礼官、学士宴于集仙殿。上曰："仙者凭虚之论，朕所不取。贤者济理之具[5]，朕今与卿曹合宴，宜更名曰集贤殿。"其书院官五品以上为学士，六品以下为直学士；以张说知院事，右散骑常侍徐坚副之。上欲以说为大学士，说固辞而止。

说以大驾东巡，恐突厥乘间入寇，议加兵守边，召兵部郎中裴光庭谋之。光庭曰："封禅者，告成功也。今将升中于天[6]，而戎狄是惧，非所以昭盛德也。"说曰："然则若之何？"光庭曰："四夷之中，突厥为大，比屡求和亲，而朝廷羁縻[7]，未决许也。今遣一使，征其大臣从封泰山，彼必欣然承命；突厥来，则戎狄君长无不皆来。可以偃旗卧鼓，高枕有余矣。"说曰："善！说所不及。"即奏行之。光庭，行俭之子也[8]。

上遣中书直省袁振摄鸿胪卿[9]，谕旨于突厥，小杀与阙特勒、暾欲谷环坐帐中，置酒，谓振曰："吐蕃，狗种；奚、契丹，本突厥奴也；皆得尚主。突厥前后求婚独不许，何也？且吾亦知入蕃公主皆非天子女[10]，今岂问真伪！但屡请不获，愧见诸蕃耳。"振许为之奏请。小杀乃使其大臣阿史德颉利发入贡，因扈从东巡[11]。

五月，庚寅，妖贼刘定高帅众夜犯通洛门；悉捕斩之。

秋，八月，张说议封禅仪，请以睿宗配皇地祇；从之。

九月，丙戌，上谓宰臣曰："《春秋》不书祥瑞，惟记有年。"敕自今州县毋得更奏祥瑞。

【注释】

①使司：胡三省注："使司，劝农使司也。"即劝农使官署。 ②"命宰相"句：胡三省注："诸司长官，省、寺、监之长也。台郎，谓尚书郎。先是改尚书为中台；台郎及御史，则三省官必皆集也。" ③嗣真：当作"嗣直"。 ④琚：据严衍《通鉴补》，当作"涺"。 ⑤济理：即"济治"（避唐高宗讳），济世治民的略语。 ⑥升中于天：据胡三省注，即封泰山。中，同"衷"，内心。 ⑦羁縻（jī mí 机迷）：约束，笼络。 ⑧行俭：即唐朝官员裴行俭（619—682）。字守约。闻喜（今山西闻喜县东北）人。贞观中，举明经。累拜安西都护。后为吏部侍郎，典选有能名。后称疾不出。封闻喜县公。 ⑨直省：以其他官吏在中书省值班称直省。 ⑩蕃：同"番"，外族或外国。 ⑪扈从：随从。

冬，十月，癸丑，作水运浑天成，上具列宿，注水激轮，令其自转，昼夜一周。别置二轮，络在天外，缀以日月，逆天而行，淹速合度[①]。置木匮为地平，令仪半在地下，又立二木人，每刻击鼓，每辰击钟，机械皆藏匮中。

辛酉，车驾发东都，百官、贵戚、四夷酋长从行。每置顿[②]，数十里中人畜被野；有司辇载供具之物，数百里不绝。

十一月，丙戌，至泰山下，御马登山。留从官于谷口，独与宰相及祠官俱登，仪卫环列于山下百余里。上问礼部侍郎贺知章曰："前代玉牒之文，何故秘之？"对曰："或密求神仙，故不欲人见。"上曰："吾为苍生祈福耳。"乃出玉牒，宣示群臣。庚寅，上祀昊天上帝于山上，群臣祀五帝百神于山下之坛；其余仿乾封故事。辛卯，祭皇地祇于社首。壬辰，上御帐殿[③]，受朝觐，赦天下，封泰山神为天齐王，礼秩加三公一等[④]。

张说多引两省吏及以所亲摄官登山。礼毕推恩，往往加阶超入五品而不及百官；中书舍人张九龄谏，不听。又，扈从士卒，但加勋而无赐物，由是中外怨之。

初，隋末，国马皆为盗贼及戎狄所掠，唐初才得牝牡三千匹于赤岸泽,徙之陇右,命太仆张万岁掌之。万岁善于其职,自贞观至麟德,马蕃息及七十万匹,分为八坊、四十八监,各置使以领之。是时天下以一缣易一马。垂拱以后,马潜耗太半。上初即位,牧马有二十四万匹,以太仆卿王毛仲为内外闲厩使,少卿张景顺副之。至是有马四十三万匹,牛羊称是。上之东封,以牧马数万匹从,色别为群,望之如云锦。上嘉毛仲之功,癸巳,加毛仲开府仪同三司。

甲午,车驾发泰山;庚申[5],幸孔子宅致祭。

上还,至宋州,宴从官于楼上,刺史寇泚预焉。酒酣,上谓张说曰:"向者屡遣使臣分巡诸道,察吏善恶,今因封禅历诸州,乃知使臣负我多矣。怀州刺史王丘,饩牵之外[6],一无他献。魏州刺史崔沔,供张无锦绣,示我以俭。济州刺史裴耀卿,表数百言,莫非规谏,且曰:'人或重扰,则不足以告成[7]。'朕常置之坐隅,且以戒左右。如三人者,不劳人以市恩[8],真良吏矣。"顾谓寇泚曰:"比亦屡有以酒馔不丰诉于朕者,知卿不借誉于左右也。"自举酒赐之。宰臣帅群臣起贺,楼上皆称万岁。由是以丘为尚书左丞,沔为散骑侍郎,耀卿为定州刺史[9]。耀卿,叔业之七世孙也。

十二月,乙巳[10],还东都。

突厥颉利发辞归,上厚赐而遣之,竟不许婚。

王毛仲有宠于上,百官附之者辐凑。毛仲嫁女,上问何须。毛仲顿首对曰:"臣万事已备,但未得客。"上曰:"张说、源乾曜辈岂不可呼邪?"对曰:"此则得之。"上曰:"知汝所不能致者一人耳,必宋璟也。"对曰:"然。"上笑曰:"朕明日为汝召客。"明日,上谓宰相:"朕奴毛仲有昏事,卿等宜与诸达官悉诣其第。"既而日中,众客未敢举筯[11],待璟,久之,方至,先执酒西向拜谢,饮不尽卮[12],遽称腹痛而归。璟之刚直,老而弥笃。

先是,契丹王李吐干与可突干复相猜忌,携公主来奔,不敢复还,更封辽阳王,留宿卫;可突干立李尽忠之弟邵固为主。车驾东巡,邵固诣行在,因从至泰山,拜左羽林大将军、静折军经略大使。

上疑吏部选试不公,时选期已迫,御史中丞宇文融密奏,请分吏部为十铨。甲戌,以礼部尚书苏颋等十人掌吏部选,试判将毕,遽召入禁中决定，吏部尚书、侍郎皆不得预。左庶子吴兢上表，以为：“陛下曲受谗言，不信有司，非居上临人推诚感物之道。昔陈平、邴吉，汉之宰相，尚不对钱谷之数，不问斗死之人；况大唐万乘之君，岂得下行铨选之事乎？凡选人书判[13]，并请委之有司，停此十铨。”上虽不即从，明年复故。

是岁，东都斗米十五钱，青、齐五钱，粟三钱。

于阗王尉迟眺阴结突厥及诸胡谋叛，安西副大都护杜暹发兵捕斩之，更为立王。

【注释】

①淹速：迟速，快慢。 ②置：驿站。顿：止宿，屯驻。 ③帐殿：胡三省注：“野次连幄以为殿，因谓之帐殿。”野次，在野外止宿。 ④礼秩句：古制，四岳比拟为三公。 ⑤庚申：据《旧唐书》本纪作“丙申”。⑥饩（xì 戏）牵：古代称猪牛羊等牲畜为饩牵。 ⑦“人或”二句：谓民众若被严重滋扰则封禅不足以向上天报告成功。 ⑧市恩：求取恩宠。市，指为了某种目的而进行交易。 ⑨定州：严衍《通鉴补》此处改作“宣州”。 ⑩乙巳：开元十三年（725）十二月无此日，当依新旧《唐书》作“己巳”。 ⑪箸（zhù 柱）：筷子。 ⑫卮（zhī 芝）：古代的一种盛酒器皿。 ⑬书判：试卷评判。

资治通鉴卷第二百一十三

唐纪二十九　起柔兆摄提格，尽昭阳作噩，凡八年。

玄宗至道大圣大明孝皇帝中之上

开元十四年　春，正月，癸未，更立契丹松漠王李邵固为广化王，奚饶乐王李鲁苏为奉诚王。以上从甥陈氏为东华公主，妻邵固；以成安公主之女韦氏为东光公主[①]，妻鲁苏。

张说奏："今之五礼，贞观、显庆两曾修纂，前后颇有不同，其中或未折衷。望与学士等讨论古今，删改施行。"制从之。

邕州封陵獠梁大海等据宾、横州反；二月，己酉[②]，遣内侍杨思勗发兵讨之。

上召河南尹崔隐甫，欲用之，中书令张说薄其无文，奏拟金吾大将军；前殿中监崔日知素与说善，说荐为御史大夫；上不从。丙辰，以日知为左羽林大将军，丁巳，以隐甫为御史大夫。隐甫由是与说有隙。

说有才智而好贿，百官白事有不合者，好面折之，至于叱骂。恶御史中丞宇文融之为人，且患其权重，融所建白，多抑之。中书舍人张九龄言于说曰："宇文融承恩用事，辩给多权数，不可不备。"说曰："鼠辈何能为！"夏，四月，壬子，隐甫、融及御史中丞李林甫共奏弹说："引术士占星，徇私僭侈，受纳贿赂。"敕源乾曜及刑部尚书韦抗、大理少卿明珪与隐甫等同于御史台鞫之[③]。林甫，叔良之曾孙[④]；抗，安石之从父兄子也[⑤]。

丁巳，以户部侍郎李元纮为中书侍郎、同平章事。元纮以清俭著，故上用为相。

源乾曜等鞫张说，事颇有状，上使高力士视说，力士还奏："说蓬首垢面，席藁[6]，食以瓦器，惶惧待罪。"上意怜之。力士因言说有功于国，上以为然。庚申，但罢说中书令，余如故。

丁卯，太子太傅岐王范薨，赠谥惠文太子。上为之撤膳累旬，百官上表固请，然后复常。

丁亥[7]，太原尹张孝嵩奏："有李子峤者，自称皇子，云生于潞州，母曰赵妃。"上命杖杀之。

辛丑[8]，于定、恒、莫、易、沧五州置军以备突厥。

上欲以武惠妃为皇后，或上言："武氏乃不戴天之仇，岂可以为国母！人间盛言张说欲取立后之功，更图入相之计。且太子非惠妃所生，惠妃复自有子，若登宸极[9]，太子必危。"上乃止。然宫中礼秩，一如皇后。

五月，癸卯，户部奏今岁户七百六万九千五百六十五，口四千一百四十一万九千七百一十二。

【注释】

①成安公主：唐中宗之女，其夫为韦捷。 ②己酉：开元十四年(726)二月无此日。《旧纪》作"庚戌朔"。 ③明珪：严衍《通鉴补》改为"胡珪"。 ④叔良：即唐宗室李叔良。高祖的堂弟，封为长平王。 ⑤安石：即唐朝大臣韦安石(651—714)。 ⑥席藁：以稻麦茎杆当席子。 ⑦丁亥：开元十四年(726)四月无此日，当有误。 ⑧辛丑：开元十四年(726)四月无此日，当有误。 ⑨宸极：北极星。比喻皇后之位。

秋，七月，河南、北大水，溺死者以千计。

八月，丙午朔，魏州言河溢。

九月，己丑，以安西副大都护、碛西节度使杜暹同平章事。

自王孝杰克复四镇，复于龟兹置安西都护府，以唐兵三万戍之，百姓苦其役；为都护者，惟田扬名、郭元振、张嵩及暹皆有善政，为人所称。

冬，十月，庚申，上幸汝州广成汤；己酉[1]，还宫。

十二月，丁巳，上幸寿安，猎于方秀川；壬戌，还宫。

杨思勗讨反獠，生擒梁大海等三千余人，斩首二万级而还。

是岁，黑水靺鞨遣使入见[2]；上以其国为黑水州，仍为置长史以镇之。

勃海靺鞨王武艺曰："黑水入唐，道由我境。往者请吐屯于突厥[3]，先告我与我偕行；今不告我而请吏于唐，是必与唐合谋，欲腹背攻我也。"遣其母弟门艺与其舅任雅将兵击黑水。门艺尝为质子于唐，谏曰："黑水请吏于唐，而我以其故击之，是叛唐也。唐，大国也。昔高丽全盛之时，强兵三十余万，不遵唐命，扫地无遗。况我兵不及高丽什之一二，一旦与唐为怨，此亡国之势也。"武艺不从，强遣之。门艺至境上，复以书力谏。武艺怒，遣其从兄大壹夏代之将兵，召，欲杀之。门艺弃众，间道来奔，制以为左骁卫将军。武艺遣使上表罪状门艺，请杀之。上密遣门艺诣安西；留其使者，别遣报云，已流门艺于岭南。武艺知之，上表称："大国当示人以信，岂得为此欺诳？"固请杀门艺。上以鸿胪少卿李道邃、源复不能督察官属，致有漏泄，皆坐左迁。暂遣门艺诣岭南以报之。

唐三彩武士俑

臣光曰：王者所以服四夷，威信而已。门艺以忠获罪，自归天子；天子当察其枉直，赏门艺而罚武艺，为政之体也。纵不能讨，犹当正以门艺之无罪告之。今明皇威不能服武艺，恩不能庇门艺，顾效小人为欺诳之语以取困于小国[4]，乃罪鸿胪之漏泄，不亦可羞哉！

杜暹为安西都护，突骑施金河公主遣牙官以马千匹诣安西互市[⑤]。使者宣公主教，暹怒曰："阿史那女何得宣教于我？"杖其使者，留不遣；马经雪死尽。突骑施可汗苏禄大怒，发兵寇四镇。会暹入朝，赵颐贞代为安西都护，婴城[⑥]自守；四镇人畜储积，皆为苏禄所掠，安西仅存。既而苏禄闻暹入相，稍引退，寻遣使入贡。

【注释】

①己酉：十月无"己酉"日。据《旧纪》作"己巳"是。 ②靺鞨（mòhé 末合）：古族名。隋唐时有粟末、白山、黑水等众多部落，分布在松花江、牡丹江流域及黑龙江中下游，东至日本海。粟末居最南方，黑水居最北方。 ③吐屯：胡三省注："突厥置吐屯以领诸附从之国。"即掌领附从部落的突厥官名。 ④顾：反而。 ⑤交河公主：突骑施首领阿史那怀道的女儿。 ⑥婴城：据城。

十五年 春，正月，辛丑，凉州都督王君㚟破吐蕃于青海之西。

初，吐蕃自恃其强，致书用敌国礼，辞指悖慢，上意常怒之。返自东封，张说言于上曰："吐蕃无礼，诚宜诛夷，但连兵十余年，甘、凉、河、鄯，不胜其弊，虽师屡捷，所得不偿所亡。闻其悔过求和，愿听其款服，以纾边人。"上曰："俟吾与王君㚟议之。"说退，谓源乾曜曰："君㚟勇而无谋，常思侥幸，若二国和亲，何以为功！吾言必不用矣。"及君㚟入朝，果请深入讨之。

去冬，吐蕃大将悉诺逻寇大斗谷[①]，进攻甘州，焚掠而去。君㚟度其兵疲，勒兵蹑其后，会大雪，虏冻死者甚众，自积石军西归。君㚟先遣人间道入虏境，烧道旁草。悉诺逻至大非川，欲休士马，而野草皆尽，马死过半。君㚟与秦州都督张景顺追之，及于青海之西，乘冰而度。悉诺逻已去，破其后军，获其辎重羊马万计而还。君㚟以功迁左羽林大将军，拜其父寿为少府监致仕。上由是益事边功。

初，洛阳人刘宗器上言，请塞汜水旧汴口，更于荥泽引河入汴；擢宗器为左卫率府胄曹。至是，新渠填塞不通，贬宗器为循州安怀戍主。命将作大匠范安及发河南、怀、郑、汴、滑、卫三万人疏旧渠,旬日而毕。

御史大夫崔隐甫、中丞宇文融,恐右丞相张说复用,数奏毁之,各为朋党。上恶之,二月,乙巳,制说致仕,隐甫免官侍母,融出为魏州刺史。

乙卯,制:"诸州逃户,先经劝农使括定按比后复有逃来者,随到准白丁例输当年租庸,有征役者先差。"

夏,五月,癸酉,上悉以诸子庆王潭等领州牧、刺史、都督、节度大使、大都护、经略使,实不出外。

初,太宗爱晋王,不使出阁;豫王亦以武后少子不出阁,及自皇嗣为相王,始出阁②。中宗之世,谯王失爱,谪居外州;温王年十七,犹居禁中③。上即位,附苑城为十王宅④,以居皇子,宦官押之⑤,就夹城参起居,自是不复出阁;虽开府置官属及领藩镇,惟侍读时入授书⑥,自余王府官属,但岁时通名起居⑦;其藩镇官属,亦不通名。及诸孙浸多,又置百孙院。太子亦不居东宫,常在乘舆所幸之别院。

上命妃嫔以下宫中育蚕,欲使之知女功。丁酉,夏至,赐贵近丝,人一綟⑧。

【注释】

①大斗谷:地名。在今甘肃山丹县南。　②"太宗"五句:晋王,即李治(唐高宗)。豫王,即李旦(唐睿宗)。　③"中宗"五句:谯王,李重福。温王,李重茂。　④"上即位"二句:胡三省注:"朱雀街东第五街有安国寺,寺东附苑城为大宅,分处十王。十王,谓庆、忠、棣、鄂、荣、仪、台、颍、永、济也。"　⑤押:约束,掌管。　⑥侍读:胡三省注引欧阳修曰:"唐王府侍读无定员。"　⑦岁时:指逢年过节。通名:通报姓名。起居:请安,问候安否。　⑧綟(lì利):唐以麻三千为一綟。丝綟不详。

秋,七月,戊寅,冀州河溢。

己卯,礼部尚书许文宪公苏颋薨。

九月,丙子,吐蕃大将悉诺逻恭禄及烛龙莽布支攻陷瓜州,执刺史田元献及河西节度使王君㚟之父①,进攻玉门军;纵所虏僧使归凉州,谓君㚟曰:"将军常以忠勇许国,何不一战!"君㚟登城西望而泣，竟不敢出兵。

莽布支别攻常乐县，县令贾师顺帅众拒守。及瓜州陷，悉诺逻悉兵会攻之。旬余日，吐蕃力尽，不能克，使人说降之；不从。吐蕃曰："明府既不降，宜敛城中财相赠，吾当退。"师顺请脱士卒衣；悉诺逻知无财，乃引去，毁瓜州城。师顺遽开门，收器械，修守备；虏果复遣精骑还，视城中，知有备，乃去。师顺，岐州人也。

初，突厥默啜之强也，迫夺铁勒之地，故回纥、契苾、思结、浑四部度碛徙居甘、凉之间以避之。王君㚟微时，往来四部，为其所轻；及为河西节度使，以法绳之。四部耻怨，密遣使诣东都自诉。君㚟遽发驿奏："四部难制，潜有叛计。"上遣中使往察之，诸部竟不得直。于是瀚海大都督回纥承宗流瀼州，浑大德流吉州，贺兰都督契苾承明流藤州，卢山都督思结归国流琼州；以回纥伏帝难为瀚海大都督。己卯，贬右散骑常侍李令问为抚州别驾，坐其子与承宗交游故也。

丙戌，突厥毗伽可汗遣其大臣梅录啜入贡。吐蕃之寇瓜州也，遗毗伽书，欲与之俱入寇，毗伽并献其书。上嘉之，听于西受降城为互市，每岁赍缣帛数十万匹就市戎马，以助军旅，且为监牧之种，由是国马益壮焉。

闰月，庚子，吐蕃赞普与突骑施苏禄围安西城，安西副大都护赵颐贞击破之。

回纥承宗族子瀚海司马护输，纠合党众为承宗报仇。会吐蕃遣使间道诣突厥，王君㚟帅精骑邀之于肃州。还，至甘州南巩笔驿，护输伏兵突起，夺君㚟旌节，先杀其判官宋贞，剖其心曰："始谋者汝也。"君㚟帅左右数十人力战，自朝至晡，左右尽死。护输杀君㚟，载其尸奔吐蕃；凉州兵追及之，护输弃尸而走。

庚申，车驾发东都，冬[②]，己卯，至西京。

辛巳，以左金吾卫大将军信安王祎为朔方节度等副大使。祎，恪之孙也[③]。以朔方节度使萧嵩为河西节度等副大使。时王君㚟新败，河、陇震骇。嵩引刑部员外郎裴宽为判官，与君㚟判官牛仙客俱掌军政，人心浸安。宽，漼之从弟也[④]。仙客本鹑觚小吏，以才干军功累迁至河西节度判官，为君㚟腹心。

嵩又奏以建康军使河北张守珪为瓜州刺史，帅余众筑故城。板幹裁立[5]，吐蕃猝至，城中相顾失色，莫有斗志。守珪曰："彼众我寡，又疮痍之余，不可以矢刃相持，当以奇计取胜。"乃于城上置酒作乐。虏疑其有备，不敢攻而退。守珪纵兵击之，虏败走。守珪乃修复城市，收合流散，皆复旧业。朝廷嘉其功，以瓜州为都督府，以守珪为都督。

悉诺逻威名甚盛，萧嵩纵反间于吐蕃[6]，云与中国通谋，赞普召而诛之；吐蕃由是少衰。

十二月，戊寅，制以吐蕃为边患，令陇右道及诸军团兵五万六千人[7]，河西道及诸军团兵四万人，又征关中兵万人集临洮，朔方兵万人集会州防秋，至冬初，无寇而罢；伺虏入寇，互出兵腹背击之。

乙亥，上幸骊山温泉；丙戌，还宫。

【注释】

①"执刺史"句：王君㚟之父王寿当时以少府监致仕，居瓜州乡里。　②冬：严衍《通鉴补》于"冬"下补"十月"二字。　③恪：即唐朝宗室李恪，太宗之子，封吴王。　④漼（cuǐ 璀）：即唐朝官吏裴漼（？—736）。闻喜（今山西闻喜县东北）人。以陈留主簿升监察御史。执法严正。开元中官至御史大夫。　⑤板幹：筑城的夹板。裁：通"才"，刚刚。　⑥反间：间谍。　⑦团兵：免除了赋役，定期训练征集的团练民兵。

十六年　春，正月，壬寅，安西副大都护赵颐贞败吐蕃于曲子城[1]。

甲寅，以魏州刺史宇文融为户部侍郎兼魏州刺史，充河北道宣抚使[2]。

乙卯，春、泷等州獠陈行范、广州獠冯璘、何游鲁反，陷四十余城。行范称帝，游鲁称定国大将军，璘称南越王，欲据岭表；命内侍杨思勗发桂州及岭北近道兵讨之。

丙寅，以魏州刺史宇文融检校汴州刺史，充河南北沟渠堤堰决九河使。融请用《禹贡》九河故道开稻田，并回易陆运钱[3]，官收其利;兴役不息,事多不就。

二月,壬申,以尚书右丞相致仕张说兼集贤殿学士。说虽罢政事,专文史之任,朝廷每有大事,上常遣中使访之。

壬辰,改彍骑为左右羽林军飞骑。

秋,七月,吐蕃大将悉末郎寇瓜州,都督张守珪击走之。乙巳,河西节度使萧嵩、陇右节度使张忠亮大破吐蕃于渴波谷④;忠亮追之,拔其大莫门城⑤,擒获甚众,焚其骆驼桥而还。

八月,乙巳⑥,特进张说上《开元大衍历》⑦,行之。

辛卯,左金吾将军杜宾客破吐蕃于祁连城下⑧。时吐蕃复入寇,萧嵩遣宾客将强弩四千击之。战自辰至暮,吐蕃大溃,获其大将一人;虏散走投山,哭声四合。

冬,十月,己卯,上幸骊山温泉;己丑,还宫。

十一月,癸巳,以河西节度副大使萧嵩为兵部尚书、同平章事。

十二月,丙寅,敕:"长征兵无有还期,人情难堪;宜分五番⑨,岁遣一番还家洗沐⑩,五年酬勋五转⑪。"

是岁,制户籍三岁一定,分为九等。

杨思勗讨陈行范,至泷州,破之,擒何游鲁、冯璘。行范逃于云际、盘辽二洞,思勗追捕,竟生擒,斩之,凡斩首六万。思勗为人严,偏裨白事者不敢仰视,故用兵所向有功。然性忍酷,所得俘虏,或生剥面皮,或以刀剺发际⑫,掣去头皮⑬;蛮夷惮之。

【注释】

①曲子城:地名。在今甘肃环县东南。 ②"充河北道"句:胡三省注:"宣抚使始此。"以后派朝官巡视经过战争和受灾地区,称宣慰安抚使或宣抚使。 ③回易:折换,折变。从原征财物改征其他财物。 ④渴波谷:地名。胡三省注:"当在青海西。"即今青海省青海湖以西。 ⑤大莫门城:地名。在今青海共和县东南。 ⑥乙巳:八月无"乙巳"日,据《旧纪》作"己巳"是。 ⑦大衍历:唐代天文学家僧一行所造的历法,共分七篇。其格式为后代历法家所效法。 ⑧祁连城:地名。在今甘肃张掖南祁连山地区。 ⑨番:批,次。 ⑩洗沐:休假,休整。 ⑪酬勋五转:以升迁勋级五次为报酬。 ⑫剺(lí 离):划开,划

破。 ⑬掣(chè 彻):拽,拉。

十七年 春,二月,丁卯,巂州都督张守素破西南蛮,拔昆明及盐城[①],杀获万人。

三月,瓜州都督张守珪、沙州刺史贾师顺击吐蕃大同军,大破之。

甲寅,朔方节度使信安王祎攻吐蕃石堡城[②],拔之。初,吐蕃陷石堡城,留兵据之,侵扰河右,上命祎与河西、陇右同议攻取。诸将咸以为石堡据险而道远,攻之不克,将无以自还,且宜按兵观衅。祎不听,引兵深入,急攻拔之,仍分兵据守要害,令虏不得前。自是河陇诸军游弈[③],拓境千余里。上闻,大悦,更命石堡城曰振武军。

丙辰,国子祭酒杨玚上言,以为:"省司奏限天下明经、进士及第,每年不过百人。窃见流外出身,每岁二千余人,而明经、进士不能居其什一,则是服勤道业之士不如胥史之得仕也。臣恐儒风浸坠,廉筌日衰[④]。若以出身人太多,则应诸色裁损,不应独抑明经、进士也。"又奏:"诸司帖试明经,不务求述作本指[⑤],专取难知,问以孤经绝句或年月日;请自今并帖平文[⑥]。"上甚然之。

夏,四月,庚午,禘于太庙。唐初,祫则序昭穆,禘则各祀于其室。至是,太常少卿韦绍等奏:"如此,禘与常飨不异;请禘祫皆序昭穆。"从之。绍,安石之兄子也。

五月,壬辰,复置十道及京、都两畿按察使[⑦]。

初,张说、张嘉贞、李元纮、杜暹相继为相用事,源乾曜以清谨自守,常让事于说等,唯诺署名而已。元纮、暹议事多异同,遂有隙,更相奏列。上不悦,六月,甲戌,贬黄门侍郎、同平章事杜暹荆州长史,中书侍郎、同平章事李元纮曹州刺史,罢乾曜兼侍中,止为左丞相;以户部侍郎宇文融为黄门侍郎,兵部侍郎裴光庭为中书侍郎,并同平章事;萧嵩兼中书令,遥领河西。

开府王毛仲与龙武将军葛福顺为婚[⑧]。毛仲为上所信任,言无不从,故北门诸将多附之,进退唯其指使。吏部侍郎齐澣乘间言于上曰:"福顺典禁兵,不宜与毛仲为昏。毛仲小人,宠过则生奸；不早为之所，恐成后患。”上悦曰：“知卿忠诚，朕徐思其宜。”澣曰：“君不密则失臣，愿陛下密之。”会大理丞麻察坐事左迁兴州别驾，澣素与察善，出城饯之，因道禁中谏语；察性轻险，遽奏之。上怒，召澣责之曰：“卿疑朕不密，而以语麻察，讵为密邪[9]？且察素无行，卿岂不知邪？”澣顿首谢。秋，七月，丁巳，下制：“澣、察交构将相，离间君臣，澣可高州良德丞，察可浔州皇化尉。”

八月，癸亥，上以生日宴百官于花萼楼下。左丞相乾曜、右丞相说帅百官上表，请以每岁八月五日为千秋节，布于天下，咸令宴乐。寻又移社就千秋节[10]。

庚辰，工部尚书张嘉贞薨。嘉贞不营家产，有劝其市田宅者，嘉贞曰：“吾贵为将相，何忧寒馁！若其获罪，虽有田宅，亦无所用。比见朝士广占良田，身没之日，适足为无赖子弟酒色之资，吾不取也。”闻者是之。

辛巳，敕以人间多盗铸钱，始禁私卖铜铅锡及以铜为器皿；其采铜铅锡者，官为市取[11]。

宇文融性精敏，应对辩给[12]，以治财赋得幸于上，始广置诸使，竞为聚敛，由是百官浸失其职而上心益侈，百姓皆怨苦之。为人疏躁多言，好自矜伐[13]，在相位，谓人曰：“使吾居此数月，则海内无事矣。”

信安王祎，以军功有宠于上，融疾之。祎入朝，融使御史李寅弹之，泄于所亲。祎闻之，先以白上。明日，寅奏果入，上怒，九月，壬子，融坐贬汝州刺史，凡为相百日而罢。是后言财利以取贵仕者，皆祖于融。

冬，十月，戊午朔，日有食之，不尽如钩。

宇文融既得罪，国用不足，上复思之，谓裴光庭曰：“卿等皆言融之恶，朕既黜之矣，今国用不足，将若之何！卿等何以佐朕？”光庭等惧不能对。会有飞状告融赃贿事[14]，又贬平乐尉。至岭外岁余，司农少卿蒋岑奏融在汴州隐没官钱巨万计，制穷治其事，融坐流岩州，道卒。

十一月，辛卯，上行谒桥、定、献、昭、乾五陵；戊申，还宫；赦天下，百姓今年地税悉蠲其半。

十二月,辛酉,上幸新丰温泉;壬申,还宫。

【注释】

①昆明:古县名。唐武德中置,治所在今四川盐源县东北卫城。盐城:在唐昆明县境内。 ②石堡城:地名。在今青海湟源县西南。 ③游弈:巡逻。 ④签:标识,标志。 ⑤指:同“旨”,意旨。 ⑥平文:此指常见的经典文句。 ⑦京都两畿:雍、同、华、商、岐、邠六州为京畿,洛、汝二州为都畿。 ⑧福顺句:葛福顺所掌禁兵为万骑。 ⑨讵(jù):岂,难道。 ⑩社:指祀土地神的社祭。 ⑪市取:收购。 ⑫辩给:能言善辩。 ⑬矜伐:自大自夸。 ⑭飞状:匿名状子。

十八年 春,正月,辛卯,以裴光庭为侍中。

二月,癸酉,初令百官于春月旬休,选胜行乐,自宰相至员外郎,凡十二筵,各赐钱五千缗,上或御花萼楼邀其归骑留饮,迭使起舞,尽欢而去。

三月,丁酉,复给京官职田。

夏,四月,丁卯,筑西京外郭,九旬而毕。

乙丑,以裴光庭兼吏部尚书。先是,选司注官,惟视其人之能否,或不次超迁,或老于下位,有出身二十余年不得禄者;又,州县亦无等级,或自大入小,或初久后远[①],皆无定制。光庭始奏用循资格,各以罢官若干选而集,官高者选少,卑者选多,无问能否,选满即注,限年蹑级,毋得逾越,非负谴者,皆有升无降;其庸愚沉滞者皆喜,谓之“圣书”,而才俊之士无不怨叹。宋璟争之不能得。光庭又令流外行署亦过门下省审[②]。

五月,吐蕃遣使致书于境上求和。

初,契丹王李邵固遣可突干入贡,同平章事李元纮不礼焉。左丞相张说谓人曰:“奚、契丹必叛。可突干狡而很,专其国政久矣,人心附之[③]。今失其心,必不来矣。”己酉,可突干弑邵固,帅其国人并胁奚众叛降突厥,奚王李鲁苏及其妻韦氏、邵国妻陈氏皆来奔[④]。制幽州长史赵含章讨之,又命中书舍人裴宽、给事中薛侃等于关内、河东、河南、北分道募勇士。六月,丙子,以单于大都护忠王浚领河北道行军元帅,以御史大夫李朝隐、京兆尹裴伷先副之，帅十八总管以讨奚、契丹。命浚与百官相见于光顺门。张说退，谓学士孙逖、韦述曰："吾尝观太宗画像，雅类忠王，此社稷之福也。"

可突干寇平卢，先锋使张掖乌承玼破之于捺禄山。

壬午，洛水溢，溺东都千余家。

秋，九月，丁巳，以忠王浚兼河东道元帅，然竟不行。

吐蕃兵数败而惧，乃求和亲。忠王友皇甫惟明因奏事从容言和亲之利[⑤]。上曰："赞普尝遗吾书悖慢，此何可舍！"对曰："赞普当开元之初，年尚幼稚[⑥]，安能为此书！殆边将诈为之，欲以激怒陛下耳。夫边境有事，则将吏得以因缘盗匿官物，妄述功状以取勋爵，此皆奸臣之利，非国家之福也。兵连不解，日费千金，河西、陇右由兹困敝。陛下诚命一使往视公主[⑦]，因与赞普面相约结，使之稽颡称臣，永息边患，岂非御夷狄之长策乎！"上悦，命惟明与内侍张元方使于吐蕃。

赞普大喜，悉出贞观以来所得敕书以示惟明。冬，十月，遣其大臣论名悉猎随惟明入贡，表称："甥世尚公主，义同一家。中间张玄表等先兴兵寇钞[⑧]，遂使二境交恶。甥深识尊卑，安敢失礼！正为边将交构，致获罪于舅；屡遣使者入朝，皆为边将所遏。今蒙远降使臣，来视公主，甥不胜喜荷。倘使复修旧好，死无所恨！"自是吐蕃复款附。

庚寅，上幸凤泉汤；癸卯，还京师。

甲寅[⑨]，护密王罗真檀入朝，留宿卫。

十一月，丁卯，上幸骊山温泉，丁丑，还宫。

是岁，天下奏死罪止二十四人。

突骑施遣使入贡，上宴之于丹凤楼，突厥使者预焉。二使争长，突厥曰："突骑施小国，本突厥之臣，不可居我上。"突骑施曰："今日之宴，为我设也，我不可以居其下。"上乃命设东、西幕，突厥在东，突骑施在西。

开府仪同三司、内外闲厩监牧都使霍国公王毛仲恃宠，骄恣日甚，上每优容之。毛仲与左领军大将军葛福顺、左监门将军唐地文、左武卫将军李守德、右威卫将军王景耀、高广济亲善，福顺等倚其势，多为不法。毛仲求兵部尚书不得，怏怏形于辞色，上由是不悦。

是时，上颇宠任宦官，往往为三品将军，门施棨戟[10]；奉使过诸州，官吏奉之惟恐不及，所得赂遗，少者不减千缗；由是京城郊畿田园，参半皆在宦矣。杨思勖、高力士尤贵幸，思勖屡将兵征讨，力士常居中侍卫。而毛仲视宦官贵近者若无人；甚卑品者[11]，小忤意，辄詈辱如僮仆[12]。力士等皆害其宠而未敢言。

会毛仲妻产子，三日，上命力士赐之酒馔、金帛甚厚，且授其儿五品官。力士还，上问："毛仲喜乎？"对曰："毛仲抱其襁中儿示臣曰：'此儿岂不堪作三品邪！'"上大怒曰："昔诛韦氏，此贼心持两端，朕不欲言之；今日乃敢以赤子怨我[13]！"力士因言："北门奴，官太盛，相与一心，不早除之，必生大患。"上恐其党惊惧为变。

【注释】

①初久：据中华书局本所引章钰校勘记，诸本"久"作"近"。　②行署：行官和署官。泛指代理兼摄之职。　③人心：指契丹国人之心。④"奚王"句：韦氏、陈氏是唐玄宗以公主的名义嫁给契丹王、奚王为妻的。　⑤友：官名。唐朝诸王的属官，掌陪侍规讽，从五品上。　⑥"赞普"二句：胡三省注："武后长安三年，赞普立方七岁，至开元初犹是幼年也。"　⑦公主：指金城公主。　⑧"中间"句：指武则天时安西都护张玄表与吐蕃互相侵扰杀掠之事。　⑨甲寅：开元十八年(730)十月无此日，当有误。　⑩"门施"句：家门之前设置棨(qǐ 启)戟作仪仗。棨，似戟，木制，古代官吏用来表明身份的前导仪仗。　⑪甚：胡三省注："当作'其'。"　⑫詈(lì 利)：骂。　⑬赤子：婴儿。

十九年　春，正月，壬戌，下制，但述毛仲不忠怨望，贬瀼州别驾，福顺、地文、守德、景耀、广济皆贬远州别驾，毛仲四子皆贬远州参军，连坐者数十人。毛仲行至永州，追赐死。

自是宦官势益盛。高力士尤为上所宠信，尝曰："力士上直[1]，吾寝则安。"故力士多留禁中，稀至外第。四方表奏，皆先呈力士，然后奏御；小者力士即决之，势倾内外。金吾大将军程伯献、少府监冯绍正与力士约为兄弟；力士母麦氏卒，伯献等被发受吊，擗踊哭泣[2]，过于己亲。力士娶瀛州吕玄晤女为妻，擢玄晤为少卿，子弟皆王傅[3]。吕氏卒，朝野争致祭，自第至墓，车马不绝。然力士小心恭恪，故上终亲任之。

辛未，遣鸿胪卿崔琳使于吐蕃。琳，神庆之子也[4]。吐蕃使者称公主求《毛诗》《春秋》《礼记》。正字于休烈上疏，以为："东平王汉之懿亲，求《史记》《诸子》，汉犹不与[5]。况吐蕃，国之寇仇，今资之以书，使知用兵权略，愈生变诈，非中国之利也。"事下中书门下议之。裴光庭等奏："吐蕃聋昧顽嚚，久叛新服，因其有请，赐以《诗》《书》，庶使之渐陶声教，化流无外。休烈徒知书有权略变诈之语，不知忠、信、礼、义，皆从书出也。"上曰："善！"遂与之。休烈，志宁之玄孙也[6]。

丙子，上躬耕于兴庆宫侧，尽三百步。

唐宦官俑

三月，突厥左贤王阙特勒卒，赐书吊之。

丙申[7]，初令西京诸州各置太公庙，以张良配享，选古名将，以备十哲[8]；以二、八月上戊致祭，如孔子礼。

臣光曰：经纬天地之谓文，戡定祸乱之谓武，自古不兼斯二者而称圣人，未之有也。故黄帝、尧、舜、禹、汤、文、武、伊尹、周公莫不有征伐之功，孔子虽不试，犹能兵莱夷，却费人[9]，曰"我战则克"，岂孔子专文而太公专武乎？孔子所以祀于学者，礼有先圣先师故也。自生民以来，未有如孔子者，岂太公得与之抗衡哉！古者有发，则命大司徒教士以车甲，裸股肱，决射御，受成献馘[10]，莫不在学。所以然者，欲其先礼义而后勇力也。君子有勇而无义为乱，小人有勇而无义为盗；若专训之以勇力而不使之知礼义，奚所不为矣！自孙、吴以降[11]，皆以勇力相胜，狙诈相高，岂足以数于圣贤之门而谓之武哉！乃复诬引以偶十哲之目，为后世学者之师；使太公有神，必羞与之同食矣。

五月，壬戌，初立五岳真君祠。

秋，九月，辛未，吐蕃遣其相论尚它硉入见，请于赤岭为互市[12]；许之。

十月，丙申，上幸东都。

或告巂州都督解人张审素赃污[13]，制遣监察御史杨汪按之。总管董元礼将兵七百围汪，杀告者，谓汪曰："善奏审素则生，不然则死。"会救兵至，击斩之。汪奏审素谋反，十二月，癸未，审素坐斩，籍没其家。

浚苑中洛水，六旬而罢。

【注释】

①上直：谓在宫中当值，值班。 ②擗（pǐ 匹）踊：拍胸顿足。形容极度悲痛。擗，捶胸。 ③王傅：官名。唐朝诸王的属官，掌辅相赞导，匡其过失，从三品。 ④神庆：即唐朝官吏崔神庆。武城（治今河北清河县西北）人。举明经。武后时历莱州刺史、并州长史、礼部侍郎、太子右庶子、司刑卿。神龙初，坐流钦州，卒。 ⑤"东平王"三句：西汉成帝之弟东平王刘宇朝觐，上疏求《史记》等书。成帝接受大将军王凤的建议：书中有战国纵横权谲之谋，不宜存于诸侯王。终未给与其书。 ⑥志宁：即唐朝大臣于志宁（588—665）。字仲谧。高陵（今属陕西）人。累迁天策府从事中郎，随李世民征战，兼文学馆学士。贞观三年(629)任中书侍郎、太子左庶子。永徽中任宰相。曾参与编撰各种律令、礼典。 ⑦丙申：开元十九年(731)三月无此日。据新、旧《唐书》，当作"四月丙申"。 ⑧十哲：指张良、田穰苴、孙武、吴起、乐毅、白起、韩信、诸葛亮、李靖、李勣十位名将。 ⑨"犹能"二句：胡三省注："鲁定公与齐会于夹谷，孔子相。齐使莱夷以兵劫鲁公。孔子曰：'士兵之！两军合好，而裔夷以兵乱之，非齐君所以命诸侯也。'齐侯闻之，遽避之……公山不狃、叔孙辄帅费人以袭鲁，仲尼命申句须、乐颀伐之，费人北，国人追之，败诸姑

蔑……”谓孔子能阻止齐使莱夷劫持鲁君，还指使申句须、乐颀击败费人。 ⑩受成：接受已定的谋略。献馘（guó 郭）：呈献所杀敌人的左耳请功。 ⑪孙：即孙武。吴：即吴起。 ⑫赤岭：地名。在石堡城（今青海湟源县西南）以西二十里左右。 ⑬解（xiè 卸）：即解县（今山西运城市西南）。赃污：受赃贪污。

二十年 春，正月，乙卯，以朔方节度副大使信安王祎为河东、河北行军副大总管，将兵击奚、契丹；壬申，以户部侍郎裴耀卿为副总管。

二月，癸酉朔[①]，日有食之。

上思右骁卫将军安金藏忠烈，三月，赐爵代国公，仍于东、西岳立碑，以铭其功。金藏竟以寿终。

信安王祎帅裴耀卿及幽州节度使赵含章分道击契丹[②]，含章与虏遇，虏望风遁去。平卢先锋将乌承玼言于含章曰："二虏，剧贼也。前日遁去，非畏我，乃诱我也，宜按兵以观其变。"含章不从，与虏战于白山[③]，果大败。承玼别引兵出其右，击虏，破之。己巳，祎等大破奚、契丹，俘斩甚众，可突干帅麾下远遁，余党潜窜山谷。奚酋李诗琐高帅五千余帐来降。祎引兵还。赐李诗爵归义王，充归义州都督，徙其部落置幽州境内。

夏，四月，乙亥，宴百官于上阳东洲，醉者赐以衾褥[④]，肩舆以归[⑤]，相属于路。

六月，丁丑，加信安王祎开府仪同三司。上命裴耀卿赍绢二十万匹分赐立功奚官，耀卿谓其徒曰："戎狄贪婪，今赍重货深入其境，不可不备。"乃命先期而往，分道并进，一日，给之俱毕。突厥、室韦果发兵邀隘道，欲掠之，比至，耀卿已还。

赵含章坐赃巨万，杖于朝堂，流瀼州，道死。

秋，七月，萧嵩奏："自祠后土以来，屡获丰年，宜因还京赛祠[⑥]。"上从之。

敕裴光庭、萧嵩分押左、右厢兵。

八月，辛未朔，日有食之。

初，上命张说与诸学士刊定五礼。说薨，萧嵩继之。起居舍人王仲丘请依《明庆礼》,祈谷、大雩、明堂[7],皆祀昊天上帝;嵩又请依上元敕,父在为母齐衰三年;皆从之。以高祖配圜丘、方丘,太宗配雩祀及神州地祇,睿宗配明堂。九月,乙巳,新礼成,上之,号曰《开元礼》。

勃海靺鞨王武艺遣其将张文休帅海贼寇登州,杀刺史韦俊,上命右领军将军葛福顺发兵讨之。

壬子,河西节度使牛仙客加六阶。初,萧嵩在河西,委军政于仙客;仙客廉勤,善于其职。嵩屡荐之,竟代嵩为节度使。

冬,十月,壬午,上发东都;辛卯,幸潞州;辛丑[8],至北都;十一月,庚申,祀后土于汾阴,赦天下;十二月,辛未,还西京。

是岁,以幽州节度使兼河北采访处置使增领卫、相、洛、贝、冀、魏、深、赵、恒、定、邢、德、博、棣、营、鄚十六州及安东都护府。

天下户七百八十六万一千二百三十六,口四千五百四十三万一千二百六十五。

【注释】

①癸酉:据《新唐书》,当作“甲戌”。 ②契丹:严衍《通鉴补》作“奚、契丹”。 ③白山:地名。在五阮关(今河北易县西北紫荆关)外的大荒漠中。 ④衾褥(qīn rù):被子和褥子,泛指卧具。 ⑤肩舆:以人力抬扛的代步工具。 ⑥赛祠:酬报神恩的祭祠。 ⑦大雩(yú 于):求雨祭祀的名称。 ⑧辛丑:据《新旧书》当于其前补“十一月”。

二十一年 春,正月,乙巳,祔肃明皇后于太庙,毁仪坤庙[1]。

丁巳,上幸骊山温泉。

上遣大门艺诣幽州发兵,以讨勃海王武艺;庚申,命太仆员外卿金思兰使于新罗[2],发兵击其南鄙。会大雪丈余,山路阻隘,士卒死者过半,无功而还。武艺怨门艺不已,密遣客刺门艺于天津桥南,不死;上命河南搜捕贼党,尽杀之。

二月,丁酉,金城公主请立碑于赤岭以分唐与吐蕃之境,许之。

三月,乙巳,侍中裴光庭薨。太常博士孙琬议:“光庭用循资格,失劝奖之道,请谥曰克。”其子稹讼之,上赐谥忠献。

上问萧嵩可以代光庭者。嵩与右散骑常侍王丘善，将荐之；丘闻之，固让于右丞韩休。嵩言休于上。甲寅，以休为黄门侍郎、同平章事。

休为人峭直[3]，不干荣利；及为相，甚允时望。始，嵩以休恬和，谓其易制，故引之。及与共事，休守正不阿，嵩渐恶之。宋璟叹曰："不意韩休乃能如是！"上或宫中宴乐及后苑游猎，小有过差，辄谓左右曰："韩休知否？"言终，谏疏已至。上尝临镜默然不乐，左右曰："韩休为相，陛下殊瘦于旧，何不逐之！"上叹曰："吾貌虽瘦，天下必肥。萧嵩奏事常顺指，既退，吾寝不安。韩休常力争，既退，吾寝乃安。吾用韩休，为社稷耳，非为身也。"

有供奉侏儒名黄𩢍，性警黠；上常冯之以行，谓之"肉几"，宠赐甚厚。一日晚入，上怪之。对曰："臣向入宫，道逢捕盗官与臣争道，臣掀之坠马，故晚。"因下阶叩头。上曰："但使外无章奏，汝亦无忧。"有顷，京兆奏其状。上即叱出，付有司杖杀之。

闰月，癸酉，幽州道副总管郭英杰与契丹战于都山，败死。时节度薛楚玉遣英杰将精骑一万及降奚击契丹[3]，屯于榆关之外。可突干引突厥之众来合战，奚持两端，散走保险；唐兵不利，英杰战死。余众六千余人犹力战不已，虏以英杰首示之，竟不降，尽为虏所杀。楚玉，讷之弟也[4]。

【注释】

①"祔肃明皇后"二句：开元四年(716)将睿宗元妃肃明皇后留祀仪坤庙，其事不符合封建礼法，故此时迁祔于太庙。 ②金思兰：胡三省注："新罗王之侍子，留京师，官为太仆卿，员外置。" ③峭直：冷峻正直。 ④冯(píng 平)：同"凭"，靠着。 ⑤节度：据中华书局本所引章钰校勘记，"节度"之后当补"使"字。 ⑥讷：即唐朝将领薛讷(649—720)。龙门(今山西河津)人。薛仁贵子。开元二年(714)，攻契丹，兵败罢官。后起为陇右防御使，御吐蕃，连战皆捷，迁左羽林大将军，复封平阳郡公。转任凉州镇军大总管，以年老致仕。

夏，六月，癸亥，制："自今选人有才业操行，委吏部临时擢用；流外奏用不复引过门下。"虽有此制，而有司以循资格便于己，犹踵行之。是时,官自三师以下一万七千六百八十六员[1],吏自佐史以上五万七千四百一十六员,而入仕之涂甚多[2],不可胜纪。

秋,七月,乙丑朔,日有食之。

九月,壬午,立皇子沔为信王,泚为义王,漼为陈王,澄为丰王,潓为恒王,沄为梁王[3],滔为汴王。

关中久雨谷贵,上将幸东都,召京兆尹裴耀卿谋之,对曰:"关中帝业所兴,当百代不易;但以地狭谷少,故乘舆时幸东都以宽之。臣闻贞观、永徽之际,禄廪不多[4],岁漕关东一二十万石,足以周赡,乘舆得以安居。今用度浸广,运数倍于前,犹不能给,故使陛下数冒寒暑以恤西人。今若使司农租米悉输东都,自都转漕,稍实关中,苟关中有数年之储,则不忧水旱矣。且吴人不习河漕,所在停留,日月既久,遂生隐盗。臣请于河口置仓[5],使吴船至彼即输米而去,官自雇载分入河、洛。又于三门东西各置一仓,至者贮纳,水险则止,水通则下,或开山路,车运而过,则无复留滞,省费巨万矣。河、渭之滨,皆有汉、隋旧仓,葺之非难也。"上深然其言。

冬,十月,庚戌,上幸骊山温泉;己未,还宫。

戊子[6],左丞相宋璟致仕,归东都。

韩休数与萧嵩争论于上前,面折嵩短,上颇不悦。嵩因乞骸骨[7],上曰:"朕未厌卿,卿何为遽去?"对曰:"臣蒙厚恩,待罪宰相,富贵已极,及陛下未厌臣,故臣得从容引去;若已厌臣,臣首领且不保,安能自遂!"因泣下。上为之动容,曰:"卿且归,朕徐思之。"丁巳,嵩罢为左丞相,休罢为工部尚书。以京兆尹裴耀卿为黄门侍郎,前中书侍郎张九龄时居母丧,起复中书侍郎,并同平章事。

是岁,分天下为京畿、都畿、关内、河南、河东、河北、陇右、山南东道、山南西道、剑南、淮南、江南东道、江南西道、黔中、岭南,凡十五道,各置采访使,以六条检察非法;两畿以中丞领之,余皆择贤刺史领之。非官有迁免,则使无废更。惟变革旧章,乃须报可;自余听便宜从事,先行后闻。

太府卿杨崇礼,政道之子也[5],在太府二十余年,前后为太府者莫能及。时承平日久,财货山积,尝经杨卿者,无不精美;每岁句驳省便[⑥],出钱数百万缗。是岁,以户部尚书致仕,年九十余矣。上问宰相:“崇礼诸子,谁能继其父者?”对曰:“崇礼三子,慎余、慎矜、慎名,皆廉勤有才,而慎矜为优。”上乃擢慎矜自汝阳令为监察御史,知太府出纳,慎名摄监察御史,知含嘉仓出给[⑦],亦皆称职;上甚悦之。慎矜奏诸州所输布帛有渍污穿破者,皆下本州征折估钱,转市轻货,征调始繁矣。

【注释】

①三师:唐制,太师、太傅、太保为三师。 ②涂:同“途”。 ③梁王:严衍《通鉴补》改作“凉王”。 ④禄廪:指官员的俸禄支出。 ⑤河口:地名。汴水入黄河之处,今河南荥阳西虎牢关一带。 ⑥戊子:开元二十一年十月无此日,当据《旧唐书》作“十一月戊子”。 ⑦乞骸骨:请求告老退休。 ⑧政道:即隋宗室杨政道。隋炀帝之孙,齐王杨暕之子。 ⑨句驳省便:胡三省注:“句者,句考其出入或多或少。驳者,按文籍有并缘欺弊则驳异之。省者,节其冗滥之费。便者,贸迁各随其便以取赢。”贸迁,贩运买卖。 ⑩“知含嘉仓”句:谓掌管含嘉仓的支出供给职责。含嘉仓,在当时的东都洛阳。

资治通鉴卷第二百一十四

唐纪三十　起阏逢阉茂，尽重光大荒落，凡八年。

玄宗至道大圣大明孝皇帝中之中

开元二十二年　春，正月，己巳，上发西京；己丑，至东都。张九龄自韶州入见，求终丧；不许。

二月，壬寅，秦州地连震[①]，坏公私屋殆尽，吏民压死者四千余人；命左丞相萧嵩赈恤[②]。

方士张果自言有神仙术，诳人云尧时为侍中，于今数千岁；多往来恒山中，则天以来，屡征不至。恒州刺史韦济荐之，上遣中书舍人徐峤赍玺书迎之[③]。庚寅[④]，至东都，肩舆入宫，恩礼甚厚。

张九龄请不禁铸钱，三月，庚辰，敕百官议之。裴耀卿等皆曰："一启此门，恐小人弃农逐利，而滥恶更甚。"秘书监崔沔曰："若税铜折役，则官冶可成，计估度庸，则私铸无利，易而可久，简而难诬。且夫钱之为物，贵以通货，利不在多，何待私铸然后足用也！"右监门录事参军刘秩曰："夫人富则不可以赏劝，贫则不可以威禁，若许其私铸，贫者必不能为之；臣恐贫者益贫而役于富，富者益富而逞其欲。汉文帝时，吴王濞富埒天子[⑤]，铸钱所致也。"上乃止。秩，子玄之子也[⑥]。

夏，四月，壬辰，以朔方节度使信安王祎兼关内道采访处置使，增领泾、原等十二州。

吏部侍郎李林甫，柔佞多狡数，深结宦官及妃嫔家，伺候上动静，无不知之，由是每奏对，常称旨[⑦]，上悦之。时武惠妃宠幸倾后宫，生寿王清，诸子莫得为比，太子浸疏薄。林甫乃因宦官言于惠妃，愿尽力保护寿王；惠妃德之，阴为内助，由是擢黄门侍郎。五月，戊子，以裴耀卿为侍中，张九龄为中书令，林甫为礼部尚书、同中书门下三品。

上种麦于苑中，帅太子以下亲往芟之，谓曰："此所以荐宗庙[⑧]，故不敢不亲，且欲使汝曹知稼穑艰难耳。"又遍以赐侍臣曰："比遣人视田中稼，多不得实，故自种以观之[⑨]。"

六月，壬辰，幽州节度使张守珪大破契丹[⑩]，遣使献捷。

薛王业疾病，上忧之，容发为变。七月，己巳，薨，赠谥惠宣太子。

【注释】

①秦州：地名，三国魏时置。唐时治今甘肃省天水市。 ②赈（zhèn振）：以财物救济。 ③赍（jī机）：带着。 ④庚寅：据陈垣《二十史朔闰表》推算，二月没有这一天。 ⑤吴王濞（pì辟）富埒（liè列）天子：即西汉诸侯王刘濞。他是汉高祖刘邦的侄子，封为吴王。在封国内他私自大量铸钱，扩充势力，图谋帝位。埒：等于，相等。 ⑥子玄：即刘知几（661—721），字子玄。唐代著名史学家。 ⑦称（chèn趁）旨：符合皇帝旨意。 ⑧荐宗庙：荐，遇时节供时物而祭。宗庙，古代天子、诸侯祭祀祖先的处所，也可代指祖先、国家。 ⑨胡注批评了皇帝这种亲自到田里去耕种观察的做法，他认为："若人君不夺农时，人得尽其力，则地无遗利矣，岂必待自种而观其实哉！"可参看。 ⑩契丹：古族名，居今辽河上游西拉木伦河一带。

上以裴耀卿为江淮、河南转运使，于河口置输场。八月，壬寅，于输场东置河阴仓，西置柏崖仓，三门东置集津仓，西置盐仓；凿漕渠十八里，以避三门之险。先是，舟运江、淮之米至东都含嘉仓，僦车陆运[①]，三百里至陕，率两斛用千钱[②]。耀卿令江、淮舟运悉输河阴仓，更用河舟运至含嘉仓及太原仓，自太原仓入渭输关中，凡三岁，运米七百万斛，省僦车钱三十万缗[③]。或说耀卿献所省钱，耀卿曰："此公家赢缩之利耳，奈何以之市宠乎！"悉奏以为

洛阳含嘉仓砖铭

市籴钱[4]。

张果固请归恒山，制以为银青光禄大夫，号通玄先生，厚赐而遣之。后卒，好异者奏以为尸解[5]；上由是颇信神仙。

冬，十二月，戊子朔，日有食之。

乙巳，幽州节度使张守珪斩契丹王屈烈及可突干，传首。

时可突干连年为边患，赵含章、薛楚玉皆不能讨，守珪到官，屡击破之。可突干困迫，遣使诈降，守珪使管记王悔就抚之。悔至其牙帐[6]，察契丹上下殊无降意，但稍徙营帐近西北，密遣人引突厥，谋杀悔以叛；悔知之。牙官李过折与可突干分典兵马[7]，争权不叶，悔说过折使图之。过折夜勒兵斩屈烈及可突干，尽诛其党，帅余众来降。守珪出师紫蒙州，大阅以镇抚之，枭屈烈、可突干首于天津桥之南[8]。

突厥毗伽可汗为其大臣梅录啜所毒，未死，讨诛梅录啜及其族党。既卒，子伊然可汗立，寻卒，弟登利可汗立，庚戌，来告丧。

禁京城丐者，置病坊以廪之[9]。

【注释】

①僦(jiù 就)：租赁。 ②千：原文作“十”，据胡注校改。 ③缗(mín 明)：成串的钱。 ④市籴(dí 笛)钱：买粟、买粮的钱。 ⑤尸解：道家把有道者死后留下形骸，魂魄散去成仙，称为“尸解”。 ⑥牙帐：将帅的军帐，因帐前树有牙旗(以象牙为饰的大旗)，故名牙帐。 ⑦牙官：副武官。 ⑧枭(xiāo 肖)：把人头砍下悬挂在木上。 ⑨廪(lǐn 凛)：本指米仓或储藏的米，这里用作动词，意为官府拿出粮食救济乞丐。

二十三年 春，正月，契丹知兵马中郎李过折来献捷；制以过折为北平王，检校松漠州都督。

乙亥，上耕藉田[①]，九推乃止[②]；公卿以下皆终亩。赦天下，都城酺三日[③]。

上御五凤楼酺宴[④]，观者諠隘[⑤]，乐不得奏，金吾白梃如雨[⑥]，不能遏；上患之。高力士奏河南丞严安之为理严，为人所畏，请使止之；上从之。安之至，以手板绕场画地曰[⑦]："犯此者死！"于是尽三日，人指其画以相戒，无敢犯者。

时命三百里内刺史、县令各帅所部音乐集于楼下，各较胜负。怀州刺史以车载乐工数百，皆衣文绣，服箱之牛皆为虎豹犀象之状[⑧]。鲁山令元德秀惟遣乐工数人，连袂歌《于蒍》[⑨]。上曰："怀州之人，其涂炭乎[⑩]！"立以刺史为散官[⑪]。德秀性介洁质朴，士大夫皆服其高。

上美张守珪之功，欲以为相，张九龄谏曰："宰相者，代天理物，非赏功之官也。"上曰："假以其名而不使任其职，可乎？"对曰："不可。惟名与器不可以假人，君之所司也。且守珪才破契丹，陛下即以为宰相；若尽灭奚、厥，将以何官赏之？"上乃止。二月，守珪诣东都献捷，拜右羽林大将军，兼御史大夫，赐二子官，赏赉甚厚[⑫]。

初，殿中侍御史杨汪既杀张审素，更名万顷。审素二子瑝、琇皆幼，坐流岭表[⑬]；寻逃归，谋伺便复仇。三月，丁卯，手杀万顷于都城，系表于斧，言父冤状；欲之江外杀与万顷同谋陷其父者，至汜水，为有司所得。议者多言二子父死非罪，稚年孝烈能复父仇[⑭]，宜加矜宥[⑮]；张九龄亦欲活之。裴耀卿、李林甫以为如此，坏国法，上亦以为然，谓九龄曰："孝子之情，义不顾死；然杀人而赦之，此涂不可启也。"乃下敕曰："国家设法，期于止杀。各伸为子之志，谁非徇孝之人！展转相仇，何有限极！咎繇作士[⑯]，法在必行。曾参杀人[⑰]，亦不可恕。宜付河南府杖杀。"士民皆怜之，为作哀诔，榜于衢路[⑱]。市人敛钱葬之于北邙，恐万顷家发之，仍为疑冢数处。

唐初，公主实封止三百户，中宗时，太平公主至五千户，率以七丁为限。开元以来，皇妹止千户，皇女又半之，皆以三丁为限；

驸马皆除三品员外官[19]，而不任以职事。公主邑入至少，至不能具车服，左右或言其太薄，上曰："百姓租赋，非我所有。战士出死力，赏不过束帛[20]；女子何功，而享多户邪？且欲使之知俭啬耳。"秋，七月，咸宜公主将下嫁，始加实封至千户。公主，武惠妃之女也。于是诸公主皆加至千户。

冬，十月，戊申，突骑施寇北庭及安西拔换城。

闰月，壬午朔，日有食之。

十二月，乙亥，册故蜀州司户杨玄琰女为寿王妃。玄琰，汪之曾孙也。

是岁，契丹王过折为其臣涅礼所杀，并其诸子，一子刺乾奔安东得免。涅礼上言，过折用刑残虐，众情不安，故杀之。上赦其罪，因以涅礼为松漠都督，且赐书责之曰："卿之蕃法多无义于君长，自昔如此，朕亦知之。然过折是卿之王，有恶辄杀之，为此王者，不亦难乎！但恐卿为王，后人亦尔。常不自保，谁愿作王！亦应防虑后事，岂得取快目前！"突厥寻引兵东侵奚、契丹，涅礼与奚王李归国击破之。

【注释】

①藉田：同"籍田"。古代帝王在春耕前亲耕农田，以奉祀宗庙，并且带有劝农的意思。　②九推：古礼天子亲耕仪式，公卿、诸侯参加拨土九次，称为九推。按礼仪，天子本来"三推"，这里唐玄宗"九推"，是为了表示他对农耕的特别重视。参看本书开元二十二年(734)注释第9条"上种麦于苑中"。　③酺(pú 脯)：合聚饮食为酺。　④酺宴：古时帝王诏赐臣民聚饮。　⑤諠隘：諠同"喧"，声大而杂；隘，阻塞，隔绝。⑥金吾白梃：金吾，官名，汉置，掌管京城戒备。白梃，白色杖棒。　⑦手板：即笏，古代官吏上朝或谒见上司时手上拿的备记事用的板子。⑧服箱：负车箱，即驾车。　⑨连袂(mèi 妹)：连着衣袖，即携手同行。《于蒍(wěi 伟)》，歌曲名。　⑩涂炭：烂泥和炭火，比喻灾难困苦。⑪散官：没有职事的官。　⑫赉(lài 赖)：赐予。　⑬岭表：指五岭以南的地区，即岭南。　⑭穉："稚"的异体字。　⑮矜(qín 秦)宥：怜悯，原谅。　⑯咎繇(gāo yáo 高摇)：即"皋陶"。传说是舜的大臣，掌管刑狱之事。　⑰曾参杀人：曾参即曾子，字子舆，孔子的弟子。所谓曾参杀人

有一典故：春秋时费人有一与曾参同姓名的人杀了人，有人来告诉曾母说："曾参杀了人。"曾母回答说："我的儿子不会杀人。"说完便若无其事地纺织。过了一会，又有人来相告，曾母仍然若无其事地纺织。后来又有人来相告，曾参的母亲便害怕了，放下纺织，翻墙逃走了。这个典故的原意主要是指流言可畏。唐玄宗借用这个典故，意为即使是像孔子的学生曾参那样的贤人，如果杀了人，也不能宽恕。 ⑱榜：张贴告示。⑲员外官：在定额以外设置的官员。 ⑳束帛：帛五匹为一束。每匹从两端卷起，共为十端。

二十四年 春，正月，庚寅，敕："天下逃户，听尽今年内自首，有旧产者令还本贯，无者别俟进止；逾限不首，当命专使搜求，散配诸军。"

北庭都护盖嘉运击突骑施[①]，大破之。

二月，甲寅，宴新除县令于朝堂，上作《令长新戒》一篇，赐天下县令。

庚午，更皇子名：鸿曰瑛，潭曰琮，浚曰玙，洽曰琰，涓曰瑶，滉曰琬，涺曰琚，潍曰璲，沄曰璬[②]，泽曰璘，清曰瑁，洄曰玢[③]，沭曰琦，溢曰环，沔曰理，泚曰玼，漼曰珪，澄曰珙，潓曰瑱[④]，漎曰璿[⑤]，滔曰璥。

旧制，考功员外郎掌试贡举人。有进士李权，陵侮员外李昂，议者以员外郎位卑，不能服众；三月，壬辰，敕自今委礼部侍郎试贡举人。

张守珪使平卢讨击使、左骁卫将军安禄山讨奚、契丹叛者，禄山恃勇轻进，为虏所败。夏，四月，辛亥，守珪奏请斩之。禄山临刑呼曰："大夫不欲灭奚、契丹邪？奈何杀禄山！"守珪亦惜其骁勇，乃更执送京师。张九龄批曰："昔穰苴诛庄贾[⑥]，孙武斩宫嫔[⑦]。守珪军令若行，禄山不宜免死。"上惜其才，敕令免官，以白衣将领。九龄固争曰："禄山失律丧师，于法不可不诛。且臣观其貌有反相，不杀必为后患。"上曰："卿勿以王夷甫识石勒[⑧]，枉害忠良。"竟赦之。

安禄山者，本营州杂胡，初名阿荦山。其母，巫也；父死，母携之再适突厥安延偃。会其部落破散，与延偃兄子思顺俱逃来，故冒姓安氏，名禄山。又有史窣干者[9]，与禄山同里闬[10]，先后一日生。及长，相亲爱，皆为互市牙郎[11]，以骁勇闻。张守珪以禄山为捉生将，禄山每与数骑出，辄擒契丹数十人而返。狡猾，善揣人情，守珪爱之，养以为子。

窣干尝负官债亡入奚中，为奚游弈所得，欲杀之；窣干绐曰[12]："我，唐之和亲使也，汝杀我，祸且及汝国。"游弈信之，送诣牙帐。窣干见奚王，长揖不拜，奚王虽怒，而畏唐，不敢杀，以客礼馆之，使百人随窣干入朝。窣干谓奚王曰："王所遣人虽多，观其才皆不足以见天子。闻王有良将琐高者，何不使之入朝！"奚王即命琐高与牙下三百人随窣干入朝。窣干将至平卢，先使人谓军使裴休子曰："奚使琐高与精锐俱来，声云入朝，实欲袭军城，宜谨为之备，先事图之。"休子乃具军容出迎，至馆，悉坑杀其从兵，执琐高送幽州。张守珪以窣干为有功，奏为果毅，累迁将军。后入奏事，上与语，悦之，赐名思明。

唐胡人俑

【注释】

①盖（gě 葛）：姓。 ②璬（jiǎo 侥）：此处为人名用字。 ③玢（bīn 宾，又读 fēn 分）：此处为人名用字。 ④瑱（tiàn 掭）：此处为人名用字。 ⑤璿（xuán 旋）："璇"的异体字。 ⑥穰苴诛庄贾：穰苴，即春秋时名将司马穰苴，善于用兵。齐景公任命他为将军，他请求景公派宠臣监军。于是，齐景公派庄贾前往。庄贾平素骄横富贵，司马穰苴约他第二天

中午在军门会合,他却傍晚才到。为了严肃军纪,司马穰苴以庄贾迟到为由把他杀了。三军为之震动。参看《史记》卷六十四《司马穰苴列传》。　⑦孙武斩宫嫔:孙武,春秋时名将。吴王阖庐让他训练女兵来试验其兵法。孙武把宫中美女一百八十人分为左右两队,让吴王的两个宠姬分别担任队长。孙武三令五申后,左右两队都不停地大笑。于是,孙武不顾吴王的求情,杀了左右两队的队长,然后继续训练,整个队伍都规规矩矩,操练很有章法。　⑧王夷甫识石勒:王夷甫,即王衍(256—311),西晋大臣,官至尚书令,太尉。石勒(274—333),十六国时后赵的创建者,羯族人。据《晋书·石勒传上》记载:石勒"年十四,随邑人行贩洛阳,倚啸上东门,王衍见而异之,顾谓左右曰:'向者胡雏,吾观其声视有奇志,恐将为天下之患。'驰遣收之,会勒已去"。后来的事情发展果然不出王衍所料。东海王司马越死,众人推举王衍为元帅,全军为石勒所破,王衍自己也为石勒所杀。　⑨史窣(sū 苏)干:即史思明(?—761),后来与安禄山一起,发动了历史上有名的"安史之乱"。　⑩里闬(hàn 汉):乡里。闬,本意是里门,巷门。　⑪互市牙郎:官名。为南北贸易确定物价的官员。　⑫绐(dài 代):欺骗。

故连州司马武攸望之子温昚[1],坐交通权贵,杖死。乙丑,朔方、河东节度使信安王祎贬衢州刺史,广武王承宏贬房州别驾,泾州刺史薛自劝贬澧州别驾;皆坐与温昚交游故也。承宏,守礼之子也。辛未,蒲州刺史王琚贬通州刺史;坐与祎交书也。

五月,醴泉妖人刘志诚作乱,驱掠路人,将趣咸阳。村民走告县官,焚桥断路以拒之,其众遂溃,数日,悉擒斩之。

六月,初分月给百官俸钱。

初,上因藉田赦,命有司仪增宗庙笾豆之荐及服纪未通者[2]。太常卿韦縚奏请宗庙每坐笾豆十二[3]。

兵部侍郎张均、职方郎中韦述议曰:"圣人知孝子之情深而物类之无限,故为之节制。人之嗜好本无凭准,宴私之馔与时迁移,故圣人一切同归于古。屈到嗜芰,屈建不以荐,以为不以私欲干国之典[4]。今欲取甘旨肥浓,皆充祭用,苟逾旧制,其何限焉!《书》曰:'黍稷非馨,明德惟馨[5]。'若以今之珍馔,平生所习,求神无方,何必泥古,则簠簋可去而盘盂杯案当在御矣[6],韶濩可息而箜篌筝笛当在奏矣[7]。既非正物,后嗣何观!夫神,以精明临人者也,不求丰大;苟失于礼,虽多何为!岂可废弃礼经以从流俗!且君子爱人以礼,不求苟合;况在宗庙,敢忘旧章!"

太子宾客崔沔议曰:"祭祀之兴,肇于太古,茹毛饮血,则有毛血之荐;未有曲糵[8],则有玄酒之奠。施及后王,礼物渐备;然以神道致敬,不敢废也。笾豆簠簋樽罍之实[9],皆周人之时馔也,其用通于宴飨宾客,而周公制礼,与毛血玄酒同荐鬼神。国家由礼立训,因时制范,清庙时飨,礼馔毕陈,用周制也。园陵上食,时膳具设,遵汉法也。职贡来祭,致远物也。有新必荐,顺时令也。苑囿之内,躬稼所收,蒐狩之时,亲发所中,莫不荐而后食,尽诚敬也。若此至矣,复何加焉!但当申敕有司,无或简怠,则鲜美肥浓,尽在是矣,不必加笾豆之数也。"

上固欲量加品味。绍又奏每室加笾豆各六,四时各实以新果珍羞;从之。

绍又奏:"《丧服》'舅,缌麻三月,从母、外祖父母皆小功五月[10]。'外祖至尊,同于从母之服;姨、舅一等,服则轻重有殊。堂姨、舅亲即未疏,恩绝不相为服;舅母来承外族,不如同爨之礼[11]。窃以古意犹有所未畅者也,请加外祖父母为大功九月,姨、舅皆小功五月,堂舅、堂姨、舅母并加至袒免[12]。"

崔沔议曰:"正家之道,不可以贰;总一定义,理归本宗。是以内有齐、斩,外皆缌麻,尊名所加,不过一等,此先王不易之道也。愿守八年明旨[13],一依古礼,以为万代成法。"

韦述议曰:"《丧服传》曰:'禽兽知母而不知父。野人曰,父母何等焉!都邑之士则知尊祢矣[14];大夫及学士则知尊祖矣。'圣人究天道而厚于祖祢,系族姓而亲其子孙,母党比于本族,不可同贯,明矣。今若外祖与舅加服一等,堂舅及姨列于服纪,则中外之制,相去几何!废礼徇情,所务者末。古之制作者,知人情之易摇,恐失礼之将渐,别其同异,轻重相悬,欲使后来之人永不相杂。微旨斯在,岂徒然哉!苟可加也,亦可减也;往圣可得而非,则《礼经》可得而隳矣。先王之制,谓之彝伦,奉以周旋,犹恐失坠;一紊其叙,庸可止乎!请依《仪礼》丧服为定。"

礼部员外郎杨仲昌议曰:“郑文贞公魏征始加舅服至小功五月。虽文贞贤也,而周、孔圣也,以贤改圣,后学何从!窃恐内外乖序,亲疏夺伦,情之所沿,何所不至!昔子路有姊之丧而不除,孔子曰:‘先王制礼,行道之人,皆不忍也。’子路除之。此则圣人援事抑情之明例也。《记》曰:‘无轻议礼。’明其蟠于天地,并彼日月,贤者由之,安敢损益也!”

敕:“姨舅既服小功,舅母不得全降,宜服缌麻,堂姨舅宜服袒免。”

均,说之子也。

【注释】

①昚(shèn 甚):“慎”的古体字。　②笾(biān 边)豆:古代礼器。笾用竹制,盛果脯等;豆用木制,也有用铜或陶制的,盛齑酱等;供祭祀和宴会之用。　③绍(tāo 滔):此处为人名用字。　④“屈到嗜芰(jì 技)”句:芰,植物名,即“菱”。据《国语·楚语上》记载,楚卿屈到喜欢吃芰,生前曾嘱咐宗人家臣以后一定要用芰来祭祀他。屈到死后,其子屈建反对宗人家臣用芰来祭祀他的父亲,并讲明了不能用个人的私欲破坏国家礼制的道理。　⑤“黍稷非馨”句:语出《尚书·周书·君陈》。　⑥簠簋(fǔ guǐ 府鬼):古代食器,“簠”是长方形,“簋”是圆形,一般用青铜制。用以盛食物,也用以放祭品。　⑦韶濩(hù 户):古乐名。　⑧曲糵(niè 聂):酒母,酿酒用的发酵剂。也指酒。　⑨罍(léi 雷):古代青铜器,圆形或方形。　⑩“缌(sī 思)麻三月”句:缌麻,古代丧服名,五服之一。其服用细麻布制成。服期三月。凡疏远亲属、亲戚如本宗的高祖父母、曾伯叔祖父母、族伯叔父母、族兄弟及未嫁族姊妹,又外姓的中表兄弟、岳父母等都服缌麻。从母:母亲的姐妹,即姨母。小功五月:小功也是古代丧服名,五服之一。其服用较细的熟麻布做成。服期为五个月。凡本宗为曾祖父母、伯叔祖父母、堂伯叔父母,未嫁祖姑、堂姑,已嫁堂姊妹,兄弟妻,从堂兄弟及未嫁从堂姊妹,又外亲为外祖父母、母舅、母姨等,都服小功。　⑪同爨(cuàn 窜):同居同饮。爨,烧火煮饭。　⑫袒免(tǎn wèn 坦问):古代丧服之轻者。袒,袒露左臂;免,以布广一寸,从项中而前,交于额上,又却向后绕于髻。　⑬八年明旨:据胡注,崔沔所谓诏旨,在开元七年。　⑭祢(mí 迷):生称父,死称考,入庙称祢。

秋，八月，壬子，千秋节[①]，群臣皆献宝镜。张九龄以为以镜自照见形容，以人自照见吉凶。乃述前世兴废之源，为书五卷，谓之《千秋金镜录》，上之，上赐书褒美。

甲寅，突骑施遣其大臣胡禄达干来请降，许之。

御史大夫李适之，承乾之孙也，以才干得幸于上，数为承乾论辩；甲戌，追赠承乾恒山愍王。

乙亥，汴京王璥薨。

冬，十月，戊申，车驾发东都。先是，敕以来年二月二日行幸西京，会宫中有怪，明日，上召宰相，即议西还。裴耀卿、张九龄曰："今农收未毕，请俟仲冬。"李林甫潜知上指，二相退，林甫独留，言于上曰："长安、洛阳，陛下东西宫耳，往来行幸，何更择时！借使妨于农收，但应蠲所过租税而已[②]。臣请宣示百司，即日西行。"上悦，从之。过陕州，以刺史卢奂有善政，题赞于其听事而去[③]。奂，怀慎之子也。丁卯，至西京。

朔方节度使牛仙客，前在河西，能节用度，勤职业，仓库充实，器械精利；上闻而嘉之，欲加尚书。张九龄曰："不可。尚书，古之纳言，唐兴以来，惟旧相及扬历中外有德望者乃为之。仙客本河湟使典，今骤居清要，恐羞朝廷。"上曰："然则但加实封可乎？"对曰："不可。封爵所以劝有功也。边将实仓库，修器械，乃常务耳，不足为功。陛下赏其勤，赐之金帛可也；裂土封之，恐非其宜。"上默然。李林甫言于上曰："仙客，宰相才也，何有于尚书！九龄书生，不达大体。"上悦。明日，复以仙客实封为言，九龄固执如初。上怒，变色曰："事皆由卿邪？"九龄顿首谢曰："陛下不知臣愚，使待罪宰相，事有未允，臣不敢不尽言。"上曰："卿嫌仙客寒微，如卿有何阀阅[④]？"九龄曰："臣岭海孤贱，不如仙客生于中华；然臣出入台阁，典司诰命有年矣。仙客边隅小吏，目不知书，若大任之，恐不惬众望。"林甫退而言曰："苟有才识，何必辞学！天子用人，有何不可！"十一月，戊戌，赐仙客爵陇西县公，食实封三百户。

初，上欲以李林甫为相，问于中书令张九龄，九龄对曰："宰相系国安危，陛下相林甫，臣恐异日为庙社之忧。"上不从。时九龄方以文学为上所重，林甫虽恨，犹曲意事之。侍中裴耀卿与九龄善，林甫并疾之。是时，上在位岁久，渐肆奢欲，怠于政事。而九龄遇事无细大皆力争；林甫巧伺上意，日思所以中伤之。

上之为临淄王也，赵丽妃、皇甫德仪、刘才人皆有宠，丽妃生太子瑛，德仪生鄂王瑶，才人生光王琚。及即位，幸武惠妃，丽妃等爱皆弛；惠妃生寿王瑁，宠冠诸子。太子与瑶、琚会于内第，各以母失职有怨望语。驸马都尉杨洄尚咸宜公主，常伺三子过失以告惠妃。惠妃泣诉于上曰："太子阴结党与，将害妾母子，亦指斥至尊。"上大怒，以语宰相，欲皆废之。九龄曰："陛下践阼垂三十年，太子诸王不离深宫，日受圣训，天下之人皆庆陛下享国久长，子孙蕃昌。今三子皆已成人，不闻大过，陛下奈何一旦以无根之语，喜怒之际，尽废之乎！且太子天下本，不可轻摇。昔晋献公听骊姬之谗杀申生，三世大乱。汉武帝信江充之诬罪戾太子，京城流血。晋惠帝用贾后之谮废愍怀太子[⑤]，中原涂炭。隋文帝纳独孤后之言黜太子勇，立炀帝，遂失天下。由此观之，不可不慎。陛下必欲为此，臣不敢奉诏。"上不悦。林甫初无所言，退而私谓宦官之贵幸者曰："此主上家事，何必问外人！"上犹豫未决。惠妃密使官奴牛贵儿谓九龄曰："有废必有兴，公为之援，宰相可长处。"九龄叱之，以其语白上；上为之动色，故讫九龄罢相，太子得无动。林甫日夜短九龄于上，上浸疏之。

林甫引萧炅为户部侍郎[⑥]。炅素不学，尝对中书侍郎严挺之读"伏腊"为"伏

张九龄像

猎”。挺之言于九龄曰:“省中岂容有‘伏猎侍郎’!”由是出炅为岐州刺史,故林甫怨挺之。九龄与挺之善,欲引以为相,尝谓之曰:“李尚书方承恩,足下宜一造门,与之款昵。”挺之素负气,薄林甫为人,竟不之诣。林甫恨之益深。挺之先娶妻,出之,更嫁蔚州刺史王元琰,元琰坐赃罪下三司按鞫[7],挺之为之营解。林甫因左右使于禁中白上。上谓宰相曰:“挺之为罪人请属所由。”九龄曰:“此乃挺之出妻,不宜有情。”上曰:“虽离乃复有私。”

于是上积前事,以耀卿、九龄为阿党;壬寅,以耀卿为左丞相,九龄为右丞相,并罢政事。以林甫兼中书令;仙客为工部尚书、同中书门下三品,领朔方节度如故。严挺之贬洺州刺史[8],王元琰流岭南。

上即位以来,所用之相,姚崇尚通,宋璟尚法,张嘉贞尚吏,张说尚文,李元纮、杜暹尚俭[9],韩休、张九龄尚直,各其所长也。九龄既得罪,自是朝廷之士,皆容身保位,无复直言。

李林甫欲蔽塞人主视听,自专大权,明召诸谏官谓曰:“今明主在上,群臣将顺之不暇,乌用多言!诸君不见立仗马乎?食三品料,一鸣辄斥去,悔之何及!”补阙杜琎尝上书言事,明日,黜为下邽令。自是谏争路绝矣。

牛仙客既为林甫所引,专给唯诺而已。然二人皆谨守格式,百官迁除,各有常度,虽奇才异行,不免终老常调;其以巧谄邪险自进者,则超腾不次,自有他蹊矣。

林甫城府深密,人莫窥其际。好以甘言啗人[10],而阴中伤之,不露辞色。凡为上所厚者,始则亲结之,及位势稍逼,辄以计去之。虽老奸巨滑,无能逃于其术者。

【注释】

①千秋节:因唐玄宗的生日而命名的节日。唐玄宗生于八月初五。开元十七年(729),源乾曜、张说等请以这天为千秋节。天宝二年(743)改名天长节,至元和二年(807)停止举行。 ②蠲(juān 娟):除去,减免。 ③听事:厅堂,亦作“厅事”。 ④阀阅:本指功绩和资历。后引申为官僚豪门。也作“伐阅”。 ⑤谮(zèn 怎去声):进谗言,说人的坏话。 ⑥炅(jiǒng 炯):此处为人名用字。 ⑦鞫(jū 居,又读 jú 菊):审

讯。 ⑧洺州：地名，北周置。治今河北永年县。 ⑨暹（xiān 仙）：此处为人名用字。 ⑩啗（dàn 淡）："啖"的异体字。引诱，利诱。

二十五年 春，正月，初置玄学博士[①]，每岁依明经举。

二月，敕曰："进士以声韵为学，多昧古今；明经以帖诵为功，罕穷旨趣。自今明经问大义十条，对时务策三首；进士试大经十帖[②]。"

戊辰，新罗王兴光卒，子承庆袭位。

乙酉[③]，幽州节度使张守珪破契丹于捺禄山。

己亥，河西节度使崔希逸袭吐蕃，破之于青海西。

初，希逸遣使谓吐蕃乞力徐曰："两国通好，今为一家，何必更置兵守捉，妨人耕牧！请皆罢之。"乞力徐曰："常侍忠厚，言必不欺。然朝廷未必专以边事相委，万一有奸人交斗其间，掩吾不备，悔之何及！"希逸固请，乃刑白狗为盟，各去守备；于是吐蕃畜牧被野。时吐蕃西击勃律，勃律来告急，上命吐蕃罢兵，吐蕃不奉诏，遂破勃律；上甚怒。会希逸傔人孙诲入奏事[④]，自欲求功，奏称吐蕃无备，请掩击，必大获。上命内给事赵惠琮与诲偕往，审察事宜。惠琮等至，则矫诏令希逸袭之。希逸不得已，发兵自凉州南入吐蕃二千余里，至青海西，与吐蕃战，大破之，斩首二千余级，乞力徐脱身走。惠琮、诲皆受厚赏。自是吐蕃复绝朝贡。

夏，四月，辛酉，监察御史周子谅弹牛仙客非才，引谶书为证。上怒，命左右擽于殿庭[⑤]，绝而复苏；仍杖之朝堂，流瀼州[⑥]，至蓝田而死。李林甫言："子谅，张九龄所荐也。"甲子，贬九龄荆州长史。

杨洄又奏太子瑛、鄂王瑶、光王琚，云与太子妃兄驸马薛锈潜构异谋，上召宰相谋之。李林甫对曰："此陛下家事，非臣等所宜豫。"上意乃决。乙丑，使宦者宣制于宫中，废瑛、瑶、琚为庶人；流锈于瀼州；瑛、瑶、琚寻赐死城东驿，锈赐死于蓝田。瑶、琚皆好学有才识，死不以罪，人皆惜之。丙寅，瑛舅家赵氏、妃家薛氏、瑶舅家皇甫氏，坐流贬者数十人，惟瑶妃家韦氏以妃贤得免。

【注释】

①玄学：道家之学。唐玄宗开元二十九年，置崇玄学，习《老子》《庄

子》《列子》《文子》，谓之道举。②大经：唐代科举，按诸经经文长短，分为大、中、小；《礼记》《左传》为大经，《诗》《周礼》《仪礼》为中经，《易》《书》《公羊传》《穀梁传》为小经。③乙酉：据《旧唐书·玄宗本纪下》当作“癸酉。”④傔（qiàn 欠）人：唐代官制，节度使、大使、副史属官都有傔人，相当于副官的职务。⑤擈（bó 伯）：掷击。⑥瀼（nǎng）州：地名。以州境有瀼水而名。在今广西上思县。唐贞观十二年（638）李宏节开置，以通交趾。唐末废。

五月，夷州刺史杨濬坐赃当死，上命杖之六十，流古州[①]。左丞相裴耀卿上疏，以为：“决杖赎死，恩则甚优，解体受笞，事颇为辱，止可施之徒隶，不当及于士人。”上从之。

癸未，敕以方隅底定[②]，令中书门下与诸道节度使量军镇闲剧利害，审计兵防定额，于诸色征人及客户中召募丁壮，长充边军，增给田宅，务加优恤。

辛丑，上命有司选宗子有才者，授以台省及法官、京县官，敕曰：“违道慢常，义无私于王法；修身效节，恩岂薄于他人！期于帅先，励我风俗。”

秋，七月，己卯，大理少卿徐峤奏：“今岁天下断死刑五十八，大理狱院，由来相传杀气太盛，鸟雀不栖，今有鹊巢其树。”于是百官以几致刑措，上表称贺。上归功宰辅，庚辰，赐李林甫爵晋国公，牛仙客豳国公[③]。

上命李林甫、牛仙客与法官删修《律令格式》成，九月，壬申，颁行之。

先是，西北边数十州多宿重兵，地租营田皆不能赡，始用和籴之法[④]。有彭果者，因牛仙客献策，请行籴法于关中。戊子，敕以岁稔谷贱伤农[⑤]，命增时价什二三，和籴东、西畿粟各数百万斛，停今年江、淮所运租。自是关中蓄积羡溢，车驾不复幸东都矣。癸巳，敕河南、北租应输含嘉、太原仓者，皆留输本州。

太常博士王玙上疏请立青帝坛以迎春[⑥]；从之。冬，十月，辛丑，制自今立春亲迎春于东郊。

时上颇好祀神鬼，故玙专习祠祭之礼以干时。上悦之，以为侍御史，领祠祭使。玙祈祷或焚纸钱，类巫觋[7]。习礼者羞之。

壬申，上幸骊山温泉。乙酉，还宫。

己丑[8]，开府仪同三司广平文贞公宋璟薨。

十二月，丙午，惠妃武氏薨，赠谥贞顺皇后。

是岁，命将作大匠康䛒素之东都毁明堂[9]。䛒素上言："毁之劳人，请去上层，卑于旧九十五尺，仍旧为乾元殿。"从之。

初令租庸调、租资课，皆以土物输京都。

【注释】

①古州：地名。唐贞观十二年(638)置。属容州都督府，治今广西北流市。 ②方隅底定：隅、底，指边远的地方。意即四方安定。 ③豳(bīn 滨)：本古国名，在今陕西旬邑县、彬县一带。 ④和籴(dí 狄)：古时官府出钱购买民粮，以供军用，由双方议价交易，称和籴。 ⑤稔(rěn 荏)：庄稼成熟。 ⑥青帝：天帝名，东方之神。又东方为春，青帝又为春神。 ⑦巫觋(xí 席)：男女巫的合称。巫，女巫；觋，男巫。 ⑧己丑：据《旧唐书·玄宗本纪下》当作"丁丑"。 ⑨䛒(qiān 牵)。

二十六年 春，正月，乙亥，以牛仙客为侍中。

丁丑，上迎气于浐水之东[1]。

制边地长征兵，召募向足，自今镇兵勿复遣，在彼者纵还。

令天下州、县、里别置学。

壬辰，以李林甫领陇右节度副大使，以鄯州都督杜希望知留后。

二月，乙卯，以牛仙客兼河东节度副大使。

己未，葬贞顺皇后于敬陵。

壬戌，敕河曲六州胡坐康待宾散隶诸州者，听还故土，于盐、夏之间，置宥州以处之[2]。

三月，吐蕃寇河西，节度使崔希逸击破之。鄯州都督、知陇右留后杜希望攻吐蕃新城，拔之，以其地为威戎军，置兵一千戍之。

夏，五月，乙酉，李林甫兼河西节度使。

丙申，以崔希逸为河南尹。希逸自念失信于吐蕃，内怀愧恨，未几而卒。

太子瑛既死，李林甫数劝上立寿王瑁。上以忠王玙年长，且仁孝恭谨，又好学，意欲立之，犹豫岁余不决。自念春秋浸高，三子同日诛死，继嗣未定，常忽忽不乐，寝膳为之减。高力士乘间请其故，上曰："汝，我家老奴，岂不能揣我意！"力士曰："得非以郎君未定邪？"上曰："然。"对曰："大家何必如此虚劳圣心[③]，但推长而立，谁敢复争！"上曰："汝言是也！汝言是也！"由是遂定。六月，庚子，立玙为太子。

辛丑，以岐州刺史萧炅为河西节度使总留后事，鄯州都督杜希望为陇右节度使，太仆卿王昱为剑南节度使，分道经略吐蕃，仍毁所立赤岭碑。

突骑施可汗苏禄，素廉俭，每攻战所得，辄与诸部分之，不留私蓄，由是众乐为用。既尚唐公主，又潜通突厥及吐蕃，突厥、吐蕃各以女妻之。苏禄以三国女为可敦[④]，又立数子为叶护[⑤]，用度浸广，由是攻战所得，不复更分。晚年病风，一手挛缩[⑥]，诸部离心。酋长莫贺达干、都摩度两部最强，其部落又分为黄姓、黑姓，互相乖阻，于是莫贺达干勒兵夜袭苏禄，杀之。都摩度初与莫贺达干连谋，既而复与之异，立苏禄之子骨啜为吐火仙可汗以收其余众，与莫贺达干相攻。莫贺达干遣使告碛西节度使盖嘉运，上命嘉运招集突骑施、拔汗那以西诸国；吐火仙与都摩度据碎叶城，黑姓可汗尔微特勒据怛逻斯城[⑦]，相与连兵以拒唐。

【注释】

①浐(chǎn 产)水：水名。源出陕西蓝田县西南秦岭山中，北流至西安市，东入灞水。　②宥(yòu 又)州：州名。唐开元二十六年(728)置，治所在今内蒙古鄂托克旗南。辖境相当今内蒙古乌审旗西南至长城一带，宝应后废。元和九年(814)，为防备回鹘侵扰，复置。　③大家：古代宫中侍从对帝、后的称呼。　④可(kè 克)敦：我国古代鲜卑、蠕蠕、突厥、回纥、蒙古等族的最高统治者叫可汗，其妻叫可敦。　⑤叶护：突厥官名。《北史》卷九十九《突厥传》："大官有叶护，次设，次特勤，次俟利发，次吐屯发，及余小官，凡二十八等，皆世为之。"　⑥挛(luán 峦)缩：蜷曲不能伸。　⑦怛(dá 答)逻斯城：城名，即中亚哈萨克斯坦的奥利阿塔，今名江布尔城。

太子将受册命，仪注有中严、外办及绛纱袍[①]，太子嫌与至尊同称，表请易之。左丞相裴耀卿奏停中严，改外办曰外备，改绛纱袍为朱明服。秋，七月，己巳，上御宣政殿，册太子。故事，太子乘辂至殿门[②]。至是，太子不就辂，自其宫步入。是日，赦天下。己卯，册忠王妃韦氏为太子妃。

杜希望将鄯州之众夺吐蕃河桥，筑盐泉城于河左，吐蕃发兵三万逆战，希望众少不敌，将卒皆惧。左威卫郎将王忠嗣帅所部先犯其陈，所向辟易，杀数百人，虏陈乱。希望纵兵乘之，虏遂大败。置镇西军于盐泉。忠嗣以功迁左金吾将军。

八月，辛巳，勃海王武艺卒，子钦茂立。

九月，丙申朔，日有食之。

初，仪凤中[③]，吐蕃陷安戎城而据之[④]，其地险要，唐屡攻之，不克。剑南节度使王昱筑两城于其侧，顿军蒲婆岭下，运资粮以逼之。吐蕃大发兵救安戎城，昱众大败，死者数千人。昱脱身走，粮仗军资皆弃之。贬昱栝州刺史[⑤]，再贬高要尉而死[⑥]。

戊午，册南诏蒙归义为云南王。

归义之先本哀牢夷地[⑦]，地居姚州之西，东南接交趾，西北接吐蕃。蛮语谓王曰诏，先有六诏：曰蒙舍，曰蒙越，曰越析，曰浪穹，曰样备，曰越澹，兵力相埒，莫能相壹；历代因之以分其势。蒙舍最在南，故谓之南诏。高宗时，蒙舍细奴逻初入朝。细奴逻生逻盛，逻盛生盛逻皮，盛逻皮生皮逻阁。皮逻阁浸强大，而五诏微弱；会有破洱河蛮之功[⑧]，乃赂王昱，求合六诏为一。昱为之奏请，朝廷许之，仍赐名归义。于是以兵威胁服群蛮，不从者灭之，遂击破吐蕃，徙居大和城；其后卒为边患。

冬，十月，戊寅，上幸骊山温泉；壬辰，上还宫。

是岁，于西京、东都往来之路，作行宫千余间。

分左右羽林置龙武军，以万骑营隶焉。

润州刺史齐浣奏："自瓜步济江迂六十里。请自京口埭下直济江[⑨]，穿伊娄河二十五里即达扬子县，立伊娄埭。"从之。

【注释】

①中严、外办：唐代皇帝祭祀或典礼前奏行斋戒仪式时禁中所采取

唐代南诏千寻塔

的两道戒备措施的名称。绛纱袍：皇帝斋戒时规定的服饰。详细规定参看《新唐书》卷十一《礼乐志一》。 ②辂（lù 路）：大车。 ③仪凤：唐高宗时年号（676—678）。 ④安戎城：地名，在今四川茂县西番界。唐仪凤二年（677），益州长史李孝逸筑，以绝吐蕃通蛮之道，后为吐蕃所陷。 ⑤栝州：即括州。地名。隋置处州，开皇十二年（592）改称括州，因括苍山而取名。唐大历十四年（779）复称处州。故城在今浙江丽水市东南括苍山麓。栝，木名，即桧树。山多此树，故名，隋因以名州。 ⑥高要：县名。治今广东肇庆市。汉置，属苍梧郡，以地当西江人广东要口而名。 ⑦哀牢夷：古代我国西南地区少数民族。东汉永平十二年（69）设置哀牢、博南二县，与益州郡西部都尉所辖六县，合为永昌郡。 ⑧渳（mǐ 米）河蛮：我国古代西南少数民族。渳河，即西洱河或洱海，在云南大理市东。 ⑨埭（dài 带）：堵水的土堤。

二十七年　春，正月，壬寅，命陇右节度大使荣王琬自至本道巡按处置诸军，选募关内、河东壮士三五万人，诣陇右防遏，至秋末无寇，听还。

群臣请加尊号曰圣文；二月，己巳，许之，因赦天下，免百姓今年田租。

夏，四月，癸酉，敕："诸阴阳术数，自非婚丧卜择，皆禁之。"

己丑，以牛仙客为兵部尚书兼侍中，李林甫为吏部尚书兼中书令，总文武选事。

六月，癸酉，以御史大夫李适之兼幽州节度使。

幽州将赵堪、白真陁罗矫节度使张守珪之命，使平卢军使乌知义击叛奚余党于横水之北[①]；知义不从，白真陁罗矫称制指以迫之。知义不得已出师，与虏遇，先胜后败；守珪隐其败状，以克获闻。

事颇泄，上令内谒者监牛仙童往察之[②]。守珪重赂仙童，归罪于白真陁罗，逼令自缢死。仙童有宠于上，众宦官疾之，共发其事。上怒，甲戌，命杨思勗杖杀之。思勗缚格，杖之数百，刳取其心，割其肉啖之。守珪坐贬括州刺史。太子太师萧嵩尝赂仙童以城南良田数顷，李林甫发之，嵩坐贬青州刺史。

秋，八月，乙亥，碛西节度使盖嘉运擒突骑施可汗吐火仙。嘉运攻碎叶城，吐火仙出战，败走，擒之于贺逻岭。分遣疏勒镇守使夫蒙灵詧与拔汗那王阿悉烂达干潜引兵突入怛逻斯城，擒黑姓可汗尔微，遂入曳建城，取交河公主，悉收散发之民数万以与拔汗那王，威震西陲。

壬午，吐蕃寇白草、安人等军，陇右节度使萧炅击破之。

甲申，追谥孔子为文宣王。先是，祀先圣先师，周公南向，孔子东向坐。制："自今孔子南向坐，被王者之服，释奠用宫悬[③]。"追赠弟子皆为公、侯、伯[④]。

九月，戊午，处木昆、鼠尼施、弓月等诸部先隶突骑施者，皆帅众内附，仍请徙居安西管内。

太子更名绍。

冬，十月，辛巳，改修东都明堂。

丙戌，上幸骊山温泉；十一月，辛丑，还宫。

甲辰，明堂成。

剑南节度使张宥，文吏不习军旅，悉以军政委团练副使章仇兼琼。兼琼入奏事，盛言安戎城可取，上悦之。丁巳，以宥为光禄卿。十二月,以兼琼为剑南节度使。

初,睿宗丧既除,祫于太庙[5];自是三年一祫,五年一禘[6]。是岁,夏既禘,冬又当祫。太常议以为祭数则渎,请停今年祫祭,自是通计五年一祫、一禘;从之。

【注释】

①横水:据胡注考证,横水当作“潢水”,《旧唐书·张守珪传》即作“潢水”。潢水为辽水的西源,即内蒙古西喇木伦河。 ②内谒者监:官名。《新唐书》卷四十七《百官二》云:“掌仪法、宣奏、承敕令及外命妇名帐。凡诸亲命妇朝会者,籍其数上内侍省;命妇下车,则导至朝堂奏闻。” ③宫悬:古时钟磬等乐器悬挂在架上,悬挂的形式根据身份地位而不同,帝王悬挂四面,象征宫室四面的墙壁,故名宫悬。诸侯三面,称作轩悬;卿大夫两面,称作判悬;士一面,称作特悬。释奠:古代学校的一种典礼,陈设酒食以祭奠所谓先圣、先师。 ④追赠弟子皆为公、侯、伯:如追赠颜渊为衮公;子贡为黎侯;曾参为成伯。 ⑤祫(xiá 霞):古代祭名。集合远近祖先神主于太庙合祭。原于天子诸侯丧事完毕时举行。行礼之年,经无明文,通常三年行一次。 ⑥禘(dì 帝):也是古代祭名。天子诸侯宗庙的大祭,与“祫”并称为殷祭。行礼之年,经无明文,《公羊传》说五年而再盛祭,后世多用三十月或四十二月。

二十八年 春,正月,癸巳,上幸骊山温泉;庚子,还宫。

二月,荆州长史张九龄卒。上虽以九龄忤旨,逐之,然终爱重其人,每宰相荐士,辄问曰:“风度得如九龄不[1]?”

三月,丁亥朔,日有食之。

章仇兼琼潜与安戎城中吐蕃翟都局及维州别驾董承晏结谋,使局开门引内唐兵[2],尽杀吐蕃将卒,使监察御史许远将兵守之。远,敬宗之曾孙也。

甲寅,盖嘉运入献捷。上赦吐火仙罪,以为左金吾大将军。嘉运请立阿史那怀道之子昕为十姓可汗;从之。夏,四月,辛未,以昕妻李氏为交河公主。

六月,吐蕃围安戎城。

上嘉盖嘉运之功,以为河西、陇右节度使,使之经略吐蕃。嘉运恃恩流连，不时发。左丞相裴耀卿上疏，以为："臣近与嘉运同班，观其举措，诚勇烈有余，然言气矜夸，恐难成事。昔莫敖忸于蒲骚之役，卒丧楚师③；今嘉运有骄敌之色，臣窃忧之。况防秋非远④，未言发日，若临事始去，则士卒尚未相识，何以制敌！且将军受命，凿凶门而出⑤；今乃酣饮朝夕，殆非忧国爱人之心。若不可改易，宜速遣进涂，仍乞圣恩严加训励。"上乃趣嘉运行⑥。已而嘉运竟无功。

秋，八月，甲戌，幽州奏破奚、契丹。

冬，十月，甲子，上幸骊山温泉；辛巳，还宫。

吐蕃寇安戎城及维州；发关中彍骑救之⑦，吐蕃引去。更命安戎城曰平戎。

十一月，罢牛仙客朔方、河东节度使。

突骑施莫贺达干闻阿史那昕为可汗，怒曰："首诛苏禄，我之谋也；今立史昕，何以赏我！"遂帅诸部叛。上乃立莫贺达干为可汗，使统突骑施之众；命盖嘉运招谕之。十二月，乙卯，莫贺达干降。

金城公主薨，吐蕃告丧，且请和，上不许。

是岁，天下县千五百七十三，户八百四十一万二千八百七十一，口四千八百一十四万三千六百九。西京、东都米斛直钱不满二百，绢匹亦如之。海内富安，行者虽万里不持寸兵。

【注释】

①不（fǒu 否）：同"否"。　②内（nà 那）：同"纳"。纳入，接纳。③昔莫敖忸（niǔ 纽）于蒲骚之役，卒丧楚师：莫敖，即春秋楚国大臣莫敖屈瑕，莫敖是楚官名，即司马，古代有官名与姓名连言的习惯。忸：同"狃"，熟习，对战胜的习以为常。蒲骚，郧国地名，在今湖北省应城市西北。前 701 年，莫敖屈瑕在蒲骚打败郧国军队。因此，居功自傲，自以为是。前 699 年，莫敖屈瑕又领兵攻打罗国（今湖北省宜城市西），因轻敌被罗国和卢戎（今湖北襄阳市西南）的军队打得大败，自己也吊死在荒谷。　④防秋：古代北方每到秋天，边塞经常发生战事，届时边防军特别加以警卫，称为防秋。　⑤凶门：古代将军出征时，凿一扇向北的门，由此出发，以示必死的决心，称凶门。　⑥趣（cù 簇）：催促。　⑦彍（guō

郭)骑:唐代宿卫兵名。

二十九年 春,正月,癸巳,上幸骊山温泉。

丁酉,制:“承前诸州饥馑,皆待奏报,然始开仓赈给。道路悠远,何救悬绝!自今委州县长官与采访使量事给讫奏闻。”

庚子,上还宫。

上梦玄元皇帝告云[1]:“吾有像在京城西南百余里,汝遣人求之,吾当与汝兴庆宫相见[2]。”上遣使求得之于盩厔楼观山间[3]。夏,闰四月,迎置兴庆宫。五月,命画玄元真容,分置诸州开元观。

六月,吐蕃四十万众入寇,至安仁军,浑崖峰骑将臧希液帅众五千击破之。

秋,七月,丙寅,突厥遣使来告登利可汗之丧。初,登利从叔二人,分典兵马,号左、右杀。登利患两杀之专,与其母谋,诱右杀,斩之,自将其众。左杀判阙特勒勒兵攻登利,杀之,立毗伽可汗之子为可汗;俄为骨咄叶护所杀,更立其弟;寻又杀之,骨咄叶护自立为可汗。上以突厥内乱,癸酉,命左羽林将军孙老奴招谕回纥、葛逻禄、拔悉密等部落。

乙亥,东都洛水溢,溺死者千余人。

平卢兵马使安禄山,倾巧善事人,人多誉之。上左右至平卢者,禄山皆厚赂之,由是上益以为贤。御史中丞张利贞为河北采访使,至平卢,禄山曲事利贞,乃至左右皆有赂。利贞入奏,盛称禄山之美。八月,乙未,以禄山为营州都督,充平卢军使,两蕃、勃海、黑水四府经略使[4]。

冬,十月,丙申,上幸骊山温泉。

壬寅,分北庭、安西为二节度。

十一月,庚戌,司空邠王守礼薨。守礼庸鄙无才识,每天将雨及霁[5],守礼必先言之,已而皆验。岐、薛诸王言于上曰:“邠兄有术。”上问其故,对曰:“臣无术。则天时以章怀之故,幽闭宫中十余年,岁赐敕杖者数四,背瘢甚厚,将雨则沉闷,将霁则轻爽,臣以此知之耳。”因流涕沾襟;上亦为之惨然。

辛酉,上还宫。

辛未，太尉宁王宪薨。上哀惋特甚，曰："天下，兄之天下也；兄固让于我，为唐太伯，常名不足以处之。"乃谥曰让皇帝。其子汝阳王琎，上表追述先志，谦冲不敢当帝号；上不许。敛日，内出服，以手书致于灵座，书称"隆基白"；又名其墓曰惠陵，追谥其妃元氏曰恭皇后，祔葬焉⑥。

十二月，乙巳，吐蕃屠达化县⑦，陷石堡城；盖嘉运不能御。

【注释】

①玄元皇帝：老子的尊号。唐高宗乾封元年（666）从泰山回，路过真源县，去老君庙，追号老子为太上玄元皇帝。 ②兴庆宫：唐宫名。初名隆庆坊，系唐玄宗为太子时的住宅。开元二年（714）以避讳改称兴庆坊，建离宫，因称兴庆宫，后也称作南内。 ③盩（zhōu 周）厔：县名。汉武帝时置。山曲曰盩，水曲曰厔，因山水的曲折而得名。今作"周至"，属陕西。 ④两蕃：唐朝称奚、契丹为两蕃。 ⑤霁（jì 剂）：本指雨止，又引申为风雪停，云雾散，天气放晴。 ⑥祔（fù 附）葬：合葬。 ⑦达化县：县名。北周置。故城在今青海贵德县。

资治通鉴卷第二百一十五

唐纪三十一

起玄黓敦牂，尽强圉大渊献十一月，凡五年有奇。

玄宗至道大圣大明孝皇帝中之下

天宝元年 春，正月，丁未朔，上御勤政楼受朝贺[①]，赦天下，改元。

壬子，分平卢别为节度，以安禄山为节度使。

是时，天下声教所被之州三百三十一，羁縻之州八百[②]，置十节度、经略使以备边。安西节度抚宁西域，统龟兹、焉耆、于阗、疏勒四镇[③]，治龟兹城，兵二万四千。北庭节度防制突骑施、坚昆，统瀚海、天山、伊吾三军，屯伊、西二州之境，治北庭都护府，兵二万人。河西节度断隔吐蕃、突厥，统赤水、大斗、建康、宁寇、玉门、墨离、豆卢、新泉八军，张掖、交城、白亭三守捉[④]，屯凉、肃、瓜、沙、会五州之境，治凉州，兵七万三千人。朔方节度捍御突厥，统经略、丰安、定远三军，三受降城[⑤]，安北、单于二都护府，屯灵、夏、丰三州之境，治灵州，兵六万四千七百人。河东节度与朔方掎角以御突厥，统天兵、大同、横野、岢岚四军，云中守捉，屯太原府忻、代、岚三州之境，治太原府，兵五万五千人。范阳节度临制奚、契丹，统经略、威武、清夷、静塞、恒阳、北平、高阳、唐兴、横海九军，屯幽、蓟、妫、檀、易、恒、定、漠、沧九州之境，治幽州，兵九万一千四百人。平卢节度镇抚室韦、靺鞨，统平卢、卢龙二军，榆关守捉，安东都护府，屯营、平二州之境，治营州[6]，兵三万七千五百人。陇右节度备御吐蕃，统临洮、河源、白水、安人、振威、威戎、漠门、宁塞、积石、镇西十军，绥和、合川、平夷三守捉，屯鄯、廓、洮、河之境，治鄯州[7]，兵七万五千人。剑南节度西抗吐蕃，南抚蛮獠，统天宝、平戎、昆明、宁远、澄川、南江六军，屯益、翼、茂、当、巂、柘、松、维、恭、雅、黎、姚、悉十三州之境，治益州，兵三万九百人。岭南五府经略绥静夷、獠，统经略、清海二军，桂、容、邕、交四管，治广州，兵万五千四百人。此外又有长乐经略，福州领之，兵千五百人。东莱守捉，莱州领之；东牟守捉，登州领之；兵各千人。凡镇兵四十九万人，马八万余匹。开元之前，每岁供边兵衣粮，费不过二百万；天宝之后，边将奏益兵浸多，每岁用衣千二十万匹，粮百九十万斛，公私劳费，民始困苦矣。

甲寅，陈王府参军田同秀上言[8]："见玄元皇帝于丹凤门之空中，告以'我藏灵符，在尹喜故宅[9]。'"上遣使于故函谷关尹喜台旁求得之。

陕州刺史李齐物穿三门运渠，辛未，渠成。齐物，神通之曾孙也。

壬辰，群臣上表，以"函谷灵符，潜应年号；先天不违，请于尊号加'天宝'字。"从之。

二月，辛卯，上享玄元皇帝于新庙。甲午，享太庙。丙申，合祀天地于南郊，赦天下。改侍中为左相，中书令为右相，尚书左、右丞相复为仆射；东都、北都皆为京，州为郡，刺史为太守；改桃林县曰灵宝[10]。田同秀除朝散大夫。

时人皆疑宝符同秀所为。间一岁，清河人崔以清复言："见玄元皇帝于天津桥北，云藏符在武城紫微山[11]。"敕使往求，亦得之。东都留守王倕知其诈，按问，果首服。奏之，上亦不深罪，流之而已。

三月，以长安令韦坚为陕郡太守，领江、淮租庸转运使。

初，宇文融既败，言利者稍息。及杨慎矜得幸，于是韦坚、王鉷之徒竞以利进，百司有利权者，稍稍别置使以领之，旧官充位而已。坚，太子之妃兄也，为吏以干敏称。上使之督江、淮租运，岁增巨万;上以为能,故擢任之。王铁,方翼之曾孙也⑫,亦以善治租赋为户部员外郎兼侍御史。

【注释】

①勤政楼:唐玄宗在兴庆宫西南边建了两座楼,一座叫花萼相辉楼,另一座叫勤政务本楼,简称勤政楼。 ②羁(jī 基)縻:羁,马络头;縻:牛纼。比喻维系、驾驭、束缚、控制。 ③龟(qiū 丘)兹、焉耆、于阗(tiān 田)、疏勒四镇:龟兹,古代西域城国。位于天山南麓。唐贞观二十二年(648)置龟兹都督府,属安西都护,后为安西都护府治所。领地以今新疆维吾尔自治区库车为中心,包括轮台、沙雅、新和、拜城、阿克苏、乌什等地。焉耆,古代西域城国。在今新疆焉耆回族自治县地。于阗,古代西域城国,在今新疆和田县一带。疏勒,古代西域城国。故地在今新疆喀什噶尔一带。唐置疏勒都督府。 ④守捉:唐代边防部队的名称。兵之戍边者,大曰军,小曰守捉,曰城,曰镇,而总称之为道。军、城、镇、守捉都有使。 ⑤三受降城:城名。唐神龙三年(707),中宗命张仁愿在黄河以北筑中、东、西三受降城,以拂云祠为中城,与东西两城相距各四百里左右。据《元和郡县志》记载,东受降城在榆林县东北八里(今内蒙古托克托南),中受降城在五原(今包头市西北),西受降城在丰州西北八十里(今杭锦后旗乌加河北岸)。 ⑥营州:地名。后魏太平真君五年置。治所龙城,即今辽宁朝阳市。隋唐两代营州治所皆在此。 ⑦鄯州:州名。北魏初为鄯善镇,孝昌二年(526),改置鄯州。唐肃宗上元二年(761)后入吐蕃。故址在今青海海东市乐都区一带。 ⑧陈王:即皇子李珪。 ⑨尹喜:人名。周代的关令。相传老子西游至函谷关,尹喜强留他,于是老子授《道德经》五千言而去。尹喜自著书名《关尹子》。⑩桃林县:地名。隋开皇十六年(596)置,取古桃林塞为名。唐天宝元年(742)因此地得到老子的灵符,故改县名为灵宝。即今河南灵宝市。⑪武城:县名。即汉置东武城县。唐时县治在永济渠西。 ⑫方翼:即王方翼,唐高宗时平定西域有名的功臣。事迹参看《旧唐书》卷一百八十五上,《新唐书》卷一百一十一《王方翼本传》。

李林甫为相,凡才望功业出己右及为上所厚、势位将逼己者,必百计去之;尤忌文学之士,或阳与之善,啖以甘言而阴陷之。世谓李林甫"口有蜜,腹有剑"。

上尝陈乐于勤政楼，垂帘观之。兵部侍郎卢绚谓上已起，垂鞭按辔，横过楼下；绚风标清粹，上目送之，深叹其蕴藉。林甫常厚以金帛赂上左右，上举动必知之；乃召绚子弟谓曰："尊君素望清崇，今交、广藉才，圣上欲以尊君为之，可乎？若惮远行，则当左迁；不然，以宾、詹分务东洛[1]，亦优贤之命也，何如？"绚惧，以宾、詹为请。林甫恐乖众望，乃除华州刺史。到官未几，诬其有疾，州事不理，除詹事、员外同正。

上又尝问林甫以"严挺之今安在？是人亦可用。"挺之时为绛州刺史。林甫退，召挺之弟损之，谕以"上待尊兄意甚厚，盍为见上之策，奏称风疾，求还京师就医。"挺之从之。林甫以其奏白上云："挺之衰老得风疾，宜且授以散秩，使便医药。"上叹吒久之；夏，四月，壬寅，以为詹事，又以汴州刺史、河南采访使齐浣为少詹事，皆员外同正，于东京养疾。浣亦朝廷宿望，故并忌之。

上发兵纳十姓可汗阿史那昕于突骑施，至俱兰城[2]，为莫贺达干所杀。突骑施大纛官都摩度来降，六月，乙未，册都摩度为三姓叶护。

秋，七月，癸卯朔，日有食之。

辛未，左相牛仙客薨。八月，丁丑，以刑部尚书李适之为左相。

突厥拔悉密、回纥、葛逻禄三部共攻骨咄叶护，杀之，推拔悉密酋长为颉跌伊施可汗，回纥、葛逻禄自为左、右叶护。突厥余众共立判阙特勒之子为乌苏米施可汗，以其子葛腊哆为西杀。

上遣使谕乌苏令内附，乌苏不从。朔方节度使王忠嗣盛兵碛口以威之，乌苏惧，请降，而迁延不至。忠嗣知其诈，乃遣使说拔悉密、回纥、葛逻禄使攻之，乌苏遁去。忠嗣因出兵击之，取其右厢以归[3]。

丁亥，突厥西叶护阿布思及西杀葛腊哆、默啜之孙勃德支、伊然小妻、毗伽登利之女帅部众千余帐[4]，相次来降，突厥遂微。九月，辛亥，上御花萼楼宴突厥降者，赏赐甚厚。

护密先附吐蕃，戊午，其王颉吉里匐遣使请降。

冬，十月，丁酉，上幸骊山温泉；己巳，还宫。

十二月，陇右节度使皇甫惟明奏破吐蕃大岭等军；戊戌，又奏破青海道莽布支营三万余众，斩获五千余级。庚子，河西节度使王倕奏破吐蕃渔海及游弈等军。

是岁，天下县一千五百二十八，乡一万六千八百二十九，户八百五十二万五千七百六十三，口四千八百九十万九千八百。

回纥叶护骨力裴罗遣使入贡，赐爵奉义王。

【注释】

①宾、詹：即太子宾客、太子詹事。官名。太子宾客，最初不是官名，只是指与太子往来的宾客，如后晋惠帝选卫瓘等五人与太子经常往来，称太子宾客。唐高宗显庆元年（656），以韩瑗等四人为太子宾客，正式定为官员，掌调护、侍从、规谏。太子詹事，则一直是官名。秦汉时有詹事，掌管皇后太子家事。太子家令、丞皆属詹事。唐置詹事府，有太子詹事、少詹事，掌统三寺十率府之政。　②俱兰城：俱兰国的都城。俱兰，又作俱罗弩，或屈浪拏，在今阿富汗东北境。　③右厢：突厥左、右杀的部属称作左、右厢。左、右杀又作东、西杀。右厢即右杀或西杀的部众。④帐：古代游牧民族计算人户的单位。因他们逐水草而居，每户住一顶帐篷，故按帐计算人户数。

二年　春，正月，安禄山入朝，上宠待甚厚，谒见无时。禄山奏言："去年营州虫食苗，臣焚香祝天云：'臣若操心不正，事君不忠，愿使虫食臣心；若不负神祇，愿使虫散。'即有群鸟从北来，食虫立尽。请宣付史官。"从之。

李林甫领吏部尚书，日在政府，选事悉委侍郎宋遥、苗晋卿。御史中丞张倚新得幸于上，遥、晋卿欲附之。时选人集者以万计，入等者六十四人[①]，倚子奭为之首，群议沸腾。前蓟令苏孝韫以告安禄山，禄山入言于上，上悉召入等人面试之，奭手持试纸，终日不成一字，时人谓之"曳白[②]"。癸亥，遥贬武当太守，晋卿贬安康太守，倚贬淮阳太守，同考判官礼部郎中裴朏等皆贬岭南官。晋卿，壶关人也[③]。

三月，壬子，追尊玄元皇帝父周上御大夫为先天太皇；又尊皋繇为德明皇帝[④]，凉武昭王为兴圣皇帝[⑤]。

江、淮南租庸等使韦坚引浐水抵苑东望春楼下为潭，以聚江、淮运船，役夫匠通漕渠，发人丘垄，自江、淮至京城，民间萧然愁怨。二年而成。丙寅，上幸望春楼观新潭。坚以新船数百艘，扁榜郡名，各陈郡中珍货于船背；陕尉崔成甫著锦半臂，缺胯绿衫以裼之⑥，红袹首⑦，居前船唱《得宝歌》⑧，使美妇百人盛饰而和之，连樯数里；坚跪进诸郡轻货，仍上百牙盘食⑨。上置宴，竟日而罢，观者山积。夏，四月，加坚左散骑常侍，其僚属吏卒褒赏有差；名其潭曰广运。时京兆尹韩朝宗亦引渭水置潭于西街，以贮财木。

丁亥，皇甫惟明引军出西平，击吐蕃，行千余里，攻洪济城，破之。

上以右赞善大夫杨慎矜知御史中丞事。时李林甫专权，公卿之进，有不出其门者，必以罪去之；慎矜由是固辞，不敢受。五月，辛丑，以慎矜为谏议大夫。

冬，十月，戊寅，上幸骊山温泉；乙卯，还宫。

【注释】

①入等：唐代考取官吏，有试判一项，凡是文理优长被取录的，叫入等。 ②曳（yè 夜）白：白纸上只字未写，即考试时交白卷。 ③壶关：县名。属山西省。汉置。因有山形似壶，设关于此，故名。故城在今山西长治市东南。 ④皋繇（yáo 摇）：也作皋陶，咎繇，相传是舜的大臣"理"（掌管刑狱之事），唐朝认为李氏得姓是从他开始的，所以追尊他为德明皇帝。 ⑤武昭王：即李皓，唐高祖的七世祖，在瓜州、沙州一带建立基业，李氏家族因此而兴盛，所以追尊他为兴圣皇帝。 ⑥缺（quē 缺）胯绿衫以裼（xī 西）之：缺同"缺"。裼，袒开或脱去上衣，露出内衣或身体。 ⑦袹（mò 莫）首：袹，是古代男子包发的头巾。胡三省注云："袹首，今人谓之

唐三彩鸳鸯尊

抹额。” ⑧《得宝歌》:崔成甫依据民歌改作。歌辞是:“得宝弘农野,弘农得宝邪？潭里舟船闹,扬州铜器多。三郎当殿坐,听唱得宝歌。”⑨牙盘食:指珍馐。也特指盛在牙盘中的祭品。

三载 春,正月,丙申朔,改年曰载[1]。

辛丑,上幸骊山温泉;二月,庚午,还宫。

辛卯,太子更名亨。

海贼吴令光等抄掠台、明[2],命河南尹裴敦复将兵讨之。

三月,己巳,以平卢节度使安禄山兼范阳节度使;以范阳节度使裴宽为户部尚书。礼部尚书席建侯为河北黜陟使[3],称禄山公直;李林甫、裴宽皆顺旨称其美。三人皆上所信任,由是禄山之宠益固不摇矣。

夏,四月,裴敦复破吴令光,擒之。

五月,河西节度使夫蒙灵詧讨突骑施莫贺达干,斩之,更请立黑姓伊里底蜜施骨咄禄毗伽;六月,甲辰,册拜骨咄禄毗伽为十姓可汗。

秋,八月,拔悉蜜攻斩突厥乌苏可汗,传首京师。国人立其弟鹘陇匐白眉特勒,是为白眉可汗。于是突厥大乱,敕朔方节度使王忠嗣出兵乘之。至萨河内山,破其左厢阿波达干等十一部,右厢未下。会回纥、葛逻禄共攻拔悉蜜颉跌伊施可汗,杀之。回纥骨力裴罗自立为骨咄禄毗伽阙可汗,遣使言状;上册拜裴罗为怀仁可汗。于是怀仁南据突厥故地,立牙帐于乌德犍山[4],旧统药逻葛等九姓,其后又并拔悉蜜、葛逻禄,凡十一部,各置都督,每战则以二客部为先。

李林甫以杨慎矜屈附于己,九月,甲戌,复以慎矜为御史中丞,充诸道铸钱使。

冬,十月,癸巳,上幸骊山温泉;十一月,丁卯,还宫。

术士苏嘉庆上言:遁甲术有九宫贵神[5],典司水旱,请立坛于东郊,祀以四孟月。从之。礼在昊天上帝下,太清宫、太庙上,所用牲玉,皆侔天地。

十二月,癸巳,置会昌县于温泉宫下。

户部尚书裴宽素为上所重,李林甫恐其入相,忌之。刑部尚书裴敦复击海贼还,受请托,广序军功,宽微奏其事。林甫以告敦复,敦复言宽亦尝以亲故属敦复。林甫曰:“君速奏之,勿后于人。”敦复乃以五百金赂女官杨太真之姊[6],使言于上。甲午,宽坐贬睢阳太守。

初,武惠妃薨,上悼念不已,后宫数千,无当意者。或言寿王妃杨氏之美,绝世无双。上见而悦之,乃令妃自以其意乞为女官,号太真;更为寿王娶左卫郎将韦昭训女。潜内太真宫中。太真肌态丰艳,晓音律,性警颖,善承迎上意,不期岁,宠遇如惠妃,宫中号曰“娘子”,凡仪礼皆如皇后。

癸卯,以宗女为和义公主,嫁宁远奉化王阿悉烂达干。

癸丑,上祀九宫贵神,赦天下。

初令百姓十八为中,二十三成丁[7]。

初,上自东都还,李林甫知上厌巡幸,乃与牛仙客谋增近道粟赋及和籴以实关中;数年,蓄积稍丰。上从容谓高力士曰:“朕不出长安近十年,天下无事,朕欲高居无为,悉以政事委林甫,何如?”对曰:“天子巡狩,古之制也。且天下大柄,不可假人;彼威势既成,谁敢复议之者!”上不悦。力士顿首自陈:“臣狂疾,发妄言,罪当死。”上乃为力士置酒,左右皆呼万岁。力士自是不敢深言天下事矣。

【注释】

①改年曰载(zǎi 宰):载是年和岁的别称。《尔雅·释天》云:“载,岁也。夏曰岁,商曰祀,周曰年,唐虞曰载。”唐天宝三年(744)改年为载,至肃宗乾元元年(758)复旧,共十四年。 ②台、明:台州、明州。地名。唐武德四年(621)置海州,五年(622)改为台州,因天台山得名。地在今浙江临海市。明州,唐开元二十六年(738)置,以境内有四明山得名。地在今浙江宁波市。 ③黜陟(zhì 至)使:黜陟本指官吏的进退升降。黜陟使,唐代的官名。贞观八年(634)以李靖等十三人为黜陟大使,巡行诸道,督察官吏。后不常置,名称也不一。神龙二年(706)置十道巡按使,后改称按察使。开元二年(714)称十道按察采访处置使。天宝末年又改称观察处置使。 ④乌德鞬山:也作乌德健山,或乌德韊山。冯

承钧先生《西域地名》云此“山似为塔米尔河(Tamir)及鄂尔浑河发源处之杭爱山一部”。 ⑤遁甲术有九宫贵神:遁甲术是古代方士术数之一。起于《易纬乾凿度》太乙行九宫法,盛于南北朝。其法以十干的乙丙丁为三奇,以戊己庚辛壬癸为六仪。三奇、六仪,分置九宫,而以甲统之,视其加临吉凶,以为趋避,故称遁甲。九宫贵神,也是源于《易纬乾凿度》之说。此时(天宝三载)根据这种说法,设立了太一、天一、招摇、轩辕、咸池、青龙、太阴、天符、摄提九宫神坛,四时行祭。 ⑥女官杨太真:女官,女道士。杨太真,即杨贵妃。杨氏原是寿王的妃子,初见唐玄宗时装扮成道士。 ⑦中、丁:古代户役年龄。唐制:男女始生为黄,四岁为小,十六为中,二十一为丁,六十为老。天宝三载令民十八为中,二十三成丁。成丁,即成年人的意思,指能担任赋役的成年人。古代成年男女,又叫做丁男丁女。

四载 春,正月,庚午,上谓宰相曰:“朕比以甲子日[①],于宫中为坛,为百姓祈福,朕自草黄素置案上,俄飞升天,闻空中语云:‘圣寿延长。’又朕于嵩山炼药成,亦置坛上,及夜,左右欲收之,又闻空中语云:‘药未须收,此自守护。’达曙乃收之。”太子、诸王、宰相,皆上表贺。

回纥怀仁可汗击突厥白眉可汗,杀之,传首京师。突厥毗伽可敦帅众来降。于是北边晏然,烽燧无警矣。

回纥斥地愈广,东际室韦,西抵金山,南跨大漠,尽有突厥故地。怀仁卒,子磨延啜立,号葛勒可汗。

二月,己酉,以朔方节度使王忠嗣兼河东节度使。忠嗣少以勇敢自负,及镇方面,专以持重安边为务,常曰:“太平之将,但当抚循训练士卒而已,不可疲中国之力以邀功名。”有漆弓百五十斤,常贮之橐中[②],以示不用。军中日夜思战,忠嗣多遣谍人伺其间隙,见可胜,然后兴师,故出必有功。既兼两道节制,自朔方至云中,边陲数千里,要害之地,悉列置城堡,斥地各数百里。边人以为自张仁亶之后[③],将帅皆不及。

三月,壬申,上以外孙独孤氏为静乐公主,嫁契丹王李怀节;甥杨氏为宜芳公主,嫁奚王李延宠。

乙巳，以刑部尚书裴敦复充岭南五府经略等使。五月，壬申，敦复坐逗留不之官，贬淄川太守[4]，以光禄少卿彭杲代之。上嘉敦复平海贼之功，故李林甫陷之。

唐三彩镇墓兽

李适之与李林甫争权有隙。适之领兵部尚书，驸马张垍为侍郎，林甫亦恶之，使人发兵部铨曹奸利事，收吏六十余人付京兆与御史对鞫之，数日，竟不得其情。京兆尹萧炅使法曹吉温鞫之。温入院，置兵部吏于外，先于后厅取二重囚讯之，或杖或压，号呼之声，所不忍闻；皆曰："苟存余生，乞纸尽答。"兵部吏素闻温之惨酷，引入，皆自诬服，无敢违温意者。顷刻而狱成，验囚无榜掠之迹[5]。六月，辛亥，敕诮责前后知铨侍郎及判南曹郎官而宥之。垍，均之兄[6]；温，顼之弟子也[7]。

温始为新丰丞，太子文学薛嶷荐温才，上召见，顾嶷曰："是一不良人，朕不用也。"

萧炅为河南尹，尝坐事，西台遣温往按之，温治炅甚急。及温为万年丞，未几，炅为京兆尹。温素与高力士相结，力士自禁中归，温度炅必往谢官，乃先诣力士，与之谈谑，握手甚欢，炅后至，温阳为惊避；力士呼曰："吉七不须避[8]。"谓炅曰："此亦吾故人也。"召还，与炅坐。炅接之甚恭，不敢以前事为怨。他日，温谒炅曰："曩者温不敢隳国家法，自今请洗心事公。"炅遂与尽欢，引为法曹。

及林甫欲除不附己者，求治狱吏，炅荐温于林甫；林甫得之，大喜。温常曰："若遇知己，南山白额虎不足缚也。"时又有杭州人罗希奭，为吏深刻，林甫引之，自御史台主簿再迁殿中侍御史。二人皆随林甫所欲深浅,锻炼成狱[9],无能自脱者,时人谓之"罗钳吉网"。

【注释】

①比(bì 毕):近来,最近。 ②橐(gāo 高):古代盛衣甲或弓箭的囊。 ③张仁亶:即张仁愿,本名仁亶,因唐睿宗名旦,"旦"音近"亶",避讳改名为仁愿。张仁愿是武则天和中宗时有名的功臣。神龙三年(707),他大败入侵的突厥,在河北筑三受降城,占据要地,遥相接应,并采取一系列有效的边防措施,使得北方边境长期平安无事。参看《旧唐书》卷九十三、《新唐书》卷一百一十一"张仁愿"本传。 ④淄川:地名。汉代般阳县地,属济南郡。南朝宋置贝丘县,隋置淄州,并改贝丘为淄川。唐置淄州淄川郡。地在今山东省淄博市。 ⑤榜(péng 朋)掠:鞭笞,鞭打。"榜"通"搒"。 ⑥垍、均:即张垍、张均兄弟俩,其中张均是兄,张垍为弟,《通鉴》原文有误。张均、张垍是玄宗开元年间著名宰相张说的儿子。张均开元末年曾任户部侍郎,天宝九载升任刑部尚书。安史之乱时受伪命为中书令,后被唐肃宗流放。均、垍事迹可参看《旧唐书》卷九十七、《新唐书》卷一百二十五"张说附传"。 ⑦温、顼(xū 须):即吉温、吉顼。吉温是吉顼的侄子。吉顼是唐武则天时有名的酷吏,曾任天官侍郎。吉温则是玄宗时有名的酷吏,后与安禄山狼狈为奸,官至武部侍郎、兼御史中丞。天宝十四载(755),安史之乱前夕,因贪赃枉法事发,死于狱中。吉顼、吉温事迹参看《旧唐书》卷一百八十六上、下,《新唐书》卷二百零九《酷吏传》。 ⑧吉七:即吉温。唐人朋友之间多以行第相称,即按家族中排行次第相称。如诗人李白称李十二,杜甫称杜二。 ⑨锻炼:比喻酷吏枉法陷人于罪。

秋,七月,壬午,册韦昭训女为寿王妃。

八月,壬寅,册杨太真为贵妃;赠其父玄琰兵部尚书,以其叔父玄珪为光禄卿,从兄铦为殿中少监,锜为驸马都尉。癸卯,册武惠妃女为太华公主,命锜尚之。及贵妃三姊,皆赐第京师,宠贵赫然。

杨钊,贵妃之从祖兄也,不学无行,为宗党所鄙。从军于蜀,得新都尉[1];考满,家贫不能自归,新政富民鲜于仲通常资给之[2]。杨玄琰卒于蜀,钊往来其家,遂与其中女通。

鲜于仲通名向，以字行，颇读书，有材智，剑南节度使章仇兼琼引为采访支使，委以心腹。尝从容谓仲通曰："今吾独为上所厚，苟无内援，必为李林甫所危。闻杨妃新得幸，人未敢附之。子能为我至长安与其家相结，吾无患矣。"仲通曰："仲通蜀人，未尝游上国，恐败公事。今为公更求得一人。"因言钊本末。兼琼引见钊，仪观甚伟，言辞敏给；兼琼大喜，即辟为推官[3]，往来浸亲密。乃使之献春绨于京师[4]，将别，谓曰："有少物在郫[5]，以具一日之粮，子过，可取之。"钊至郫，兼琼使亲信大赍蜀货精美者遗之，可直万缗。钊大喜过望，昼夜兼行，至长安，历抵诸妹，以蜀货遗之，曰："此章仇公所赠也。"时中女新寡，钊遂馆于其室，中分蜀货以与之。于是诸杨日夜誉兼琼；且言钊善樗蒲[6]，引之见上，得随供奉官出入禁中[7]，改金吾兵曹参军。

九月，癸未，以陕郡太守、江淮租庸转运使韦坚为刑部尚书，罢其诸使，以御使中丞杨慎矜代之。坚妻姜氏，皎之女，林甫之舅子也，故林甫昵之。及坚以通漕有宠于上，遂有入相之志，又与李适之善；林甫由是恶之，故迁以美官[8]，实夺之权也。

安禄山欲以边功市宠，数侵掠奚、契丹；奚、契丹各杀公主以叛，禄山讨破之。

陇右节度使皇甫惟明与吐蕃战于石堡城，为虏所败，副将褚诩战死[9]。

冬，十月，甲午，安禄山奏："臣讨契丹至北平郡，梦先朝名将李靖、李勣从臣求食。"遂命立庙。又奏荐奠之日，庙梁产芝。

丁酉，上幸骊山温泉。

上以户部郎中王𫟹为户口色役使，敕赐百姓复除。𫟹奏征其辇运之费，广张钱数，又使市本郡轻货，百姓所输乃甚于不复除。旧制，戍边者免其租庸，六岁而更。时边将耻败，士卒死者皆不申牒，贯籍不除。王𫟹志在聚敛，以有籍无人者皆为避课，按籍戍边六岁之外，悉征其租庸，有并征三十年者，民无所诉。上在位久，用度日侈，后宫赏赐无节，不欲数于左、右藏取之[10]。𫟹探知上指，岁贡额外钱帛百亿万，贮于内库，以供宫中宴赐，曰："此皆不出于租庸调，无预经费。"上以𫟹为能富国，益厚遇之。𫟹务为割剥以求媚，中外嗟怨。丙子，以铁为御史中丞、京畿采访使。

杨钊侍宴禁中，专掌樗蒲文簿，钩校精密。上赏其强明，曰："好度支郎[11]。"诸杨数征此言于上，又以属王铁，铁因奏充判官。

十二月，戊戌，上还宫。

【注释】

①新都：县名，汉置，隋改称兴乐，后又并于成都。唐初复置，属蜀郡。 ②新政：县名，本汉充国县地，唐武德四年（621）分南部、相如二县，置新城县，又因避隐太子名建成讳，改称新政县。 ③推官：官名。唐节度使、观察使、团练使、防御使的属官。 ④春绨（tí 题）：绨，古代丝织物名。其质粗厚，平滑而有光泽。 ⑤郫（pí 疲）：县名。今属四川成都市郫都区。古称郫邑，蜀王杜宇建都于此。秦置县，属蜀郡，唐属成都府。 ⑥樗（chū 初）蒲：古代的一种赌博游戏。 ⑦供奉官：官名。在皇帝左右供职的人。唐制：中书、门下省官都是供奉官。外官随朝士人见者称作仗内供奉，宦官称作内供奉；还有朝士供奉禁中等等。 ⑧美官：美差肥缺的意思。好听实惠，但不一定有很大的权力。 ⑨褚诩（chán 蝉）：人名，《新唐书》作"诸葛诩"。 ⑩左、右藏：国库的名称。唐代左右藏都置令丞；左藏掌钱帛、杂彩、天下赋调；右藏掌金玉、珠宝、铜铁、骨角、齿毛、彩画。 ⑪度支郎：官名。掌管全国财赋的统计和支调。

五载 春，正月，乙丑，以陇右节度使皇甫惟明兼河西节度使。

李适之性疏率，李林甫尝谓适之曰："华山有金矿，采之可以富国，主上未之知也。"他日，适之因奏事言之。上以问林甫，对曰："臣久知之，但华山陛下本命，王气所在，凿之非宜，故不敢言。"上以林甫为爱己，薄适之虑事不熟，谓曰："自今奏事，宜先与林甫议之，无得轻脱。"适之由是束手矣。适之既失恩，韦坚失权，益相亲密，林甫愈恶之。

初，太子之立，非林甫意。林甫恐异日为己祸，常有动摇东宫之志；而坚，又太子之妃兄也。皇甫惟明尝为忠王友，时破吐蕃，入献捷，见林甫专权，意颇不平。时因见上，乘间微劝上去林甫。

林甫知之,使杨慎矜密伺其所为。会正月望夜,太子出游,与坚相见,坚又与惟明会于景龙观道士之室①。慎矜发其事,以为坚戚里②,不应与边将狎昵。林甫因奏坚与惟明结谋,欲共立太子。坚、惟明下狱,林甫使慎矜与御史中丞王鉷、京兆府法曹吉温共鞫之。上亦疑坚与惟明有谋而不显其罪,癸酉,下制,责坚以干进不已,贬缙云太守③;惟明以离间君臣,贬播川太守④;仍别下制戒百官。

以王忠嗣为河西、陇右节度使,兼知朔方、河东节度事。忠嗣始在朔方、河东,每互市⑤,高估马价,诸胡闻之,争卖马于唐,忠嗣皆买之。由是胡马少,唐兵益壮。及徙陇右、河西,复请分朔方、河东马九千匹以实之,其军亦壮。忠嗣杖四节,控制万里,天下劲兵重镇,皆在掌握,与吐蕃战于青海、积石,皆大捷。又讨吐谷浑于墨离军,虏其全部而归。

夏,四月,癸未,立奚酋娑固为昭信王,契丹酋楷洛为恭仁王。

己亥,制:"自今四孟月,皆择吉日祀天地、九宫。"

韦坚等既贬,左相李适之惧,自求散地。庚寅,以适之为太子少保,罢政事。其子卫尉少卿霅尝盛馔召客⑥,客畏李林甫,竟日无一人敢往者。

以门下侍郎、崇玄馆大学士陈希烈同平章事⑦。希烈,宋州人,以讲老、庄得进,专用神仙符瑞取媚于上。李林甫以希烈为上所爱,且柔佞易制,故引以为相;凡政事一决于林甫,希烈但给唯诺。故事,宰相午后六刻乃出,林甫奏,今太平无事,巳时即还第⑧,军国机务皆决于私家;主书抱成案诣希烈书名而已。

五月,壬子朔,日有食之。

乙亥,以剑南节度使章仇兼琼为户部尚书;诸杨引之也。

秋,七月,丙辰,敕:"流贬人多在道逗留。自今左降官日驰十驿以上。"是后流贬者多不全矣。

【注释】

①景龙观:道观名。在长安城中崇仁坊西南角。本是申国公高士廉住宅及左金吾卫,神龙元年(705)并为长宁公主宅第。景龙四年(710),中宗去世,韦后干政失败被杀,公主随丈夫出任外官,遂改住宅为景龙

观,以中宗年号为观名。 ②戚里:本指帝王外戚聚居之处,后借指外戚。 ③缙云:郡名。属浙江省。晋置永嘉郡,隋改为处州,又改为括州,又复改为永嘉郡。唐初复立括州,天宝元年(742)改为缙云郡,乾元元年(758)复为括州,大历十四年(779)又改称处州。 ④播川:地名,即播州。唐置。本汉牂牁郡地。唐贞观九年(635)置郎州,十三年(639)改称播州。今贵州遵义市。 ⑤互市:往来贸易。唐代设有互市监,掌管对外国贸易和对少数民族贸易事务。 ⑥霅(zhà 炸,又读 xiá 匣,shá 霎):此处为人名用字。 ⑦崇玄馆:隋代管理僧人道士的官署,称崇玄署。唐代统治者崇奉道教,以崇玄署改属宗正寺,僧尼则另属尚书祠部。开元二十五年(737)又置崇玄学,设崇玄博士。天宝二年(743)改称崇玄馆,改博士为学士。 ⑧巳时:上午九点到十一点。

杨贵妃方有宠,每乘马则高力士执辔授鞭,织绣之工专供贵妃院者七百人,中外争献器服珍玩。岭南经略使张九章,广陵长史王翼,以所献精美,九章加三品,翼入为户部侍郎;天下从风而靡。民间歌之曰:"生男勿喜女勿悲,君今看女作门楣[①]。"妃欲得生荔支,岁命岭南驰驿致之,比至长安,色味不变。

至是,妃以妒悍不逊,上怒,命送归兄铦之第。是日,上不怿,比日中,犹未食,左右动不称旨,横被棰挞[②]。高力士欲尝上意,请悉载院中储偫送贵妃[③],凡百余车;上自分御膳以赐之。及夜,力士伏奏请迎贵妃归院,遂开禁门而入。自是恩遇愈隆,后宫莫得进矣。

将作少匠韦兰、兵部员外郎韦芝为其兄坚讼冤,且引太子为言,上益怒。太子惧,表请与妃离婚,乞不以亲废法。丙子,再贬坚江夏别驾,兰、芝皆贬岭南。然上素知太子孝谨,故谴怒不及。李林甫因言坚与李适之等为朋党,后数日,坚长流临封,适之贬宜春太守,太常少卿韦斌贬巴陵太守,嗣薛王琄贬夷陵别驾,睢阳太守裴宽贬安陆别驾,河南尹李齐物贬竟陵太守,凡坚亲党坐流贬者数十人。斌,安石之子[④]。琄,业之子[⑤],坚之甥也。琄母亦令随琄之官。

冬,十月,戊戌,上幸骊山温泉;十一月,乙巳,还宫。

赞善大夫杜有邻，女为太子良娣，良娣之姊为左骁卫兵曹柳勣妻[⑥]。勣性狂疏，好功名，喜交结豪俊。淄川太守裴敦复荐于北海太守李邕，邕与之定交。勣至京师，与著作郎王曾等为友，皆当时名士也。

勣与妻族不协，欲陷之，为飞语，告有邻妄称图谶[⑦]，交构东宫，指斥乘舆[⑧]。林甫令京兆士曹吉温与御史鞫之，乃勣首谋也。温令勣连引曾等入台。十二月，甲戌，有邻、勣及曾等皆杖死，积尸大理[⑨]，妻子流远方，中外震栗。嗣虢王巨贬义阳司马。巨，邕之子也[⑩]。别遣监察御史罗希奭往按李邕，太子亦出良娣为庶人[⑪]。

乙亥，邺郡太守王琚坐赃贬江华司马[⑫]。琚性豪侈，与李邕皆自谓耆旧，久在外，意怏怏，李林甫恶其负材使气，故因事除之。

【注释】

①门楣：门上横梁，门框上的横木。供指门第。这句民歌的意思是说杨家因生女儿而门第显赫。 ②棰（chuí 垂）挞：棒打，鞭打。 ③储偫（zhì 至）：储备。 ④安石：即韦安石，唐武则天、中宗、睿宗三朝时著名宰相。参看《旧唐书》卷九十二、《新唐书》卷一百二十二“韦安石”本传。 ⑤业：即唐玄宗的弟弟李业。他是睿宗的第五个儿子，曾先后封为赵王、中山郡王、彭城郡王、薛王。参看《旧唐书》卷九十五、《新唐书》卷八十一本传。 ⑥勣（jī 积）：“绩”的异体字。 ⑦图谶（chèn 趁）：即“谶书”。主要宣传用隐语或预言来作为吉凶的符验或征兆。图谶源于汉代。 ⑧乘（shèng 剩）舆：帝王所用的车辆，皇帝用的器物，后来即用作帝王的代称。 ⑨大理：即大理寺，古代掌管刑狱的官署。 ⑩巨、邕：即李巨、李邕。李巨的曾祖父李凤，是唐高祖的第十四个儿子，封虢王。李凤的孙子李邕，封嗣虢王。李巨是李邕的第二个儿子。《旧唐书》卷一百一十二本传称他“刚锐果决”。安史之乱爆发后，唐玄宗曾让他兼管岭南、黔中、南阳三节度事务。可参看。 ⑪良娣：女官名。即太子的妾。 ⑫江华司马：江华，郡名。属湖南省。又称道州，唐置。司马，官名。唐代州府（或郡府）佐史有司马一人，位在别驾、长史之下。

六载 春，正月，辛巳。李邕、裴敦复皆杖死。邕才艺出众，卢藏用常语之曰：“君如干将、莫邪[①]，难与争锋，然终虞缺折耳。”

邕不能用。

林甫又奏分遣御史即贬所赐皇甫惟明、韦坚兄弟等死。罗希奭自青州如岭南，所过杀迁谪者，郡县惶骇。排马牒至宜春[2]，李适之忧惧，仰药自杀。至江华，王琚仰药不死，闻希奭已至，即自缢。希奭又迂路过安陆，欲怖杀裴宽，宽向希奭叩头祈生，希奭不宿而过，乃得免。李适之子霅迎父丧至东京，李林甫令人诬告霅，杖死于河南府。给事中房琯坐与适之善，贬宜春太守。琯，融之子也[3]。

林甫恨韦坚不已，遣使于循河及江、淮州县求坚罪，收系纲典船夫[4]，溢于牢狱，征剥逋负[5]，延及邻伍，皆裸露死于公府，至林甫薨乃止。

丁亥，上享太庙；戊子，合祭天地于南郊，赦天下。制免百姓今载田租。又令削绞，斩条[6]。上慕好生之名，故令应绞斩者皆重杖流岭南，其实有司率杖杀之。又令天下为嫁母服三载。

上欲广求天下之士，命通一艺以上皆诣京师。李林甫恐草野之士对策斥言其奸恶，建言："举人多卑贱愚聩，恐有俚言污浊圣听。"乃令郡县长官精加试练，灼然超绝者，具名送省，委尚书覆试，御史中丞监之，取名实相副者闻奏。既而至者皆试以诗、赋、论，遂无一人及第者。林甫乃上表贺野无遗贤。

戊寅，以范阳、平卢节度使安禄山兼御史大夫。

禄山体充肥，腹垂过膝，尝自称腹重三百斤。外若痴直，内实狡黠。常令其将刘骆谷留京师诇朝廷指趣[7]，动静皆报之；或应有笺表者，骆谷即为代作通之。岁献俘虏、杂畜、奇禽、异兽、珍玩之物，不绝于路，郡县疲于递运。

禄山在上前，应对敏给，杂以诙谐。上尝戏指其腹曰："此胡腹中何所有，其大乃尔！"对曰："更无余物，正有赤心耳！"上悦。又尝命见太子，禄山不拜。左右趣之拜，禄山拱立曰："臣胡人，不习朝仪，不知太子者何官？"上曰："此储君也，朕千秋万岁后，代朕君汝者也。"禄山曰："臣愚，向者惟知有陛下一人，不知乃更有储君。"不得已，然后拜。上以为信然，益爱之。上尝宴勤政楼，百官列坐楼下，独为禄山于御座东间设金鸡障[8]，置榻使坐其前，仍命卷帘以示荣宠。命杨铦、杨锜、贵妃三姊皆与禄山叙兄弟。禄山得出入禁中,因请为贵妃儿。上与贵妃共坐,禄山先拜贵妃。上问何故,对曰:"胡人先母而后父。"上悦。

李林甫以王忠嗣功名日盛,恐其入相,忌之。安禄山潜蓄异志,托以御寇,筑雄武城,大贮兵器,请忠嗣助役,因欲留其兵。忠嗣先期而往,不见禄山而还,数上言禄山必反;林甫益恶之。夏,四月,忠嗣固辞兼河东、朔方节度;许之。

冬,十月,己酉,上幸骊山温泉,改温泉宫曰华清宫。

【注释】

①干将、莫邪:古代宝剑名。相传春秋时吴人干将与妻子莫邪很会铸剑,曾铸有二剑,锋利无比,一名干将,一名莫邪,献给吴王。后来因以干将、莫邪为利剑的代称。 ②排马牒:古代驿站乘马的证明文件。御史外出要经过一些地方,沿路郡县都得配给驿马,一般人没到,排马牒先到,以便预先安排驿马。 ③琯、融:即房琯、房融。房融在武则天时任过宰相。房琯则后来在唐肃宗朝做过宰相。事迹参看《旧唐书》卷一百一十一,《新唐书》卷一百三十九本传。 ④纲典船夫:纲,成批运送货物的组织。十船为一纲,设吏为纲。典船夫:拉船及驾船的船工。 ⑤征剥逋(bū 布)负:征剥,强行征收,掠夺榨取。逋负,拖欠的赋税。也泛指各种未偿还的债务。 ⑥绞、斩:古代的两种死刑。绞即缢死。斩即砍死、杀死。 ⑦诇(xiòng):侦察,刺探。 ⑧金鸡障:画有金鸡装饰的屏障。

河西、陇右节度使王忠嗣以部将哥舒翰为大斗军副使,李光弼为河西兵马使,充赤水军使。翰父祖本突骑施别部酋长,光弼,契丹王楷洛之子也,皆以勇略为忠嗣所重。忠嗣使翰击吐蕃,有同列为之副,倨慢不为用[①],翰挝杀之[②],军中股栗[③];累功至陇右节度副使。每岁积石军麦熟,吐蕃辄来获之,无能御者,边人谓之"吐蕃麦庄"。翰先伏兵于其侧,虏至,断其后,夹击之,无一人得返者,自是不敢复来。

上欲使王忠嗣攻吐蕃石堡城,忠嗣上言:"石堡险固,吐蕃举国守之,今顿兵其下,非杀数万人不能克;臣恐所得不如所亡,不如且厉兵秣马，俟其有衅，然后取之。”上意不快。将军董延光自请将兵取石堡城，上命忠嗣分兵助之。忠嗣不得已奉诏，而不尽副延光所欲，延光怨之。

李光弼言于忠嗣曰：“大夫以爱士卒之故[4]，不欲成延光之功，虽迫于制书，实夺其谋也。何以知之？今以数万众授之而不立重赏，士卒安肯为之尽力乎！然此天子意也，彼无功，必归罪于大夫。大夫军府充牣[5]，何爱数万段帛不以杜其谗口乎！”忠嗣曰：“今以数万之众争一城，得之未足以制敌，不得亦无害于国，故忠嗣不欲为之。忠嗣今受责天子，不过以金吾、羽林一将军归宿卫[6]，其次不过黔中上佐[7]；忠嗣岂以数万人之命易一官乎！李将军，子诚爱我矣，然吾志决矣，子勿复言。”光弼曰：“向者恐为大夫之累，故不敢不言。今大夫能行古人之事，非光弼所及也。”遂趋出。

延光过期不克，言忠嗣沮挠军计[8]，上怒。李林甫因使济阳别驾魏林告“忠嗣尝自言我幼养宫中，与忠王相爱狎[9]”，欲拥兵以尊奉太子。敕征忠嗣入朝，委三司鞫之。

上闻哥舒翰名，召见华清宫，与语，悦之。十一月，辛卯，以翰判西平太守，充陇右节度使；以朔方节度使安思顺判武威郡事，充河西节度使。

户部侍郎兼御史中丞杨慎矜为上所厚，李林甫浸忌之。慎矜与王鉷父晋，中表兄弟也[10]，少与鉷狎，鉷之入台，颇因慎矜推引。及鉷迁中丞，慎矜与语，犹名之；鉷自恃与林甫善，意稍不平。慎矜夺鉷职田[11]，鉷母本贱，慎矜尝以语人；鉷深衔之。慎矜犹以故意待之[12]，尝与之私语谶书。

慎矜与术士史敬忠善，敬忠言天下将乱，劝慎矜于临汝山中买庄为避乱之所[13]。会慎矜父墓田中草木皆流血，慎矜恶之，以问敬忠。敬忠请禳之[14]，设道场于后园，慎矜退朝，辄裸贯桎梏坐其中[15]。旬日血止，慎矜德之。慎矜有侍婢明珠，色美，敬忠屡目之，慎矜即以遗敬忠，车载过贵妃姊柳氏楼下，姊邀敬忠上楼，求车中美人，敬忠不敢拒。明日，姊入宫，以明珠自随。上见而异之，问所从来，明珠具以实对。上以慎矜与术士为妖法，恶之，含怒未发。

杨钊以告铁,铁心喜,因侮慢慎矜;慎矜怒。林甫知铁与慎矜有隙,密诱使图之。铁乃遣人以飞语告"慎矜隋炀帝孙,与凶人往来,家有谶书,谋复祖业。"上大怒,收慎矜系狱,命刑部、大理与侍御史杨钊、殿中侍御史卢铉同鞫之。太府少卿张瑄,慎矜所荐也,卢铉诬瑄尝与慎矜论谶,拷掠百端,瑄不肯答辩。乃以木缀其足,使人引其枷柄,向前挽之,身加长数尺,腰细欲绝,眼鼻出血,瑄竟不答。

又使吉温捕史敬忠于汝州。敬忠与温父素善,温之幼也,敬忠常抱抚之。及捕获,温不与交言,锁其颈,以布蒙首,驱之马前。至戏水,温使吏诱之曰:"杨慎矜已款服⑯,惟须子一辨,若解人意则生,不然必死,前至温汤⑰,则求首不获矣。"敬忠顾谓温曰:"七郎,求一纸。"温阳不应。去温汤十余里,敬忠祈请哀切,乃于桑下令答三纸,辩皆如温意。温徐谓曰:"丈人且勿怪!"因起拜之。

至会昌,始鞫慎矜,以敬忠为证。慎矜皆引服,惟搜谶书不获。林甫危之,使卢铉入长安搜慎矜家,铉袖谶书入暗中,诟而出曰:"逆贼深藏秘记。"至会昌,以示慎矜。慎矜叹曰:"吾不蓄谶书,此何从在吾家哉! 吾应死而已。"丁酉,赐慎矜及兄少府少监慎余、洛阳令慎名自尽;敬忠杖百,妻子皆流岭南;瑄杖六十,流临封,死于会昌。嗣虢王巨虽不预谋,坐与敬忠相识,解官,南宾安置。自余连坐者数十人。慎名闻敕,神色不变,为书别姊;慎余合掌指天而缢。

【注释】

①倨(jù 巨)慢:傲慢。 ②檛(zhuā 抓):鞭子,木杖。 ③股栗(lì 历):大腿发抖,形容十分恐惧。 ④大夫:中唐以前大都称呼将帅为大夫。 ⑤充牣(rèn 认):充满。 ⑥宿卫:在宫中值宿,担任警卫。 ⑦黔中上佐:黔中,地名。秦始皇时置郡,辖地很广,包括今湖南西部,贵州东北部。唐开元二十一年(733)析江南道置黔中道,为开元十五道之一。辖镜包括今湖北省西南部,四川省东南部,重庆市东南部,贵州省北部,湖南省西北部。治所黔州,在今重庆彭水苗家土家族自治县。唐代贬逐官员不过五岭的,大都流放在黔中。上佐,州郡长官部下属官的通

称，如长史、司马等。 ⑧沮挠：阻挠。沮，阻止。 ⑨幼养宫中，与忠王相爱狎句：王忠嗣九岁时，父亲王海宾战死在渭源长城堡，皇帝把忠嗣放在宫中抚养，太子当时是忠王，与忠嗣一起游玩。 ⑩中表：父亲姊妹（姑母）的儿女叫外表，母亲的兄弟（舅父）姊妹（姨母）的儿女叫内表，互称中表。 ⑪职田：古代官吏的禄米田，按官品等级分给。古称圭田、士田、采田等，到隋代才开始称职田。历代相沿，只不过给田数目各有增减。 ⑫故意：旧友的情意。 ⑬临汝山中：临汝，郡名。在河南省汝河上游。隋称汝州，唐天宝元年改为临汝郡，后又改为汝州，历代相仍。唐临汝郡管七个县，境内有鲁山、鲁齿山、天息山、方城山、黄城山、大龙山等山，参看《元和郡县图志》卷六《河南道二》。 ⑭禳（ráng 瓤）：祭祷消灾。 ⑮桎（zhì 质）梏（gù 固）：脚镣手铐。 ⑯款服：诚心服从，老实认罪。 ⑰温汤：即温泉宫下的会昌。

三司按王忠嗣，上曰："吾儿居深宫，安得与外人通谋，此必妄也。但劾忠嗣沮挠军功。"哥舒翰之入朝也，或劝多赍金帛以救忠嗣。翰曰："若直道尚存，王公必不冤死；如其将丧，多赂何为！"遂单囊而行。三司奏忠嗣罪当死。翰始遇知于上，力陈忠嗣之冤，且请以己官爵赎忠嗣罪；上起，入禁中，翰叩头随之，言与泪俱。上感悟，己亥，贬忠嗣汉阳太守。

李林甫屡起大狱，别置推事院于长安。以杨钊有掖庭之亲[①]，出入禁闼[②]，所言多听，乃引以为援，擢为御史。事有微涉东宫者，皆指擿使之奏劾[③]，付罗希奭、吉温鞫之。钊因得逞其私志，所挤陷诛夷者数百家，皆钊发之。幸太子仁孝谨静，张垍、高力士常保护于上前，故林甫终不能间也。

十二月，壬戌，发冯翊、华阴民夫筑会昌城[④]，置百司。王公各置第舍，土亩值千金。癸亥，上还宫。

丙寅，命百官阅天下岁贡物于尚书省，既而悉以车载赐李林甫家。上或时不视朝，百司悉集林甫第门，台省为空。陈希烈虽坐府，无一人入谒者。

林甫子岫为将作监[⑤]，颇以满盈为惧，尝从林甫游后园，指役夫言于林甫曰："大人久处钧轴[⑥]，怨仇满天下，一朝祸至，欲为此得乎！”林甫不乐曰：“势已如此，将若之何！”

先是，宰相皆以德度自处，不事威势，驺从不过数人[7]，士民或不之避。林甫自以多结怨，常虞刺客，出则步骑百余人为左右翼，金吾静街，前驱在数百步外，公卿走避；居则重关复壁，以石甃地[8]，墙中置板，如防大敌，一夕屡徙床，虽家人莫知其处。宰相驺从之盛，自林甫始。

初，将军高仙芝，本高丽人，从军安西。仙芝骁勇，善骑射，节度使夫蒙灵詧屡荐至安西副都护、都知兵马使，充四镇节度副使。

吐蕃以女妻小勃律王[9]，及其旁二十余国，皆附吐蕃，贡献不入，前后节度使讨之，皆不能克。制以仙芝为行营节度使，将万骑讨之。自安西行百余日，乃至特勒满川，分军为三道，期以七月十三日会吐蕃连云堡下[10]。有兵近万人，不意唐兵猝至，大惊，依山拒战，炮櫑如雨。仙芝以郎将高陵李嗣业为陌刀将[11]，令之曰：“不及日中，决须破虏。”嗣业执一旗，引陌刀缘险先登力战，自辰至巳[12]，大破之，斩首五千级，捕虏千余人，余皆逃溃。中使边令诚以入虏境已深，惧不敢进；仙芝乃使令诚以羸弱三千守其城，复进。

三日，至坦驹岭，下峻阪四十余里，前有阿弩越城[13]。仙芝恐士卒惮险，不肯下，先令人胡服诈为阿弩越城守者迎降，云：“阿弩越赤心归唐，娑夷水藤桥已斫断矣。”娑夷水[14]，即弱水也，其水不能胜草芥。藤桥者，通吐蕃之路也。仙芝阳喜，士卒乃下。又三日，阿弩越城迎者果至。

明日，仙芝入阿弩越城，遣将军席元庆将千骑前行，谓曰：“小勃律闻大军至，其君臣百姓必走山谷，第呼出，取缯帛称敕赐之，大臣至，尽缚之以待我。”元庆如其言，悉缚诸大臣。王及吐蕃公主逃入石窟，取不可得。仙芝至，斩其附吐蕃者大臣数人。

藤桥去城犹六十里，仙芝急遣元庆往斫之，甫毕，吐蕃兵大至，已无及矣。藤桥阔尽一矢，力修之，期年乃成。

八月，仙芝虏小勃律王及吐蕃公主而还。九月，至连云堡，与边令诚俱。月末，至播密川[15]，遣使奏状。

至河西[16]，夫蒙灵詧怒仙芝不先言己而遽发奏，一不迎劳，骂仙芝曰：“啖狗粪高丽奴！汝官皆因谁得，而不待我处分，擅奏捷书！高丽奴！汝罪当斩，但以汝新有功不忍耳！”仙芝但谢罪。边令诚奏仙芝深入万里，立奇功，今旦夕忧死。

【注释】

①掖（yè 夜）庭之亲：掖庭，指宫中旁舍，妃嫔居住的地方。掖庭之亲，意为皇帝妃嫔的亲戚。 ②禁闼（tà 榻）：宫中小门。 ③指擿（tì 替）：同“指摘”。 ④冯（píng 平）翊（yì 易）、华（huà 化）阴：冯翊，郡名。汉为左冯翊，后为冯翊郡，唐以后为同州。州治临晋，即今陕西大荔县。华阴，郡名。东汉魏晋时为京兆、弘农二郡地，后魏置华山郡，西魏庆帝三年（554）改为华州，唐以后名称多有更迭。今属陕西省。 ⑤将作监：官名。秦置将作少府。汉景帝中元六年（前 144）改名将作大匠，职掌宫室、宗庙、路寝、陵园的土木营建。隋开皇年间改为将作监大监，并置副监。唐初叫将作大匠，龙朔年间改为缮工监，光宅年间改为营缮监，神龙年间又恢复为将作监，置大匠、少匠。 ⑥钧轴：钧以制陶，轴以转车。比喻执掌国政，指宰相的职位。 ⑦驺从：显贵出行，在车前后的侍从。 ⑧甃（zhòu 宙）：本指以砖修井。后来以砖砌物都称作甃。 ⑨小勃律：地名。又作钵露罗。在今巴基斯坦东部。 ⑩连云堡：地名。在今甘肃泾川县西。是一战略要地。据《旧唐书·吐蕃传下》记载，这座堡“三面颇峭峻，唯北面连原，以濠为固”。在唐代，唐军和吐蕃军对此地的争夺很激烈。 ⑪陌刀：长刀。唐代部队用的刀有四种，即仪刀、鄣刀、横刀、陌刀。陌刀是步兵所拿的长刀，相当于古代的斩马剑。 ⑫辰、巳：古代干支纪时，辰是早上七点到九点，巳是九点到十一点。 ⑬阿弩越城：地名。在今克什米尔北部的古皮斯附近。 ⑭娑（suō 梭）夷水：河名。今克什米尔的吉尔吉特河。 ⑮播密川：河名。或名播蜜川，波谜罗川。今阿克苏河。在葱岭中，为阿母河的支流，今又名木尔加布河。 ⑯河西：据胡注，此河西指白马河西。白马河即今新疆库车县西的木札提河。

资治通鉴卷第二百一十六

唐纪三十二　起强圉大渊献十二月，尽昭阳大荒落，凡六年有奇。

玄宗至道大圣大明孝皇帝下之上

天宝六载　十二月，己巳，上以仙芝为安西四镇节度使，征灵詧入朝，灵詧大惧。仙芝见灵詧，趋走如故，灵詧益惧。副都护京兆程千里、押牙毕思琛及行官王滔等，皆平日构仙芝于灵詧者也，仙芝面责千里、思琛曰："公面虽男子，心如妇人，何也？"又捽滔等[1]，欲笞之，既而皆释之，谓曰："吾素所恨于汝者，欲不言，恐汝怀忧；今既言之，则无事矣。"军中乃安。

初，仙芝为都知兵马使，猗氏人封常清[2]，少孤贫，细瘦䫌目[3]，一足偏短，求为仙芝傔[4]，不纳。常清日候仙芝出入，不离其门，凡数十日，仙芝不得已留之。会达奚部叛，夫蒙灵詧使仙芝追之，斩获略尽。常清私作捷书以示仙芝，皆仙芝心所欲言者，由是一府奇之。仙芝为节度使，即署常清判官；仙芝出征，常为留后。仙芝乳母子郑德诠为郎将，仙芝遇之如兄弟，使典家事，威行军中。常清尝出，德诠自后走马突之而过。常清至使院，使召德诠，每过一门，辄阖之，既至，常清离席谓曰："常清本出寒微，郎将所知。今日中丞命为留后，郎将何得于众中相陵突！"因叱之曰："郎将须暂死以肃军政。"遂杖之六十，面仆地，曳出。仙芝妻及乳母于门外号哭救之，不及，因以状白仙芝，仙芝览之，惊曰："已死邪？"及见常清，遂不复言，常清亦不之谢。军中畏之惕息[5]。

自唐兴以来，边帅皆用忠厚名臣，不久任，不遥领，不兼统，功名著者往往入为宰相。其四夷之将，虽才略如阿史那社尔、契苾何力犹不专大将之任，皆以大臣为使以制之。及开元中，天子有吞四夷之志，为边将者十余年不易，始久任矣；皇子则庆、忠诸王，宰相则萧嵩、牛仙客，始遥领矣；盖嘉运、王忠嗣专制数道，始兼统矣。李林甫欲杜边帅入相之路，以胡人不知书，乃奏言："文臣为将，怯当矢石，不若用寒畯胡人[6]；胡人则勇决习战，寒族则孤立无党，陛下诚以恩洽其心，彼必能为朝廷尽死。"上悦其言，始用安禄山。至是，诸道节度尽用胡人，精兵咸戍北边，天下之势偏重，卒使禄山倾覆天下，皆出于林甫专宠固位之谋也。

【注释】

①捽（zuó 昨）：揪，拔。 ②猗（yī 衣）氏：县名。汉置，因猗顿故居而名，治今山西临猗县南。隋移治今临猗县，唐因之。 ③纇（lèi 类）目：眼睛有毛病。纇，缺点，毛病。 ④傔（qiàn 欠）：侍从。 ⑤惕息：恐惧的样子。谓战战兢兢，不敢出声息。 ⑥寒畯（jùn 俊）：贫穷，贫寒，也指贫寒的读书人。畯，本义为古代的田官。

七载 夏，四月，辛丑，左监门大将军、知内侍省事高力士加骠骑大将军。力士承恩岁久，中外畏之，太子亦呼之为兄，诸王公呼之为翁，驸马辈直谓之爷[1]。自李林甫、安禄山辈皆因之以取将相。其家富厚不赀[2]。于西京作宝寿寺，寺钟成，力士作斋以庆之，举朝毕集。击钟一杵，施钱百缗，有求媚者至二十杵，少者不减十杵。然性和谨少过，善观时俯仰，不敢骄横，故天子终亲任之，士大夫亦不疾恶也。

五月，壬午，群臣上尊号曰开元天宝圣文神武应道皇帝；赦天下，免百姓来载租庸，择后魏子孙一人为三恪[3]。

六月，庚子，赐安禄山铁券。

度支郎中兼侍御史杨钊善窥上意所爱恶而迎之，以聚敛骤迁，岁中领十五余使。甲辰，迁给事中，兼御史中丞，专判度支事，恩幸日隆。

苏冕论曰:设官分职,各有司存。政有恒而易守,事归本而难失,经远之理,舍此奚据!洎奸臣广言利以邀恩,多立使以示宠,刻下民以厚敛,张虚数以献状;上心荡而益奢,人望怨而成祸;使天子有司守其位而无其事,受厚禄而虚其用。宇文融首唱其端,杨慎矜、王鉷继遵其轨,杨国忠终成其乱。仲尼云:宁有盗臣而无聚敛之臣。诚哉是言!前车既覆,后辙未改,求达化本,不亦难乎!

冬,十月,庚戌,上幸华清宫。

十一月,癸未,以贵妃姊适崔氏者为韩国夫人,适裴氏者为虢国夫人,适柳氏者为秦国夫人。三人皆有才色,上呼之为姨,出入宫掖,并承恩泽,势倾天下。每命妇入见④,玉真公主等皆让不敢就位。三姊与铦、锜五家,凡有请托,府县承迎,峻于制敕;四方赂遗,辐凑其门,惟恐居后,朝夕如市。十宅诸王及百孙院婚嫁,皆以钱千缗赂韩、虢使请,无不如志。上所赐与及四方献遗,五家如一。竞开第舍,极其壮丽,一堂之费,动逾千万;既成,见他人有胜己者,辄毁而改为。虢国尤为豪荡,一旦,帅工徒突入韦嗣立宅,即撤去旧屋,自为新第,但授韦氏以隙地十亩而已。中堂既成,召工圬墁⑤,约钱二百万;复求赏技,虢国以绛罗五百段赏之,嗤而不顾,曰:"请取蝼蚁、蜥蜴⑥,记其数置堂中,苟失一物,不敢受直。"

十二月,戊戌,或言玄元皇帝降于朝元阁⑦,制改会昌县曰昭应,废新丰入昭应。辛酉,上还宫。

哥舒翰筑神威军于青海上,吐蕃至,翰击破之。又筑城于青海中龙驹岛⑧,谓之应龙城,吐蕃屏迹不敢近青海。

是岁,云南王归义卒,子阁罗凤嗣,以其子凤迦异为阳瓜州刺史。

【注释】

①爷:父亲。此处表示尊称。 ②不赀(zī 资):不可计量,不可算计。赀,计量。 ③三恪(kè 客):古代新兴王朝为笼络人心巩固统治,往往封前代三个王朝的子孙,给与王侯名号,称三恪。恪,尊敬的意思。据胡注,此时"以后魏子孙与周、隋子孙为三恪也。明年,寻罢魏后"。 ④命妇:受有封号的妇女。 ⑤圬(wū 污)墁:涂饰墙壁。墁,

或作“镘”。 ⑥蝼(lǒu 楼)蚁:蝼蛄和蚂蚁。 ⑦朝元阁:唐玄宗在华清宫中筑有老君殿,殿的北面为朝元阁,后因有人称老君降于此阁,就改名为降圣阁。 ⑧龙驹岛:据胡注,青海湖中有山,冬季结冰时,放牧母马在山上,第二年生下的小马驹,号称龙种,所以称之为龙驹岛。按,青海湖中有四小岛,其中海心山最大。

八载 春,二月,戊申,引百官观左藏,赐帛有差。是时州县殷富,仓库积粟帛,动以万计。杨钊奏请所在粜变为轻货,及征丁租地税皆变布帛输京师;屡奏帑藏充牣[①],古今罕俦,故上帅群臣观之,赐钊紫衣金鱼以赏之。上以国用丰衍,故视金帛如粪壤,赏赐贵宠之家,无有限极。

三月,朔方节度等使张齐丘于中受降城西北五百余里木剌山筑横塞军,以振远军使郑人郭子仪为横塞军使。

夏,四月,咸宁太守赵奉璋告李林甫罪二十余条[②];状未达,林甫知之,讽御史逮捕,以为妖言,杖杀之。

先是,折冲府皆有木契、铜鱼[③],朝廷征发,下敕书、契、鱼,都督、郡府参验皆合,然后遣之。自募置彍骑[④],府兵日益堕坏,死及逃亡者,有司不复点补;其六驮马牛、器械、糗粮[⑤],耗散略尽。府兵入宿卫者,谓之侍官,言其为天子侍卫也。其后本卫多以假人,役使如奴隶;长安人羞之,至以相诟病[⑥]。其戍边者,又多为边将苦使,利其死而没其财。由是应为府兵者皆逃匿,至是无兵可交。五月,癸酉,李林甫奏停折冲府上下鱼书;是后府兵徒有官吏而已。其折冲、果毅,又历年不迁,士大夫亦耻为之。其彍骑之法,天宝以后,稍亦变废,应募者皆市井负贩、无赖子弟,未尝习兵。时承平日久,议者多谓中国兵可销,于是民间挟兵器者有禁;子弟为武官,父兄摈不齿。猛将精兵,皆聚于西北边,中国无武备矣。

太白山人李浑等上言见神人[⑦],言金星洞有玉板石记圣主福寿之符;命御史中丞王𫓹入仙游谷求而获之。上以符瑞相继,皆祖宗休烈[⑧],六月,戊申,上圣祖号曰大道玄元皇帝,上高祖谥曰神尧大圣皇帝,太宗谥曰文武大圣皇帝,高宗谥曰天皇大圣皇帝,中宗谥曰孝和大圣皇帝,睿宗谥曰玄真大圣皇帝,窦太后以下皆加谥曰顺圣皇后。

辛亥，刑部尚书、京兆尹萧炅坐赃左迁汝阴太守⑨。

上命陇右节度使哥舒翰帅陇右、河西及突厥阿布思兵，益以朔方、河东兵，凡六万三千，攻吐蕃石堡城。其城三面险绝，惟一径可上，吐蕃但以数百人守之，多贮粮食，积檑木及石，唐兵前后屡攻之，不能克。翰进攻数日不拔，召裨将高秀岩、张守瑜，欲斩之，二人请三日期可克；如期拔之，获吐蕃铁刃悉诺罗等四百人，唐士卒死者数万，果如王忠嗣之言。顷之，翰又遣兵于赤岭西开屯田，以谪卒二千戍龙驹岛；冬冰合，吐蕃大集，戍者尽没。

唐胡人牵骆驼俑

闰月，乙丑，以石堡城为神武军，又于剑南西山索磨川置保宁都护府。

丙寅，上谒太清宫⑩。丁卯，群臣上尊号曰开元天地大宝圣文神武应道皇帝，赦天下。禘、祫自今于太清宫圣祖前设位序正。

秋，七月，册突骑施移拨为十姓可汗。

八月，乙亥，护密王罗真檀入朝，请留宿卫；许之，拜左武卫将军。

冬，十月，乙丑，上幸华清宫。

十一月，乙未，吐火罗叶护失里怛伽罗遣使表称："朅师王亲附吐蕃，困苦小勃律镇军，阻其粮道。臣思破凶徒，望发安西兵，以来岁正月至小勃律，六月至大勃律。"上许之。

【注释】

①帑藏（tǎng zàng 倘葬）：国库。帑，指古代的国库或国库所藏的金帛。 ②咸宁：郡名，本丹州丹阳郡，西魏置。故治在今陕西宜川县东北。唐改名为咸宁郡。 ③折冲府：折冲，官名。隋禁卫军有折冲、果毅

及武勇、雄武等郎将官。唐有折冲都尉，全国各州置折冲府。木契：木刻的符信。唐代国有大事出纳符节，有木契。凡皇帝巡幸、太子监国、有军旅之事则用之。行军所及领军五百人、马五百匹以上征付，都给木契。行用法式，与鱼符同。铜鱼：即铜鱼符。铜制的鱼形信符。主要用于军旅调动。唐西京留守以及各州、各军、各折冲府等都给铜鱼符。木契、铜鱼都是古代朝廷传达命令、调兵遣将的凭证形式。 ④彍（kuò 扩）骑：唐代宿卫兵名。唐高宗武后时，府兵制逐渐败坏，宿卫兵大量逃亡。玄宗开元十一年（723），宰相张说建议召募壮士充实宿卫，待遇从优，一年中分两番换班。于是取京兆、蒲、同、岐、华府兵及白丁，加潞州长从兵，共十二、三万人，号“长从宿卫”。次年更号为“彍骑”。自天宝以后，彍骑之法也开始废弃。 ⑤糗（qiǔ）粮：干粮。糗：炒熟的米麦等谷物。 ⑥诟（gòu 够）病：耻辱。引申为嘲笑。 ⑦太白山：山名，即终南山。在陕西周至县南。南连武功山。冬夏积雪，望之皓然，故名太白。 ⑧休烈：盛美的事业。 ⑨汝阴：郡名，即颍州。秦颍川郡地，北魏置州。州治即今安徽阜阳市。 ⑩太清宫：天宝元年（742）正月，唐玄宗得灵符，便分别在西京大宁坊、东京积善坊修建玄元皇帝庙（即老子庙），天下诸郡都各置玄元像于开元观。天宝二年（743）三月，把西京的玄元宫改名为太清官，东京的玄元宫改名为太极宫，天下诸郡的玄元宫改名为紫极宫。

九载 春，正月，己亥，上还宫。

群臣屡表请封西岳，许之。

二月，杨贵妃复忤旨，送归私第。户部郎中吉温因宦官言于上曰：“妇人识虑不远，违忤圣心，陛下何爱宫中一席之地，不使之就死，岂忍辱之于外舍邪？”上亦悔之，遣中使赐以御膳。妃对使者涕泣曰：“妾罪当死，陛下幸不杀而归之。今当永离掖庭，金玉珍玩，皆陛下所赐，不足为献，惟发者父母所与[①]，敢以荐诚。”乃剪发一缭而献之，上遽使高力士召还，宠待益深。

时诸贵戚竞以进食相尚，上命宦官姚思艺为检校进食使，水陆珍羞数千盘，一盘费中人十家之产。中书舍人窦华尝退朝，值公主进食，列于中衢，传呼按辔出其间[②]；宫苑小儿数百奋梃于前，华仅以身免。

安西节度使高仙芝破朅师，虏其王勃特没。三月，庚子，立勃特没之兄素迦为朅师王。

上命御史大夫王𫓶凿华山路，设坛场于其上[3]。是春，关中旱；辛亥，岳祠灾；制罢封西岳。

夏，四月，己巳，御史大夫宋浑坐赃巨万，流潮阳[4]。初，吉温因李林甫得进；及兵部侍郎兼御史中丞杨钊恩遇浸深，温遂去林甫而附之，为钊画代林甫执政之策。萧炅及浑，皆林甫所厚也，求得其罪，使钊奏而逐之，以剪其心腹，林甫不能救也。

五月，乙卯，赐安禄山爵东平郡王。唐将帅封王自此始。

秋，七月，乙亥，置广文馆于国子监，以教诸生习进士者[5]。

八月，丁巳，以安禄山兼河北道采访处置使。

朔方节度使张齐丘给粮失宜，军士怒，殴其判官[6]；兵马使郭子仪以身捍齐丘，乃得免。癸亥，齐丘左迁济阴太守，以河西节度使安思顺权知朔方节度事。

【注释】

①惟发者父母所与：古人对头发相当重视。《孝经·开宗明义》说："身体发肤，受之父母，不敢毁伤，孝之始也。"可参看。 ②按辔（pèi配）：按住或控制缰绳。 ③坛场：设在广场中的高台。 ④潮阳：郡名。唐置。治今广东潮州市潮安区。 ⑤广文馆：唐朝的教育机构。天宝九载（750）在国子监增开广文馆，设博士、助教等职，指导国子学生中修进士业者。郑虔曾任广文博士，当时人视为冷官。诗人杜甫在"赠广文馆博士郑虔"的《醉时歌》中说："诸公衮衮登台省，广文先生官独冷。甲弟纷纷厌粱肉，广文先生饭不足。"可参看。明清以来"广文"泛指儒学教官。乙亥，据《旧唐书·玄宗本纪下》当作"己亥"。 ⑥判官：官名。唐节度、观察、防御诸使，都有判官，是地方长官的僚属，佐理政事。

辛卯[1]，处士崔昌上言[2]："国家宜承周、汉，以土代火；周、隋皆闰位[3]，不当以其子孙为二王后[4]。"事下公卿集议。集贤殿学士卫包上言："集议之夜，四星聚于尾[5]，天意昭然。"上乃命求殷、周、汉后为三恪，废韩、介、酅公[6]；以昌为左赞善大夫，包为虞部员外郎。

冬，十月，庚申，上幸华清宫。

太白山人王玄翼上言见玄元皇帝，言宝仙洞有妙宝真符。命刑部尚书张均等往求，得之。时上尊道教，慕长生，故所在争言符瑞，群臣表贺无虚月。李林甫等皆请舍宅为观以祝圣寿，上悦。

安禄山屡诱奚、契丹，为设会，饮以莨菪酒[7]，醉而坑之，动数千人，函其酋长之首以献，前后数四。至是请入朝，上命有司先为起第于昭应。禄山至戏水[8]，杨钊兄弟姊妹皆往迎之，冠盖蔽野；上自幸望春宫以待之。辛未，禄山献奚俘八千人，上命考课之日书上上考[9]。前此听禄山于上谷铸钱五垆[10]，禄山乃献钱样千缗。

杨钊，张易之之甥也，奏乞昭雪易之兄弟。庚辰，制引易之兄弟迎中宗于房陵之功，复其官爵；仍赐一子官。

钊以图谶有“金刀”，请更名；上赐名国忠。

十二月，乙亥，上还宫。

关西游弈使王难得击吐蕃，克五桥，拔树敦城[11]；以难得为白水军使。

安西四镇节度使高仙芝伪与石国约和，引兵袭之，虏其王及部众以归，悉杀其老弱。仙芝性贪，掠得瑟瑟十余斛[12]，黄金五六橐驼[13]，其余口马杂货称是，皆入其家。

杨国忠德鲜于仲通，荐为剑南节度使。仲通性褊急[14]，失蛮夷心。

故事，南诏常与妻子俱谒都督，过云南，云南太守张虔陀皆私之。又多所征求，南诏王阁罗凤不应，虔陀遣人詈辱之，仍密奏其罪。阁罗凤忿怨，是岁，发兵反，攻陷云南，杀虔陀，取夷州三十二。

【注释】

①辛卯：据《旧唐书·玄宗本纪下》当作“（九月）乙卯”。 ②处士：古代称有才德而隐居不做官的人为处士。 ③闰位：古代称非正统的帝位。 ④二王：古代新王朝建立后，封前两朝的王族后裔为诸侯国君，称二王。 ⑤尾：星座名，为二十八宿之一。 ⑥韩、介、酅（xī 希）公：韩为元魏后裔，介为北周后裔，酅为隋朝后裔。 ⑦莨菪（làng dàng 浪荡）：植物名。一年生或二年生有毒草本，全株有粘性腺毛和特殊臭气，夏季开紫黄色花。叶和种子（名“天仙子”）可供药用。 ⑧戏（xī 希）水：水

名。在今陕西西安市临潼区东。源出骊山,北流经古戏亭东,又北流入渭水。 ⑨考课:考核官吏成绩称为考课。考课之法始于汉代。唐制:尚书考功掌内外文武官吏考课;凡应考之官,具录当年功过行能,本司及本州长官对众宣读,议其优劣,定为九等考第,然后送省。凡考课之法,有四善二十七最,以作为官吏升迁的标准。其中一最四善为上上考。所谓四善是:一曰德义有闻,二曰清慎明著,三曰公平可称,四曰恪勤匪懈。参看《新唐书·百官志一》。把安禄山的功绩定为最上一等,可见唐玄宗此时的官吏功绩考核制度的徒有其名。 ⑩垆(lú 卢):古代酒店里安放酒瓮的土台子。又指燃火用的器具,如茶垆等。此处借指铸钱用的器具。 ⑪树敦城:在今青海东北境,城因古犬戎王树敦而得名。古代曾为吐谷浑都城。隋朝该城在吐谷浑界内,唐朝时在吐蕃界内。 ⑫瑟瑟:碧珠。 ⑬橐(tuó 佗)驼:即骆驼。 ⑭褊(biǎn 扁)急:气量狭隘,性情急躁。

十载 春,正月,壬辰,上朝献太清宫;癸巳,朝享太庙;甲子[①],合祭天地于南郊,赦天下,免天下今载地税。

丁酉,命李林甫遥领朔方节度使,以户部侍郎李玮知留后事。

庚子,杨氏五宅夜游,与广平公主从者争西市门,杨氏奴挥鞭及公主衣,公主坠马,驸马程昌裔下扶之,亦被数鞭。公主泣诉于上,上为之杖杀杨氏奴。明日,免昌裔官,不听朝谒。

上命有司为安禄山治第于亲仁坊,敕令但穷壮丽,不限财力。既成,具幄帟器皿[②],充牣其中,有帖白檀床二,皆长丈,阔六尺;银平脱屏风[③],帐方丈六尺;于厨厩之物皆饰以金银,金饭罂二[④],银淘盆二,皆受五斗,织银丝筐及笊篱各一[⑤];他物称是。虽禁中服御之物,殆不及也。上每令中使为禄山护役,筑第及造储偫赐物,常戒之曰:"胡眼大,勿令笑我。"

禄山入新第,置酒,乞降墨敕请宰相至第[⑥]。是日,上欲于楼下击毬[⑦],遽为罢戏,命宰相赴之。日遣诸杨与之选胜游宴,侑以梨园教坊乐[⑧]。上每食一物稍美,或后苑校猎获鲜禽,辄遣中使走马赐之,络绎于路。

甲辰,禄山生日,上及贵妃赐衣服、宝器、酒馔甚厚。后三日,召禄山入禁中，贵妃以锦绣为大襁褓，裹禄山，使宫人以彩舆舁之。上闻后宫欢笑，问其故，左右以贵妃三日洗禄儿对。上自往观之，喜，赐贵妃洗儿金银钱，复厚赐禄山，尽欢而罢。自是禄山出入宫掖不禁，或与贵妃对食，或通宵不出，颇有丑声闻于外，上亦不疑也。

安西节度使高仙芝入朝，献所擒突骑施可汗、吐蕃酋长、石国王、朅师王。加仙芝开府仪同三司。寻以仙芝为河西节度使，代安思顺；思顺讽群胡割耳剺面请留己[9]，制复留思顺于河西。

安禄山求兼河东节度。二月，丙辰，以河东节度使韩休珉为左羽林将军，以禄山代之。

户部郎中吉温见禄山有宠，又附之，约为兄弟，说禄山曰："李右丞相虽以时事亲三兄，不必肯以兄为相；温虽蒙驱使，终不得超擢。兄若荐温于上，温即奏兄堪大任，共排林甫出之，为相必矣。"禄山悦其言，数称温才于上，上亦忘曩日之言[10]。会禄山领河东，因奏温为节度副使、知留后，以大理司直张通儒为留后判官，河东事悉以委之。

是时，杨国忠为御史中丞，方承恩用事。禄山登降殿阶，国忠常扶掖之。禄山与王𫟹俱为大夫，𫟹权任亚于李林甫。禄山见林甫，礼貌颇倨。林甫阳以他事召王大夫，𫟹至，趋拜甚谨；禄山不觉自失，容貌益恭。林甫与禄山语，每揣知其情，先言之，禄山惊服。禄山于公卿皆慢侮之，独惮林甫，每见，虽盛冬，常汗沾衣。林甫乃引与坐于中书厅，抚以温言，自解披袍以覆之。禄山忻荷[11]，言无不尽，谓林甫为十郎。既归范阳，刘骆谷每自长安来，必问："十郎何言？"得美言则喜；或但云"语安大夫，须好检校！"辄反手据床曰："噫嘻，我死矣！"

禄山既兼领三镇，赏刑己出，日益骄恣。自以曩时不拜太子，见上春秋高，颇内惧；又见武备堕弛，有轻中国之心。孔目官严庄、掌书记高尚因为之解图谶[12]，劝之作乱。

禄山养同罗、奚、契丹降者八千余人，谓之"曳落河"。曳落河者，胡言壮士也。及家僮百余人，皆骁勇善战，一可当百。又畜战马数万匹，多聚兵仗，分遣商胡诣诸道贩鬻，岁输珍货数百万。私作绯紫袍、鱼袋⑬,以百万计。以高尚、严庄、张通儒及将军孙孝哲为腹心,史思明、安守忠、李归仁、蔡希德、牛廷玠⑭、向润容⑮、李庭望、崔乾祐、尹子奇、何千年、武令珣、能元皓、田承嗣、田乾真、阿史那承庆为爪牙。尚,雍奴人⑯,本名不危,颇有辞学,薄游河朔,贫困不得志,常叹曰:"高不危当举大事而死,岂能啮草根求活邪!"禄山引置幕府,出入卧内。尚典笺奏,庄治簿书。通儒,万岁之子⑰;孝哲,契丹也。承嗣世为卢龙小校,禄山以为前锋兵马使。尝大雪,禄山按行诸营,至承嗣营,寂若无人,入阅士卒,无一人不在者,禄山以是重之。

【注释】

①甲子:胡注云:"上书壬辰、癸巳,下书丁酉,则'甲子'当作'甲午'。"案据《旧唐书·玄宗本纪下》,甲子确作甲午。　②幄帟(wòyì 握亦):幄,篷帐;帟,小帐幕,或幄中座上的承尘。　③平脱:古代漆器工艺品,把镂成花纹图案的金银薄叶,用胶漆贴在所制器物表面,重新上漆,加工细磨,使花纹脱露,这道工艺称为平脱。唐代最盛。　④罂(yīng 婴):盛酒器,小口大腹,比缶大。此处饭罂,当指盛饭的器皿。　⑤笊(zhào 罩)篱:杓形用具,一般由竹篾、柳条、铁丝等编成,能漏水,用来在汤里捞东西。　⑥墨敕:皇帝亲笔书写、不经外廷直接下达的命令。⑦毬:即鞠丸。古代习武用具或游戏用具,用皮做成,中实以毛,足踏或杖击为戏。　⑧侑(yòu 又)以梨园教坊乐:侑,辅助;梨园,唐玄宗曾选乐工三百人,宫女数百人,教授乐曲于梨园,亲自订正声误,号称"皇帝梨园子弟"。后世因称戏班为梨园,戏曲演员为梨园子弟。教坊,古代管理宫廷音乐的官署,唐代开始设置。专管雅乐以外的音乐、歌唱、舞蹈、百戏的教习、排练、演出等事务。　⑨剺(lí 梨)面:用刀划脸。我国古代匈奴、回鹘等民族有一风俗,凡遇大忧大丧,就用刀划脸,表示悲愁。此处的"割耳剺面",是表示要求强烈。　⑩曩(nǎng 馕):以往,从前。此处所谓"上亦忘曩日之言",指唐玄宗忘记了他在天宝四载(745)评价吉温的话:"是一不良人,朕不用也。"参看卷215。　⑪忻(xīn 新)荷:欣喜感激,心悦诚服。忻,同"欣"。　⑫孔目官:官名。始于唐代。掌管文书档案,收贮图书。因事无大小,都经其手,一孔一目,无不综理,故称孔目官。掌书记:唐代官名。节度使属官,位在判官下,负责草拟笺奏。⑬绯紫袍:绯,红色。唐代官吏服饰制度:文武官员三品以上服紫袍,金

玉带。四品服深绯袍，五品服浅绯袍，并金带。　⑭牛廷玠：《旧唐书》安禄山本传“廷”作“庭”。《新唐书》本传也作“廷”，与《通鉴》同。　⑮向润容：《旧唐书》与《新唐书》安禄山本传“容”作“客”。《通鉴》误。　⑯雍奴：地名。汉置县，属渔阳郡。唐属幽州，天宝初，改名武清，今属天津市。　⑰通儒，万岁之子：胡注云：“张万岁，唐初掌厩牧。通儒必非其子，或者其孙也；否则别又有一张万岁。”案：查《两唐书》有两个张万岁，其一即胡注所指的领群牧的太仆少卿张万岁，唐太宗贞观年间在世。见《新唐书》卷五十《兵志》。另一位是隋朝末年跟随刘武周武装起义的张万岁。参看《旧唐书》卷五十五、《新唐书》卷八十六《刘武周传》。从时间上推算，张通儒都不可能是这两个张万岁的儿子。

夏，四月，壬午，剑南节度使鲜于仲通讨南诏蛮，大败于泸南[①]。时仲通将兵八万分二道出戎、巂州[②]，至曲州、靖州。南诏王阁罗凤谢罪，请还所俘掠，城云南而去，且曰：“今吐蕃大兵压境，若不许我，我将归命吐蕃，云南非唐有也。”仲通不许，囚其使。进军至西洱河[③]，与阁罗凤战，军大败，士卒死者六万人，仲通仅以身免。杨国忠掩其败状，仍叙其战功。阁罗凤敛战尸，筑为京观[④]，遂北臣于吐蕃。蛮语谓弟为“钟”，吐蕃命阁罗凤为“赞普钟[⑤]”，号曰东帝，给以金印。阁罗凤刻碑于国门，言己不得已而叛唐，且曰：“我世世事唐，受其封爵，后世容复归唐，当指碑以示唐使者，知吾之叛非本心也。”

制大募两京及河南、北兵以击南诏；人闻云南多瘴疠，未战士卒死者什八九，莫肯应募。杨国忠遣御使分道捕人，连枷送诣军所。旧制，百姓有勋者免征役，时调兵既多，国忠奏先取高勋。于是行者愁怨，父母妻子送之，所在哭声振野。

高仙芝之虏石国王也，石国王子逃诣诸胡，具告仙芝欺诱贪暴之状。诸胡皆怒，潜引大食欲共攻四镇[⑥]。仙芝闻之，将蕃、汉三万众击大食，深入七百余里，至怛罗斯城，与大食遇。相持五日，葛罗禄部众叛，与大食夹攻唐军，仙芝大败，士卒死亡略尽，所余才数千人。右威卫将军李嗣业劝仙芝宵遁，道路阻隘，拔汗那部众在前，人畜塞路；嗣业前驱，奋大梃击之，人马俱毙，仙芝乃得过。

将士相失，别将汧阳段秀实闻嗣业之声[⑦]，诟曰："避敌先奔，无勇也；全己弃众，不仁也。幸而得达，独无愧乎！"嗣业执其手谢之，留拒追兵，收散卒，得俱免。还至安西，言于仙芝，以秀实兼都知兵马使，为己判官。

八月，丙辰，武库火，烧兵器三十七万。

安禄山将三道兵六万以讨契丹，以奚骑二千为乡导[⑧]。过平卢千余里，至土护真水[⑨]，遇雨。禄山引兵昼夜兼行三百余里，至契丹牙帐，契丹大骇。时久雨，弓弩筋胶皆弛，大将何思德言于禄山曰："吾兵虽多，远来疲弊，实不可用，不如按甲息兵以临之，不过三日，虏必降。"禄山怒，欲斩之，思德请前驱效死。思德貌类禄山，虏争击，杀之，以为已得禄山，勇气增倍。奚复叛，与契丹合，夹击唐兵，杀伤殆尽。射禄山，中鞍，折冠簪，失履，独与麾下二十骑走；会夜，追骑解，得入师州，归罪于左贤王哥解、河东兵马使鱼承仙而斩之。

平卢兵马使史思明惧，逃入山谷近二旬，收散卒，得七百人。

唐孙位《高逸图》(局部)

平卢守将史定方将精兵二千救禄山，契丹引去，禄山乃得免。至平卢，麾下皆亡，不知所出。史思明出见禄山，禄山喜，起，执其手曰："吾得汝，复何忧！"思明退，谓人曰："向使早出，已与哥解并斩矣。"契丹围师州，禄山使思明击却之。

冬，十月，壬子，上幸华清宫。

杨国忠使鲜于仲通表请己遥领剑南；十一月，丙午，以国忠领剑南节度使。

【注释】

①泸南：泸水的南边。泸水，水名。一名泸江水。指今雅砻江下游及金沙江会合雅砻江以后一段江流。 ②戎、巂（suǐ 髓）州：州名。戎州，汉朝为犍为郡，南朝梁大同十年（544）改为戎州，治今四川宜宾市西南。巂州，南朝梁大同三年置。唐治所在今四川西昌市。 ③西洱河：古称叶榆泽。即洱海，又名西洱海。在云南大理市东。 ④京观：古代战争，胜者为了炫耀武功，收集敌人尸首，封土成高冢，称为京观。⑤赞普：吐蕃君长的称号。亦作"赞府""笺逋"。 ⑥大食：国名。即伊斯兰教的创立者穆罕默德所建立的阿拉伯帝国。我国史书中据波斯语称为大食。唐高宗永徽二年（651）大食王遣使来聘问，后又多次遣使来华。 ⑦汧（qiān 牵）阳：县名。属陕西省，今名千阳。汉隃麋县地。北朝周置，以在汧水之阳，故名。 ⑧乡（xiàng 向）导："乡"同"向"。⑨土护真水：水名。在辽宁省西部，即今老哈河。

十一载 春，正月，丁亥，上还宫。

二月，庚午，命有司出粟帛及库钱数十万缗于两市易恶钱[①]。先是，江、淮多恶钱，贵戚大商往往以良钱一易恶钱五，载入长安，市井不胜其弊，故李林甫奏请禁之，官为易取，期一月，不输官者罪之。于是商贾嚣然，不以为便。众共遮杨国忠马自言，国忠为之言于上，乃更命非铅锡所铸及穿穴者，皆听用之如故。

三月，安禄山发蕃、汉步骑二十万击契丹，欲以雪去秋之耻。初，突厥阿布思来降，上厚礼之，赐姓名李献忠，累迁朔方节度副使，赐爵奉信王。献忠有才略，不为安禄山下，禄山恨之；至是，奏请献忠帅同罗数万骑，与俱击契丹。献忠恐为禄山所害，白留后张玮,请奏留不行,玮不许。献忠乃帅所部大掠仓库,叛归漠北,禄山遂顿兵不进。

乙巳,改吏部为文部,兵部为武部,刑部为宪部。

户部侍郎、御史大夫、京兆尹王𫟹,权宠日盛,领二十余使。宅旁为使院,文案盈积,吏求署一字,累日不得前;中使赐赍不绝于门,虽李林甫亦畏避之。林甫子岫为将作监,𫟹子准为卫尉少卿,俱供奉禁中。准陵侮岫,岫常下之。然𫟹事林甫谨,林甫虽忌其宠,不忍害也。

准尝帅其徒过驸马都尉王繇,繇望尘拜伏;准挟弹命中于繇冠,折其玉簪,以为戏笑。既而繇延准置酒,繇所尚永穆公主,上之爱女也,为准亲执刀匕。准去,或谓繇曰:"鼠虽挟其父势,君乃使公主为之具食,有如上闻,无乃非宜?"繇曰:"上虽怒无害,至于七郎[2],死生所系,不敢不尔。"

𫟹弟户部郎中銲,凶险不法,召术士任海川,问:"我有王者之相否?"海川惧,亡匿。𫟹恐事泄,捕得,托以他事杖杀之。王府司马韦会,定安公主之子,王繇之同产也[3],话之私庭。𫟹使长安尉贾季邻收会系狱,缢杀之,繇不敢言。

銲所善邢縡[4],与龙武万骑谋杀龙武将军[5],以其兵作乱,杀李林甫、陈希烈、杨国忠;前期二日,有告之者。夏,四月,乙酉,上临朝,以告状面授𫟹,使捕之。𫟹意銲在縡所,先使人召之,日晏,乃命贾季邻等捕縡。縡居金城坊,季邻等至门,縡帅其党数十人持弓刀格斗突出。𫟹与杨国忠引兵继至,縡党曰:"勿伤大夫人[6]。"国忠之傔密谓国忠曰:"贼有号,不可战也。"縡斗且走,至皇城西南隅。会高力士引飞龙禁军四百至[7],击斩縡,捕其党,皆擒之。

国忠以状白上,曰:"𫟹必预谋。"上以𫟹任遇深,不应同逆;李林甫亦为之辨解。上乃特命原銲不问,然意欲𫟹表请罪之;使国忠讽之,𫟹不忍,上怒。会陈希烈极言𫟹大逆当诛,戊子,敕希烈与国忠鞫之,仍以国忠兼京兆尹。于是任海川、韦会等事皆发,狱具,𫟹赐自尽,銲杖死于朝堂。𫟹子准、偁流岭南,寻杀之。有司籍其第舍,数日不能遍。𫟹宾佐莫敢窥其门,独采访判官裴冕收其尸葬之。

初,李林甫以陈希烈易制,引为相,政事常随林甫左右,晚节遂与林甫为敌,林甫惧。会李献忠叛,林甫乃请解朔方节制,且荐河西节度使安思顺自代;庚子,以思顺为朔方节度使。

五月,戊申,庆王琮薨,赠靖德太子。

丙辰,京兆尹杨国忠加御史大夫、京畿·关内采访等使,凡王𫟹所绾使务[⑧],悉归国忠。

初,李林甫以国忠微才,且贵妃之族,故善遇之。国忠与王𫟹俱为中丞,𫟹用林甫荐为大夫,故国忠不悦,遂深探邢縡狱,令引林甫交私𫟹兄弟及阿布思事状,陈希烈、哥舒翰从而证之;上由是疏林甫。国忠贵震天下,始与林甫为仇敌矣。

【注释】

①恶钱:古代私铸之钱,质料薄劣者称恶钱。 ②七郎:指王𫟹,他排行第七,故称七郎。 ③王繇之同产:安定公主是唐中宗的女儿,下嫁王同皎,生下王繇;又嫁韦濯,生下韦会,所谓同产,是指王繇与韦会是同母兄弟。 ④縡(zài 再)。 ⑤龙武:唐禁兵及其将军称号。唐初,禁兵属羽林,自百骑渐渐扩充至万骑,分左右营。开元年间,析羽林军为左右龙武军,以左右万骑营隶之。置大将军各一人,统军各一人,将军三人,职掌同羽林。 ⑥大夫人:指王𫟹部下的人。所谓大夫,是对王𫟹官衔的简称。 ⑦飞龙:唐代宫内马厩名。自武后时宫内便置有飞龙、祥麟、凤苑等六个马厩。由中官任内飞龙使。所谓飞龙禁军,是指乘飞龙厩马的禁军。 ⑧绾(wǎn 碗):控制,管辖。

六月,甲子[①],杨国忠奏吐蕃兵六十万救南诏,剑南兵击破之于云南,克故隰州等三城[②],捕虏六千三百,以道远,简壮者千余人及酋长降者献之。

秋,八月,乙丑[③],上复幸左藏,赐群臣帛。癸巳,杨国忠奏有凤皇见左藏库屋,出纳判官魏仲犀言凤集库西通训门。

九月,阿布思入寇,围永清栅,栅使张元轨拒却之。

冬,十月,戊寅,上幸华清宫。

己亥,改通训门曰凤集门;魏仲犀迁殿中侍御史,杨国忠属吏率以凤皇优得调。

唐华清宫御汤遗址

南诏数寇边，蜀人请杨国忠赴镇；左仆射兼右相李林甫奏遣之。国忠将行，泣辞上，言必为林甫所害，贵妃亦为之请。上谓国忠曰："卿暂到蜀区处军事，朕屈指待卿，还当入相。"林甫时已有疾，忧懑不知所为[④]，巫言一见上可小愈；上欲就视之，左右固谏。上乃令林甫出庭中，上登降圣阁遥望，以红巾招之。林甫不能拜，使人代拜。国忠比至蜀，上遣中使召还，至昭应，谒林甫，拜于床下。林甫流涕谓曰："林甫死矣，公必为相，以后事累公！"国忠谢不敢当，汗出覆面。十一月，丁卯，林甫薨。

上晚年自恃承平，以为天下无复可忧，遂深居禁中，专以声色自娱，悉委政事于林甫。林甫媚事左右，迎合上意，以固其宠；杜绝言路，掩蔽聪明，以成其奸；妒贤疾能，排抑胜己，以保其位；屡起大狱，诛逐贵臣，以张其势。自皇太子以下，畏之侧足[⑤]。凡在相位十九年，养成天下之乱，而上不之寤也。

庚申，以杨国忠为右相，兼文部尚书，其判使并如故。

国忠为人强辩而轻躁，无威仪。既为相，以天下为己任，裁决机务，果敢不疑；居朝廷，攘袂扼腕[⑥]，公卿以下，颐指气使，莫不震慑[⑦]。自侍御史至为相，凡领四十余使。台省官有才行时名，不为已用者,皆出之。

或劝陕郡进士张彖谒国忠,曰:“见之,富贵立可图。”彖曰:“君辈依杨右相如泰山,吾以为冰山耳!若皎日既出,君辈得无失所恃乎!”遂隐居嵩山。

国忠以司勋员外郎崔圆为剑南留后,征魏郡太守吉温为御史中丞,充京畿、关内采访等使。温诣范阳辞安禄山,禄山令其子庆绪送至境,为温控马出驿数十步。温至长安,凡朝廷动静,辄报禄山,信宿而达。

十二月,杨国忠欲收人望,建议:“文部选人,无问贤不肖,选深者留之,依资据阙注官。”滞淹者翕然称之。国忠凡所施置,皆曲徇时人所欲[8],故颇得众誉。

甲申,以平卢兵马使史思明兼北平太守,充卢龙军使。

丁亥,上还宫。

丁酉,以安西行军司马封常清为安西四镇节度使。

哥舒翰素与安禄山、安思顺不协,上常和解之,使为兄弟。是冬,三人俱入朝,上使高力士宴之于城东。禄山谓翰曰:“我父胡,母突厥,公父突厥,母胡,族类颇同,何得不相亲?”翰曰:“古人云,狐向窟嗥不祥,为其忘本故也。兄苟见亲,翰敢不尽心!”禄山以为讥其胡也,大怒,骂翰曰:“突厥敢尔!”翰欲应之,力士目翰,翰乃止,阳醉而散,自是为怨愈深。

棣王琰有二孺人[9],争宠,其一使巫书符置琰履中以求媚。琰与监院宦者有隙[10],宦者知之,密奏琰祝诅上;上使人掩其履而获之,大怒。琰顿首谢:“臣实不知有符。”上使鞫之,果孺人所为。上犹疑琰知之,囚于鹰狗坊,绝朝请,忧愤而薨。

故事,兵、吏部尚书知政事者,选事悉委侍郎以下,三注三唱[11],仍过门下省审,自春及夏,其事乃毕。及杨国忠以宰相领文部尚书,欲自示精敏,乃遣令史先于私第密定名阙。

【注释】

①甲子:据《二十史朔闰表》推算,六月没有“甲子”这一天。案《新唐书·玄宗本纪》“甲子”作“壬午”。 ②隰(xí 席)州:地名。汉置蒲子县,属河东郡。隋开皇十八年(598)改为隰川,以县南有龙泉下湿,因以

为名。唐武德元年(618)改为隰州。治今山西隰县。　③乙丑:胡注:“蜀本作‘己丑’,当从之。八载已尝幸左藏,赐群臣帛矣,故此书复。”案:据《旧唐书·玄宗本纪下》“乙丑”正作“己丑”。　④忧懑(mèn闷):忧愤苦闷。　⑤侧足:形容因畏惧而不敢正立。　⑥攘(ráng瓤)袂(mèi妹)扼腕:揎袖捋臂,用手握腕,表示情绪的激动。　⑦震慑:震惊恐惧。　⑧曲徇(xún旬,又读xùn迅):曲从。　⑨孺人:古代贵族、官吏之母或妻的封号。据《礼记·曲礼》,大夫的妻子称作孺人。⑩监院宦者:当时诸位皇子的住宅都在宫中的北边,由宦官监管。⑪三注三唱:唐制:六品以下官吏的选拔,始集试观书判,次面试观察言貌,然后拟官注籍。既注唱名,三唱后冬集,把名字上报仆射,再由门下省上报皇帝,然后依旨授官。

十二载　春,正月,壬戌,国忠召左相陈希烈及给事中、诸司长官皆集尚书都堂,唱注选人,一日而毕,曰:“今左相、给事中俱在座[①],已过门下矣。”其间资格差缪甚众,无敢言者。于是门下不复过官,侍郎但掌试判而已。侍郎韦见素、张倚趋走门庭,与主事无异[②]。见素,凑之子也。

京兆尹鲜于仲通讽选人请为国忠刻颂,立于省门,制仲通撰其辞;上为改定数字,仲通以金填之。

杨国忠使人说安禄山诬李林甫与阿布思谋反,禄山使阿布思部落降者诣阙,诬告李林甫与阿布思约为父子。上信之,下吏按问。林甫婿谏议大夫杨齐宣惧为所累,附国忠意证成之。时林甫尚未葬,二月,癸未,制削林甫官爵;子孙有官者除名,流岭南及黔中,给随身衣及粮食,自余资产并没官;近亲及党与坐贬者五十余人。剖林甫棺,抉取含珠,褫金紫[③],更以小棺如庶人礼葬之。己亥,赐陈希烈爵许国公,杨国忠爵魏国公,赏其成林甫之狱也。

夏,五月,己酉,复以魏、周、隋后为三恪,杨国忠欲攻李林甫之短也。卫包以助邪贬夜郎尉,崔昌贬乌雷尉。

阿布思为回纥所破,安禄山诱其部落而降之,由是禄山精兵,天下莫及。

壬辰[④],以左武卫大将军何复光将岭南五府兵击南诏。

安禄山以李林甫狡猾逾己，故畏服之。及杨国忠为相，禄山视之蔑如也，由是有隙。国忠屡言禄山有反状；上不听。

陇右节度使哥舒翰击吐蕃，拔洪济、大漠门等城，悉收九曲部落。

初，高丽人王思礼与翰俱为押牙[5]，事王忠嗣。翰为节度使，思礼为兵马使兼河源军使。翰击九曲，思礼后期；翰将斩之，既而复召释之。思礼徐曰："斩则遂斩，复召何为！"

杨国忠欲厚结翰共排安禄山，奏以翰兼河西节度使。秋，八月，戊戌，赐翰爵西平郡王。翰表侍御史裴冕为河西行军司马。

是时中国盛强，自安远门西尽唐境凡万二千里，闾阎相望，桑麻翳野[6]，天下称富庶者无如陇右。翰每遣使入奏，常乘白橐驼，日驰五百里。

九月，甲辰，以突骑施黑姓可汗登里伊罗蜜施为突骑施可汗。

北庭都护程千里追阿布思至碛西，以书谕葛逻禄，使相应。阿布思穷迫，归葛逻禄，葛逻禄叶护执之，并其妻子、麾下数千人送之。甲寅，加葛逻禄叶护顿毗伽开府仪同三司，赐爵金山王。

冬，十月，戊寅，上幸华清宫。

杨国忠与虢国夫人居第相邻，昼夜往来，无复期度，或并辔走马入朝，不施障幕，道路为之掩目。

三夫人将从车驾幸华清宫，会于国忠第；车马仆从，充溢数

唐张萱《虢国夫人游春图》摹本

坊，锦绣珠玉，鲜华夺目。国忠谓客曰：“吾本寒家，一旦缘椒房至此[⑦]，未知税驾之所[⑧]，然念终不能致令名，不若且极乐耳。”杨氏五家，队各为一色衣以相别，五家合队，粲若云锦；国忠仍以剑南旌节引于其前。

国忠子暄举明经，学业荒陋，不及格。礼部侍郎达奚珣畏国忠权势[⑨]，遣其子昭应尉抚先白之。抚伺国忠入朝上马，趋至马下；国忠意其子必中选，有喜色。抚曰：“大人白相公，郎君所试，不中程式，然亦未敢落也。”国忠怒曰：“我子何患不富贵，乃令鼠辈相卖！”策马不顾而去。抚惶遽，书白其父曰：“彼恃挟贵势，令人惨嗟，安可复与论曲直！”遂置暄上第。及暄为户部侍郎，珣始自礼部迁吏部，暄与所亲言，犹叹己之淹回，珣之迅疾。

国忠既居要地，中外饷遗辐凑，积缣至三千万匹。

上在华清宫，欲夜出游，龙武大将军陈玄礼谏曰：“宫外即旷野，安可不备不虞！陛下必欲夜游，请归城阙。”上为之引还。

是岁，安西节度使封常清击大勃律，至菩萨劳城，前锋屡捷，常清乘胜逐之。斥候府果毅段秀实谏曰：“虏兵羸而屡北，诱我也；请搜左右山林。”常清从之，果获伏兵，遂大破之，受降而还。

中书舍人宋昱知选事，前进士广平刘迺以选法未善，上书于昱，以为：“禹、稷、皋陶同居舜朝，犹曰载采有九德，考绩以九载。近代主司，察言于一幅之判，观行于一揖之间，何古今迟速不侔之甚哉！借使周公、孔子今处铨廷[⑩]，考其辞华，则不及徐、庾，观其利口，则不若啬夫[⑪]，何暇论圣贤之事业乎！”

【注释】

①左相：官名。即侍中。唐玄宗天宝元年（742）改侍中为左相，中书令为右相。唐代侍中，为门下省长官。　②侍郎：官名。秦汉时郎中令的属官有侍郎，本为宫廷的近侍。隋唐以后，中书、门下及尚书省所属各部均以侍郎为长官的副职，官位渐高。主事：官名。汉代光禄勋属官有主事。北魏于尚书诸司设主事令史。隋于诸省又各设主事令史。炀帝大业三年（607）省令史名称，只称主事，每十令史设一主事。唐以后沿置。唐代吏部有吏部主事四人，司封主事二人，司勋主事四人，考功主事三人。官位较低。　③褫（chǐ 齿）：剥去衣服。　④壬辰：据《二十史朔

闰表》推算，五月没有“壬辰”这一天。如果是六月，则为二十三日。案《两唐书》中《玄宗本纪》和《南诏传》均无何复光击南诏一事的记载。⑤押牙：官名，管领仪仗侍卫。军中对立两旗为牙旗，后世遂置牙门将，竖牙旗于门。典总牙兵者为押牙，其府为牙门。后来“牙”作“衙”。⑥翳（yì 义）野：遮蔽原野。 ⑦椒房：汉代后妃所住的宫殿，用椒和泥涂壁，取其温暖有香气，兼有多子之意，故名，后世多用作后妃的代称。⑧税驾：休止，休息，停宿。 ⑨达奚珣：人名。达奚，复姓。 ⑩铨廷：吏部考选人才的场所。 ⑪啬夫：啬夫事迹参看《通鉴》第十四卷汉文帝三年（前177）。

资治通鉴卷第二百一十七

唐纪三十三　起阏逢敦牂，尽柔兆涒滩四月，凡二年有奇。

玄宗至道大圣大明孝皇帝下之下

十三载　春，正月，己亥，安禄山入朝。是时杨国忠言禄山必反，且曰："陛下试召之，必不来。"上使召之，禄山闻命即至。庚子，见上于华清宫，泣曰："臣本胡人，陛下宠擢至此，为国忠所疾，臣死无日矣！"上怜之，赏赐巨万，由是益亲信禄山，国忠之言不能入矣。太子亦知禄山必反，言于上，上不听。

甲辰，太清宫奏："学士李琪见玄元皇帝乘紫云，告以国祚延昌。"

唐初，诏敕皆中书、门下官有文者为之。乾封以后[①]，始召文士元万顷、范履冰等草诸文辞，常于北门候进止，时人谓之"北门学士"。中宗之世，上官昭容专其事。上即位，始置翰林院，密迩禁廷，延文章之士，下至僧、道，书、画、琴、棋、数术之工皆处之，谓之"待诏"。刑部尚书张均及弟太常卿垍皆翰林院供奉。上欲加安禄山同平章事，已令张垍草制。杨国忠谏曰："禄山虽有军功，目不知书，岂可为宰相！制书若下，恐四夷轻唐。"上乃止。乙巳，加禄山左仆射，赐一子三品、一子四品官。

丙午，上还宫。

安禄山求兼领闲厩、群牧[②]；庚申，以禄山为闲厩、陇右群牧等使。禄山又求兼总监；壬戌，兼知总监事。禄山奏以御史中丞吉温为武部侍郎，充闲厩副使，杨国忠由是恶温。禄山密遣亲信选健马堪战者数千匹，别饲之。

二月，壬申，上朝献太清宫，上圣祖尊号曰大圣祖高上大道金阙玄元大皇太帝。癸酉，享太庙，上高祖谥曰神尧大圣光孝皇帝，太宗谥曰文武大圣大广孝皇帝，高宗谥曰天皇大圣大弘孝皇帝，中宗谥曰孝和大圣大昭孝皇帝，睿宗谥曰玄真大圣大兴孝皇帝，以汉家诸帝皆谥孝故也。甲戌，群臣上尊号曰开元天地大宝圣文神武证道孝德皇帝。赦天下。

丁丑，杨国忠进位司空；甲申，临轩册命[③]。

己丑，安禄山奏："臣所部将士讨奚、契丹、九姓、同罗等，勋效甚多，乞不拘常格，超资加赏，仍好写告身付臣军授之[④]。"于是除将军者五百余人，中郎将者二千余人。禄山欲反，故先以此收众心也。

三月，丁酉朔，禄山辞归范阳[⑤]。上解御衣以赐之，禄山受之惊喜。恐杨国忠奏留之，疾驱出关。乘船沿河而下，令船夫执绳板立于岸侧[⑥]，十五里一更，昼夜兼行，日数百里，过郡县不下船。自是有言禄山反者，上皆缚送，由是人皆知其将反，无敢言者。

禄山之发长安也，上令高力士饯之长乐坡，及还，上问："禄山慰意乎？"对曰："观其意怏怏，必知欲命为相而中止故也。"上以告国忠，曰："此议他人不知，必张垍兄弟告之也。"上怒，贬张均为建安太守，垍为卢溪司马，垍弟给事中埱为宜春司马[⑦]。

唐三彩牛角形杯

哥舒翰亦为其部将论功，敕以陇右十将、特进、火拔州都督、燕山郡王火拔归仁为骠骑大将军，河源军使王思礼加特进，临洮太守成如璆、讨击副使范阳鲁炅、皋兰府都督浑惟明并加云麾将军，陇右讨击副使郭英乂为左羽林将军。英乂，知运之子也。翰又奏严挺之之子武为节度判官，河东吕諲为支度判官，前封丘尉高适为掌书记，安邑曲环为别将。

【注释】

①乾封：唐高宗年号之一，当666—668年。　②闲厩：即闲厩使，官名。唐武后圣历中置。以殿中监为长，分领殿中、太仆之事，专掌舆辇牛马。　③临轩：皇帝不坐正殿而至殿前。殿前堂陛之间，近檐之处两边有槛楯，如车之轩，故也称轩。　④告身：委任官职的文凭。唐中叶以后，官爵冗滥，有空白告身，随时可填人名。　⑤范阳：郡名。唐天宝元年（742）改幽州置。治所在蓟县即今北京城西南。辖境相当今北京大部，天津市海河以北和河北省保定地区小部。乾元元年（758）复改幽州。又范阳，为唐玄宗时边防十节度使之一。治所幽州即今北京城西南。辖境屡有变动，较长期领有幽、蓟、平、檀、妫、燕等州，约当今河北怀来、永清、北京市房山以东和长城以南地区。安禄山即以范阳等三镇节度使起兵反唐。　⑥绳板：船夫在岸边拉船用的工具。板长二尺许，斜搭在胸前，一头在肩处，另一头在肋骨处，用绳子贯穿板的两头，拴在船上拉。　⑦建安：郡名。三国吴永安三年（260）分会稽郡置。治今建瓯。辖境相当今福建省。晋以后缩小至该省的西北部。隋开皇九年（589）废。隋大业及唐天宝、至德时，又分别改闽州、建州为建安郡。卢溪：郡名，即辰州。隋开皇九年（589）置。治今湖南洪江市西南黔城，后移治今沅陵县。辖境相当今湖南沅陵以南的沅江流域以西地。唐以后缩小。宜春：郡名，即袁州。隋开皇十一年（591）置。治今江西宜春市。唐辖境相当今江西萍乡市和新余市以西的袁水流域。

程千里执阿布思，献于阙下，斩之。甲子，以千里为金吾大将军，以封常清权北庭都护、伊西节度使。

夏，四月，癸巳，安禄山奏击奚破之，虏其王李日越。

六月，乙丑朔，日有食之，不尽如钩[①]。

侍御史、剑南留后李宓将兵七万击南诏[②]。阁罗凤诱之深入，至大和城[③]，闭壁不战。宓粮尽，士卒罹瘴疫及饥死什七八，乃引还，蛮追击之，宓被擒，全军皆没。杨国忠隐其败，更以捷闻，益发中国兵讨之，前后死者几二十万人；无敢言者。上尝谓高力士曰：

"朕今老矣,朝事付之宰相,边事付之诸将,夫复何忧!"力士对曰:"臣闻云南数丧师,又边将拥兵太盛,陛下将何以制之!臣恐一旦祸发,不可复救,何得谓无忧也!"上曰:"卿勿言,朕徐思之。"

秋,七月,癸丑,哥舒翰奏:于所开九曲之地置洮阳、浇河二郡及神策军[4],以临洮太守成如璆兼洮阳太守,充神策军使。

杨国忠忌陈希烈,希烈累表辞位;上欲以武部侍郎吉温代之,国忠以温附安禄山,奏言不可;以文部侍郎韦见素和雅易制,荐之。八月,丙戌,以希烈为太子太师,罢政事;以见素为武部尚书、同平章事。

自去岁水旱相继,关中大饥。杨国忠恶京兆尹李岘不附己,以灾沴归咎于岘[5],九月,贬长沙太守。岘,祎之子也。上忧雨伤稼,国忠取禾之善者献之,曰:"雨虽多,不害稼也。"上以为然。扶风太守房琯言所部水灾,国忠使御史推之。是岁,天下无敢言灾者。高力士侍侧,上曰:"淫雨不已,卿可尽言。"对曰:"自陛下以权假宰相,赏罚无章,阴阳失度,臣何敢言!"上默然。

冬,十月,乙酉,上幸华清宫。

十一月,己未,置内侍监二员,正三品。

河东太守兼本道采访使韦陟,斌之兄也,文雅有盛名,杨国忠恐其入相,使人告陟赃污事,下御史按问。陟赂中丞吉温,使求救于安禄山,复为国忠所发。闰月,壬寅[6],贬陟桂岭尉,温澧阳长史[7]。安禄山为温讼冤,且言国忠谗疾。上两无所问。

戊午[8],上还宫。

是岁,户部奏天下郡三百二十一,县千五百三十八,乡万六千八百二十九,户九百六万九千一百五十四,口五千二百八十八万四百八十八。

【注释】

①不尽如钩:即日偏食的景象。月球运行到地球和太阳的中间,部分地遮蔽了太阳,人们看到部分太阳像钩子一样的形状。 ②李宓(mì密):人名。杨国忠兼任剑南节度使,让李宓做留后。 ③大和城:"大"当作"太"。地名。此城本"河蛮"所筑,唐开元二十五年(737)为南诏王皮罗阁所取,次年(738)重加修建,周十余里,迁都于此。故址在今云南

大理南太和村。 ④洮阳、浇河二郡：胡注云："洮阳、浇河二郡，皆置于洮、廓二州西南。"案：洮州，古羌族地。北周保定元年（561）置州，治今甘肃临潭。廓州，州名。北周建德五年（576）置，治今青海贵德南。⑤灾沴（lì 丽）：因天地四时之气反常而引起的灾害。沴，本意为水流不畅。 ⑥壬寅：据《二十史朔闰表》推算，闰十一月没有"壬寅"这一天。 ⑦桂岭：县名。隋置，因桂岭山得名。地当今广西贺州市西北。澧阳：郡名，即澧州，隋置，治今湖南澧县。 ⑧戊午：据《新唐书·玄宗本纪》，戊午在十二月。

十四载 春，正月，苏毗王子悉诺逻去吐蕃来降。

二月，辛亥，安禄山使副将何千年入奏，请以蕃将三十二人代汉将，上命立进画①，给告身。韦见素谓杨国忠曰："禄山久有异志，今又有此请，其反明矣。明日见素当极言；上未允，公其继之。"国忠许诺。壬子，国忠、见素入见，上迎谓曰："卿等有疑禄山之意邪？"见素因极言禄山反已有迹，所请不可许，上不悦；国忠逡巡不敢言②，上竟从禄山之请。他日，国忠、见素言于上曰："臣有策可坐消禄山之谋。今若除禄山平章事，召诣阙，以贾循为范阳节度使，吕知诲为平卢节度使，杨光翙为河东节度使③，则势自分矣。"上从之。已草制，上留不发，更遣中使辅璆琳以珍果赐禄山④，潜察其变。璆琳受禄山厚赂，还，盛言禄山竭忠奉国，无有二心。上谓国忠等曰："禄山，朕推心待之，必无异志。东北二虏，藉其镇遏。朕自保之，卿等勿忧也！"事遂寝。循，华原人也⑤，时为节度副使。

陇右、河西节度使哥舒翰入朝，道得风疾，遂留京师，家居不出。

三月，辛巳，命给事中裴士淹宣慰河北。

夏，四月，安禄山奏破奚、契丹。

癸巳，以苏毗王子悉诺逻为怀义王，赐姓名李忠信。

安禄山归至范阳，朝廷每遣使者至，皆称疾不出迎，盛陈武备，然后见之。裴士淹至范阳，二十余日乃得见，无复人臣礼。杨国忠日夜求禄山反状，使京兆尹围其第，捕禄山客李超等，送御史台狱，潜杀之。禄山子庆宗尚宗女荣义郡主，供奉在京师[6]，密报禄山，禄山愈惧。六月，上以其子成婚，手诏召禄山观礼，禄山辞疾不至。秋，七月，禄山表献马三千匹，每匹执控夫二人，遣蕃将二十二人部送。河南尹达奚珣疑有变，奏请"谕禄山以进车马宜俟至冬，官自给夫，无烦本军。"于是上稍寤，始有疑禄山之意。会辅璆琳受赂事亦泄，上托以他事扑杀之。上遣中使冯神威赍手诏谕禄山，如珣策；且曰："朕新为卿作一汤，十月于华清宫待卿。"神威至范阳宣旨，禄山踞床微起，亦不拜，曰："圣人安隐[7]。"又曰："马不献亦可，十月灼然诣京师。"即令左右引神威置馆舍，不复见；数日，遣还，亦无表。神威还，见上，泣曰："臣几不得见大家[8]！"

八月，辛卯，免今载百姓租庸。

冬，十月，庚寅，上幸华清宫。

【注释】

①进画：进呈文书由皇帝书行。　②逡巡：欲进不进、迟疑不决的样子。　③翙（huì 秽）：此处为人名用字。　④辅璆（qiú 求）琳：人名。辅，姓氏。　⑤华原：地名。汉祋祤县地，属左冯翊。北魏改为通川郡，领泥阳县。隋改泥阳为华源。在今陕西铜川市耀州区境。　⑥供奉：在皇帝左右供职的人。当时安庆宗在京师做太仆卿，掌管厩牧、辇舆方面的政事。　⑦圣人安隐：圣人，指皇上；安隐，即安稳，平安稳妥。　⑧大家：指皇上。

安禄山专制三道，阴蓄异志，殆将十年，以上待之厚，欲俟上晏驾然后作乱[1]。会杨国忠与禄山不相悦，屡言禄山且反，上不听；国忠数以事激之，欲其速反以取信于上。禄山由是决意遽反，独与孔目官、太仆丞严庄、掌书记、屯田员外郎高尚、将军阿史那承庆密谋，自余将佐皆莫之知，但怪其自八月以来，屡飨士卒，秣马厉兵而已。会有奏事官自京师还，禄山诈为敕书，悉召诸将示之曰："有密旨，令禄山将兵入朝讨杨国忠，诸君宜即从军。"众愕然相顾，莫敢异言。十一月，甲子，禄山发所部兵及同罗、奚、契丹、室韦凡十五万众，号二十万，反于范阳。命范阳节度副使贾循守范阳，平卢节度副使吕知诲守平卢，别将高秀岩守大同；诸将皆引兵夜发。

诘朝[2]，禄山出蓟城南，大阅誓众，以讨杨国忠为名，榜军中曰："有异议扇动军人者，斩及三族！"于是引兵而南。禄山乘铁轝[3]，步骑精锐，烟尘千里，鼓噪震地。时海内久承平，百姓累世不识兵革，猝闻范阳兵起，远近震骇。河北皆禄山统内[4]，所过州县，望风瓦解，守令或开门出迎，或弃城窜匿，或为所擒戮，无敢拒之者。禄山先遣将军何千年、高邈将奚骑二十，声言献射生手[5]，乘驿诣太原。乙丑，北京副留守杨光翙出迎，因劫之以去。太原具言其状。东受降城亦奏禄山反。上犹以为恶禄山者诈为之，未之信也。

庚午，上闻禄山定反，乃召宰相谋之。杨国忠扬扬有得色，曰："今反者独禄山耳，将士皆不欲也。不过旬日，必传首诣行在[6]。"上以为然，大臣相顾失色。上遣特进毕思琛诣东京，金吾将军程千里诣河东，各简募数万人，随便团结以拒之[7]。辛未，安西节度使封常清入朝，上问以讨贼方略，常清大言曰："今太平积久，故人望风惮贼。然事有逆顺，势有奇变，臣请走马诣东京，开府库，募骁勇，挑马棰渡河，计日取逆胡之首献阙下！"上悦。壬申，以常清为范阳、平卢节度使。常清即日乘驿诣东京募兵，旬日，得六万人；乃断河阳桥，为守御之备。

甲戌，禄山至博陵南[8]，何千年等执杨光翙见禄山，责光翙以附杨国忠，斩之以徇。禄山使其将安忠志将精兵军土门，忠志，奚人，禄山养为假子；又以张献诚摄博陵太守，献诚，守珪之子也。

禄山至藁城，常山太守颜杲卿力不能拒，与长史袁履谦往迎之。禄山辄赐杲卿金紫，质其子弟，使仍守常山[9]；又使其将李钦凑将兵数千人守井陉口[10]，以备西来诸军。杲卿归，途中指其衣谓履谦曰："何为著此？"履谦悟其意，乃阴与杲卿谋起兵讨禄山。杲卿，思鲁之玄孙也[11]。

丙子，上还宫。斩太仆卿安庆宗，赐荣义郡主自尽。以朔方节度使安思顺为户部尚书，思顺弟元贞为太仆卿。以朔方右厢兵马使、九原太守郭子仪为朔方节度使，右羽林大将军王承业为太原尹。置河南节度使，领陈留等十三郡，以卫尉卿猗氏张介然为之。以程千里为潞州长史。诸郡当贼冲者，始置防御使。

丁丑，以荣王琬为元帅，右金吾大将军高仙芝副之，统诸军东征。出内府钱帛，于京师募兵十一万，号曰天武军，旬日而集，皆市井子弟也。

十二月，丙戌，高仙芝将飞骑、彍骑及新募兵、边兵在京师者合五万人，发长安。上遣宦者监门将军边令诚监其军，屯于陕。

丁亥，安禄山自灵昌渡河，以緪约败船及草木横绝河流[12]，一夕，冰合如浮梁，遂陷灵昌郡。禄山步骑散漫，人莫知其数，所过残灭。张介然至陈留才数日，禄山至，授兵乘城，众恼惧，不能守。庚寅，太守郭纳以城降。禄山入北郭，闻安庆宗死，恸哭曰："我何罪，而杀我子！"时陈留将士降者夹道近万人，禄山皆杀之以快其忿；斩张介然于军门。以其将李庭望为节度使，守陈留。

壬辰，上下制欲亲征，其朔方、河西、陇右兵留守城堡之外，皆赴行营[13]，令节度使自将之；期二十日毕集。

【注释】

①晏驾：古代称帝王死亡的讳辞。 ②诘朝（jié zhāo 结招）：明晨，明日。也指早晨。 ③轝（yú 于）：同"舆"。车子。 ④河北皆禄山统内：安禄山兼任河北道采访使，故称。 ⑤射生手：善于骑马射箭的人。射生，射取生物。 ⑥行在：本作"行在所"。天子所在的地方。此处指长安。 ⑦团结：唐代团练地方丁壮的武装组织。 ⑧博陵：郡名。东汉本初元年（146）置。治今河北蠡县。唐天宝、至德时，改定州为博陵郡。 ⑨常山：郡名。秦置恒山郡，西汉避文帝讳改为常山郡。治今河北元氏县西北。唐时移治今河北正定县。 ⑩井陉（xíng 形）口：即井陉关。故址在今河北井陉县北井陉山上。又县西有故关，乃井陉西出之口。它是太行山区进入华北平原的隘口，为"太行八陉"之一。 ⑪思鲁：即颜思鲁，《颜氏家训》作者颜之推之子，唐初著名学者颜师古之父。参看《旧唐书》卷七十三"颜师古"本传。 ⑫緪（gēng 耕）：大绳，粗索。 ⑬行营：出征时的军营。也指军事长官的驻地办事处。

初，平原太守颜真卿知禄山且反，因霖雨，完城浚壕[1]，料丁

颜真卿像

壮,实仓廪;禄山以其书生,易之。及禄山反,牒真卿以平原、博平兵七千人防河津,真卿遣平原司兵李平间道奏之。上始闻禄山反,河北郡县皆风靡,叹曰:“二十四郡,曾无一人义士邪!”及平至,大喜,曰:“朕不识颜真卿作何状,乃能如是!”真卿使亲客密怀购贼牒诣诸郡,由是诸郡多应者。真卿,杲卿之从弟也。

安禄山引兵向荥阳[2],太守崔无诐拒之;士卒乘城者,闻鼓角声,自坠如雨。癸巳,禄山陷荥阳,杀无诐,以其将武令珣守之。禄山声势益张,以其将田承嗣、安忠志、张孝忠为前锋。封常清所募兵皆白徒[3],未更训练,屯武牢以拒贼;贼以铁骑蹂之,官军大败。常清收余众,战于葵园,又败;战上东门内[4],又败。丁酉,禄山陷东京,贼鼓噪自四门入,纵兵杀掠。常清战于都亭驿,又败;退守宣仁门,又败;乃自苑西坏墙西走。

河南尹达奚珣降于禄山。留守李憕谓御史中丞卢奕曰:“吾曹荷国重任,虽知力不敌,必死之!”奕许诺。憕收残兵数百,欲战,皆弃憕溃去;憕独坐府中。奕先遣妻子怀印间道走长安,朝服坐台中,左右皆散。禄山屯于闲厩,使人执憕、奕及采访判官蒋清,皆杀之。奕骂禄山,数其罪,顾贼党曰:“凡为人当知逆顺。我死不失节,夫复何恨!”憕,文水人[5];奕,怀慎之子;清,钦绪之子也。禄山以其党张万顷为河南尹。

封常清帅余众至陕,陕郡太守窦廷芝已奔河东,吏民皆散。常清谓高仙芝曰:“常清连日血战,贼锋不可当。且潼关无兵,若贼豕突入关，则长安危矣。陕不可守，不如引兵先据潼关以拒之。”仙芝乃帅见兵西趣潼关[6]。贼寻至，官军狼狈走，无复部伍，士马相腾践，死者甚众。至潼关，修完守备，贼至，不得入而去。禄山使其将崔乾祐屯陕，临汝、弘农、济阴、濮阳、云中郡皆降于禄山。是时，朝廷征兵诸道，皆未至，关中恼惧。会禄山方谋称帝，留东京不进，故朝廷得为之备，兵亦稍集。

禄山以张通儒之弟通晤为睢阳太守[7]，与陈留长史杨朝宗将胡骑千余东略地，郡县官多望风降走，惟东平太守嗣吴王祗、济南太守李随起兵拒之[8]。祗，祎之弟也。郡县之不从贼者，皆倚吴王为名。单父尉贾贲帅吏民南击睢阳，斩张通晤。李庭望引兵欲东徇地，闻之，不敢进而还。

庚子，以永王璘为山南节度使，江陵长史源洧为之副；颍王璬为剑南节度使，蜀郡长史崔圆为之副。二王皆不出阁。洧，光裕之子也。

上议亲征，辛丑，制太子监国，谓宰相曰：“朕在位垂五十载，倦于忧勤，去秋已欲传位太子；值水旱相仍，不欲以余灾遗子孙，淹留俟稍丰。不意逆胡横发，朕当亲征，且使之监国。事平之日，朕将高枕无为矣。”杨国忠大惧，退谓韩、虢、秦三夫人曰：“太子素恶吾家专横久矣，若一旦得天下，吾与姊妹并命在旦暮矣！”相与聚哭。使三夫人说贵妃，衔土请命于上[9]；事遂寝。

颜真卿召募勇士，旬日至万余人，谕以举兵讨安禄山，继以涕泣，士皆感愤。禄山使其党段子光赍李憕、卢奕、蒋清首徇河北诸郡，至平原，壬寅，真卿执子光，腰斩以徇；取三人首，续以蒲身，棺敛葬之，祭哭受吊。禄山以海运使刘道玄摄景城太守，清池尉贾载、盐山尉河内穆宁共斩道玄，得其甲仗五十余船；携道玄首谒长史李暐，暐收严庄宗族，悉诛之。是日，送道玄首至平原。真卿召载、宁及清河尉张澹诣平原计事。饶阳太守卢全诚据城不受代；河间司法李奂杀禄山所署长史王怀忠；李随遣游弈将訾嗣贤济河，杀禄山所署博平太守马冀；各有众数千或万人，共推真卿为盟主，军事皆禀焉。禄山使张献诚将上谷、博陵、常山、赵郡、文安五郡团结兵万人围饶阳[10]。

【注释】

①浚(jùn 俊)壕：挖深壕沟。浚，疏浚。 ②荥(xíng 形)阳：郡名。三国魏正始三年(242)分河南郡置。治今河南荥阳。 ③白徒：未经军事训练临时被征集的壮丁。 ④上东门：即洛阳城北的上春门。 ⑤文水：县名。汉为大陵县，北魏改置受阴县。隋改文水县，治今山西文水县东西旧城。 ⑥见(xiàn 现)兵：现有的士兵。“见”同“现”。 ⑦睢(suī 虽)阳：郡名。唐天宝元年(742)置。治今河南商丘。 ⑧东平：郡名。汉东平国地。南朝宋改为郡，北齐废。隋大业及唐天宝、至德时又曾改郓州为东平郡。治今山东东平县。 ⑨衔土：口含泥土。古代臣下请求死罪的一种表示。 ⑩饶阳：郡名。即深州。隋开皇十六年(596)置。治今河北安平县。唐先天时移治今河北深州市西。

高仙芝之东征也，监军边令诚数以事干之，仙芝多不从。令诚入奏事，具言仙芝、常清桡败之状[①]，且云：“常清以贼摇众，而仙芝弃陕地数百里，又盗减军士粮赐。”上大怒，癸卯，遣令诚赍敕即军中斩仙芝及常清。初，常清既败，三遣使奉表陈贼形势，上皆不之见。常清乃自驰诣阙，至渭南，敕削其官爵，令还仙芝军，白衣自效[②]。常清草遗表曰：“臣死之后，望陛下不轻此贼，无忘臣言！”时朝议皆以为禄山狂悖，不日授首，故常清云然。令诚至潼关，先引常清，宣敕示之；常清以表附令诚上之。常清既死，陈尸蘧蒢[③]。仙芝还，至听事，令诚索陌刀手百余人自随[④]，乃谓仙芝曰：“大夫亦有恩命。”仙芝遽下，令诚宣敕。仙芝曰：“我遇敌而退，死则宜矣。今上戴天，下履地，谓我盗减粮赐则诬也。”时士卒在前，皆大呼称枉，其声振地，遂斩之。以将军李承光摄领其众。

河西、陇右节度使哥舒翰病废在家，上藉其威名，且素与禄山不协，召见，拜兵马副元帅，将兵八万以讨禄山；仍敕天下四面进兵，会攻洛阳。翰以病固辞，上不许，以田良丘为御史中丞，充行军司马，起居郎萧昕为判官，蕃将火拔归仁等各将部落以从，并仙芝旧卒，号二十万，军于潼关。翰病，不能治事，悉以军政委田良丘；良丘复不敢专决，使王思礼主骑，李承光主步，二人争长，无所统壹。翰用法严而不恤，士卒皆懈弛，无斗志。

安禄山大同军使高秀岩寇振武军，朔方节度使郭子仪击败之，子仪乘胜拔静边军。大同兵马使薛忠义寇静边军，子仪使左兵马使李光弼、右兵马使高濬、左武锋使仆固怀恩、右武锋使浑释之等逆击，大破之，坑其骑七千。进围云中，使别将公孙琼岩将二千骑击马邑[⑤]，拔之，开东陉关。甲辰，加子仪御史大夫。怀恩、哥滥拔延之曾孙也，世为金微都督。释之，浑部酋长，世为皋兰都督。

颜杲卿将起兵，参军冯虔、前真定令贾深、藁城尉崔安石、郡人翟万德、内丘丞张通幽等皆预其谋；又遣人语太原尹王承业，密与相应。会颜真卿自平原遣杲卿甥卢逖潜告杲卿，欲连兵断禄山归路，以缓其西入之谋。时禄山遣其金吾将军高邈诣幽州征兵，未还，杲卿以禄山命召李钦凑，使帅众诣郡受犒赉；丙午，薄暮，钦凑至，杲卿使袁履谦、冯虔等携酒食妓乐往劳之，并其党皆大醉，乃断钦凑首，收其甲兵，尽缚其党，明日，斩之，悉散井陉之众。有顷，高邈自幽州还，且至藁城，杲卿使冯虔往擒之。南境又白何千年自东京来，崔安石与翟万德驰诣醴泉驿迎千年，又擒之，同日致于郡下。千年谓杲卿曰："今太守欲输力王室，既善其始，当慎其终。此郡应募乌合，难以临敌，宜深沟高垒，勿与争锋。俟朔方军至，并力齐进，传檄赵、魏，断燕、蓟要膂[⑥]。今且宜声云'李光弼引步骑一万出井陉'，因使人说张献诚云：'足下所将多团练之人[⑦]，无坚甲利兵，难以当山西劲兵[⑧]，'献诚必解围遁去。此亦一奇也。"杲卿悦，用其策，献诚果遁去，其团练兵皆溃。杲卿乃使人入饶阳城，慰劳将士。命崔安石等徇诸郡云："大军已下井陉，朝夕当至，先平河北诸郡。先下者赏，后至者诛！"于是河北诸郡响应，凡十七郡皆归朝廷，兵合二十余万；其附禄山者，惟范阳、卢龙、密云、渔阳、汲、邺六郡而已。

杲卿又密使人入范阳招贾循，郏城人马燧说循曰[⑨]："禄山负恩悖逆，虽得洛阳，终归夷灭。公若诛诸将之不从命者，以范阳归国，倾其根柢，此不世之功也。"循然之，犹豫不时发。别将牛润容知之，以告禄山，禄山使其党韩朝阳召循。朝阳至范阳，引循屏语，使壮士缢杀之，灭其族；以别将牛廷玠知范阳军事。史思明、李立节将蕃、汉步骑万人击博陵、常山。马燧亡入西山；隐者徐遇匿之，得免。

初，禄山欲自将攻潼关，至新安，闻河北有变而还。蔡希德将兵万人自河内北击常山⑩。

戊申，荣王琬薨，赠谥靖恭太子。

是岁，吐蕃赞普乞梨苏笼猎赞卒，子娑悉笼猎赞立。

【注释】

①桡（náo 挠）败：战败，挫败。“桡”通“挠”。 ②白衣：平民，古代平民着白衣，故称。也指没有功名的人。 ③蘧蒢（qúchú 渠除）：用草编的粗席。 ④陌刀：长刀。 ⑤马邑：地名，即朔州。北齐置。治今山西朔州市。 ⑥要膂（yāo lǚ 邀旅）：“要”同“腰”；膂，脊骨。 ⑦团练之人：指正规军之外，就地选取丁壮加以军事训练的地方武装。 ⑧山西：古地区名。战国、秦、汉时代，通称崤山或华山以西为山西。后来则通称太行山以西为山西。胡注云：“常山、饶阳以并、代为山西。合天下言之，则河南、河北通谓之山东，函谷关以西为山西。”可参看。 ⑨郏（jiá 夹）城：地名。春秋郑地，后属楚。汉置县。地当今河南郏县。 ⑩河内：郡名，即怀州。北魏置。治今河南沁阳市。

肃宗文明武德大圣大宣孝皇帝上之上

至德元载 春，正月，乙卯朔，禄山自称大燕皇帝，改元圣武，以达奚珣为侍中，张通儒为中书令，高尚、严庄为中书侍郎。

李随至睢阳，有众数万。丙辰，以随为河南节度使①，以前高要尉许远为睢阳太守兼防御使。濮阳客尚衡起兵讨禄山，以郡人王栖曜为衙前总管，攻拔济阴，杀禄山将邢超然。

颜杲卿使其子泉明、贾深、翟万德献李钦凑首及何千年、高邈于京师。张通幽泣请曰：“通幽兄陷贼，乞与泉明偕行，以救宗族。”杲卿哀而许之。至太原，通幽欲自托于王承业，乃教之留泉明等，更其表，多自为功，毁短杲卿，别遣使献之。杲卿起兵才八日，守备未完，史思明、蔡希德引兵皆至城下。杲卿告急于承业，承业既窃其功，利于城陷，遂拥兵不救。杲卿昼夜拒战，粮尽矢竭；壬戌，城陷。贼纵兵杀万余人，执杲卿及袁履谦等送洛阳。王承业使者至京师，玄宗大喜，拜承业羽林大将军，麾下受官爵者以百数。征颜杲卿为卫尉卿。朝命未至，常山已陷。

杲卿至洛阳，禄山数之曰："汝自范阳户曹，我奏汝为判官，不数年超至太守，何负于汝而反邪？"杲卿瞋目骂曰："汝本营州牧羊羯奴[2]，天子擢汝为三道节度使，恩幸无比，何负于汝而反？我世为唐臣，禄位皆唐有，虽为汝所奏，岂从汝反邪！我为国讨贼，恨不斩汝，何谓反也？臊羯狗[3]，何不速杀我！"禄山大怒，并袁履谦等缚于中桥之柱而冎之[4]。杲卿、履谦比死，骂不虚口。颜氏一门死于刀锯者三十余人[5]。

史思明、李立节、蔡希德既克常山，引兵击诸郡之不从者，所过残灭，于是邺、广平、巨鹿、赵、上谷、博陵、文安、魏、信都等郡复为贼守。饶阳太守卢全诚独不从，思明等围之。河间司法李奂将七千人、景城长史李讳遣其子祀将八千人救之，皆为思明所败。

上命郭子仪罢围云中，还朔方，益发兵进取东京；选良将一人分兵先出井陉，定河北。子仪荐李光弼，癸亥，以光弼为河东节度使，分朔方兵万人与之。

甲子，加哥舒翰左仆射、同平章事，余如故。

置南阳节度使，以南阳太守鲁炅为之，将岭南、黔中、襄阳子弟五万人屯叶北[6]，以备安禄山。炅表薛愿为颍川太守兼防御使，庞坚为副使。愿，故太子瑛之妃兄；坚，玉之曾孙也。

乙丑，安禄山遣其子庆绪寇潼关；哥舒翰击却之。

己巳，加颜真卿户部侍郎兼本郡防御使；真卿以李讳为副。

二月，丙戌，加李光弼魏郡太守、河北道采访使。

史思明等围饶阳二十九日，不下，李光弼将蕃、汉步骑万余人、太原弩手三千人出井陉。己亥，至常山，常山团练兵三千人杀胡兵，执安思义出降。光弼谓思义曰："汝自知当死否？"思义不应。光弼曰："汝久更陈行[7]，视吾此众，可敌思明否？今为我计当如何？汝策可取，当不杀汝。"思义曰："大夫士马远来疲弊，猝遇大敌，恐未易当；不如移军入城，早为备御，先料胜负，然后出兵。

胡骑虽锐，不能持重[8]，苟不获利，气沮心离，于时乃可图矣。思明今在饶阳，去此不二百里。昨暮羽书已去，计其先锋来晨必至，而大军继之，不可不留意也。"光弼悦，释其缚，即移军入城。史思明闻常山不守，立解饶阳之围；明日未旦，先锋已至，思明等继之，合二万余骑，直抵城下。光弼遣步卒五千自东门出战，贼守门不退。光弼命五百弩于城上齐发射之，贼稍却；乃出弩手千人分为四队，使其矢发发相继，贼不能当，敛军道北。光弼出兵五千为枪城于道南，夹呼沱水而陈；贼数以骑兵搏战，光弼之兵射之，人马中矢者太半，乃退，小憩以俟步兵。有村民告贼步兵五千自饶阳来，昼夜行百七十里，至九门南逢壁[9]，度憩息。光弼遣步骑各二千，匿旗鼓，并水潜行，至逢壁，贼方饭，纵兵掩击，杀之无遗。思明闻之，失势，退入九门。时常山九县[10]，七附官军，惟九门、藁城为贼所据。光弼遣裨将张奉璋以兵五百戍石邑[11]，余皆三百人戍之。

【注释】

①河南节度使：唐方镇名。天宝十四载（755）始置，辖河南、淮北东至于海十三郡，节度使兼领陈留太守。治今河南开封市。 ②羯（jié竭）：我国古代民族名。源于小月支，曾附属匈奴。 ③臊（sāo 骚）：腥臊，骚气。 ④冎（guǎ 寡）：割肉离骨。后作"剐"。 ⑤刀锯：古代的刑具。刀是割刑，锯是削刑。也指刑罚。 ⑥叶：县名。汉置县。治今河南叶县西南旧县乡。南朝宋废，北魏复置，唐因之。 ⑦陈行（zhènháng 阵航）：军伍行列。"陈"通"阵"。 ⑧持重：指做事小心谨慎不轻率。 ⑨九门：地名。战国赵邑。汉置县。地在今河北石家庄市东北。 ⑩时常山九县：当时常山郡管九个县，九个县的县名为：真定、藁城、石邑、九门、行唐、井陉、平山、获鹿、灵寿。 ⑪石邑：地名。汉置县。地当今河北石家庄市西南。

上以吴王祗为灵昌太守、河南都知兵马使。贾贲前至雍丘[1]，有众二千。先是谯郡太守杨万石以郡降安禄山[2]，逼真源令河东张巡使为长史，西迎贼。巡至真源，帅吏民哭于玄元皇帝庙[3]，起兵讨贼，吏民乐从者数千人；巡选精兵千人西至雍丘，与贾贲合。

初，雍丘令令狐潮以县降贼，贼以为将，使东击淮阳救兵于襄

李光弼像

邑[4],破之,俘百余人,拘于雍丘,将杀之,往见李庭望;淮阳兵遂杀守者,潮弃妻子走,故贾贲得以其间入雍丘。庚子,潮引贼精兵攻雍丘;贲出战,败死。张巡力战却贼,因兼领贲众,自称吴王先锋使。

三月,乙卯,潮复与贼将李怀仙、杨朝宗、谢元同等四万余众奄至城下;众惧,莫有固志。巡曰:"贼兵精锐,有轻我心。今出其不意击之,彼必惊溃。贼势小折,然后城可守也。"乃使千人乘城;自帅千人,分数队,开门突出。巡身先士卒,直冲贼陈,人马辟易,贼遂退。明日,复进攻城,设百炮环城,楼堞皆尽[5];巡于城上立木栅以拒之。贼蚁附而登,巡束蒿灌脂,焚而投之,贼不得上。时伺贼隙,出兵击之,或夜缒斫营[6]。积六十余日,大小三百余战,带甲而食,裹疮复战,贼遂败走。巡乘胜追之,获胡兵二千人而还,军声大振。

初,户部尚书安思顺知禄山反谋,因入朝奏之。及禄山反,上以思顺先奏,不之罪也。哥舒翰素与之有隙,使人诈为禄山遗思顺书,于关门擒之以献,且数思顺七罪,请诛之。丙辰,思顺及弟太仆卿元贞皆坐死,家属徙岭外。杨国忠不能救,由是始畏翰。

郭子仪至朔方,益选精兵,戊午,进军于代[7]。

戊辰,吴王祗击谢元同,走之,拜陈留太守、河南节度使。

壬午,以河东节度使李光弼为范阳长史、河北节度使。加颜真卿河北采访使。真卿以张澹为支使。

先是清河客李萼，年二十余，为郡人乞师于真卿曰："公首唱大义，河北诸郡恃公以为长城。今清河，公之西邻[⑧]，国家平日聚江、淮、河南钱帛于彼以赡北军，谓之'天下北库'；今有布三百余万匹，帛八十余万匹，钱三十余万缗，粮三十余万斛。昔讨默啜，甲兵皆贮清河库，今有五十余万事[⑨]；户七万，口十余万。窃计财足以三平原之富，兵足以倍平原之强。公诚资以士卒，抚而有之，以二郡为腹心，则余郡如四支，无不随所使矣。"真卿曰："平原兵新集，尚未训练，自保恐不足，何暇及邻！虽然，借若诺子之请，则将何为乎？"萼曰："清河遣仆衔命于公者[⑩]，非力不足而借公之师以尝寇也，亦欲观大贤之明义耳。今仰瞻高意，未有决辞定色，仆何敢遽言所为哉！"真卿奇之，欲与之兵。众以为萼年少轻虏，徒分兵力，必无所成，真卿不得已辞之。萼就馆，复为书说真卿，以为："清河去逆效顺，奉粟帛器械以资军，公乃不纳而疑之。仆回辕之后，清河不能孤立，必有所系托，将为公西面之强敌，公能无悔乎？"真卿大惊，遽诣其馆，以兵六千借之；送至境，执手别。真卿问曰："兵已行矣，可以言子之所为乎？"萼曰："闻朝廷遣程千里将精兵十万出崞口讨贼，贼据险拒之，不得前。今当引兵先击魏郡，执禄山所署太守袁知泰，纳旧太守司马垂，使为西南主人；分兵开崞口，出千里之师，因讨汲、邺以北至于幽陵郡县之未下者[⑪]；平原、清河帅诸同盟，合兵十万，南临孟津，分兵循河，据守要害，制其北走之路。计官军东讨者不下二十万，河南义兵西向者亦不减十万。公但当表朝廷坚壁勿战，不过月余，贼必有内溃相图之变矣。"真卿曰："善！"命录事参军李择交及平原令范冬馥将其兵，会清河兵四千及博平兵千人军于堂邑西南[⑫]。袁知泰遣其将白嗣恭等将二万余人来逆战，三郡兵力战尽日，魏兵大败，斩首万余级，捕虏千余人，得马千匹，军资甚众。知泰奔汲郡，遂克魏郡，军声大振。

时北海太守贺兰进明亦起兵，真卿以书召之并力，进明将步骑五千渡河，真卿陈兵逆之，相揖，哭于马上，哀动行伍。进明屯平原城南，休养士马，真卿每事咨之，由是军权稍移于进明矣，真卿不以为嫌。真卿以堂邑之功让进明，进明奏其状，取舍任意。

敕加进明河北招讨使，择交、冬馥微进资级，清河、博平有功者皆不录。进明攻信都郡，久之，不克；录事参军长安第五琦劝进明厚以金帛募勇士，遂克之。

李光弼与史思明相守四十余日，思明绝常山粮道。城中乏草，马食荐藉⑬。光弼以车五百乘之石邑取草，将车者皆衣甲，弩手千人卫之，为方陈而行，贼不能夺。蔡希德引兵攻石邑，张奉璋拒却之。光弼遣使告急于郭子仪，子仪引兵自井陉出，夏，四月，壬辰，至常山，与光弼合，蕃、汉步骑共十余万。甲午，子仪、光弼与史思明等战于九门城南，思明大败。中郎将浑瑊射李立节，杀之。瑊，释之之子也。思明收余众奔赵郡，蔡希德奔巨鹿。思明自赵郡如博陵，时博陵已降官军，思明尽杀郡官。河朔之民苦贼残暴，所在屯结，多至二万人，少者万人，各为营以拒贼；及郭、李军至，争出自效。庚子，攻赵郡；一日，城降。士卒多虏掠，光弼坐城门，收所获，悉归之，民大悦。子仪生擒四千人，皆舍之，斩禄山太守郭献璆。光弼进围博陵，十日，不拔，引兵还恒阳就食。

杨国忠问士之可为将者于左拾遗博平张镐及萧昕，镐、昕荐左赞善大夫永寿来瑱。丙午，以瑱为颍川太守。贼屡攻之，瑱前后破贼甚众，加本郡防御使，人谓之“来嚼铁”。

安禄山使平卢节度使吕知诲诱安东副大都护马灵詧，杀之。平卢游弈使武陟刘客奴、先锋使董秦及安东将王玄志同谋讨诛知诲，遣使逾海与颜真卿相闻，请取范阳以自效。真卿遣判官贾载赍粮及战士衣助之。真卿时惟一子颇，才十余岁，使诣客奴为质。朝廷闻之，以客奴为平卢节度使，赐名正臣；玄志为安东副大都护，董秦为平卢兵马使。

南阳节度使鲁炅立栅于滍水之南⑭，安禄山将武令珣、毕思琛攻之。

【注释】

①雍丘：县名。秦置。治今河南杞县。　②谯郡：郡名。东汉建安末分沛郡置。治今安徽亳州市。隋初废。隋大业及唐天宝、至德时又曾改亳州为谯郡。　③真源：县名。本春秋楚县，原名苦县。治今河南鹿邑县东。相传老子为此县人，东晋时改名为谷阳。唐高宗时改名为真源

县。县里有老子(玄元皇帝)祠庙。 ④襄邑:县名。秦置。治今河南睢县。 ⑤堞(dié 迭):城上的矮墙,也称女墙。 ⑥缒(zhuì 坠):系在绳子上放下去。 ⑦代:指代州,州名。隋开皇五年(585)改肆州置。治今山西代县。 ⑧清河:郡名。汉高帝置。治今河北清河县。隋开皇初废。隋大业及唐天宝、至德时曾改贝州为清河郡。案:颜真卿在德州(即平原郡),贝州是德州西南边的邻近州,所以称作"西邻"。 ⑨事:量词。件,副。物一件叫一事。 ⑩衔命:奉命,受命。 ⑪幽陵:即幽州。治今北京西南。 ⑫堂邑:县名。隋开皇六年(586)置。治今山东聊城市西北。 ⑬荐藉:草垫,草席。 ⑭滍(zhì 稚):水名。即今河南鲁山县、叶县境内的沙河。

资治通鉴卷第二百一十八

唐纪三十四　起柔兆涒滩五月，至九月，不满一年。

肃宗文明武德大圣大宣孝皇帝上之下

至德元载　五月，丁巳，炅众溃，走保南阳，贼就围之。太常卿张垍荐夷陵太守虢王巨有勇略，上征吴王祗为太仆卿，以巨为陈留、谯郡太守，河南节度使，兼统岭南节度使何履光、黔中节度使赵国珍、南阳节度使鲁炅。国珍，本牂柯夷也。戊辰，巨引兵自蓝田出，趣南阳。贼闻之，解围走。

令狐潮复引兵攻雍丘。潮与张巡有旧，于城下相劳苦如平生，潮因说巡曰："天下事去矣，足下坚守危城，欲谁为乎？"巡曰："足下平生以忠义自许，今日之举，忠义何在！"潮惭而退。

郭子仪、李光弼还常山，史思明收散卒数万踵其后[①]。子仪选骁骑更挑战，三日，至行唐[②]，贼疲，乃退。子仪乘之，又败之于沙河。蔡希德至洛阳，安禄山复使将步骑二万人北就思明，又使牛廷玠发范阳等郡兵万余人助思明，合五万余人，而同罗、曳落河居五分之一。子仪至恒阳，思明随至，子仪深沟高垒以待之；贼来则守，去则追之，昼则耀兵，夜斫其营，贼不得休息。数日，子仪、光弼议曰："贼倦矣，可以出战。"壬午，战于嘉山，大破之，斩首四万级，捕虏千余人。思明坠马，露髻跣足步走[③]，至暮，杖折枪归营，奔于博陵；光弼就围之，军声大振。于是河北十余郡皆杀贼守将而降。渔阳路再绝，贼往来者皆轻骑窃过，多为官军所获，将士家在渔阳者无不摇心。

禄山大惧，召高尚、严庄诟之曰："汝数年教我反，以为万全。今守潼关，数月不能进，北路已绝，诸军四合，吾所有者止汴、郑数州而已，万全何在？汝自今勿来见我！"尚、庄惧，数日不敢见。田乾真自关下来，为尚、庄说禄山曰："自古帝王经营大业，皆有胜败，岂能一举而成！今四方军垒虽多，皆新募乌合之众，未更行陈，岂能敌我蓟北劲锐之兵，何足深忧！尚、庄皆佐命元勋，陛下一旦绝之，使诸将闻之，谁不内惧！若上下离心，臣窃为陛下危之！"禄山喜曰："阿浩，汝能豁我心事。"即召尚、庄，置酒酣宴，自为之歌以侑酒，待之如初。阿浩，乾真小字也。禄山议弃洛阳，走归范阳，计未决。

郭子仪像

是时，天下以杨国忠骄纵召乱，莫不切齿。又，禄山起兵以诛国忠为名，王思礼密说哥舒翰，使抗表请诛国忠，翰不应。思礼又请以三十骑劫取以来，至潼关杀之，翰曰："如此，乃翰反，非禄山也。"或说国忠："今朝廷重兵尽在翰手，翰若援旗西指，于公岂不危哉！"国忠大惧，乃奏："潼关大军虽盛，而后无继，万一失利，京师可忧。请选监牧小儿三千于苑中训练④。"上许之，使剑南军将李福德等领之。又募万人屯灞上，令所亲杜乾运将之，名为御贼，实备翰也。翰闻之，亦恐为国忠所图，乃表请灞上军隶潼关；六月，癸未，召杜乾运诣关，因事斩之，国忠益惧。

会有告崔乾祐在陕，兵不满四千，皆羸弱无备，上遣使趣哥舒翰进兵复陕、洛。翰奏曰："禄山久习用兵，今始为逆，岂肯无备！是必羸师以诱我，若往，正堕其计中。且贼远来，利在速战；官军据险以扼之，利在坚守。况贼残虐失众，兵势日蹙[⑤]，将有内变；因而乘之，可不战擒也。要在成功，何必务速！今诸道征兵尚多未集，请且待之。"郭子仪、李光弼亦上言："请引兵北取范阳，覆其巢穴，质贼党妻子以招之，贼必内溃。潼关大军，唯应固守以弊之，不可轻出。"国忠疑翰谋己，言于上，以贼方无备，而翰逗留，将失机会。上以为然，续遣中使趣之，项背相望[⑥]。翰不得已，抚膺恸哭；丙戌，引兵出关。

己丑，遇崔乾祐之军于灵宝西原。乾祐据险以待之，南薄山，北阻河，隘道七十里。庚寅，官军与乾祐会战。乾祐伏兵于险，翰与田良丘浮舟中流以观军势，见乾祐兵少，趣诸军使进。王思礼等将精兵五万居前，庞忠等将余兵十万继之，翰以兵三万登河北阜望之，鸣鼓以助其势。乾祐所出兵不过万人，什什伍伍[⑦]，散如列星，或疏或密，或前或却，官军望而笑之。乾祐严精兵，陈于其后。兵既交，贼偃旗如欲遁者，官军懈，不为备。须臾，伏兵发，贼乘高下木石，击杀士卒甚众。道隘，士卒如束，枪槊不得用。翰以毡车驾马为前驱，欲以冲贼。日过中，东风暴急，乾祐以草车数十乘塞毡车之前，纵火焚之，烟焰所被，官军不能开目，妄自相杀，谓贼在烟中，聚弓弩而射之。日暮，矢尽，乃知无贼。乾祐遣同罗精骑自南山过，出官军之后击之，官军首尾骇乱，不知所备，于是大败；或弃甲窜匿山谷，或相挤排入河溺死，嚣声振天地，贼乘胜蹙之。后军见前军败，皆自溃，河北军望之亦溃。翰独与麾下数百骑走，自首阳山西度河入关。关外先为三堑，皆广二丈，深丈，人马坠其中，须臾而满；余众践之以度，士卒得入关者才八千余人。辛卯，乾祐进攻潼关，克之。

【注释】

①踵（zhǒng 肿）：追随。　②行唐：县名。在河北省西部、潴龙河上游。汉置南行唐县，北魏改行唐县。　③露髻（jì 计）跣（xiǎn 显）足：露出发髻，光着脚。髻，挽束在头顶的头发。　④监牧小儿：当时监牧、五

坊、禁苑的士卒，都称作“小儿”。 ⑤蹙（cù 促）：收缩，衰退，迫促。⑥项背相望：项，颈的后部。本指前后相顾。后也用来形容人来来往往很多，连续不断。 ⑦什什伍伍：十个一组，五个一组。“什伍”是古代军队的编制，五人为伍，二伍为什。

翰至关西驿，揭榜收散卒，欲复守潼关。蕃将火拔归仁等以百余骑围驿，入谓翰曰：“贼至矣，请公上马。”翰上马出驿，归仁帅众叩头曰：“公以二十万众一战弃之，何面目复见天子！且公不见高仙芝、封常清乎？请公东行。”翰不可，欲下马。归仁以毛縶其足于马腹[①]，及诸将不从者，皆执之以东。会贼将田乾真已至，遂降之，俱送洛阳。安禄山问翰曰：“汝常轻我，今定何如？”翰伏地对曰：“臣肉眼不识圣人。今天下未平，李光弼在常山，李祗在东平，鲁炅在南阳，陛下留臣，使以尺书招之，不日皆下矣。”禄山大喜，以翰为司空、同平章事。谓火拔归仁曰：“汝叛主，不忠不义。”执而斩之。翰以书招诸将，皆复书责之。禄山知不效，乃囚诸苑中。潼关既败，于是河东、华阴、冯翊、上洛防御使皆弃郡走，所在守兵皆散。

是日，翰麾下来告急，上不时召见，但遣李福德等将监牧兵赴潼关。及暮，平安火不至[②]，上始惧。壬辰，召宰相谋之。杨国忠自以身领剑南，闻安禄山反，即令副使崔圆阴具储偫，以备有急投之，至是首唱幸蜀之策。上然之。癸巳，国忠集百官于朝堂，惶懅流涕问以策略，皆唯唯不对。国忠曰：“人告禄山反状已十年，上不之信。今日之事，非宰相之过。”仗下，士民掠扰奔走，不知所之，市里萧条。国忠使韩、虢入宫，劝上入蜀。

甲午，百官朝者什无一二。上御勤政楼，下制，云欲亲征，闻者皆莫之信。以京兆尹魏方进为御史大夫兼置顿使；京兆少尹灵昌崔光远为京兆尹，充西京留守；将军边令诚掌宫闱管钥。托以剑南节度大使颍王璬将赴镇，令本道设储偫。是日，上移仗北内[③]。既夕，命龙武大将军陈玄礼整比六军，厚赐钱帛，选闲厩马九百余匹，外人皆莫之知。乙未，黎明，上独与贵妃姊妹、皇子、妃、主、皇孙、杨国忠、韦见素、魏方进、陈玄礼及亲近宦官、宫人出延秋门[4]，妃、主、皇孙之在外者，皆委之而去。上过左藏，杨国忠请焚之，曰："无为贼守。"上愀然曰："贼来不得，必更敛于百姓；不如与之，无重困吾赤子。"是日，百官犹有入朝者，至宫门，犹闻漏声，三卫立仗俨然。门既启，则宫人乱出，中外扰攘，不知上所之。于是王公、士民四出逃窜，山谷细民争入宫禁及王公第舍，盗取金宝，或乘驴上殿。又焚左藏大盈库。崔光远、边令诚帅人救火，又募人摄府、县官分守之，杀十余人，乃稍定。光远遣其子东见禄山，令诚亦以管钥献之。

上过便桥，杨国忠使人焚桥。上曰："士庶各避贼求生，奈何绝其路！"留内侍监高力士，使扑灭乃来。上遣宦者王洛卿前行，告谕郡县置顿。食时，至咸阳望贤宫，洛卿与县令俱逃，中使征召，吏民莫有应者。日向中，上犹未食，杨国忠自市胡饼以献。于是民争献粝饭[5]，杂以麦豆；皇孙辈争以手掬食之，须臾而尽，犹未能饱。上皆酬其直，慰劳之。众皆哭，上亦掩泣。有老父郭从谨进言曰："禄山包藏祸心，固非一日；亦有诣阙告其谋者，陛下往往诛之，使得逞其奸逆，致陛下播越。是以先王务延访忠良以广聪明，盖为此也。臣犹记宋璟为相，数进直言，天下赖以安平。自顷以来，在廷之臣以言为讳，惟阿谀取容，是以阙门之外，陛下皆不得而知。草野之臣，必知有今日久矣，但九重严邃，区区之心无路上达。事不至此，臣何由得睹陛下之面而诉之乎！"上曰："此朕之不明，悔无所及。"慰谕而遣之。俄而尚食举御膳以至，上命先赐从官，然后食之。命军士散诣村落求食，期未时皆集而行。夜将半，乃至金城。县令亦逃，县民皆脱身走，饮食器皿具在，士卒得以自给。时从者多逃，内侍监袁思艺亦亡去。驿中无灯，人相枕藉而寝，贵贱无以复辨。王思礼自潼关至，始知哥舒翰被擒；以思礼为河西、陇右节度使，即令赴镇，收合散卒，以俟东讨。

【注释】

①絷（zhí 执）：用绳索捆绑或绊住。 ②平安火：唐代边塞之地，大约隔三十里设一烽火报警点。每日初夜，放烟一炬，称为平安火。此时潼关守兵已经溃败，没有人点火，所以平安火不能传到京城。 ③北内：据胡注，"北内"有两种说法。一是唐代都城长安，以太极宫为西内，大

明宫为东内，兴庆宫为南内，北内当在玄武门内。二从地望上讲，玄宗从兴庆宫移仗归大明宫，兴庆宫在南，大明宫在北，所以又称大明宫为北内。此处从后说。 ④延秋门：唐长安禁苑西面有两个门，一个是延秋门，另一个是玄武门。 ⑤粝（lì厉）饭：粗米饭。

丙申，至马嵬驿，将士饥疲，皆愤怒。陈玄礼以祸由杨国忠，欲诛之，因东宫宦者李辅国以告太子，太子未决。会吐蕃使者二十余人遮国忠马，诉以无食，国忠未及对，军士呼曰："国忠与胡虏谋反！"或射之，中鞍。国忠走至西门内，军士追杀之，屠割支体，以枪揭其首于驿门外，并杀其子户部侍郎暄及韩国、秦国夫人。御史大夫魏方进曰："汝曹何敢害宰相！"众又杀之。韦见素闻乱而出，为乱兵所挞，脑血流地。众曰："勿伤韦相公。"救之，得免。军士围驿，上闻喧哗，问外何事，左右以国忠反对。上杖屦出驿门[①]，慰劳军士，令收队，军士不应。上使高力士问之，玄礼对曰："国忠谋反，贵妃不宜供奉，愿陛下割恩正法。"上曰："朕当自处之。"入门，倚杖倾首而立。久之，京兆司录韦谔前言曰："今众怒难犯，安危在晷刻[②]，愿陛下速决！"因叩头流血。上曰："贵妃常居深宫，安知国忠反谋？"高力士曰："贵妃诚无罪，然将士已杀国忠，而贵妃在陛下左右，岂敢自安！愿陛下审思之，将士安则陛下安矣。"上乃命力士引贵妃于佛堂，缢杀之。舆尸置驿庭，召玄礼等入视之。玄礼等乃免胄释甲，顿首请罪，上慰劳之，令晓谕军士。玄礼等皆呼万岁，再拜而出，于是始整部伍为行计。谔，见素之子也。国忠妻裴柔与其幼子晞及虢国夫人、夫人子裴徽皆走，至陈仓，县令薛景仙帅吏士追捕，诛之。

丁酉，上将发马嵬，朝臣惟韦见素一人，乃以韦谔为御史中丞，充置顿使。将士皆曰："国忠谋反，其将吏皆在蜀，不可往。"或请之河、陇，或请之灵武，或请之太原，或言还京师。上意在入蜀，虑违众心，竟不言所向。韦谔曰："还京，当有御贼之备。今兵少，未易东向，不如且至扶风，徐图去就。"上询于众，众以为然，乃从之。及行，父老皆遮道请留，曰："宫阙，陛下家居，陵寝，陛下坟墓，今舍此，欲何之？"上为之按辔久之，乃命太子于后宣慰父老。

杨贵妃墓

父老因曰："至尊既不肯留，某等愿帅子弟从殿下东破贼[3]，取长安。若殿下与至尊皆入蜀，使中原百姓谁为之主？"须臾，众至数千人。太子不可，曰："至尊远冒险阻，吾岂忍朝夕离左右。且吾尚未面辞，当还白至尊，更禀进止。"涕泣，跋马欲西[4]。建宁王倓与李辅国执鞚谏曰："逆胡犯阙，四海分崩，不因人情，何以兴复！今殿下从至尊入蜀，若贼兵烧绝栈道，则中原之地拱手授贼矣。人情既离，不可复合，虽欲复至此，其可得乎！不如收西北守边之兵，召郭、李于河北，与之并力东讨逆贼，克复二京，削平四海，使社稷危而复安，宗庙毁而更存，扫除宫禁以迎至尊，岂非孝之大者乎！何必区区温凊[5]，为儿女之恋乎！"广平王俶亦劝太子留。父老共拥太子马，不得行。太子乃使俶驰白上。上总辔待太子，久不至，使人侦之，还白状，上曰："天也！"乃分后军二千人及飞龙厩马从太子，且谕将士曰："太子仁孝，可奉宗庙，汝曹善辅佐之。"又谕太子曰："汝勉之，勿以吾为念。西北诸胡，吾抚之素厚，汝必得其用。"太子南向号泣而已。又使送东宫内人于太子，且宣旨欲传位，太子不受。俶、倓，皆太子之子也。

【注释】

①屦（jù 据）：麻、葛等制成的单底鞋。 ②晷（guǐ 鬼）刻：时刻，顷刻。 ③殿下：汉代以后，对太子、亲王的尊称。唐代以后只有太子、皇太后、皇后称"殿下"。 ④跋马：勒马而回。 ⑤温凊（jìng 劲）："冬温夏凊"的略语。温，指温被使暖；凊，指凉席使凉。古代所谓孝养父母之道。

己亥，上至岐山[①]。或言贼前锋且至，上遽过，宿扶风郡。士卒潜怀去就，往往流言不逊，陈玄礼不能制，上患之。会成都贡春彩十余万匹，至扶风，上命悉陈之于庭，召将士入，临轩谕之曰："朕比来衰耄[②]，托任失人，致逆胡乱常，须远避其锋。知卿等皆苍猝从朕，不得别父母妻子，茇涉至此[③]，劳苦至矣，朕甚愧之。蜀路阻长，郡县褊小，人马众多，或不能供，今听卿等各还家；朕独与子、孙、中官前行入蜀，亦足自达。今日与卿等诀别，可共分此彩以备资粮。若归，见父母及长安父老，为朕致意，各好自爱也！"因泣下沾襟。众皆哭，曰："臣等死生从陛下，不敢有贰。"上良久曰："去留听卿。"自是流言始息。

太子既留，未知所适。广平王俶曰："日渐晏，此不可驻，众欲何之?"皆莫对。建宁王倓曰："殿下昔尝为朔方节度大使，将吏岁时致启，倓略识其姓名。今河西、陇右之众皆败降贼，父兄子弟多在贼中，或生异图。朔方道近，士马全盛，裴冕衣冠名族，必无贰心。贼入长安方虏掠，未暇徇地，乘此速往就之，徐图大举，此上策也。"众皆曰："善!"至渭滨，遇潼关败卒，误与之战，死伤甚众。已，乃收余卒，择渭水浅处，乘马涉渡；无马者涕泣而返。太子自奉天北上[④]，比至新平[⑤]，通夜驰三百里，士卒、器械失亡过半，所存之众不过数百。新平太守薛羽弃郡走，太子斩之。是日，至安定[⑥]，太守徐瑴亦走[⑦]，又斩之。

庚子，以剑南节度留后崔圆为剑南节度等副大使。辛丑，上发扶风，宿陈仓。

太子至乌氏[⑧]，彭原太守李遵出迎，献衣及糗粮。至彭原，募士，得数百人。是日至平凉，阅监牧马，得数万匹，又募士，得五百余人，军势稍振。

壬寅，上至散关[⑨]，分扈从将士为六军，使颍王璬先行诣剑南。寿王瑁等分将六军以次之。丙午，上至河池郡。崔圆奉表迎车驾，具陈蜀土丰稔，甲兵全盛。上大悦，即日，以圆为中书侍郎、同平章事，蜀郡长史如故。以陇西公瑀为汉中王、梁州都督、山南西道采访防御使。瑀，琎之弟也。

王思礼至平凉，闻河西诸胡乱，还，诣行在。初，河西诸胡部

《明皇幸蜀图》局部

落闻其都护皆从哥舒翰没于潼关,故争自立,相攻击;而都护实从翰在北岸,不死,又不与火拔归仁俱降贼。上乃以河西兵马使周泌为河西节度使,陇右兵马使彭元耀为陇右节度使,与都护思结进明等俱之镇,招其部落。以思礼为行在都知兵马使。

戊申,扶风民康景龙等自相帅击贼所署宣慰使薛总,斩首二百余级。庚戌,陈仓令薛景仙杀贼守将,克扶风而守之。

【注释】

①岐山:县名。在今陕西省宝鸡市东渭河中游。北魏置周城县,北周为三龙县,隋改岐山县。 ②衰耄(mào 冒):衰老。 ③茇(bá 拔)涉:跋山涉水。指长途奔走。同"跋涉"。 ④奉天:县名。唐武后光宅元年割醴泉、始平、好畤、武功、永寿五县地置,以供奉唐高宗陵墓,因名奉天。属京兆府。故城在今陕西乾县。 ⑤新平:郡名。东汉置,治所在漆县(北魏改名白土,今彬县)。辖境相当今陕西彬县、长武、永寿和甘肃泾川、灵台等县地。其后屡有变动。唐初改为豳州。天宝、至德时

又曾改邠州为新平郡。 ⑥安定：郡名。西汉时置。治今宁夏固原市。辖境相当今甘肃景泰县、靖远县、会宁县、平凉市、泾川县、镇原县及宁夏中宁县、中卫市、同心县、固原市等地。隋大业及唐天宝时又曾改泾州为安定郡。至德初改保定郡。 ⑦瑴（jué 觉）：此处为人名用字。 ⑧乌氏（zhī 支）：县名。又作阏氏、焉氏。本乌氏戎地，战国秦惠王置县。治今甘肃平凉市西北。 ⑨散关：关名。宋以后习称大散关。在陕西宝鸡市西南大散岭上。当秦岭咽喉，扼川陕间交通孔道，为古代军事必争要地。

安禄山不意上遽西幸，遣使止崔乾祐兵留潼关，凡十日，乃遣孙孝哲将兵入长安，以张通儒为西京留守，崔光远为京兆尹；使安忠顺将兵屯苑中，以镇关中。孝哲为禄山所宠任，尤用事，常与严庄争权；禄山使监关中诸将，通儒等皆受制于孝哲。孝哲豪侈，果于杀戮，贼党畏之。禄山命搜捕百官、宦者、宫女等，每获数百人，辄以兵卫送洛阳。王、侯、将、相扈从车驾、家留长安者，诛及婴孩。陈希烈以晚节失恩，怨上，与张均、张垍等皆降于贼。禄山以希烈、垍为相，自余朝士皆授以官。于是贼势大炽，西胁汧、陇，南侵江、汉，北割河东之半。然贼将皆粗猛无远略，既克长安，以为得志，日夜纵酒，专以声色宝贿为事，无复西出之意，故上得安行入蜀，太子北行亦无追迫之患。

李光弼围博陵未下，闻潼关不守，解围而南。史思明踵其后，光弼击却之，与郭子仪皆引兵入井陉，留常山太守王俌将景城、河间团练兵守常山。平卢节度使刘正臣将袭范阳，未至，史思明引兵逆击之，正臣大败，弃妻子走，士卒死者七千余人。初，颜真卿闻河北节度使李光弼出井陉，即敛军还平原，以待光弼之命。闻郭、李西入井陉，真卿始复区处河北军事。

太子至平凉数日，朔方留后杜鸿渐、六城水陆运使魏少游、节度判官崔漪、支度判官卢简金、盐池判官李涵相与谋曰："平凉散地，非屯兵之所，灵武兵食完富①，若迎太子至此，北收诸城兵，西发河、陇劲骑，南向以定中原，此万世一时也。"乃使涵奉笺于太子，且籍朔方士马、甲兵、谷帛、军须之数以献之。涵至平凉，太子大悦。会河西司马裴冕入为御史中丞,至平凉见太子,亦劝太子之朔方,太子从之。鸿渐,暹之族子;涵,道之曾孙也。鸿渐、漪使少游居后,葺次舍[2],庀资储[3],自迎太子于平凉北境,说太子曰:“朔方,天下劲兵处也。今吐蕃请和,回纥内附,四方郡县大抵坚守拒贼以俟兴复。殿下今理兵灵武,按辔长驱,移檄四方,收揽忠义,则逆贼不足屠也。”少游盛治宫室,帷帐皆仿禁中,饮膳备水陆。秋,七月,辛酉,太子至灵武,悉命撤之。

甲子,上至普安,宪部侍郎房琯来谒见。上之发长安也,群臣多不知,至咸阳,谓高力士曰:“朝臣谁当来,谁不来?”对曰:“张均、张垍父子受陛下恩最深[4],且连戚里,是必先来。时论皆谓房琯宜为相,而陛下不用,又禄山尝荐之,恐或不来。”上曰:“事未可知。”及琯至,上问均兄弟,对曰:“臣帅与偕来,逗留不进,观其意,似有所蓄而不能言也。”上顾力士曰:“朕固知之矣。”即日,以琯为文部侍郎、同平章事。

初,张垍尚宁亲公主,听于禁中置宅,宠渥无比[5]。陈希烈求解政务,上幸垍宅,问可为相者。垍未对。上曰:“无若爱婿。”垍降阶拜舞。既而不用,故垍怀怏怏,上亦觉之。是时均、垍兄弟及姚崇之子尚书右丞奕、萧嵩之子兵部侍郎华、韦安石之子礼部侍郎陟、太常少卿斌,皆以才望至大官,上尝曰:“吾命相,当遍举故相子弟耳。”既而皆不用。

【注释】

①灵武:郡名。隋大业三年(607)改灵州置。治今甘肃灵武市西南。辖境相当今宁夏中卫市及其以北地区。唐武德元年(618)改为灵州,天宝、至德时又曾改灵州为灵武郡。至德元载(756)太子李亨在郡城南楼即位,以此地为根据地,恢复唐朝的统治。　②葺(qì 气):原指用茅草覆盖房屋。也泛指修理房屋。　③庀(pǐ 痞):备具,治理。　④张均、张垍父子:张均、张垍为兄弟,此处言父子,当包括其父张说。　⑤宠渥(wò 握):宠信,宠爱。

裴冕、杜鸿渐等上太子笺,请遵马嵬之命,即皇帝位,太子不许。冕等言曰:“将士皆关中人,日夜思归,所以崎岖从殿下远涉沙塞者，冀尺寸之功。若一朝离散，不可复集。愿陛下勉徇众心，为社稷计！”笺五上，太子乃许之。是日，肃宗即位于灵武城南楼，群臣舞蹈，上流涕歔欷[①]。尊玄宗为上皇天帝，赦天下，改元。以杜鸿渐、崔漪并知中书舍人事，裴冕为中书侍郎、同平章事。改关内采访使为节度使，徙治安化[②]，以前蒲关防御使吕崇贲为之[③]。以陈仓令薛景仙为扶风太守，兼防御使；陇右节度使郭英乂为天水太守，兼防御使。时塞上精兵皆选入讨贼，惟余老弱守边，文武官不满三十人，披草莱，立朝廷，制度草创，武人骄慢。大将管崇嗣在朝堂，背阙而坐，言笑自若，监察御史李勉奏弹之，系于有司。上特原之，叹曰：“吾有李勉，朝廷始尊！”勉，元懿之曾孙也[④]。旬日间，归附者渐众。

张良娣性巧慧[⑤]，能得上意，从上来朔方。时从兵单寡，良娣每寝，常居上前。上曰：“御寇非妇人所能。”良娣曰：“苍猝之际，妾以身当之，殿下可从后逸去。”至灵武，产子；三日起，缝战士衣。上止之，对曰：“此非妾自养之时。”上以是益怜之。

丁卯，上皇制：“以太子亨充天下兵马元帅，领朔方、河东、河北、平卢节度都使，南取长安、洛阳[⑥]。以御史中丞裴冕兼左庶子，陇西郡司马刘秩试守右庶子；永王璘充山南东道、岭南、黔中、江南西道节度都使，以少府监窦绍为之傅，长沙太守李岘为都副大使；盛王琦充广陵大都督，领江南东路及淮南、河南等路节度都使，以前江陵都督府长史刘汇为之傅，广陵郡长史李成式为都副大使；丰王珙充武威都督，仍领河西、陇右、安西、北庭等路节度都使，以陇西太守济阴邓景山为之傅，充都副大使。应须士马、甲仗、粮赐等，并于当路自供。其诸路本节度使虢王巨等并依前充使。其署置官属及本路郡县官，并任自简择，署讫闻奏。”时琦、珙皆不出阁，惟璘赴镇。置山南东道节度使，领襄阳等九郡。升五府经略使为岭南节度，领南海等二十二郡。升五溪经略使为黔中节度，领黔中等诸郡。分江南为东、西二道，东道领余杭，西道领豫章等诸郡。先是四方闻潼关失守，莫知上所之，及是制下，始知乘舆所在[⑦]。汇，秩之弟也。

安禄山使孙孝哲杀霍国长公主及王妃、驸马等于崇仁坊[⑧]，刳其心，以祭安庆宗。凡杨国忠、高力士之党及禄山素所恶者皆杀之，凡八十三人，或以铁棓揭其脑盖[⑨]，流血满街。己巳，又杀皇孙及郡、县主二十余人。

庚午，上皇至巴西，太守崔涣迎谒。上皇与语，悦之，房琯复荐之，即日，拜门下侍郎、同平章事，以韦见素为左相。涣，玄暐之孙也。

初，京兆李泌，幼以才敏著闻，玄宗使与忠王游。忠王为太子，泌已长，上书言事。玄宗欲官之，不可；使与太子为布衣交，太子常谓之先生。杨国忠恶之，奏徙蕲春，后得归隐，居颍阳。上自马嵬北行，遣使召之，谒见于灵武，上大喜，出则联辔，寝则对榻，如为太子时，事无大小皆咨之，言无不从，至于进退将相亦与之议。上欲以泌为右相，泌固辞曰："陛下待以宾友，则贵于宰相矣，何必屈其志！"上乃止。

【注释】

①上流涕歔欷：案，原文从这里开始，凡是皇上的"上"，都是指肃宗，而玄宗则称作"上皇"。 ②安化：县名。唐神龙元年(705)改弘化县置。治今甘肃庆阳市。至德初，又改名为顺化。 ③蒲关：关名，即蒲津关。本临晋关，汉武帝改名。简称蒲关。在蒲津西岸，今陕西大荔县东。 ④元懿：唐高祖的儿子，郑王。 ⑤张良娣：人名。"良娣"是古代女官名。太子之妾。官秩正三品。 ⑥"以太子亨充天下兵马元帅"句：太子李亨此时已在灵武即位，但在蜀中的玄宗还不知道，所以制书中仍然称"太子亨"。 ⑦乘(shèng 剩)舆：本指帝王所用的车舆，也用作帝王的代称。 ⑧霍国长公主：睿宗的女儿，下嫁裴虚己。 ⑨棓(bàng 磅)：同"棒"，棍子。

同罗、突厥从安禄山反者屯长安苑中，甲戌，其酋长阿史那从礼帅五千骑，窃厩马二千匹逃归朔方，谋邀结诸胡，盗据边地。上遣使宣慰之，降者甚众。

贼遣兵寇扶风，薛景仙击却之。

安禄山遣其将高嵩以敕书、缯彩诱河、陇将士，大震关使郭英乂擒斩之[①]。

同罗、突厥之逃归也，长安大扰，官吏窜匿，狱囚自出。京兆尹崔光远以为贼且遁矣，遣吏卒守孙孝哲宅。孝哲以状白禄山，光远乃与长安令苏震帅府、县官十余人来奔。己卯，至灵武，上以光远为御史大夫兼京兆尹，使之渭北招集吏民；以震为中丞。震，瓌之孙也。禄山以田乾真为京兆尹。侍御史吕諲、右拾遗杨绾、奉天令安平崔器相继诣灵武；以諲、器为御史中丞，绾为起居舍人、知制诰②。

上命河西节度副使李嗣业将兵五千赴行在，嗣业与节度使梁宰谋，且缓师以观变。绥德府折冲段秀实让嗣业曰："岂有君父告急而臣子晏然不赴者乎！特进常自谓大丈夫，今日视之，乃儿女子耳！"嗣业大惭，即白宰如数发兵，以秀实自副，将之诣行在。上又征兵于安西；行军司马李栖筠发精兵七千人，励以忠义而遣之。

敕改扶风为凤翔郡。

庚辰，上皇至成都，从官及六军至者千三百人而已。

令狐潮围张巡于雍丘，相守四十余日，朝廷声问不通。潮闻玄宗已幸蜀，复以书招巡。有大将六人，官皆开府、特进，白巡以兵势不敌，且上存亡不可知，不如降贼。巡阳许诺。明日，堂上设天子画像，帅将士朝之，人人皆泣。巡引六将于前，责以大义，斩之。士心益劝。

城中矢尽，巡缚藁为人千余，被以黑衣，夜缒城下，潮兵争射之，久乃知其藁人；得矢数十万。其后复夜缒人，贼笑不设备，乃以死士五百斫潮营；潮军大乱，焚垒而遁，追奔十余里。潮惭，益兵围之。

唐乾元重宝钱

巡使郎将雷万春于城上与潮相闻，贼弩射之，面中六矢而不动。潮疑其木人，使谍问之，乃大惊，遥谓巡曰："向见雷将军，方知足下军令矣，然其如天道何！"巡谓之曰："君未识人伦，焉知天道！"未几，出战，擒贼将十四人，斩首百余级。贼乃夜遁，收兵入陈留，不敢复出。

顷之，贼步骑七千余众屯白沙涡，巡夜袭击，大破之。还，至桃陵[3]，遇贼救兵四百余人，悉擒之。分别其众，妫、檀及胡兵[4]，悉斩之；荥阳、陈留胁从兵，皆散令归业。旬日间，民去贼来归者万余户。

河北诸郡犹为唐守，常山太守王俌欲降贼，诸将怒，因击毬，纵马践杀之。时信都太守乌承恩麾下有朔方兵三千人，诸将遣使者宗仙运帅父老诣信都[5]，迎承恩镇常山。承恩辞以无诏命，仙运说承恩曰："常山地控燕、蓟，路通河、洛，有井陉之险，足以扼其咽喉。顷属车驾南迁，李大夫收军退守晋阳，王太守权统后军，欲举城降贼，众心不从，身首异处。大将军兵精气肃，远近莫敌，若以国家为念，移据常山，与大夫首尾相应，则洪勋盛烈，孰与为比！若疑而不行，又不设备，常山既陷，信都岂能独全！"承恩不从。仙运又曰："将军不纳鄙夫之言，必惧兵少故也。今人不聊生，咸思报国，竞相结聚，屯据乡村，若悬赏招之，不旬日十万可致，与朔方甲士三千余人相参用之，足成王事。若舍要害以授人，居四通而自安，譬如倒持剑戟，取败之道也。"承恩竟疑不决。承恩，承玼之族兄也[6]。

是月，史思明、蔡希德将兵万人南攻九门。旬日，九门伪降，伏甲于城上。思明登城，伏兵攻之；思明坠城，鹿角伤其左胁[7]，夜，奔博陵。

【注释】

①大震关：关名。北周天和元年(566)置。在今甘肃清水县东陇山东坡。相传汉武帝至此遇雷震，故名。 ②知制诰：制诰，即诏令。唐代诏令，例由中书舍人起草，如以他官掌制诰，则称为"知制诰"。 ③桃陵：地名。在今河南杞县东南。 ④妫(guī 归)、檀：妫州、檀州。州名。妫州是唐贞观八年(634)改北燕州而置。治今河北涿鹿县西南。辖境在今河北怀来县一带。开元中张说在州北筑长城，东南有居庸塞，形势险

要，为北方重镇。檀州，隋开皇十六年(596)分幽州置。治今北京密云区东北。唐移治今密云区。辖境相当今密云区一带。 ⑤信都：郡名。汉置。治今河北冀县，辖境相当今河北衡水市冀州区、深州区、武邑县、枣强县、景县以及邢台市、南宫市等地。 ⑥承玼(cǐ 此)：即乌承玼，人名。其事迹参看《资治通鉴》第二百一十三卷开元二十年(732)，《新唐书》卷一百三十六本传。 ⑦鹿角：军事上的防御设备。形似鹿角，用带枝杈的树木植在地上，以阻止敌人的行进。

颜真卿以蜡丸达表于灵武。以真卿为工部尚书兼御史大夫，依前河北招讨、采访、处置使，并致赦书，亦以蜡丸达之。真卿颁下河北诸郡，又遣人颁于河南、江、淮。由是诸道始知上即位于灵武，徇国之心益坚矣。

郭子仪等将兵五万自河北至灵武，灵武军威始盛，人有兴复之望矣。八月，壬午朔，以子仪为武部尚书、灵武长史，以李光弼为户部尚书、北都留守[①]，并同平章事，余如故。光弼以景城、河间兵五千赴太原。

先是，河东节度使王承业军政不修，朝廷遣侍御史崔众交其兵，寻遣中使诛之；众侮易承业，光弼素不平。至是，敕交兵于光弼，众见光弼，不为礼，又不时交兵，光弼怒，收斩之，军中股栗。

回纥可汗、吐蕃赞普相继遣使请助国讨贼，宴赐而遣之。

癸未，上皇下制，赦天下[②]。

北海太守贺兰进明遣录事参军第五琦入蜀奏事，琦言于上皇，以为："今方用兵，财赋为急，财赋所产，江、淮居多，乞假臣一职，可使军无乏用。"上皇悦，即以琦为监察御史、江淮租庸使。

史思明再攻九门，辛卯，克之，所杀数千人；引兵东围藁城。

李庭望将蕃、汉二万余人东袭宁陵、襄邑，夜，去雍丘城三十里置营。张巡帅短兵三千掩击，大破之，杀获太半。庭望收军夜遁。

癸巳，灵武使者至蜀，上皇喜曰："吾儿应天顺人，吾复何忧！"丁酉，制："自今改制敕为诰，表疏称太上皇。四海军国事，皆先取皇帝进止，仍奏朕知；俟克复上京，朕不复预事。"己亥，上皇临轩，命韦见素、房琯、崔涣奉传国宝玉册诣灵武传位。

辛丑，史思明陷藁城。

初，上皇每酺宴，先设太常雅乐坐部、立部[3]，继以鼓吹、胡乐、教坊、府县散乐、杂戏[4]；又以山车、陆船载乐往来[5]；又出宫人舞《霓裳羽衣》[6]；又教舞马百匹，衔杯上寿；又引犀、象入场，或拜，或舞。安禄山见而悦之，既克长安，命搜捕乐工，运载乐器、舞衣，驱舞马、犀、象皆诣洛阳。

臣光曰：圣人以道德为丽，仁义为乐；故虽茅茨土阶，恶衣菲食，不耻其陋，惟恐奉养之过以劳民费财。明皇恃其承平，不思后患，殚耳目之玩，穷声技之巧，自谓帝王富贵皆不我如，欲使前莫能及，后无以逾，非徒娱己，亦以夸人。岂知大盗在旁，已有窥窬之心[7]，卒致銮舆播越，生民涂炭。乃知人君崇华靡以示人，适足为大盗之招也。

禄山宴其群臣于凝碧池，盛奏众乐；梨园弟子往往歔欷泣下，贼皆露刃睨之。乐工雷海清不胜悲愤，掷乐器于地，西向恸哭。禄山怒，缚于试马殿前，支解之。

禄山闻向日百姓乘乱多盗库物，既得长安，命大索三日，并其私财尽掠之。又令府县推按，铢两之物无不穷治，连引搜捕，支蔓无穷，民间骚然，益思唐室。

自上离马嵬北行，民间相传太子北收兵来取长安，长安民日夜望之，或时相惊曰："太子大军至矣！"则皆走，市里为空。贼望见北方尘起，辄惊欲走。京畿豪杰往往杀贼官吏，遥应官军；诛而复起，相继不绝，贼不能制。其始自京畿、鄜、坊至于岐、陇皆附之，至是西门之外率为敌垒，贼兵力所及者，南不出武关，北不过云阳，西不过武功。江、淮奏请贡献之蜀、之灵武者，皆自襄阳取上津路抵扶风[8]，道路无壅，皆薛景仙之功也。

九月，壬子，史思明围赵郡，丙辰，拔之；又围常山，旬日，城陷，杀数千人。

【注释】

①北都：武后长寿元年（692），因并州是武氏故里，建为北都。唐中宗神龙元年（705）罢。开元十一年（723）又因并州为唐高祖的发祥地，

复升为太原府，建北都。天宝元年(742)改称北京，后又复称北都。②上皇下制，敕天下：此时玄宗还不知道太子李亨在灵武即位的消息，故仍然以皇帝身份下制书大赦天下。 ③太常雅乐：太常是官名。秦置奉常，汉景帝时改称太常。为九卿之一，掌宗庙礼仪，兼掌选试博士。历代沿置，则专为司祭祀礼乐之官。太常雅乐，胡注云："唐初祖孝孙、张文收所定乐也。玄宗分乐为二部：堂下立奏，谓之立部伎；堂上坐奏，谓之坐部伎。立部八：一、《安舞》；二、《太平乐》；三、《破阵乐》；四、《庆善乐》；五、《大定乐》；六、《上元乐》；七、《圣寿乐》；八、《光圣乐》。坐部六：一、《燕乐》；二、《长寿乐》；三、《天寿乐》；四、《鸟歌万岁乐》；五、《龙池乐》；六、《小破阵乐》。" ④鼓吹：乐名。主要乐器有鼓钲箫笳等，出自北方民族，本为军中之乐，也用于宫殿中君臣宴饮或皇帝出游等。 ⑤山车：即山棚。一种有棚的车子。车棚上有彩色丝绸装饰成山林的形状，故名山车。 ⑥《霓裳羽衣》：唐代宫廷乐舞名。又名《霓裳羽衣曲》《霓裳羽衣舞》，简称《霓裳》。相传为唐开元中西凉节度使杨敬述所献，初名《婆罗门曲》，经玄宗润色并制歌词，后改用此名。一说玄宗登三乡驿，望女儿山，作此曲前半，后吸收杨所献《婆罗门曲》续成全曲。其舞、乐和服饰都着力描绘虚无缥缈的仙境和仙女形象。白居易有《霓裳羽衣舞和微之》诗，对此曲结构和舞姿作了细致的描写，可参看。 ⑦窥窬(yú 于)：犹言觊觎，谓窥伺可乘之隙。"窬"通"觎"。 ⑧上津：地名。汉汉中长利县地，隋置上津县，唐属商州。地当今湖北郧西县。

建宁王倓，性英果，有才略，从上自马嵬北行，兵众寡弱，屡逢寇盗；倓自选骁勇，居上前后，血战以卫上。上或过时未食，倓悲泣不自胜，军中皆属目向之。上欲以倓为天下兵马元帅，使统诸将东征，李泌曰："建宁诚元帅才；然广平，兄也。若建宁功成，岂可使广平为吴太伯乎！"上曰："广平，冢嗣也[1]，何必以元帅为重！"泌曰："广平未正位东宫。今天下艰难，众心所属，在于元帅。若建宁大功既成，陛下虽欲不以为储副，同立功者其肯已乎！太宗、上皇，即其事也[2]。"上乃以广平王俶为天下兵马元帅，诸将皆以属焉。倓闻之，谢泌曰："此固倓之心也！"

上与泌出行军，军士指之，窃言曰："衣黄者，圣人也。衣白者，山人也。"上闻之，以告泌，曰："艰难之际，不敢相屈以官，且衣

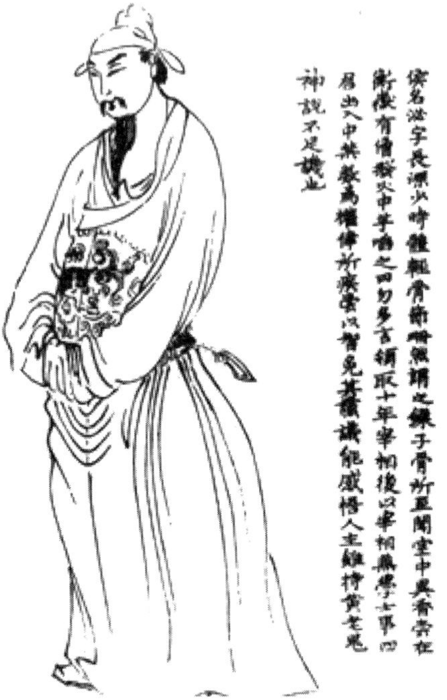

李泌像

紫袍以绝群疑。”泌不得已，受之；服之，入谢，上笑曰：“既服此，岂可无名称！”出怀中敕，以泌为侍谋军国、元帅府行军长史。泌固辞，上曰：“朕非敢相臣，以济艰难耳。俟贼平，任行高志。”泌乃受之。置元帅府于禁中，俶入则泌在府，泌入俶亦如之。泌又言于上曰：“诸将畏惮天威，在陛下前敷陈军事，或不能尽所怀；万一小差，为害甚大。乞先令与臣及广平熟议，臣与广平从容奏闻，可者行之，不可者已之。”上许之。时军旅务繁，四方奏报，自昏至晓无虚刻，上悉使送府，泌先开视，有急切者及烽火，重封，隔门通进[3]，余则待明。禁门钥契，悉委俶与泌掌之。

阿史那从礼说诱九姓府、六胡州诸胡数万众，聚于经略军北，将寇朔方，上命郭子仪诣天德军发兵讨之[4]。左武锋使仆固怀恩之子玢别将兵与虏战，兵败，降之；既而复逃归，怀恩叱而斩之。将士股栗，无不一当百，遂破同罗。

上虽用朔方之众，欲借兵于外夷以张军势，以豳王守礼之子承寀为敦煌王，与仆固怀恩使于回纥以请兵。又发拔汗那兵，且使转谕城郭诸国，许以厚赏，使从安西兵入援。李泌劝上：“且幸彭原，俟西北兵将至，进幸扶风以应之；于时庸调亦集，可以赡军。”上从之。戊辰，发灵武。

内侍边令诚复自贼中逃归，上斩之。

丙子，上至顺化[5]。韦见素等至，自成都奉上宝册，上不肯受，曰：“比以中原未靖，权总百官，岂敢乘危，遽为传袭！”群臣固请，上不许，置宝册于别殿，朝夕事之，如定省之礼[⑥]。上以韦见素本附杨国忠，意薄之；素闻房琯名，虚心待之。琯见上言时事，辞情慷慨，上为之改容，由是军国事多谋于琯。琯亦以天下为己任，知无不为；诸相拱手避之。

上皇赐张良娣七宝鞍[⑦]，李泌言于上曰："今四海分崩，当以俭约示人，良娣不宜乘此。请撤其珠玉付库吏，以俟有战功者赏之。"良娣自阁中言曰："乡里之旧，何至于是！"上曰："先生为社稷计也。"遽命撤之。建宁王倓泣于廊下，声闻于上；上惊，召问之，对曰："臣比忧祸乱未已，今陛下从谏如流，不日当见陛下迎上皇还长安，是以喜极而悲耳。"良娣由是恶李泌及倓。

上尝从容与泌语及李林甫，欲敕诸将克长安，发其冢，焚骨扬灰，泌曰："陛下方定天下，奈何仇死者！彼枯骨何知，徒示圣德之不弘耳。且方今从贼者皆陛下之仇也，若闻此举，恐阻其自新之心。"上不悦，曰："此贼昔日百方危朕，当是时，朕弗保朝夕。朕之全，特天幸耳！林甫亦恶卿，但未及害卿而死耳，奈何矜之！"对曰："臣岂不知！上皇有天下向五十年，太平娱乐，一朝失意，远处巴蜀。南方地恶，上皇春秋高，闻陛下此敕，意必以为用韦妃之故，内惭不怿。万一感愤成疾，是陛下以天下之大不能安君亲。"言未毕，上流涕被面，降阶，仰天拜曰："朕不及此，是天使先生言之也！"遂抱泌颈泣不已。

他夕，上又谓泌曰："良娣祖母，昭成太后之妹也，上皇所念。朕欲使正位中宫以慰上皇心，何如？"对曰："陛下在灵武，以群臣望尺寸之功，故践大位，非私己也。至于家事，宜待上皇之命，不过晚岁月之间耳。"上从之。

南诏乘乱陷越嶲会同军，据清溪关[⑧]；寻传、骠国皆降之。

【注释】

①家嗣：嫡长子。此处是指出广平王李俶作为嫡长子的身份将来会继承皇位，不在乎当不当元帅。　②太宗、上皇即其事也：唐太宗、唐玄宗都非嫡长子（太宗是高祖的第二个儿子，玄宗是睿宗的第三个儿子）而靠政变和个人才干继承皇位。　③隔门通进：古代宫禁、官府大门旁边安置有轮盘，有时夜晚大门关闭，而外面有紧急文书，就把它放在轮盘

里传进门内以通报,叫做“隔门通进”。 ④天德军:军镇名。本天安军(一作大安军)。唐天宝十二载至十四载(753—755)筑城于大同川西,约在今内蒙古乌拉特前旗北五加河东岸。乾元后改名天德军,权置军马于西南三里永清栅(一作永济栅),移治所于西一百八十里西受降城,该城故址在今内蒙古杭锦后旗乌加河(古黄河)北岸。 ⑤顺化:郡名,即庆州。隋开皇十六年(595)置。唐初为弘化郡,天宝元年(742)改为安化郡,至德元载(756)又改为顺化郡,乾元元年(758)又改为庆州。治今甘肃庆阳市。辖境相当今甘肃庆阳市、环县、合水县、华池县及陕西志丹县西部。 ⑥定省之礼:古代一种礼仪。《礼记·曲礼》上说:“凡为人子之礼,冬温而夏凊,昏定而晨省。”后因称子女早晚向亲长问安为定省。 ⑦七宝鞍:用多种珍宝制成的马鞍。 ⑧清溪关:关名。在今四川汉源县西南。

资治通鉴卷第二百一十九

唐纪三十五　起柔兆涒滩十月，尽强圉作噩闰月，不满一年。

肃宗文明武德大圣大宣孝皇帝中之上

至德元载　冬，十月，辛巳朔，日有食之，既。

上发顺化，癸未，至彭原[1]。

初，李林甫为相，谏官言事皆先白宰相，退则又以所言白之；御史言事须大夫同署。至是，敕尽革其弊，开谏诤之涂。又令宰相分直政事笔、承旨，旬日而更，惩林甫及杨国忠之专权故也。

第五琦见上于彭原，请以江、淮租庸市轻货，泝江、汉而上至洋川，令汉中王瑀陆运至扶风以助军；上从之。寻加琦山南等五道度支使。琦作榷盐法，用以饶[2]。

房琯喜宾客，好谈论，多引拔知名之士，而轻鄙庸俗，人多怨之。北海太守贺兰进明诣行在，上命琯以为南海太守，兼御史大夫，充岭南节度使；琯以为摄御史大夫。进明入谢，上怪之，进明因言与琯有隙，且曰："晋用王衍为三公，祖尚浮虚，致中原板荡[3]。今房琯专为迂阔大言以立虚名，所引用皆浮华之党，真王衍之比也！陛下用为宰相，恐非社稷之福。且琯在南朝佐上皇[4]，使陛下与诸王分领诸道节制，仍置陛下于沙塞空虚之地，又布私党于诸道，使统大权。其意以为上皇一子得天下，则己不失富贵，此岂忠臣所为乎！"上由是疏之。

房琯上疏，请自将兵复两京；上许之，加持节、招讨西京兼防御蒲·潼两关兵马·节度等使。琯请自选参佐,以御史中丞邓景山为副,户部侍郎李揖为行军司马,给事中刘秩为参谋。既行,又令兵部尚书王思礼副之。琯悉以戎务委李揖、刘秩,二人皆书生,不闲军旅。琯谓人曰:"贼曳落河虽多,安能敌我刘秩!"琯分为三军:使裨将杨希文将南军,自宜寿入;刘贵哲将中军,自武功入;李光进将北军,自奉天入。光进,光弼之弟也。

以贺兰进明为河南节度使。

颍王璬之至成都也,崔圆迎谒,拜于马首,璬不之止;圆恨之。璬视事两月,吏民安之。圆奏罢璬,使归内宅⑤;以武部侍郎李峘为剑南节度使⑥,代之。峘,岘之兄也。上皇寻命璬与陈王珪诣上宣慰,至是,见上于彭原。延王玢从上皇入蜀,追车驾不及;上皇怒,欲诛之。汉中王瑀救之,乃命玢亦诣上所。

甲申,令狐潮、王福德复将步骑万余攻雍丘。张巡出击,大破之,斩首数千级;贼遁去。

房琯以中军、北军为前锋,庚子,至便桥。辛丑,二军遇贼将安守忠于咸阳之陈涛斜⑦。琯效古法,用车战,以牛车二千乘,马步夹之;贼顺风鼓噪,牛皆震骇。贼纵火焚之,人畜大乱,官军死伤者四万余人,存者数千而已。癸卯,琯自以南军战,又败,杨希文、刘贵哲皆降于贼。上闻琯败,大怒。李泌为之营救,上乃宥之,待琯如初。

以薛景仙为关内节度副使。

敦煌王承寀至回纥牙帐,回纥可汗以女妻之,遣其贵臣与承寀及仆固怀恩偕来,见上于彭原。上厚礼其使者而归之,赐回纥女号毗伽公主。

【注释】

①彭原:县名。原名彭阳,北魏置。治今甘肃庆阳市西南。隋开皇十八年(598)改名彭原。　②榷盐法:唐代中叶对盐就场专卖(官收官卖)的制度。此时盐铁使第五琦初变盐法,后来宝应年间(762)盐铁使刘晏继续推行。其主要内容:在产盐各地设置盐官,向盐户收盐,即民制官收,再将盐税加入卖价,售与商人,听其运销,所过州县,不再征税。在距产盐地区较远的地方,另设常平盐(即自行运储食盐待销的办法)予

以调剂。刘晏罢诛后，这种制度逐渐废弛。 ③王衍(256—311)：字夷甫，琅琊临沂人。西晋大臣。出身士族。喜谈老庄，所论义理，随时更改，时人称为“口中雌黄”。也就是贺兰进明所批评的“祖尚浮虚”。王衍曾任中书令、尚书令、司徒、司空、太尉等要职。当时皇族争权混战，各族人民纷纷起义，匈奴贵族刘渊乘机举兵。王衍当重任，专谋自保。永嘉五年(311)为石勒所俘，劝勒称帝，以图苟活，为勒所杀。板荡：《诗经·大雅》有《板》《荡》二篇，都是讽刺周厉王的无道。后用以指政局混乱，社会动乱不安。 ④南朝：肃宗在灵武即位，进驻彭原，其地在关山以北。玄宗在成都，其地在关山以南，所以称作南朝。 ⑤内宅：本指京城宫内住宅，此时在成都，即以行宫为内宅。 ⑥峘(huán 桓)：此处为人名用字。 ⑦陈涛斜：地名。也作“陈陶斜”。在陕西咸阳市东。

尹子奇围河间，四十余日不下，史思明引兵会之。颜真卿遣其将和琳将万二千人救河间，思明逆击，擒之，遂陷河间；执李奂送洛阳，杀之。又陷景城，太守李暐赴湛水死[①]。思明使两骑赍尺书以招乐安[②]，乐安即时举郡降。又使其将康没野波将先锋攻平原，兵未至，颜真卿知力不敌，壬寅，弃郡渡河南走。思明即以平原兵攻清河、博平，皆陷之。思明引兵围乌承恩于信都，承恩降，亲导思明入城，交兵马、仓库，马三千匹、兵万人。思明送承恩诣洛阳，禄山复其官爵。

饶阳裨将束鹿张兴，力举千钧，性复明辨；贼攻饶阳，弥年不能下。及诸郡皆陷，思明并力围之，外救俱绝，太守李系窘迫，赴火死，城遂陷。思明擒兴，立于马前，谓曰：“将军真壮士，能与我共富贵乎?”兴曰：“兴，唐之忠臣，固无降理。今数刻之人耳，愿一言而死。”思明曰：“试言之。”兴曰：“主上待禄山，恩如父子，群臣莫及，不知报德，乃兴兵指阙，涂炭生人。大丈夫不能翦除凶逆，乃北面为之臣乎！仆有短策，足下能听之乎？足下所以从贼，求富贵耳，譬如燕巢于幕[③]，岂能久安！何如乘间取贼，转祸为福，长享富贵，不亦美乎！”思明怒，命张于木上，锯杀之，詈不绝口，以至于死。

贼每破一城，城中衣服、财贿、妇人皆为所掠。男子，壮者使之负担，羸、病、老、幼皆以刀槊戏杀之。禄山初以卒三千人授思明，使定河北，至是，河北皆下之，郡置防兵三千，杂以胡兵镇之；思明还博陵。

尹子奇将五千骑渡河，略北海，欲南取江、淮。会回纥可汗遣其臣葛逻支将兵入援，先以二千骑奄至范阳城下，子奇闻之，遽引兵归。

十二月[④]，戊午，回纥至带汗谷，与郭子仪军合；辛酉，与同罗及叛胡战于榆林河北[⑤]，大破之，斩首三万，捕虏一万，河曲皆平。子仪还军洛交。

上命崔涣宣慰江南，兼知选举。

令狐潮帅众万余营雍丘城北，张巡邀击，大破之，贼遂走。

永王璘，幼失母，为上所鞠养，常抱之以眠；从上皇入蜀。上皇命诸子分总天下节制，谏议大夫高适谏，以为不可；上皇不听。璘领四道节度都使，镇江陵。时江、淮租赋山积于江陵，璘召募勇士数万人，日费巨万。璘生长深宫，不更人事，子襄城王玚，有勇力，好兵，有薛镠等为之谋主，以为今天下大乱，惟南方完富，璘握四道兵，封疆数千里，宜据金陵，保有江表，如东晋故事。上闻之，敕璘归觐于蜀；璘不从。江陵长史李岘辞疾赴行在，上召高适与之谋。适陈江东利害，且言璘必败之状。十二月，置淮南节度使，领广陵等十二郡，以适为之；置淮南西道节度使，领汝南等五郡，以来瑱为之；使与江东节度使韦陟共图璘。

安禄山遣兵攻颍川。城中兵少，无蓄积，太守薛愿、长史庞坚悉力拒守，绕城百里庐舍、林木皆尽。期年，救兵不至，禄山使阿史那承庆益兵攻之，昼夜死斗十五日，城陷，执愿、坚送洛阳，禄山缚于洛滨冰上，冻杀之。

【注释】

①李晧赴湛水死：湛水，水名，有两处，一在河南宝丰县东南。东流经叶县入北汝河。一在河南济源市西南，东南流入黄河。这两条河水均与河北景城相距甚远，疑《通鉴》有误。《旧唐书》卷二百上《史思明传》作“晧投河而死”；《新唐书》卷二百二十五上《史思明传》作“李晧赴河死”。均未提及湛水。 ②乐安：郡名，即棣州。隋置。治今山东阳信县

南。唐贞观中移治今惠民县东南。辖境相当今山东济南市商河县、东营市利津县及滨州市、阳信县、惠民县、滨城区、沾化区和博兴县北部地区。 ③燕巢于幕：成语。语出《左传·襄公二十九年》。燕子筑巢在帐幕上，因帐幕随时可撤，比喻处境极其危险。 ④十二月：据章钰校，"二"当作"一"。下文另有"十二月"可旁证。 ⑤榆林：郡名。隋置。治今内蒙古准格尔旗东北十二连城。辖境相当今内蒙古准格尔旗及黄河东岸托克托一带。唐初改为胜州。天宝、至德时又曾改胜州为榆林郡。

上问李泌曰："今敌强如此，何时可定？"对曰："臣观贼所获子女金帛，皆输之范阳，此岂有雄据四海之志邪！今独虏将或为之用，中国之人惟高尚等数人，自余皆胁从耳。以臣料之，不过二年，天下无寇矣。"上曰："何故？"对曰："贼之骁将，不过史思明、安守忠、田乾真、张忠志、阿史那承庆等数人而已。今若令李光弼自太原出井陉，郭子仪自冯翊入河东，则思明、忠志不敢离范阳、常山，守忠、乾真不敢离长安，是以两军絷其四将也，从禄山者，独承庆耳。愿敕子仪勿取华阴，使两京之道常通，陛下以所征之兵军于扶风，与子仪、光弼互出击之，彼救首则击其尾，救尾则击其首，使贼往来数千里，疲于奔命，我常以逸待劳，贼至则避其锋，去则乘其弊，不攻城，不遏路。来春复命建宁为范阳节度大使，并塞北出，与光弼南北掎角以取范阳，覆其巢穴。贼退则无所归，留则不获安，然后大军四合而攻之，必成擒矣。"上悦。

时张良娣与李辅国相表里，皆恶泌。建宁王倓谓泌曰："先生举倓于上，得展臣子之效，无以报德，请为先生除害。"泌曰："何也？"倓以良娣为言。泌曰："此非人子所言，愿王姑置之，勿以为先。"倓不从。

甲辰，永王璘擅引兵东巡，沿江而下，军容甚盛，然犹未露割据之谋。吴郡太守兼江南东路采访使者李希言平牒璘[1]，诘其擅引兵东下之意。璘怒，分兵遣其将浑惟明袭希言于吴郡，季广琛袭广陵长史、淮南采访使李成式于广陵[2]。璘进至当涂[3]，希言遣其将元景曜及丹徒太守阎敬之将兵拒之，李成式亦遣其将李承庆拒之。璘击斩敬之以徇，景曜、承庆皆降于璘，江、淮大震。高适与来瑱、韦陟会于安陆，结盟誓众以讨之。

于阗王胜闻安禄山反，命其弟曜摄国事，自将兵五千入援。上嘉之，拜特进，兼殿中监。

令狐潮、李庭望攻雍丘，数月不下，乃置杞州，筑城于雍丘之北以绝其粮援。贼常数万人，而张巡众才千余，每战辄克。河南节度使虢王巨屯彭城，假巡先锋使。是月，鲁、东平、济阴陷于贼。贼将杨朝宗帅马步二万，将袭宁陵④，断巡后。巡遂拔雍丘，东守宁陵以待之，始与睢阳太守许远相见。是日，杨朝宗至宁陵城西北，巡、远与战，昼夜数十合，大破之，斩首万余级，流尸塞汴而下，贼收兵夜遁。敕以巡为河南节度副使。巡以将士有功，遣使诣虢王巨请空名告身及赐物，巨唯与折冲、果毅告身三十通，不与赐物。巡移书责巨，巨竟不应。

是岁，置北海节度使，领北海等四郡；上党节度使，领上党等三郡；兴平节度使，领上洛等四郡。

吐蕃陷威戎、神威、定戎、宣威、制胜、金天、天成等军，石堡城、百谷城、雕窠城⑤。

初，林邑王范真龙为其臣摩诃漫多伽独所杀，尽灭范氏。国人立其王头黎之女为王，女不能治国，更立头黎之姑子诸葛地，谓之环王，妻以女王。

【注释】

①吴郡：郡名。楚汉之际分会稽郡置，汉武帝后废，东汉复置。治今江苏苏州市。隋大业及唐天宝、至德时，曾改苏州为吴郡。 ②广陵：郡名。东汉置。治今江苏扬州市。唐天宝、至德时，曾改扬州为广陵郡。 ③当涂：县名。东晋成帝在丹阳郡于湖县侨立，晋末割于湖县实土。治所在今安徽南陵县东南。隋开皇九年(589)移治姑孰，即今当涂县治。 ④宁陵：县名。汉置。治今河南宁陵县东南。 ⑤石堡城：古城名。一名铁刃城。在今青海西宁市西南。唐时防御吐蕃的军事重镇，也是唐蕃交通要冲，曾先后置振武军、神武军及天威军于此。百谷城：古城名。在今青海贵德县西南。唐置武宁军于此。雕窠城：古城名。在今青海同仁市北。唐置振威军于此。

二载 春，正月，上皇下诰，以宪部尚书李麟同平章事，总行百司，命崔圆奉诰赴彭原。麟，懿祖之后也[①]。

安禄山自起兵以来，目渐昏，至是不复睹物；又病疽，性益躁暴，左右使令，小不如意，动加棰挞，或时杀之。既称帝，深居禁中，大将希得见其面，皆因严庄白事。庄虽贵用事，亦不免棰挞，阉宦李猪儿被挞尤多[②]，左右人不自保。禄山嬖妾段氏，生子庆恩，欲以代庆绪为后。庆绪常惧死，不知所出。庄谓庆绪曰："事有不得已者，时不可失。"庆绪曰："兄有所为，敢不敬从。"又谓猪儿曰："汝前后受挞，宁有数乎！不行大事，死无日矣！"猪儿亦许诺。庄与庆绪夜持兵立帐外，猪儿持刀直入帐中，斫禄山腹。左右惧，不敢动。禄山扪枕旁刀，不获，撼帐竿，曰："必家贼也。"肠已流出数斗，遂死。掘床下深数尺，以毡裹其尸埋之，诫宫中不得泄。乙卯旦，庄宣言于外，云禄山疾亟。立晋王庆绪为太子，寻即帝位，尊禄山为太上皇，然后发丧。庆绪性昏懦，言辞无序，庄恐众不服，不令见人。庆绪日纵酒为乐，兄事庄，以为御史大夫、冯翊王，事无大小，皆取决焉；厚加诸将官爵以悦其心。

上从容谓李泌曰："广平为元帅逾年，今欲命建宁专征，又恐势分。立广平为太子，何如？"对曰："臣固尝言之矣，戎事交切，须即区处[③]；至于家事，当俟上皇。不然，后代何以辨陛下灵武即位之意邪！此必有人欲令臣与广平有隙耳；臣请以语广平，广平亦必未敢当。"泌出，以告广平王俶，俶曰："此先生深知其心，欲曲成其美也。"乃入，固辞，曰："陛下犹未奉晨昏，臣何心敢当储副！愿俟上皇还宫，臣之幸也。"上赏慰之。

李辅国本飞龙小儿，粗闲书计，给事太子宫，上委信之。辅国外恭谨寡言而内狡险，见张良娣有宠，阴附会之，与相表里。建宁王倓数于上前诋讦二人罪恶，二人谮之于上曰："倓恨不得为元帅，谋害广平王。"上怒，赐倓死。于是广平王俶及李泌皆内惧。俶谋去辅国及良娣，泌曰："不可，王不见建宁之祸乎？"俶曰："窃为先生忧之。"泌曰："泌与主上有约矣。俟平京师，则去还山，庶免于患。"俶曰："先生去，则俶愈危矣。"泌曰："王但尽人子之孝。良娣妇人，王委曲顺之，亦何能为！"

上谓泌曰:“今郭子仪、李光弼已为宰相,若克两京,平四海,则无官以赏之,奈何?”对曰:“古者官以任能,爵以酬功。汉、魏以来,虽以郡县治民,然有功则锡以茅土④,传之子孙,至于周、隋皆然。唐初,未得关东,故封爵皆设虚名,其食实封者,给缯布而已。贞观中,太宗欲复古制,大臣议论不同而止。由是赏功者多以官。夫以官赏功有二害,非才则废事,权重则难制。是以功臣居大官者,皆不为子孙之远图,务乘一时之权以邀利,无所不为。向使禄山有百里之国,则亦惜之以传子孙,不反矣。为今之计,俟天下既平,莫若疏爵土以赏功臣,则虽大国,不过二三百里,可比今之小郡,岂难制哉!于人臣乃万世之利也。”上曰:“善!”

【注释】

①懿祖之后:懿祖是唐太祖的父亲,名叫李天锡,追尊光皇帝。李麟,是李天锡的次子李乞豆的后人。 ②阉宦李猪儿:据《旧唐书》卷二百上《安禄山传》载:“猪儿出契丹部落,十数岁事禄山,甚黠慧。禄山持刃尽去其势,血流数升,欲死,禄山以灰火傅之,尽日而苏,因为阉人。禄山颇宠之,最见信用。”可参看。 ③区处(chù 畜):分别处置,安排。 ④茅土:古代皇帝社祭的坛用五色土建成:东方青,南方赤,西方白,北方黑,中央黄。分封诸侯时,把一种颜色的泥土用茅草包好授给受封的人,作为分得土地的象征。后称封诸侯为授茅土。

上闻安西、北庭及拔汗那、大食诸国兵至凉、鄯,甲子,幸保定。

丙寅,剑南兵贾秀等五千人谋反,将军席元庆、临邛太守柳奕讨诛之。

河西兵马使盖庭伦与武威九姓商胡安门物等杀节度使周泌,聚众六万。武威大城之中,小城有七,胡据其五,二城坚守。支度判官崔称与中使刘日新以二城兵攻之,旬有七日,平之。

史思明自博陵,蔡希德自太行,高秀岩自大同,牛廷介自范阳,引兵共十万,寇太原。李光弼麾下精兵皆赴朔方,余团练乌合之众不满万人。思明以为太原指掌可取,既得之,当遂长驱取朔方、河、陇。太原诸将皆惧,议修城以待之,光弼曰:“太原城周四十里，贼垂至而兴役，是未见敌先自困也。”乃帅士卒及民于城外凿壕以自固。作墼数十万[①]，众莫知所用；及贼攻城于外，光弼用之增垒于内，坏辄补之。思明使人取攻具于山东，以胡兵三千卫送之，至广阳[②]，别将慕容溢、张奉璋邀击，尽杀之。

思明围太原，月余不下，乃选骁锐为游兵，戒之曰：“我攻其北则汝潜趣其南，攻东则趣西，有隙则乘之。”而光弼军令严整，虽寇所不至，警逻未尝少懈，贼不得入。光弼购募军中，苟有小技，皆取之，随能使之，人尽其用，得安边军钱工三，善穿地道。贼于城下仰而侮詈，光弼遣人从地道中曳其足而入，临城斩之。自是贼行皆视地。贼为梯冲、土山以攻城，光弼为地道以迎之，近城辄陷。贼初逼城急，光弼作大炮，飞巨石，一发辄毙二十余人，贼死者什二三，乃退营于数十步外，围守益固。光弼遣人诈与贼约，刻日出降，贼喜，不为备。光弼使穿地道周贼营中，搘之以木[③]。至期，光弼勒兵在城上，遣裨将将数千人出，如降状，贼皆属目。俄而营中地陷，死者千余人，贼众惊乱，官军鼓噪乘之，俘斩万计。会安禄山死，庆绪使思明归守范阳，留蔡希德等围太原。

庆绪以尹子奇为汴州刺史、河南节度使。甲戌，子奇以归、檀及同罗、奚兵十三万趣睢阳[④]。许远告急于张巡，巡自宁陵引兵入睢阳。巡有兵三千人，与远兵合六千八百人。贼悉众逼城，巡督励将士，昼夜苦战，或一日至二十合；凡十六日，擒贼将六十余人，杀士卒二万余，众气自倍。远谓巡曰：“远懦，不习兵，公智勇兼济，远请为公守，请公为远战。”自是之后，远但调军粮，修战具，居中应接而已，战斗筹画一出于巡。贼遂夜遁。

郭子仪以河东居两京之间，得河东则两京可图[⑤]。时贼将崔乾祐守河东，丁丑，子仪潜遣人入河东，与唐官陷贼者谋，俟官军至，为内应。

初，平卢节度使刘正臣自范阳败归，安东都护王玄志鸩杀之。禄山以其党徐归道为平卢节度使，玄志复与平卢将侯希逸袭杀之；又遣兵马使董秦将兵以苇筏渡海，与大将田神功击平原、乐安，下之。防河招讨使李铣承制以秦为平原太守。

二月，戊子，上至凤翔。

许远像

【注释】

①墼（jī 基）：砖头，砖坯。　②广阳：县名。即汉代上艾县。唐天宝元年改名为广阳县。属太原府。故地在今山西和顺县西北。　③搘（zhī 支）：支；拄。　④归：胡注云："归，当作系"，即系州。　⑤河东：郡名。秦置。治今山西夏县西北。辖境相当今山西沁水以西、霍山以南地区。东晋时移治今山西永济市蒲州镇。隋开皇初废。大业及唐天宝、至德时又曾改蒲州为河东郡。历为军事上控制关中的门户。

郭子仪自洛交引兵趣河东，分兵取冯翊。己丑夜，河东司户韩旻等翻河东城迎官军，杀贼近千人。崔乾祐逾城得免，发城北兵攻城，且拒官军，子仪击破之。乾祐走，子仪追击之，斩首四千级，捕虏五千人。乾祐至安邑[①]，安邑人开门纳之，半入，闭门击之，尽殪[②]。乾祐未入，自白径岭亡去[③]。遂平河东。

上至凤翔旬日，陇右、河西、安西、西域之兵皆会，江、淮庸调亦至洋川、汉中。上自散关通表成都，信使络驿。长安人闻车驾至，从贼中自拔而来者日夜不绝。西师憩息既定，李泌请遣安西及西域之众，如前策并塞东北，自归、檀南取范阳。上曰："今大众已集，庸调亦至，当乘兵锋捣其腹心，而更引兵东北数千里，先取范阳，不亦迂乎？"对曰："今以此众直取两京，必得之。然贼必再强，我必又困，非久安之策。"上曰："何也？"对曰："今所恃者，皆西北守塞及诸胡之兵，性耐寒而畏暑，若乘其新至之锐，攻禄山已老之师，其势必克。两京春气已深，贼收其余众，遁归巢穴，关东地热，官军必困而思归，不可留也。贼休兵秣马，伺官军之去，必复南来，然则征战之势未有涯也。不若先用之于寒乡，除其巢穴，则贼无所归，根本永绝矣。"上曰："朕切于晨昏之恋，不能待此决矣。"

关内节度使王思礼军武功，兵马使郭英乂军东原，王难得军西原。丁酉，安守忠等寇武功，郭英乂战不利，矢贯其颐而走；王难得望之不救，亦走；思礼退军扶风。贼游兵至大和关，去凤翔五十里，凤翔大骇，戒严。

李光弼将敢死士出击蔡希德，大破之，斩首七万余级；希德遁去。

安庆绪以史思明为范阳节度使，兼领恒阳军事，封妫川王；以牛廷介领安阳军事；张忠志为常山太守兼团练使，镇井陉口；余各令归旧任，募兵以御官军。先是安禄山得两京，珍货悉输范阳。思明拥强兵，据富资，益骄横，浸不用庆绪之命；庆绪不能制。

戊戌，永王璘败死，其党薛镠等皆伏诛。

时李成式与河北招讨判官李铣合兵讨璘，铣兵数千，军于扬子[4]；成式使判官裴茂将兵三千，军于瓜步，广张旗帜，列于江津。璘与其子玚登城望之，始有惧色。季广琛召诸将谓曰："吾属从王至此，天命未集，人谋已隳，不如及兵锋未交，早图去就。死于锋镝，永为逆臣矣。"诸将皆然之。于是广琛以麾下奔广陵，浑惟明奔江宁，冯季康奔白沙[5]。璘忧惧，不知所出。其夕，江北之军多列炬火，光照水中，一皆为两，璘军又以火应之。璘以为官军已济江，遽挈家属与麾下潜遁；及明，不见济者，乃复入城收入兵，具舟楫而去。成式将赵侃等济江至新丰[6]，璘使玚及其将高仙琦将兵击之；侃等逆战，射玚中肩，璘兵遂溃。璘与仙琦收余众，南奔鄱阳，收库物甲兵，欲南奔岭表，江西采访使皇甫侁遣兵追讨，擒之，潜杀之于传舍；玚亦死于乱兵。

侁使人送璘家属还蜀，上曰："侁既生得吾弟，何不送之于蜀而擅杀之邪！"遂废侁不用。

【注释】

①安邑：县名。秦置。治今山西夏县西北。北魏分置北安邑和南安

邑县。隋改南安邑县置安邑县。治今山西运城市东北安邑城。 ②殪(yì意):死。 ③白径岭:在河中府解县东边。解县在今山西省西南部。《元和郡县图志》卷十二记载:“通路自县东南逾中条山,出白径,趋陕州之道也。山岭参天,左右壁立,闲不容轨,谓之石门,路出其中,名之白径岭焉。”可参看。 ④扬子:县名。治今江苏扬州市邗江区南。隋末杜伏威曾置戍守于此,名扬子镇。唐永淳元年(682)废镇置县,因镇为名。地当运河与长江之交,为南北交通要地。 ⑤白沙:镇名。地在今江苏仪征市。 ⑥新丰:地名。胡三省考证其地在晋陵县(治今江苏常州市)境内。

庚子,郭子仪遣其子旰及兵马使李韶光、大将军王祚济河击潼关,破之,斩首五百级。安庆绪遣兵救潼关,郭旰等大败,死者万余人。李韶光、王祚战死,仆固怀恩抱马首浮渡渭水,退保河东。

三月,辛酉,以左相韦见素为左仆射,中书侍郎、同平章事裴冕为右仆射,并罢政事。

初,杨国忠恶宪部尚书苗晋卿,安禄山之反也,请出晋卿为陕郡太守,兼陕、弘农防御使。晋卿固辞老病,上皇不悦,使之致仕。及长安失守,晋卿潜窜山谷;上至凤翔,手敕征之为左相,军国大务悉咨之。

上皇思张九龄之先见,为之流涕,遣中使至曲江祭之,厚恤其家。

尹子奇复引大兵攻睢阳。张巡谓将士曰:“吾受国恩,所守,正死耳。但念诸君捐躯命,膏草野,而赏不酬勋,以此痛心耳。”将士皆激励请奋。巡遂椎牛,大飨士卒,尽军出战。贼望见兵少,笑之。巡执旗,帅诸将直冲贼阵,贼乃大溃,斩将三十余人,杀士卒三千余人,逐之数十里。明日,贼又合军至城下,巡出战,昼夜数十合,屡摧其锋,而贼攻围不辍。

辛未,安守忠将骑二万寇河东,郭子仪击走之,斩首八千级,捕虏五千人。

夏,四月,颜真卿自荆、襄北诣凤翔,上以为宪部尚书。

上以郭子仪为司空、天下兵马副元帅，使将兵赴凤翔。庚寅，李归仁以铁骑五千邀之于三原北，子仪使其将仆固怀恩、王仲升、浑释之、李若幽伏兵击之于白渠留运桥[①]，杀伤略尽，归仁游水而逸。若幽，神通之玄孙也[②]。

子仪与王思礼军合于西渭桥[③]，进屯潏西[④]。安守忠、李归仁军于京城西清渠。相守七日，官军不进。五月癸丑，守忠伪退，子仪悉师逐之。贼以骁骑九千为长蛇阵，官军击之，首尾为两翼，夹击官军，官军大溃。判官韩液、监军孙知古皆为贼所擒，军资器械尽弃之。子仪退保武功，中外戒严。

是时府库无蓄积，朝廷专以官爵赏功，诸将出征，皆给空名告身，自开府、特进、列卿、大将军，下至中郎、郎将，听临事注名。其后又听以信牒授人官爵，有至异姓王者。诸军但以职任相统摄，不复计官爵高下。及清渠之败，复以官爵收散卒。由是官爵轻而货重，大将军告身一通，才易一醉。凡应募入军者，一切衣金紫，至有朝士僮仆衣金紫，称大官，而执贱役者。名器之滥，至是而极焉。

房琯性高简，时国家多难，而琯多称病不朝谒，不以职事为意，日与庶子刘秩、谏议大夫李揖高谈释、老，或听门客董庭兰鼓琴，庭兰以是大招权利。御史奏庭兰赃贿，丁巳，罢琯为太子少师。以谏议大夫张镐为中书侍郎、同平章事。上常使僧数百人为道场于内，晨夜诵佛。镐谏曰："帝王当修德以弭乱安人，未闻饭僧可致太平也！"上然之。

庚申，上皇追册上母杨妃为元献皇后。

【注释】

①白渠：古代关中平原的人工灌溉渠道。汉武帝太始二年（前95），用赵中大夫白公建议，在郑国渠南开凿，故名；也称白公渠。自谷口（今陕西礼泉县东北）分泾水东南流，经高陵、栎阳（今镇东北）东至下邽（今镇东南）南注入渭水，长达二百里。唐时自北而南，分为太白、中白、南白三渠，总称三白渠。 ②神通：即淮安王李神通，隋末曾起兵响应唐高祖夺取天下。其事迹参看《旧唐书》卷六十，《新唐书》卷七十八"李神通"本传。 ③西渭桥：唐代都城长安，横跨渭水修建了三座桥：东边的叫东

渭桥，中间的叫中渭桥，西边的叫西渭桥。 ④潏(jué 决)：水名。上游即今陕西西安市长安区东南的潏河上游。自县南皇子陂以下，汉、晋故道大致即今皂河。古潏水，西北流，分为二支：北流为皁水，注入渭水；西南流注入沣水。

山南东道节度使鲁炅守南阳，贼将武令珣、田承嗣相继攻之。城中食尽，一鼠直钱数百，饿死者相枕藉。上遣宦官将军曹日升往宣慰[①]，围急，不得入。日升请单骑入致命，襄阳太守魏仲犀不许。会颜真卿自河北至，曰："曹将军不顾万死以致帝命，何为沮之！借使不达，不过亡一使者；达，则一城之心固矣。"日升与十骑偕往，贼畏其锐，不敢逼。城中自谓望绝，及见日升，大喜。日升复为之至襄阳取粮，以千人运粮而入，贼不能遏。炅在围中凡周岁，昼夜苦战，力竭不能支，壬戌夜，开城帅余兵数千突围而出，奔襄阳，承嗣追之，转战二日，不能克而还。时贼欲南侵江、汉，赖炅扼其冲要，南夏得全。

司空郭子仪诣阙请自贬；甲子，以子仪为左仆射。

尹子奇益兵围睢阳益急，张巡于城中夜鸣鼓严队，若将出击者；贼闻之，达旦儆备[②]。既明，巡乃寝兵绝鼓。贼以飞楼瞰城中[③]，无所见，遂解甲休息。巡与将军南霁云、郎将雷万春等十余将各将五十骑开门突出，直冲贼营，至子奇麾下，营中大乱，斩贼将五十余人，杀士卒五千余人。巡欲射子奇而不识，乃剡蒿为矢[④]，中者喜，谓巡矢尽，走白子奇，乃得其状，使霁云射之，丧其左目，几获之。子奇乃收军退还。

六月，田乾真围安邑。会陕郡贼将杨务钦密谋归国，河东太守马承光以兵应之，务钦杀城中诸将不同己者，翻城来降。乾真解安邑，遁去。

将军王去荣以私怨杀本县令，当死。上以其善用炮，壬辰，敕免死，以白衣于陕郡效力。中书舍人贾至不即行下，上表，以为："去荣无状，杀本县之君。《易》曰：'臣弑其君，子弑其父，非一朝一夕之故，其所由来者渐矣[⑤]。'若纵去荣，可谓生渐矣。议者谓陕郡初复，非其人不可守。然则他无去荣者，何以亦能坚守乎？陛下若以炮石一能即免殊死，今诸军技艺绝伦者，其徒实繁。必恃其能，所在犯上，复何以止之！若止舍去荣而诛其余者，则是法令不一而诱人触罪也。今惜一去荣之材而不杀，必杀十如去荣之材者，不亦其伤益多乎！夫去荣，逆乱之人也，焉有逆于此而顺于彼，乱于富平而治于陕郡，悖于县君而不悖于大君欤⑥！伏惟明主全其远者、大者，则祸乱不日而定矣。"上下其事，令百官议之。

太子太师韦见素等议，以为："法者天地大典，帝王犹不敢擅杀，是臣下之权过于人主也。去荣既杀人不死，则军中凡有技能者，亦自谓无忧，所在暴横。为郡县者，不亦难乎！陛下为天下主，爱无亲疏，得一去荣而失万姓，何利之有！于律，杀本县令，列于十恶⑦。而陛下宽之，王法不行，人伦道屈，臣等奉诏，不知所从。夫国以法理，军以法胜；有恩无威，慈母不能使其子。陛下厚养战士而每战少利，岂非无法邪！今陕郡虽要，不急于法也。有法则海内无忧不克，况陕郡乎！无法则陕郡亦不可守，得之何益！而去荣末技，陕郡不以之存亡；王法有无，国家乃为之轻重。此臣等所以区区愿陛下守贞观之法。"上竟舍之。至，曾之子也。

【注释】

①宦官将军：让宦官担任将军，所以称作宦官将军。　②儆（jǐng景）备：警备，戒备。　③飞楼瞰（kàn看）城中：飞楼：古代云梯一类的攻城器械。瞰：俯视，远望，窥探。此句意为在飞楼上窥探城中的动静。④剡（yǎn眼）：削。　⑤"《易》曰"五句：此段引文见《周易·坤卦·文言》。　⑥县君、大君：县君指县令，大君指天子。　⑦十恶：唐初依隋代刑法所制定的律法，有"十恶"律条，即一、谋反，二、谋大逆，三、谋叛，四、谋恶逆，五、不道，六、大不敬，七、不孝，八、不睦，九、不义，十、内乱。凡犯了这十种最严重的罪行，都不能饶恕。杀县令，属于第九恶"不义"。

南充土豪何滔作乱，执本郡防御使杨齐鲁；剑南节度使卢元裕发兵讨平之。

秋，七月，河南节度使贺兰进明克高密、琅邪，杀贼二万余人。

戊申夜，蜀郡兵郭千仞等反，六军兵马使陈玄礼、剑南节度使李峘讨诛之。

壬子，尹子奇复征兵数万，攻睢阳。先是，许远于城中积粮至六万石，虢王巨以其半给濮阳、济阴二郡，远固争之，不能得；既而济阴得粮，遂以城叛，而睢阳城至是食尽。将士人廪米日一合[①]，杂以茶纸、树皮为食，而贼粮运通，兵败复征。睢阳将士死不加益，诸军馈救不至，士卒消耗至一千六百人，皆饥病不堪斗，遂为贼所围，张巡乃修守具以拒之。贼为云梯，势如半虹，置精卒二百于其上，推之临城，欲令腾入。巡豫于城凿三穴，候梯将至，于一穴中出大木，末置铁钩，钩之使不得退；一穴中出一木，拄之使不得进；一穴中出一木，木末置铁笼，盛火焚之，其梯中折，梯上卒尽烧死。贼又以钩车钩城上棚阁[②]，钩之所及，莫不崩陷。巡以大木，末置连锁，锁末置大镮，搨其钩头，以革车拔之入城，截其钩头而纵车令去。贼又造木驴攻城，巡熔金汁灌之，应投销铄。贼又于城西北隅以土囊积柴为磴道[③]，欲登城。巡不与争利，每夜，潜以松明、干蒿投之于中，积十余日，贼不之觉，因出军大战，使人顺风持火焚之，贼不能救，经二十余日，火方灭。巡之所为，皆应机立办，贼服其智，不敢复攻，遂于城外穿三重壕，立木栅以守巡，巡亦于内作壕以拒之。

丁巳，贼将安武臣攻陕郡，杨务钦战死，贼遂屠陕。

崔涣在江南选补，冒滥者众，八月，甲申，罢涣为余杭太守、江东采访·防御使。

以张镐兼河南节度、采访等使，代贺兰进明。

灵昌太守许叔冀为贼所围，救兵不至，拔众奔彭城。

睢阳士卒死伤之余，才六百人，张巡、许远分城而守之，巡守东北，远守西南，与士卒同食茶纸，不复下城。贼士攻城者，巡以逆顺说之，往往弃贼来降，为巡死战，前后二百余人。

是时，许叔冀在谯郡，尚衡在彭城，贺兰进明在临淮，皆拥兵不救。城中日蹙，巡乃令南霁云将三十骑犯围而出，告急于临淮。霁云出城，贼众数万遮之，霁云直冲其众，左右驰射，贼众披靡，止亡两骑。既至临淮，见进明，进明曰："今日睢阳不知存亡，兵去何益！"霁云曰："睢阳若陷，霁云请以死谢大夫。且睢阳既拔，即及临淮，譬如皮毛相依，安得不救！”进明爱霁云勇壮，不听其语，强留之，具食与乐，延霁云坐。霁云慷慨，泣且语曰：“霁云来，睢阳之人不食月余矣！霁云虽欲独食，且不下咽，大夫坐拥强兵，观睢阳陷没，曾无分灾救患之意，岂忠臣义士之所为乎！”因啮落一指以示进明[④]，曰：“霁云既不能达主将之意，请留一指以示信归报。”座中往往为泣下。

霁云察进明终无出师意，遂去。至宁陵，与城使廉坦同将步骑三千人，闰月，戊申夜，冒围，且战且行，至城下，大战，坏贼营，死伤之外，仅得千人入城。城中将吏知无救，皆恸哭。贼知援绝，围之益急。

初，房琯为相，恶贺兰进明，以为河南节度使，以许叔冀为进明都知兵马使，俱兼御史大夫。叔冀自恃麾下精锐，且官与进明等，不受其节制。故进明不敢分兵，非惟疾巡、远功名，亦惧为叔冀所袭也。

戊辰，上劳飨诸将，遣攻长安，谓郭子仪曰：“事之济否，在此行也！”对曰：“此行不捷，臣必死之。”

辛未，御史大夫崔光远破贼于骆谷[⑤]。光远行军司马王伯伦、判官李椿将二千人攻中渭桥，杀贼守桥者千人，乘胜至苑门。贼有先屯武功者闻之，奔归，遇于苑北，合战，杀伯伦，擒椿送洛阳。然自是贼不复屯武功矣。

贼屡攻上党，常为节度使程千里所败。蔡希德复引兵围上党。

【注释】

①合(gě 葛)：容量单位，十合为一升。　②棚阁：敌楼。在城墙上用木料架起来的棚屋，伸出城外四、五尺远，战士居住在里面，以防御外来的敌人。　③磴(dèng 邓)道：同“墱道”。本为登山的石径。这里指登城的阶梯通道。　④啮(niè 聂)：咬。　⑤骆谷：在今陕西周至县西南。谷长四百余里，为关中与汉中间的交通要道。